《山西文華》編纂委員會 編

山西文華·史料編

蒲州府志

清乾隆版 第一册

卷首至卷二

清 喬光烈 周景柱◎總修

山西出版傳媒集團
三晋出版社

圖書在版編目(CIP)數據

蒲州府志：清乾隆版 / (清)喬光烈，(清)周景柱總修．—太原：三晉出版社，2016.11

ISBN 978-7-5457-1426-5

Ⅰ．①蒲… Ⅱ．①喬… ②周 Ⅲ．①山西—地方志—清代 Ⅳ．①K292.5

中國版本圖書館 CIP 數據核字(2016)第 268748 號

蒲州府志（清乾隆版）

總 修 者：〔清〕喬光烈　周景柱
責任編輯：解　瑞
封扉設計：山西天目·王明自
出 版 者：山西出版傳媒集團·三晉出版社（原山西古籍出版社）
地　　址：太原市建設南路 21 號
郵　　編：030012
電　　話：0351-4922268（發行中心）
　　　　　0351-4956036（總編室）
　　　　　0351-4922203（印製部）
網　　址：http://www.sjcbs.cn
經 銷 者：新華書店
承 印 者：山西人民印刷有限責任公司
開　　本：700mm × 1000mm　1/16
印　　張：139
字　　數：450 千字
版　　次：2016 年 11 月　第 1 版
印　　次：2016 年 11 月　第 1 次印刷
書　　號：ISBN　978-7-5457-1426-5
定　　價：560.00 圓（全七册）

ISBN 978-7-5457-1426-5

《山西文華》編纂委員會

《山西文華》學術顧問委員會

（按姓氏筆畫排序）

李　零　李文儒　李學勤　袁行霈　唐浩明

梁　衡　張　頷　張光華　葛劍雄　楊建業

《山西文華》分編主編

著述編　劉毓慶　渠傳福

史料編　張慶捷　李晉林

圖録編　李德仁　趙瑞民

出版説明

山西東屏太行，西瀕黄河，北通塞外，南控中原，是中華民族的主要發祥地之一。中華文明輝煌燦爛，三晋文化源遠流長。歷史文獻豐富、文化遺産厚重，形成了兼容並包、積澱深厚、韵味獨特的晋文化。山西省政府决定編纂大型歷史文獻叢書《山西文華》，以彙集三晋文獻、傳承三晋文化、弘揚三晋文明。

《山西文華》力求把握正確方向，尊重歷史原貌，突出山西特色，薈萃文化精華，按照搶救、保護、整理、傳承的原則整理出版圖書。叢書規模大，編纂時間長，參與人員多，特將有關編纂則例簡要説明如下。

一、《山西文華》是有關山西現今地域的大型歷史文獻叢書，分「著述編」「史料編」「圖録編」。每編之下項目平列；重大系列性項目，按其項目規模特徵，制定合理的編纂方式。

二、「著述編」以一九四九年十月一日前山西籍作者（含長期在晋之作者）的著述爲主，兼收今人有關山西歷史文化的研究性著述。

三、「史料編」收録一九四九年十月一日前有關山西的方志、金石、日記、年譜、族譜、檔案、報刊等史料，以影印爲主要整理方式。

四、「圖録編」主要收録一九四九年十月一日前有關山西的文化遺産精華，包括古代建築、壁畫、彩塑、書畫、民間藝術等，兼收古地圖等大型圖文資料。

五、今人著述采用簡體漢字横排，古代著述采用繁體漢字横排。

《山西文華》編纂委員會

出版前言

蒲州之名始於北周明帝二年（五五八）。唐武德元年（六一八）於桑泉縣置蒲州，領河東、河西、臨晋、猗氏、虞鄉、竇、解、永樂等縣。後多次易名。宋、金、元時期迭置河東郡河中府、蒲州等。明洪武二年（一三六九）復稱蒲州。清雍正二年（一七二四）陞爲直隸州，雍正六年（一七二八）陞爲蒲州府，領永濟、臨晋、虞鄉、榮河、萬泉、猗氏六縣，治所在今永濟市。

乾隆《蒲州府志》二十四卷圖一卷，喬光烈、周景柱總修。喬光烈，字敬亭，號潤齋，江南上海人，乾隆丁巳（一七三七）進士，官至湖南巡撫，有《最樂堂集》，時任分守河東兵備道。周景柱，字西擎，浙江遂安（今屬淳安縣）人。雍正七年（一七二九）舉人。曾任山西寧武府知府、蒲州府知府，官至甘肅按察使、河南按察使。他公廉勤敏，政績卓著，且學問宏深，以書法聞名。

周景柱重視修志，任寧武知府時纂修了《寧武府志》。乾隆十七年（一七五二），調任蒲州府知府後，有感於蒲州設府三十年來没有修志，而州志也止於康熙五年（一六六六），中斷近九十年，「記載久佚，文獻無徵」，於乾隆十九年（一七五四）取舊州志與《平陽府志》「參合考校，擇是去非」（乾隆《蒲州府志·發凡》），歷時數月編纂而成。同年刻印。

全志分二十四卷，分别爲：卷一星野、地表、沿革、形勝、疆域，卷二山川，卷三古蹟、風俗、物産，卷四城池、壇廟、官署，卷五學校、田賦、兵衛，卷六職官，卷七宦績，卷八選舉上，卷九選舉下、封廕，卷十至十二人物（以時爲經，不分類），卷十三忠節、孝友、文苑、吏師，卷十四義行、隱逸、方伎、仙釋、寓賢、續傳，卷十五列女，卷十六至二十二藝文，卷二十三事紀（即大事記，記巡幸、典禮、掌故、兵略、祥異），卷二十四餘録。卷首包括序、發凡、修輯姓氏、目録、府誌圖。全志記事止於乾隆十八年（一七五三）。

乾隆《蒲州府志》的主要特點是：第一，述而有論。如卷一「形勝」，引述正史、方志對蒲州及所屬六縣形勢的記載後，用近一半的篇幅，以古鑒今，闡述「蒲爲郡，被河山之固」，説明如果明代也如唐時將蒲州置爲重鎮，則明末農民起義軍渡河入晋時不會勢如破竹。此外，卷二「山川」、卷三「風俗」、卷五「學校」「田賦」等，都有較長論述。第二，注重圖表。卷首的府誌圖包括府境全圖、府城圖、臨晋縣圖、萬泉縣圖、猗氏縣圖、榮河縣圖、虞鄉縣圖、府署圖、舊府署圖、永濟縣署圖、學宫圖、二面帶河圖、雷首山圖、中條山圖、歷山圖、五姓湖圖、姚暹渠圖、四海廟圖、河瀆廟圖、汾陰后土祠圖、虞帝廟圖、湯王陵圖、二覽祠墓圖、薰風臺圖、萬固寺圖、棲巖寺圖、永樂宫圖、鸛雀樓圖、鐵牛圖等二十九幅繪圖，有府有縣，有署有學，有山渠有古迹，有既存有已没。第三，事出有據。如卷一「古今郡地表」，引用《左傳》《國名記》《通典》《通志》《括地志》《地理志》等。「形勝」，逐條記載出處，所引既包括《金史》《元史》等正史及通志、縣志等，也包括唐代元載的《中都議》等奏疏。卷二十三「事紀」，逐條出典。卷二十四「識餘」，更是對古籍軼聞的輯録。如，關於張嘉貞由宰相貶爲台州刺史一事，輯《嘉話録》曰：「河東公張嘉貞開元中居相位，景藏一日忽詣公，以幅紙大書台字，授之公曰：予見居台司，此意何也？後數日貶台州刺史。」關於楊貴妃爲蒲州人一事，輯《太真外傳》曰：「玄宗貴妃楊氏世本弘農華陰人，後徙居於蒲，家永樂，遂爲永樂獨頭村人。」

此外，乾隆《蒲州府志》對早已毀於兵燹的鸛雀樓、没於泥沙的黄河鐵牛也作了較詳細的記載。如，卷首「府誌圖」，選載了鸛雀樓圖、鐵牛圖，形制、方位既詳且確。卷三《古跡》有「鸛雀樓」條，曰：「舊在城西河洲渚上，周宇文護造……或言白樓即鸛鵲也。」又有「開元鐵牛」條，曰：「在郡城西郭外黄河岸上，唐開元十二年所鑄，以維河橋者。」卷十六至二十二《藝文》載《唐李翰河中鸛雀樓集序》《元王惲登鸛雀樓記》《國朝周景柱開元鐵牛銘》。卷二十三《事紀》載：「唐開元十二年於蒲津關鑄鐵牛八，牛有一人策之，牛下有山夾岸以維浮梁。十五年自朝邑徙河瀆祠於此。」這些記載，爲二十世紀後期復原鸛雀樓、挖掘黄河鐵牛提供了寶貴的文獻綫索。

山西省圖書館、山西大學圖書館藏有乾隆十九年（一七五四）初刻本，兹據初刻本影印。原本卷一筒子頁五十三後接筒子頁六十二，按内容推斷此處無缺頁，應為原本頁碼錯誤。特此説明。

董劍雲

二〇一六年十一月

目録

第一册

第二册

第三册

第四册

第五册

第六册

第七册

蒲州府志序

蒲於古爲帝都風教之所由始文物之所由昭襟山帶河界連關陝握控雍豫蓋全晉之形勝屏障西南者也其間名賢代出彪炳宇宙涖茲土而以循良著者史不絕書則凡夫政治之因革山川之錯綉風俗之盛衰人物之顯晦與都邑城池之代更代變者不有志

何由知夫士生千百世以下而千百世以上燦若列眉坐卧一室之中而千百里以外燎如指掌其藉於志者深矣故周禮職方所掌其責甚綦重非徒為好古之士數典不忘亦以資承之是邦者考文徵獻而佐治有方也余於

今上之乾隆十八年奉

命撫晉甫下車即諮訪屬郡守賢

能既而蒲東守周君來謁言論風采恂恂乎儒吏也周君先是由太原調補寧武又由寧武調補蒲東所領劇郡著有循聲簿書之暇即勤勤以志乘爲事聞寧武之役業有成書矣而蒲東自列郡以來尚仍州志數十年來有起而脩之者大抵士大夫以官爲客以爲不急也而緩之以爲無益也而揮

之而周君獨慨然以爲己任蒐羅補闕採取舊聞以因爲創使蒲郡之有志自周君始不可謂非有心人也雖然著述非二千石長也興利除弊率屬憂民均徭役振廢墜旌別淑慝彰善癉惡此皆蒲志之空言而可見於實事而與前哲之循良後先輝映者也周君勉乎哉志既成將授剞劂裝潢卷帙分

門彙聚列卷爲二十有四問序於
余因爲道其志之所以重而周君之
深心於此非苟焉已也既以勉夫周
君并以勉夫後之守蒲者

時

大清乾隆十九年歲在甲戌丙子月望
後五日

巡撫山西等處地方兵部右侍郎
兼管提督節制全省軍務長白

恒文書於太原官舍

序

儒者之為治果何以異乎人哉以其能興文學勵風俗而振教化也西漢郡守以循良稱凡六人考所施為無不由此後世言吏政者莫加焉蒲州周使君超澍東早用中舍人聲高紫薇者下佐郡南海旋典太原復自寧武移守河中裕於政理久矣予以乾隆庚午歲持節是邦又二年丙

君至接其言論條以觀其所為益信君為儒者及得君寧武志覩之不以邊郡相鄙而勤勤纂述使其地之山川人物得藉以見焉於是益歎使君之果有以異乎人則又私度河中當志乘久缺之餘曾無起而謀其事其有網羅蒐討俾掌故弗湮燦然復備者必且賴於君也哉乃未幾而君果以郡吏為慁手訂輯之數月而書成凡

質於予予惟天道數十年一變人事隨
之以今曩之不同而著其醇澆不其嫩惡
即風俗之間以勵也自康熙丁未訖於今
若忠孝節烈致未彰者志以表之即
教化之所以振也方當暇時河中人文學
出仕宦相望近或感宗閭爲君以是徵
進諸生而詔之相與共辨其義例稽古
編摩文學學興又將由此異日者白手
振鷺之集整英騰秀聯武駢臻以

追往盛非使君之功又奚屬哉君益懋勉焉以書第一之績則蜀之文翁桐鄉之朱邑班史所列夫何讓焉會當鋟木使君欲敘其端因舉是以為之說

時

乾隆十九年歲在甲戌仲夏之吉

賜進士出身分守河東兵備道上海

喬光烈潤齋氏序

序

天下郡國皆有書蓋本於周官四方之志以紀星土表山川敘民物述其媺惡而知其好惡不可癈也昔紫陽朱氏名世大儒歷官所至常喜問其志書而考求之之以紀載所存其託繫乎地者多且要焉不特修文辭備故事而已自後世涖政者往往視為不急於是因任隨略者有之簡牘癈置遠或至於百年

數十年而籍錄所掌歸於空虛入其
國者欲覽之而莫由上史官者將采焉
而弗得嗚呼不亦重可嘆哉余以庸弇
簡
國恩典郡山右初自太原寧武乾隆壬
申復移守河中思奉職不稱夙夕懍懍
思求昔時賢牧伯所措施以治其人者而
尊之師於是繙蒲州舊志則唐裴寬陸
象先宋范純仁諸公在焉益悚媿於效

法之無由徐而視其歲月則自康熙之六年丁未至今且九十載中間曠焉纂述邈絶慨然歎今之蒲非昔之蒲也昔州而今郡則紀綱異矣昔縣有河津而今析焉則統隸異矣昔無永濟虞鄉今乃設焉則違寘異矣加乃官司之立典祀之壇學校之分營制爲之代起及其風俗時貿選舉歲登戸版盈虛禨祥消息可無裒載用授司存乃自雍正戊申改郡以來上追舊志輙筆之

後佚者蒐之散者萃之差其先後著其異同勒成一編以爲郡志夫古使者輶軒所經輯其山川爲一書民俗爲一書政治得失爲一書豐荒水旱爲一書歸而上諸朝廷以備方州之診問況余承乏屬守與土非郵傳過車者以敢謂事非所急任而置之於以撰輯之勞護後來也哉若謂前時爲政者皆未及此余獨以是矜搜獲之奇俾郡人士稱有志自今始庶幾美而傳焉余意固

不然且奚必然乾隆甲戌清和之辰

嚴陵周景柱叙於河中官舍

蒲州府志發凡

志爲郡史不可或缺蒲自爲府以來垂三十載既未有書即州之舊志修自康熙五年至今將九十歲記載久佚文獻無徵兹廣搜遐討取舊州志與平陽府志參合考校擇是去非自前甲辰訖今乾隆甲戌補殘續缺以成此書要歸謹嚴精核足使傳信而已

志凡二十門區分四部以爲綱領曰地輿疆域山川水利皆地也風俗因乎地者也古跡託乎地者

也物產地之所有也首舉分野地之繫也曰官政
城郭祠祀以及選舉皆政也記名宦者書政之實
以昭勸也曰人物忠節孝義列女諸科皆人也統
以人物而類分焉各得其序也曰藝文紀事文之
考也餘錄文之餘也春秋重地故首地輿政以治
地故繼述官政人爲本故人物繼之技爲末故次
以藝文終焉

志乘之學地理爲難蓋古今變更名號數易疆域
割隸出入不同後言地輿者影響相傳傅會相猜

雖以征南淮南二杜之精於學寰宇括地之博於文要尚不能無誤今博採史傳及古今地理諸書而校其得失庶於郡地有所考正云

志乘諸書類有沿革而多無地表今特爲此篇列在沿革之首凡沿革所不能盡書者於表著之表所列於秦已上加詳而沿革則自漢始蓋自先秦戰國上至夏商其地雖在其名或存而無以考其建置與夫爲沿爲革之實故也古者左圖右史史以考其文圖以明其驗表猶圖也既志沿革而復

著其凡於表俾覽者得以相資夫志之爲體雖同於史亦徵有分焉彼遷固諸表爲年爲月異姓同姓以其不可括之於志故八書十志而外復有此篇則因其異而異之者也今表與沿革並言地與事非兩岐故合而同之如出一孔有兼明也非贅且複也

門目煩多則失體例宜歸併省各使類從故田賦之下而丁戶附焉官署兵衞之下而廨驛附焉山川之下而關梁水利附焉壇壝之下而祠廟附焉

古跡之下而塚墓寺觀附焉

郡之田賦唯書大凡蓋志乘與吏胥案牘故復不同況郡書視縣史又有異乎

州舊志列帝系平陽府志有帝王門即山西通志亦然不知其非體而於義甚不可也今不復著

郡多古跡無不搜載尚有見於傳記以其事隱而世不能舉其名者亦從而書之以存掌故

前代人物必核其爲郡産始列之冊若平陽志與州舊志以皇甫嵩爲萬泉人而不知其爲安定者

假此非一竝爲削正又河津令隸絳州故太史公
文中子薛文清等亦竝不錄云

人物有載史氏全文者有節錄者要唯其適又自
唐巳前人仍書汾陰寶鼎等以循史文之舊
所列人物自明代至今尤尚嚴慎不敢濫雜致乖
實錄

列女唯節行尤著者爲之傳餘唯採姓氏書之

藝文者志乘之英華雖不能盡載其與郡人郡事
有相係屬者必舉錄焉若泛然之辭所不取也

祥異兵氛諸志並列今别爲事紀一篇凡巡幸慶賞賑䘏興役諸科莫不具載而兵祥列入其中各依時代爲次考郡事者上下千載可指掌得之

地理山川古跡陵廟說有見於傳記者單辭片語必取掇焉亦數典不忘之義也

事有疑誤必資辨析地理山川人物等有載在諸志而訛謬相仍者各爲疏辨著於本條之下

没而可祭於社者唯三不朽足以當之若不過謹愿自好則仲長公理所爲婦女之檢柙鄉曲之恒

人耳皆欲爭馨俎豆名器濫褻不乃甚乎諸志凡
祀鄉賢並疏著於本傳及科目姓氏下今不復出
寓矯俗之微意云
瑣語逸事有可稱談稡而舉之以爲餘錄又諸志
每門例有小序微辭無取今省之
凡志郡國者其幅員疆理城郭宮室山川往跡必
躬履目驗盡其形狀能者從而筆記可使如營新
豐故自三輔皇圖而下若戴延之郭緣生酈道元
盛宏之以及陸氏入蜀記等數十百種讀者雖未

至其地第覽其書而東西下高之形曲折向背之勢可得之目中遇之紙上若夫逸軌曩躅尤尚訪求好事之徒資相接語又須廣羅籤軸使證遠足供今履驗所施議顧未及加乃掌故無咎於博士繙考絶少於陳編一手齋居營成三月會稽典錄荆楚歲時載筆恐疎或慭作者後之君子許其缺焉

蒲州府志修輯姓氏

總修

分守河東兵備道喬光烈潤齋江南上海人丁巳進士

蒲州府知府周景柱西擎浙江遂安人巳酉舉人

分修

永濟縣知縣張淑渠潜齋山東濟寧人戊辰進士

臨晉縣知縣陳正勲晉齋湖北江夏人巳未進士

萬泉縣知縣畢宿燾溥幼山東文登人巳未進士

猗氏縣知縣李合滙川雲南元謀人壬子舉人

榮河縣知縣蔣藺 貴州貴陽人壬子舉人

署虞鄉縣知縣莊行恭 福建福清人壬申舉人

原任永濟縣知縣孫際震 朗菴直隸滄州人乙卯舉人

原任臨晉縣知縣周遐齡 紹彭河南南陽人癸丑進士

原任猗氏縣知縣李本檮 尋木山東惠民人拔貢

原任猗氏縣知縣尋紹舞 山東金鄉人癸丑進士

原任榮河縣知縣方立經 湖北興國人甲子舉人

原任署萬泉縣知縣胡承壁 安徽涇縣人丁巳進士

原任虞鄉縣知縣顧月化 用可江南甘泉人癸卯舉人

原任虞鄉縣知縣高　崶山東歷城人生員保舉

採訪

蒲州府學儒學教授鄒承穎敦復山西高平人甲戌進士

原任臨晉縣教諭馮　仁山西陽曲人辛酉舉人

校録

侯　魯府學廩生　　張君綬府學廩生

崔　熤永濟縣廩生　　薛衍先永濟縣增生

王　旦臨晉縣附生　　王上達臨晉縣附生

何始昇猗氏縣附生

蒲州府志目錄

蒲州府志

府誌圖

府境全圖
九峯山
永樂鎮
潼關
蒲州府
峨嵋嶺
榮河縣
汾河
河津縣界
陝西界

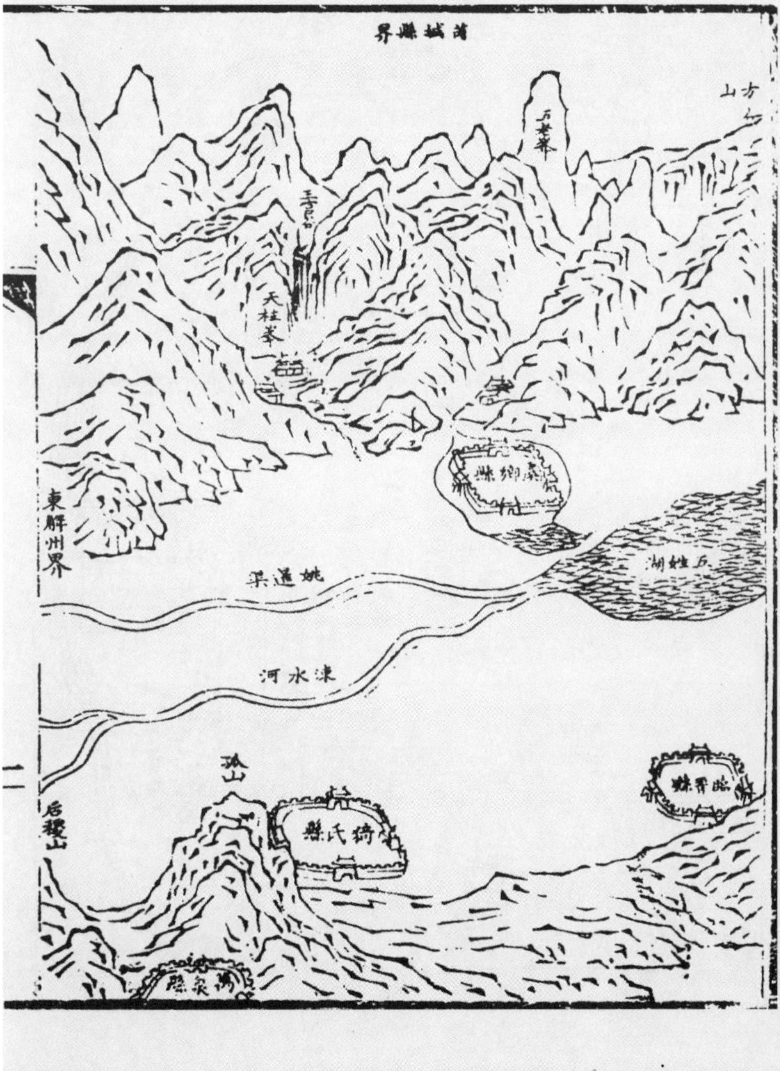

蒲城縣界
方山
天柱峯
虞鄉縣
五姓湖
東解州界
姚暹渠
涑水河
后稷山
猗氏縣
臨晉縣
萬泉縣

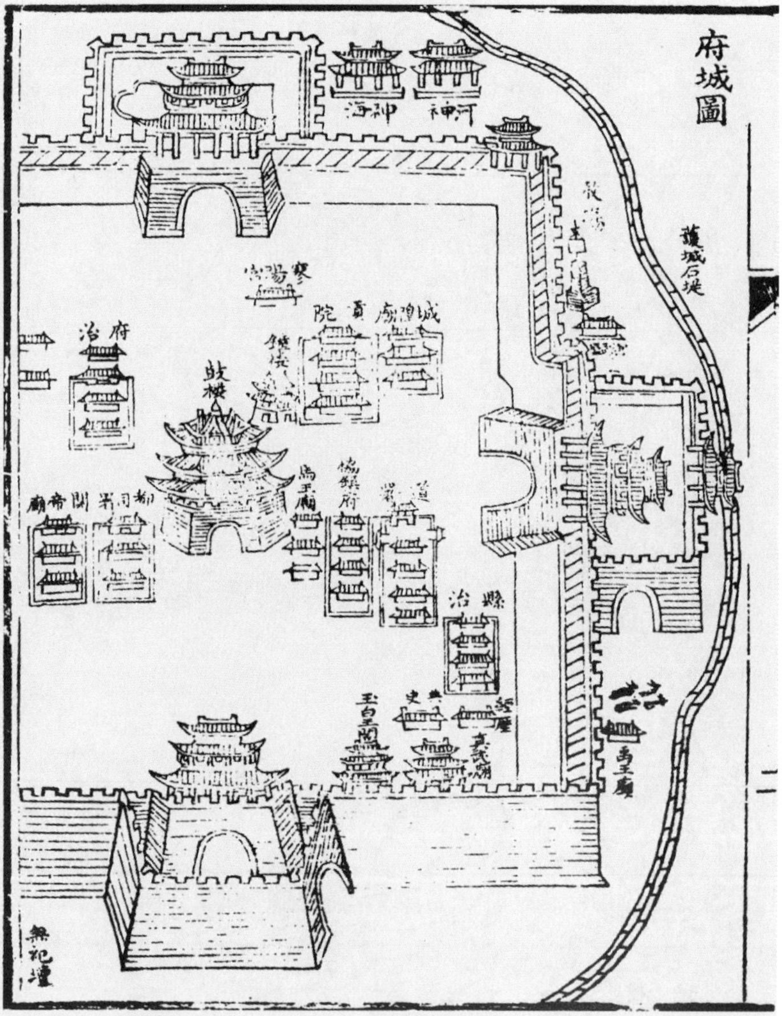
府城圖
護城石堤
府治
城隍廟
貢院
鼓樓
關帝廟
縣治
禹王廟
無祀壇

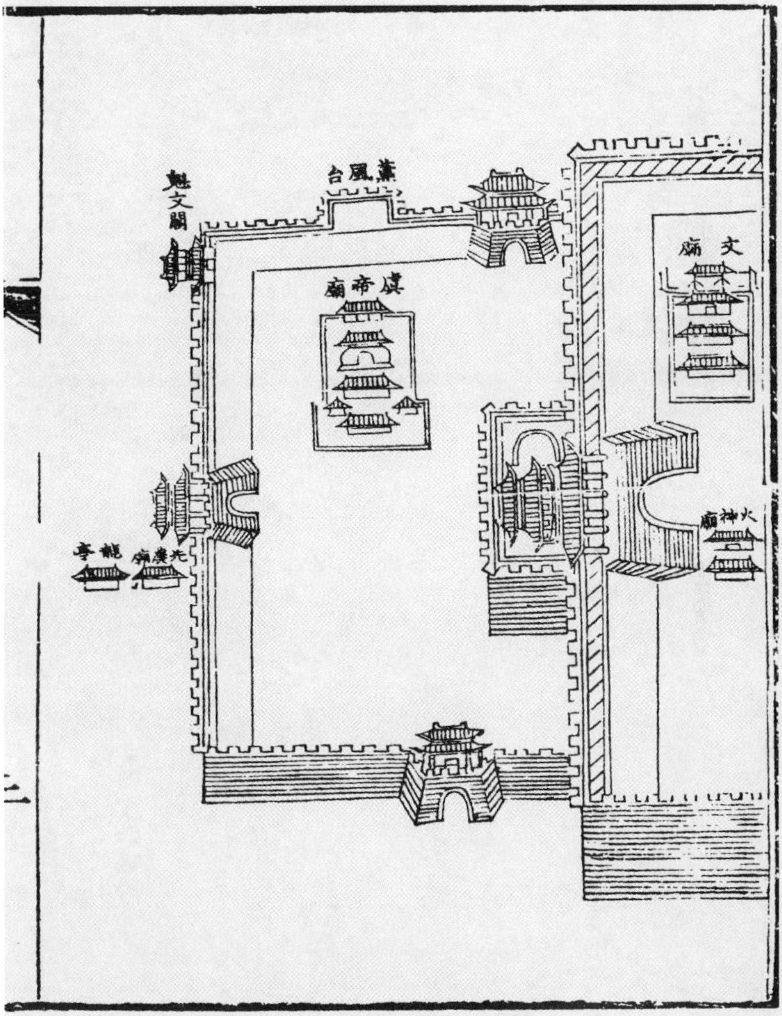
薰風台
魁文閣
虞帝廟
文廟
火神廟
先農廟
龍亭

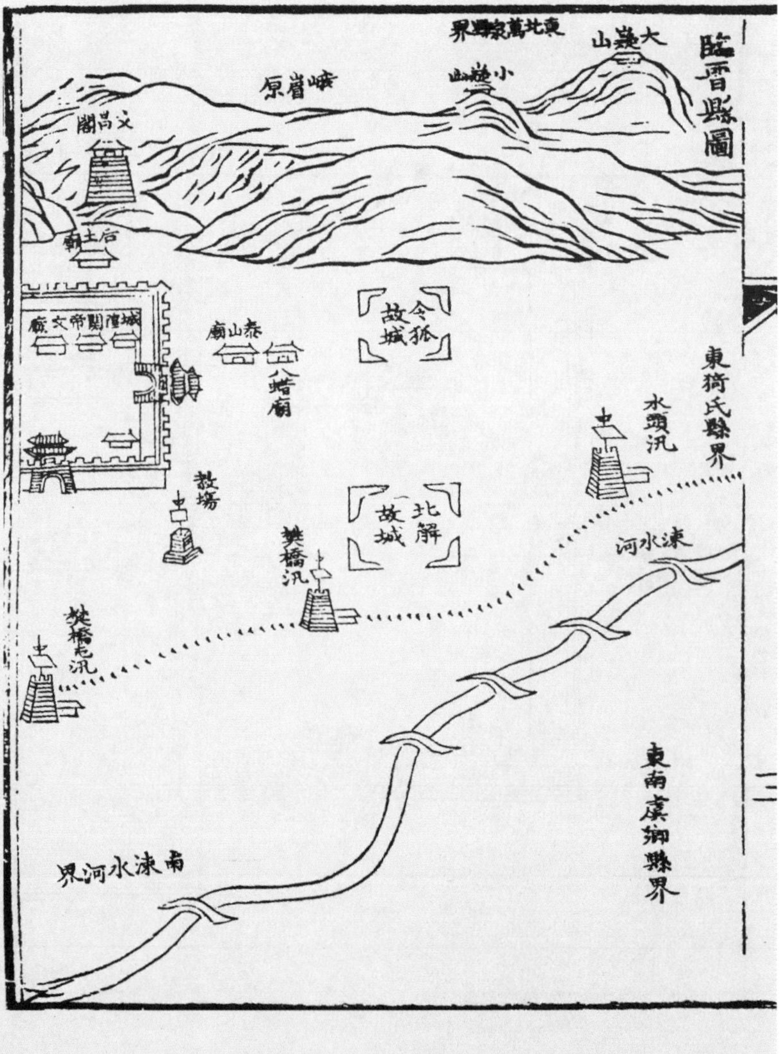
臨晉縣圖
大巃山
東北萬泉縣界
小巃山
峨嵋原
文昌閣
后土廟
城隍關帝文廟
泰山廟
八蜡廟
令狐故城
東猗氏縣界
水頭汛
教場
北解故城
樊橋汛
樊橋屯汛
涑水河
東南虞鄉縣界
南涑水河界

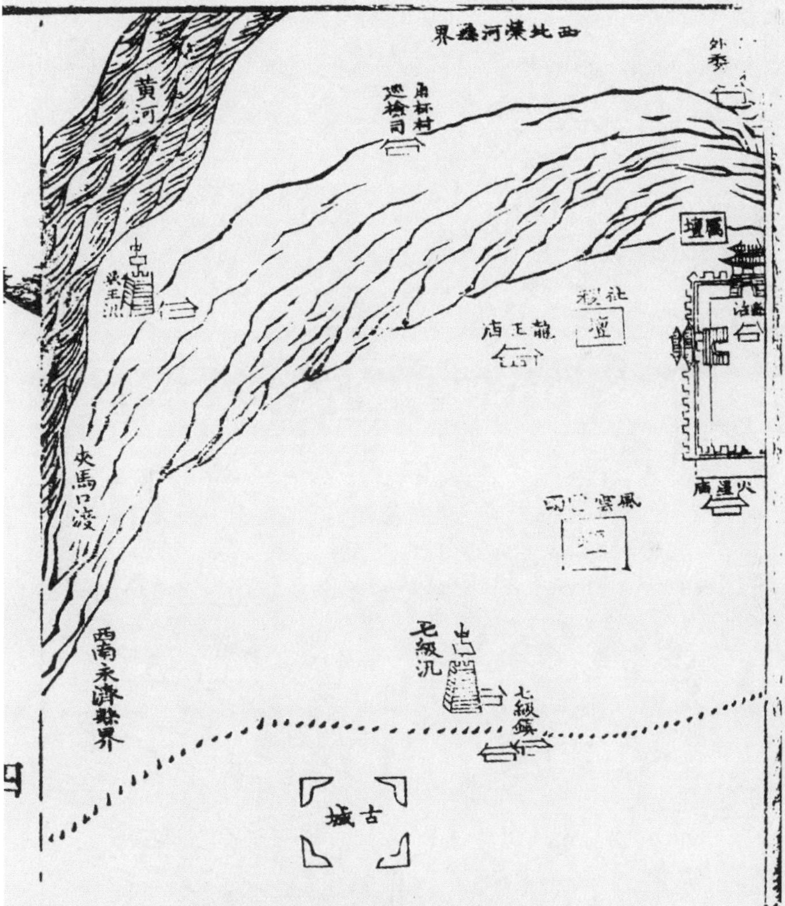
西北榮河縣界
黃河
巡檢司
吳王汛
社稷壇
龍王廟
厲壇
火星廟
夾馬口渡
西南永濟縣界
七級汛
七級鎮
古城
五姓湖

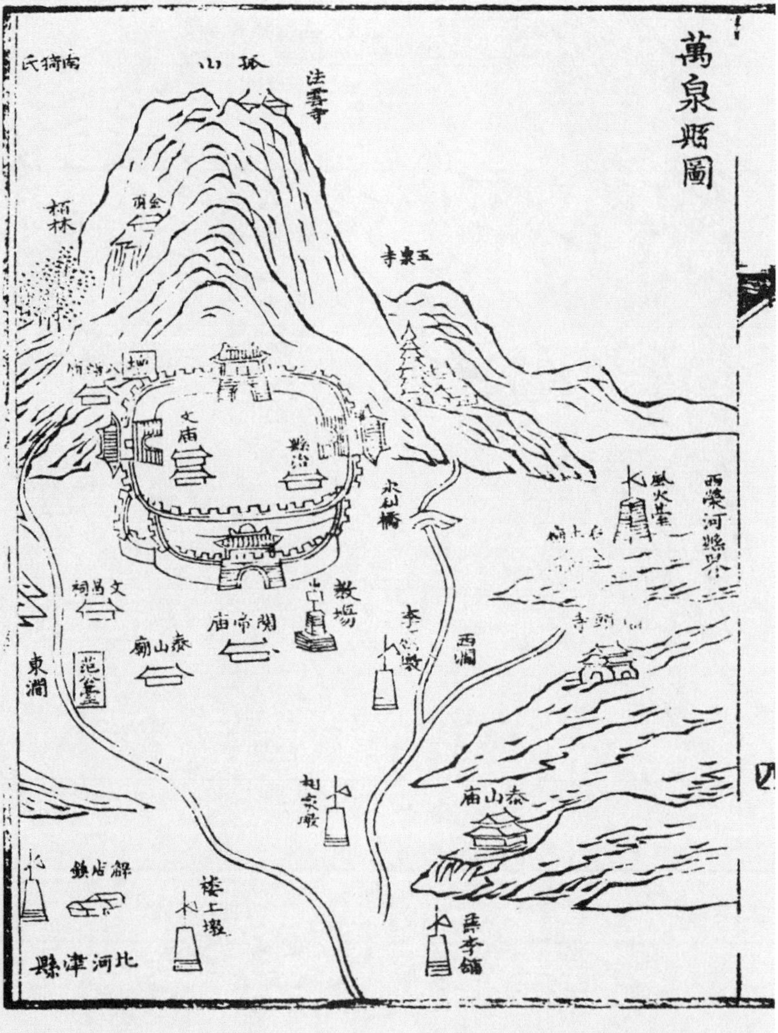
萬泉縣圖
孤山
法雲寺
五泉寺
文廟
縣治
永和橋
教場
關帝廟
泰山廟
文昌祠
東澗
西澗
西榮河縣界
烽火臺
泰山廟
解店鎮
樓上墩
北河津縣

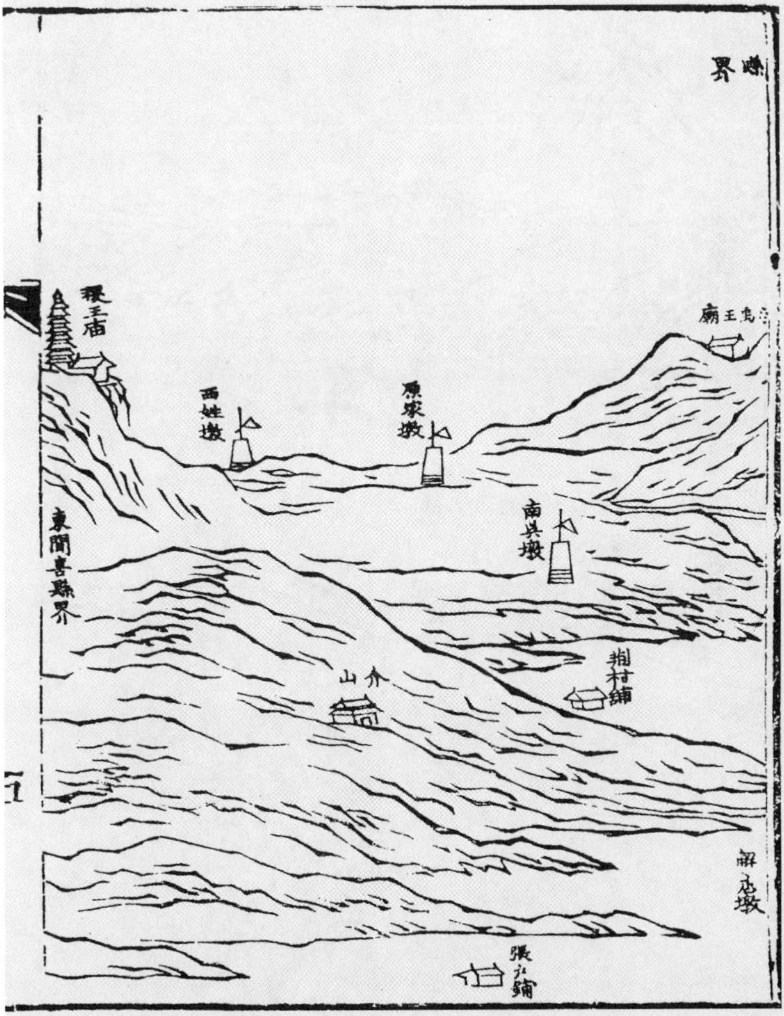
臨界
稷王廟
禹王廟
西姚墩
原家墩
南吳墩
東聞喜縣界
介山
村鋪
墩
鋪

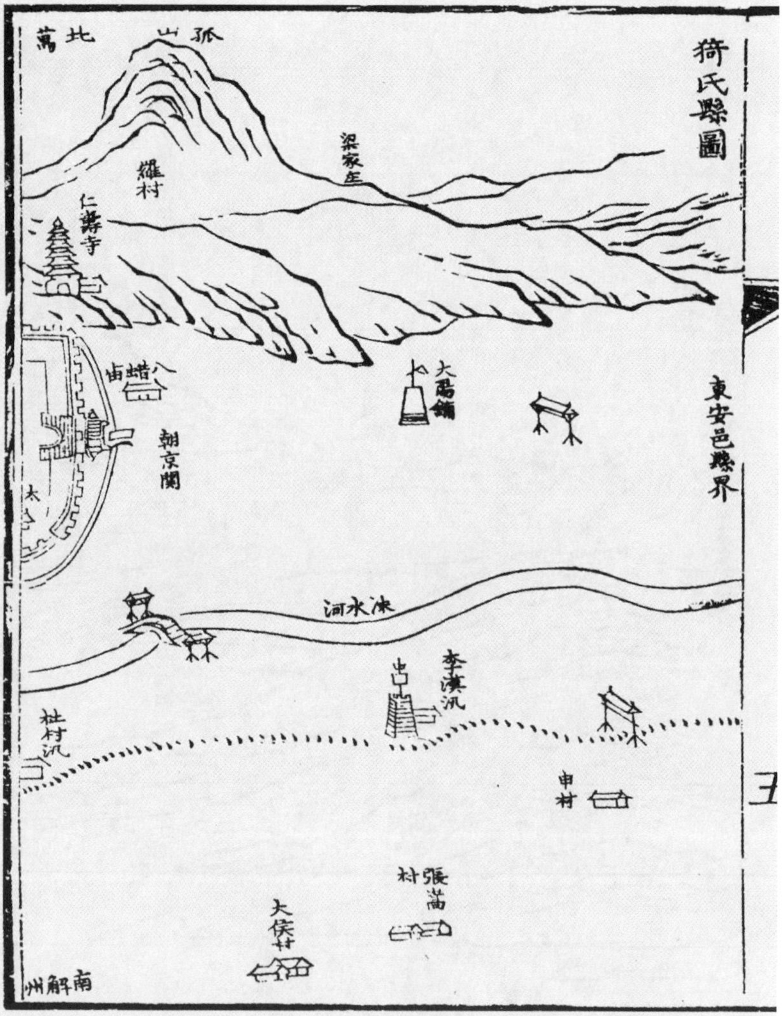
猗氏縣圖
北萬
孤山
梁家庄
羅村
仁壽寺
八蜡廟
大禹鋪
朝京關
東安邑縣界
涑水河
李漢汛
杜村汛
申村
大侯村
南解州

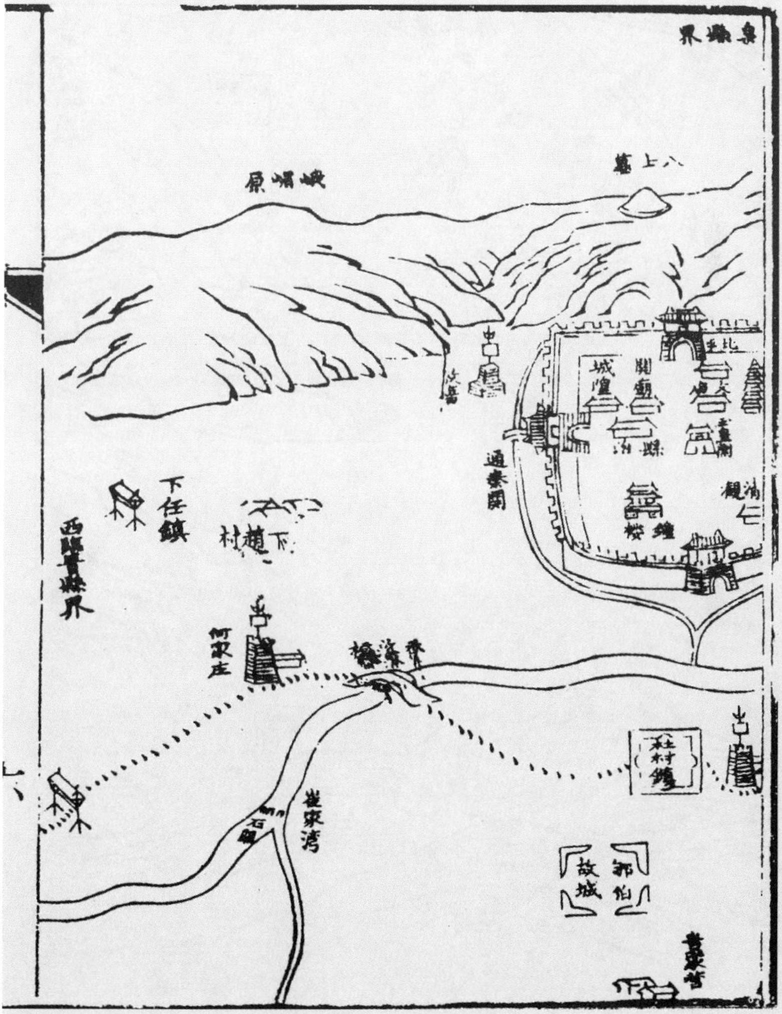
峨嵋原
城隍
縣治
鐘樓
通秦關
下任鎮
下趙村
何家庄
崔家湾
杜村鎮
郇伯故城

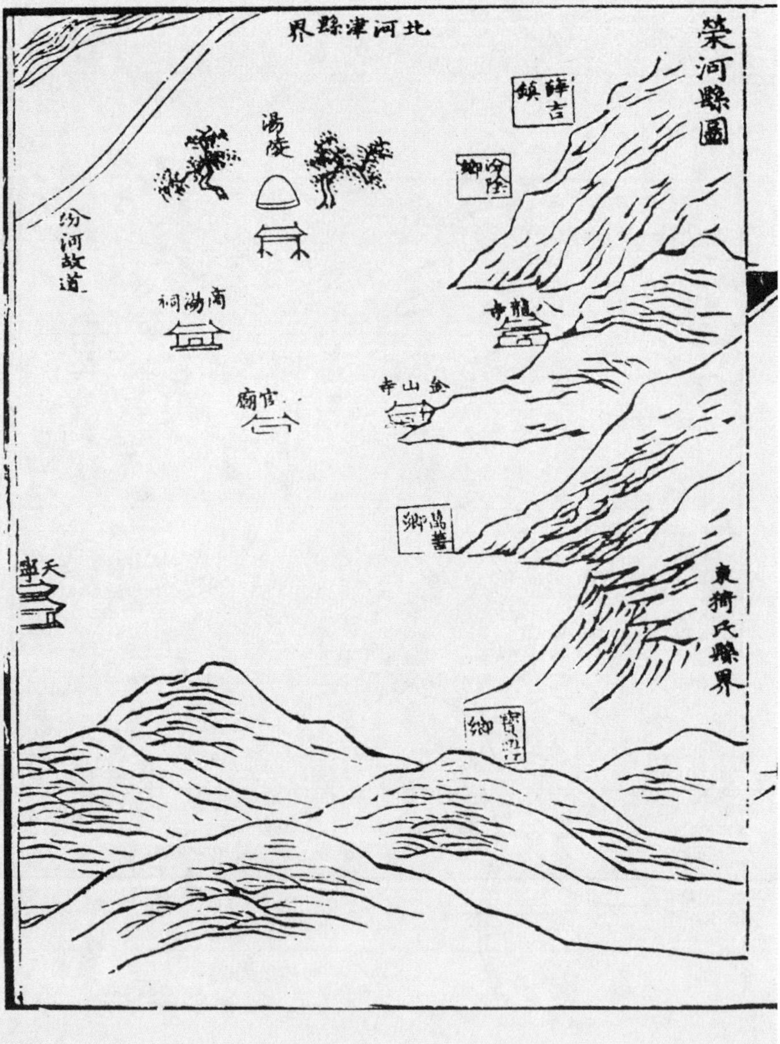
榮河縣圖
北河津縣界
薛吉鎮
汾陰鄉
湯陵
汾河故道
商湯祠
八龍寺
金山寺
官廟
萬善鄉
東猗氏縣界

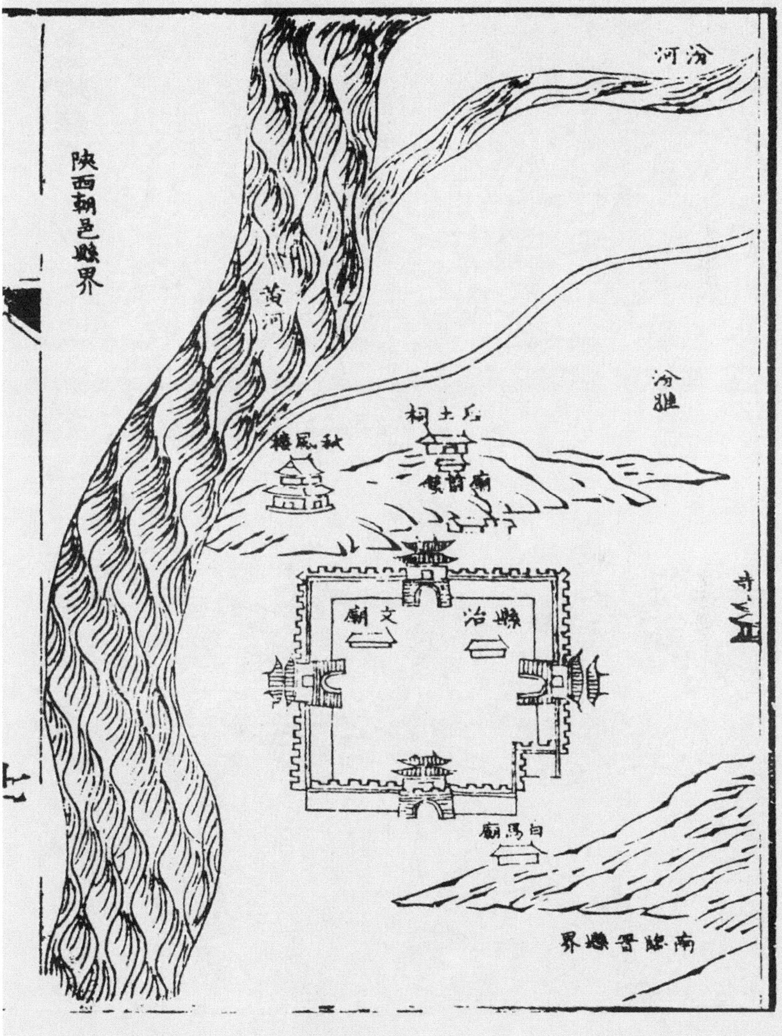
汾河
陝西朝邑縣界
黃河
汾脽
后土祠
秋風樓
廟前鎮
文廟
縣治
白馬廟
南臨晉縣界

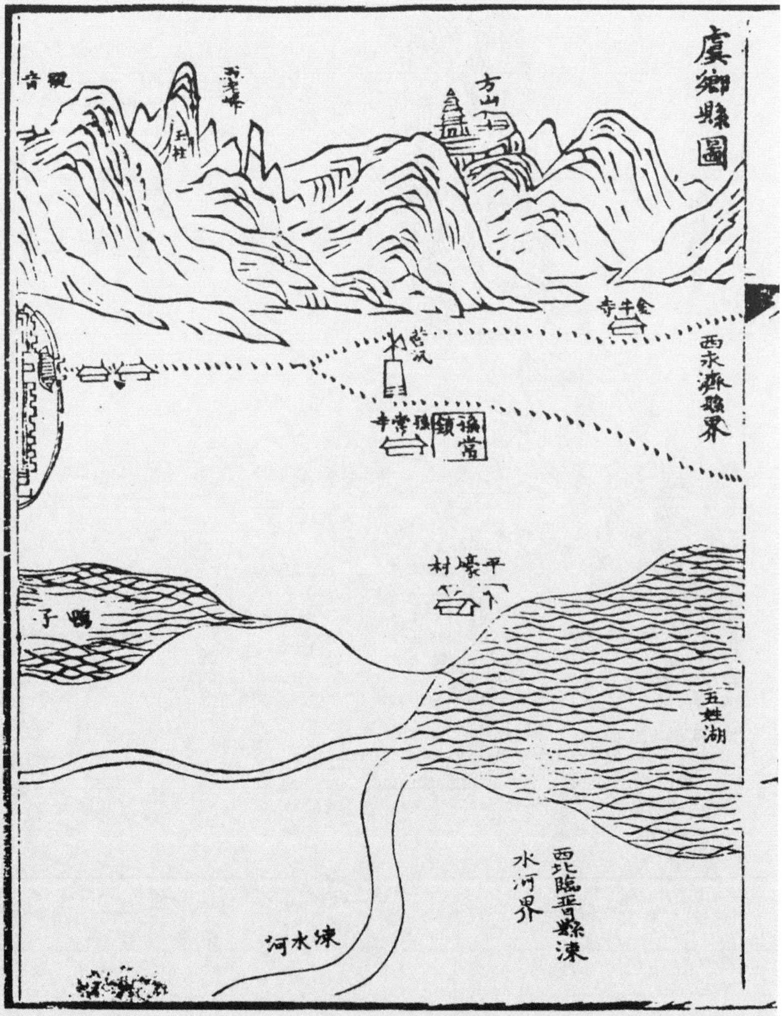
虞鄉縣圖
觀音
玉柱
方山
金牛寺
西永濟縣界
孫常鎮
平壕村
鴨子
五姓湖
西北臨晉縣涑水河界
涑水河

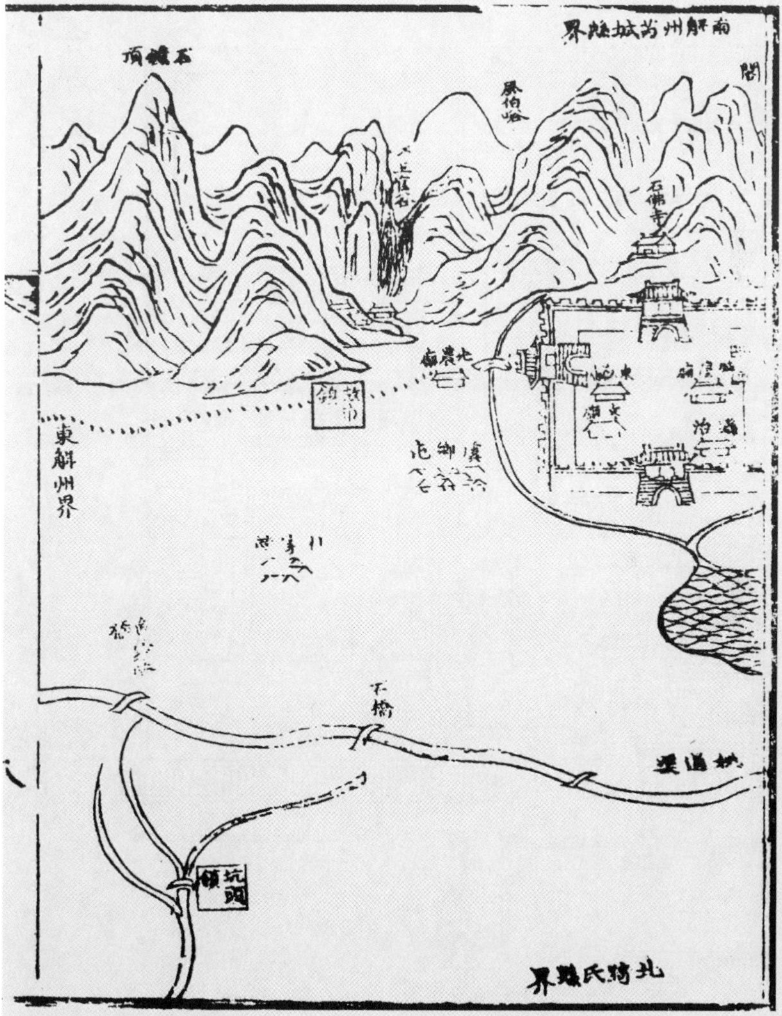
南解州芮城縣界
風伯峪
石佛寺
北農廟
故市鎮
東解州界
坑頭鎮
北猗氏縣界

府署圖

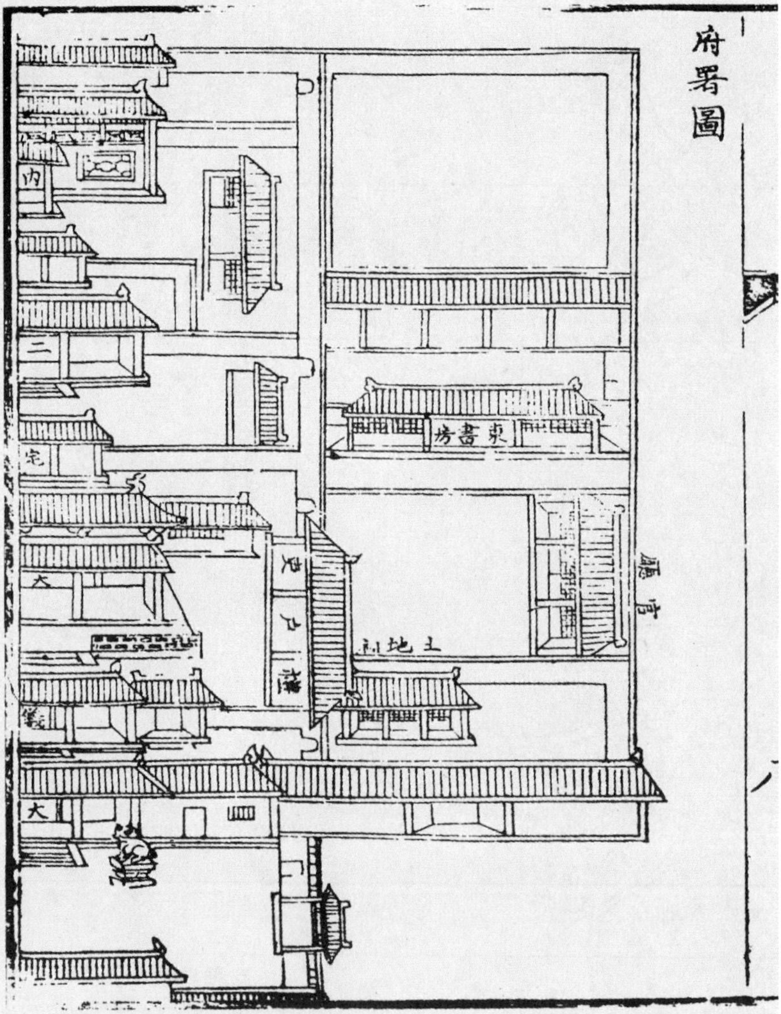

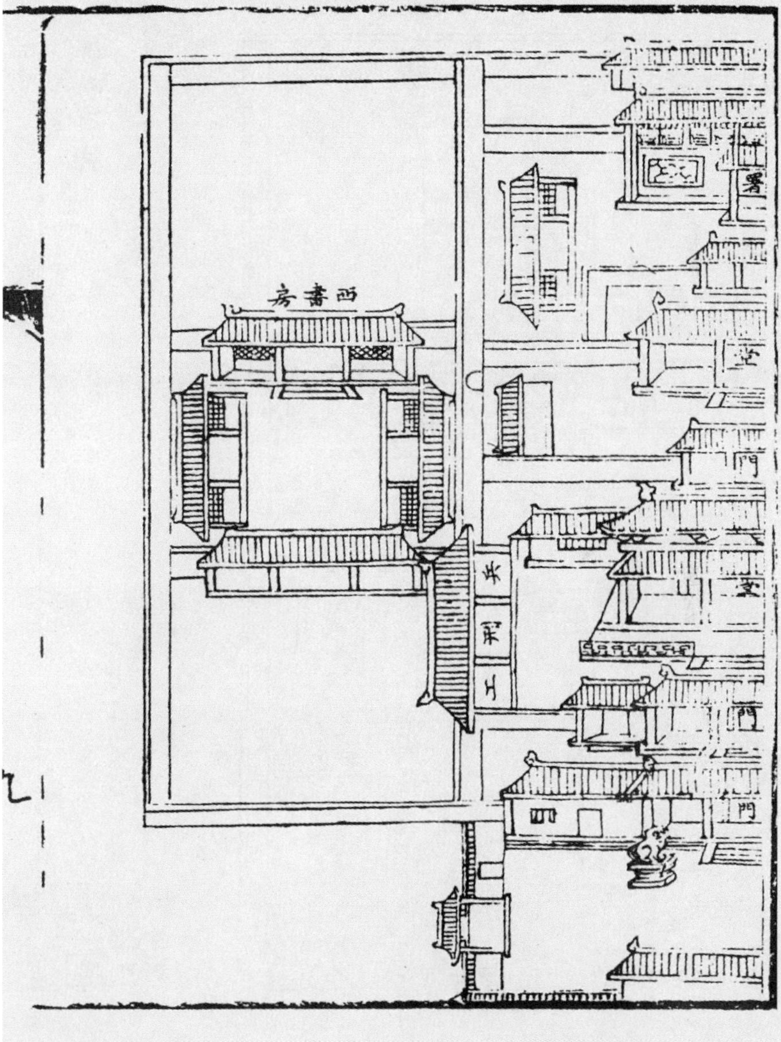
西書房
署
堂
門
堂
兵
刑
工
門
門

舊府署圖

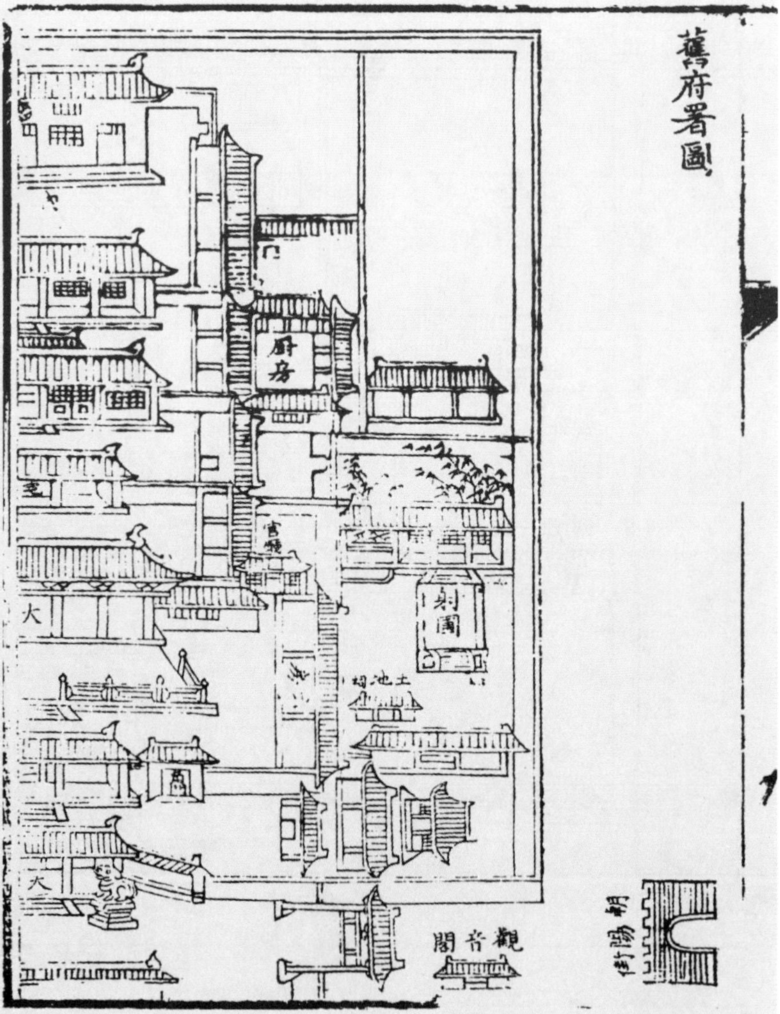

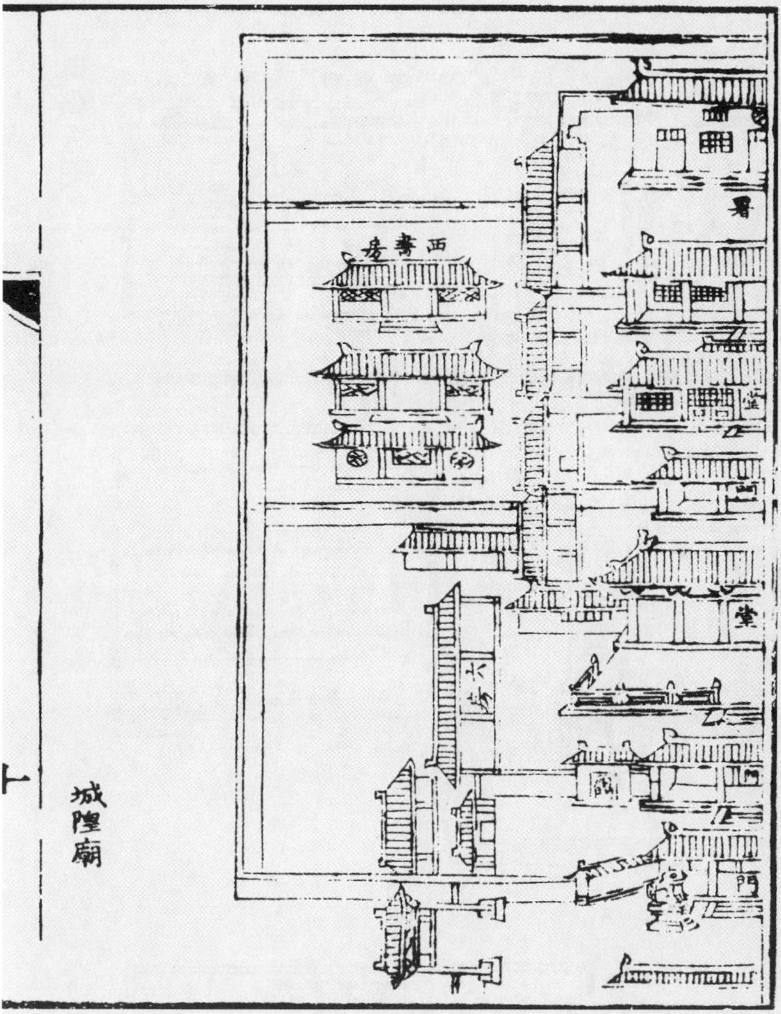
西書房
署
堂
六房
門
門
城隍廟

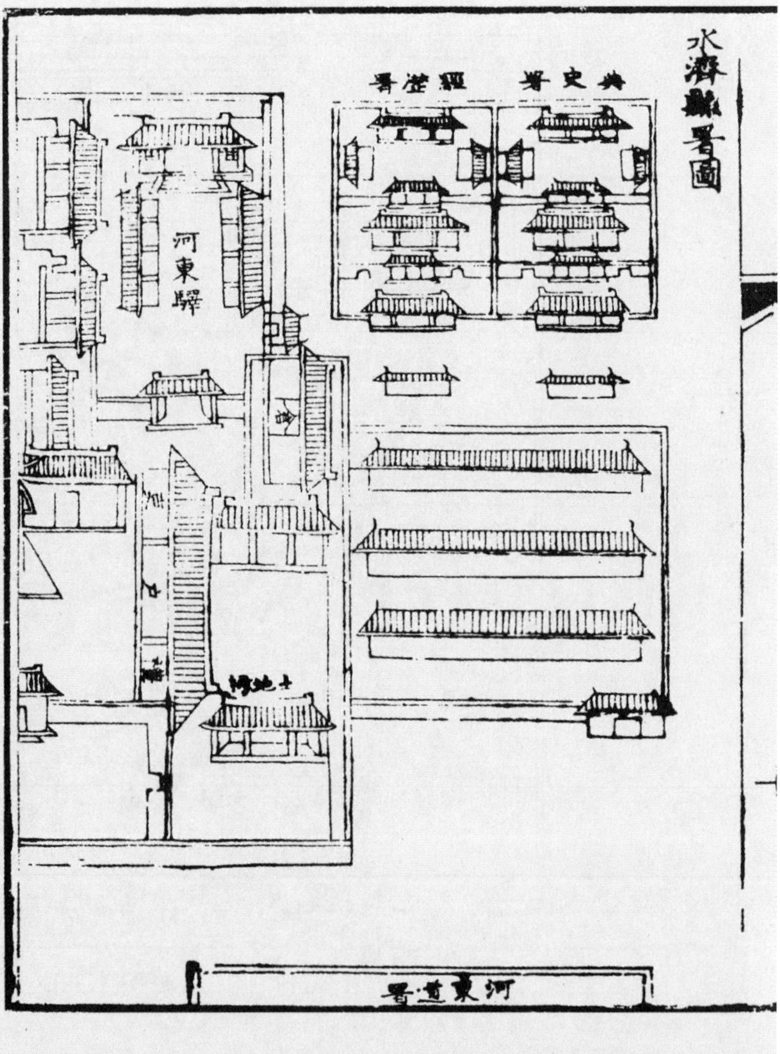
水濟縣署圖
典史署
經歷署
河東驛
土地祠
河東道署

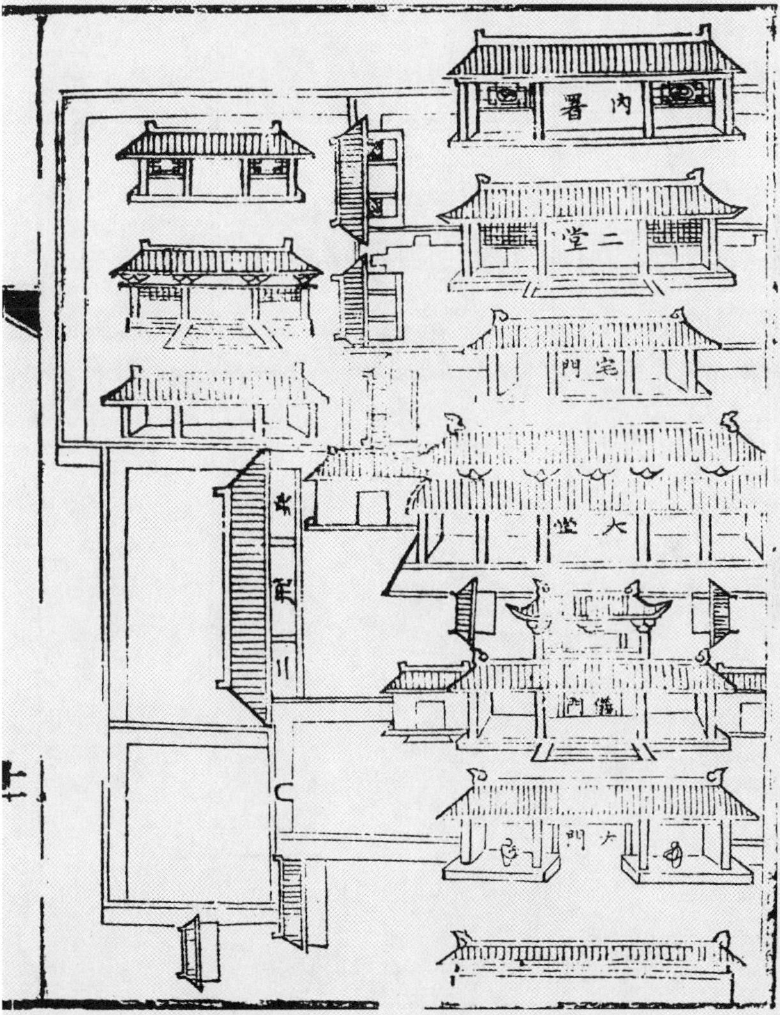
內署
二堂
宅門
大堂
儀門
大門

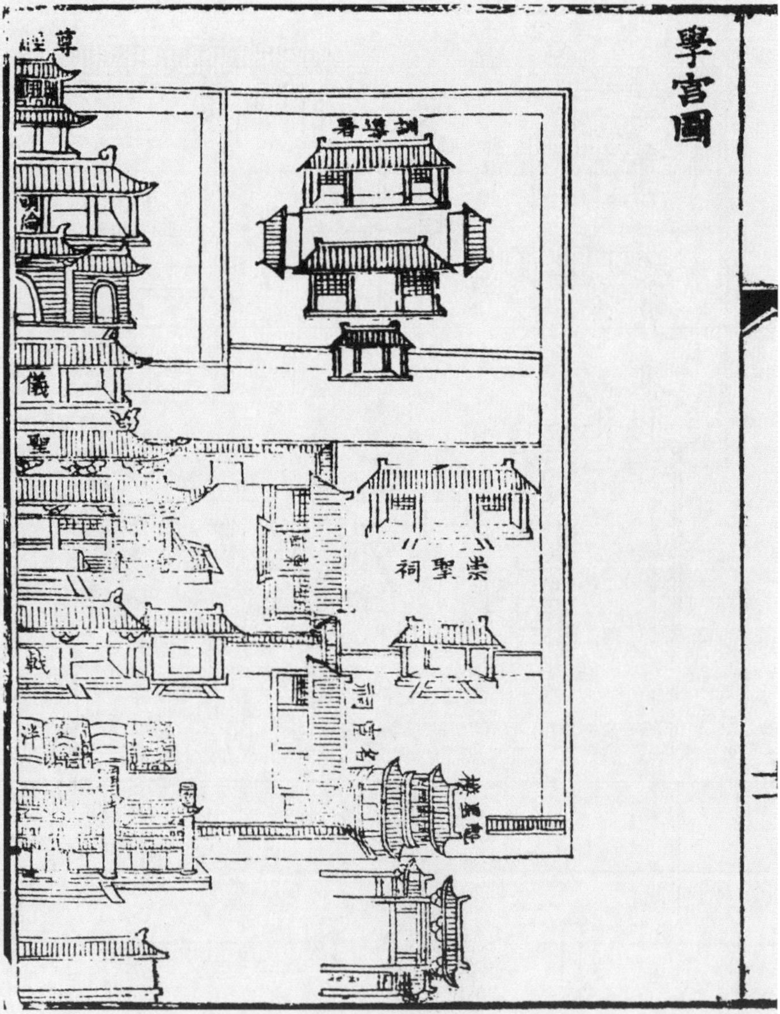

學宮圖

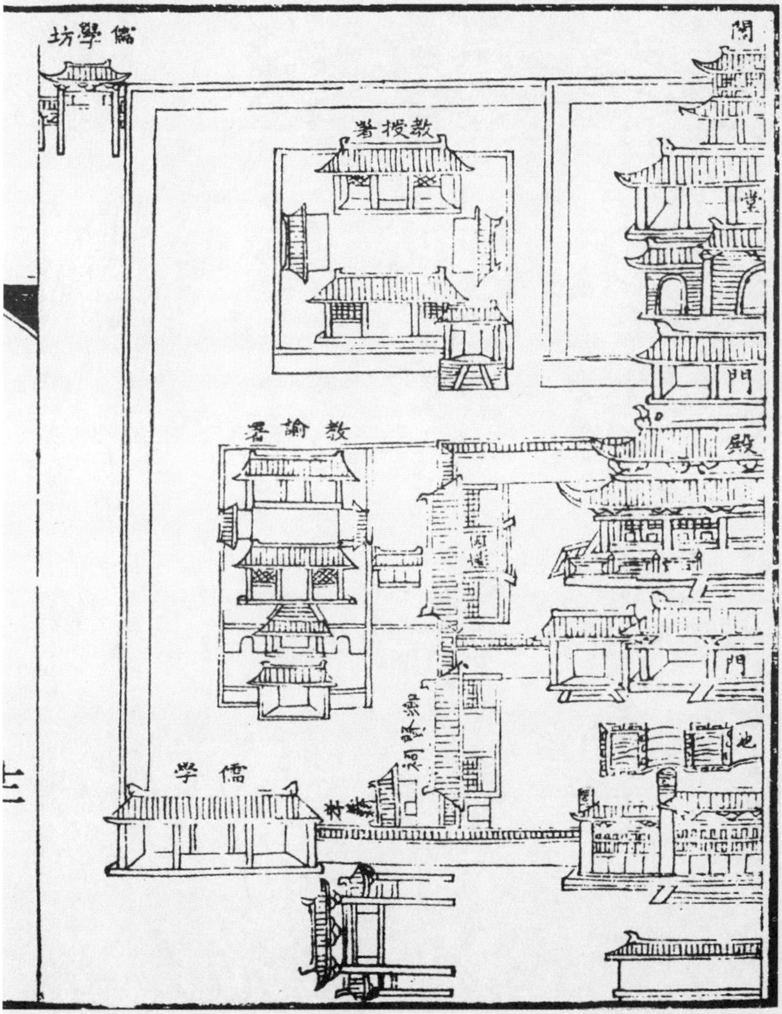
儒學坊
教授署
教諭署
鄉賢祠
儒學
閣
堂
門
殿
門
池

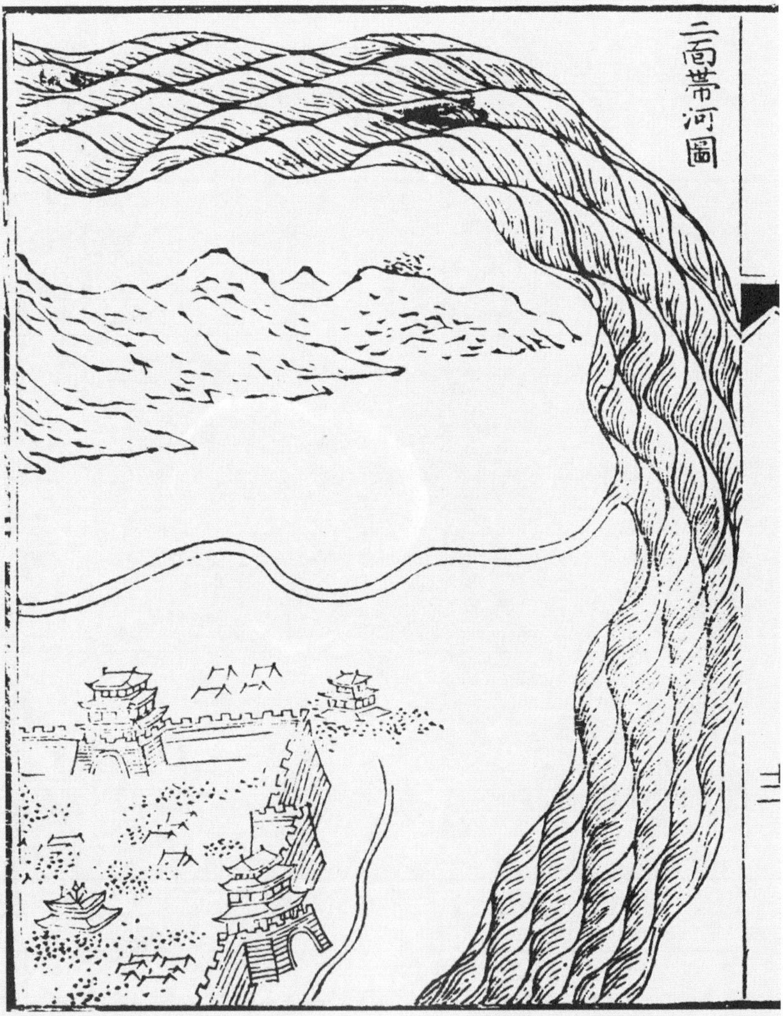

三面帶河圖

雷首山圖

大禹廟
常王
龍頭
匼河

中條山圖

天柱峯
王官飛瀑

歷山圖

五姓湖圖
湖北寺

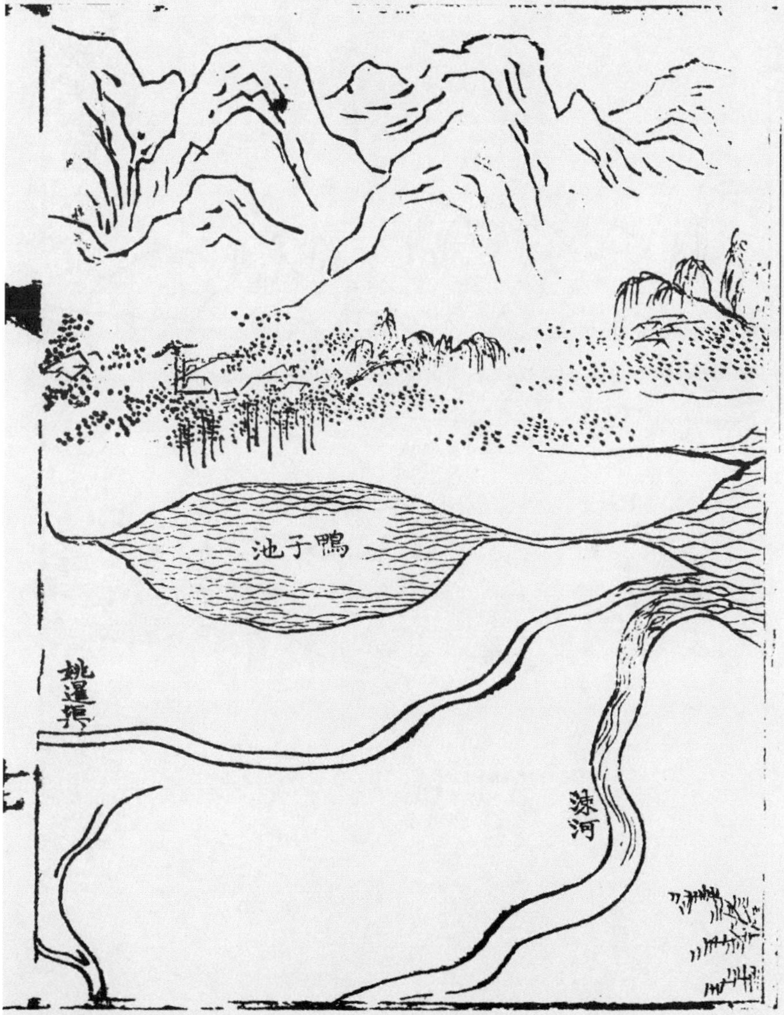
鴨子池
姚暹渠
涑河

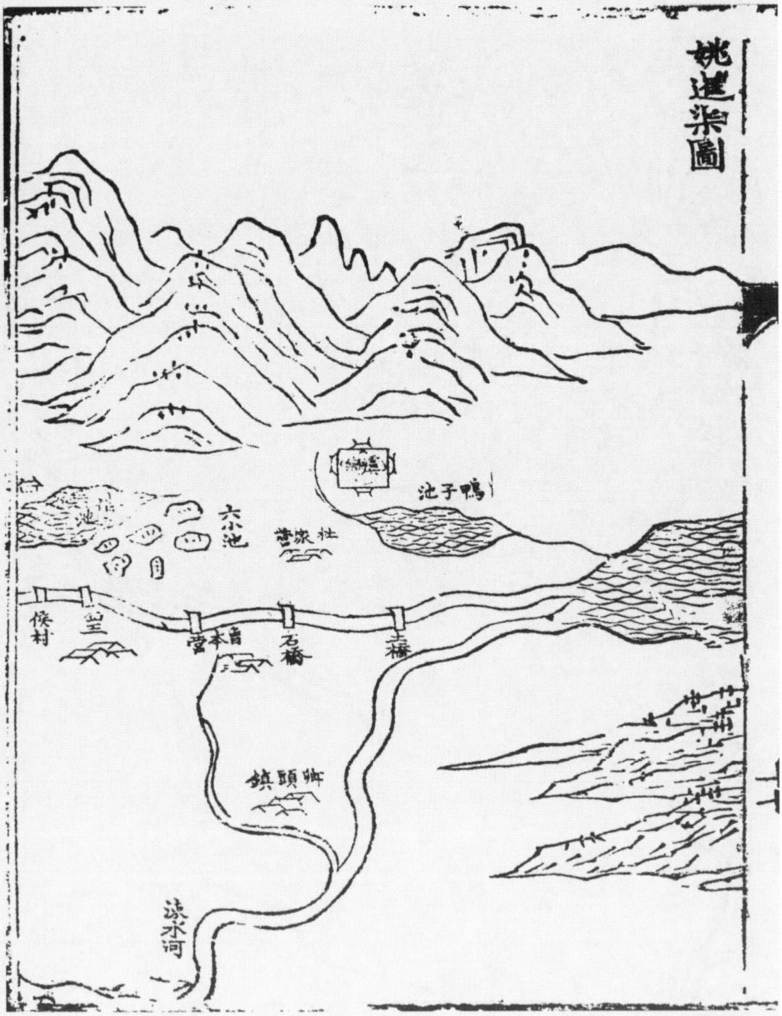
姚暹渠圖
鴨子池
六小池
杜家營
侯村
石橋
神頭鎮
涑水河

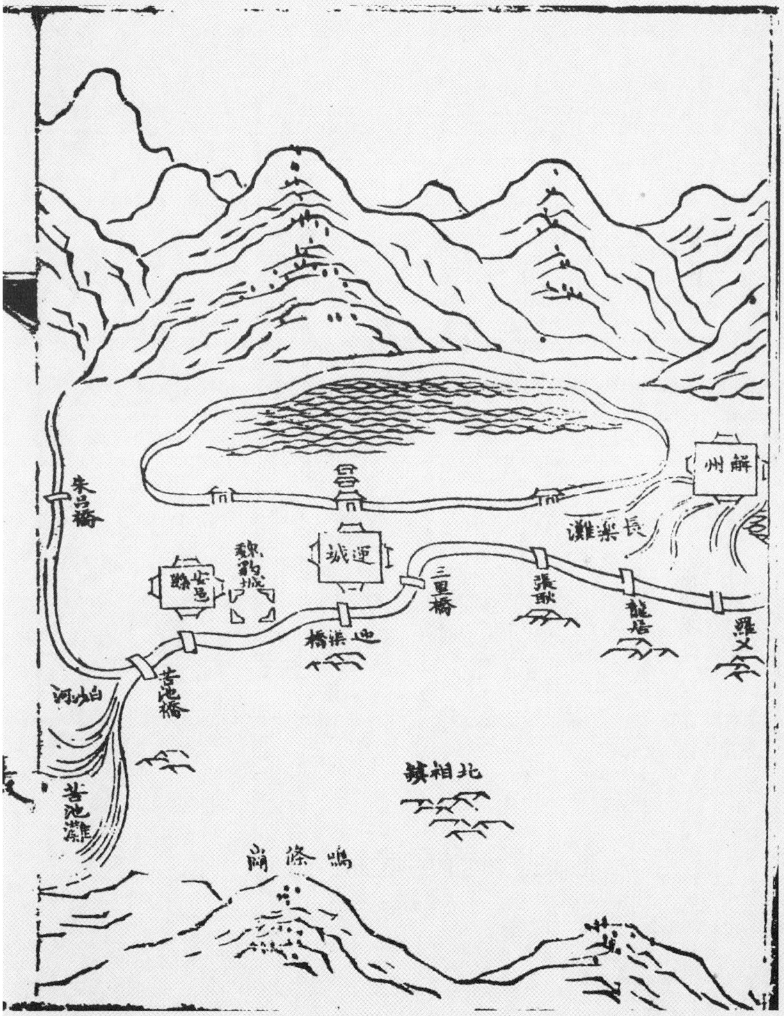
朱呂橋
解州
長渠灘
運城
安邑縣
三里橋
張耿
龍居
羅义
迎渠橋
苦池橋
白沙河
苦池灘
北相鎮
鳴條崗

西海廟圖

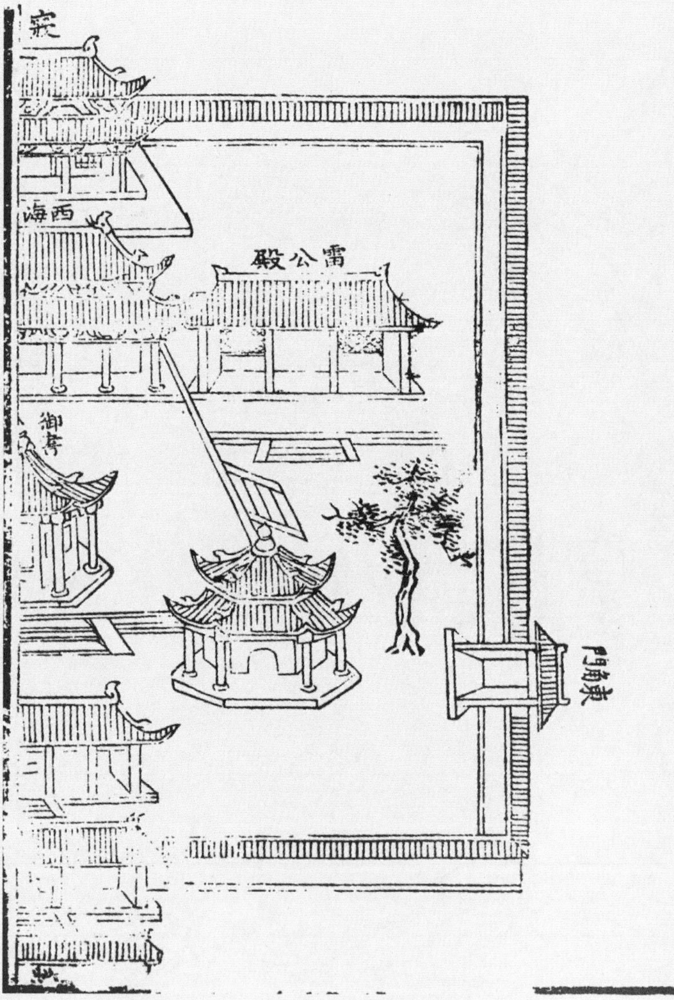

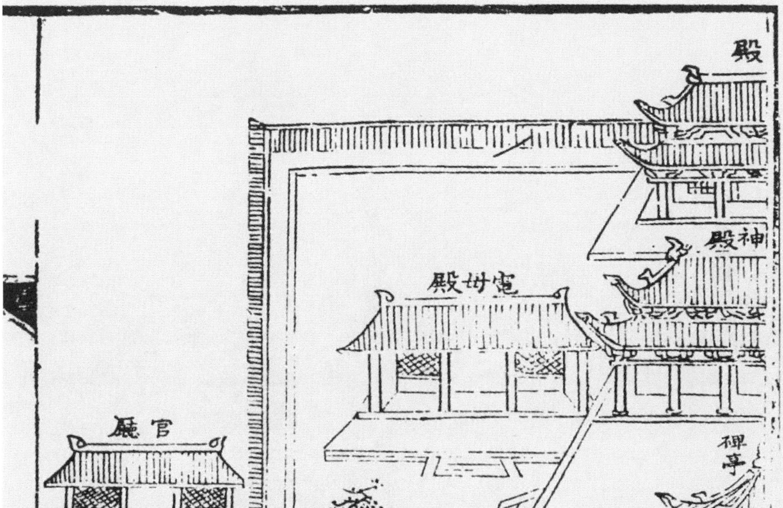
殿
神殿
官廳
碑亭
西角門
門
門

河瀆廟圖

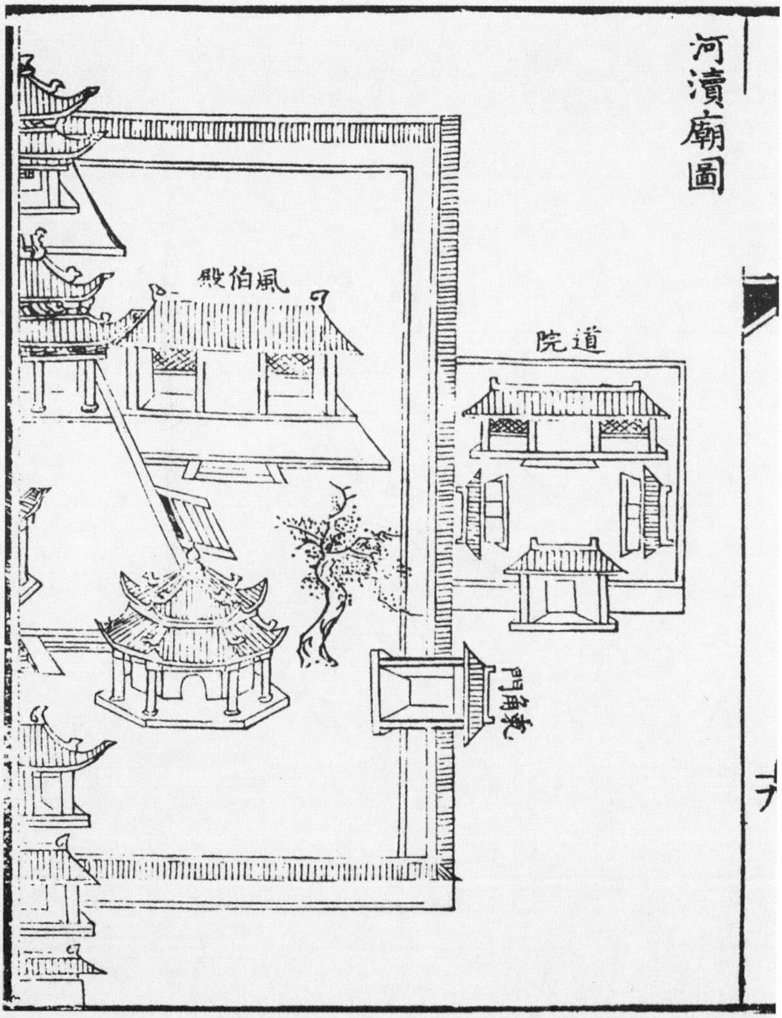

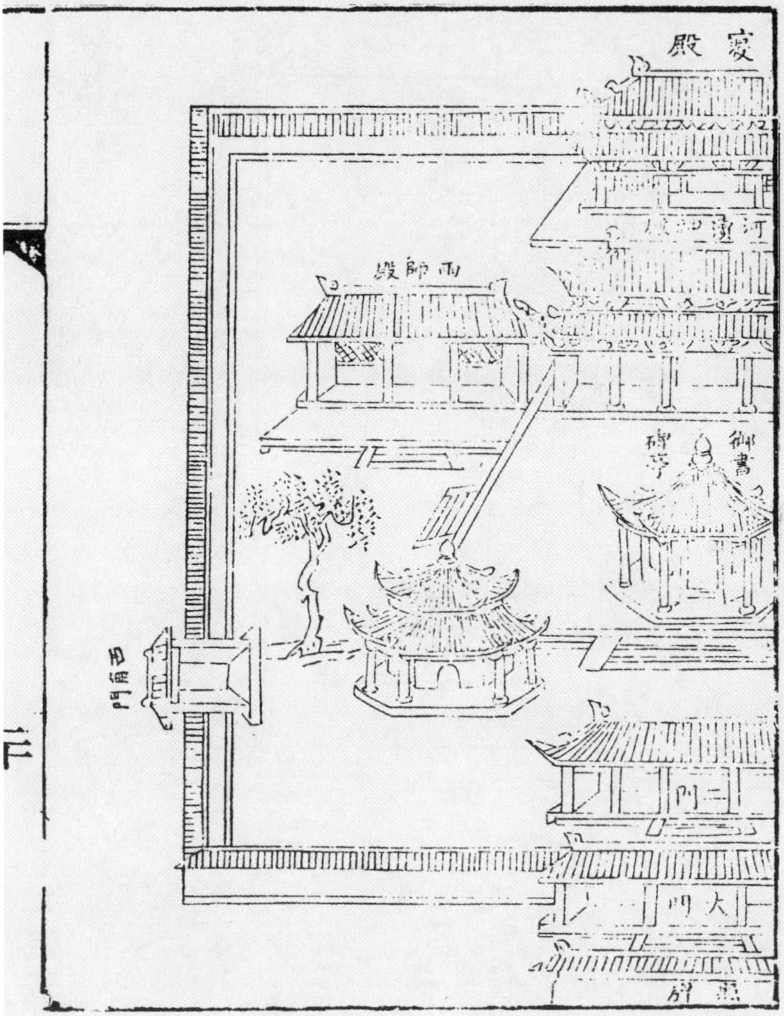
寢殿
雨師殿
御書碑亭
西角門
二門
大門

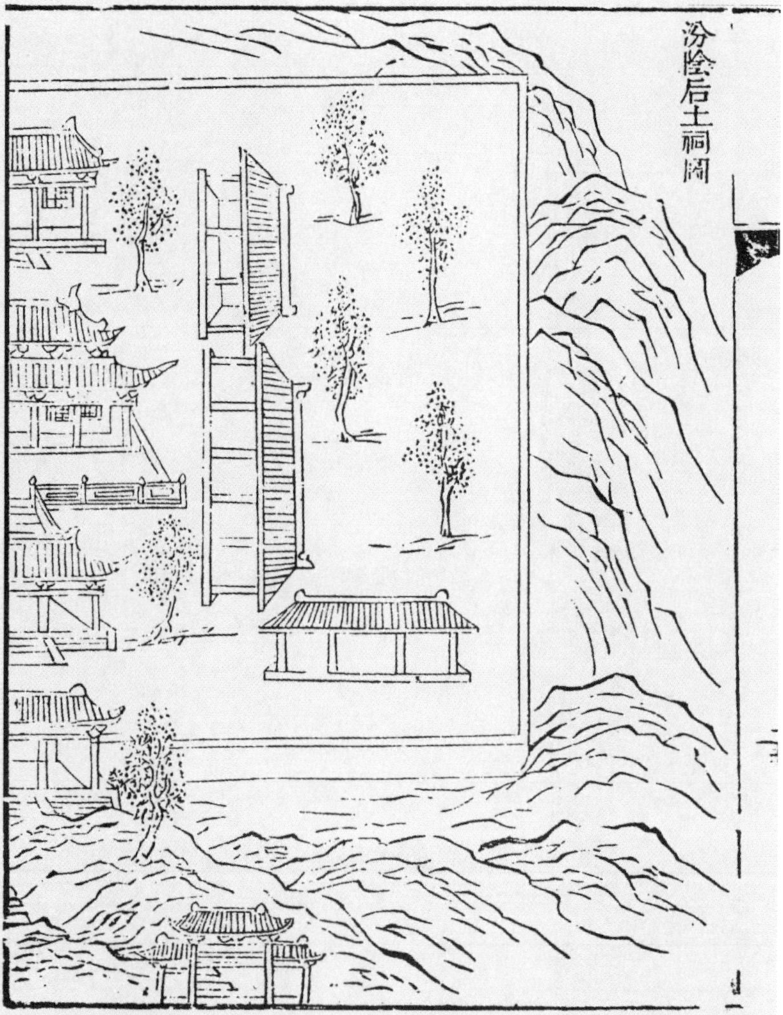
汾陰后土祠圖

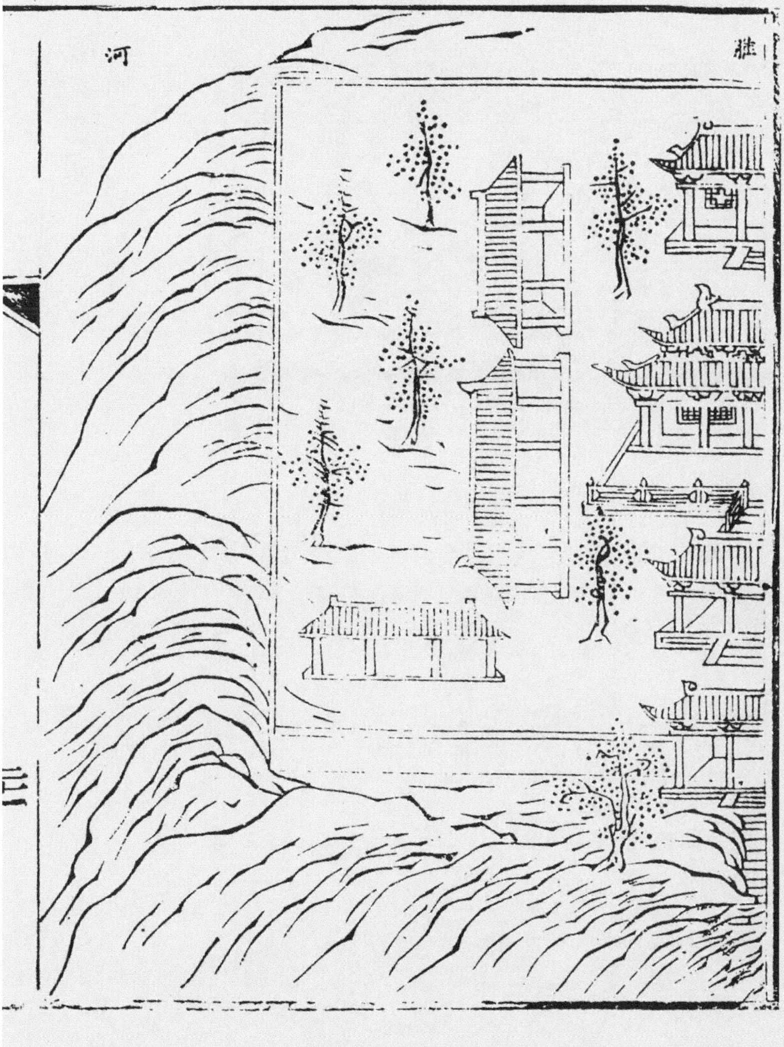
河
脽

虞帝廟圖

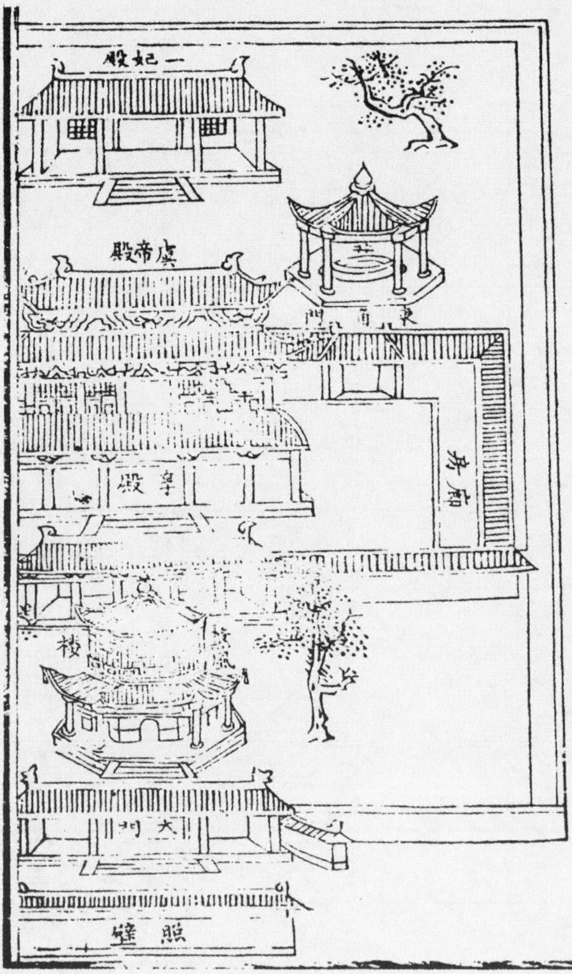

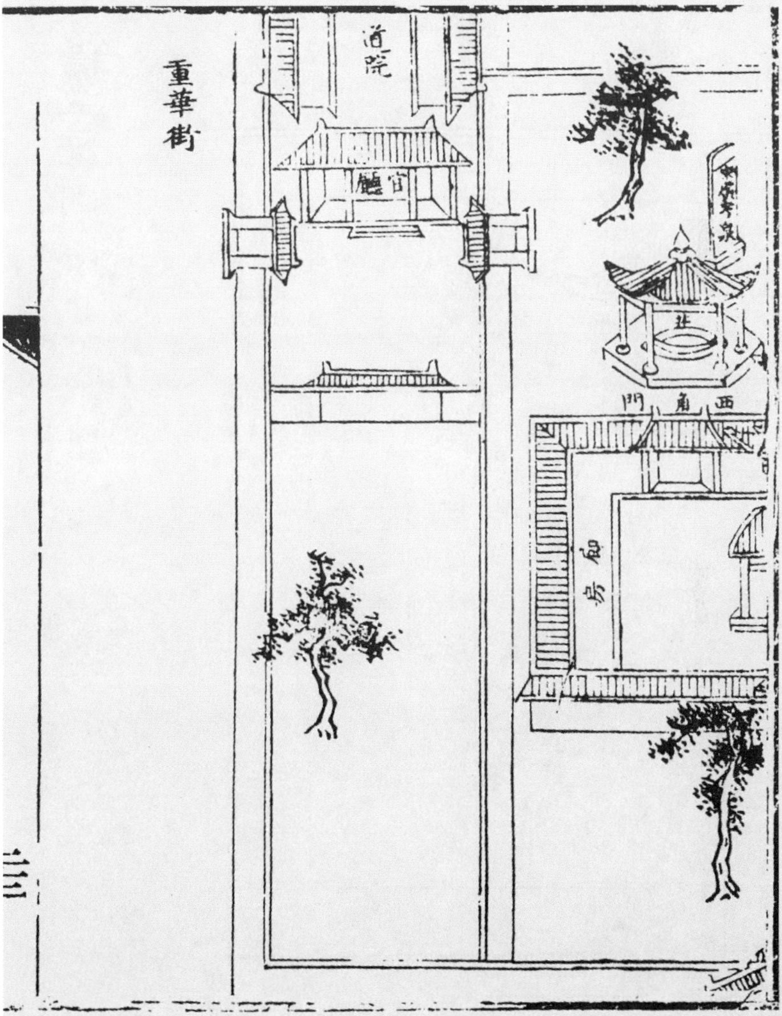

道院
重華街
官廳
井
西角門
廂房

湯王陵圖

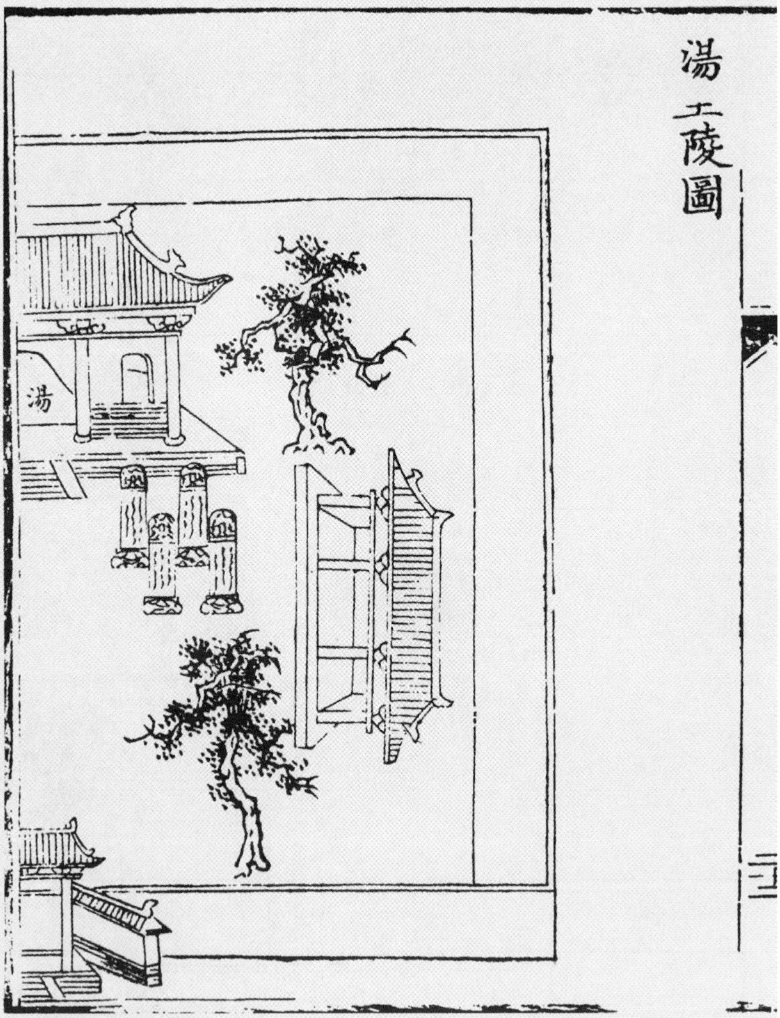

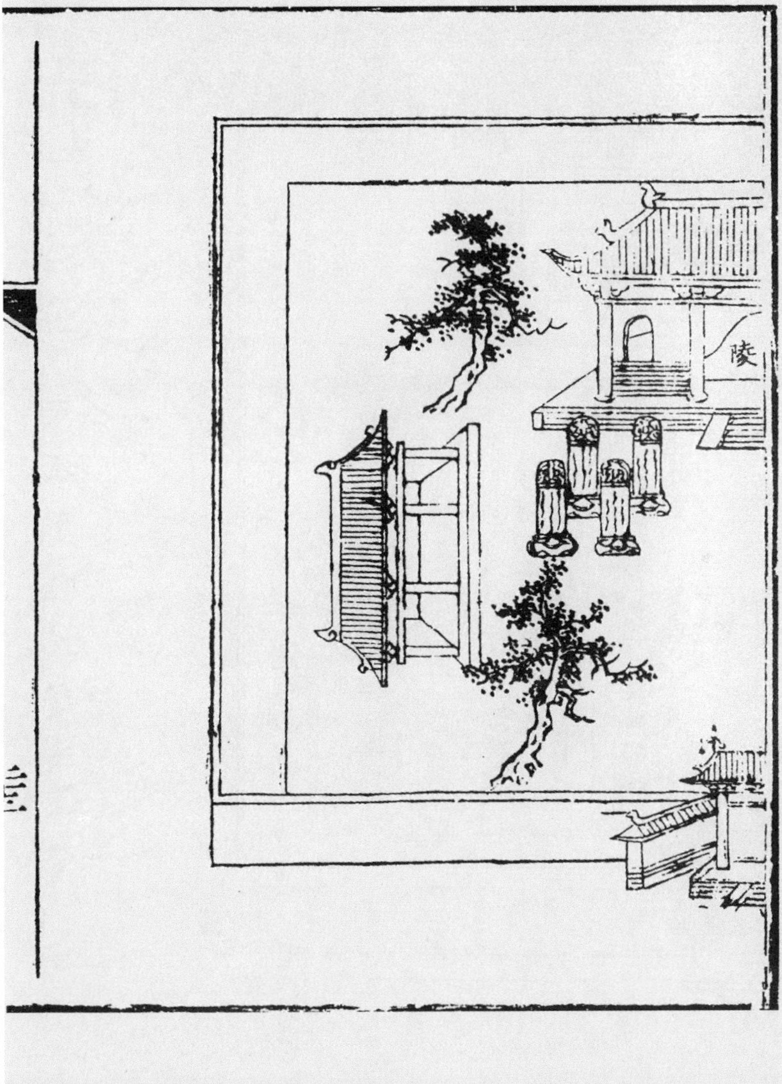
陵

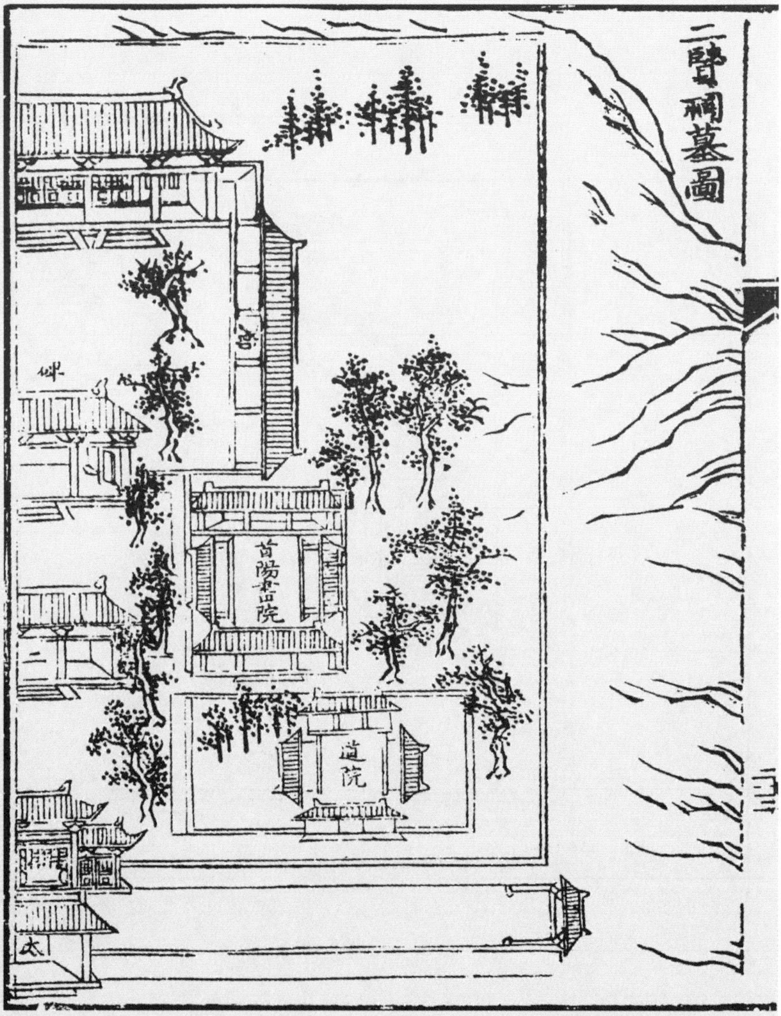
二賢祠墓圖
首陽書院
道院
碑
太

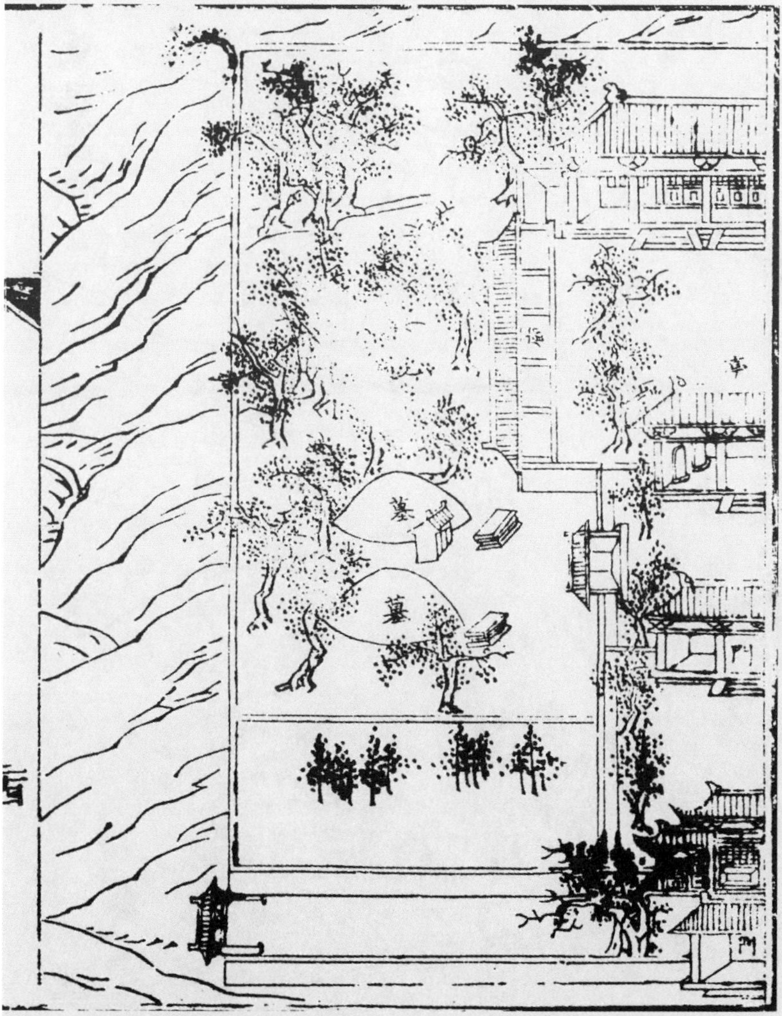
墓
墓

薰風臺圖

虞帝廟

萬固寺圖
第一禪林

水陸殿
大雄殿

棲巖寺圖
雲洞
中棲巖

望川亭
下棲巖

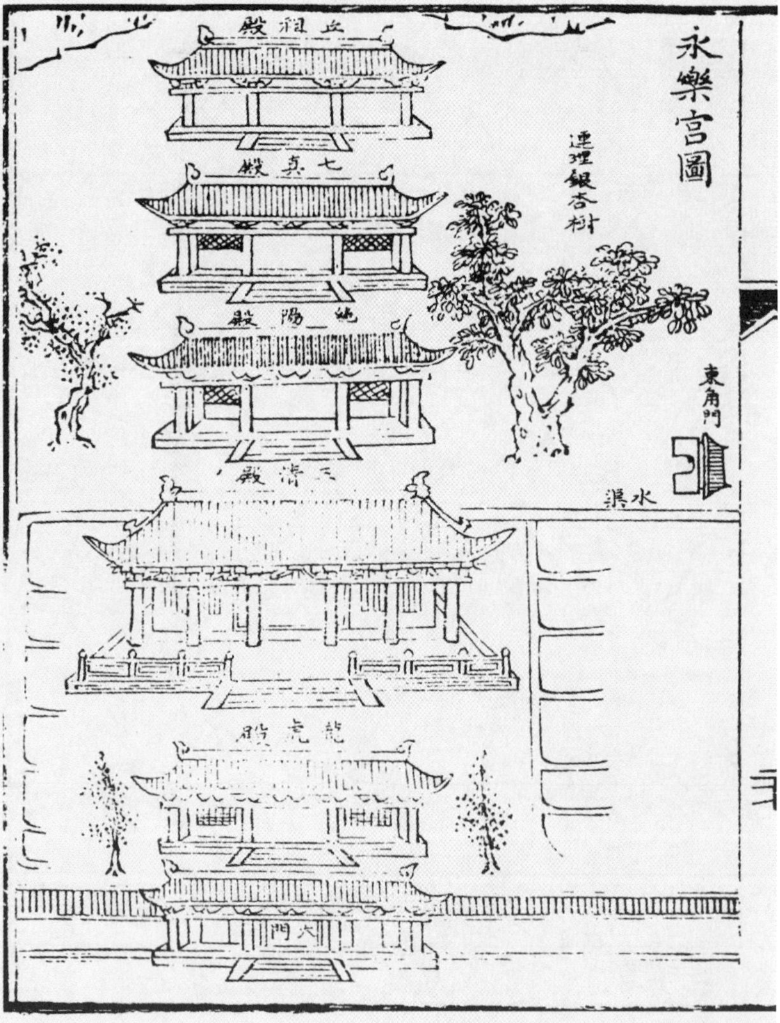
永樂宮圖
丘祖殿
七真殿
純陽殿
三清殿
龍虎殿
大門
連理銀杏樹
東角門
水渠

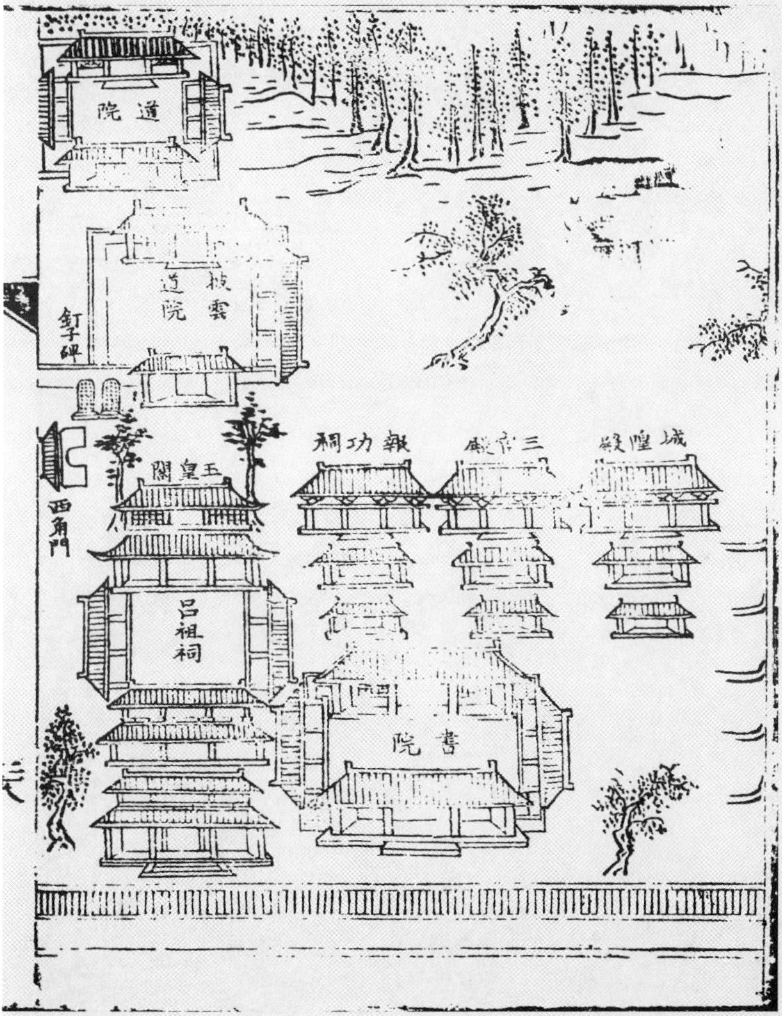
道院
披雲道院
西角門
玉皇閣
呂祖祠
報功祠
三官殿
城隍殿
書院

鸛雀楼圖
黄河

府城西
南角楼

鐵牛圖

府城西門
蒲津
護城石堤
大禹廟

蒲州府志卷之一

分野

左傳遷實沈于大夏主參

帝王世紀自畢十二度至東井八度爲實沈之分於

辰爲申魏之分野

星經參十星一曰參伐一曰大辰一曰天市一曰鈇

鉞主斬刈又爲天獄主殺伐又主權衡所以平理

也又主邊城爲九譯參白虎之體其中三星横列

三將也三小星曰伐天之都尉也

北斗第三星曰璣其分爲梁魏
五車西南星曰卿星主熒惑主魏
九坎東列星北一星曰齊齊北二星曰趙趙北一星
曰鄭鄭北一星曰越越東二星曰周周東南列二
星曰秦秦南二星曰代代西一星曰晉晉北一星
曰韓韓北一星曰魏其星有變各以其國占之
史記晉之疆候在辰星占於參罰
漢書魏地觜觽參之分野也其界自高陵以東盡河
東河內南有陳留潁川河南

晉書河東入張一度

唐書天文志一行議云初畢十度中參七度終東井十一度自漢之河東及上黨太原盡西河之地古晉魏虞唐耿揚霍冀黎郇與西河戎狄之國西河之濱所以設險限秦晉故其地上應天闕其南曲之陰在晉地衆山之陽南曲之陽在秦地衆山之陰陰陽之氣并故與東井通河東永樂芮城河北縣及河曲豐勝夏州皆東井之分參伐爲戎索爲武政當河東盡大夏之墟上黨居下流與趙魏接

爲觜觿之分

大明淸類分野書云自畢七度至井八度爲實沈之分平陽府參分蒲絳吉隰霍解六州皆觜參分

論曰郡之分野其爲實沈之次尚巳至天官家言星或以爲參井或以爲觜參訖無有定大抵漢唐諸志皆統全魏之地而言之且統星次之所及者而總說之故觜參參井兼稱並舉以詳其旨而一行所言尤精特其謂河東永樂芮城河北與河曲豐勝夏州皆東井分而又謂參伐

當河東盡大夏之墟夫永樂芮城河北非即河東乎且河曲豐勝其去永樂河北亦甚遠矣謂同東井之分斯於義亦未安也既以河東當參伐又以永樂芮城河北爲東井說幾自相牴牾意其言參伐者則得之而屬永樂河東於東井恐不爲定論也晉志成於李淳風唐之善言天者無如淳風以爲入張一度蓋張爲周星而河東近接陝洛其星度之鈎帶出入或相及焉然要不得謂河東兼有張分也大抵地體方而主

靜郡國之疆域有常天運員而至變星度之環
羅相錯使仰觀俯察必寸寸而度之節節而析
之以强求上下之合必有泥且鑿而不可通而
反失其是者是以古言天者於東西南北四宫
之星之屬方州者亦止概言其畧使得其大要
足備於占察而已明洪武初詔劉伯溫等修大
明清類分野書蓋取州郡與天星之分屬者全
而配之其於山西言實沈言觜觿蓋亦本漢唐
之舊其曰平陽參分是矣其曰蒲絳吉隰霍解

六州皆觜參分則以一行所言辨之一行謂上黨次居下流與趙魏接爲觜分初不及河東是觜觹明爲上黨分今潞安澤州得以言之若蒲絳何與且二十八星唯觜最短大行以西大河之曲不能及也意清類所言其於測量分配容有未盡其精者今以古人所說合地輿天官準之分野宜唯得參而無井觜則直以太史公子產之言決之子產告晉平公曰昔高辛二子實沈閼伯日尋干戈后帝不臧遷實沈于大夏主

參武王邑姜方震太叔夢帝謂已命子曰虞將
與之唐而蕃其子孫及成王滅唐而封太叔故
參爲晉星夫晉始封唐後遷於絳而蒲坂屬焉
是其分宜專在參特恠實沈古之凶人帝乃使
主參於事已奇彼獨能以其神上列星紀至千
載後言天者必猶稱之而莫能廢斯又理之不
可得推者也
班氏天文志云觜觿參益州其說本於春秋元
命苞蓋五緯之學盛出於西京之末固自有其

說非漫然言之者後人不得其旨至議爲謬亂而莫可曉不知觜參益州彼初不指分野特以占法言之耳漢志明云角亢氐沇州房心豫州以至柳七星張三河翼軫荆州云云明謂在沇州則占角亢氐在荆州則占翼軫而益州則兼占觜參也故其下復有甲乙海外日月不占又有甲齊丙楚戊魏巳韓云云是觜參益州以星爲占甲乙丙戊者以日視星爲占耳後人讀書未精徒欲據益州之文用相譏詆不已失乎顧

益州宜占井鬼而乃占觜參者以梁蜀地當西南自天之十二辰論之與魏晉同爲申位故亦得以觜參爲占且星之分野有定而占變無定如太史公云晉疆候在辰星占於參罰此以分星爲占占之有定者漢高帝七年月暈參畢七重而帝有平城之圍平城畢分而參亦及焉此占之無定者且元命苞不云乎牽牛之精流爲揚州牛女定爲揚州之分然齊占亦兼牛女春秋魯昭公十年有星出於婺女宜越有災而稗

龜以爲晉君將死此又占之無定者然則觜參爲益州以此求之其說自明可勿惑於漢志也

蒲州府志　卷之一　六

古今郡地表

上古

烈山氏柱都

世記神農之後烈山氏都于蒲坂路史國名記烏本作潙嬴姓之國柱所都蒲坂今河東有潙水

有娀國

史記湯母簡狄有娀氏女正義云按記桀敗於有娀之墟有娀之墟在蒲州也

陶唐

堯舊都

通典堯舊都在蒲水經注雷首山俗亦謂之堯山山上有故城又曰堯城闞駰十三州記曰蒲坂堯都蓋堯常亦都此後遷平陽

有虞

帝都

皇甫士安云舜所都或言平陽或言上谷或言蒲坂地理志言舜蒲都在蒲州東南括地志云河東縣南二里蒲阪故城舜所都水經註云陶城在蒲坂城北城即舜所都依道元所說則以今永濟縣北三十里之陶邑鄉爲舜都之舊依括地志謂在河東縣南二里蒲阪故城又與道元所記不

合至括地志謂城中有舜廟城外有舜宅二妃壇則又似指歷山然云在縣南二里亦非其實大抵年載甚遠不可盡詳而舜都于蒲則無疑者乎陽上谷恐徒出假借耳

王畿甸服

書弼成五服至於五千五服首王畿其千里天子自治禹貢五百里甸服蓋自四面推之故不曰千里而云五百里夏都安邑在今夏縣去蒲不及三百里蒲于夏時在畿內西面五百里正中之地正其供納秸

而服王事之役者也其後孔甲居於西河則令河津滎河間於蒲尤近桀復還安邑　史記正義引汲冢古文太康居斟郭桀亦居之周書度邑篇武王問太公吾欲因有夏之居即河南是地括地志桀居鞏縣西南五十八里蓋亦無常

都故或者曰
禹亦都平陽

商氏

舊州志平陽府志並以
蒲在商時爲畿甸地臨
晉猗氏諸志因之則誤
於說者之妄謂湯都在
今垣曲耳史記自契至
湯八遷湯始居亳從先
王居皇甫士安云梁國
穀熟爲南亳湯所都括
地志宋州穀熟縣南亳
故城即南亳湯都州北
五十里大蒙城爲景亳
湯所盟地河南偃師爲
西亳帝嚳及湯所都古
說三亳分明如此則垣
曲之不爲湯都者明甚
孟子湯居亳與葛爲鄰

漢書地理志葛今梁國寧陵之葛鄉晉地理志寧陵故葛伯國傳記所言彰彰可考書序湯伐桀升自陑湯歸自夏至於大垌大垌地在山東定陶去亳爲近今數者驗之知穀熟南亳湯都不疑而皇甫括地之言莫可易矣自流俗不學之徒妄爲好事謬欲以垣曲當之而不自知其陋謬有張象蒲者强爲之辨特其識多鄙固于書傳皆少通其云垣曲面景山瀕大河則且未知景山之義至以葛伯桀湯妃墓爲據證則正

鄉曲委巷之夫抵掌而談楚漢耳五代時梁太祖遣葛從周救張全義於河陽與晉兵轉戰至此蓋從周築壘世不之知誣說者以爲葛伯不重可笑乎尚欲引爲故實且欲以漢之桐鄉當桐宮爲在聞喜而近接亳曲以徵其是斯亦未足與議也即路史言亳有五而亳之名總不及垣則何湯都之有哉又水經注云汾水西逕耿鄉城北故殷祖乙所都其說特誤於杜預商書序盤庚五遷其先仲丁遷囂河亶甲居相祖乙

圯於耿注言嚻在陳留浚儀縣相在魏郡相縣至祖乙之耿則太史公本作遷于邢邢在周時爲侯國即漢之魏郡地皇甫士安亦但言耿在河北未嘗指爲西河先世儒者多言殷代屢遷不常厥居大抵唯在河南北澶滑衛相邢鄴諸地自杜預註左傳不知耿爲何地徒見西河有耿國遂以祖乙所遷之耿爲在此俗遂呼古汾陰城爲殷湯城而地志沿稱至今要之未足爲信唯郡地在殷時有可考見者爲諸侯國而無

與於甸服矣

西周

侯國

虞

本上古虞幕後國今平陸縣及郡之虞鄉皆其故地古國至商末尚存周初滅武王以封仲雍後曰周章者入春秋并於晉獻公

芮

殷時侯國見文王之世太公伐紂收虞師芮師漢馮翊臨晉故芮地跨河

而國是有芮城芮魏同域疆索亦及蒲坂焉左傳桓九年梁賈芮郇同伐曲沃郇今猗氏芮爲近也

郇

周文王子封詩傳郇伯郇侯也鄭箋云爲州伯有治諸侯之功今猗氏縣及解州爲其故地有郇城汲書云晉武公滅郇以賜大夫原氏是爲原叔

耿

嬴姓古伯翳後國杜征南云皮氏縣東南有耿鄉今河津及郡之滎河縣

爲其故地入春秋爲晉所滅

冀

本商時國太公陰謀有冀侯崇侯入春秋并於晉杜征南云今皮氏東北有冀亭通典云國在縣東北考左傳晉使荀息假道於虞曰冀爲不道入自顛軨伐鄍三門顛軨坂在解州平陸間冀於當時杜雖據皮氏亭言之然今河津萬泉二縣宜爲冀故地蓋萬泉北接河津南接解州爲甚近故

冀得入顛軨之坂而伐虞或以今鄉寧爲冀地則不知其古北屈也北魏隋唐並置冀氏縣則本漢上黨轂遠縣地在今平陽府岳陽界中非此冀地也

魏

古國春秋爲晉所滅以賜畢萬後爲戰國路史云古魏城在河北縣去河二十里所北拒首山十里以地言之則今永濟山南永樂西至河皆古魏

也鄭氏詩譜以爲雷首之北析城之西南枕河曲北涉汾水若然則魏大矣然當時析城以西有夏公虞公且有芮國北有耿冀晉亦在焉恐鄭氏所言但得晉三卿魏氏之始而古魏不然若云雷首之北南枕河曲則是矣劉艮器以爲芮伯奔魏之後不稱芮而稱魏滑芮魏而一之徙謬語矣左傳文公十二年詹嘉虞瑕後漢志瑕

注地道記曰在猗氏縣東北杜征南云郇瑕皆古國

附古諸侯之國係鄉地者

張

國名記云古揮之封或云黃帝臣張若封王符云今河東有東張城西張城至晉爲大夫張老采

綸

黃帝臣伶倫封路史爲倫令滎河縣是博物記以汾陰爲夏少康邑非

解見下篇

解

國名記云唐叔後今河中臨晉縣東南故解城在桑泉之南虞鄉東北十里以蚩尤解體名

猗

河圖括地象有猗姓之國猗夏朋羇不義少康滅之今河東有猗氏城

蒲

國名記云蒲衣之故國在河中蒲津關即魏蒲邑周官職方氏掌九州之圖北曰冀州其山鎮曰霍山其

川瀆其浸汾潞正北幷州其山鎭曰恒山其川虖池嘔夷其浸淶易自唐與夏商皆九州而虞周分十二州幷州則汾州太原以北若自靈石而南至蒲絳正冀州也通志於蒲州地表以屬周幷州其失甚矣又自西周以上及於三代凡郡地之有可考見者亦畧勿能詳特爲補而錄之

東周

春秋侯國

晉

晉之始封河汾之東地方百里今平陽翼城耳去蒲雖邇然其時蒲地分屬諸小國晉未之有也至春秋魯隱公元年曲沃莊伯始伐晉至周桓王世莊伯子武公稍益强其三十七年遂滅晉爲諸侯則已在周釐王時於是始滅郇至武公子是爲獻公好征伐以次滅耿魏幷虞冀而後晉乃

邑地

令狐

刳首

廬柳

桑泉

王官

涑川

郇瑕

有蒲則魯莊公時也諸志於周時唯概云地屬晉亦未能悉其先後而詳別之故爲分其時世以屬於春秋而著其地爲晉有之自庶不同於浸說者焉

臼衰

河曲

左傳許君焦瑕杜注云河外五城則以神農後所封在陝虢間者之焦當之然傳云朝濟而夕設版焉則似不當在河外且解有瑕城而焦與瑕並舉宜焦亦應近在郇城與桑泉間又戰國策魏世家秦圍我曲沃焦秦拔我皮氏汾陰焦以此考較則焦之當

屬河東不在河外五城者益可見今永濟縣南鄉里猶有東焦西焦之名豈昔所許而闔而拔取者或即其地歟昔予莫之徵也十三州記云令狐即猗氏刳首在其西三十里對澤則刳首正在臨晉又虞鄉王官谷謂即春秋晉王官故壘自唐巳傳之然水經涑水逕聞喜縣南注云逕王官城北在南原上左專所謂伐我涑川俘

我王官是矣則去虞鄉尚遠豈城與壘自有二耶

戰國

魏

邑地

蒲坂

汾陰

封陵

陽晉

通志地表不著蒲坂而止書汾陰臨

秦

河東郡

左傳秦始征河東置官司焉河東名始此或曰郡自魏已有之

邑地

垣

郡　蒲

晉已失之疏兼戰國秦時之認晉則故大荔乃今朝邑地與唐所置在州屬者不同觀括地志陽晉故城今名晉城在虞鄉縣西南三十五里魏哀王十六年秦拔陽晉即此城也封陵亦在蒲州

秦因趙舊置太原郡因魏舊置河東郡也

蒲阪
汾陰
陽晉
封陵

西漢

司隸校尉部

河東郡　郡承秦置領縣二十四今屬境郡地所屬及相出入者六

蒲阪
猗氏

解

河北

汾陰

今臨晉當

古解地

在河之北故縣曰河北今芮城至永濟縣南之永樂西屬于河昔河北縣地也水經注河北縣雷首山與蒲坂分山

地理志云介山在南今萬泉孤山即介山矣漢河東有大陽縣即今之平陸唐所改者或云漢大陽甚廣盡得古虞國之封

跨山西北而有之隋之虞鄉蓋猶有漢時大陽地隋志虞鄉有石錐山即平陸山也

東漢

司隸校尉部

河東郡 領縣二十

屬城

汾陰 後地志有狐谷亭

蒲坂 地志有沙邱亭河曲在縣南

解 地志有桑泉城白城瑕城

曹魏

河北
猗氏

河東郡承漢舊置又分河東地置平陽郡

西晉

司州司隸校尉部

河東郡 領縣九

縣

汾陰

猗氏

蒲坂

解

河北

晉永嘉之後河東

爲劉石慕容符姚僭僞前後更相擅據宋武平關中地暫歸晉旋而屈子寇陷拓跋相攻元氏旣輿地入北魏通志沿革於兩漢不及河北大陽而以魏晉共爲司州

北魏

魏無司州也

秦州

河東郡 治蒲坂

北鄉郡

縣

蒲坂 有華陽城

南解 有桑泉城

北解 有張揚城

猗氏 有介山塘

汾陰

陝州

河北郡

縣

河北縣 有首陽山夷齊

後周

蒲州

西魏大統四年周文以兵渡河攻高氏其秦州降遂畧定汾絳改秦州置蒲州此蒲

縣

蒲坂

猗氏

汾陰

虞鄉

隋

爲州之始

河東郡

縣

河東　蒲坂并入

桑泉

汾陰　有龍門山

猗氏

虞鄉

唐

中都河中府

屬河東道河東採訪使治蒲州至德後河中節度使治爲耀德軍

縣

河東　次赤南有風陵關

河西　次赤開元八年析河東置尋省大歷五年析朝邑河東別置有蒲津關

臨晉　次畿天寶十三年更桑泉名縣

猗氏　次畿有孤山

虞鄉　次畿

五代

河中府護國軍

五代並有河中府朱梁置護國軍

永樂 次畿故河北縣地常隸虢州後歸河中在神龍元年

寶鼎 次畿本汾陰開元十年獲寶鼎更縣名

萬泉 上武德三年置先隸絳州後屬蒲州有介山

宋

河中府

屬陝西永興軍路轉運使於永興軍提點刑獄於河中府置司復有慶成軍

縣

河東 大中祥符中省河西永樂二縣入焉

臨晉 大儀

猗氏 大儀

萬泉 大儀

榮河 大儀舊隸慶成軍本唐寶鼎以有榮光之瑞更縣名

金

河中府

屬河東南路天會六年置蒲州防禦使天德元年仍護國軍節度使大定五年置陝西元帥府

縣

河東 有鎮二永樂匼河

滎河 有北郎鎮

虞鄉 兼得雷首山

萬泉 有胡壁鎮

臨晉

猗氏

元

晉寧路河中府
屬河東山西道肅政
廉訪司

縣

河東

萬泉

猗氏

滎河

臨晉省虞

明

山西布政司

平陽府蒲州 統縣五

縣

臨晉

猗氏

萬泉

榮河

河津

明時蒲州統縣五

河津在焉國朝

未改府時猶仍其制通志沿革於明時即取河津割之則縣無所屬矣

國朝

山西布政司

蒲州府統縣六

縣

永

臨

猗氏

萬泉

榮河

虞鄉

郡地沿革

蒲地當冀州南境始曰西河繼曰河東則以州域帶河者言之其在上古烈山氏堯舜之所都顯著載籍夏殷代繼迄於西周多爲侯國虞芮冀耿郇瑕猗綸之屬畧可考見春秋晉霸幷兼有之或賜趙夙或賜畢萬而大夫之采狐續郤芮張老所食邑亦具在焉其時見春秋傳者地有令狐桑泉王官瑕解河曲等魏氏分晉蒲爲所有其地則蒲坂汾陰封陵陽晉國策史記載之此後世置縣從始者也秦因魏舊置河

東郡漢河東郡復承秦置皆司隸校尉所察治晉立
司州其河東郡亦領於司隸然漢河東領縣二十四
後漢領縣二十晉領縣九而縣之屬今郡地者爲河
北爲蒲坂爲猗氏爲汾陰爲解晉漢皆同則其相沿
無改者矣北魏神䴥元年置雍州領河東北鄉二郡
延和初改雍爲秦州孝文太和中罷州爲河東郡天
平初又復秦州其河東所領蒲坂猗氏南解北解其
北鄉所領汾陰復置河北郡隸於陝州河北之縣大
陽河北與漢晉同而郡分則異又南北二解亦稍不

同此其制設之小變也北周改秦州爲蒲州至今仍其名隋始爲蒲州河東郡開皇中廢郡存州領縣十曰河東曰桑泉曰汾陰曰猗氏曰虞鄉五縣爲今時郡地而河東桑泉虞鄉則隋所析置而更新其名又漢晉河北縣並有今永濟山南永樂地隋廢大陽并入河北於是河北東有砥柱北有傅岩之山川而芮城以西皆不復屬矣唐武德元年置蒲州治桑泉縣二年置蒲州總管府徙蒲州治河東縣九年置都督府開元八年置中都改蒲州爲河中府其歲罷中都

仍爲蒲州與陝鄭懷汴魏等州爲六雄十二年升州爲四輔天寶元年又改爲河東郡乾元初復爲蒲州三年復置河中府又爲中都有耀德軍五代之際承唐並號蒲州爲河中府梁置軍曰護國而唐蒲州所領十三縣在今郡者八曰河東猗氏虞鄉仍隋之名其易汾陰爲寶鼎易桑泉爲臨晉又析置永樂河西萬泉三縣則唐與隋異也宋時仍爲河中府謂之次府治河東縣仍置護國軍節度使又置慶成軍其節度兼提舉解州及慶成軍事然河中在唐隸河東道

而宋則以隸陝西路且并河西永樂於河東是宋與唐又異也金天會六年降河中爲蒲州置防禦使天德元年復升爲河中府爲散上府仍置護國軍大定五年於河中置陝西元帥府而所隸者則河東南路領縣同於宋矣元初仍河中府隸晋寧路治河東縣置河解萬戶府領蒲解二州而河中府領錄事司至元三年罷萬戶府并錄事司入河東縣省虞鄉入臨晋而領縣唯六明洪武三年廢元河中府改河東縣爲蒲州領臨晋猗氏萬泉榮河及河津五縣隸山西

平陽府　國初尚仍其舊雍正二年升蒲爲直隸州六年升州爲府置永濟縣割河津以屬絳州八年復分臨晉置虞鄉縣於是領縣凡六曰永濟臨晉萬泉猗氏榮河虞鄉其縣名之始自兩漢而爲最古者唯猗氏存焉

河東古大郡號稱三河二漢及晉皆領以司隸唐則爲都爲府爲節鎮宋金元因之並爲府爲節度使爲軍誠以地要而特爲之重其勢明代廢前世之舊改爲散州討非其宜若以蒲論自

嘗爲府與平陽潞安等顧久無議此比至雍正
中廓然更置易州而郡誠得措制之規者矣嘗
歷觀前志漢河東郡統縣蓋多即唐時府屬猶
兼有解安邑襄陵稷山唯宋始得河東臨晋猗
氏萬泉虞鄉榮河制沿金元相循無改而龍門
一縣則由唐至明莫不統焉方設府時漢制雖
難盡復或斟酌於唐時而得絳之稷山解之安
邑不特於古有合抑郡大而勢加雄矣縱其不
然或一仍明代州域兼有河津而不割之使外

隷於制置爲得其宜也

永濟縣古蒲坂地漢置蒲阪縣晉魏因之漢河東郡置河北縣晉魏亦因之而今縣兼有河北縣地水經注雷首山北與蒲坂分山今永濟山南地西至河東至芮城爲古河北縣矣隋開皇十六年析蒲坂置河東縣大業初并入河東自後縣無復蒲坂名唐仍隋河東縣開元八年析河東置河西縣又武德元年置永樂縣即故時河北縣地今山南之永樂也宋熙寧三年省河西縣六年省永樂縣爲

鎮於是統爲河東縣金元並同明攺河東縣爲蒲州自隋唐至元之爲縣者始廢　國朝初仍蒲州雍正六年設府置倚郭縣名之永濟是爲今縣

蒲坂古爲蒲反傳記或云秦取魏地既而還予魏魏人喜蒲之還故曰蒲反班史地志曰本爲蒲秦始皇東巡見長坂加土於反爲坂故云蒲坂二者皆未之足取蓋古反與坂通反即坂耳不知古文妄以爲喜蒲之反豈其然哉至王莽世攺曰蒲城至北魏周齊之際亦曰蒲臺庾信

詩所謂細柳望蒲臺長河始一廻者也古蒲坂縣治在州城中今其處已無可考而舊傳唐河東縣治在故蒲坂治東二里或以爲即明時蒲州治是或又以爲州治乃元河中府治皆莫之能詳唯唐析河東置河西縣雖省廢不一然唐志大歷五年析朝邑河東别置河西縣有蒲津關一名蒲坂則河西亦兼有朝邑地而今郡城西偏至大慶關以西宜皆爲唐時河中府河西縣地而古所爲蒲坂者應亦即在於此也自後

周置永樂郡隋初罷以芮城屬河東唐武德初分芮城置永樂縣二年以永樂河北芮城置芮州九年州廢以永樂隸鼎州即閿鄉貞觀中又以永樂隸虢州神龍元年復屬蒲州河東郡至宋熙寧六年始省爲永樂鎮入於河東縣此永樂置設興廢之跡採而著於篇

北魏志蒲坂有華陽城水經注汾水逕冀亭南又西與華水合水出北山華谷西南流逕一故城西谷謂之梗陽城非也按故漢上谷長史相

侯君碑云侯氏出自倉頡晉卿士蔿其裔也食於華陽今蒲坂北亭地即斯城也汾水又逕稷山西去介山十五里云云據道元所言華陽城尚在稷山北然魏收載之鄜氏又指爲今蒲坂北亭皆當時蒲坂甚大實兼今萬泉諸地而縣之然漢晉志皆無華陽城而獨見於魏或拓跋時常幷縣邑有省入蒲坂者而魏鄜唯舉其一時見在者爲說耶

山西通志永濟虞鄉界辨　蒲州永濟在金爲

河東縣金地理志注有中條山五老山黄河嬀
汭而注虞鄉縣則云有雷首山中條山檀道山
按黄河嬀汭在蒲西境中條沿虞解以東迄而
漸北其極西則矗起雷首河流於此一曲檀道
山一名方山又曰鹽道山又曰百梯山而五老
山又在方山之東去虞鄉城裁十里虞鄉界既
西及雷首河東界又東至五老豈兩邑互相管
轄乎大凡山勢綿聯其左右前後正側皆得以
故名概之管詢之土人謂緜方山五老山而上

度危徑漸見平原地甚寬廣其南即今永濟芮城二邑境也蒲州舊志云歷山在州南六十里嬀汭泉出焉方山在州東南一百二十里永樂鎮後純陽宮即在其麓外此所載山水尚夥而五老山不見州志今以地形揆之則雖謂虞鄉奄有方山五老山之陰永濟奄有方山五老山之陽也可而今虞鄉西界栽止草平頭與雷首相距三十里是與金時界異也

臨晉春秋時晉桑泉地或曰古黃帝時臣張若所封

故有東西張之遺兩漢屬河東郡爲解縣地晉如之元魏分置北解南解臨晉於時爲北解隋開皇十六年改置桑泉唐武德三年析桑泉置溫泉縣九年省入桑泉至天寶十三年更縣曰臨晉臨晉之名自此始矣五代宋金元如唐之舊明隸蒲州

國朝分臨晉復如隋唐制置虞鄉縣在臨晉南並隸蒲州府

臨晉有二其見於秦漢之際者在陝西同州史記注引舊說秦築高壘以臨晉國故曰臨晉又

史記魏豹塞臨晉則故大荔地秦所取者庾信賦渡臨晉而横船正指其地漢置臨晉縣在左馮翊爲古芮故國有河水祠王莽改監晉者皆與今縣無與一統志及諸志並引入之是不知辨而徒妄言者若唐置臨晉宋白云天寶之更名必有所據然採應劭臨晉水之說以爲未可非則仍指在馮翊者耳豈得訓夫桑泉之地哉或又引地理通釋臨晉關即蒲津關在臨晉縣然此臨晉亦仍屬馮翊通志引魏世家哀王十

六年秦拔我蒲坂陽晉括地志晉陽故城今名
晉城在虞鄉縣西南三十五里抑或以臨晉陽
而名之恐亦未然也
王恭先臨晉辨　舊志謂秦築高壘以臨晉國
即今之臨晉非也考班氏註左馮翊臨晉縣故
大荔也秦取之更名應劭曰以臨晉水故名臣
瓚曰晉水在河之東此縣在河之西不得云臨
晉水也舊說秦築高壘以臨晉國故曰臨晉章
懷註曰臨晉故城在今同州朝邑縣西南斯言

當矣史淮陰侯傳魏王豹盛兵蒲坂塞臨晉師古曰臨晉在河之西濱東臨晉境魏世家文侯十六年伐秦築臨晉正義曰在同州澄城縣界前曹參傳以中尉從漢王出臨晉關伍被傳淮南王曰先要成皐之口塞轘轅伊闕之道守武關然此北尚有臨晉關地理通釋云即蒲津關在臨晉縣由諸說觀之史記所謂塞臨晉者塞對河之臨晉關耳小司馬不諳地形乃曰臨晉縣名在河東岸對舊關不知漢時河東止有解

縣而無臨晉此說一誤後人沿爲口實一統志於蒲州臨晉遂曰秦築高壘以臨晉國故名夫築壘臨晉本無所出獨見於臣瓚之注漢書既引以實馮翊不知諸儒何見欲引入河東也即曰河曲可入王官可俘而高壘何不可築但河東西未聞一時有兩臨晉譌以傳譌建安馮智舒因之作質實編以註朱子綱目質而不實貽誤尤甚予固不得不爲之辨

萬泉縣漢汾陰地晉末薛通築城於此號薛通城元

魏周隋仍汾陰唐武德三年析稷山安邑猗氏汾陰龍門地置以縣東谷中多泉故名之萬泉初隸泰州貞觀初改隸絳州大順二年來屬河中府宋金元因之明隸蒲州　國朝隸蒲州府

萬泉其先諸志皆莫考然以傳記推之在春秋時宜當爲冀地說已見於前漢書汾陰地志注云介山在南而唐志萬泉有介山則與漢時合然古以水南爲陽而汾水不至萬泉即以介山爲徵恐在當時亦不必盡爲汾陰而後世志地

理者大概言之耳後漢地志聞喜邑本曲沃有稷山亭今萬泉稷稷山縣甚近萬泉東十五里有稷王山或云即古稷山亭處然則其在漢時亦應兼有聞喜地唐初時河東多寇亂且時虞突厥之入故割安邑猗氏龍門稷山因薛通舊城為險阨以制其勢縣之所以設也

予作地表以今萬泉榮河宜為春秋冀耿二國地據後漢志河東皮氏有耿鄉冀亭晉獻公滅耿杜征南注云平陽皮氏縣東南有耿鄉地記

又曰皮氏縣汾水南是故耿國也春秋冀伐虞杜注云冀國名平陽皮氏縣東北有冀亭自後世言地輿者以今河津爲漢皮氏縣即古耿國至於冀則更無有及者是蓋不明於封建之制古今地理之紀而徒以後世之縣域畫前代之封疆無惟說多疎而千載以上昭然可見者就歸泯沒也請得詳指之水經注云汾水又西逕清原城北故清陽亭城北有清原晉作三軍處也汾水又逕冀亭南京相璠曰河東皮氏縣有

冀亭古冀國之都也汾水又西與華水合又西

逕稷山北山在水南可四十許里山上有稷祠

下有稷亭西去介山一十五里汾水又西逕鄧

丘北丘在介山北即汾山也高可十餘里山上

有廟側有靈泉祈祭之日周而不耗今據萬泉

志介山在縣南二里上有神祠介山東十五里

有稷王山上有稷廟與道元之注古今正同蓋

漢時無稷山縣而後漢志聞喜邑有稷山亭自

冀亭之南漢皮氏與聞喜分縣界而稷山延連

甚大東西二十里南北三十里其東南爲聞喜
其西北爲皮氏今之稷山蓋隋析聞喜所置自
是漢之所爲稷山亭者不屬聞喜而唐又割安
邑龍門稷山諸縣地置萬泉縣今考萬泉東北
去稷山不過三十里萬泉北至河津僅二十里
西北至河津亦僅二十五里以是求之則不獨
河津爲皮氏即稷山萬泉雖謂古屬皮氏猶可
焉而所爲冀亭在皮氏東北者正今稷山河津
兩邑之交春秋諸國大者數圻次亦百里計冀

當時能再興師伐虞入顛軨之坂類非弱小即以百里準之地亦不盡一縣况皮氏有冀復有耿同在一時難爲二國而自今河津北爲鄉寧縣則北屈所居也其東爲絳爲聞喜又晉所有也東北之地既非冀域則於其西南爲之封畛而萬泉屬在至近以爲冀地夫何所疑彼云在皮氏東北者特其國都耳至於疆土大小近遠之所在恐未得以一亭限也且言耿國者既云在皮氏東南則就河津論之東南至萬泉不過

四十里南與西南至滎河亦不過三十餘里其
東北既有冀則亦不能不於西南而立壤土焉
則今滎河之宜亦爲耿地者又何所疑彼𫥫耿
鄉在皮氏東南者亦特言其所都處耳是蓋度
以地形審於事理參之以封建通之以古今雖
載籍有勿詳前議有未及直可取決而無惑焉
不然春秋之初魏國未及分晉且未之并記國
名者無他小侯今二縣地非耿冀之屬將虛焉
而無託哉

猗氏縣郇瑕氏之墟也春秋晉令狐地秦世以古有
猗氏國因稱猗氏兩漢皆爲縣晉仍之並屬河東
郡北魏制沿漢晉西魏改桑泉北周復爲猗氏隸
汾陰隋改隸河東郡如漢晉制唐隸河中府宋金
因之元常并萬泉入焉後復分置明仍猗氏縣領
於州　國朝隸蒲州府
古猗氏大矣水經注河東鹽池謂之解鹽池西
又有一池謂之女鹽澤在猗氏故城南春秋晉
謀去故絳諸大夫曰郇瑕地沃饒近鹽杜預曰

猗氏有鹽池後分猗氏安邑置縣以守之魏書猗氏有介山塘是則今安邑萬泉地其初並猗氏有矣自世之勿考乃謂猗氏由猗頓之富漢因頓而名其縣則孔叢子明云頓適西河大畜牛羊於猗氏之南以興富於猗氏故曰猗頓是先有猗氏而後乃有頓且太史公亦止稱猗頓而不詳其姓則頓之姓氏都不可知如說者之言將以猗即爲頓之姓而縣之氏又託始於頓吁何謬哉

猗氏城郇城解城桑泉令狐臼城等地通辨

今猗氏城非郇伯故城也故城在今縣治南十八里猗故址不可考然酈註瑕城在故解城東北二十四里猗氏故城西北俗名郇城郭爲觀據此以辨且謂北解在今臨晉城東城西兩村之間南解在卿頭村去郇城西南二十餘里按郇城在猗縣南二十里隋大業九年廢與郇伯故城似屬兩地左傳郇瑕每分舉而諸大夫皆曰必居郇瑕氏之地則連及之揆其里道疑亦

不相遠也猗氏故城應在郇城東南郭爲觀謂應在解安之交乃今解非古解也但杜釋地云今解西北有郇城又曰猗氏縣東北有瑕城郇虔曰郇國在解縣東解東解西二說不符意晉時解之東境所轄甚廣西北二字第據一境而言耳晉志註解謂有鹽池今池東西共一百二十里地形可據至服虔所云在解縣東則無論南北解皆屬東境此無可疑者卿頭去城東城西兩村約二十五里城東城西在今涑河北卿

頭在涑河南古令狐在今猗氏之西北隅春秋桑泉故城在今臨晉東北隅後漢解有桑泉城杜註在縣西二十里後魏南解有桑泉城疑皆在臨晉而西魏改猗氏曰桑泉隋桑泉有三疑山則又兼界今之臨猗二邑矣臼城後漢亦屬解晉文公取臼衰即此據杜預註在縣東南是謂在解縣東南也應屬今虞鄉

榮河縣古西河地夏孔甲居之周時亦爲耿國地戰國爲汾陰漢因之置汾陰縣晉劉淵僭僞省入蒲

坂元魏復爲汾陰自漢至隋唐並屬河東而唐天
寶十一年以地得寶鼎之祥遂改汾陰爲寶鼎宋
大中祥符四年以榮光幕河又改寶鼎曰榮河於
縣置慶成軍金改置榮州元仍爲縣而隷河中府
者自唐至元無異焉明仍榮河縣爲蒲州屬邑
國朝府領之
諸志並以滎河爲古綸爲夏少康邑然考夏都
安邑而羿距太康於河遂不能歸其後相居商
丘爲羿所弑后緡方震自竇逃出歸有仍生少

康及長爲仍牧正㫙使人求少康乃奔有虞爲之庖正虞妻以二姚而邑諸綸後漢志梁國虞有綸城少康邑漢之梁國在唐爲宋州宋號南京今河南歸德府地惟仍近虞故少康便得往奔且方太康後夏社幾墟安邑舊都無適主者少康出流離逃播之餘所依諸侯多在山東然後誅夷寒浞光復舊物方其初時身爲亡虜窮於讐購西河越在數千里外亦安能跋涉險遠就此邑居況虞思爲國在彼河南而此爲綸豈

猶虞邑　古綸云云蓋出博物記訛謬之傳梁劉昭知其不足信故於地理志汾陰下聊附記之所不削者或亦郭公夏五之意而大書虞城綸邑於梁國以著其是然則此云少康邑者亦無取稱矣若滎河之爲綸則會盟圖地道記指爲上古封國者當舉以箴昔人之缺耳

余既辨少康綸邑之非且謂滎河宜故耿國地若祖乙之耿猶少康之綸也已稍見說於地表顧尚有所未盡書盤庚不常厥邑於今五邦蓋

殷家國邑屢徙路史自契至湯八遷盤庚五遷然路史知辨五遷俱出盤庚之爲妄亂乃猶以龍門故皮氏縣東耿鄉城是祖乙所居則仍蔽於舊誤而不能通據漢書地理志皮氏注耿鄉故耿國晉獻公滅之以賜大夫趙夙後十世獻侯徙中牟其言耿可爲詳矣然初不及祖乙竹書紀年祖乙勝遷於庇沃甲祖丁因居之紀年所載雖與太史公爲邢者不同然亦終不言耿且太史公篤學好古生於龍門去耿至近而漢

距古未遠使祖乙果常居此安有不熟聞之屢於殷本紀必曰祖乙遷於邢而不以耿哉耿之云然徒見書序前世達識通人多疑書序出於僞作義理淺俗殆少足信唯博士授書守而尊之後作疏者遂謂耿是反譏遷邢之言乃子長自爲說亦已陋矣且書最初時爲之傳者則孔安國後注書者則鄭康成乃孔鄭亦但依序言祖乙遷耿未嘗實指耿爲何地其曲爲之說者又謂古邢與耿通太史之邢即皮氏之耿是又

無稽之甚者也考邢在春秋爲邢侯國秦屬邯鄲郡石勒所爲襄國者今順德之南彰德之北乃其故墟昔者仲丁遷囂河亶甲遷相並今彰德衞輝間地惟囂近相故亶甲得以就其近而遷焉唯相近邢故祖乙亦得以就其近而遷焉又竹書之庇地即爲邸亦在沬邦接望邢鄴合以求之祖乙所遷定不越是皇甫謐謂耿在河北廹近山川王肅謂祖乙至盤庚五世邑居墊隘水泉瀉鹵鄭康成謂民居耿久奢淫成俗以

今論之邢鄴之間北太行南漳洹大河經流則山川廹近之徵矣史起之時漳尤爲患始決而渠之以溉則墊隘瀉鹵之驗矣魏地儉嗇褊急至今如之民雖久居俗自難變唯河北厥土沃饒樂風靡蕩其習易成則民俗奢淫之效矣凡此諸端並足明耿之非證邢之是世有好僞者亦指今垣曲爲湯都夫湯居洛陽偃師去垣尚近然且實未嘗遷而都此況邢邸在洛陽東北不但數百里彼祖乙者亦奚爲不憚險阻必遠

去先王而來耿哉知湯不居亳即知乙不居耿
彼酈元之徒唯事好奇於注水經輒復道之昧
匆審焉故著其説以附於地志俾與少康之綸
同正其失也
宋政和五年賜府州郡名曰榮河府州今延安
府谷地是其榮河之名則與縣同也
虞鄉縣古虞墟漢爲解縣地晉仍之北魏置縣曰安
定又改綏化至北周始更名爲虞鄉縣隋沿周舊
並隸河東郡唐武德之初更名解又別置虞鄉貞

觀十七年省解縣二十二年復置解縣省虞鄉入
之天授二年復析解置虞鄉隷河中府五代宋金
仍之元至元三年省爲鎮入於臨晉明因元舊至
國朝雍正六年旣設府八年析臨晉置虞鄉
臨晉志虞鄉沿革攷云春秋解梁地秦漢晉爲
解縣後魏太武元年析置安定西魏改曰南解
又改綏化隋曰虞鄉今臨晉縣治西南三十里
五姓湖北有故城即其地也隋大業九年徙虞
鄉縣於今解州治唐武德元年更爲解縣屬虞

州今安邑更於解西五十里別置虞鄉縣貞觀十七年虞州廢省解縣入焉是年復省虞鄉入解天授二年復置嗣是宋金虞鄉名如故元世祖至元初幷縣入臨晉考魏書河東郡南北解並高祖太元中所改佛助所書不及西魏志謂西魏改南解者誤據隋書耳

雍正八年分臨晉置虞鄉縣遣刑部侍郎韓光基等至蒲州府相度地宜光基奏臣到臨晉縣隨赴坡上井虞鄉山下一帶地方相度形勢訪

問與論蓋因原任侍郎王璣條奏分設虞鄉縣
於坡上地方而山西撫臣石麟以坡上去臨晉
僅十餘里請將虞鄉縣設於涑水河南之虞鄉
鎮臣等竊以虞北臨南中隔一水實天成之界
限請即以涑水一河爲兩縣交界凡沿河村庄
坐落河南者俱編入河南就近之里分以歸虞
鄉坐落河北者俱編入河北就近之里分以歸
臨晉統計臨晉一縣應分四十一里新設虞鄉
一縣應分二十四里

明時平陽衛所屯營有五舊隸臨晉　國朝雍正三年裁衛五年以衛隸臨晉縣八年分設虞鄉以涑水爲界右所在涑水南分隸虞鄉其中左前後四所仍隸臨晉明故晉府孳牧十三營本散列東西今以夏吳浪店夾馬口下馬營在西北隅與臨晉近屬之臨晉其餘九營在涑水南者屬之虞鄉從民便也

蒲之虞鄉與解州平陸縣皆古虞國地虞故有二在周以前爲古國舜先世所封則虞幕後國

也虞芮質成至商末猶存或以虞爲舜後國禹
封商均子於此是殊不然昔舜八子禹旣封商
均於商復封舜別子於虞今河南歸德虞城縣
是少康所奔而邑者於此無與也唯古虞國至
周初時其亡滅不可復考武王以其國故墟封
仲雍後於是虞鄉平陸又爲周時之虞國若皇
甫士安謂舜嬪於虞因以爲氏今河東大陽西
山上虞城是則專指平陸言之羅長源則云所
謂嬪於虞者今解之虞鄉杜征南又謂在大陽

樂史寰宇記以爲安邑說各不同要之長樂
安並據虞地一偏以言若括地志故虞城在陝
州河[illegible]虞山之上水經注謂幹
橋[illegible]虞之地路史又言平陸
東[illegible]山上有虞城虞井本帝舜後國
亦[illegible]平陸或言[illegible]及虞鄉然嘗論之虞鄉
之名雖始於隋[illegible]爲地當古虞國蓋虞鄉在
漢[illegible]解梁[illegible]左傳則春秋中世其時晉人
滅虞已久若晉未假道之先虞國猶在虞爲大

國故晉獻公亡虢五年而後舉虞虞在當時其地蓋廣且今之平陸有上陽下陽虢二邑在焉是既不得盡爲虞而虞與芮鄰匹芮居馮翊臨晉尚跨河以有芮城則虞境西掩中條宜兼及解況虞鄉又古封域之舊乎考之漢志凡亡國故鄉[illegible]表以鄉[illegible]與亭因立縣邑故皮氏以[illegible]故鄉[illegible]以州而有州鄉芮城以芮而[illegible]亦因虞國舊地而虞鄉號之[illegible]以爲舜都安邑故改虞州若

虞鄉曾非帝都且遠安邑彼亦何所取而爲此臨晉舊志乃謂虞鄉以舜都故名不已鑿乎山西通志辨虞鄉城謂舜後周後不可合爲一此言是矣然不審虞封之舊乃以虞鄉至平陸凡百里相去甚遼越嶺而轄似爲未便若虞鄉達蒲坂地差平坦則以虞鄉爲舜後封似爲近之云云是欲强分之而爲調停之說其見迂而不達非通論矣夫周封建之初周公居曲阜太公營丘詩言奄有龜蒙遂荒大東傳言南至穆陵

北至無棣何常不跨山越河而治其爲地抑豈百里之遠哉大抵人情爭引聖人爲光榮自古有然是以水經注幹橋有虞嬪之談路史指虞鄉爲釐降之地要以舜稱有虞而幕子雍孫同其封號因號之同訛附尤易是以舜跡若皆在焉若夫虞坂虞城在平陸者以爲虞公亡國之餘則可必以爲舜或恐未安至於其井不足深辨而虞鄉舜後商均子封亦非其信禹既國帝子於虞城何復於斯更胙虞土此亦事理之易

明然而五虞紛紜訟聚前彥世遠籍佚剖決殊
難且事非其要抑可以不必耳
山西通志臨虞今古分合辨　虞鄉在唐虞夏
商皆屬畿內春秋屬解梁奄有桑泉等地戰國
屬魏漢置解縣屬河東郡魏正始晉太康皆名
解以司州領之後魏太和元年曰安定西魏大
統十一年改分南解北解南解有桑泉城見魏書註
又改綏化又曰虞鄉有石錐山百梯山百徑山
見隋書註北解有張揚城見魏書註尋廢隋開皇十六年

置桑泉有三嶷山（見隋書註）北面併今猗氏之半又別置虞州兼得今安邑地有鹽池銀治至大業初州廢（見隋書註）又改南解為虞鄉義寧元年虞鄉屬安邑郡唐武德元年更虞鄉為解縣屬虞州而於解西五十里別置虞鄉縣（即元廢縣後之虞鄉鎮也）三年析桑泉置溫泉縣九年省入桑泉貞觀十七年廢虞州省解入虞鄉有鹽池女鹽池紫泉監三十二年復以地入解天授二年復析解縣置虞鄉北十五里有涑水渠渠即貞觀十七年刺

史薛萬徹開白閻書列入下臨晉者也（見唐書註）五代至宋金惟周世宗二年於河北復置虞州餘皆名虞鄉元世祖至元二年乃省虞鄉入臨晉

按虞鄉名始於西魏（見隋書註）屬虞州者前後止數十年而漢後隋前皆屬河東唐罷郡爲州屬蒲州宋金元屬河中府明屬平陽府蒲州臨晉名始於天寶十三載前此與虞鄉或分或合其北解故城在今臨晉東南城東城西兩村之間非今解州治也（見郭爲觀郇城考）惟南解昔人所指各別

考解州舊志南解管至虞鄉鎮即今虞鄉縣界也臨晉舊志虞鄉在臨晉西南三十里五姓村北之古城即古解梁地也郭為觀則謂在鄉頭村即今涑水南逕處也意鄉頭五姓以及元虞鄉鎮皆古南解所轄乎抑五姓湖即張揚池臨晉舊志引括地志云張揚城一名東張城在蒲州虞鄉縣西北四十里則五姓湖倘亦北解所轄乎春秋桑泉故城在今臨晉東北與魏桑泉城隋桑泉城亦未可混為一隋桑泉即北解故

城是也自省虞鄉入臨晉幾五百年今以涑水姚渠中隔徵輸不便是以有復設虞鄉之議其管以涑河爲界屬蒲州府自猗氏祁任智光以西臨晉五姓村以南沿河如東西渠下東西鄉頭大小姚村楊村薄落頭等村以南直達條山之陰皆隸虞鄉其餘河北各村皆隸臨晉天成界畫良規不易矣

蒲州府志　卷之一

形勝

蒲州府

黃河北來，太華南倚，總水陸之形勢，壯關河之氣色。唐元載中都議

全晉列藩，三河外屏，條山峙其左，紫淵居其右，前瞻巨岳，却眺隆脽，黃虞之所興，神祇之所宅。王欽若

北接汾晉，西連同華。金史

北負關陝，南阻大河。元史

西阻大河，東倚太行，潼關在其南，龍門在其北。舊志

臨晉縣

中條峙於前峨嵋拱於後東連涑水西距黃河王柱標鍪洞稱福地王官飛布溪號禎陵一方形勝此其最焉　臨晉志

猗氏縣

北枕嵋原南憑涑水田廬錯繡桑柘鋪棻境內無名山大川而遠岫重谿並歸襟帶居山河之腹心當秦晉之咽喉　猗氏志

萬泉縣

南阻孤山北繞汾水連山帶谷地勢欹偭　萬泉志

滎河縣

峨嵋東環洪流西帶北連汾水南接百谷遠峙孤山之秀近依脽土之榮　滎河志

虞鄉縣

阻中條以爲險扼解芮而通關遠控虞城近掣蒲坂數縣之險塞一郡之中權　通志

禹別高山大川以定州境迄今郡邑可改河岳不遷蒲表裏完萃晉賢謂形勝甲於天下故風氣雲

疑八文霞蔚是以大舜耕則歷山重夷齊餓則首陽顯　舊志

蒲爲郡被河山之固介雍豫之交方春秋戰國時詭諸得之以强其國重耳得之以抗秦魏斯得之而雄三晉者也以山西論之則爲并汾之外戶而障其南以大勢論之則爲關中陝洛之樞而扼其要故蒲之所繫重矣以自北而西南者言之劉淵陷蒲坂則晉之洛陽危金婁室破河中宋關陝不能守以自秦豫而北者言之前

則赫連屈孑攻蒲坂拓跋爲之震動後則宇文
泰取秦州因得畧定汾絳而高氏晉州始岌岌
以就亡蓋形勢居要所謂得之者雄自昔論者
詳矣漢末曹公謂荀彧河東被山帶河四隣多
變當今天下之要地韓遂馬超反關右曹公引
兵至潼關召徐晃問計晃曰公盛兵於此而賊
不别守蒲坂知無能爲也天寶之亂安祿山據
兩京郭子儀謂河東居二京閒得之則二京可
復金末完顔伯嘉上言曰中原之有河東猶人

之有肩背河東保障關陝此必爭之地苟使他
人據之則河津以南太行以西皆不足恃合數
者以觀其要亦可知其所繫之重而控制之形
得失之效儼若眉列與掌指矣若夫外則環以
洪流內則屏以中條絳解爲之背腋同華隣於
輔車則一郡之負雄居塞者有獨擅焉然依山
爲險南尤在於虞鄉憑河爲固北尤在於汾陰
昔魏豹絕河關今大慶關韓信潛渡臨晉石天應取
河中侯小叔復出中條盡河即可資爲巨塹而

秦晉共之山即可恃爲阻障而解芮同之是必知其倚伏曲折之情乃謹藩籬堂奥之守又其形便所在規畧宜然者也詳夫前代自後周始置蒲州隋時州域北有龍門南有芮城東兼安邑夏縣河北則河山之險爲之增固而郡之形勢實完且壯古今制置斯最得焉若夫宋之蒲州不以屬河東而特領於陝西路蓋亦以地重勢要而隱爲控馭維掣之意歟特其領縣視唐倍少金元再世因之至明且降而爲州其失逾

甚當崇禎季歲秦督孫傳庭出關討賊也使蒲州是時早如唐制爲重鎮置府大帥領兵其間與傳庭聲援共爲進止渡河并力犄角列軍傳庭未必遽爲賊敗即敗而潼關尚可扞守何至使賊遂破三秦明年渡河臨蒲不攻自下長驅以北太原亦就淪陷哉

疆域

蒲州府

山西布政司西南一千一百里東西廣一百四十

皇南北袤二百三十里自府治至京師凡二千二
百里
東至解州界七十五里
西至陝西朝邑縣界五里
南至陝西潼關界六十里
北至絳州河津縣界一百六十里
東北至絳州稷山縣界二百二十里
東南至解州芮城縣界一百一十五里
西南至陝西潼關界七十里

西北至滎河黃河岸接陝西韓城縣界一百二十一里

永濟縣 附郭

東西廣五十里南北袤一百一十里

東至臨晉縣界四十里

南至潼關六十里

西至陝西朝邑縣界大慶關五里

北至臨晉縣界五十里

東南至解州芮城界一百十五里

西南至陝西華陰縣八十里
西北至臨晉縣界六十里
東北至臨晉縣治七十里

臨晉縣

府東北七十里東西廣五十五里南北袤七十里
東至猗氏縣界二十里縣治四十里
南至涑水河虞鄉界二十里
西至黃河接陝西郃陽縣界四十里
北至榮河縣界四十里

東北至萬泉縣界六十里縣治九十里

東南至虞鄉縣治六十里

西南至永濟縣界二十里縣治七十里

南北至榮河縣界三十里縣治六十里

萬泉縣

府東北一百六十里東西廣八十里南北袤五十

里

東至絳州稷山縣界五十里

南至猗氏縣界三十里縣治六十里

西至滎河縣界三十里縣治七十里
北至絳州河津縣界二十里
東南至解州安邑縣界三十里
西南至臨晉縣界三十里縣治九十里
西北至河津縣界二十五里
東北至稷山縣界三十里

猗氏縣

府東北一百一十里東西廣四十里南北袤六十里

東至解州安邑界二十里

南至解州界三十里

西至臨晉縣界二十里縣治四十里

北至萬泉縣界三十里縣治六十里

東南至安邑縣界三十里

西南至臨晉界四十里自臨晉至永濟縣治一百二十里

西北至臨晉縣界二十里自臨晉至榮河縣治一百二十里

東北至萬泉縣界五十里

榮河縣

府北少東一百二十里東西廣四十里南北袤八十里

東至萬泉縣界四十里萬泉縣治七十里

南至臨晉縣界三十五里

西至黃河岸九十步

北至絳州河津縣界五十里

東南至臨晉縣治六十里自臨晉至猗氏縣治七

十里

西南至黃河接陝西郃陽縣界五里

西北至黃河接陝西韓城縣界五里

東北至河津縣界七十里

虞鄉縣

府東六十里東西廣五十里南北袤七十五里

東至解州界二十里

南至中條山横嶺解州芮縣界三十里

西至永濟縣界二十五里縣治六十里

北至涑水河臨晉縣界四十五里臨晉縣治六十
里
東南至解州界三十五里
西南至永濟縣界三十五里
西北至臨晉縣界四十五里
東北至猗氏縣界四十五里縣治一百三十五里
諸志所列郡縣廣袤與道里遠近互爲不同如
平陽府舊志謂蒲州至省城一千四十里而通
志云在布政司西南一千一百里通志謂永濟

縣廣五十里府州舊志則云四十一里萬泉縣志謂廣袤各五十五里府志如之通志則云廣八十里袤五十里府志萬泉在蒲州東北一百九十里通志云六十里蓋古者設爲分率準望之法以審度地理故廣輪遠近多少之數皆得辨覈而正定之後世其法既亡算弓步者已失其精據故牒者或淆其實此前人所譏郡縣志多疏畧其道里未必盡核者也今第依通志書之

蒲州府志卷之二

山川

雷首山名始見於禹貢水經注雷首山臨大河北去蒲阪三十里尚書所謂壺口雷首者尚書正義云雷首在蒲阪縣南史記索隱在蒲阪縣東南括地志云蒲州河東雷首山一名中條亦名歷山亦名首陽山亦名薄山亦名襄山亦名甘棗山亦名渠豬山亦名獨頭山亦名吳山西起雷首東至吳坂凡十二名隨州縣分之唐地理志永樂縣有雷首

山元和郡縣志雷首一名中條在河東縣南十五里永樂縣北三十里杜氏通典云雷首在今河東縣此山凡有八名歷山首陽薄山襄山甘棗中條渠豬獨頭也寰宇記云凡九名

首陽山名始見於詩論語舊志在蒲州南四十五里今以地考之則在永濟縣南少東五十里矣山西通志作三十里且云一名方山尤誤詩傳云首陽在蒲阪南馬季長云首陽在蒲阪華岳之北河曲之中闞駰十三州記曰首陽一名獨頭山夷齊所隱也水經注云山南

有古冢松栢蔚然攢茂邱阜俗謂之夷齊墓其水西流亦曰雷水晉書地志雷首山伯夷叔齊隱其陽所謂首陽山杜氏通典因其說通考承之樂史寰宇記云首陽即雷首之南阜今有夷齊廟存自元世至今稱二賢祠

兩漢史及晉魏志多言首山雷首不及中條中條之名蓋起後世若水經注雷首山臨大河北去蒲坂三十里俗亦謂之堯山上有堯城堯昔都此是雷首又有堯山之名然考班固地理志

蒲阪有堯山雷首山在南則雷首與堯明分二山似亦未得即以堯山爲雷首也元和志云雷首一名中條在河東縣南十五里永樂縣北三十里則似即以今郡城南倚郭諸山擬雷首以地之遠近較之與酈元所記殊矣自黃帝採首山銅班固地志蒲阪有首山祠漢元封六年作首山宮應劭以爲在上郡而文穎言蒲阪顔監獨取穎是後言地理者以首陽爲即首山之陽於論爲近又晉志水經注並以雷首即首陽而

明代都穆則分首陽雷首爲二古論語注又云
俗以區陽山爲首陽蓋嘗論之古所稱薄山襄
山甘棗渠豬者今已久不復知莫得指何者爲
某某唯雷首首陽則在縣域明可得見大抵雷
首首陽總爲一山或稱雷首或稱首山或稱首
陽古人臨文稱名亦因其一時而不必有所定
則今在縣南五十里昔所謂河曲之中與潼關
對峙其峰在南別出者爲首陽而本位面正者
則雷首占以山南爲陽首陽之名或取諸此夫

禹貢所導山川並記其大雷首大矣故與壺口並舉之括地志所云於理爲得明時論者謬指形勢乃以雷首首陽皆中條之餘支是知有中條而不知雷首矣若夫述征記言華岳首陽本同一山巨靈擘之以通河流至今存掌跡焉則荒忽之說雖自漢世已有之見於揚雄之賦置不論可也

路史首陽辨云首山之名所在不一曹大家云在隴西今隴西有地曰首陽東有鳥鼠山謂之

首陽許叔重言首陽在遼西以孤竹封地當之
然今遼州和順縣東有山曰首陽並有祠廟又
吳郡亦有首山乃漢高誘則謂洛陽東北二十
里之首陽山爲夷齊餓處杜預阮籍咸以爲然
宋黃太史夷齊祠記以或者武王渡孟津二子
叩馬而諫當以洛陽爲是唯馬融顏師古所說
並以夷齊塚廟在河東之蒲阪首陽山之南按
夷齊之蹤當在河東隴西洛陽非其實耳首山
者雷首也是爲中條即賓山也

歷山在永濟縣東南六十里上有舜廟後周宇文護爲總管時所造水經注郡南有歷山謂之歷觀舜耕處有舜井嬀汭二水出焉揚雄河東賦云登歷觀而遙望兮聊浮游以經營樂往昔之遺風兮嘉虞氏之所耕

路史歷山辨樂史寰宇記言歷山在偃師西北二十五里有舜廟舜井嬀水汭水上谷記云下洛城西南四十里有潘城城西北三里亦有歷山下有舜瞽二祠齊之歷城南二里又有歷山

水經注其上有舜祠縣東有舜井亦是耕處九
域志濟南濮陽河中皆有歷山俱存祠廟子列
子云舜耕河陽尚書太傅舜陶河濱元和志指
爲河東縣北四十里之陶城蘇氏演義云歷山
有四一河中二齊之歷城縣三冀州四濮之雷
澤雷澤不聞有二耕漁必不相遠即此爲是今
曹濮間有舜豢龍井定陶城皆其踪也然歷山
何止四哉信都之歷山樂史亦以爲舜耕在是
而周處記始寧復有舜所耕田且以姚嬀之名

在在而是金之西城有姚方嬀墟杜佑謂舜生
此世本亦云嬀墟舜所都在西城今長沙縣有
嬀水云舜所都而上虞之損石號爲公嶄會稽
又有嬀水祝阿故縣又有濼水有娥英之廟山
上有舜祠下開大穴謂之舜井兗之匹源又有
陶墟舜井山下澤方十五里指爲舜之所漁若
陽城漢薎澤縣墨子則言舜漁在此郡國志言
今邑西有地名舜田又潭之益陽岳之沅江梁
之重華並有虞帝城亦以謂是舜所都豈足盡

信耶

曾鞏齊州二堂記云史記舜耕歷山漁雷澤陶河濱作什器於壽邱就時於負夏鄭康成釋歷山在河東雷澤在濟陰負夏衞地皇甫謐釋壽邱在魯東門北河濱濟陰定陶西南陶邱亭是也以予考之耕稼陶漁皆舜之初宜同時事則其地不宜相遠二家所釋雷澤河濱壽邱負夏皆在魯衞之間地相望則歷山不宜獨在河東也自帝堯妻之二女乃居嬀汭其耕歷山蓋不

同時而地亦當異世之好事者乃因嬀水出於雷首遷就附益謂歷山爲雷首之別號不考其實矣由是言之則圖記皆謂齊之南山爲歷山舜所耕處故其城名歷城爲信然也

中條山在永濟縣東南十五里山有桃花元女二洞及谷口蒼龍諸泉有萬固棲巖二寺以其中狹而延袤不絕故名禹貢錐指云中條在蒲州東南十五里西起雷首委蛇而東直接太行南跨芮城平陸北跨臨晉解州安邑夏縣諸境凡數百里有數

峰攢立拱對蒲城城中望之秀黛相照其峰中高
傍下俗名爲筆架山則其支峰蔓壑蜒蜿所及者
也
寰宇記中條山在芮城縣北十五里亦曰薄山
封禪書云薄山者襄山也薄亦爲蒲古蒲薄通
穆天子傳云東巡自河首襄山登薄山窴軨之
隥春秋傳冀爲不道入自顛軨伐鄍三門杜征
南以爲顛軨阪在河東大陽縣今平陸是則所
稱薄山宜在平陸記又云亦名陑山湯伐桀升

自陑是也然中條甚廣而陑唯一處必即其地
可以名之不得以概中條也或以山海經條谷
之山即爲中條於說徒妄大抵此山多跨州縣
故在處皆以之名若論其實則今虞鄉芮城二
縣南北横亘陰陽正乃中條餘皆其蟠旋翔薄
所際及者耳或以其南北狹薄故稱薄山是不
必然山海經記薄山之首而因有甘棗渠豬歷
兒葱聾之名後志地理者遂舉爲雷首别名十
二之數然中山經次五歷山葱聾復且再見山

海爲書既多不經凡所記山川方隅道里要莫爲準特其言薄山蕡山首山條理既別禮祀不同山之神人與所產物恠又各殊異是不得指三者爲一而後世論者顧合薄山蕡山首山以指中條或擬雷首殆亦失之勿審耳若中條雖自有其名要不外乎禹貢之所爲雷首胡渭云雷首之脈爲中條東盡於垣曲王屋在焉殆得之矣

方山在郡東南一百二十里永濟虞鄉兩縣間其半

當永樂鎮純陽宫之後地記云方山一名檀道山即山海經檀首山也亦名百梯山水經注西則石壁千尋東則磻溪萬仞方嶺雲迴奇峰霞舉孤標秀出罩絡羣峰之表翠柏蔭峰清泉灌頂郭景純云世所謂鴛漿也路出北巘勢多懸絶來去者咸援蘿騰崟尋葛降深於東則連木乃陟百梯方降故亦曰百梯山也

臨晉志云方山岧嶢揷漢爲中條之首五老峰亦俯其下唐宋金元爲永樂虞鄉兩縣勝地宋

廢永樂元廢鎮鄉城郭人民繁華頓改山靈亦久寂矣

玉箸山在永濟縣永樂鎮純陽宫側有松竹桃杏之觀

麻谷山在永濟縣南三十里氣象盤鬱林巒蔽虧

八盤山在永濟縣南二十里八盤折而至頂歷山在其南

九峰山在永濟縣南六十里上有道士院

鳳皇山在永濟縣南七十里與潼關對

雲蓋峯在永濟縣東三十里中條之地高切雲表
谷口在永濟縣東南十五里中條山陰是爲西麓有
蒼陵谷爲中麓其大谷口出泉處爲東麓也
曇延洞在永濟縣東南二十里棲巖寺側隋世高僧
曇延講經洞中跡傳至今
舜原永濟縣北二十里俗傳舜所生處
虞原永濟縣南三十里舊傳段干木常居此
焦嶺永濟縣東南六十里焦盧里思里得名傳漢末
焦孝然結廬於此故稱焦廬里後訛爲焦盧

書院坡在永濟縣東五里三岡隱起南岡昔建河中書院其上中岡有文昌祠閣明楊瞻僉事所建北岡有佛寺今稱其地爲寺坡

大嶷山

小嶷山在臨晉縣東北三十五里二山南北並列故稱二嶷

通志云五朝志及通考桑泉有三嶷山金史亦然唯明一統志止書大嶷小嶷臨晉志云隋志有三嶷山今土人止稱大嶷小嶷上舊有龍祠

禱雨輒應

中條山在虞鄉縣南七里西自永濟草坪山東至解州靜林寺凡四十里皆中條之在虞鄉者

方山在虞鄉縣西南見永濟

五老峰在方山東去虞鄉縣西南十里峭壁千尋援鐵而上山有雷公洞上洞在歸雲巖下洞在北峰有東西錦屏峰峰陰有張果洞又仙人韓終隱此鍊藥亦號韓峰峰東有韓君洞又有羅通微眞人洞又有靑城太乙蒼龍太白諸洞洞之陽有棄瓢

巖嵩山道士李皮蘘常棄酒瓢於此傍有龍井相
傳唐元宗時遣玉眞公主投金龍其中山麓又有
金沙金龜玉女飲鹿諸泉
玉峰亦曰靈峰即五老之南峰也雲笈七籤道書洞
天福地記謂此是第五十二福地唐侯道華升仙
於此
王官谷在虞鄉縣東南十里石樓峪西今名其地爲
橫嶺峪北虞鄉峪南芮城矣谷爲中條勝絶處唐
司空圖居其間谷内有天柱峰峰左右兩瀑飛垂

巖際人稱東瀑布西瀑布舊有司空三詔堂休休亭濯纓亭九籥室貽溪宋世愈充樂沆先後爲令皆賦詩表司空之跡爲祠堂曰表聖影堂今久廢無址有丹陽觀道士昔居之傳即表聖故居也今觀亦荒甚無黃冠矣

百梯山 見上方山

石錐山 百徑山

隋志五朝志虞鄉有石錐山百徑山

步虛坪在五老山太乙峰南

峨嵋岡在猗氏縣北門外岡起自聞喜縣委蛇延蔓繞猗氏郭外邐臨晉之北西帶欒河至河濱止焉其猗氏縣治則岡之地脉所結也

千佛嶺在猗氏縣南八里邑志以其形勢論之爲縣之内案

鳴條岡在猗氏縣南二十里岡自安邑西南入縣境屈繞其南蓋縣治之外衞也俗傳有舜陵焉書序湯升自陑與桀戰於鳴條或言在安邑也

孤山在萬泉縣南二里高十餘里周幡八十餘里以

拔地特起不接他山因名之曰孤又名方山言山形四面皆方也山西麓有檻泉南有雙泉又有桃花洞其東谷有暖泉泉至冬不冰東谷澗上有法雲檻泉寺

介山在縣東十五里相傳介子推隱此上有子推祠漢書地理志汾陰介山在南漢武紀祀后土用事介山用事介山猶有事泰山者必先沛林矣水經注介山可高十餘里山上有神廟廟側有靈泉祈祭之日周而不耗世亦謂之子推祠揚

雄河東賦曰靈輿安步周流容與以覽於介山
嗟文公而愍推兮勤大禹於龍門晉太康記及
地道記永初記並言子推逃隱是山其實非也
予按介推所隱者綿山也文公環而封之爲介
推田號其山爲介山杜預曰在西河介休縣者
是也山西通志云詳酈氏之言嘗以今之孤山
爲介山其解良是道元謂廟側有靈泉而宋鄧
忠臣記孤山之東南有祠曰風伯雨師右有泉
二源在山之上下則雖數百年已遠然尚與道

元合元毛鐸風伯雨師廟記謂漢建武九年光武登臺祀此夫漢世宗世祖皆至汾陰祀后土武帝用事介山則光武亦宜爲之鐸之記得諸邑人所傳者蓋非其妄詩曰陟其高山嶞山喬岳天子用事必於大山唯山高十餘里周八十餘里是宜爲望而享祀有秩若部婁之屬豈嬰玉所加若所爲風伯雨師廟者其先大要即道元注中之子推祠歲月既久或訛以爲風伯雨師耳夫自晉世至唐有妬女津云是子推妹能

興致風雨安知風伯雨師之廟之不類此耶若
其稱孤山者或出於一時土俗而後沿之且孤
介義一又孤介皆訓大或後人因其大山而錫
以孤名是未可知然按漢志而求介山於汾陰
捨此無與歸矣
稷王山在萬泉東三十里稷山縣界下有泉曰漉漉
其水清如漉而自出也
黑石山在萬泉縣東南三十五里石色青黑其材可
作碑

栢林嶺在孤山東南隅上有崑崙臺
雕石崕在孤山南峪有雕常巢其上崕下有泉
峨嵋嶺即猗氏峨嵋岡所衍行者自臨晉入萬泉縣境至此獨隆起故以嶺名
桃花洞在孤山南麓舊多於此種桃故名元時仙人劉海蟾羽化於此有登仙石遺迹
峨嵋坡自萬泉衍而西至滎河縣城東上多平岡東南一峰差聳曰靈吉自此西屬於河而蛾嵋之脉盡矣其綿亘起伏蟠穿數縣幾二百有餘里云

黄河在府西城蒲津門外五代宋時距城止一里後西曼遠去五里餘明初時復漸東移近城下隆慶四年河大漲溢入城是歲徙道穿朝邑而南移大慶關於東岍萬歷八年復決而東齧自後又西徙十餘里國朝康熙三十四年復東徙今距郡城五里河自龍門下由河津入榮河縣河在縣西去縣七十步行縣境六十里其西岍爲陝之韓城自滎河入臨晉縣河在縣西三十里行縣境四十里其西岍爲陝之郃陽自臨晉入永濟縣行縣境五

十里至郡西郭外其西岍爲陝之朝邑自郡西行
縣境六十里轉而東行其南岍少西爲潼關自潼
關又東行縣境六十里其南岍少東爲河南閿鄉
凡河帶郡境西北繞郡西南過縣三行地二百七
十里東達於芮城
水經注河水自皮氏縣西又南出龍門口又南逕
梁山原東又南逕高門又東南逕司馬子長墓北
又南逕子夏石室又南逕汾陰縣西又逕郃陽城
東又南逕陶城西又南逕雷首山西又南歷船司

空與渭水會又南流潼激關山因謂之潼關自華陰潼關東北流又東逕閿鄉又東逕河北縣南又東逕芮城

汾水源出寧武分水嶺逕太原汾州平陽入絳州稷山由河津入榮河縣古以水南爲陰故榮河舊爲汾陰地矣至唐改汾陰爲寶鼎元和郡縣志云汾水在寶鼎縣北二十五里榮河志云汾水在縣北后土祠傍西流入於黃河水經注所爲河南出龍門口汾水從西來注之者也明隆慶四年河既改

道同時汾亦東徙由河津縣葫蘆灘南入河今在滎河者爲枯瀆

涑水源出絳縣橫嶺山伏流而出西經聞喜夏縣安邑至猗氏臨晉涑水經猗氏者在縣南六里經臨晉者縣東南二十里臨晉志云其故道自卿頭鎮西南合姚暹渠入五姓湖明宏治十六年御史會大有以姚渠首中太狹涑水闌入爲鹽池害疏請濬河八十里自猗氏崔家灣開引稍訂經智光水頭觀底胥村城子埒薄落頭諸村入五姓湖達孟

明橋入黃河郭爲觀有涑水故道考載藝文

嬀水在永濟縣南六十里水經注歷山有舜井嬀汭二水出焉南曰嬀北曰汭通志云二水東西相距二里合流入黃河

王肅註尚書以嬀汭虞地之名而非其水孔安國書傳訓汭爲內云居嬀水之內皇甫士安從之馬季長則以水所出曰汭又爾雅水北曰汭後多以嬀汭分二水然傳記所言洛汭渭汭正與嬀汭同豈得亦分渭洛與汭爲二乎以爲二

水不同出而東西相距因欲異其名則桑乾濟水諸大川皆有數源異出同注然總爲一名是則汭之於嬀原本一水不得强分而安國所訓於義爲允矣

五姓湖在永濟縣東三十五里臨晉縣西南四十里虞鄉縣西北二十五里三縣界會處也平陽府舊志湖傍村昔有五姓居之故以名湖亦曰五姓灘考厥所從蓋卽古之張澤矣水經涑水南過解縣東又西南注於張揚池酈元注云涑川又西南逕

張揚城東漢書之所謂東張矣曹參與韓信東攻魏將孫林遬軍東張大破之即斯城也涑水又西南屬於陂陂分二城南面兩陂左右澤渚東陂世謂之晉興澤東西二十五里南北八里西陂即張澤也西北去蒲阪一十五里東西二十五里南北四五里冬夏積水時有盈耗明時舊志云湖傍昔多樓臺居人環繞每夏荷花盡發爛若霞錦雜以綠蘋紅蓼漁人罟師水鳧沙鷺欵乃間作飛浴相翔致爲勝觀其後景物盡變惟湖光一片數十年

來水益就涸乾隆癸酉歲秋雨既盛復見漣瀾瀰
瀦云湖中有大堤南北相屬堤上有橋若行畫中
湖瀕舊有明襄垣王子所營別墅獨擅幽奇滄桑
以後淪滅無跡矣
鴨子池在五姓湖東水經注所稱東陂之晉興澤也
王官谷諸水經流注此通志云東起鴨子池西接
蒲州孟明橋六十里皆水鄉也
舜井在東關古城舜祠內東西二井相對宋眞宗改
廣孝泉命王欽若記焉州舊志地鹵水鹹井獨甘

美
義井在城東峨嵋原明成化中知州蔣容穿以飲道
渴者
寒谷澗在永濟縣東南百里地曰觀後南流入於河
平陽府志疑其即山海經之共水然經所為甘
棗之山今既不能指其何是而芮城志或又言
在其縣中則澗非共水矣以今考之是即水經
之永樂澗而酈道元以當山海經渠豬之水者
也以出永樂故後即名之永樂澗所謂寒谷又

變稱於其後者耳水經河水過河北縣南又東
永樂澗水注之夫今之永樂爲漢魏時河北縣
地且又處其縣之東以桑欽酈元所言求之其
爲永樂水無謬也
東澗西澗二澗並在萬泉縣東澗在城東門外孤山
北麓中出隨地湧泉北流六里西澗在西門外雙
澗夾城分流相帶如匹帛之繞叢花西澗水亦北
流凡三里與東澗俱入於沙或云伏流地中也
平陽志云萬泉縣止數井民用不給取給澗水

其餘村落中井不過一二甚有村無井者則儲雨雪以供用或遠汲他處動踰一二十里蓋地以穿井爲艱深者百丈淺者亦八九十丈且穿一井其費旣多甚有穿之至深終不得泉者是以井少人尤苦之

神龍潭在永濟縣東南十五里大谷村

玉龍潭在永濟縣東南十五里讚歎寺下

泓龍潭在永濟縣東四十里龍祥觀後

水谷潭在永濟縣東南二十五里水谷村

黑龍潭在猗氏縣西南久塞邑人王含光濬之開水田後復淤

雷澤在永濟縣首陽山下南流入河相傳舜漁於此水經河水又南逕雷首山西又南涑水注之酈注水出雷首山有夷齊廟其水西南流亦曰雷水穆天子傳壬戌天子至於雷首犬戎獻良馬四六天子使孔牙受之於雷水之干者是也據酈此言則俗所指雷澤者正是穆王時雷水且道元之注於古無不採使舜果漁此彼寧或遺

之而絶不及者知其無與於此也夫雷澤審在
定陶而好事者因水有雷名且不知世有周穆
之事特欲以附於舜故爲辨如此

玉洞泉在永濟縣永樂鎮純陽觀後與寒谷澗水並
入河

今永樂鎮傳云有玉澗及皇天原按水經注云
澗水南出玉溪北流逕皇天原西周固記開山
東首上平博方可里餘漢世祭天於其上名之
爲皇天原有武帝思子臺又北逕閿鄉城西世

亦謂之閿鄉水據此則玉澗與皇天原明並在河南此不得有後人以唐李商隱號玉溪居永樂遂以玉溪即玉澗非其實矣

桑落泉在郡城外東南五里土𪓰原后土祠下舊以北魏末劉白墮桑落酒得名唐河中有芳醞監李肇國史補云河中桑落坊有井釀酒甚佳依此則泉本古井而其地舊亦當在郭中也今泉亦縮無釀者

蒼陵泉在永濟縣東南十五里王莊即谷口水源也

柳溝泉在棲巖寺東
大黃泉在永濟縣中條北麓
觀音泉在永濟縣鹿谷上有白石寺泉出谷西流入
河
梨花泉　龍母泉並在永濟縣中條山大谷中
大谷水泉在永濟縣東南十五里北流入姚暹渠大
凡蒲之諸泉皆源出中條唯桑落自地發也
諸志永濟縣有飲馬泉引唐高祖破桑顯和於
此考高祖留兵圍屈突通於蒲州而自由朝邑

蒲津渡河遂破隋將桑顯和則飲馬泉蓋乃同州者不得以名之偶合而遽附於此

瀵泉二　一在臨晉縣西三十里黄河吳王渡峔側一在榮河縣南二十五里南趙村西距黄河三里沏沮方丈郭恒農山海經注云河東汾陰有瀵水源在地底濆沸涌出其深無限名之曰瀵馮翊郃陽縣復有瀵亦如之相去數里而夾河河中渚上復有瀵源皆潛通在汾陰者人壅其流以爲陂種稻呼其本出處爲瀵魁此正榮河者也其泉久隱明

時知縣侯祁相地脈掘得之於是瀵湧如故明一
統志瀵泉水有三一在同州一在郃陽一在臨晉
臨晉志有桑泉謂其水久堙　國朝康熙十二
年知縣潘士瑞探古搜奇故老有識其處者乃
尋東北溝掘之得甘泉焉桑泉雖見於左傳特
地名耳豈必實以泉士瑞偶掘得泉亦無足異
乃欲詭爲即古桑泉甚不須爾

鴛鴦泉在方山之巔其名見於水經注及郭璞山海
經注其水已久堙相傳其下至深恠物宅焉明隆

慶間霪雨或言方山白龍爲祟御史郜永春以鐵
牌黑犬厭之是夕大雷雨折山巔塔龍移湫去
蘆泉在王官谷內味甘冽
文波泉在猗氏縣東北仁壽寺右自城東遶南入涑
水泉時溢則縣多科第故名今久闕
雙璧泉在猗氏縣西北五里靈巖寺後明萬歷十八
年二泉湧出南流五十步復止後每泉出則邑人
多父子成進士者
暖泉在萬泉縣孤山之陰數穴湧出隆冬不凍東澗

之流此水居半

檻泉在萬泉孤山西麓初欲建寺無水傳有白兎入穴掘之得水因名兎泉後改檻泉

聖水泉在孤山之陽大旱不竭

鵰石泉出孤山鵰石崖南流合於聖水

竹溪舊在永濟縣東十里石莊有竹溪寺後湮

貽溪在王官谷内唐司空圖所名

石筍溪唐盧綸有奉陪渾侍中遊石筍溪詩今不知處或云在中條北麓下

王官雙瀑布在王官谷內天柱峰傍東西二瀑西者尤奇勝方冬脈微循崕而流涓涓一綫至春夏飛湍直下望之若練所注處石皆成穴珠玉噴跳夏月遊人數十步外寒氣森逼東瀑崕稍曲湍亦差緩崕上蒼苔匝生歲久皆玲瓏爲石如羊胛狀二瀑經休休亭前合流出谷散入田野間居人引以灌溉引水溉田之法以時刻計名一分水傳自司空表聖所定至今用之不廢凡王官之水以分計者一百一十九焉其引溉所及遠近至十五里

穆陵關通志云在榮河縣北十里南北開朗至關則
東西兩山壁立如門車不能方軌舊有石刻曰古
穆陵關
蒲津關即漢臨晉關唐改蒲津宋祥符中復改爲大
慶關本在黃河西岸朝邑界隆慶四年河穿朝邑
南行移關東岸與蒲州接今去郡城西門五里爲
秦晉分界處
風陵渡在永濟縣南六十里黃河北唐大歷中於此
置風陵關明洪武八年設風陵巡檢司屬潼關衛

國朝雍正五年改衛爲縣山西巡撫疏言風陵渡巡檢司向隸潼關衛而駐在蒲州今改縣廢衛其風陵巡檢之俸工亦歸併潼關縣是巡檢司竟隸陝西恐晉省不能責其效用矣請令駐劄渡口隸山西爲便於是司屬永濟至乾隆四年復移歸潼關

永樂渡在永濟縣東南一百二十里黃河北明洪武四年設巡檢司今廢

吳王渡在臨晉縣西三十里明初於此設巡檢司今

久廢其南爲夾馬口渡

汾陰渡在滎河縣金時遣南陽郡王弋祀汾陰后土祠所設久廢

曰馬渡在滎河縣南十里元時設久廢

新渡口在滎河縣北十里

黄河堤堰在郡西門外其舊堤自唐世有之北宋時繼有繕築然不時圮明初修於守臣自成化至正德初僅歷三紀已六興役於是河東道王天瑞議大築之爲經久計召屬吏父老告以修堤護城預

防决溢乃程工計事北起古官道灘角南抵河瀆廟用石工三十人採石龍門虞鄉山中得石八千餘片琢版長五六尺以民車船運載之市松栢木樁七千餘鈎心鐵錠一萬餘觔用夫匠三百餘人併力致功凡期年逾五月而堤成長二千五百尺給事史學爲之記自天瑞礎石堤之完固者四十餘年至嘉靖乙卯地大震堤岸盡崩於是河流每漲直入城郭隆慶四年夏黄河漲高丈餘浸及蒲城時楊尚書博家居議復修堤堰使富民出金數

千沿河築土堤三百餘丈以衛城郭至萬歷庚辰夏河自迤北南流直衝蒲城西岈古七里渡口崩岈數十步勢將大潰人盡震恐河東道王基乃請之山西巡撫議建石堤以捍洪災未幾河東道宋應昌繼至請如基議乃檄平陽府發府庫所貯歲收各縣大戶餘名銀六千七百有奇不足官復籌與之凡先後工費銀二萬六百有奇召匠採石於河津之乾柴溝市栢木為立椽具燔石為灰於條山之中物用備具衆議堤薄則不足捍激湍乃立

址樹廓加頑石三尺雜灰土堅築以實內基復煮米汁和灰砌石冶鐵灌之使相膠合以固外身通計新堤自北徂南長一千三百一十九丈堤高出河上數尺屹如重城始萬歷庚辰歷四載至癸未乃竣王尚書崇古爲碑紀功自堤成之後河亦西徙去城稍遠無衝齧摧剝之患詎萬歷癸未至今乾隆甲戌百七十年河壖久淤爲陸而堤峙巋然獨存其砧礎駢聳處尚如故

遶城堰

横渠堰二堰並寬一丈長三十丈

玉龍堰寬一丈長五十丈三堰舊在郡城東北明知州許鵬以城東原溝阪深峻大雨輒壞田稼兼積水無洩乃於州東大通廟穿渠曰永濟州北復安里古城下穿渠曰溥惠復爲三堰以障渠水之勢使無入郭中其渠後皆湮堰亦夷漫矣

蒲津橋唐明皇帝所製浮橋也杜佑通典河東有蒲津關大唐開元十二年於黃河兩岸開東西門各造鐵牛四并前後鐵柱十六其牛下并鐵柱連腹

入地丈餘唐書云開元十二年鑄八牛牛一人策之牛下有山皆鐵也夾岸以維浮梁十五年自朝邑移河瀆祠於此張說蒲津橋贊河上有三橋蒲津是其一今八牛山柱俱存

考東魏時齊獻武王高歡造三浮橋以攻西魏西魏大統四年丞相宇文泰既定秦州造浮橋河上通往來又隋文帝至河東亦造浮梁皆在蒲津通典云橋自後魏迄唐初皆橫緪百丈連艦千艘少敗輒更歲費不訾於是開元十二年

明皇帝始下羣議乃鑄八牛山柱夾維兩岸久

成安固沿至宋金尚承舊製宋熙寧元豐中累

勅知河中府修河梁堤岸金時設大慶關勾管

河橋官一員掌解繫浮梁濟渡舟楫巡河修埽

卒埽兵四時功役栽植榆柳預備物料譏察奸

僞等事同勾管官一員至金末河橋爲元兵燒

絶後始廢

蒨志宋嘉祐八年秋水漲梁壞鐵牛沈沒有眞

定僧懷炳以二大舟實土夾牛維之用木鈎牛

徐去土船浮牛出梁得復成詔賜炳紫衣

孟明橋在永濟縣東十里傳爲秦孟明焚舟渡河盟師之處凡姚暹渠諸水入河必流經其下

貫底橋在臨晉縣東南二十里係官路通衢

涑水橋在臨晉卿頭村明洪武十六年縣主簿章琛以石建

涑水橋在猗氏縣東南八里爲西北鹽車所行要路明萬歷三十一年巡道詹思虞建

永利橋在萬泉縣西門外唐時所建圮於明嘉靖中

知縣王大節修隆慶中知縣李廷陳移建舊址之北易以石行者便焉後天啟時縣令范文原擬改建未果繼任劉大猷成其事縣人更名其橋曰三賢

涑水渠舊在蒲州東三十里唐貞觀十七年刺史薛萬徹所開於虞鄉縣北十五里穿渠自聞喜引涑水下至臨晉考桑欽水經涑水出河東聞喜縣黍葭谷水經注謂之華谷其故道自安邑縣入郡之猗氏經鳴條岡李漢村折而南又折而東南經張

河孫塢諸村又折而西南歷楚侯王鑑諸村又西南逕太侯上庄及解州之南扶諸村自此又西南經臨晉之卿頭諸村與姚暹渠分南北流並入五姓湖由永濟縣達於黃河元時司解鹽者慮涑水時溢浸敗鹽池乃自安邑北相鎮之西北開新道引使北行經三里高頭原頭水南香落諸村至崔家灣復折而南至臨晉於是涑水始與姚暹渠合矣明宏治十六年巡鹽御史會大有復自崔灣浚新道八十里益引而西經祁任智光諸村至蒲州

由孟明橋入河水所經注多資灌溉明隆萬中屢
修堤築　國朝雍正中議分設虞鄉縣時戸部侍
郎王某刑部侍郎韓光基先後奉使至各議於涑
水河建閘啓閉蓄洩以資灌溉備水潦乾隆十年
秋涑水大發崩毁堤堰當事奏請修濬或議求涑
水故道開而復之於沿河南岍築堤以禦決溢使
順軌西流歸五姓湖然久至數年未及行於時涑
水及姚暹渠沙土壅淤而五姓湖亦久遏塞十八
年秋霖雨彌月水漂瀑無所歸至冬時尚漫宿田

野河東兵備道喬因解州知州請修渠河乃使與蒲州府知府會勘涑水姚渠形勢即議修濬其年十二月合條具修河事宜以上明年正月河東道喬言於撫藩二憲謂河渠及五姓湖閉淤有年致連歲夏秋雨水稍多即易泛溢各邑不能沾水之利而反受其害者非一日更可慮者每年涑河漲怒一切田廬皆成澤國且恐水勢勇猛潰裂暹渠橫決所至則虞鄉解州城郭及大小鹽池其危險有不可勝言者此河渠之速應修治斷不可緩若

夫河則向資民力渠則商力疏通歷來舊例行之甚便二憲以爲允乃命各有司即於其春興役其涑水自安邑以東者解州主之自猗氏以西者蒲州主之涑水在蒲州始自猗氏歷臨晉永濟至河地一百里長一萬八千丈舉功於三月戊辰訖四月癸卯凡三十有五日其用民力唯引灌所及者使里出之灌不及者役勿與其夫永濟凡二萬一千六百人臨晉九萬六千六百九十八猗氏七千五百六十人各以地之短長多少難易分任焉既

成淺疏壅决自湖達河經流通暢潦之積而未消者皆歸其壑田之漫者悉出凡數百頃漸可復耕三縣之人以爲利形家者曰明時湖水常滿而涑無絶流故科第仕宦爲盛自近百年涑水幾不西至而湖亦就堙是以郡少達者今疏之使復其舊非特歲免沉菑亦郡人仕進之利也

姚暹渠古永豐渠也按史乃後魏正始二年都水校尉元清所開引平坑水西入黃河以運鹽隋大業中都水使者姚暹重開之決堰瀦㶇民賴其利故

以之名宋仁宗時轉運使王博文言解州安邑至
白家塲古永豐渠行舟運鹽不至勞民自唐末至
五代迄今湮没水甚淺涸舟楫不行詔相度以聞
明時朱實昌爲御史有修渠記云姚暹一渠所以
受山谷之水由苦鹽池入五姓湖以達黄河自唐
以來湮没至今予使加濬焉渠在鹽池北十里古
開之以洩東南山澤之聚流因堅其堤以障之渠
受東南之水其派有四其經流由於平陸之横嶺
嶺北水聚成澗至夏縣之王官峪口而北出東流

過抱珠山又東過史家峪與雕崖瀨入澗諸水合於小呂村又東三里許有巫咸河自南來會轉而北流河之東有白沙堰又北三里許爲朱呂村有朱呂橋李綽堰姚暹渠與分界於此自此以北遂名姚暹渠凡渠之起自夏縣歷安邑解州至蒲州府之虞鄉縣入五姓湖綿亘一百五十餘里蓋解鹽池每患水敗自有渠以刷諸水則有所歸滙不致浸入鹽池而其利亦資灌溉　國朝乾隆十年渠身淤塞水無所容致泛漲爲害蒲商人乃於十

一年公共捐銀大加濬治至十八年渠身不能通暢下流更多阻壅時秋雨過多渠水大溢解州之西王村諸渠堰爲所冲蕩解州城西之硝池悉被漫沒於是河東道裔因解州知州請修河渠遂使與涑水河同時疏治以刷聚水而衞鹽池凡渠由解州而入其屬之虞鄉者地曰曾家營申家營土橋牌首村棗圪塔諸村落皆渠所經並疏深之使達五姓湖又以湖爲渠河之尾閭若下流壅則不能行水并湖濬之使達於黃河虞鄉縣以四月興

役已而工竣所役凡三萬七千一百有四人
雞心灘在永濟縣西南黃河中初河决朝邑移陝之大慶關於東岸由是朝邑與蒲界接而河壖水涸沙渾可田者秦晉人雜耕其間久之相爭至於鬬殺康熙十三年始令山陝巡撫會勘於大慶關東立牌界分秦晉築墻植樹限制其人定山陝刁民例示以嚴誅然其民皆愚悍貪利而永濟長旺諸里民悍桀尤甚雍正七年復以河灘大訌乃遣工部侍郎馬爾泰出按視爲丈其地平分焉至乾隆

三年河中復漲一灘長可十五里其廣五六里秦
人呼曰夾沙晉人名以雞心方灘之生永濟朝邑
華陰之人並就溢墾而私爲之界及十二年永濟
民欲得全灘種之揚言昔本以大河爲界今秦人
實據我耕地朝邑華陰人則謂分耕灘地巳久安
得獨歸晉且界故不以大河也於是復鬬如初兩
省大吏各遣官會視將平其爭然會者議各以私
久不决時今河東道喬方知同州府奉檄與蒲州
知府李及永濟朝邑華陰三縣令再勘焉議分巳

定上之兩巡撫並是其議即以奏於朝章下戶部
戶部請下山陝巡撫再委官吏詳按審核之必使
均平不致復爭於是晉撫委雁平道葛歸綏道卓
秦撫委榆葭道禮潼商道李以乾隆十三年四月
十五日期會河上雁平潼商道等公勘得灘屬河
中介在秦晉之間雖晉之瀕河村民種灘者數多
而秦民瀕河種灘者少應將此灘除去四圍嫩沙
不可田者外其灘中已熟之地并未種老灘均以
六分給晉民四分給秦民其應分界限請起自原

築界墻之南就其地勢眠弓之形灣環對照灘之
東頭鳳凰嘴一並照前築墻立界至其地之頃畝
應令各知府縣令及蒲州永樂潼關撫民二同知
公同丈明分給即於乾隆十四年起租并以灘地
及佃種者授之撫民永樂同知使主收其租課而
於耕穫之時會同營汛前往巡查彈壓倘有侵佔
爭鬭等即以山陝刁民例罪之先是山西巡撫奉
旨與陝撫面加商度乃於十四年二月兩巡撫
亦偕會灘中及得雁平道等議並以爲允即採其

言入告報可於是以四月十五日原勘諸道府縣
令共丈灘地計二百二十二頃九十九畝有奇永
濟分地得一百三十六頃四十六畝餘其在秦者
朝邑分地得五十三頃二十畝餘華陰分地得三
十三頃三十二畝餘灘地之勢西厚而東薄方丈
量時除去東灘瘠土濶三百步許不在分列則同
州府之意以晉民所得地薄用折而補之俾無偏
私初戸部以灘地利多稅輕故民爭無巳將重爲
之賦秦晉二撫議下有司永濟諸令並以灘多鹻

瘠非膏腴比且有無不常每歲畝租但可得五升憲府因戸部言駁難數四後定一㪷爲額云凡灘之役始乾隆丁卯春訖庚午五月先後凡四年河東道喬記其事

考之史後周保定二年刺於蒲州開渠以廣灌溉宋時轉運使薛顔即蒲津北灑黃河上流爲支渠殺水怒河中浮橋乃不爲水所敗因取渠水溉傍田民頗利之又紹聖中知河中府游師雄立渠堰中條下引蒼陵谷水注之人賴其利

今周宋時所置渠巳失其跡唯萬徹所開涑水及姚暹二渠存至今然時失疏治即爲患且涑水始與渠分自其後合流而患尤易致其衝毁堤堰以敗鹽池及災民田者亦屢見矣然其害要皆由於河渠之壅壅則無以行水而瀑溢泛濫勢必至焉故或疏或導歲宜毒之雖然治其原而不治其委非計之宜夫五姓湖又二水之委所以受此而與爲轉輸者也使湖不治而致其湮遏是猶病噎者食不下而嘔將作矣此又

不可不知者也

蒲州府志　卷之二

《山西文華》編纂委員會 編

山西文華·史料編

蒲州府志

清乾隆版 第二册

卷三至卷六

清 喬光烈 周景柱◎總修

山西出版傳媒集團
三晋出版社

山西文华

蒲州府志卷之三

古跡

陶城

水經河水又南逕陶城西酈元注云舜陶河濱皇甫士安以爲定陶不在此也然陶城在蒲坂城北即舜所都也南去歷山不遠或耕或陶所在則可何必定陶方得爲陶也道元謂帝都此城亦未必信然陶邑之名因城乃有自唐至今千載無改跡紹遠古永復傳之今郡城北三十

里陶邑鄉即其處矣

虞都古城

括地志在蒲州東南水經河水自陶城南過蒲坂縣西注云皇甫謐曰舜所都也以今考之當即戰國秦漢時蒲坂舊城王莽所改蒲城者舜之故都亦在此焉然後世城郭之制自禹而始方當舜時雖都其地不必即有城以後世之城爲虞都所築毋乃失之

郇城

在猗氏縣南十八里古郇伯之國周文王第十五子所封處也水經注涑水西逕郇城服虔曰郇國在解縣東蓋郇瑕氏之墟猗氏志言城高二丈許四垣八門遺址宛然

令狐城

括地志令狐城在猗氏縣界十五里通典古有令狐城晉文公從秦返國圜令狐即此猗氏志云在今縣西十二里令狐村或言晉時於此置戍亦曰令狐戍

桑泉故城

在臨晉縣東北十五里春秋之桑泉地今亭東村南小蓋原是其處左傳僖公二十四年晉公子重耳濟河入桑泉杜征南注在解縣西二十里北魏志南解縣有桑泉城

古解梁城

臨晉志云在縣西南三十里五姓湖北其跡至今猶存

古瑕城

後漢郡國志解有瑕城地道記左傳文公十三年詹父處瑕杜征南注郇瑕古國也水經注涑水又西南逕瑕城又西南逕張揚城括地志張揚城在虞鄉西北四十里京相璠曰河東解縣西南五里有故瑕城今臨晉西南三十里五姓湖者即古張揚城處以水經注京相璠之言考之古瑕當即臨晉城外西南地久從湮佚矣

晉陽故城

史記魏世家秦拔我陽晉封陵正義云陽晉當

作晉陽也括地志晉陽故城今名晉城在蒲州虞鄉縣西三十五里六國表云魏哀王十六年秦拔陽晉即此城也通志云今地在永濟縣東四十里

汾陰故城

在今榮河縣北九里舊志並不詳所始按水經注則魏文侯所築也周威烈王十七年文侯伐秦還築汾陰即此是矣括地志云汾陰故城俗名殷湯城在蒲州汾陰縣北魏土地記云汾陰

城北至汾水三里也

基城

在永濟縣南八十里舊志云不知所剏始以址存故名今爲基城里據舊志所云則基之爲名亦以俗稱而然非其本也史記魏哀王十六年秦拔我蒲坂陽晉封陵括地志謂陽晉在虞鄉縣西封陵亦在蒲州史記正義云封陵在古蒲阪西南河曲之中然則俗所謂基城者疑即魏封陵之舊築耳

張揚城

水經注涑水又西南逕張揚城漢書之所謂東張矣高祖二年曹參假左丞相與韓信東攻魏將孫林遬軍東張大破之即斯城也北魏地形志北解有張揚城括地志張揚故城在虞鄉縣西北四十里是唐時猶存臨晉志云今無跡

北解故城

北魏太和十一年所置在臨晉縣東南二十里縣志云城即桑泉之故治自魏置北解至隋廢

桑泉即此故城而更名者明隆慶五年居民於
城内掘地獲桑泉縣印一顆意是隋末縣令遺
棄者可證北解桑泉古無二城也

越城

在蒲州北門外周一百三十步舊志云西魏大
統九年大丞相宇文泰築以防越渡故以越爲
名者是時西魏已得蒲州定汾絳高齊與黑獺
所田而爭者已非賀六渾浮橋之舊且是時齊
稍田周不能入河關而西又何越渡之有而周

於此築城以防之哉蓋後五代漢遣大將郭威討李守貞於河中威作三柵環其東西北面城疑即威所爲者威爲天子亦號周故或誤爲宇文耳若夫越之爲名恐亦後世時俗所稱者若基城然而非其始志又云或傳魏豹所築盛兵蒲坂以塞臨晉即其不决者已兩端矣

北鄉城

北魏地形志汾陰縣有北鄉城又有后土城舊志云在萬泉城北一里許亦後魏所置

王官壘

在虞鄉縣東南十里近王官谷左傳秦伯伐晉取王官者也

檀道濟壘

在永濟縣南六十里河曲地晉義熙十三年宋武帝伐秦遣冠軍將軍檀道濟等以兵先行道濟渡河結壘於此使建武將軍沈林子攻秦河東太守尹昭於蒲坂水經註宋武入長安檀道濟王鎮惡大小七營濱帶河險南則河濱姚氏

之營與晉對峙

北平故壘

猗氏志云即北城地也在北平莊武王馬燧廟後燧討李懷光時築壘於此版築之跡異於他處猗氏人謂其地爲古縣云

武壁

在滎河縣黃河峙側縣志云皆元至正末所築凡八砦曰汾陰胡壁趙村薛戍薛堡連栢西倉禹門以薛壘居中可制諸營移中軍其上更名

武壁周一千二百步面臨絶澗北開一門今址
存張昌有武壁門記

李樂營

舊志在條山南漢興平二年十二月獻帝渡河
幸李樂營河東太守王邑獻綿帛
舊志雖載此以爲古跡然考後漢書獻帝紀自
陜渡河至安邑三國志亦云天子走陜北渡河
唯皇后貴人從至大陽楊奉韓暹等遂以天子
都安邑三國志註云初議者欲令天子浮河東

下楊彪劉艾等以爲河險而止及當北渡使李樂具船又李傕郭汜追獻帝於宏農之曹陽楊奉急招故河東白波帥韓暹胡才李樂等合與傕汜戰奉兵敗天子走陝則李樂營宜不在此也

齊王砦

在臨晉縣西北十里齊王村東南縣志云舊說韓信屯兵擒魏豹處

秦王砦

在萬泉縣東三里縣志唐太宗爲秦王時立砦於此

欒里山砦

舊志云在中條山北金將獨小叔駐軍處

永樂故鎮

在永濟縣東南一百二十里後周置永樂郡唐置永樂縣宋罷縣爲鎮今駐永樂同知署即唐永樂縣治址之舊也

合河故鎮

在永濟縣風陵鄉去縣南六十里金時所置今

爲陸河

虞鄉故鎮

爲蒲虞鄉縣歷唐宋金至元能爲鎮今仍其處

爲縣焉

神羌堡

在臨晉東北十五里傳東漢初高密侯鄧禹定

河東圍安邑時屯兵於此

河曲

在永濟縣南六十里黃河廻曲處春秋秦晉戰於河曲杜註曰蒲坂縣南也

脽上

在滎河縣北汾水上水經注有長阜背汾帶河長四五里廣二里餘高十丈汾水歷其陰西入河漢書謂之汾陰脽應劭曰脽丘類也如淳註漢書曰脽者河東岍侍堆崛后土祠在西顏師古曰以形高起如人尻脽故名漢時汾陰男子公孫祥望氣寶物之精上見言之武帝獲寶鼎

焉即此處也一曰魏脽汾陰巫錦爲民祠魏脽

師古曰汾脽本魏地之墳起者故曰魏脽明隆

慶中脽淪於汾

昆田

在首陽南漢武詔曰朕禮首山昆田出寶物注

曰昆田首山下田也

沙卯亭

後漢郡國志蒲坂有沙卯亭在縣南

狐谷亭

郡國志汾陰有狐谷亭今榮河縣南趙村有瀵魁泉即郭璞爾雅註所說者漢時亭與瀵近也

鄈丘亭

水經注汾水西逕鄈丘北故漢之方澤也賈逵云漢法三年祭地汾陰方澤澤中有方丘故謂之方澤丘即鄈丘也宋祥符四年真宗祀后土禮成登鄈丘亭以望河汾古鄈丘在汾脽之東漢舊儀云脽上一日葵上顏師古曰地本名鄈音與葵同彼鄉人呼葵如誰因轉作脽耳鄈丘

水經注獨作鄧以爲許慎說文稱從邑登聲則

所學之異隋陸法言廣韻亦爲鄧同漢儀師古

之說也

二妃壇

宋永初山川記蒲坂城中有舜廟城外有舜宅

二妃壇舊志云蓋祀娥皇女英處也今名娥英

陵在蒼陵山谷上

朝覲壇

宋大中祥符四年祀汾陰築在故后土廟側

掃地壇

滎河縣志舊在汾陰祠左有坊樹焉以爲軒轅

掃地而祭之所元時設者今崩於河

崑崙臺

在萬泉縣南孤山上舊傳漢光武所名登此以

祀風伯雨師

雙市門

在東關古城金元帥左都監侯小叔夜復河中

府殺元將石天應於此

郎君谷

在中條山麓唐王起爲河中節度使其子龜性好幽遠結廬中條與山人道士遊人指起草堂處爲郎君谷

鳴珂里

在猗氏城內西南唐張嘉貞三世宰相所居號鳴珂里縣志云三相坊以張氏舊居故名

敬愛里

在永濟縣南永樂鎮中唐貞元中表孝子姚栖

雲改其鄉名曰孝弟社曰節義里曰敬愛今山南猶有節義里乃其餘跡也

萬歲宮

三輔黄圖汾陰有萬歲宮武帝祀后土時作

首山宮

在首陽山漢武紀元封六年春作首山宮

蒲州宮

周武帝宣政元年建

奉祇宮

唐開元十一年祀汾陰建

太寧宫

宋祥符四年祀汾陰建奉祗大寧爲唐明皇宋眞宗祀后土駐驊行殿宋大寧宫中有穆清殿祀畢享羣臣其中又有延寧亭爲登眺處並在古后土祠左三里今其跡無可考矣

綠莎廳

唐河中府有綠莎廳爲諸書記從事趨府會宴之所其中芳莎被庭縟翠可玩宋治平中猶尚

如昔居此廳者日使隸人引水澆澤之王元之有詩曰綠莎廳事舊鳴蛩是也後毀

逍遥樓

舊志云在州北城上不知何時建唐明皇登此有詩後廢

鸛雀樓

舊在城西河洲渚上周宇文護造李翰有序云宇文護鎮河外之地築爲層樓迴標碧空倒影洪流二百餘載獨立乎中洲以其佳氣在下代

爲勝槩唐世諸公尤多題咏歴宋至金明昌時
尚存有河中府録事李逵書樓額元王惲登鸛
鵲樓記云至元壬申三月由御史裏行來官晉
府十月戊寅按事此州遂獲登故址徙倚盤桓
逸情雲上雖傑觀委地昔人已非而河山之偉
風烟之勝不殊於往古是當元初樓已就毁舊
志云明初時故址尚可按後盡泯滅或欲存其
跡以西城樓寄名曰鸛鵲又唐楊巨源詩魏國
山川在白樓盧綸有九日陪渾侍中宴白樓詩

或言白樓卽鸛鵲也

避暑樓

隋文帝建在中條棲巖寺

薰風樓

州志云在古城街中唐廣明中河中節度使王重榮與黄巢將戰誓衆於此後戰勝建樓紀功以克復名之宋祥符四年眞宗幸河中登樓問故事因曰克復者一時之事不如以舜舊都改牓曰薰風且命陳堯叟爲記刻石元末燬焉後

無復興者至明崇禎九年守道李一鰲建樓三楹於面城高處未幾亦廢州人猶呼其處爲薰風臺云

費君書院

唐時費冠卿讀書院在中條五老峰下楊巨源有題書院詩

四桂堂

金李獻能獻卿獻誠獻甫兄弟相繼擢第故以四桂名堂擬燕山五桂舊在河東縣東南二里

久無跡

安民堂

宋錢晦知河中府仁宗飛白書安民二字賜之

至和二年建安民堂於府衙元祐中重建

去思堂

舊在城中金時河中人爲知府張萬公建

唐河亭

在城西門外黃河岍上任中丞所作爲觀遊勝

賞之地題咏多見唐人詩集中今無址

五代爽心亭

在萬固寺後山麓五代時寺僧紹月所建今無址

宋望川亭

在州東南中條山棲巖寺側宋宣和二年建舊志云西望秦川如在几席明萬歷十年王尚書襄毅重修

宋瑞雲亭

在中條山上今無址

秋風亭

在滎河后土廟前元時建刻漢武帝秋風辭於石貯之亭下因名亭爲秋風明隆慶中亭石俱淪汾川

唐閻寀使君宅

舊志云在中條方山使君棄官爲道士求仙居此與羅通微並化去

唐呂洞賓宅

即今永樂純陽宫其所居宅也

唐盧綸故居

傳在棲巖寺東

唐李義山故居

在永樂義山居永樂詩見藝文

唐司空表聖隱居

在中條王官谷表聖山居記其中有三詔堂九籥室證因擬綸修史休休覽照瑩光諸亭至宋時虞鄉令樂沆即其地搆堂祀表聖目曰表聖影堂其後盡廢今王官谷中尚存丹陽觀云是

其故隱也

宋樂安莊

在東關古城東北隅宋樞密直學士薛俅致仕歸築因其封郡名之樂安有逸老堂知府范純仁爲記

金麻長官成趣園

在中條下元裕之爲賦詩

明王處士巢雲阿别業

在中條山麓處士名旦爲園曰頤眞復名巢雲

阿舊志稱其地爲中條第一佳處

明蘆花散人別墅

在五姓湖濱襄垣王子俊嶸所築其自記云地偏心遠軒槅皆幽烟波渺瀰沙鳥上下秋則蘆花吹雪夏則蓮葉皴雲把釣浮舟開窻待月村樵漁子共話田園可以忘老豈直世榮之俱淡耶今與處士巢雲阿並廢久矣

對澤

在猗氏縣南二十里猗頓居牧處也今其地爲

王寮村水經注猗氏縣南對澤即猗頓故居元王思誠詩云對澤空城在桑泉故邑蕪

介推隱處

在萬泉縣東南十五里介山水經注云晉太康記地道記與永初記並言子推逃隱是山余按介推所隱者綿山也杜預曰在介休西河者是也近世顧炎武亦辨爲當在綿山然自漢晉以來謂子推逃此傳說已久矣

登仙石

在萬泉縣孤山南麓桃花洞側洞傍舊多桃故名舊傳仙人劉海蟾時踞此石後羽化於此石乃登仙之遺跡焉

楊妃村

在雷首山下獨頭坡唐貴妃楊氏本宏農人其父元琰家於蒲州之獨頭村貴妃生其間及入宮後因號其村爲貴妃村今獨頭坡乃唐時村地

開元金人

在永濟縣大門外左右對立高可四尺舊州志
云父老相傳帝王所行幸處臣民爲鑄金人以
示榮考唐王昌齡詩知爲元宗幸蒲時鑄者山
西通志謂河東故縣在西北隅宣化坊隋開皇
十六年析蒲坂置後并蒲坂入焉今改建按察
分司其前有鐵人二傳爲唐明皇幸此臣民鑄
以示榮今考明時蒲州治爲即古河東縣之故
處至雍正六年改府州治即爲永濟縣治未嘗
有按察分司之改其按察分司舊本在州治西

偏與二鐵人初不相及也又考唐渾瑊以咸寧王鎮河中金人蓋當時所鑄以旌其功者非以元宗故也

大中祥符金人

金人凡四宋眞宗大中時所鑄以奉祀后土者也舊在榮河縣城中宋御製祀汾陰二聖配享碑前土人呼碑爲蕭墻故榮河舊志謂鐵人在蕭墻前也人高各六尺云於祀時用爲頂焚爐之具明晚時縣人以河水數漲擢爲患共言於

官云鐵人能壓水災因移西門外河側以鎮之

開元鐵牛

在郡城西郭外黄河岍上唐開元十二年所鑄以維河橋者唐書志云於蒲津關兩河岍開東西門各造鐵牛四及前後鐵柱三十六鐵山亦四夾岍維舟河梁用成今視牛甚壯巨狀皆蹲伏腹没入地尾後有大軸横緇之軸首花紋模製甚工牛人皆精澤照吐久爲偉觀也

宋政和鐘

在臨晉縣本鐘樓所懸前明隆慶辛未中尚存亦數百年物也明知縣史邦直有記云擊之聞三十里

河中名跡其見於古者多矣撫其山川吊其人事溯流風而懷往躅倘亦增勝郡國曄麗不盡者哉惜其遺景餘響或歲月之久歸於零落消磨其處可指而識考而觀十不三四徒慨然於眺悵也故並列其名貽夫入國而談曩烈者若夫臨晉叚雄之城欲附於干木猗氏八上之里

將假以周人與彼疊名佛骨石稱上馬斯則陋

俗無取從刊斥焉

陵墓

女媧陵

舊在蒲州南六十里黃河洲渾上今風陵渡其遺處也水經注云潼關直北隔河有層阜巍然獨秀孤峙河陽世謂之風陵戴延之西征記所謂風塠者也九域記女媧墓在今潼關口河灘上屹然介立有木數株雖瀑漲不漂没元和郡

縣志風陵堆在河東縣南五十里與潼關對寰宇記云風陵城在其下閿鄉津去其縣三里即風陵故關也考古要錄河中風陵或疑爲古伏羲塚以庖皇爲風姓故然女媧亦風姓或以爲即伏羲妹爲雲姓如羅泌所說者非也唐天寶十三載天雨寘晦失陵所在至乾元二年河傍風雷夜聲明旦視之墳復湧出夾以兩柳陝州刺史奏之肅宗使祝史祀焉宋太祖乾德四年詔置守陵五戸至熙寧中陵復失不見舊有唐

喬潭碑亦亡考城塚記云女媧墓有五此其一

矣

風后塚

今永濟縣風陵鄉焦盧里傳有古風后塚明萬

歷中蒲州守於其地立廟提學副使王三才爲

碑按古史雖言黃帝六相其一風后然其事皆

不可得詳環濟要畧言后爲黃帝侍中其僞妄

無足論黃帝之臣唯鬼臾區爲大鴻氏死葬於

雍故雍有鴻冢見太史公書若此之爲風后墓

者於傳無所徵夫安知其葬乎是古未之言又能得之後世耶意者以其地有媧塚昔稱風陵或不知其女媧遂謬當風后及觀三才碑則正以風陵爲后證斯其失與俗同耳又若平陽府志以風后爲解州人既堪嗑噓且言解州有上古風后墓在州西南一百八十里芮城縣西趙村風陵渡則仍指永濟所傳者尤非記載之法也

湯陵

在榮河縣北四十里百祥村隋制祀湯於汾陰唐遷偃師宋太祖乾德四年詔置守陵五戶明初禮官議古帝王陵寢湯陵在山西榮河縣正德元年太常少卿喬宇疏湯王陵在榮河縣北四十里舊傳陵巳爲河水所壞不存歷代皆於岓東近地設位而祭但屋宇卑隘地勢淺陋議得廟後有隙地三四畝可以建置殿堂三間兩廡牲房數楹從之後遂致祭於祠

古之記湯陵者凡三皇覽云湯塚在濟陰亳縣

北東郭去縣三里塚四方方各十步高七尺上
平括地志薄城北郭東三里平地有湯塚又云
洛州偃師縣東六里有湯塚近桐宫括地志又
云雍州三原縣有湯陵湯臺三原湯塚蓋西戎
之君號亳王者可置勿論若薄城北郭則杜征
南蒙縣西北有薄城中有湯塚所言與括地志
同後漢郡國志又云梁國故關伯墟虞有桐地
有桐亭與蒙薄地至近然則湯塚在薄宜矣漢
劉子政諫起昌陵歷指堯舜禹所藏至於湯則

以爲無葬處宋羅長源始疑其說然長源引聖
賢城冢記謂湯冢自後魏天賜中圯於河乃歎
子政於言不苟予尤恠長源之陋而闇於識也
夫子政之學無所不逹假湯冢有在詎勿知者
且不獨子政昔墨子論節葬稱堯穀林舜南紀
禹會稽亦不及湯是可知湯之葬古失其傳昧
其地在戰國時已然而子政之云無處誠有由
然矣顧自魏晉以來謂湯冢或在濟陰或在蒙
薄或在偃師雖與子政不同特以湯所常都處

言之即不必果然庶幾於理猶近至隋文之世乃獨祀湯於汾陰則傳記所勿國前儒所未說用其不經事誠大惑唐知其非故去汾陰而特祀湯於偃師以爲湯遷於是也至宋不能守唐之是而用隋之非還於汾陰更立祠廟後世因之遂成故事習勿知考於是湯陵乃竟在此矣予竊謂其必不然者有四旨焉晉堯之始國封在唐及爲天子乃入都晉故後世唐縣唐山得有堯跡若湯先世雖曰屢遷然相土居商邱上

甲居鄴而湯居亳史記言湯從先王居謂帝嚳
都亳湯自商邱而亳故曰從先王即後世言南
北景亳亳蓋有三要皆在河南未嘗畧及西河
之遠則跡所勿届於陵何有是其不足信者一
也舜崩蒼梧禹崩會稽並以廵狩所至故今粤
西浙東得有二塚若殷湯無廵狩之文汾陰非
廵狩之地何有崩且葬乎是其不足信者二也
謂湯都垣曲乎故陵在是然觀周漢帝王並都
關中其所葬處皆在百里內遠不過二縣今自

垣曲至榮河且五百里而殷家尚質亦無有越都畿而遠葬之事况垣曲又實非都乎而葬安由至此是其不足信者三也自古天子巡狩所經其地有先世帝王陵廟必告而祭焉故秦始皇上會稽則祭大禹漢武帝至江南則望祀大舜唐元宗將東巡則遣宋璟魏知古蘇頲於平陽祀堯蒲坂祀舜安邑祀禹汾陰之近也而不及湯即漢之武宣光武及唐明皇帝又常至汾陰矣然祀終不及湯夫非知湯之不在是而無

用祀乎以此論之是其無足信者四也或曰汾陰故有殷湯城使湯不於此城何以名則不知汾陰之城魏文侯所築無與於湯括地志云汾陰城俗名殷湯城以其稱之無稽故特謂之爲俗名且古國多有以人姓名稱其城者若漢時趙信所居即呼爲趙信城蜀有張儀所築即呼爲張儀城又古多有姓名同於前代帝王聖賢者如陳王博士孔甲則無殊夏后高祖功臣周昌則直以姬文安知秦漢之世不有殷湯其人

者居此因以號其城乎而欲引以附於湯詎不惑耶或又曰然則路史所引城塚記湯塚於後魏特淪圮爲張恩靈之於河則果不足信歟曰是正吾所欲辨者記言湯塚圮於後魏中夫使塚果在是則未圮之先人應共知宜早著於世何絕不聞必俟圮而後知其爲湯塚是說之悖也記言塚銘二千年困於恩夫銘起後世湯時無是且傳記所言不憑其子佳城鬱鬱皆以爲銘出於壙則好詭尚異者僞爲之耳秦始皇[illegible]

發孔子墓視銘而止亦出誕妄豈湯伊尹以聖
人而同術者爲推測又說之悖也則常求之水
經注矣以道元之好奇於事無不採况身當北
魏之世使湯果有陵陵果圮明器果爲恩棄必
詳記之乃其於皮氏汾陰不過曰耿祖乙而已
鄧卯漢方澤而已介山而已脽卯而已絶無所
爲湯塚者圮而叒者然後益知城塚記小說者
流語盡荒唐而長源據之以議湯塚之久沒是
其陋誠何如若乃舊志謂元癸未歲淪於河以

石柩遷葬東岍夫既言淪尚何有柩之可遷且桓司馬爲石槨孔子言死欲速朽湯寧與桓司馬同其侈哉而爲石柩乎是亦飾言湯塚之所爲驅戎出於長源下者或以史記秦寧公三年伐湯杜湯杜亦號亳王與秦戰不勝奔戎所謂汾陰湯陵者疑即湯杜亳王者是或又以湯之子孫有封國者亦號爲湯是皆古所未詳特尋皇覽所言與括地所志塚不在此亦甚明白惟偃師薄城塚尚有二則猶其疑於此益歎子政

謂無葬處其學廣識達所論獨偉矣明初求帝王陵寢禮官不能辨徒循宋元之跡而舉之其尤失者至以宇文氏所立之元寶炬當北魏孝文帝夫孝文初欲從其太后於永固陵後遷洛陽乃自定壽陵於瀍西南伐道殂歸葬於是此史籍所載可得稽考尚乃不知況湯陵也哉又近世聞喜縣亦言有湯陵李汝寬頗辨其失其言曰據劉向則湯陵所在不可知據尚書注雖知桐爲湯陵而桐之所在不可知據文獻通考

及喬宇等所言雖直指滎河而猶未可盡信也

嗚呼若汝寬者庶其知言者歟

殷伯夷叔齊墓

在首陽山二賢祠內二塚並列有巨碑書古賢人之墓塚上下四周大小古栢四十餘樹水經注雷首山有夷齊廟一曰獨頭山夷齊所隱也山南有古塚陵栢蔚然攢茂卯阜俗謂之夷齊墓也諺其景象今曩尚同矣

漢桓榮墓

舊志云在首陽山漢明帝時榮爲五更賜爵關內侯及卒賜葬於此考榮所賜葬處在偃師西北非此首陽也葢以山名之偶同而誤引者

唐衛公李靖墓

唐葉公杜如晦墓

唐梁公房元齡墓

右三塚蒲州舊志載之不知三人皆陪葬昭陵在今陜西醴泉縣此俱不得有之也考房彦謙隋末爲涇陽令卒亂不得歸道葬於蒲則梁公

之父所謂元齡冢者當是彥謙耳其李靖者唐文宗宰相李石居永樂所爲靖者疑其石耳如晦則莫知誰何矣

唐裴府君墓

在首陽山之陽穆員撰志稱有唐君子河東府君之墓

宋將軍李興墓

王安石爲志在永濟縣𣵀邑鄉

金田先生世英墓

在陶邑鄉

金孝子龐整墓

在永濟縣風陵鄉小李村舊志云墓前有勑賜

孝行碑記

元參政裴居敬墓

在陶邑鄉

明山陰康惠王墓

在永濟縣東北文學村

明襄垣恭簡王墓

在孟明橋北

明兵部尚書楊守禮墓

在永濟縣南

明吏部尚書太傅謚襄毅楊博墓

在永濟縣南王莊里

明兵部尚書太保謚襄毅王崇古墓

在縣東峨嵋原

明大學士謚文毅張四維墓

在縣南風陵鄉

明戶部尚書楊俊民墓

在縣南陳村

明大學士韓爌墓

在縣東盤底村

明殉節歷城知縣贈光祿少卿謚忠烈韓承宣墓

在永濟縣石家村

明殉節知府樊邦正墓

在永濟縣華園村

國朝戶部侍郎杜篤祜墓

在永濟縣南祁家庄

國朝布政使田厥茂墓

在萬固山下（上永濟縣）

晉司空王卓墓

在臨晉縣東南二十里城西村

隋薛尚書道實墓

在縣北四十里平宜村北臨晉志云穹碑高峙螭首龜趺八分字體大書深刻雖風雨剝落而名爵宛然可識

隋黄門侍郎陳茂墓

在縣東北二十里小嶷山前碑字剥落石羊虎

尚存

唐裴尚書墓

在縣北五里聖壽寺側臨晉志云舊有鉅碑虞

世南文歐陽詢書因搨取不息土人瘗之

唐薛長府墓

在平宜村北古碑云名寶積道實之孫爲揚州

長史

唐司空侍郎墓

在縣南六十里王官谷下

宋都尉孫繼鄴墓

在縣南六十里南郭村臨晉志云有碑書端州

刺史兼御史大夫騎都尉

金張節度墓

在縣南三十里城子埒村西臨晉志云有碑名

繼祖金時狀元

金麻主事墓

在縣南六十里東吳閻村臨晉志云名君舜有

王庭筠碑存其孫革墓附於側

金申孝子墓

在縣北三十里丁庄村臨晉志云號忠孝將軍

事不詳

元謝將軍墓

在縣北三十里有碑存

元樊孝子墓

在縣東六十里有碑存

明巡撫荆州土墓
在縣南二里
明兵部侍郎李棲鳳墓
在縣北十里
明殉難知縣贈按察司僉事姚昌祚墓
在縣北二里
臨晉志所書塚墓有古扁鵲有樊太守有霍榮
祖通志所載又有鄭司農元臨晉令孔僖晉司
空張平子皆傳說淆訛無足取信其樊太守舊

云曾後名伉伉爲誅呂大將軍一名演演爲河東太守北解侯雖王恭先亦辨其非以爲宜如蒲州舊志以演爲唐時而非漢然唐固無河東太守北解之官與地則辨之猶不能審至於鄭元之不稱司農孔僖之令非臨晉又曉然者今並不著云上臨晉縣

古猗頓墓

在猗氏縣南王寮村

漢丞相翟方進墓

在縣西翟村荀氏志云順治十六年大水有碑自墓中出碑爲唐長慶二年長孫修撰云方進兵敗子孫逃難西遷改葬於此

晉河東太守王毛墓

在西關外演武場西

唐丞相張嘉貞墓

在城外西北隅嘉貞延賞宏靖三世塚皆在焉

唐靳將軍墓

在縣內大清觀西北

金大將軍判河中府事南仲墓

元陳宣靖墓

二塚並在陳翟村

明副都御史何東序墓

在縣西十里陳范屯東

明甘肅巡撫荊州俊墓

在縣東五里

國朝貴州巡撫衛既齊墓

在縣南

國朝江南學院郤嗣堯墓
在郭北五里
猗氏志縣北南景村明隆慶初崕崩石出辨有八士字因指爲周八士塚夫八士雖稱在魯論然事無所見唯南宮适稍著於汲書今冀州南宮縣爲适封國若是而已奚有於此哉如以石有八士字而遂塚之已是大愚况所爲石字可辨者其果信歟至於陳平鄧禹魏徵馬燧彼之傳說徒誣古人耳故悉置不書上猗氏縣

唐薛尚書墓

在萬泉縣烏蘇村萬泉志云有碑書大唐故尚書汾陰縣公薛君墓餘盡剥

唐韓國公薛平墓

在縣北薛村縣志云有碑記

宋御史裴瑾墓

在縣北二里碑文已剥其額云命官故右補闕裴公神道

明都御史袁泰墓

在烏蘇村

明忠義黃連墓

在黃家庄

明孝子李軏墓

在大趙村

明節婦廉氏墓

在烏蘇村

明兵部尚書賈仁元墓

在張戸村有諭祭碑

萬泉志其載塚墓有籛鏗董永蓋非其實又有
皇甫嵩疑嵩之當爲遐也後周書皇甫遐汾陰
人以至孝稱爲當時所表塚宜屬之不然嵩安
定朝那人獻帝初拜爲太常病卒長安何爲葬
此哉上萬泉縣

元吳元帥墓
在滎河縣薛稽庄縣志云元人名信今塚前碑
存字毀莫識

元韓元帥墓

在城北十里縣志云名通元末時守穆陵關

明蔡瑄墓

在城南三里洪武時官通政使

明廉吏周主事有光墓

在城東北二里有碑存上榮河縣

榮河塚墓之有諸葛武侯張儀猗猗氏之人士蔄泉之錢鏗徒自惑耳不書爲愈也

隋洺州刺史趙昭公墓

在五老原西北三十一里御正大夫裴肅撰碑

唐許州刺史王得墓

在縣東石備村碑剝

唐太傅董公墓

在縣東十六里董村太傅疑爲董晉晉本虞鄉人然權文公作神道碑稱晉葬河南縣萬安鄉則非晉矣但神道碑又言考伯良贈尚書左僕射則此太傅當屬伯良墓

唐監察御史趙聦墓

唐法曹參軍趙徵墓

唐贈太常卿趙叡冲墓兵部郎中郤說撰碑

唐中書舍人趙良器墓吏部郎中楊瑨撰碑

唐贈揚州都督趙良弼墓顏真卿撰碑

唐贈吏部侍郎趙復墓賈至撰碑上虞鄉縣

六墓並在五老原西北自隋洛州刺史下臨晉

舊志皆不載今依通志書之方修通志時虞鄉

初分縣見在亦不聞有諸墓碑通志盡以虞鄉無

可載者特取古碑刻策目列爲觀表二

寺觀

萬固寺

在府東南十五里中條山麓唐大中八年建寺因山爲高凡三重上有浮屠有泉出寺左行十餘里爲人引溉寺最高處望黄河華岳皆見之有石刻諸天像三十六列陷壁間像刑檀施姓氏無畫者名故舊傳爲吳冑曹跡然非其眞特畫法亦精好可觀宋時程明道奉使至河中常往遊有詩云自石萬固皆勝地舊又有東坡水自石根流出風從松頂飄來石刻自餘明代遊

者詩石多存寺中

棲巖寺

在府東南二十五里中條山上北周建德中建初名靈居後改焉隋文帝常以外國所貢瑪瑙盞施寺爲供唐時名士多遊於此盧綸李益李端並有詩傳於人間其餘吟咏尤衆棲巖爲河中諸寺勝賞之最其上有讚歎寺山中多產藥黃精尤盛僧每採藏之讚嘆寺今稱上棲巖有隋棲巖道場舍利碑爲賀德仁書碑石已裂文

字尚完好可誦書頗似虞永興尤古拙又有宋至道元年禁牒其傍刻杜鍔薛侗題名有宋政和碑一碑陰有安奐大字又有范純仁蔡延慶等題名大書書類蘇黃法有後周顯德碑字亦壯偉有金時碑一元至元大德碑二至元碑兩面並刻文字有元謝吉等請欽長老住山石刻四片陷壁間有達摩石刻像云是吳冑曹所書寺外石幢六巳折其一幢皆刻梵經不知何人書大要隋唐時也

普救寺

在郡城東六里唐時名西永清院五代時漢遣郭威討李守貞於河中周歲城未下威召院僧問之對曰將軍發善心城即克矣威折箭爲誓翌日果破乃不戮一人因改院曰普救明初併廣化旌勛藏海乾明四寺入焉寺有窣堵波合塼成之於地擊石有聲若吠蛤蓋空谷應響類矣

開元寺

在東關薰風巷東寺內舊有唐侍中源瑊丞相杜黃裳像後失之宋咸平四年楊億撰寺塔記明洪武初併淨業善慶諸寺入焉

景福寺

在城南二十里六管山有明神宗御書額

下方寺

在城東南百里觀後村宋崇寧元年建

永樂純陽宮

在郡南一百二十里南張村唐呂巖故宅巖仙

去後因其宅爲道士觀元中統三年改號純陽宫中有古栢及連理銀杏樹子傳嚴手植金進士袁從義碑存

通元觀

在永濟縣南六十里九峰山下觀有明萬歷二十七年賜道書經藏一部并明神宗皇帝賜勅一道今並存勅曰朕惟道藏一書乃黄帝老子以來諸高士名流元言法語大較以清淨慈儉爲宗朕自冲昧承嗣宏基迄今二十有七禩天

下和平臣民樂業實皆天眷祖德所致足徵靈通妙應之機昔漢文帝嘗用其言庶幾庶富之風所謂道之精以治身其緒餘以爲天下非其驗歟厥後源流漸廣文字遂繁金簡丹書紛然並出符籙科教沓爾嗣興其說在拔濟幽途祈求福利雖曰多端要以作善降祥不善降殃感應之理焉可誣也我祖宗設立道祿一司專領是教聖母孝慈宣文明肅皇太后嘗命摹印全經頒布天下朕既序之簡端跋之篇末矣茲者

國靈遐邇蕩除海氛朕祇承天地祖宗之佑恩
與四方休息歸於無爲念爾蠢蠢衆生知識各
别明罹罪罟幽負譴責一夫不獲是予之辜厥
以首過雪愆祈恩請福朕實眷眷也爰命所司
印造全藏四百八十函施舍在京及天下名山
諸道覯用廣其傳凡爾羽流其焚香諷誦信受
奉行爲國祝釐爲民解罪潔嚴頂禮永遠尊藏
不許褻玩損失特賜護勅通知欽哉故諭

寥陽宫

在城西南元至元四年建內有吕仙入瓜皮書

石刻存上永濟

藥師院

在縣東北甘泉坊唐天寶中建

延祚寺

在縣南七十里宮殿僧衆較諸寺最雄元至元

中建

觀音閣

縣南六十里石佛寺南地形高爽林栢叢茂一

方之勝

靈峰觀

縣南七十里五老山下本名無相隋開皇中更名遊仙唐貞觀中更名大明貞元中又更今名爲羅通微修道處今屬虞鄉

丹陽觀

在王官谷唐司空圖故隱今屬虞鄉

通眞觀

在縣内東南隅元泰定中建吕仙人有詩

道滿觀

在方山下唐侯道華昇仙處舊傳觀傍有硃砂洞以大石方二丈餘覆之石色皆赤內有一井水常滿道士言道華留記凡竹成林水自溢如是三次則觀中當復出一人飛舉云今屬虞鄉上臨晉

龍巖寺

在縣東十八里唐貞元二年建金星統五年修

仁壽寺

在城東北嵋原之麓金貞元三年建中有浮屠

大佛閣隋曇延立講堂於此

雲巖寺

在李村寺舊有藏經三千卷明洪武初所賜今

殘缺

大清觀

在縣東南二十里金大定中建上䄫氏

彌陀寺

在張戶村傳爲北魏景明中建爲僧寺最古者

法藏寺

在馮底村傳爲唐貞觀中尉遲敬德所修

正覺寺

在景村唐龍朔中建又有福興寺在西解村亦

傳唐時寺

大雄寺

在南解村宋至和中建又有黄龍寺及興龍勝

果檻泉寺並宋元祐宣和時所建

下生寺

在四望村金天興元年建內有龍栢傳爲漢光武繫馬樹今栢尚存西南一枝形似龍虬中有

光武祠

法雲寺

在介山絶頂宏麗甲於一方天將大雨雲起山巓寺藏其中元泰定元年建

崇寧觀

在西賈村上萬泉

八龍寺

在縣東十五里宋大中祥符間眞宗祀汾陰至此見八龍垂像之瑞因建寺内有浮屠元至元中修

大覺寺

在縣北三十里傳爲唐垂拱初寺也

金山寺

在縣東峨嵋嶺宋熙寧七年建又縣東門外天寧寺亦建於宋紹聖中

廣福寺

在縣北二十里馮村金天會中建

觀音寺

在縣北四十里元至元二年建上榮河

雲峰寺

在縣西南十里方山唐咸通四年建宋雍熙三年僧奉祕修陳協用有記山上有塔明隆慶中爲雷所折今存其半

石佛寺

在縣西南三里即古栢梯寺內有唐虞鄉令劉

行忠幡竿銘石存

延祚寺

在縣西北十五里唐貞觀中建傳宋太祖微時嘗於此及方山避難百日太平興國二年勅修一寺明嘉靖乙卯寺爲地震所傾萬歷二十五年修復焉山陰王朱俊栅爲記崇禎十一年復修山陰宗室朱廷理端居道人立石

紫栢禪院

在縣東南十五里王官谷東金大定三年建上

虞鄉

夫塚墓之志以存其人雖千載耶往而墟壟如在尚將徘徊弔之昔人是以嘆可作於九京矣雖然聲華不沒用爲景行表式所留亦唯賢哲若乃柳下抔土秦將從而却兵信陵遺封沛公過而酹酒斯其可貴簡牘宜收次亦銘類長威示滕公之宅君同寘漠啟惠連之文事或堪談用留緜邈不然古今一邱貉耳簫鼓以入松楸麒麟以壯華表賜祕器而錮三泉者亦復何限

名之無立跡已隨淪固非陳留風俗所傳抑詎足煩李彤之記乎至如羽人樓觀開士仙陀伽藍稱乎洛陽館壇標乎長史書之自昔此亦宜然要唯著勝當年肇營歲古取其靈奥境有可傳次而籍之亦不多述也

風俗

隋書河東西河其土地沃少瘠多是以傷於儉嗇其俗剛强亦風氣然

州舊志民姓質樸好尚節儉力田紡績尤尚商賈

祝氏志州人儀容閒雅服飾鮮麗仕宦之鄉人文稱盛

祝氏臨晉志男女盡職士喜節義近多好訟婚姻論財

臨晉志土剛而燥其人負氣好鬬至男業耕耘士子

不廢女勤績紡巨室亦然

祝氏猗氏志民務農桑士嗜文學

猗氏志秀者爲士樸者爲農士不廢耕耘而農瞿瞿

蹶蹶終歲靡寧即欲不儉孰與爲奢

萬泉志地僻邑小無故家巨室以變其俗無通商大

賈以廣其業無明師通儒以嚴其趣其士以耕讀

爲務以氣自高質直無詭險其小人性悍使氣不

善變通然淳樸畏上盡力南畝

祝氏榮河志務農少商好神健訟

劉尚質記勤勞稼穡不敢奢侈唯務節儉

通志虞鄉地稱膏壤民亦勤謹畏法

滎河志邑素樸古邇來服飾燕會漸以趨侈至如强凌弱衆暴寡健訟頑囂又甚於初示儉示禮伊誰責也

州舊志按詩傳其地狹隘而民貧俗儉唐魏遺風讀詩者實切向往但勤儉貞良與驕奢淫佚習俗移人時有遷流賴主持風化者維挽運會則人心古而淳風千載存矣

論者皆言蒲爲舜都與唐魏之舊蓋有其遺風
自子觀之河東之俗亦屢變焉後漢志引博物
記謂地有山澤近鹽漢與少名人大衣冠其衰
絶者至於三世及隋文幸蒲州又歎其冠冕儀
度稱由仕宦者衆陶染成俗唐之中世頗多文
儒金元兩朝郡望歇寂夫自漢而下風會遷流
浸以代易况堯舜之遠哉顧其所云唐魏勤儉
者至今尚爭引爲美談夫山樞葛生蟋蟀皆唐
之風班固明其思奢儉之中死生之慮而十畝

之間伐檀河干蓋潔清寡營寬閒自得故吳札聞歌魏則稱渢渢焉郡俗以勤儉聞者久矣然其所爲勤者或逐刀錐於末富而力不盡乎田蠶計不知乎樹畜幸歲一獲則婦子飽食而嬉丈夫負柱而息所爲儉者貧富之隔秦越視其親戚者有焉錙銖之較財賄重於性命者有焉至乃千金之子躬田耜而不休封君之家餇後門以自轂作勞不顧其廹處已莫知其餘是較葛屨女手所深刺爲瘉甚者也夫勤儉之失皆

有其敝勤之敝也歸於褊急儉之敝也成爲嗇陋魏之變風作於衰周之世蓋至是堯舜忠厚久無在者即其初憂深思遠勤儉之舊亦盡失焉獨縫裳履霜所遺餘者若至今存豈其山川風氣區限成於自然雖千載綿邈而終莫改歟舊志又稱土燥氣剛人性多悍好鬬喜訟鶩黠兼有或樸儇不知通變則西北習俗大抵若然不獨在蒲矣夫風俗推遷與化移易椎髻懷磚或興禮讓觀漢時河東人物幾絶至乎隋世仕

宦復多則知運會有盛衰澆淳可代易矣誠使
敎以明之事以示之優游漸漬裕以歲月息鬬
訟而歸馴化闇儉而使達去其褊急陋嗇以守
勤儉之中革其躁戾嚚凌而敦忠之本復古唐
魏或庶幾乎

物產

因土之宜而制其物貢蓋陰陽德產聖人材之導民利用使贅焉不窮於是業其所利民無棄功物得其任矣蒲濱大河土性厚博蘊氣鍾潤生殖宜衆然問諸山藪之藏林虞之掌幾無有焉豈地所效於茲獨寡歟予讀唐史蒲州河東郡歲輸貢京師其用物則有氈翅扇其藥物則有龍骨其果蓏則有棗有梨梨曰鳳棲又其常貢有綾絹扇亦見於他書至宋時州唯貢龍骨五味藥二品而已明時所定則有羊五十

六有藥藥無定品以勑計者百四十六有葡萄腊腊以勑計者五千四百特估其直徵金代之夫非以寡所出存其名而不責難致者歟且河東古有蠶桑今之州戶希聞功爾冀州本宜畜擾今之氓俗不考維羣是以西北多倚皮裘晉絳工爲毳罽澤潞織作貨出國中求之於蒲略無其一然則產陋不羸非唯種土蓋人事計拙亦居其半焉舊諸縣志所載蔬穀草木毛介禽蟲狠藉紛陳徒爾無取今錄其資於用稱乎人稍可記者欲知蒲之產觀此足矣

木棉

種自河南至甚久晉省諸郡皆有之唯永樂所出獨多性宜沙土疏而易達永樂人藝者於河壖不計頃畝歲無霖潦及河水所敗則大收縕絮禦冬及供織紡賴其用焉

棉布

縣並爲布其邊幅視常加寬然有疏理者密織者出榮河者特勝製爲衣耐久服也

蒲紙

以麻爲之雖敝絮苴履砍剉之亦可取雜投其中

漚漬久之俟敗盡漸膚合水面揭之成紙以供飾

墻壁及裹藉諸物用歲造十萬送京師納於戸部

有司領之

蒲筆

蒲人製筆舊云皆兒翰近多以黄鼠擇其毫漂合

作之雖不及湖州所造然佳者亦中書視東坡雞

毛筆頗相類也

蒲柿

柹爲蒲人利如古所爲木奴者矣其植多者千樹少猶數百株霜隕而熟落實以待販旁致數郡柹有小而圓者種倍甘頗鮮若火珠雍正初常入貢後罷之凡柹藏者經冬不敗貧家日或買數蔕柹嚼餅數片不復炊釜故蒲人云柹可禦饑年其樹歲久者膚皆方寸坼然甚堅其材無所用供薪而已秋時葉盡絳耀照霞景尤可愛玩或云其樹鳥雀不敢棲也

虞梨

梨自虞鄉出故以字焉虞鄉種梨者雖多不及蒲
柿八亦收其利大者如升重或至觔餘疑其鳳棲
遺種矣剞斲梨木爲貴以堅能久不漫也

竹笋

山西無竹而蒲獨有竹地稍近西南冬候微和故
蒔得長焉然竹無大者渭濵千畝多亦殊遜惟風
枝雨葉瀟灑數叢欣見此君夏乃抽萌亦甚細伍
勝荻芽耳以晉中僅有故詑之其外卉植有緗梅
河中前世酒特擅名楊衒酈元並記芳酎隋時置

官唐年設監汲河而釀稱爲故事宋禁中造酒方
取蒲州明代王尚書元美尚及品其清冽今業酒
者以柿爲之甘芬盡變無復可嘗又昔所云五味
龍骨諸藥物出此州者亦絶不聞夫蒲之人物與
其風會盛於前而視今不如昔盈虛消息之間即
小可以喻大也

蒲州府志　卷之三

蒲州府志卷之四

城池

蒲州府城

永濟縣附郭

郡城舊爲州城平陽府志謂即虞都舊城通志因之蓋傳說之誤而未嘗考其始築在元魏之世魏置河東郡治蒲阪又改秦州行臺在焉周隋因之至唐爲河中節度軍使鎮城安禄山將崔乾祐及李懷光所據郭子儀所取馬燧渾瑊所攻並是此城

五代漢李守貞反河中使郭威討之威曰城臨大河樓堞完固未可易尅千載巳遠形勢猶是舊城所築其周幾二十里金哀宗正大八年元兵攻河中府金將草火訛可以兵少力不能守乃截其半爲内城以守周八里三百四十九步則今城是矣或以城爲李守貞反時所斷非也自訛可時城多殘破元代葺之元至正十年宣慰使賽因赤答忽懷遠與守禦宣撫同知危國英增修明洪武四年千戸張蓋重築用甎裹堞城高三丈八尺堞高七

尺門四東曰迎熙南曰首陽西曰蕭津北曰振威
上各建樓一樓皆三重觀甚壯其樓東曰景虞西
曰鳳儀南曰卿雲北曰鑑光又設角樓四敵臺七
土庫五窩鋪五十七門外各建月城西臨黃河東
南北三面池深一丈五尺濶十丈環六里四十五
步嘉靖三十四年地震城壞河東道趙祖元知州
邊像重修隆慶元年河東道歐陽穀知州宋訓復
加甎甃至康熙元年癸卯知州侯康民重修賓因
亦答忽懷遠之修也鍾廸爲之記邊像之修也⿰

書盧申爲之記而康民則自爲記舊志皆載之東關城舊志以爲即金時所載之餘明嘉靖二十年河東道郭時叙知州趙統重建三十四年地震盡圮知州邊像復築之有東南北三門其西與治城接上各建樓崇禎九年知州王㮚徵亦加甃至康熙元年秋霖積旬關城與州城垣摧圮幾半知州侯康民因修州城并關城並新葺焉

明荀汝安重修東關古城記云正德初流賊自

豫人晉太守金陵殷侯創古城則在趙統之先

已有爲之者舊志載殷𢍰丹陽人正德六年任

自正德六年距嘉靖十九年巳三十載豈𢍰所

創至是復毀或爲功勿就待時叙與統始竟其

績耶舊志河東道無郭時叙名而汝安記又不

及趙統唯稱平陽衛經歷王世卿任其事則其

所述之不同者

前志稱舊城幾大二十里爲金將所截今東關

即截之餘考金元之際金河中屢爲元破旋亦

復守而元卒取之金侯小叔守河中爲元石抹
應襲有其城小叔自樂里砦夜攻天應坎城以
登雖還奪河中而城郭已半壞至明年元仍攻
破之益就殘毁草火訛可在小叔後其時既以
兵寡力弱恐亦但因所毁廢者補築以拒元而
全城之規模不能復立未必果盡出於截棄也
且旣稱舊城幾二十里訛可截爲内城周八里
三百四十七步則所截之外尚應得半今東關
城地視郡郛不當三之一是所謂幾二十里者

亦非其準而截半爲內城亦傳說之難定也其
八里三百四十七步者明知州邊像修築時規
數如此見於盧申之記遂欲舉以附於誆可恐
非翔實之徵矣嗚呼河中古爲大藩重鎮其城
郭素號壯峻而完固唐宋以往不得見已即明
中世州萃而居者巷陌常滿既多仕宦甲宅連
雲樓臺崔巍高接睥睨南郭以外別墅幽營貴
家池館綺帶霞映闤城所聚貨別隊分百賈駢
轃河東諸郡此爲其最右夫飛甍蕩於朝烟列

第銷乎蔓草郭中計戶不及千餘礫石盈於道周田犁半入城闕比於鮑照所賦可爲顧之而興喟者也　國家休養生息百有餘年於玆年豐人和昔之昌饒殷樂行且從此覩安見地氣不爲之轉移哉夫古良吏所至能使戶版日增興富致業州郡充實化陋就豐鬱鬱闤闠都市盈溢太守竊有意焉而特媿其無術也城自侯牧康民後久無繕者多就頽圮今方議葺之然功鉅費重以俟上憲定其指畫而後從事焉子

常周覽其垣墻堵堞其築土廣厚而中甚堅故
自康民迄今已九十年雖缺裂崩落猶能久自
錞拄蓋前時之人與庸立事不顧吝財費爲久
長計是以其效可睹與夫苟且之謀異也

臨晉縣城

臨晉城北枕峨嵋岡縣志稱唐天寶二年所築周三
里二百三步高二丈八尺址廣一丈濠深一丈其
東門曰泰和西曰慶豐南曰中條北曰峨嵋明隆
慶二年知縣黄茂易堞以甎三年知縣史邦直坏

岍濬濠南有甕城明萬歷中知縣高惟岡以形家言開新南門而塞其舊廢瓮城崇禎十四年知縣閔自寅加修重築南城樓　國朝順治十三年知縣孫宗元增葺之而改其門額東邇陽西福潤南拱條北迎恩康熙二十七年知縣徐煜開舊南門塞其新者至四十六年知縣徐炘開新南門而舊者復塞焉

明史邦直鐘樓記云邑城坐峨嵋坡下每歲夏秋雨多漲作自城以北瀰波雷鳴直抵北門城

垣民舍多致傾毁余議將四城門止存東西南
而塞其北臨晋志曰峨嵋原下西北之水自聖
壽寺側而下繞城之右直北之水自文星臺而
東下遶城北卧牛堤折而繞城之左每夏月槼
雨驟發先是明時城西北有開渠以行水者其
後久塞兩水奔流夾城鳴吼乾隆十四年坡水
大發直趨城下官署民舍皆漂潰城垣崩倒者
數十丈近郭村庄汪洋一片至旬餘始退明年
知縣周遐齡以西北之水滙歸長溝注射北門

爲害最大乃相度形便於近郭齊家庄買民地開渠九十丈築堤障水導之東流西關以外於胡家庄西依舊渠形迹濬令深濶引水南流以備洪潦保邑郭云

萬泉縣城

城在山上本古薛通城也晉時汾陰人薛强當慕容之亂築塢自固世人稱薛强壁至北魏世赫連勃勃寇河東强之宗人薛通因强舊壁更築城以拒勃勃據託高阜南依孤山二澗夾流其勢峻險後

因名薛通城唐武德三年既置萬泉縣即仍通築爲縣城加恢拓焉周五里十三步元至元十四年皇甫祐奏築新城古城漸廢明景泰元年縣丞常英成化二年知縣崔明宏治十一年主簿龎俊相繼葺高二丈五尺四門正德初知縣張席珍建樓於上新城較古城稍下就曠無險可恃隆慶三年知縣李廷棟重修古城城高如舊制堞甃以甎加高五尺許厚一丈有奇復重建四門樓賈仁元爲之記崇禎末流賊燬西門樓城亦多圮　國朝順

治十八年知縣鄭章重建西門樓自爲之記康熙
三十四年地震城圮知縣瞿亮邦修焉
鄭章萬泉修城記云孤山特出層岡複坡纍纍
下垂至山麓忽陡而窪隔數十百武復挺一卬
東南西崖壁峻峭惟北稍平夷其傍爲東西二
澗鑿澤阻深城之址則因其勢鏟削而爲之施
以版築上作睥睨三尺許有如天成
城內少井有掘地極深終不得泉者惟恃二澗
故以汲飲爲艱又城中街衢隘窄且欹傾不平

度地居民非其便矣

猗氏縣城

猗氏城舊傳唐興元元年節度使馬燧討李懷光於河中築壘以屯兵後遂加築爲縣郭明景泰初知縣徐善重修周七里七十步高二丈池深二丈一尺濶三丈門四角樓四敵樓十六窩鋪六十四正德中知縣翟聰修隆慶二年知縣江瀾易堞以甎各其門東曰朝京南曰近薰西曰通泰北曰拱極萬歷十四年知縣陳經濟建門樓四十八年知縣

黃道見濬池築圍墻崇禎五年邑人荆可棟倡眾增修築四門月城知縣李昌齡記其事　國朝康熙二年知縣楊乾晉重修角樓及東西城門樓

榮河縣城

隋文帝開皇初築元至正十四年主簿邢天傑修周九里八步池深一丈五尺東南北三門明景泰初知縣于縉修成化中知縣馬懋加修正德二年河水敗西北隅知縣宋絳補築嘉靖二十七年知縣楊灝置東西女墻三十四年地震城圮知縣侯祁

重築易堞以甎增三門樓南北各建重門一萬歷七年知縣郝朝臣開城西門八年知縣沈名實塞之二十九年知縣梅煥復開崇禎十二年知縣王心正別築西城於西門內棄舊城於外　國朝康熙元年知縣張錫文重修四十六年知縣梅夑紱繼修

榮河志云城東倚峨嵋坡土堅厚西逼黄河土雜沙鹻故城東高西低西門近河鹻濕城易崩頹也

虞鄉縣城

唐武德元年更虞鄉爲解縣於解西五十里别築城置虞鄉縣元至元三年省入臨晉廢爲鎮　國朝雍正八年復設虞鄉縣即虞鄉鎮舊址築縣城城高二丈二尺周四里池深一丈門四城樓四其始築者縣令劉培元也

壇廟

社稷壇

在城北門外平濟廂明洪武三年知州事徐政所建壇東西南北各廣二丈五尺高三尺四出陛各三級壇下前闊九丈五尺東西南各五丈周垣繚之

風雲雷雨山川壇

知州事徐政同時所建規制視社稷壇

先農壇

國朝雍正三年勅天下郡縣各建先農壇頒壇
制并祀先農及有司耕籍典式雍正四年知州
龔廷颺奉禮部行文於東大城門外二里建設
如制

郡厲壇
在城北門外復安里明知州事徐政建
明洪武八年定制令每里立社耆老主之歲春
秋祀土穀之神每里立鄉厲壇以祀無祀鬼神
州舊共八十七壇久廢

岳瀆貴祠

汾陰后土祠

古后土祠在滎河縣北十里其地即昔所爲脽上者也始自漢文帝後元年治廟未定武帝元狩二年乃立祠焉武帝自元鼎三年冬躬祀汾陰其後元封四年六年凡三祀太初元年二年再祀天漢元年一祀宣帝神爵元年五鳳三年甘露二年凡三祀元帝初元永光建昭中三祀成帝永始元延綏和中凡四祀東漢光武建武

中一祀唐開元中凡三祀漢時廟制不可得詳
至開元修廟規模壯麗同於王居號奉祇宮宋
開寶九年徙廟稍南遣官致祀宋眞宗大中祥
符四年親幸汾陰告祀先一年修祠倍益增麗
後金章宗元世祖並遣官致祭其祠莊嚴宏鉅
爲海内祠廟之冠自元巳前並葺於官明世始
屬民修焉萬歷之末汾水護堤傾剝汾脽漸陷
初祠前有秋風樓擁勢舝煥元時刻漢武帝秋
風辭於石貯樓之下賦咏尤衆　國朝順治十

二年黃河水決古后土祠爲所淪蕩秋風樓及門殿存焉康熙元年河再決幷沒秋風樓於是脽上舊跡泯矣今后土廟蓋是歲河決後榮河令張錫文以爲不可無設乃創新祠未及成而去明年縣令陳覲聖爲繼成之在舊祠前村北是爲汾陰新祠

河瀆神祠

在城南門外漢制祀河於馮翊唐初祠於同州開元十五年始自朝邑徙祀於河中府唐肅宗

封靈源公其有廟之始則河中節度使郭子儀
所建節度巡官王延昌記焉宋制以立秋日祀
河瀆於河中府開寶九年命守官修河瀆祠眞
宗加號顯聖靈源公及祀汾陰遣官祭河瀆用
太牢汾陰還至河中親謁奠河瀆廟金章宗時
令州官葺河瀆祠廟元以立秋日祭河瀆廟如
宋故事至元時加封靈源宏濟王至正七年又
加號神佑二字遣官修祠勅學士李好文爲碑
紀事至明正統中知州張惟清請於朝而葺焉

御史謝琚記隆慶庚午山西撫按等上章請修
大學士張四維記天啟中復修尚書孟時芳記
國朝康熙四十二年
聖祖御書砥柱河津牓懸廟殿守臣勒
宸翰於石焉
御碑亭貯殿前雍正初廟貌復新
元李好文西海河瀆廟記云至正七年河決東
明白茅口浸山東諸郡天子憂之遣工部尚書
彌爾馬合謀等視河至河中又遣平章韓嘉訥

等禱祠下還並言河海二廟規制陿小歲月久
遠黷至漫滅不稱懷柔以嚴毖祀事乃命中書
出楮幣緡二十五萬四千有奇興役於九年正
月落成於十一年十月總爲楹二百九十有四
其制畧擬王居明謝琚記云河瀆廟元季兵燹
煨燼殆盡洪武二年知州徐政權營小室一楹
以承祭祀幾八十年及知州事張侯到官睹其
勿稱請於朝大加增葺正殿五楹正門如之寢
殿殺正殿楹之二自正門入左右廻廊各三十

六總爲楹九十有奇孟時芳記云嘉靖乙卯地大震河海廟崩久無復者隆慶庚午河水漲怒衝射郊郭衆情皇皇咸謂神廟不治故於是巡方使者合詞以聞詔議修復至萬歷甲戌而廟成詳鄉先達張文毅公之記既歷三紀浸淫頽毁於是中丞郭君方里居慨然倡衆葺治復新夫河祠自唐以來幾近千載其壞廢於累朝兵革喪亂之間者屢矣故撮此三碑畧記其說使後得考見梗概如此

西海神祠

在城南門外河瀆廟右元至元十二年勅建西海神廟於河中此廟之始也祭祀儀幣一如河瀆至元二十八年加號廣潤通靈王明隆慶庚午天啟丁卯並修　國朝康熙四十二年

聖祖御書源遠流長牓懸廟殿守臣勒石構亭以貯如河瀆廟雍正初與河祠並新

風伯雨師廟

在萬泉縣孤山栢林峯之巔祠下有崑崙臺傳

爲漢時所建漢光武登臺致祀因立此祠事雖

未盡信亦古祠也金太和七年修元大德壬寅

地震廟獨完鄉人擴而大之云旱禱必應至大

二年縣尹毛鐸爲碑刻焉

帝王之祠

大舜廟

在城東門外明教廂路史云後周蒲州總管大

宰宇文護之所建也考皇甫士安以爲蒲阪舜

所都城中有廟則已在護之先或護因其舊而

爲之宋太祖乾德元年詔河中府舜廟以皇陶配每三年仲春月行享牲以太牢真宗祥符四年祀后土前七日遣官祀河中府舜廟及上至河中躬謁舜廟命知府事者修飾廟垣親爲贊改舜泉坊爲廣孝坊元致和元年禮部議舜禹之廟合依堯祠故事每春秋仲月上旬卜日有司蠲潔致祭官給祭物明世亦命有司春秋祭其修廟者金大定元年道士郭道真明正統十二年知州張秉嘉靖三十八年知州邊像萬歷

二年三十五年知州陳以朝分守道喬學詩崇
禎十一年修者爲守道吳阿衡知州王𢡟徵等
國朝修者順治十七年知州馬翰如

大禹廟
在城西門外黃河岸上元至大三年建明正統
十二年知州張廉修萬歷三十九年署學正施
堯心知州程志以祀典久缺申請春秋崇祀

湯廟
在榮河縣東北十里湯陵上考隋始祀湯於汾

陰然未有廟廟則宋初時所建侍御史李瑩有

碑焉廟肖商湯像以伊尹仲虺配明正德初少

卿喬宇奉命告祭上疏增修祠宇　國朝祀典

仍之

古聖賢祠

風后廟

在永濟縣南永樂鎮或云廟下有風后塚其建

始不詳何時明萬歷三十八年知州張羽翔拓

廟址重營祠宇

后稷廟

在萬泉縣西薛里其建始亦不詳何時舊志云

金崇慶初知縣柳伋明正德中知縣張席珍祈

雨於祠皆應禱也

二賢祠

伯夷叔齊廟也在永濟縣南五十里首陽山麓

傳爲晉太康中所立然考前漢地志有首山祠

疑即祠夷齊者水經注稱雷首山有夷齊廟則

其來已甚古矣明成化初僉事胡謐請於朝歲

祀焉二十三年御史張泰守道王存禮葺廟樹
二坊祠中多古栢有圍一丈五六尺者不知其
年歲有顏魯公碑韓吏部頌粱昇卿八分書及
丁約立石凡唐碑四慶歴六年黄載碑元祐六
年黄庭堅碑司馬温公詩石凡宋碑五又有劉
永言書宋知府蔣堂首陽賦石金元碑四金爲
泰和四年河東縣令王文蔚元爲至元十八年
封二賢勑知府楊居寬修祠記與元貞元年小
碑一並存

名賢高士祠

介子推祠

在萬泉縣孤山之上

段干木祠

在永濟縣南百二十里上方段村元河漕轉運使段禧記稱是邑民聚里居名段者二故以上下別之皆干木之舊隱也上段有祠在其南唐大歷間段咸禧者刱之金末燬於兵有段福者繼修焉今其村多段氏自云並干木之後禧作

記亦謂乃其裔云
司空侍郎祠
在虞鄉縣王官谷唐司空圖退居處宋至和中
虞鄉令樂沆爲立祠肖像於中題曰表聖影堂
今廢没久矣
田先生祠
金田世英祠也在城北復安里
曹學正祠
祀蒲州學正曹端在明倫堂西學者稱端爲月

川先生先為霍州學正後補官於蒲及卒蒲與

霍並祀之

封國之祠

郇伯廟

在猗氏縣治東北

晉文公廟

在臨晉縣北三十里

名臣功德之祠

漢前將軍廟其廟特多不煩徧書惟著其祀祭所在者

在城東門內其址則明襄垣王廢邸也順治十五年河東道馮嘉會建

高密侯廟

在猗氏縣上李村舊傳高密侯鄧禹駐兵峨嵋坡今其地有神𦳝堡云是故處

唐李衞公廟

在永樂縣南東張砦

唐薛萬徹廟

在萬泉縣烏亭村傳爲宋至和七年所建

唐魏鄭公祠

在永濟縣任陽村

唐北平莊武王廟

在臨晉縣樊橋驛唐貞元間北平王馬燧討李懷光駐兵於此又元大德八年建馬侍中祠在縣東南十五里猗氏縣北門内亦有北平祠

明尚書楊襄毅公祠

在城北祀虞坡楊公博

明尚書王襄毅公祠

在鼓樓北街祀鑑川王公崇古

春秋祈報之祠

郡城隍廟

在通化坊明洪武三年知州徐政建成化十一年嘉靖三十七年萬歷十一年知州蔣容邊像鄭文樵並修順治十年知州周夢熊重修

八蜡廟

在城東郭外

龍祠

在永濟縣姚溫村其地負山踞勝邑人於廟前
後引水爲池築亭植樹里人遇歲旱禱雨有應
舊志云歷二百餘年矣
忠孝之祠
雙節祠
元世祀死河中難臣八扎海牙靳克忠久沒無
跡
旌忠祠
在萬泉縣學東明正德中建祀死賊主簿贈大

輿知縣黃連

劉孝子祠

在永濟縣東郊外祀明孝子劉旭

禡禱之祠

旗纛廟

在城西北敬信坊明洪武十二年千戶張蓋建

馬祖廟

在城西門內

后妃列女之祠

娥皇女英祠

在歷山村中即舜廟舊志建始莫考然觀宣宗

志所記則自唐有之金大定初重修

孟烈孝祠

在城東門内祠孟端妻邵氏

雜神祠

扁鵲祠

在小東門内

方山祠

在虞鄉方山

忠孝將軍祠

在臨晋丁莊村不知所祀

五仙人祠

在虞鄉五老峰下

文昌閣

在城東郊五里峨嵋原中岡上明成化中建初州人楊僉事瞻欲卜藏室於此術者言此爲蒲中風水第一主科甲仕宦最多瞻曰吾家何以

當此願公之州人因建閣其上論者比於范希
文讓宅爲學宮以美之
夫廟祀之設所以崇德報功顯忠褒烈而已是
唯捍災禦患澤施生民樹植名教者宜血食焉
後世教化不明法制不立昧於祭法叢思日興
瀆俎豆以亂人鬼之序者甚矣昔諸葛武鄉侯
既卒蜀人家私祀之後主禁不許夫以武侯之
賢與其功人宜有祀後主猶不許者彼於武侯
寧有所憾特以制在而禮不可也予尋諸志淫

祠顓存二郎之屬既已非經猗頓之徒復何足論知夫俗之多惑而作者之妄也今所志祠廟條而區之其名跡之古而不戾於正者錄之

廨署

蒲州府署

蒲初爲州明洪武三年知州事徐政建公衙聽政之署在城西北隅　本朝雍正六年州改爲府設附郭之縣曰永濟是時知府未有署即居州署而永濟令僦民舍以視事焉至明年議建府署於是知府劉登庸領金於山西布政司營署郡城隍廟左自州署遷焉乾隆十八年知府周景柱以其處曠濶少居人不稱理所乃告上官改城東貢士院

爲署署外列栅如兩轅自大門儀門入甬道屬堂
階下由大堂而入爲二堂東西吏舍分列二堂左
右各有屋爲客廳幕舍最後知府宅焉

永樂同知署

署在永樂鎮雍正十年新設同知章偉於布政司
領七百五十金即唐永樂縣故址建署共五十有
八楹偉自爲記

府經歷署

在永濟縣後即蒲州州判署爲之

府庫在大堂右

府倉在署右西街

官廳在署左故千户廢宅也

郡鐘樓

在城南隅明遠坊明洪武五年同知馬驥建

郡鼓樓

舊在州衙前明隆慶元年知州宋訓移建於城中

二樓規制舊皆宏麗高壯分置鐘鼓以司昏曉云

永濟縣署

即舊州署也蒲州知府初居焉後自有署以州衙爲永濟知縣公署或曰州署即元時河中府治明洪武初徐政復營之正統知州張廉成化知州許鵬皆增修　國朝順治元年爲兵所毀康熙十年知州李雄飛重建

典史署

在縣署東北即舊州同宅爲之

縣廣盈庫在大堂東

縣倉在大門内東南

縣獄在大門內西偏

風陵巡檢司在風陵渡洪武四年建本隸陜西雍正中改屬永濟乾隆四年仍歸陜西幷移署潼關

永樂巡檢司在永樂鎮洪武四年建今久廢

河東驛舊在南門外永豐廂後毀

稅課局舊在東門外仁義廂久廢

官亭舊在東門外明時知州事者築以待輶軒之使久廢

分守河東兵備道署

在永濟縣東偏明洪武三年知州徐政建舊制大門門樓三楹儀門三楹正堂五楹東西序吏舍廂房各三楹後堂內堂各五楹東西廂書房卷房庖廩咸具西北又有省察亭三楹大門外東西分列官廳有榜廊十二間嘉靖三十四年地震盡圮知州王文元邊像重建然規模視先不及　國朝順治中守道薛陳偉增葺康熙二年守道移駐平陽改署爲協鎮府十一年仍以河東道駐蒲州復改協鎮府爲守道衙門四十四年副使蘗九思重修

州舊志云河東道明初止駐太原時出行部而
已其後改駐襄陵尋而遷蒲後還襄陵又改駐
於解後始定於蒲州駐節今移平陽志所爲今
即康熙二年時也

提督學政行署

在今府署西南即舊府署也府署移於貢院乃以
其地爲試士之院以俟學使者臨按焉

蒲州副將署

在河東道署東即舊遊擊署爲之

中軍都司署在協署東明鎮撫司舊署爲之

守備署在協署東明守禦千戶故宅

諸舊署附

清軍同知署在城東平陽府志云即古河東縣舊

治搬自隋時明洪武二十八年改建察院行署

其後知州邊像再建　國朝康熙二十九年以

平陽同知移駐蒲州因即爲署同知劉民瞻修

及後設府同知還平陽署改貢院

舊按察分司在今縣治西偏

舊中分司在按察分司東

舊府館在中分司南並久毀

臨晉縣署

署在城中元大德中建明洪武四年知縣郭彧

修宏治四年堂焚知縣王鑑重建嘉靖乙卯地

震圮知縣李世藩再建隆慶中史邦直增修

國朝康熙中知縣齊以治徐煜王光阜潘鵬相

繼修

樊橋驛舊在樊橋鎮今移城東關

萬泉縣署

署在城中齊禮坊街東元至元十六年邑令皇甫祐建明洪武九年知縣汪德峻修入　國朝知縣鄭章瞿邦亮修

猗氏縣署

署在城西元大德間縣尹閻璧建尋燬焉明洪武二年重建宏治十一年知縣徐誼修後地震圮嘉靖知縣韓應春再建　國朝康熙五十八年知縣錢甫生修

榮河縣署

署在縣城宣化坊元至正十一年主簿邢天傑建嘉靖縣丞萬馬復禮修後知縣高騰俟祁梅煥等繼葺　國朝知縣張錫文陳覲聖李九疇屢復增建焉

虞鄉縣署

署始建於設縣之後雍正九年知縣劉培元奉文領金於山西布政司營之

自古建都邑者必詳記其宫室苑囿之區官吏

府寺之廨以著當時之跡使後得考而指焉三輔黃圖洛陽宫殿長安市肆記簿諸書至今觀之尚可想見河中自前代二藩就封井列邸第多有營構又使者持節臺省按部停驂駐戟館宇相望至如武衛駢居軍井分畫倍復多在百年既遠泯滅無存故墟或入於耕犂舊址悉移於陵谷雖欲訪淮南之陁榭問東平之沈礎而城郭人民是非更異不獨無能指其處且已莫知其名而謂向來之有是焉又況高牙幢折雲

烟共飄細柳倉洸沙虫早化至於今日井謝推
尋豈非記載乏好事之人餘跡莫徵於耆舊乎
今所書署舍採舊志之存有可見者續以康熙
至今諸司更易先後更換之次畧備觀覽缺其
不可得詳者云

蒲州府志卷之五

學校

蒲州府學

永濟縣廟學同

郡之學校肇唐開元時至德宗貞元中渾瑊鎮河中

復建文宣王廟移於城南常仲孺爲碑宋以來仍

之元初遷學宫於州治東南廟屋數間僅備釋奠

明洪武初州同知趙檦重建拓而大之則舊蒲州

學也　國朝雍正六年設府置縣而州廢改州學

爲永濟縣學其教官亦歸縣學而改學正爲教諭
於時府學未建十三年山西學政上言請立府學
而更設學官下禮部議爲所格止改縣學教諭爲
教授主府學事其縣學則以訓導掌之至乾隆十
四年學政德保以教官員少疏請永濟縣學復設
教諭一人於是府學教官三人共在一學而分其
職焉凡趙樵所拓建者爲大成殿爲東西廡爲明
倫堂爲啟聖祠爲射圃靈星戟門東西齋復設號
舍四十六其規畧備而名宦鄉賢之祠敬一之亭

尊經之閣則熈之後明中世時所累建者也其修
學者知州則宣德七年劉儀、正統十二年張廉天
順四年徐孚康與孚之修也薛文清瑄並爲之記
成化五年張本濟宏治八年許鵬嘉靖三十三年
陳應和應和既修學復鑄祭器尚書楊博爲碑四
十二年張佳允萬歷二十六年郜元柱三十五年
張羽翔守道則嘉靖三十六年王之誥時以地震
學圮之誥與知州邊像復加葺建萬歷三十五年
喬學詩尚書孟時芳爲之記崇禎十一年李一鰲

國朝知州則順治十六年馬翰如康熙二年侯康民三十七年知州李六成守道則三十七年吳自肅而康熙十三年州人進士賈濬十七年教官張慶徵皆繼修其在今乾隆時修者十年四月則永濟縣知縣潘學溥十八年七月知縣孫際震

明張四維新鑄文廟祭器記云嘉靖壬申陳大夫來守吾蒲即莅事謁廟諏知祭器陋闕思有以易之索故藏有勝國時刻漏廢匭一具得銅四百觔有奇召金工治之於是爲香爐三十有

七大小九二等爲燭臺以耦計三十有八凡三等爲爵百四十蓋舊瓦之埏埴者編竹之陳敗者至是悉易以銅而禮器彬彬改觀矣

首陽書院

元至正初河中人王無矜與弟無伐請以巳所居宅及田設書院守官爲言於朝許焉賜名首陽在城西南隅聘老儒張鏞爲書院山長士多來學者元國子司業王士元爲之記至明初廢宣德中知州事者改其處爲倉場舊跡就泯宏

治中知州許鵬興復之李東陽重建首陽書院

碑云許侯既修廟學詢諸士夫得所爲書院者

因其舊而重建焉中爲堂曰崇德以施講校後

爲堂曰養正以藏圖籍又後爲祠堂以祠夷齊

於是簡州之少俊得二百人禮聘國子生王紳

爲之師越數年漸有成業士之進於州學者視

昔有加後嘉靖中院復廢

河中書院

明州同吕經建在城東門外峨嵋南岡上本東

嶽廟經自吏科給事中言事謫官州同乃於此改嶽廟爲書院以教士爲尚書韓邦奇記事於石李副使磐陽爲賦以美之萬歷中河東道陳儒知州胡大壯修　國初漸廢康熙三年總督白秉貞與守道顏秉直知州侯康民重修之康民自有記然康民時雖修書院已無主講席者久之復廢至雍正設府時或撤其材以爲官署於是僅存院址唯康民及隆慶時二碑露立其處焉

明初時郡士多學於首陽書院自河中書院立而首陽廢當正德至萬歷世郡人科第尤衆半出河中書院號爲極盛吕柟作書院題名記謂諸生學於厥中未乾歲而可科第者駸駸已數十人及觀韓尚書苑洛碑引西門豹鄴令事云豹穿三渠以利民民獲其利至漢時乃毁渠爲馳道書院誠美矣予懼其他日之爲鄴令之三渠也夫首陽改爲倉場而河中夷於蔓草是猶馳道之毁此苑洛所爲增歎也

吴公書院

分守道吴自肅置在州治東南康熙三十七年

也至四十六年知州朱麟重葺

崇實書院康熙三十六年知州李六成設

臨晉縣學

學在縣治東元至元十年縣尹敦武校尉許榮建至

正二年縣尹黨若濟教諭孫景夷重修明洪武四

年主簿葉士溫訓導孟思顔加葺成化十五年知

縣毛鳳來嘉靖二年知縣丁守中增修三十四年

地震圮知縣李世藩復建萬歷十一年知縣趙峅十五年知縣吳崇禮二十八年知縣高惟剛天啟六年知縣秦懷慶相繼修　國朝順治十七年知縣孫宗元康熙三十八年知縣王光皐四十七年知縣徐炘繼葺

萬泉縣學

學在縣治之東宋至和元年縣令趙贍建金太和三年主簿劉從謙修元大德四年攝縣事胡元貞至治三年縣尹月輪失帖木兒重修明洪武初開設

學校增飾有加其後知縣修學者有宣德中張惠天順中梁棟成化中蘇旻嘉靖中楊蘭劉文光萬歴中符嘉訓自明末兵火而學毀焉　國朝順治十七年鄭章來知縣事乃重新建葺至康熙三十七年瞿亮邦修

清風書院在縣治東康熙三十六年縣人爲知縣事瞿亮邦建初亮邦仕萬泉有惠愛常於縣中設義學五所以教士及將去縣人懷之乃即所設義學爲書院以識其德

猗氏縣學

學在縣治東金成安二年建燬於火元至元癸酉主簿李仁擴舊基重建段成巳爲碑修於明洪武三年嘉靖乙卯地震大圮其明年知縣韓應春重建萬歷中知縣賈一鵬李景登並修天啓中邑人喬中丞應甲修　國朝康熙九年署令董國政倡衆加飾十九年邑舉人王巖楨修兩廡及名宦祠

榮河縣

學建於金元之世在縣治東南明洪武三年詔天下

開學校縣丞馬復禮因其故址重建焉天順宏治
中知縣事者各加修嘉靖乙卯地震學壞知縣侯
祁復建萬歷中知縣王立本梅𤏡先後修崇禎戊
寅邑人中丞李嵩及縣學生等合修之　國朝知
縣修學者順治十七年張錫文康熙十一年陳覲
聖二十二年趙國宣三十年逯惟垣四十二年梅
夢紱然學未有泮池始爲具其制者則康熙四十
四年朔自敍諭牛爲龍

三鳳書院

舊在后土祠東明宏治五年知縣高騰建

大寧書院

舊在縣東北明嘉靖二十五年知縣侯祁建並

久廢

虞鄉縣學

虞鄉始分縣時廟學未立後議建置不更添設教官

唯以臨晉縣訓導往司學校事雍正十二年乃營

大成殿兩廡以下至乾隆五年門堂始就

自唐開元而後郡縣皆有學以收士而教厲之

此制之善而不可易者蒲既爲府府自宜有學而禮部之議但設教授一人廟學不更立也豈所謂事出於一時之權宜者乎前世書院之設蓋樂育材藝而助成庠序之教以書院與郡縣學較之郡縣學特統其大若書院則爲功也專是惟擇先生以教之嚴考課以程之良田嘉禾秀實咸在是以昔之賢有司無不勤勤加意於此然其爲之亦必資時勢之便與財力之裕而後得從事焉觀李東陽首陽書院記其時院中

習業者幾二百八而韓苑洛記河中書院亦言
作新屋若干間撿閒田二百八畝爲祀養夫欲
敎士必先謀養士士無所養徒欲敎之難矣苟
有田養之有屋居之若是雖二百人亦奚患其
多而書院何不可輿主祠不可成就哉雖然東
陽苑洛所記蓋亦當明中世盛時其守土之官
得自爲政而又且裕於物力宜其爲之易且有
功至其末歲河中書院名存焉爾博士倚席馬
庇圃蔬昔人所譏視彼逾甚其時知州事者雖

欲復振之而不得迨久而即於邱墟矣夫立事興業者惟其人而事之立也尤視其力以蒲士之宜教而書院當復設也豈非太守責哉竊常欲勉爲之以繼前許州候鵬吕司馬經之後而媿於未遑則今昔之勢不同將徐有待云爾

學田

古者學皆有田以養士使學於膠庠之中而田以食之後世其意浸廢士之業者皆不於學其田或有名存實亡者考諸縣志榮河萬泉既無

所爲田而猗氏學僅田八畝又廢入民田其臨晉所載奉上官帖凡五姓湖灘退地俱爲學田然亦不著其數要之空文而已唯永濟及蒲之府學尚存其籍廣文司之今舉其見在書於後

蒲州府學田

共地二十頃每畝徵穀五升歲共徵學租穀一百石

府學廩生十八人歲領穀十石

永濟縣學田

共地五十二頃九畝九分一厘每畝徵穀五升

歲共徵學租穀二百六十石四斗九升五合五

勺

縣學廩生二十八人歲領租穀十石

餘六十石四斗九升零爲貧士糧

貧士額定二十八人歲領租穀三石二升四合

零

雍正六年蒲始爲郡燕人劉登庸來知府事傾

庫金建署乾沒入之矚河中書院久無師生講

習而舍宇完好因悉撤其材以營府治未幾憲

府知之以檄下詰安得毀書院劉惶窘懼劾即

詭言書院舊在城外遠而不便故移之城中非敢毀且私侵木植也因是即於府舍後以所蔽餘材為屋數楹以為書院而名之蒲復然劉但計粉飾免責故書院亦陋終未嘗延先生舍弟子有書院名而實無之故旋即就廢今附其事學校之末

田賦雍正九年以後通志所列成數

蒲州府統縣六

原額民地

共三萬一千二百七十一頃五十一畝有奇

徵折色糧

二十二萬四千四百七十一石有奇

折銀幷加增絲絹銀

二十一萬一十五兩五錢有奇

地畝九釐銀

二萬五千二百六十八兩有奇

驛站銀

一萬六千九百五十七兩有奇

上三項共銀二十五萬二千二百三十六兩有奇

除荒外實在民田熟地

二萬五千六百八十三頃九十三畝有奇

折色糧

一十八萬五千七百七十七石五斗有奇

折色幷加增絲絹銀

一十七萬四千三百一十八兩有奇

地畝九釐銀

二萬一千四百八十九兩有奇

驛站銀

一萬六千八百九十五兩有奇

上三項共銀二十一萬二千七百三十兩有奇

積年開墾民田

共四千二十二頃三十八畝

徵本色穀

三十七石四斗三升有奇

徵折色糧

二萬四千一十五石八斗有奇折銀二萬五千

七百七十六兩八錢餘

屯田原額

共地三千五百八頃九十四畝有奇

屯糧原額

徵本色粮三千二百六十八石三斗餘

徵折色糧一萬一千三百三十二石八斗餘

積年開墾屯田地

共三頃一十五畝

徵折色糧六石三斗折銀三兩一錢餘

更名田原額

共地一千九十五頃八十九畝有奇

更名田糧原額

徵本色糧一百四石三斗餘

折色幷租銀一千九百四十八兩餘

積年開墾額外更名田地

共三項七畝四分有奇徵租銀六兩六錢餘

額外河灘塞地

八百八十二頃三十三畝有奇

共徵本色穀三千二百一十八石三斗有奇

戶口

雍正九年編審實在人丁共八萬五千五百六十五丁半除優免本身二千六百七十四丁外者

實在行差人丁

共八萬二千八百九十一丁半

共徵均徭地差銀四萬四千三百五十兩九錢

餘

更名屯丁一千二百二十一丁共徵銀二百二

十三兩餘

額外商稅酒課匠價幷商畜牙當稅契等

歲共徵額銀二千四十七兩

額外織造綾絹加征工費銀一百三十九兩餘

永濟縣

原額并開墾實在成熟地（內民田屯田更名田河灘塞田各項科則不等）

共八千六百六十九頃二十一畝有奇

實徵本色糧

共二千七百八十四石五斗有奇

折色租課等銀

七萬一千二百六十五兩一錢有奇

實在行差人（內民丁鹽丁）

共三萬一千四百九十二丁

實徵均徭銀

共一萬五千五百四十七兩八錢有奇

額外商稅酒課匠價契稅商畜牙當雜課等銀

一千一十一兩七錢有奇

額外織造綾絹加徵工費銀

三十四兩六錢有奇

又蒲州所歸併本縣原額地

共三百六十二頃三十六畝有奇

徵本色糧

共二千四百八十三石九斗一升有奇

行差人丁

七百八十八丁

徵均徭銀

三百七十五兩四錢有奇

臨晉縣

原額并開墾實在成熟地內民田更名田河灘塞田各派科則不等

共五千四百一十八頃一十九畝有奇

實徵本色糧

共一百七十七石二斗六升有奇

折色租課等銀

四萬四千五百七十八兩一錢有奇

實在行差人

共一萬二千八百一十一丁半

實徵均徭銀

共六千一百七十八兩三錢有奇

額外商稅酒課匠價契稅商畜牙當雜課等銀

二百七兩九錢有奇

額外織造綾紬加徵工費銀

二十二兩五錢有奇

又平陽衛蒲州所歸併本縣原額并開墾地

共一千九百三十八頃三十一畝有奇

實在行差人丁
內民丁更名丁鹽丁

共七百三十二丁

徵均徭銀

共八百三十兩一錢有奇

虞鄉縣

原額并開墾實在成熟地內民田更名田河灘塞田各派科則不等

共三千四百五十七頃二十一畝有奇

實徵本色糧

共二百六十九石二斗有奇

折色租課等銀

二萬一千六百六十九兩七錢有奇

實在行差人內民丁更名丁鹽丁

共六千八百九十五丁

實徵均徭銀

共三千四百一十兩九錢有奇

額外商稅酒課匠價契稅商畜牙當雜課等銀

二百一十八兩四錢有奇

額外織造綾絹加徵工費銀

九兩六錢有奇

又平陽衛蒲州所歸併本縣原額開墾地

共七百八十二頃一十六畝有奇

實徵本色糧

六百八十石八斗五升有奇

折色銀

二千五十三兩四錢有奇

實在行差人

共七百二十二丁半

徵均徭銀

共四百五十兩三錢有奇

猗氏縣

原額并開墾實在成熟地內民田屯田更名田各科派則不等

共五千四百五十一頃五十八畝三分有奇

實徵折色租課等銀

共四萬五千二十一兩四錢有奇

實在行差人丁內民丁更名丁鹽丁

共一萬一千九百一十三丁

實徵均徭銀

共六千七十三兩六錢有奇

額外商稅酒課匠價契稅商畜牙當雜課等銀

三百二十三兩四錢有奇

額外織造緞絹加徵工費銀

三十兩六錢有奇

又平陽衞蒲州所歸併本縣原額地

共一十五頃一十畝有奇

實在行差人

共一百三十四丁半

徵均徭銀

共九十六兩三錢有奇

萬泉縣

原額幷開墾實在成熟地內民田更名田各派科則不等

共四千五百六十二頃八十二畝有奇

實徵折色租課銀

二萬六千四百七十兩二錢有奇

實在行差人內民丁鹽丁

共五千四百五十一丁

實徵均徭銀

共四千八百八十七兩七錢有奇

額外酒課匠價契稅商畜牙當雜課等銀

一百兩九錢有奇

額外織造綾絹加徵工費銀

二十一兩七錢有奇

滎河縣

原額幷開墾實在成熟地內民田更名田河灘塞田各派科則不等

共四千五百四十二頃七十三畝有奇

實徵本色糧

共一百二十九石九升

折色租課等銀

三萬二千四百兩二錢有奇

實在行差人內民丁吏名丁鹽丁

共一萬三千一百七十三丁

實徵均徭銀

共六千六百八十八兩一錢有奇

額外商稅酒課匠價契稅商畜牙當雜課等銀

一百八十四兩五錢有奇

額外織造綾絹加徵工費銀

二十兩一錢有奇

禹貢別九等之田而周官地言一易再易所以

辨肥磽制賦稅夫賦因乎地而役依乎賦唯在使之均平而已地腴者賦多瘠者賦少力役之征夫家無避不及孤寡是均平之義已蒲統縣凡六爲地各不同有水葦平坡沙鹵花鹻者其平地者復有上中下之殊又有河灘地縣或五等或三等稅由是爲科考之舊志明初時地賦常輕而丁役無畸至宏治中尚同洪武之制是其所以盛也嘉靖萬歷以還法旣漸更而稅亦稍加益及其末歲征歛急而調發煩民乃重困

邑多流亡矣　國朝定法安樂百年然觀臨晉志所言則大約於順治壬寅之丈量深情其貽害又謂縣北一帶地瘠糧重猗氏志亦言邑分三則以差高下而三則之中新舊異法愚民狃成例而莫之訴猾胥恣飛灑而莫之詰近聞開撥一端實滋詭寄諸弊善譸者增畝而售舞文者去籍而耕貧懦之夫或抱空粮冊書之數尚缺原額此在雍正中者其說如是又得康熙三十五年萬泉令瞿亮邦審編議一篇讀之以爲

賦役之弊大端有十十者之中地糧丁差各居
其半其言深切著明亮之序萬泉志也特舉丁
役痛言之云通邑九里有半鹽籍居其一向供
撈鹽之役幸而得免若民不論有丁無丁地差
均攤至門差銀八百有奇以流民之不成丁者
列於各里甲版籍之末别之曰寄庄計糧一石
又徵門銀二錢甚而產去差存子子孫孫包賠
無已時蓋自亮邦役數十年至乾隆丙寅當事
欲倂丁糧而卒流爲萬泉之禍則無以均之以

服其心使得其平陂也夫牧人者貴求民利病
所在以與之除去而利病之要田賦乃其大端
即以臨晉猗氏萬泉三者推之他縣得無類是
身其任者宜盡心焉

兵衛

國初設蒲州營官兵八百名以遊擊一員中軍守備領之其弁校有千總百總之屬統於平陽協鎮而分守河東道亦有標兵二百人設道標中軍以領所部至康熙二年設提督於平陽府而移協鎮鎮蒲稱副總兵汰遊擊等官道標之兵亦歸提督於是分守道無兵而協鎮統郡之武弁以駐防其運城營及澤潞平垣二營皆所兼轄雍正二年改副將中軍守備爲都司僉書添設千總把總各一人

馬戰兵二十名步戰兵四十名守兵一百五十七
名今依經制爲之次列
蒲州協駐防蒲州副總兵官一員
中軍都司僉書一員
千總一員
把總二員
外委千總二員把總二員
馬戰兵七十四名步戰兵二百三十三名守兵三
百九十二名

每歲領支餉銀一萬六百五十六兩米二千五百
十二石八斗春冬二季馬豆五百一十八石四斗
草束折銀二百四十一兩九錢二分夏秋二季草
乾銀五百一十八兩四錢其軍食餉銀皆蒲州府
知府主之而時給發焉

各縣分汛設防

永濟縣汛九

考老鎮　高市鎮　吕芝鎮　辛店村

匼河村上每汛兵各三人　黄龍渡　大慶渡

風陵渡　永樂鎮上每汛兵各五人

臨晉縣汛六

小水頭　樊橋鎮　樊橋屯　七級鎮

孫常鎮上每汛兵各三人　吳王渡上汛兵五人

猗氏縣汛三

李漢村　祁任村上二汛兵各三人　油杜鎮兵八人

榮河縣汛三

裴家營　廟底渡　去村渡兵各九人

萬泉縣汛

外委把總一員防兵十八守之

舊志云明洪武二年設蒲州守禦千戶所命千戶張蓋領旗軍千人駐其間及蓋卒復調各衛千戶十員百戶十員鎮撫司一員鎮撫吏目一員來駐蒲以司其操練屯守之政給盛字號銅印一十一顆給天地人和金木水火夜巡銅牌凡四十面四門鎖鑰十把軍器三萬七百一十二件如掌所事者遷換則隨印而交代諸物焉

舊守禦所在城東北隅敬信坊街東衺四十六

丈廣十二丈五尺張蓋所建也復有營房在城
四隅依城以立千百戶官軍分界住居以爲防
守有教場在首陽門外中建演武廳設將臺其
袤七十六丈廣六十七丈二尺復有民壯教場
則本州捕盜官操民壯於此者又有旗纛廟軍
器庫有本守禦所預備倉在通化坊額設屯堡
二十三以資旗軍舍餘之屯種其於武衛蓋亦
備矣自數經地震且逢流賊之亂諸所留設壞
没不存其趾或爲人所侵唯張蓋舊立守禦所

雖久燬煬而其基尚存　國朝康熙六年千總
盛思益捐俸金鄉官杜篤祜等共助之改建於
城東南大成巷後亦就廢

郵驛附

蒲爲驛者二在永濟曰河東在臨晉曰樊橋樊橋
東至安邑宏芝驛七十里西至河東驛亦七十里
河東驛南至潼關驛七十里西至潼津九十里置
郵傳命日繹絡焉舊設丞主驛事後丞汰而領於
縣令其額設馬數或有先後之不同今採通志書

其定自雍正十年以來者

永濟縣河東驛設馬騾六十二匹頭馬夫三十一名歲支銀一千八百七十四兩八錢八分

榮河縣協濟馬騾一十二匹頭馬夫六名歲支銀三百六十二兩八錢八分

平陸縣協濟馬騾五匹頭馬夫二名歲支銀一百五十一兩二錢

芮城縣協濟馬一匹馬夫半名歲支銀三十兩二錢四分

河東遞運所設夫九十名歲支銀一千一百六十
三兩一錢
臨晉縣樊橋驛設馬騾五十三匹頭馬夫二十六
名半歲支銀一千六百二兩七錢
樊橋廠設夫六十名歲支銀七百五十兩八錢七
分
虞鄉縣分管樊橋驛馬二十六匹夫十三名歲支
銀七百八十六兩二錢廠夫三十名歲支銀三
百七十五兩四錢三分

唐志三十里爲一驛取其速且易至亦以惜馬力焉後世制與唐異其驛有甚遠者其初設丞主驛事馬日食有數圉人飼秣有法皆爲須其制造後丞與驛卒視馬爲利而弊滋甚及雍正初元丞多汰去乃悉領以知縣而蒲州河東樊橋二驛當通途要衝道秦蜀者必出焉

蒲州府志卷之六

職官

古河東太守　郡官　令長

漢　季布　周陽由

勝屠公　趙讓

番係　張放

田延年　樊聘　上河東都尉

周堪　尹翁歸

蕭咸　閎儒　上河東都郵

甄尊　　黃霸河東均輸長

李仲翔　　丁邯汾陰令

楊寶　　許君然

李文　　嚴幹

焦永　　游楚上蒲坂令

耿援　　趙無忌河東從事

劉祜　　衞固行丞事領力曹

單安

史弼

杜畿

魏

任嘏

趙儼

賈穆

杜恕

晉

王戎　　王濬河東從事

鄧攸

劉原

路拔

宋

毛德祖　宋武滅姚宏以德祖爲河東太守鎮蒲坂赫連勃勃攻陷之德祖奔歸彭城

北魏

薛謹　裴佗

薛洪隆　薛承華　上河東中正

薛破胡　薛景茂　猗氏令

元賢仁　于栗磾　蒲坂鎮將

崔習　王斤　蒲坂鎮將

趙超宗

崔遊
元襲
崔振
杜遇
北齊
薛懷景　柳敏郡丞
高巖
崔書
薛善
薛曷

北周　庫狄昌　辛粲郡丞

韓果　柳慶和郡中正

李遠　柳帶韋汾陰令

柳恭

薛昂

秦州刺史　北魏改河東郡爲秦州河東太守爲秦州刺史至北周而廢然其時河東太守與秦州刺史亦兩有之

北魏　王　襲　　裴思濟猗氏令

王世弼　　裴安祖

薛道㯗　　裴　美

薛道次　　裴　務上秦州主簿

薛　壽

杜道生

崔　衡

北齊　高子植

蒲州總管刺史

北周　宇文會　郭　彥蒲州總管長史

宇文廣　樊　遜州主簿

杜　果

宇文訓

韋師瑱

宇文護上總管

周武帝

赫連遷

杜　遷

楊　爽上刺史

隋

楊　宏　　　　　堯君素蒲州通守

趙　芬　　　　　榮　毗司馬

楊處綱　　　　　高義明長史

楊尚希　　　　　裴　寂主簿

韋　謩　　　　　王　隆猗氏令

李　敏　　　　　辛仲龕猗氏令

邱　和上並刺史

唐

李　琛　　　　　徐有功司法參軍

宇文士及　李亘司法參軍

杜楚客　韋嵩司法參軍

薛萬徹　齊澣司法參軍

劉道祥

程名振

蔣儼

李冲寂

杜從則

李尚隱

王　琚

畢　搆

韋　抗

顏眞卿

崔　琳

上並唐蒲州刺史及置中都改刺史爲河中尹復後爲州至肅宗時仍稱河中尹自是至唐末

河中尹節度使

肅宗至德元年初置河中防禦蒲關守捉使二年升河中防禦爲河中節度兼蒲關防禦使治蒲州此河中節度之始

唐

陸象先　　高　郢河中從事

姜師度　　盧　綸河中元帥府判官

蕭　華　　蔣將明河中幕府掌書記

渾　瑊尹兼節度等使　　孫　綵河中支使

王　昂　　李朝師河中府戶曹參軍

楊　璀　　杜　詢河中功曹

王翃少尹　盧坐河中倉曹

闞播　韋徵河中戸曹

李承尹兼觀察使　韋實政

趙惠伯尹兼都團練等使　郭就

杜亞尹兼防禦使　袁實並河中參軍

李齊運尹兼觀察使　吕鳴岳

陳諫少尹　張名振

杜黃裳尹兼節度使　石演芬並河中都將

趙宗儒尹兼觀察等使　王勉寶鼎令

蒲州府志　卷之六　職官　七

韓　宏尹兼節度使　王　重河東令

呂元膺充節度使　裴行立河東令

郭　釗尹領節度使　李朝用

王　起充節度使　李　管並猗氏令

王智興尹領節度使　李　最永樂令

郭　鏞尹兼觀察使　李立言萬泉令

陳夷行尹兼節度使　裴紉儁猗氏令

崔元式　竇　充猗氏令

崔　鉉尹充節度使　殷堯藩

崔瑨尹充節度使　竇津

杜審權　竇金正並永樂令

令狐綯尹充節度使　李有意猗氏令

白敏中　崔寄河東令

崔慎由尹充節度使　郭曼虞鄉令

劉墀少尹　郭仲宣河東令

高焦少尹　豆盧器桑泉令

薛伯連　李謨猗氏令

盧瑾少尹　吳馮永樂令

孫　正（少尹上河中尹）　劉行忠

郭子儀　張　圖（並虞鄉令）

崔　寓　李　棖（虞鄉丞）

張　鎰　李　適

康日知　李　軿（並猗氏丞）

駱元光　唐　臨（萬泉丞）

王　鍔　竇東里

張宏靖　王　寰（並河東丞）

李　愿　李　遜（猗氏尉）

薛平　薛彥損

李執方　崔引並河東尉

夏侯孜　蘇說汾陰尉

崔璵　韋迯桑泉尉

崔瑨　趙復永樂尉

鄭孝光

王軀副使

蔣伸

曹確

李　都

王重榮上節度使

五代

梁朱友謙

後唐李從璋

李從珂

安重敏

李存渥

安彦威

寶貞固萬泉主簿

李存霸

晉康福

趙贇

安審琦護國軍　　宋琪河中護國軍節度記室

後漢李守貞

周張鐸兼河中尹

王仁鎬上並河中節度使

宋郭從義

楊承信

陳思讓

王承衍 上並兼河中尹節度使自後節度使爲加衔改稱知河中府

知河中府

宋 王祐　范仲淹

趙延進　朱壽昌 並河中通判府事

柴成務　宋儋年 河中錄事參軍

陳堯叟　徐萃 河中觀察推官

路振　晁詠之河中教授

郭堯卿　孫載河中府戶曹

王濟　王闢之河東縣令

杜彥鈞　楚建中知滎河縣事

李行簡　趙瞻知萬泉縣事

周起　樂沆

李虛巳　陳庸

趙湘　俞充並知虞鄉縣事

孫何　王靖知臨晉縣事

趙　及　　鄭師甫並知虞鄉縣

范　雍　　錢　唐事

梅　摯　　王　發知猗氏縣事

司馬池　　崔公弼猗氏丞

狄　棐　　顏大初臨晉簿

楊　偕　　鄭　滋臨晉簿

王　融　　周成德永樂尉

夏　隨

吳　育

李淑

錢晦

王臨

蔣堂

程戡

范純仁　凡再知府事

呂誨

郭申錫

蔡延慶

蒲宗孟

高遵惠

孫　覽

范　育

葉康直

范百禄

游師雄

宇文昌齡

晁補之

鬬邦彥

鍾傅

郝仲連　權知河中府事

河中尹知河中府

金

田彥皐　　賈少冲　河中判官

楊仲武　同知府事　　馮延登　判官

馬百祿　　僕散掃吾出　判官

徒單貞　　康錫

白彥敬　　奧屯忠　蒲州司候

劉　瑋　　孫仲威河中府萬戶

賈益謙　　籍阿外河中推官

石抹仲溫　　安得璋

完顏醜奴　　吉　甫

蒲察婁室　　盧端本

王　蔚　　胡土花

移剌子敎　　桑之紀並猗氏令

張萬公　　晁　會

完顏宗道　　王德瑜

李　愈　　田世英　並虞鄉令

把胡魯　　侯　涇　猗氏丞

徒單公弼　　任　容　虞鄉簿

侯小叔　權知府事　　李復亨　臨晉簿

劉惟安

高　梁

梁德裕　並猗氏簿

杜若掘　猗氏尉

元

田師孟

劉天孚

奥敦世

靳克忠

護廪寶

鐵哥

范國英

河中元帥府

金

完顔伯嘉　　李獻甫帥府經歷官

阿禄帶行帥府事

草火訛可　總帥

板子訛可

完顏火燎塔思

王　佐　知蒲州軍事經畧使

達魯花赤

元　札八海牙　　袁尚誼　河東尹

八思不花　　黨若濟

朶兒只　　徐　禎

藥　失上河中　　許　[illegible]

月輪失帖木兒萬泉

禿剌出臨晉

連安脫忽里河東

都的臨晉

不會古反猗氏

也先海牙臨晉

李興忠

吳天麟

李潤澤上並臨晉丞

賈彥直

任璞

侯世恭

李汝弼

張恕

董輔卿

高士元

王七曾

趙宗堯上並猗氏尹

王思義

石正卿

李居敬

敬讓

孫亨

李廷臣

常秉彝

王天慶　上並萬泉丞

蘇用　榮河尹

張惟朴　臨晉[illegible]

馬恭祥

郭澤　並臨晉尉

宋興里

元子善

李孝先　並猗氏簿

明分守河東道駐蒲州

張舜臣直隸安平進士　劉繼德河南封丘進士

程　紳山東樂安進士　康　朗福建惠安進士

白　璧直隸河間進士　王之誥湖廣石首進士

楊師震山東館陶進士　張　謐直隸南皮進士

張學顏直隸肥鄉進士　馬斯臧河南鈞州進士

谷鍾秀浙江餘姚進士　歐陽穀江西安福進士

李　袞河南內鄉進士　查　鐸南直涇縣進士

馮叔吉浙江慈溪進士　姜廷瑤山東掖縣進士

劉經緯　江西南昌進士　梅友松　四川內江進士

王子蕙　山東陽信進士　徐學詩　浙江上虞進士

王　基　山東益都進士　胡來貢　南直泰州進士

栗在廷　陝西會寧進士　劉中立　山東禹城進士

趙　曜　山東掖縣進士　和　震　河南祥符進士

喬　岩　河南商丘進士　孫　琉　山東平陰進士

王學謨　陝西朝邑進士　劉　魯　河南安陽進士

林國相　福建閩縣進士　張我績　直隸邯鄲進士

喬學詩　山東東阿進士　陳　廉　直隸元城進士

袁鈁　河南安陽進士　周傳誦　陝西咸寧進士

畢自嚴　山東淄川進士　顧頤　山東博興進士

龍膺　湖廣武陵進士　陳儒　江西高安進士

張法孔　陝西岐山進士　焦源溥　陝西三原進士

葉廷桂　河南商丘進士　吳阿衡　河南裕州進士

李一鰲　陝西南鄭進士　李政修　河南河內進士

楊鎮原　河南陳州進士

國朝分守河東道駐蒲州乾隆十二年加兵備銜蒲州協都司僉書以下並聽節制

吳嵩允　直隸真定進士　吳一元　山東范縣進士

王顯祚　直隸曲周舉人　楊千古　直隸鉅鹿舉人

齊國儒　遼東廣寧舉人　嚴正矩　湖廣孝感進士

班　璉　遼東廣寧貢士　薛陳偉　河南祥符進士

馮嘉會　山東平山貢士　王天眷　山東濟寧進士　清正敦大體

佟彭年　遼陽衛人會試副榜　陳秉直　關東海州貢士　上順治中任

范印心　河南河內進士　李元陽　順天大興貢士

張大本　遼東元衛舉人　王毓賢　正紅旗漢軍廕生

劉元勳　陝西咸陽進士　胡介祉　順天大興廕生

王國泰　鑲白旗漢軍筆帖式　卞永寧　正白旗漢軍進士
吳自肅　山東海豐進士　王用霖　鑲黃旗漢軍廕生
葉九思　鑲藍旗漢軍官學生　楊朝麟　正白旗漢軍監生上康熙中任
萬際璋　福建泉州貢生　甘國奎　正藍旗漢軍監生
潘宏裔　鑲白旗漢軍監生　楊應霖　正白旗漢軍廕生
劉毓岀　河南商丘監生上雍正中任　郭一裕　湖廣漢陽監生
赫慶　正藍旗舉人　周紹儒　鑲白旗監生
托庸　滿洲鑲白旗人　官祿　正白旗監生
喬光烈　江南上海人丙辰鄉魁丁巳會

罷乾隆十六年由陝西同州府知府陞任

沈栻　江蘇常熟人進士

蒲州

明置蒲州知州一人州同知一人州判官二人添置撫民判官一人州學正一人訓導三人州吏目一人倉大使副使各一人河東驛丞一人永樂風陵巡檢司各一人遞運稅課司使各一人

知州

徐　政湖廣大冶人　蕭士名河南[illegible]縣舉人

孫　毅山東茌平舉人　王　綍陝西泰安人

楊　清山東歷城人　劉　儀陝西清澗舉人

胡　善　山東臨清舉人　王　績　直隸興濟人

張　廉　陝西長安人　劉九皋　四川眉州舉人

葉　旭　浙江麗水人　徐　孚　浙江黄岩舉人

張本濟　湖廣潛江進士　蔡　晟　河南睢州進士

蔣　容　南直武進進士　陳　相　南直泰州進士

許　鵬　南直山陽舉人　胡　昂　北直真定舉人

趙　淵　山東舉人　盛　茂　直隸順義舉人

梁　辯　山東舉人　曹　銘　山東臨清監生

殷　鐓　南直丹陽進士　王俊民　湖廣石首進士

張鵠　江西上饒進士　高淪　南直江都進士

華湘　南直泰州進士　朱應昌　順天進士

楊儒魯　湖廣興國進士　楊順明　四川南充進士

趙維　湖廣武昌進士　陳崇慶　南直江陰進士

趙統　陝西臨潼進士　李秉雲　河南鈞州進士

馮惟訥　山東臨朐進士　陳皐謨　浙江歸安進士

朱熙載　山東平山衛進士　陳應和　浙江歸安進士

王文源　山東清城舉人　胡滈　陝西咸寧舉人

邊像　直隸任丘舉人　劉旦　陝西咸寧舉人

張佳允四川銅梁進士　吳一瀾江西南昌進士

宋　訓河南新蔡進士　許希孟河南固始進士

陳以朝江西寧都進士　陳治典山東東平舉人

胡峻德河南光州進士　何允升河南杞縣進士

鄭文彬湖廣黃岡進士　屈拱北陝西咸寧舉人

郭元柱四川隆昌進士以參政左遷　孫好古河南湯陰進士

勇　慎順天霸州舉人　王堯民順天進士

鄭賡起直隸深州舉人　張羽翔浙江龍游舉人

程　志南直桐城舉人　楊必達陝西貴雞舉人

荀虞龍河南洛陽舉人胡大壯湖廣巴陵舉人
魏艮槐陝西三原舉人白宗舜陝西清澗舉人
吳淑南直丹塗進士梁宏達廣西永福舉人
畢遠四川華陽舉人張文乙山東濟寧舉人
趙承華山東冠縣舉人王橓徵河南安陽舉人
潘同春浙江餘姚進士張宏發陝西洛南舉人
國朝置蒲州知州一人州同知一人州判一人州學
正一人吏目一人河東驛丞一人永樂風陵巡檢司
各一人

林天擎　蓋州衛人貢士　李彬　直隸開州舉人

錢法裕　浙江仁和人　高應聘　錦州衛人

周夢熊　江南江寧人　馬翰如　陝西隴州舉人

侯康民　江南海門貢士　上並順治中任　李雄飛　四川巴州舉人

許嗣印　奉天開原人　紀大昇　奉天人

吳瑾　湖廣黄州進士　蔣嘉謨　奉天人

柴應辰　直隸容城舉人　謝廷璣　奉天監生任

李六成　河南寧陵進士　朱碞　河南陳州貢生

郭孝思　陝西長安監生　鄭時惠　貴州思南舉人

吴從龍滿州人　吴焯缺籍

董仲江南武進監生上並康熙中任　龔廷颺湖廣安陸進士

崔佩正白旗人雍正六年州罷爲府

蒲州府

國朝置蒲州府知府一人駐永樂清軍同知一人蒲州府學教授一人府經歷司經歷一人

知府

劉登庸　順天平谷人監生

左文言　江南桐城人貢生　雍正中任

周人龍　直隸天津人進士

趙之均　甘肅寧夏人廩生

朱　發　浙江歸安人進士

李爲楝　四川成都人進士

張樹玉　鑲藍旗漢軍監生

周景柱　浙江遂安人舉人

楊　潅　雲南昆明人廕生

同知

章　偉　江南涇縣人監生

謝　祐　山東朝城人貢生

王時翔　江南鎮陽人監生　上雍正中任

李　瑾　雲南河陽人舉人

那丹珠　滿洲鑲白旗人

徐中遴　廣東慶州人貢生

雷　正　湖北沔陽人生員

項　樟　江南阜寧人進士

宋　映　江南長洲人貢生乾隆十八年自山東沂州府知府補任

楊懋業　湖北漢陽人監生乾隆十九年任

永濟縣

國朝置永濟縣知縣一人儒學教官二人縣典史一人

知縣

施奕簪 福建安溪舉人　閆炳 直隸長垣舉人

潘學溥 江南溧陽監生　閆介年 直隸薊州進士

季芳馨 江南泰興進士　周遐齡 河南南陽進士

賈映奎 浙江仁和舉人　王大呂 湖南澧州保舉

孫際震 浙江山陰人滄州籍舉人乾隆　張淑渠 山東濟寧州人乾隆戊辰進士

十八年自陽城縣調任

十九年自壽陽縣調任

臨晉縣

明置臨晉縣知縣一人縣丞一人儒學教官二人縣主簿一人樊橋驛丞一人大使一人巡檢司一人

知縣

郭　彧　欽籍　　孫　集　寧海人

倪　晃　鹽城人　　李　讓　海豐人

閆　鐸　滄州舉人　　趙　固　咸寧人

張　黯　武城人　　郝　璵　武陟人

徐　純　慈利人　　盧　淵　鄢縣人

張　平濟寧人　　王　恭邠州舉人

趙　訥淄州人　　李　驥涇陽舉人

鮑　孜重慶府人　　楊　璘莊浪衛人

毛鳳來西平進士　　張　安璟縣人

李　焕杞縣人　　劉紹宗武城人

王　鑑安定舉人　　劉　洋上蔡舉人

許　鑑靈寶人　　劉　錫淅川人

任　恩南宫舉人　　蘭　銓陽武舉人

丁守中慶陽舉人　　高仲福三原進士

焦子俅 滋陽舉人　　孫　恪 信陽舉人

乇九思 膠州人　　張舜臣 章丘進士

何時昌 咸寧舉人　　關治敎 泰安舉人

王顯忠 保定人由翰林給事左遷　　李　豸 齊東進士

蕭九峰 三河進士　　李世蕃 臨城進士

王嘉祥 莘縣進士　　韓可敎 欒城人

閆　漳 蓬萊進士　　李　繼 三原舉人

黃　茂 武昌進士　　史邦直 山東進士

程　愔 郜邑舉人　　張　燮 晉州舉人

王毓賜　陝西進士
劉　卿　全州進士
趙　岸　陝西進士
王　化　蘭州舉人
吳崇禮　山東進士
李呈瑞　咸寧舉人
楊廷愛　定州進士
王國楨　咸寧進士
張羽翔　泗水人
高惟岡　神木進士
朱　階　固始進士
葛如麟　德平進士
楊名顯　富平進士
葉萬[illegible]　山東舉人
陳　韜　光山進士
秦懷慶　平山舉人
高向輝　三原舉人
盧錫塤　廣東進士

路方璽永嘉進士　王之瓚北直舉人

楊日升富平人　閔自寅烏程進士

馬魁選陝西貢士

國朝置臨晉縣知縣一人儒學教官二人縣典史一人巡檢司一人

知縣

李盛枝山東進士　趙之華唐山貢士

青伯昌洛陽進士　李如瑜河南進士

李起龍遼東貢士　何紘度臨海進士

孫宗元淄川進士　郭理陽忻州貢士

王鼎華陰舉人　張湛逢宣城進士

潘士瑞鑲紅旗舉人上順治中任　李國華遼東人

張之奇祥符舉人　王景晉新鄉舉人

賈振裘武强舉人　齊以治應城進士

徐煜浙江人　潘鵬雲樂陵進士

陳彬平江舉人　王光皐西華舉人

戴錫蕃休寧副貢　徐炘山東貢生

蔣毓成鑲白旗人　唐時叙廣西貢生

朱　袞　湖廣副貢
吳世裕　太倉舉人上康熙中任

杜　煥　新安貢生
孫　琰　大興貢生

劉國宗　山陽副貢
胡南藩　江西進士

武紹周　河南進士
王紹先　山東人教習

宋嵩巘　鄆城進士上雍正中任
蔣頤秀　全州舉人

吳　開　歙縣拔貢
陶士伋　湖廣舉人

呂東表　山東進士
方　鳳　巴陵舉人

周遐齡　南陽進士乾隆十五年任
黃有恒　江西舉人乾隆十八年署任

陳正勳　江夏進士乾隆十八年自肅縣

蒲州府志　卷之六

調任

猗氏縣

明置猗氏縣知縣一人縣丞一人儒學教官三人縣主簿一人典史一人

知縣

岳太初欽籍　王鈍太康人元進士任

吳琰　葛宗仁

郭慶　張嵩潁川人

馬智　魏文

徐善　耿熙高陽人

左寅沂州人　楊文寶應人

張經涇陽人　王憲

劉騏新樂人　徐誼長山人

馬綸神武衛舉人　李鳳鳴

翟聰任縣人　王哲祥符貢生

鎖鑰本色目舉人　王準長安進士

張誼陝西舉人　路雲霄陝西舉人

翟居仁河南貢生　賈汝淮臨潁舉人

李奇洛陽貢生　齊君問偃師舉人

邢綸 南鄭舉人　陳邦彥 容城貢生
宋九紹 德州貢生　李世藩
韓應春 茌平舉人　扈鏜 汲縣舉人
劉夢舜 三河舉人　姚謙夫 聊城貢生
江[illegible] 即墨貢生　崔守義 莘縣貢生
樊釭 富平舉人　何允升 杞縣進士
管懋如 白河舉人　賈一鶚 霸州進士
陳經濟 禹州進士　黃道見 咸寧舉人
李景登 廣寧衛進士　李存 寧陵貢生

郭九有　涇陽進士　馬逢慶　平谷舉人

馬孔昭　館城舉人　賈鈳　清苑舉人

白汝玠　雒南舉人　房學顏　南和貢生

曹遷　岐山進士　李樹聲　岐山舉人

岳呈秀　隆平舉人　李昌齡　咸寧舉人

楊宏道　隴州舉人　牟先苞　南鄭舉人

于廷標　滄州舉人

國朝置猗氏縣知縣一人儒學教官二人縣典史一人

知縣

楊春茂　昌平舉人　陳映星　滑縣舉人

陳素抱　遼東人　于時榮　滿洲人

高向極　遼東人　陳堯　崐山貢生

房拱極　東阿貢生　韓豫　丹徒進士

王中興　山東進士　楊乾晉　黃陂貢生　上順治中任

劉堡　江西貢生　夏曰瑚　德化人

東京　丹陽舉人　陳一魁　金華貢生

陳昌祚　沭陽貢生　王瓚昊　福建人

趙德 順德舉人　李澍 大興人

陶自悅 武進進士　封鄴 大興舉人

葉宏綬 崑山進士　趙吉徵 胙城舉人

陳騰章 臨賀舉人　錢甫生 武進進士

夏乾御 豐潤貢生上康熙中任　宋之澍 文登進士

廖應梓 興國舉人　王廷贊 正白旗舉人

蒲再虞 四川南充舉人　王棫 直隸深澤進士上雍正中任

毛兆鍈 浙江舉人　陳詩 浙江進士

呂東表 德州衛進士　李本樗 山東拔貢乾隆十三年任

尋紹舞　山東進士乾隆十八年任
劉綎煜　山東舉人乾隆十八年署任

李合　雲南元謀人雍正癸卯舉人乾隆十九年任

滎河縣

明置滎河縣知縣一人縣丞一人儒學教官二人縣主簿一人防河主簿一人縣典史一人

知縣

施原　張坦山東人

趙璇嘉興人　范顔沂州人

甄璣武城人　于縉上蔡監生

李逢春陝西舉人　馬遜山東監生

張寧山東監生　陳魁山東監生

孫　賢　山東舉人　　高　騰　河南舉人

王　洪　德州舉人　　魏　昂　錦衣衛人

趙　峴　永城舉人　　宋　緯　高陽舉人

薰　弼　鈞州舉人　　馬　安　陝西監生

李景和　保定舉人　　邵　縉　陝西舉人

張　讓　山東進士　　賈　鎬　陝西監生

唐　縚　曲阜監生　　劉　俊　山東監生

高雲鵬　河南舉人　　呂　信　順德舉人

賈守正　三原舉人　　劉元敬　朝邑舉人

高承恩　祥符舉人　　蕭奇亭　咸寧貢生

陳霆　萬全都司人　　賈汝塤　直隸貢生

侯祁　鄆城進士　　魏崇叙　陜西監生

王嘉言　欒亭貢生　　楊詢　邠州監生

徐騰　浙江舉人　　吳朝　西安舉人

雷大壯　河南進士　　劉玠　陜西貢生

焦景光　直隸貢生　　呂亮直　高邑人

卓世彥　河南進士　　王可久　安陽舉人

郝朝臣　邢臺進士　　沈名寶　商城貢生

謝賜紀　郃陽貢生　　曹　信　望江舉人

吳來朝　山東貢生　　張應暉　陝西貢生

王昌道　陝西貢生　　王立本　直隸貢生

梅　焕　直隸舉人　　强自修　韓城舉人

賈之珠　鎮原舉人　　王天民　遼東舉人

田有年　扶風舉人　　王　會　鄢陵舉人

智　錠　元氏舉人　　高之俊　直隸舉人

索鳴鶴　衡水舉人　　羅秉誠　阜城舉人

陳萬化　閿鄉舉人　　王之麟　延安貢生

馬登龍河南貢生　曹自省陝西貢生

石　貴陝西貢生　李從繩禹州舉人

王心正曲陽舉人　張相漢山東貢生

國朝置榮河縣知縣一人儒學教官二人縣典史一人

知縣

姜應蛟任縣貢生　黃宰家陝西貢生

裴雲龍滿洲人　武振國滿洲人

李九疇關東人　張錫文江都拔貢上順治中任

陳覲聖　湖廣進士　　李長庚　奉天舉人

趙國宣　遼東廕生　　遲維垣　滿洲人

郭金門　湖廣舉人　　梅夢紱　宣城副貢

李廷謨　江夏進士　　吳　耀　仁和舉人

王士正　滿洲人　　劉如漢　山東監生

許惟訥　江南進士上康熙中任　　陳廷傑　大興人

唐　璥　貴州進士　　曾　鉉　全州舉人

定　柱　滿洲人　　李惟榛　河南進士

吳易簡　廣東舉人上雍正中任　　周遐齡　南陽進士

李　湘雲南大理舉人
陳厦樑福建南安舉人
方立經湖北興國舉人
于廷瑞廣西舉人乾隆十八年任
蔣　蘭貴州貴陽人壬子舉人乾隆十八年任

萬泉縣

明置萬泉縣知縣一人縣丞一人儒學教官二人縣主簿一人典史一人

知縣

王俊德　高志學

劉英　陳鉞上四人欽籍

張惠陽武人　齊肅臨淄人

鄭昭泰安州人　于彥信棲霞人

趙行恩縣人　梁棟固安人

崔明　北直新安舉人　王聰　膠州人

蘇鎮　臨清人　劉峻　泰安州人

張信　曹縣人　章溥　山東人

毛鳳　萊城人　彭檜　平凉人

崔榛　河南舉人　張席珍　長山人

王顯　長安舉人　李翀　天津衛人

王大節　大名人　楊蘭　曹州監生

張鯨　汲縣監生　馮鎮　保定舉人

梅雲　陝西舉人　傅秀　棗強舉人

王欽　西安監生　　袁一成　陝西貢生

寇良經　雒南人　　金盛　陝西人

雷震　山東舉人　　項瓊　浙江舉人

薛文通　三河貢生　　劉文光　平原貢生

李錀　遼東貢生　　張恪　山東舉人

陳奉珪　河南貢生　　李廷陳　涞水舉人

李汝栢　陝西貢生　　孟正國　信陽監生

李奐　陝西舉人　　郝恍　山東貢生

別方　咸寧舉人　　王惟中　陝西舉人

符嘉訓 河南貢生　徐　棟 河南貢生

林喬木 全州舉人　王藎臣 河間貢生

馬一廉 河南舉人　洪世弼 江西舉人

符剛中 北直舉人　趙乾清 華陰舉人

呼延楫 宜川貢生　蘭　桂 扶風舉人

姚唯業 陝西貢生　范文原 北直貢生

劉鼎卿 宛平舉人　劉大猷 陝西舉人

許　偶 高陽舉人　張　斗 河南貢生

陳培基 遼東貢生　張鳴鶴 深州貢生

馬負圖陝西貢生　李　珍北直貢生

朱率錞以宗室任

國朝置萬泉縣知縣一人儒學教官一人縣典史一人

知縣

周之恒大興舉人　賈之禶順天貢生

王　訓山東進士　甯惟忠遼東貢生

趙世猷大城人　王　階掖縣舉人

鄭　章陽縣進士上順治中任　蔡惟新大興人

歐陽鼎　景陵進士

周敬修　當陽貢生

卲園卜　河南進士

陳見智　曲阜進士

丁　珩　江南監生

卞三捷　奉天蓋平人

瞿亮邦　江南貢生

杜能忠　樂陵進士

戴　治　江南監生

杜庭珠　浙江監生上康熙中任

曹允升　景州舉人

門廼路　四川舉人

田祖訓　直隸舉人

皮　蔚　江南舉人

李廷棟　山東舉人

鄒錫彤　四川進士

張文燦　漢軍舉人

胡承壁　安徽進士乾隆十七年署任

畢宿燾　山東文登人，已未進士，乾隆十八年任

虞鄉縣

國朝置虞鄉縣知縣一人儒學教官一人縣典史一人

知縣

劉培元 江南山陰拔貢　徐大樑 江西金谿進士

曹茂先 江西新建拔貢　李景芬 直隸定州貢生

徐守中 湖北蘄水拔貢　袁景辰 廣西平樂舉人

張松年 陝西醴泉進士　高澤叙 直隸靜海舉人

趙　栻 山東曹縣舉人　古　灃 湖北荆門進士

岑天耩　湖北蘄水進士

余克長　廣東舉人乾隆十二年任

顧月化　江蘇甘泉人癸卯舉人乾隆十五年任

李炳　甘肅拔貢乾隆十九年署任

高封　山東生員保舉乾隆二十年任

《山西文華》編纂委員會 編

山西文華·史料編

蒲州府志

清乾隆版 第五册

卷十五至卷十七

清 喬光烈 周景柱◎總修

山西出版傳媒集團
三晋出版社

蒲州府志卷之十五

列女

永濟縣

北魏

姚氏女字勝河東人少喪父無兄弟年六七歲即有孝性言其父者聞輙垂泣正光中母死勝年十五哭泣不絶聲水漿不入口者數日不勝哀遂死太守崔遊市請爲營墓立碑自爲制文表其門閭比之曹娥改其里曰上虞里

隋

裴倫妻柳氏河東人少有風訓大業末倫爲渭源令爲賊薛舉所陷倫遇害氏時年四十有二女及兒婦三人皆有美色柳氏謂曰我輩遭逢禍亂汝父已死我自念不能全汝義不受辱於羣賊將與汝等同死如何女等垂泣曰惟母所命柳氏遂自投於井其女及婦相繼而下皆死井中

唐

樊會仁母敬氏蒲州河東人字象子笄而生會仁夫

死事舅姑祥順家以其少欲嫁之潛約婚於里人至期陽爲母病使歸視敬至知見紿乃外爲不知者私謂會仁曰吾孀處不死者以母老兒幼今舅將奪吾志汝云何會仁泣敬曰見母啼乃伺隙遁去家追及半途以死自守乃免　未冠卒時敬母又終既葬謂所親曰母死子亡何生爲不食數日死聞者憐之

明

歧小五妻李氏年二十一夫亡無子母欲嫁之誓死

不從奉侍翁姑供養無缺後翁姑年八十餘終以禮殯葬事聞於朝表爲節婦

薛剛妻楊氏生子小來剛當行戍顧謂楊曰吾親老子幼我生死不可必願終養吾親楊曰諾剛果死於軍楊恪奉舅姑撫幼子未幾小來補戍亦歿於軍舅姑相繼終楊慟哭以所居易財營葬閭里勸其改適楊曰人無志節□□□吾寧死不爲禽獸行就食於弟家操持愈嚴知州徐孚聞於朝詔旌其門

解輝妻董氏生子福寧未晬夫卒董年二十二蓬首
垢面父母以其少寡欲令改適董曰親老子幼苟
舍而之他子無所怙舅姑必殍於溝壑吾忍爲之
乎於是益盡婦道紡績營衣食美食奉舅姑自啖
粗糲舅姑殁與子負土穿壙以葬旦夕悲號知州
徐亭上其事詔表爲貞孝之門
王寅妻嚴氏年二十一夫卒嚴三十年足不踰閾屏
簪珥事姑育子貧苦自甘事聞旌表
張文俊妻屠氏年二十九夫亡欲自縊以殉人勸以

翁姑無依乃止紡績營食以養舅姑孀居五十餘年巡按御史上其事詔旌其門

生員苟儀妻王氏儀歿悲慟欲絶及葬下棺投身壙中衆救免自是屏簪珥綺繡不御母勸他適誓死不從州守上其事詔旌其門

生員史璘妻宋氏歸史未三年夫疾歿月餘生子廸宋紡績爲生終無他志訓子讀書成立守節六十餘年八十一歲卒

郝璠妻衛氏年二十三璠卒生一女在襁負或誘其

改節衛曰我衛女郝婦皆藩名族忍失節背義以
爲兩門辱守節六十餘年八十七歲卒

嚴圭妻王氏年二十夫亡父母欲奪其志王以死自
誓不能强而止晝耕夜績以供舅姑即荒歲未嘗
乏鄉間賢之年九十一歲卒

姬懋妻楊氏懋以戎籍應伍留妻事親後懋卒遺子
幼楊事舅姑撫子孝慈兼盡凡五十餘年七十七
歲卒

孟子厚妻牛氏年二十五子厚殁牛矢志不移父母

不能奪遺孤三歲撫訓有方事翁姑盡孝年踰七
十守節無虧
生員史夢陽妻王氏婚僅踰歲年十六夫以赴試卒
逆旅誓死守節生遺腹子艱心撫育後以地震卒
巡按以貞節旌其門
蕭鎡妻張氏年十七夫亡懷姙生子世榮翁姑相繼
殁皆以禮葬撫孤成立州守[illegible][illegible]上免其孤子差
役
張璠妻劉氏年二十四夫客死中州僅遺一女劉聞

計誓欲殉夫父母守護之姑病卧辱再三勸慰劉遂斷髮毁面辛苦三十餘年竟還夫柩姑病亦愈女得歸配皆劉經營之力姑殁以禮殯葬

牛桂明女牛氏劉愷聘而未配愷先娶衛早卒生一子劉父母聘牛氏預迎以歸愷中途被難頭之衛氏櫬及遺孤抵里牛撫孤若已出事翁姑至孝服禫父母慰女曰汝處子未識夫豈眞劉氏婦耶牛曰身既歸劉即其婦矣親老子幼尚何適父兄陰納施氏聘牛聞之哀號幾絶泣愷神主前三日不

食死孤成立名釗釗子忠甫子東旭三世皆廬墓

時稱爲三烈孝

楊鵰妻王氏年二十夫歿遺子甫三月王自毀面目

雖至親內人罕見其面孝事病姑始終不怠撫育

幼子身歷百艱一日子偶墜井中經日出之無恙

人以爲苦節所感襄毅楊公誌其墓

洪果妻張氏夫亡年甫二十四歲遺腹有孕甘貧苦

守後生子無以爲養張以女紅易粟自給或勸其

再醮垂泣答以夫存時不可忘子幼不忍棄寧死[illegible]

移居五十餘年州守以貞節表其門
趙楝妻陳氏楝感沉痼陳侍湯藥勤苦不懈楝疾革
詢身後事陳以守節自誓夫歿陳年二十一無子
女事翁姑備極孝養州守扁其門曰有共美風
孟端妻邵氏早寡姑母欲奪其志氏抱幼女亥隕於
井八歲女熙墜從之既出屍母猶抱亥熙抱母問
巷悲感後十年知州屈拱北始以事聞詔建祠樹
坊遷墓同卿王謙爲之傳都御史曹于汴撰祠碑
記

生員楊元荏妻王氏家素貧乏勤績紡以供朝夕荏
故誓不欲生滴水不入口者七日甘心餓斃從容
就死較慷慨殺身更爲難焉
生員田氏倬妻雷氏崇禎壬午冬悍將任國奇兵過
蒲所至刼掠氏被擄投井而死同時死者舉人盧
世臣妻田氏又有喬及芳妻張氏闖兵入城投井
死
國朝
展奇第妻王氏順治己丑遇兵變被挾馬上奮力掙

墜者數次時大雨遍體汚泥兵恨殺之

生員楊五禮妻孫氏夫亡事翁撫孤克盡其道甲申闖變翁被害氏藏身厠中汚體皆穢賊怒揮刃破額而去氏負創殮翁哀泣如禮後全節以壽終

薛永淳妻王氏少寡闖賊陷蒲被執不屈投井死

裴渤妻張氏夫亡遺一女矢守養姑姑甚德之會母欲奪其志氏抱姑暨女一慟而絶

副千戸韓印勳妻孟氏年二十印勳從征流寇卒苦節數十載比歿風雨陡發有光燭體閃爍如電里

人異之

訓導張逑善妻李氏姜寇變李隨姑王避亂山谷兵迫奮身投崖死又王浩元妻李氏亦以不屈墜崖死

葛振盛妾趙氏姜寇變氏與夫並被擄乃密以簪珥投夫且曰兵營中勿認我爲婦懼汝害也兵欲亂之不從抽刃以脅氏乃引頸迎刃而死

生員張瓛妻韓氏避盜入山賊追及之韓顧謂家人曰爾各自爲計無顧我此即我畢命時也遂投崖

下婢滿兒以手挽之因俱碎焉

李永春妻陳氏年十八歸李越四載夫亡遺子甫三歲家貧女紅自給將里中病疫母子胥染勢甚狼狽陳仰天禱曰請亡孤兒宗祧所係[illegible]我母傷子尋皆無恙訓子凜若嚴父[illegible]康熙四十一年旌

張奇與繼妻姬氏年二十六奇與客死訃聞氏哀毀逾情拮据迎喪歸葬撫前子恩情備至稍長脫簪珥以資服賈家小康淡薄如故康熙五十年旌

姚元度妻左氏年二十元度病革顧謂氏曰我死汝無守顧俟吾母終年後子幼善撫其成使嗣我氏聞哽咽不能語洎夫卒截髮毀容盡瘁事育孀居三十七載雍正五年旌

尚苗妲永濟里民女也有族人素凶淫一日突入其室欲逼淫之苗妲以死拒遂被殺雍正七年旌

吉無違妻李氏其歸於吉時無違年甚長而李方艾也居數年生二子一女他日無違外出惡少年昤垣夜逼之李持刀大罵欲自刎鄰嫗救止之然恨

不止越四日卒自縊乾隆七年旌

石光宗妻王氏年十九而寡一子始生六月舅姑以年少欲嫁之王决不可一日方持刀作羹復有强相勸者王怒引刀斷一指曰吾所不爲石氏婦者有如指且泣且誓血淋漓砧案間家人皆大驚永濟令聞之以匾旌焉王年七十九無疾而卒

姚氏者永濟人劉彦慶妻也彦慶以康熙末歲荒辭鄉里遠去不知聞者數年矣姚獨與姑及幼女家居雍正九年忽有傳彦慶爲僧太白山中者其母

泣語姚慶素愚梗必我躬往名之庶肯來歸耳遂
留姚及女而偕所親行訪求之既至竟不得彥慶
悲感成疾於太白死焉姚痛姑歿在異縣念無收
者謀即奔喪特貧甚又無宗族近者可託俱行更
三年乃泣告其弟弟隨與往姚得負姑骨而歸葬
焉
裴尚直之妻卬氏年十九夫亡更三年其翁又亡至
二十五其姑復亡也唯孤子是依日夜織紡或終
夕不瞑作布自給兄弟憐之諷以改適諷卬內自

憤恨致嘔血然終不能移其志也初翁死時姑哭
其子復哭其夫遂喪明印奉之甚至每飯必親嘿
後姑日忽自明咸以印誠孝有所感云

馮氏爲張育英妻時年始十三又十年而寡育英縣
貢士也舅以其少意欲令其改適馮曰安有其夫
號明經者而婦復事人哉卒取姪嗣育英撫之以
守志焉乾隆八年旌

生員李應奎妻劉氏事聞旌門

盧滋妻鄭氏事聞旌門

郭敦妻喬氏

杜昺妻史氏　　王彬妻馬氏

韓玻妻薛氏子楫孫熿累加封贈

王進妻張氏卒年九十九歲奉旨旌異

義民段輔妻王氏巡按御史旌楊襄毅表墓

生員羅拱極妻賈氏　　楊霆妻屈氏巡按表門

趙釗妻尹氏巡按旌門　　張寧妻雷氏曾孫四維貴授封

張楨妻馮氏萬歷中旌　　甯錦賢妻高氏道院旌表

杜文俊妻羅氏奉旨旌　　武生韓塏妻張氏

杜惟妻王氏河東道旌　　魏士盛妻韓氏

王三宅妻史氏奉旨旌　葛之錦妻侯氏

張崇茂妻呂氏　王良嘉妻李氏

貢士孟紘祚妻張氏　左永篤妻秦氏

陳邦桂妻張氏　師家讀妻楊氏

光祿典簿王敬妻劉氏　張溥妻郭氏

亢光英妻楊氏　張問世妻柴氏上並明時者

儒童張奇瑄妻解氏　吉熊璣妻曹氏

吉鳳麟妻王氏府州旌　集琦妻解氏府縣旌

吉鳳翔妻張氏　楊澄妻吉氏有司旌

儒童姚元度妻左氏雍正六年旌

羅大琮妻吉氏　李泳妻劉氏永濟令旌

陳大琳妻柴氏事姑至孝　生員楊茂瑾妻史氏

崔封妻郭氏　李萬椿妻楊氏乾隆元年旌

鑾儀衛經歷張鐸妻龔氏　趙氏建坊旌

薛永侯繼妻馬氏　楊復運妻姚氏有司旌

儒童李耀妻劉氏康熙中有司旌

儒童劉倬妻任氏　劉儀妻王氏

張振庭妻楊氏　李玢張氏

生員常謹繼妻高氏　常撂妻左氏郡守並旌

高尚明妻楊氏永濟令旌　李進祿妻任氏

張含珽妻羅氏　史振宗妻衛氏雍正十三年旌

儒童楊若崇妻王氏乾隆三年旌

崔學禮妻樊氏崔大舉妻樊氏

崔大蔣妻楊氏已旌

監生楊富春妻王氏雍正十三年旌

李萬春妻楊氏乾隆元年旌　劉加武妻崔氏乾隆二年旌

貢生張育藩妻樊氏姚津妻盧氏並乾隆三年旌

監生李作舟妻呂氏韓繼祖妻楊氏侯選州同
侯法妻鄭氏荆養棟妻雷氏生員齊宗德妻荆
氏王樞妻陳氏周昌耀妻陳氏並乾隆三年旌
翟萬禧妻胡氏生員李薰芳妻張氏並乾隆二年旌
生員樊世韡妻韓氏韓啟瑜妻鄧氏貢生張育
英妻馮氏吳學敏妻史氏李廣增妻周氏五人並乾隆七年旌
高廣妻古氏乾隆八年旌
王景清妻李氏八年旌趙懷瑾妻劉氏九年旌
王廷桂妻郭氏十年旌劉芳聲妻王氏十二年旌

李塒繼妻田氏 十二年旌　薛大豐妻劉氏 十三年旌
李本固妻楊氏 六年旌　王大寧妻蒲氏 十四年旌
范毓瀕妻蘇氏　儒士任養善妻張氏
薛麟徵妻楊氏 前州守旌　生員楊珏妻吳氏
賀國軒妻展氏　儒士孫忭妻馬氏
劉大聞妻楊氏　劉元恕妻尉氏
侯選縣丞張颺妻張氏 有司旌
張永寧妻許氏　樊起鵬妻楊氏
席官妻張氏　楊祉妻杜氏

臨晉縣

北魏

崔氏金州刺史郭牙妻（牙調官當赴留氏事母牙沒

於官氏忍容事母不令其知母卒氏竭力治喪

畢不食而死鄉人表爲孝門

明

宋氏年十四適同里黃良德後十年良德卒亦自縊

與良德同葬旌閭旌表其門

生員王幕妻陳氏年十九夫亡遺子三葉尚未期月

時家貧不繼朝夕人皆難之以死自誓織紝作踰

四十年巡按御史扁旌其門

荆世寵妻陳氏年十八夫亡孀居五十餘年閨門嚴

肅人無間言督學陸言旌表貞節

王康妻荆氏年十七夫亡一子于楚方在襁褓茹苦守

志萬曆二十二年有司上奏聞於朝奉詔建坊曰綸

音旌節

郭明紀妻張氏年二十二而寡痛絶數四誓欲從死

家人防之泣囑曰作賺宜潤爲我終身地嬪戚先

一日閉戶沐浴理粧整容如歸寧狀旋入室投繯
而死次日治喪二柩同舉觀者莫不垂涕
張宜妻蔡氏年十七夫亡無子誓不改適茹荼飲冰
者五十餘年有司上其事奉詔建坊旌表
邵千妻高氏年二十夫亡無子族豪謀棐逼嫁氏斷
髮刺面以死自誓時千兄邵萬以時疫夫妻同逝
遺子孟通方三歲高撫之苦節六十年天啓五年
壽八十二卒孟通三年喪以報之有司旌表其門
國朝

姚門雙節者廪生姚在陞妻胡氏暨子翼宸妻李氏也甲申逆闖渡河所過殘掠胡氏謂媳李氏曰賊熾甚倘不免實墮家聲毋寧死之爲愈隨以襁褓子付乳母趨赴深井姑先投媳繼之同時而死當道表其門名井曰雙烈

王氏者少司馬李棲鳳子世昭之妻闖賊入境偕民婦避難蛾蝺原之土穴中爲賊搜索羣驅而出伏地不起賊訶之且脅以刃曰頭可斷義不受辱賊曳之出行十餘步見深崖曰吾得死所矣遂躍下

臑裂而死

士熊妻許氏年十七而夫亡哀毁欲絶尋即自經
姑覺急解之泣慰曰尚有遺腹倘生男以繼夫後
不猶愈於死耶數月生子挺銓辛苦撫育克承父
業總督旨旌其門

劉四維妻張氏家貧甚夫亡子幼苦守撫子國興成
立甫生孫業太而子亡繼撫孫成人婚娶生曾孫
世勤而業太又亡劬勞三世苦節七旬年九十八
而卒

張我俠妻王氏夫亡子在襁褓貧無所依辛勤織作
撫子勳成立入庠年八十九卒
生員劉復元妻杜氏年二十而寡家貧無子父母欲
奪其志氏誓死不從苦節四十餘年卒
生員荆澍妻趙氏澍亡氏年十六歲志在必殉宗戚
以公姑年老苦勸氏忍死撫姪元鉽爲嗣盡孝養
三十餘年閭里稱之
樊懋爵妻趙氏夫亡無子年二十父母舅姑憐其少
欲嫁之泣謂曰天禍我家將焉適婦人不二天訃

之稔矣執節終其身

臨晉有王氏者爲李孟冬妻其卒也百有十歲矣初歸孟冬二十五爲嫠婦秉志孀獨至於八十五年尤世所未有者雍正五年祀於節孝祠

張盛學妻樊氏二十二而夫死康熙三十年邑中大荒其叔因欲使改適樊毀其面且剪髮示無二志叔不敢逼苦節數十載而終

孫烈女生員孫永嶶女字孟某于歸前五日孟卒女日夕飲泣誓不更適尋遘危疾語祖母曰見夜遊

澗遇一柳二椿間憩焉閱月而卒孟葬請祔許之

墳正當一柳二椿間也

衛大垣妻馬氏年十六歸衛逾歲而夫亡撫遺腹子

宏獨居守志宏已十餘歲矣一日其母憐馬方少

且貧微以改適諷之馬涕泣曰向所以不死者以

此兒耳今母欲吾毀節我又何生爲遂自縊而死

與馬同時有姚氏者爲楊常順妻其寡時方十六

以小姪爲嗣歲餘姪忽自死其姑疑姚欲嫁致害

其子雖不言而意薄之姚知之不敢自明隱忍久

之忽破面截髮欲自殺以示無他志姑乃釋然復
以他姪嗣焉馬之縊也雍正六年臨晉劉令爲立
主於節孝祠而姚氏後亦表於有司
王宗陵妻衛氏合巹夕宗陵已病篤未三月宗陵卒
姑憐其少欲爲改字氏斷髮示志孀居十四年而
卒
故民周英妻荆氏十八而婺其隣有少婦新寡再適
富家荆獨守其志後富家弟喪妻隣婦之適富人
者素識荆母徐謂母不若以荆與婚荆聞之即剪

髮自誓竟不能奪康熙中值大饑拾野蕨以食處之自若也

符氏者夫死二子並幼守志已數年族人鍾寬西忽浮言倂張謂符將謀招外人爲夫以養其子符聞之曰我爲婺而使人作此言不死何以明吾志遂自經臨晉令擒寬西論其罪而符氏旌於官乾隆十七年也

陳烈婦者臨晉里民王有援妻也有援死無子而陳年方少悲哀欲自殺爲家人所持不得然事翁尤

孝乾隆戊辰大饑爲翁備甘食而已咽糠覈不使翁知之後三年其叔既婚陳時呼叔婦囑以善事翁若遺戒者一日語訖入戶自經鄉里聞之皆爲流涕

許遷喬妻張氏　張鳳翔妻呂氏

高標妻張氏上明代並旌　生員荆璋璘妻姚氏

劉從寬妻姚氏　生員荆爾梃妻孟氏

舉人姚在朝妾焦氏　生員衛應先妻姚氏

生員張艮魁妻王氏制府旌

張徑典妻劉氏學使旌　李垣妻張氏

生員孫鴻烈妻衛氏　杜尚德妻張氏學使旌

許朴妻趙氏　王愜妻張氏

閆國法妻張氏邑令旌　荆山英妻王氏

生員謝紹燕妻薛氏　謝顯相妻王氏

郭百知妻呂氏　衛季妻郭氏

生員曹元勛妻姚氏上三人並有司旌

趙京妻叚氏　衛祚妻王氏壽九十餘

王萬成妻李氏　生員荆騰鶴妻趙氏

孫應端妻荀氏　姚五英妻吳氏
程秉讓妻衛氏　李岑妻王氏
呂俊聲妻周氏　荊王朝妻趙氏
生員張公祚妻姚氏　監生孫繩妻謝氏
溫所欽母陳氏　趙質妻謝氏
生員王載夏妻李氏　生員王旌任妻楊氏
儒童王追典妻鄭氏　儒童楊大熠妻韓氏
荊雲慶妻朱氏　趙昕妻謝氏昕子踵晋
妻謝氏　生員王樞妻衛氏

趙自新妻樊氏　譚段氏乾隆四年旌

黃剛妻鄧氏乾隆五年旌　姚格妻王氏乾隆八年旌

王信妻郝氏乾隆九年旌　馬有才妻衛氏乾隆十年旌

生員宋步旦妻吳氏妾宋氏乾隆十二年旌

任廷琇妻王氏任天祥妻屈氏乾隆十七年旌

儒童李夢棠妻趙氏　毋世綿妻吳氏

李暉吉妻呂氏　樊純英妻王氏

李淅妻荆氏　生員李沐妻荆氏

吳方穀妻王氏學使旌　荆毓光妻張氏入節孝祠

生員衛邦傑母村氏　荆中極妻賈氏邑令劉入祠

生員李長年妻姚氏　任聖和妻楊氏邑令旌

任廷珩妻姚氏　吳志高妻劉氏

樊爾士妻咎氏　李爾欽妻衛氏

許飛先妻郭氏　楊賓妻王氏

李天适妻張氏　常寧妻荆氏

生員荆文欽妻王氏　謝梁氏

荆廸妻朱氏　儒童樊文鏗妻毋氏

王植妻楊氏　李茂朴妻閆氏

生員劉復元妻杜氏　周文奇妻郭氏

猗氏縣

明

令狐氏隱士景雲女夫喬雯病亡氏年二十二男世
卿未及一週堅志守節家徒壁立日夜勤紡績至
老端嚴外戶不窺孀居六十二年萬歷中建坊

杜江妻張氏年二十三喪夫時子方娠姻戚諷以改
圖張毀面自誓紝織執節事姑以孝聞撫遺腹子
成立人無間言

孫周妻王氏年二十八而寡遺孤猶在襁褓或以微

言動之輒恚曰此言何至于我耳遂斷髮毀面定不踰門卒全其節

令狐氏舉人楊聯芳妻少有至性從父鎧受列女傳芳中鄉魁尋病瘵卒令狐方二十七止一孤女父母勸之更志則痛哭曰令狐氏詩書禮義之族寧容有再醮女且少時父所授詩傳謂何自是不抵父舍絶葷茹素不御綺羅守節二十餘年卒知縣管嶬如教諭鄭溢扁其門

楊繼志繼妻張氏年二十九夫亡無子撫前妻子如

已出乃族欲娶者衆竟不能奪守節五十年

米萬服妻董氏姑幾百歲失明夫亦瞽不能周養董

勤績紡博升合以給食冬寒貧之逐日每先姑後

夫夜無衾擁其姑解衣相覆而寢數年如一日嘗

路旌其門

卞和王妻朱氏玉與楊生忤楊生動詬其父母玉忿

刺之死亦自經時朱年十九歲嘆曰夫能力誅讐

人以義自死妾何惜以身殉夫乎遂閉戸縊

庠生振奇妻陸氏適安邑義民康名揚甲申闖賊亂

陸同母劉氏逃難堡中至屯南突聞兵至亟竄避
野塚叢棘中俄賊搜之出以利誘相從不可遂脇
載馬上以行陸輒自投馬下罵不絕口遂伏刃
令狐氏崇禎初邑紳喬應甲有罪子拱秀偕妻令狐
氏被逮令吏延就道以手推令狐拂其小指令狐
毅然正色曰吾指乃爲賊吏所汚耶此指無用矣
不可復留卽剪斷其指人咸憚其烈焉

國朝

郭邦幾妻裴氏年二十夫故子女亦相繼亡煢煢茹

苦四十餘年康熙初旌

郭琛妻荆氏產一子不育琛病革氏慟哭謂曰兒無姑何依無孤何撫願及其未瞑先死顧母恩未報請待來生母止之不得遂覓毒藥自吞腸斷指裂見者雨泣琛目之而逝事聞建坊旌表

生員荆文邵妻陳氏年二十四夫亡無子守節立孤撫如己出事孀姑二十餘年備極色養長女適郭琛十八歲吞藥殉夫人謂女烈由于母節

趙遵彔妻路氏年二十而寡或諷之改志路氏以刀

斷指自誓不二撫子龍章成立年七十卒

陳可濟妻任氏濟以歉歲餓死氏忍饑營葬畢慟哭

於墓遂投井死

庠生郭爲翰妻荆氏十七歸翰甫逾歲翰隨祖父任

卒於越署櫬歸時氏在外家聞訃即陰覓毒藥置

襟袖間遄歸撫柩泣血和醋吞藥家人急救得甦

然誓心殉死故食生冷物或日一食未半年遂致

尫瘠而卒

荆天福妻張氏年十七夫卒生子甫三月値歲饑翁

欲嫁之氏抱子哭曰餓死命也柰何再醮翁逃荒

河南遺七旬祖姑氏紡績供菽水後數歲翁歸見

老母康健孫已長成大喜已乃大慟曰我負孝婦

矣攝縣事錢萬選表其閭

荆起端妻王氏夫亡一子一女衣食不給窮瘁萬狀

不易其志其夫之弟將奪而嫁之氏聞之投井而

死

史書妻裴氏史行醫糊口染疫而死惟遺一女氏父

勸其他適氏正色曰從一而終義也進才潛受人

聘氏聞其謀寄女於史之友自縊而死

趙自淸繼室閻氏年二十七夫亡子方二歲前女甫

十歲晝耕夜績撫子女成立前女適劉氏夫婦相

繼早死遺一女在抱氏育之爲擇配年六十七而

歿

黄益福妻張氏二十歲夫亡舅姑老病衆計蕭條氏

上事舅姑下撫二弱孤艱苦萬狀舅歿典其少子

以葬人稱節孝兩全

張洪鵠妻王氏鵠卒時子元順呱呱在抱葬未盈月

鶴之兄弟將奪而嫁之陰受人聘矣王察其有異志夜抱其子潛投母家獲免時其母亦老孀又無兄弟可依更值明季連歲饑饉屑草根木皮爲食子長母卒始歸其家娶婦育孫艱辛備嘗壽九十一而卒邑令吳旌其門

孟仕齊繼妻常氏年十五歸齊二十三而寡止生一女誓不改操撫育前子恩勤備至孝事老姑終始不懈遠近稱之

杜得福妻楊氏見侮强暴自縊而死事聞雍正五年

建坊旌表

令狐綱妻陳氏有司旌　沈廷吉妻丁氏御史表門

任宏妻張氏　庠生耿節妻楊氏

楊騰飛妻姚氏子仁妻孫氏旌於官

史文德妻管氏　庠生衛道妻李氏

荆一德妻展氏　常元楨妻張氏奉旨旌

庠生孫昌期妻陳氏　武舉令狐爵妻姚氏

孔學易妻郝氏勅旌　孔氏義女雲〔娥〕有司旌

何士俊妻王氏代者上並明　令狐熠妻郭氏有司旌

庠生張嘉猷妻潘氏子士祿妻薛氏

張永壽妻李氏　張仲鶴妻原氏

張士登妻解氏　荆世芳妻靳氏

張節妻王氏學使旌　畢文禮妻令狐氏

王國信妻張氏　王公辛妻席氏

荆春陽妻管氏　楊廣妻荆氏

陸春林妻董氏有司旌　管廉妻曹氏子婦趙氏

庠生荆佐鄢妻王氏　荆佐彭妻閻氏

張運福妻王氏　張璞輝妻雷氏

李喜中妻韓氏 質子葬翁　張文華妻裴氏
暢恩秀妻王氏　潘成緒妻衛氏
庠生喬雲書妻陳氏　衛周慶妻陳氏 邑令旌
王命名妻暢氏　孫培初妻鞏氏 邑令旌
儒童劉文煊妻郭氏　張所性妻岐氏
庠生張中條妻陳氏　孟仕晉妻陳氏
劉應翼妻楊氏　儒童楊敏妻荊氏
解河東妻趙氏　杜如密妻張氏
李全敬妻荊氏　衛元青妻曹氏

張士秀龍氏邑令旌　王智妻李氏智弟妻史氏

柔天福妻楊氏邑令旌孝婦　陳學業妻王氏邑令旌

王惕修妻邸氏邑令旌　曹啟倫妻王氏

馮養信妻陳氏　王克遜妻李氏有司旌

張延敬妻趙氏有司旌　孫淑禹妻胡氏

陳應明妻令狐氏　孫安楚妻何氏

杜繼秀妻紀氏邑令旌　王克宏妻胡氏

陳美發妻拓氏　郝進秀妻令狐氏

胡增福妻薛氏　程振法妻高氏邑令旌

程繼世妻王氏　郭春全妻許氏

衛得頁妻何氏　荊作穪妻翟氏

吳日增妻荊氏　生員荊周第繼妻董氏

孔建中妻陳氏　張天德妻許氏

荊昌壽妻邵氏　裴永林妻賈氏

劉彥禮妻楊氏媳梁氏　任念伊妻樊氏

王天祐妻趙氏　生員陳呈琮妻李氏

生員周大經妻郭氏　楊祥妻高氏

原宗藩妻周氏　岳捷高妻劉氏

張琸妻梁氏　董帝畿妻介氏
李尚志妻王氏　喬希堯妻姚氏
梁經乾妻郭氏　師遊林妻陳氏
郭九緒妻雷氏　王象燦妻梁氏
李昌鄰妻黄氏　程之明妻王氏
裴建極妻李氏　裴開昌妻陳氏
陳侃妻趙氏陳矩妻謝氏　閆廣居妻王氏
楊振江妻王氏　張大須妻翟氏
胡際祿妻張氏　王文會妻楊氏

王聚廷妻張氏　鄒宏友妻楊氏

崔自興妻耿氏　劉天福妻孫氏

儒童陸百揆妻粱氏　張崇武妻范氏

廉從新妻陸氏　景迎先妻賈氏

欒河縣

明

趙立妻張氏年二十餘夫故戚容垢面苦節四十一年宏治元年旌表

樊淸妻吳氏年二十二夫亡事舅姑撫幼子孀居三十五年正德十一年旌表

生員馮信妻蔡氏年二十四夫亡子學甫六歲守節四十九年嘉靖十四年旌表

劉遵義妻田氏年十九夫亡誓不改嫁教子成立嘉

靖間旌表

武應舉妻盧氏莊靜有女德年二十夫歿矢殉父母

慰止之貧無所贍寄居母家紡績自給歷四十年

卒萬歷間旌表

蔡澄紀妻潘氏年十九夫亡生子甫一月矢志守節

歷年八十專間旌表

張自立妻武氏年二十三夫亡父母欲改嫁之引刀

自決縊夫像敬事終身事聞建坊旌表

盧國治妻潘氏夫選病數年侍奉不少怠比卒氏年

二十四比操金石享壽八十事聞旌表

生員郭九韶妻李氏年二十夫故矢節撫孤天啓四年旌表子俊彦預恩薦授通渭令氏封太孺人

郭建極妻孫氏年十七闖亂匿崖下穴中賊搜得之見氏有姿色引其手氏奮力脫臂投崖死

國朝

潘印昌妻周氏年十九夫亡無子撫姪守志當事旌其閭歲給粟帛

生員李盈院妻杜氏年二十夫亡氏擗踊號慟誓以

死殉潛縊柩前

生員丁繼美妾趙氏繼美年老無子娶氏生子甫三

月繼美亡氏立志撫孤外侮叢集志不少挫

崔汝寬妾王氏年十九汝寬卒氏痛哭曰主之娶我

也以無子我之不死也以有娠暨後生子呈嵐苦

節撫孤卒綿夫祀

張五綱妻崔氏姜寇變潛匿高窰賊入牽之氏不受

辱投百尺崖而死時年二十歲

生員郭侯垣妻張氏年十六夫亡截髮自矢事後姑

以孝稱年七十餘卒乾隆三年旌

薛如蘭妻王氏二十五而寡家貧剪髮矢無二志或至再日不食不爲恨也乾隆四年旌

監生潘德涵妻聶氏二十二夫亡守志撫子善德及長爲娶趙氏已而善德夭趙始十九復爲未亡人姑婦相倚婺居聶氏常孝於其姑趙又能繼聶奉侍不離其側乾隆五年旌

王鏛妻尉氏十八而寡家貧子幼能孝奉其舅姑常力作以養志終不少變乾隆七年旌

生員范衛彥妻李氏十九夫亡其姑欲嫁之自折其齒以誓有烈女風乾隆七年旌是歲與李氏同旌者有潘河榮妻楊高正妻馮范冋林妻陳陳與楊俱甚少其父母欲使改適皆誓不肯從與馮氏三人食貧自守以事舅姑生養死葬並出紡績之勤所累致者

王治民妻崔氏年十九守節治民事父母素孝其亡也父哭甚痛崔自誓終身以遂治民養親之志里人聞其行爲之感動乾隆八年旌

潘侶嵩妻李氏二十五夫死父欲奪其志剺面毁容
以示不二忍寒餓以撫孤子乾隆十二年旌生員
范雯妻于氏民竹大建妻蔡氏志行與李畧同又
崔有年妻盧氏者二十而寡事姑極謹衣不整不
敢見也其姑年九十餘盧能先意善承之是三人
者皆旌於朝廷在乾隆十一年
武成起妻高氏娶時二十三耳執節甚固不以貧苦
爲嫌勤勞績紡以長其子月所爲布成匹有數以
之出市里人呼爲月布云母家在夏縣親死無子

往奉其柩於榮河之鄉而葬焉其卒時八十有七

初宗族鄉人憫其苦節欲聞於官請表之高氏堅

不聽乃止

張氏武氏竹氏皆榮河人張夫柴宏寬武夫張崇竹

夫王若義並早死武氏爲後姑所逼欲令之去則

以死拒之張亦毀容矢節以謝舅姑值年饑紡績

供養夜無膏油以藁代之竹夫將死以貧不能存

語竹攜子他適竹甘忍饑卒不改也

生員聶雲翊妻李氏　吳承鼎妻馬氏

潘宗文妻王氏　范芬妻潘氏

樊養智妻陳氏　樊宏允妻白氏

生員張輝妻李氏　陸衍妻楊氏

生員潘毓麟繼妻郭氏生員丁夢弼妻茹氏

陳嘉謨妻韓氏　王寘妻陳氏

黃瓚妻謝氏　黃秉仁妻趙氏

陸進妻潘氏　潘逢[illegible]妻武氏

郭維新妻茹氏　張自儉妻潘氏

薛自蘭妻王氏　王洪鷹妻張氏

張廷珍妻孫氏　樊焯妻聶氏

吳作聖妻樊氏　茹鳳棲妻趙氏

郭運周妻潘氏　郭翰畿妻王氏

王維棋妻閆氏乾隆四年旌　武燕彩妻楊氏乾隆五年旌

李久泰妻薛氏乾隆六年旌　王庚戌妻趙氏乾隆七年旌

冀櫻妻王氏乾隆八年旌　孫秉直妻竹氏同八年旌

陳九有妻閆氏九有子建基妻王氏乾隆九年旌

生員潘大壇妻武氏乾隆十年旌

楊惟藩妻王氏　盧安仁妻郭氏乾隆十年旌

王炷妻張氏（乾隆十一年旌）　黃君壽妻蔡氏

儒童武新政妻樊氏（上二人並十一年旌）

茹秉禮妻張氏　張多載妻薛氏

樊培洛妻郭氏（上三人並乾隆十三年旌）

儒童李仰妻高氏　薛惟藩妻郭氏

薛允盛妻王氏　郝連節妻王氏

生員吳作聖妻樊氏　李林妻王氏

蒲州府志　卷之十五　壹

馬泉縣

明

史氏適㢏生楊喬喬死史方二十四姑憐其幼諭令改嫁即號痛曉閉門自縊姑覺救護得免三年來嘗見晝奉姑甚孝後姑年九十三不能動履者三年朝夕供奉飲食姑歿盡禮安葬後擧鵲繞於宅鄉人以爲節孝所感事聞旌其門

董廷接之妻衛氏年十八守節子女俱無止依紡織自營度日歷六十餘年有司嘉其節時存恤之

國朝

楊月蘭妻解氏嫁時年十八秉性貞淑動循禮法月蘭有表姪莊胎子者素往來其家以至親畜之一日月蘭外買解氏獨居胎子乘夜往欲淫解氏解持板奮擲之胎子奪板還擊解無完膚血漬墻屋鬥解大呼不止胎子遂以刀斷其喉而遁隨獲胎子誅之知縣鄭章表其瘞處曰節烈解氏之墓爲文祭之

生員賈麟妻劉氏麟亡氏方一十九歲子女俱無爲

夫守節織紡度日後生臂疾家人請醫調理氏摡然曰寡婦之臂豈可令人見乎寧死無醫後年七十餘乃死

醫生張心誠繼妻李氏事誠繼母能恪執婦道艱辛備嘗誠有舅母王氏寡而亡子老無所歸李迎養二十七年如事翁姑終於我殯誠前妻杜氏遺子一甫三歲繼妻賈氏遺子一纔數月李一視撫育之並成立各安其業兄弟同爨三十餘年李八十七歲而歿

尉氏邑庠生延平之女年十三適山東濟陽縣令薛之彬子綿瑄甫二載瑄亡氏痛哭絶粒者三日過三月產一兒兒多病氏撫育辛苦備至姑失明氏侍奉孝敬異常父母憐其幼孥欲奪志焉以死自誓孀居八載病卒

生員賈彭年妻董氏夫亡年少無子姑微言以試其志董囓指斷髮誓不再醮及姑年老二姪俱幼事姑益加孝敬遇疾嘗試湯藥及殯哀毁盡禮撫育孤姪成勲維烈皆其撫焉

王長女父曰昌祉女年十四一日昌祉與妻他出女獨居室中里兒薛進喜往逼淫之女不從見殺進喜奔縣令瞿亮邦讞其獄莫知爲誰以憐家十二歲幼女言搜得血履襪於進喜家卒擒之伏罪長女得請卹建坊以表貞烈

趙賓周妻賈氏年二十一夫死子崇訓三歲崇簡甫七月姑以年少子嬰使鄰嫗試之氏截指數日絶食姑知志不可奪令人勉慰之始食艱辛備歷者四十餘年

董氏范繼正妻年二十七夫亡子殤孝事翁姑備嘗艱苦歲荒粟貴束手無策適鄰女有市髮作髻者氏自剪其髮易米二升作三炊以供二人之膳自拾青東剝樹皮以糊口奉養二十年喪葬以禮士民咸稱孝節

李五獻妻姚氏年十八守節孝事翁姑教子耕讀一幼姪孤撫之若已出姪亡遺孫甫數歲時姚已老仍扶持成立壽逾八旬精力强健康熙四十七年知縣瞿亮邦給匾旌之

薛陵妻朱氏　孫青妻王氏

王尚志妻張氏　常告君妻張氏

生員薛應滂妻李氏御史旌

賈勝妻張氏　庠生閻文妻王氏

劉仁妻孫氏　高應科妻李氏上並明代者

王時選妻張氏　杜茂新妻暢氏

生員薛國瑚妻李氏　屈愈昭妻吳氏

牛拱薇妻王氏　生員牛射斗妻張氏

李自新妻王氏　監生王穀躅妻薛氏

吳方亨妻賈氏　衛象兗母張氏

孫光輝妻李氏雍正元年旌　武生史宣妻王氏

吳克[illegible]妻謝氏

虞鄉縣

國朝

樊世成妻靳氏年十七夫亡無子其家甚貧舅姑憐其少欲使之嫁靳秉志自矢早夜織作安于勞苦人或憫其節有所周者皆謝不肯受孀寡數十年邑令表之

張清妻陳氏夫死依於父其繼母使父强嫁之陳投井中爲救免遂奔歸翁姑十年不復歸寧以志節聞

劉雲瑞妻朱氏十九夫亡翁亦死與翁妾郝氏食貧

共操與朱宗康妻諸氏並以節孝爲鄉里褒嘉

生員曹鎔妻王氏年十八適曹越七年夫早世撫四

歲子成讀書成名卒年六十有二生員曹昌辰妻李

氏年二十三昌辰故遺孤甫十月撫成列庠序又

先卒氏荼茹撫孫壽八十一而終雍正五年二氏

俱祀節孝祠

李月林妻姚氏年二十二夫故無子事孀姑三十餘

載姑年七十卒氏亦旋殁

薛建基妻張氏年十八歸薛二十二而寡子鍾秀甫
彌月守節七十一年九十有二卒
姚家寧繼妻邵氏年二十五夫故無出前子亦早折
有孫守志終始如一
王宏義繼妻張氏年十九夫故家貧無子女撫前子
振魁成立矢節終身
生員申爕妻張氏年十九夭故翁繼歿遺孤目雙瞽
氏誓死不二歲祲隣有孀婦將轉適氏慰留之賑
以粟米縣令旌其門

王貞女王業建女名栢英字羅村魏述基將嫁前一夕述基死女哀慟絶飲食者三日請往弔父許之至則持服奉姑撫族子爲嗣邑令劉旌曰金石矢貞

王氏者蒲人王君習女也俗以女之待年未婚而先娶於家者爲童養女爲虞鄉楊君義所童養焉女至其家君義即出商於外不知其音者二十餘年矣君義之父母疑其已死他所憐王欲嫁之王堅不聽願獨處以待君義且得養舅姑既而舅歿凡

葬埋皆王所營復有過空房徐女者其行與王類
爲胡氏婦三十年而未見其夫斯其可哀也渦俗
房者其俗父母於子出未歸爲娶婦於家以待之
婦先獨處故謂之空房徐之夫曰胡映金不知所
之疑不復歸而徐已老矣既無所依倚撫其妹之
子爲子以是終身云

生員曹元勳妻姚氏　申士珍妻王氏

邵明超妻王氏　晁貴妻孫氏

張亮之妻左氏　麻世喬妻翟氏

樊世誠妻靳氏　賈澤妻劉氏

樊宏祚妻尚氏　進士尚埏岐妻鞏氏

楊櫛妻韓氏　張蘊樸妻劉氏

張自重妻尉氏　任德英妻劉氏乾隆四年旌

烈女續

李氏永濟人甯孝妻孝貧爲傭自給他日孝病李外出刈草將以爲炊里人王氏者素凶豪見其獨在欲强淫之李罵不從竟爲所殺乾隆十年旌

暢氏萬泉人王貴妻也貴死時暢年始十九誓不更

適業機織以事其翁姑一日有賊夜入室掠奪衣物且將逼暢暢大罵奪賊所持刀自刎幾殊流血被體賊驚置掠物於地而去

張氏萬泉人其夫高登雲死時張欲自縊以從爲家人救止遂盡截其髮居數年有子十二矣客或過其門而遺金焉子拾以告張張曰此屬富人金尚可設爲貧者則當如何使子待於外俟其人返尋焉舉還之

黃甲福萬泉人甲福死而其妻李少寡也其姑謂之

曰夫婺而守貞者富易爲貧家難爲汝盡善自計乎李堅不變曰願奉姑執節以終身矣姑後益老病扶持捧掖之未常去左右甲福同縣楊廷蘭有妻孫氏其節與行畧與李同有勸嫁者即自剔其髮面不沐衣不浣手拾薪汲井以養翁媪歷勤苦三十年

樊維垣妻溫氏　郭洲妻張氏 二人有司並旌

甯之茂妻孫氏　張敏行妻姚氏

丁檜妻田氏 有司旌　儒童張文義妻黃氏

生員薛紹先妻張氏　監生朱大昶妻樊氏

楊瑞盛妻謝氏　高邑畢妻許氏

張恬妻孫氏　薛瑞妻党氏

李作棣妻張氏　楊扶策妻李氏

荆養貴妻馬氏　許名講妻趙氏

徐德滋妻殷氏　婁立極妻王氏

徐格妻王氏　丁胥妻王氏

張思濟妻李氏　庠生張鼎亨妻李氏

楊若棫妻王氏　魏如緯妻黃氏

曹續彬妻衛氏　曹鏵妻閻氏上永濟

監生荆以正妻龔氏　王亶禮妻何氏

王克己妻高氏　楊樹勛妻翟氏

謝子嶽妻費氏上臨晉　杜丕振妻郭氏

衛維璣妻李氏　管文灛妻趙氏

陳萬妻喬氏上並建坊旌

庠生張醒妻喬氏醒弟疇妻侯氏

喬聚德妻賈氏　王澤本妻羅氏

令狐在原妻喬氏　陸鎮妻令狐氏

喬于淮妻張氏　喬于廉妻荆氏

李思忠妻喬氏　喬于淳妻楊氏

喬學忠妻楊氏　陸大全妻李氏

韓燕妻王氏　姚亮妻胡氏

王述曾妻雷氏　陳九式妻楊氏

孫薦鯉妻張氏　令狐明奇妻喬氏

令狐升公妻劉氏　令狐顧諟妻梁氏

李尚志妻王氏　令狐士珂妻閻氏

王恭敏妻荆氏　雷佩玿妻姚氏

雷知成妻曹氏　楊承禧妻荆氏

郭久續妻雷氏　南克俊妻王氏

閻恭先妻楊氏媳郭氏

何如朝妻岳氏　李文彬妻景氏

褚長民妻陳氏　梁經乾妻郭氏

令狐秉哲妻陳氏上猗氏　聶夢麟妻薛氏

馮明耀妻王氏上二人已旌　王宮璞妻張氏

王在坡妻姚氏　范承烈妻賈氏

張溢琳妻李氏　甯壽域妻王氏

薛養元妻史氏　王權妻關氏

吳謹容妻董氏　范廷錫妻吳氏

范如金妻董氏　王者臣妻楊氏

吳瑀妻薛氏　南自强妻孫氏

吳友之妻王氏　婁述祖妻張氏

王仰山妻董氏　李增讓妻尹氏

吳印泰妻馮氏　董發賢妻薛氏

喬棟妻馬氏　解帝名妻張氏

馮乙進妻解氏　董可儀妻楊氏

丁世俊妻王氏　馮廷柱妻牛氏

高起盛妻王氏　吳禪周妻董氏

李元福妻姚氏　李元德妻解氏

吳居端妻趙氏　解換臣妻張氏

張璧妻賈氏　王承爵妻賈氏

鄭望斗妻李氏　張大允妻賈氏

張忠妻吳氏　董來鵬妻解氏上萬泉

葉起波妻楊氏　王國寧妻胡氏

朱莘妻葉氏　苗維立妻馬氏

朱永吉妻王氏　樊若龍妻杜氏

晁龍妻李氏　申雲飛妻王氏

杜明珍妻吳氏　陳克瑞妻薛氏

鄭都妻樊氏　趙憲方妻張氏

申大鵬妻王氏　樊名揚妻王氏

王正賢妻喬氏　胡允德妻高氏

陳德友妻薛氏　邸雲朋妻王氏上虞鄉

子述郡史自明世訖於今蒐𦵏以婺寡表狀者多不可紀數而士行特聞絶少何哉夫梨莊衛姜世

貴德素然風俗既敝人多獵心或至幽貞翳耀於
夙緻名義飾貲於華靡旌彰斯褻勸激無所而道
幾嚭嗚呼獨此爲然哉予蓋觀乎世之祀於鄉與
祭於官者往往猶是而重太息焉若所叙諸夫人
或有揄刀截指刻面誓心甘飲刃以勿汚樂沉淵
以表潔至乃相從地下無緩死於須臾含戚終身
託哀歌於早寡斯則更生之傳湘東之書又曷可
已哉爲條著行事卓鑠者其餘姓氏幷以附於篇

蒲州府志卷之十六

藝文

漢武帝元封四年詔

朕躬祭后土地祇見光集於靈壇一夜三燭幸中都宫殿上見光其赦汾陰夏陽中都死罪以下賜三縣及楊氏皆無出今年租賦

漢武帝元封六年詔

朕禮首山昆田出珍物化或爲黄金祭后土神光三燭其赦汾陰殊死以下賜天下貧民布帛人一匹

漢宣帝神爵元年詔

朕承宗廟戰戰栗栗惟萬事統未燭厥理廼元康四年嘉穀元稷降於郡國神爵仍集金芝九莖產於函德殿銅池中九眞獻奇獸南郡獲白虎威鳳爲寶朕之不明震於珍物飭躬齋精祈爲百姓東濟大河天氣淸靜神魚舞河幸萬歲宮神爵翔集朕之不德懼不能任其以五年爲神爵元年賜天下勤事吏爵二級女子百戶牛酒鰥寡孤獨高年帛所賑貸物勿收行所過毋出田租

漢公卿議尊寶鼎

聞昔泰帝興神鼎一一者壹統天地萬物所繫終也黃帝作寶鼎三象天地人禹收九牧之金鑄九鼎皆嘗亨鬺上帝鬼神遭聖則興鼎遷於夏商周德衰宋之社亡鼎乃淪沒伏而不見頌云自堂徂基自羊徂牛鼐鼎及鼒不吳不驁胡考之休今鼎至甘泉光閏龍變承休無疆合茲中山有黃白雲降蓋若獸爲符路弓乘矢集獲壇下報祠大享唯受命而帝者心知其意而合德焉鼎宜見於祖禰藏於帝廷以合明應

制曰可

漢太史公伯夷列傳

夫學者載籍極博猶考信於六藝詩書雖缺然虞夏之文可知也堯將遜位讓於虞舜舜禹之間岳牧咸薦乃試之於位典職數十年功用既興然後授政示天下重器王者大統傳天下若斯之難也而說者曰堯讓天下於許由許由不受恥之逃隱及夏之時有卞隨務光者此何以稱焉太史公曰余登箕山其上蓋有許由冢云孔子序列古之仁聖賢人如吳太伯伯夷之倫詳矣余以所聞由光義至高其文辭不少

概見何哉孔子曰伯夷叔齊不念舊惡怨是用希求
仁得仁又何怨乎余悲伯夷之意睹軼詩可異焉其
傳曰伯夷叔齊孤竹君之二子也父欲立叔齊及父
卒叔齊讓伯夷伯夷曰父命也遂逃去叔齊亦不肯
立而逃之國人立其中子於是伯夷叔齊聞西伯昌
善養老盍往歸焉及至西伯卒武王載木主號爲文
王東伐紂伯夷叔齊扣馬而諫曰父死不葬爰及干
戈可謂孝乎以臣弑君可謂仁乎左右欲兵之太公
曰此義人也扶而去之武王已平殷亂天下宗周而

伯夷叔齊恥之義不食周粟隱於首陽山采薇而食之及餓且死作歌其辭曰登彼西山兮采其薇矣以暴易暴兮不知其非矣神農虞夏忽焉沒兮我安適歸矣於嗟徂兮命之衰矣遂餓死於首陽山由此觀之怨邪非邪或曰天道無親常與善人若伯夷叔齊可謂善人者非邪積仁潔行如此而餓死且七十子之徒仲尼獨薦顏淵爲好學然回也屢空糟糠不厭而卒蚤夭天之報施善人其何如哉盜跖日殺不辜肝人之肉暴戾恣睢聚黨數千人橫行天下竟以壽

終是遵何德哉此其尤大彰明較著者也若至近世操行不軌專犯忌諱而終身逸樂富厚累世不絕或擇地而蹈之時然後出言行不由徑非公正不發憤而遇禍災者不可勝數也余甚惑焉儻所謂天道是邪非邪子曰道不同不相爲謀亦各從其志也故曰富貴如可求雖執鞭之士吾亦爲之如不可求從吾所好歲寒然後知松栢之後彫舉世混濁淸士乃見豈以其重若彼其輕若此哉君子疾沒世而名不稱焉賈子曰貪夫徇財烈士徇名夸者死權衆庶馮生

同明相照同類相求雲從龍風從虎聖人作而萬物
覩伯夷叔齊雖賢得夫子而名益彰顔淵雖篤學附
驥尾而行益顯巖穴之士趨舍有時若此類名湮滅
而不稱悲夫閭巷之人欲砥行立名者非附青雲之
士惡能施於後世哉

蒲州府志　卷之十六　六

漢吾邱壽王漢鼎對

汾陰得寶鼎武帝嘉之薦見宗廟藏於甘泉宮羣臣皆上壽賀曰陛下得周鼎壽王獨曰非周鼎上聞之召而問之曰今朕得周鼎羣臣皆以爲然壽王獨以爲非何也有說則可無說則死壽王對曰臣安敢無說臣聞周德始乎后稷長於公劉大於太王成於文武顯於周公德澤上昭天下漏泉無所不通上天報應鼎爲周出故名曰周鼎今漢自高祖繼周亦昭德顯行布恩施惠六合和同至於陛下恢廓祖業功德

愈盛天瑞並至珍祥畢見昔秦始皇親出鼎於彭城而不能得天祚有德而寶鼎自出此天之所以與漢廼漢寶非周寶也上曰善羣臣皆稱萬歲

漢揚雄河東賦

伊年暮春將瘞后土禮靈祇謁汾陰於東郊因茲以勒崇垂鴻發祥隤祉欽若神明者盛哉鑠不可載已於是命羣臣齊法服整靈輿廼撫翠鳳之駕六先景之乘掉犇星之流旃彏天狼之威弧張耀日之元旄揚左纛被雲梢奮電鞭驂雷輜鳴洪鍾建五旗羲和司日顏倫奉輿風發飈拂神騰鬼趡千乘霆亂萬騎屈撟嘻嘻旭旭天地稠嶅箴邱跳巒湧渭躍涇秦神下讋跖䖶負沴河靈矍踼掌華蹈襄遂臻陰宮穆穆

肅肅蹲蹲如也靈祇旣鄉五位時叙絪緼元黄將紹

厥后於是靈輿安步周流容與以覽虖介山嵯文公

而愍推兮勤大禹於龍門灑沈菑於豁瀆兮播九河

於東瀕登歷觀而遥望兮聊浮游以經營樂往昔之

遺風兮喜虞氏之所耕瞰帝唐之嵩高兮䀫隆周之

大寧汨低徊而不能去兮行覜陔下與彭城濊南巢

之坎坷兮易豳岐之夷平乘翠龍而超河兮陟西岳

之嶢嶢雲霏霏而來迎兮澤滲漓而下降鬱蕭條其

幽藹兮滃汎沛以豐隆叱風伯於南北兮呵雨師於

西東參天地而獨立兮廓盪盪其亡雙遵逝虖歸來以函夏之大漢兮彼曾何足與比功建乾坤之貞兆兮將悉總以羣龍麗勾芒與驂蓐收兮服元冥及祝融敦眾神使式道兮奮六經以攄頌隃於穆之緝熙兮過清廟之雝雝軼五帝之遐迹兮躡三皇之高蹤既發軔於平盈兮誰謂路遠而不能從

蒲州府志　卷之十六　九

唐太宗贈堯君素詔

隋故鷹擊郎將堯君素雖桀犬吠堯有乖倒戈之志而疾風勁草實表歲寒之心可贈蒲州刺史仍訪子孫以聞

唐元宗祠汾陰后土碑

古之王者皆受天命禮樂有權神祇是主郊兆所設雖定於厥居精靈所感則通乎變化大匠歸正旁行不流惟創制者爲能之亦安在守文而已脽上祠者本魏地鄈邱之舊而漢家后土之宫汾水合河梁山對麓地形堆阜天然詭異隆崛岉而特起忽盤紆而陡絶景象相傳肸蠁如在有物不可以終否有典不可以遂廢故推而行之歲在癸亥始有事於茲焉在昔后王時邁省方柴燎告至幽隱胥洎大舜則五載

一巡武帝則三歲一祭今時代丕變人神禮煩朕就爲損益所以法度一紀再駕亦無闕焉二十年冬勒兵逾萬騎旌旗亘千里校獵上黨至于太原赫威戎於朔陲沛展義於南夏肆覲羣后道有以大備懷柔百神文無而咸秩先是有司宿設恪敬乃事已未師頓於齋宮庚申親祀於后祇聖考在天侑而作主何禮不舉靡神不徧往者漢氏之祠也牲以養牛五歲繭栗無所責其誠藉以采席六重藁秸不得尚其質事與古反義不經見朕因其地而不因其儀取其得

而不取其失凡牲幣法物之事歌舞接神之類咨故實於方澤不遂過於元鼎此皆公卿大夫鴻生鉅儒獻其方册匡於不逮朕何有也且王者事天明事地察示其本教以孝奈何郊邱之禮猶獨以祈穀爲名者邪於戲享於至誠錫以蘩祉黃雲蓋於神鼎絳光燭於靈壇自昔已然乃今復見斯固陰精有所寓寶氣爲不誣雖寂寥而不動亦動之而斯應顧朕之不德靈感何從賴累聖儲祉福流所致乃眚災肆赦與物更始大賚天下有慶兆人山川鬼神鳥獸魚鼈莫

不允若莫不咸寧此所以仰覆載報生殖資元元虔翼翼豈與夫封禪有牒專在求僊祕祝有辭密於移過而已銘曰

至哉坤元萬物資生王者母事德合天明義有大報用協永貞茫茫九土思索其精因天事天因地事地彼汾之曲高脽傑異景象遺光壇場蓓位寂寥千祀精靈長閟誣神不祥復古維祺文所無者秩而祭之矧曰后土昔載明祠何必因殷乃爲我師意多漢武跡在横汾風流可接簫鼓如聞壽官創制神鼎勒勲

古往今來豈無斯文

唐德宗授馬燧渾瑊招討河中制

門下天地殊位君臣異制苟不率道茲爲亂常退而增修於是有舞干之義諭以遷善於是有文告之辭若猶未悛乃用致討與戎動衆豈得已哉李懷光擢自軍侯委之節制亟有勤績累加寵榮總衆駿奔自遠赴難解圍盜寇朕甚德之位極上臺寄崇統帥親之若同體信之無間言朕於斯人亦已厚矣而器小任重固貽顛覆有功自棄無過自疑崇信讒邪去逐將帥養寇資亂蓄姦幸災朕素所推誠尚謂非實優

容任遇坦然如初凶德既盈醜迹彌露謀危社稷通結渠魁公相往來無復畏避肆極兇悖所不忍言朕播遷巴梁遠違陵寢大懼失墜爲列聖羞賴先澤在人兆庶知感朔方將士忠節不渝懷光既阻姦謀詭稱効順累陳欵悃請詣闕庭朕深惟舊勲務欲全貸授以師傅之重疇其井賦之食璽書勞問誓以始終懷光遂殺辱使臣完聚守備將以悖慢之罪加於忠義之軍因兹聾從冀與同惡謂衆可罔謂天可欺覆載所不容人神所共棄討除大憝招緝非辜爰咨輔

臣以董戎寄具官馬燧操業端亮氣宇宏達秉難奪之節負不羈之才恒持至公深識大體感慨而三軍有勇彌綸而庶績允諧威聲所臨郡邑皆服殿於北土隱若長城渾瑊淳粹積中仁厚成性亦寛大以容衆著誠信以撫人事必洗詳臨危益辨節惟正固在險逾彰宏濟艱難茂昭勲閥出納朕命光膺具瞻竝文武全才安危注意副我憂矚時惟二臣比德叶謀往濟多難燧可兼充奉誠軍及晉絳慈隰等州節度幷管內諸軍行營兵馬副元帥餘幷如故瑊可兼河

中絳州節度觀察處置等使仍充河中同絳陝虢等州節度及管內諸軍行營兵馬副元帥功臣開府本官勳封竝如故嗚呼朕之不敏不明失於君道連禍未息勞師靡居中心自咎鬱若焚灼又以朔土之衆大著忠勞橫遭汙脅深所惻惜爾其敬敷朕命明諭朕懷務於招綏非黷威武惟輸誠歸順罔有不赦惟執迷拒順罰止元兇寧失不經無濫非罪列爵懸賞用俟勳賢布告遠邇咸命知悉

唐德宗授韓宏河中節度使制

門下王者統馭萬寓緝熙庶政必有文武全器柱石之臣出壯藩嶽入龢臺鼎使其效彰中外聲播遐邇所屆而人心自寧所涖而軍令自肅充是任者其惟至公開府儀同三司守司徒兼中書令上柱國許國公食邑三千戶韓宏受天地凝粹之氣得山川崇深之靈厚其體而壯其容虛其心而宏其量蚤洞戎兵之學久膺節度之權隱然大梁克有成績及功宣盪寇志展勤王懇申戀闕之誠竟遂來朝之禮位高百

脾[紫]冠一時恩極而愈恭名光而益厲朕方欲樹以
垣翰仗乎忠賢乃睠關河之首實爲股肱之郡自昔
重寄無非元勲是用命以上公復茲雄鎮於戲頊居
東夏父子偕分閫之榮今處近郊伯仲並登壇之貴
道苟積於忠寶顧何愛於寵章往惟欽哉副我明命
可守司徒兼中書令河中尹充河中晉絳慈隰等州
節度觀察處置等使散官勲封如故主者施行

唐王勃冬日遊汾陰送韋少府序

游汾勝壤樓船高漢帝之詞卜洛名都城邑辨周公之跡仰天文而窺日月雖共光華憑地理而考山川詎殊南北韋少府玉山四照珠胎一色縱橫振鋒穎之才吐納積江湖之量子雲筆札擁鸞鳳於行間孫楚文詞列宮商於調下牽絲一命披林野而隨班考績三年指蘭臺而赴選移征駕背長亭地隔風煙人離歲月（學四缺）既同樹桂之歎歧路風塵即斷驚蓬之思下官詩書拓落羽翮摧頹朝廷無立錐之處邱園有

括囊之所山中事業暫到漁樵天下棲遲少留城闕
忽逢萍水對雲雨以無聊倍切窮途撫形骸而何託
於時氷霜裂地星象迴天朔風動而關塞寒明月下
而樓臺嚮各題一字傳之兩鄉云爾

唐王勃桑泉少府春夜宴別序

下官以窮途萬里動脂轄以長驅王公以傾餞百壺別芳筵而促與是以青陽半序明月中宵離亭擁花草之芳別館積琴歌之思去留懽盡動息（缺二字）惜投分之幾何恨知音之忽間他鄉握手自傷關塞之春異縣分襟意切悽惶之路既而星河漸落煙霧仍開高林靜而霜鳥飛長路曉而征驂動含情不拜空佇聽於南昌揮涕無言請投文於西候因探一字四韻成篇

蒲州府志　卷之十六　七

唐揚炯汾陰薛公行狀

高祖德魏給事中黃門侍郎御史中尉散騎常侍直閣輔國二將軍齊州刺史贈車騎將軍儀同三司華州刺史謚曰簡懿曾祖孝通魏中書黃門二侍郎銀青光祿大夫散騎常侍關西道大行臺右丞常山太守汾陰侯贈車騎將軍儀同三司齊鄭二州刺史祖道衡齊中書黃門二侍郎隋吏部內史二侍郎上開府儀同三司陵邛潘襄四州刺史襄州總管司隸大夫皇朝贈上開府臨河縣開國公父收皇朝上開府

兼陝東道大行臺金部郎中天策上將軍府記室參
軍文學館學士上柱國汾陰縣開國男贈定州刺史
太常寺卿謚曰獻河東郡汾陰縣薛振年六十二字
元超狀昔者唐堯之協和萬邦也有若四岳之敬順
昊天曆象日月虞舜之慎徽五典也有若八元之忠
肅恭懿宣慈惠和夏禹之分別九州也有若咎繇之
謨明弼諧允廸厥德殷湯之南征北怨也有若伊尹
之格於皇天姬文之受命作周有若虢叔之聞於上
帝自唐虞而列考及秦漢而無譏元首必藉於股肱

方隆太平之化賢者必待於明主克致崇高之業若夫驂駕六龍驅馳七聖斟酌元氣財成天道者其惟聖人乎宏闡大猷發揮神化匡亚八極阜成兆人其惟良宰乎我大唐之建國也粤若神堯明揚側陋文王叶於朕卜迎太公於渭水高宗求於朕夢得良弼於傅巖若歲大旱以爲霖雨若濟巨川以爲舟楫者也公含天地之間氣依日月之末光能備九德兼資百行探賾索隱極深研幾髫齓之際羞言霸道詞賦之間已成王佐年六歲襲爵汾陰男十一太宗召見

勅宏文館讀書十六爲神堯皇帝挽郎十九尚和靜縣主高宗升儲之日也勅公爲太子通事舍人二十二除太子舍人高宗踐位詔遷朝散大夫守給事中年二十六尋拜中書舍人宏文館學士三十二丁太夫人憂去職起爲黃門侍郎固辭不許修東殿新書畢進爵爲侯公毀瘠過禮多不視事出爲饒州刺史上疏公徵爲右成務四十復爲東臺侍郎是歲也故李義府於邛笮舊制流人禁乘馬公爲之言左遷簡州刺史歲餘上官儀伏誅坐翰墨往來徙居越嶲五

十三赦還拜正諫大夫五十四遷中書侍郎尋同中書門下三品兼檢太子左庶子五十九遷中書令車駕幸洛陽詔公兼戸部尚書與皇太子居守俄以風疾不視事高宗崩輿疾往神都抗表辭位至於再至於三詔加金紫光祿大夫仍聽致仕以光宅元年季冬旁死魄薨於洛陽里之私第嗚呼哀哉公地藉膏腴姻連戚里鼎湖長往拜卿子而爲郎金牓洞開徵列侯而尚主遂乃彈冠筮仕策名委質叩天門於畫闕攀鳳翼於紫宸凡升右轄者一年居外轄者兩部

四遷門下二入中書用能燮理我陰陽經緯我天地
鹽梅我寶鼎樑棟我宸極理百官而察萬人平邦國
而和上下借如風后天老左右軒皇蕭何曹參謀猷
漢室未有一心事君四十餘年參兩宮而出入歷三
臺而陟降令其道也大壑縱其鯤鵬遇其時也名山
出其雲雨功成輔弼德邁夔深星象不愆方踐中臺
之位山川並徙竟遊東岱之魂天不慭遺民將安仰
越翌日詔贈光祿大夫使持節都督秦成武渭四州
諸軍事秦州刺史餘如故賜物四百段米粟四百石

東園祕器凶事給儀仗至墓所往還司賓卿監護又
書吊祭別降中使賜斂衣一襲雜物百端又詔陪葬
乾陵依故事也公襲封之年也受左傳於同郡韓文
汪至天王狩河陽乃廢書而嘆曰周朝豈無良相與
得以臣名君文汪異焉神堯皇帝嬪好河東郡夫人
公之姑也每侍高宗詞翰高宗嘗顧曰不見嬪好避
數日便謂社稷不安其冀重如此上幸溫泉射猛獸
公奏書極諫上深納焉後因閑居謂公曰我昔在春
宮與卿俱少壯光陰倏忽已三十年往日忠臣良輔

索然俱盡我與卿白首相見卿歷觀書傳君臣共終白首者幾人我觀卿大憐我我亦託卿深公感壹稽首謝曰先臣早參麾蓋文帝委之以心膂臣又多幸天皇任之以股肱誓期殺身報國致一人於堯舜伏願天皇遵黃老之術養生衛壽則天下幸甚賜金二百鎰公有事君之節也不亦忠乎每讀孝子忠臣傳未嘗不慷慨流涕以為帝舜非孝子朱雲非忠臣客有議之者曰寧有揚君父之過而稱忠孝者哉太夫人薨公每哭嘔血杖而後起上見公柴毀流曰朕遂

不識卿卿事朕君父一致遂至於滅性可謂孝乎中
書省有一磬石隋內史府君常踞而草詔及公揮翰
躍鱗每見此石未嘗不泣然流涕公有立身之道不
亦孝乎其年修晉史筆削之美爲當時最孝敬崩詔
公爲哀冊上行幸九成宮勅皇太子赴行在所置酒
別殿享王公以下時太子英王侍皇帝酒酣公獻
壽曰天皇合易象乾將三男震坎艮今日是也上大
悅百官舞蹈稱萬歲賜雜物百段銀鏤鍾一枚吐蕃
不庭詔英王爲元帥總戎西討公賦西征詩一首上

稱善嗟嘆者久之因代英王屬和御筆繕寫朔以爲榮公有屬詩之美也不亦文乎黃門侍郎日疏薦高智周任希古郭正一王義方顧徹孟利貞等後皆有重名歷登清貫及兼左庶子又表鄭祖元沈伯儀賀覬鄧元挺顏强學崔融等十八爲學士天下服其知人公爲右成務獻封禪書及平夷策上深納焉或有抵罪者同類數百經赦令獄官評連年不決竟以死論公上疏陳其濫詔百寮廷議獄官及諸宰臣未有所決公酬對如響衆咸服焉上嘆息曰幾令我殺無

辠之人百寮莫不震懼又上疏陳請備塞垣未幾而匈奴背誕公有神通之鑒也不亦明乎儀表魁傑鬚髯若畫身長七尺四寸望之儼然喜愠不形於色雖至於近習左右胥徒僕妾莫不待之以禮公有行已之方也不亦恭乎牧饒州六年以仁明馭下鄱陽北岡上忽生芝草一株郡人以爲善政所感共起一舍號曰芝亭因立碑頌德公有馭人之術也不亦惠乎在邛都十餘載沈研易象韋編三絶賦詩縱酒以樂當年有醉後集三卷行於世公有安和之德也不亦

康平上初覽萬幾公上疏論社稷安危君臣得失上
大驚即日召見不覺膝之前席歎曰覽卿疏若暗室
而燎天光臨明鏡而覩萬象此後寵遇日隆每軍國
大事必參謀帷幄在中書獨掌機務者五年出納帝
命口占數百上曰使卿長在中書一夔足矣大駕東
巡詔公驂乘上曰朕之留卿若去一目若斷一臂關
西事重一以委卿因賜物百段公有社稷之勲也不
亦盛乎若夫有官功者賜其官族有大行者受其大
名公叔列國之陪臣猶安社稷黜嬖匹夫之介節不

志仁義古今以爲通訓典籍以爲美談況乎佐明
君寧濟天下生死無二始終若一業高於太相遵貫
於五臣共生也榮同心比於周召其死也哀陪葬均
乎衛霍豈使易名之典不及於會同賜謚之文不傳
於終古門生故吏願述德音博士[illegible]待問請議是
則鍾繇之策降於皇魏之年王導之疏寢於中興之
日垂拱元年四月四日敕中書令汾陰公府功曹姚
名蘊狀文昌著　功勳開生爲貴臣車服昭其令德
死而不朽謚號光其大名今謹按故府君中書令汾

陸公贈蔡州都督薛元超以王佐之才遂太平之運

撫綏萬國康濟兆人力牧輔軒皇禾爲益善皐陶佐

大禹猶有懸德名遂身退生榮死哀羽父之請曾君

抑惟彝典衛侯之謚文子庶幾前型詳上

唐張說蒲津橋贊

易曰利涉大川濟乎難也詩曰造舟爲梁通乎險也域中有四瀆黃河居其長河上有三橋蒲津是其一隔秦稱塞臨晉名關關西之要衝河東之輻輳必由是也其舊制橫絚百丈連艦千艘辮修笮以維之繫圜木以距之亦云固矣然每冬冰未合春沍初解流澌峥嶸塞川而下如礎如臼如堆如阜或摐或掟或磨或切絙斷航破無歲不有雖殘渭南之竹仆隴坻之松敗輒更之罄不供費津吏成罪縣徒告勞以爲

常矣開元十有二載皇帝聞之曰噫我其慮哉乃思
索其極敷祐于下通其變使人不倦相其宜授彼有
司俾冶鐵伐竹取堅易脆圖其始而可久紓其終而
就逸無疆惟休亦無疆惟恤於是大匠蔵事百工獻
藝賦晉國之一鼓法周官之六齊飛廉煽炭祝融理
爐是煉是烹亦錯亦鍛結而爲連鎖鎔而爲伏牛偶
立於兩岸襟束於中潬鎖以持航牛以繫纜亦將厭
水物奠浮梁又疏其舟間畫其鷁首必使奔澌不突
積凌不隘新法既成永代作則原夫天意有國旨甚

濟人仁也利物義也順事禮也圖遠智也仁以平心義以和氣禮以成政智以節財心平則應諧百神矣氣和則感生萬物矣政成則乂文之經矣財節則豐武之德矣故天將儲其禎地將阜其用人將盈其力聖皇之道乾乾翼翼觀藝而無窮詠功而無極

唐張說萬泉縣主薛神道碑

或稱達性命者齊生死之域忘憂怖者一修短之數斯蓋無心之倫耳焉足與議於情哉何則雲虹滅彩詞人於是詠諸華秀；從風君子爲之歎息豈不以對仙麗之景懷變化而遺戀在昭萘之節悼零落而偏憤吾見豆盧氏之子於其伉儷有焉縣主諱字姓薛氏河東汾陰人大父駙馬都尉奉宸將軍諱瓘尚陽城公主考駙馬都尉散騎常侍諱紹尚鎮國太平公主其在昔也夏有邳正先封周有薛侯爭長其在今

也五宗姻於帝室重葉母於王姬河水經天上積星
辰之氣霍山鎮地下多珠玉之林縣主匆而敏惠長
而恂淑貞孝義烈之傳吉凶賓祭之儀一聞成誦紘
綖紃組之制湆毛醞羞之品一見懸解至乃鶴迴清
泛蠶聚崩雲月韻玖砧花穠絲樹婦人能事咸臻妙
焉大聖天后鍊彩石補天有王母之神器分茅列地
弄孫之美邑封由有禮義引而親天授三年四月丙
封萬泉縣主江入愛下流日親上僩乘龍之舉和鳳為
雜絡八紘以昭遊門奄千官而求俊夫以龍圖帝寶祈

步搖之華源虎戟侯門襲燕代之雄胄人之信美帝
用嘉焉以萬歲登封元年仲春既望歸於豆盧氏六
宫送行百寮供事迓以鑾輅遺以翟車環珮晃旒璆
然在馭黼藻朱黛爛其盈門詔昏之禮於斯爲盛爾
乃移其愛敬以事舅姑伸其友恭以諧公族舉宗洽
比如鼓琴瑟每至婚姻會同少長咸集珩璜節步金
翠耀首有婉嫕之心無驕矜之色希盼睞者若遲日
之泛漣漪瞻詞氣者猶光風之轉蘅薄加以引納懷
和饋分周賑疎屬自附窮歸忘窘故蘭行彰信於閨

門而蕙風滿盈於邦國諒惟琬琰之性自美抑亦劬勞之訓致焉中宗孝和皇帝雲廻南土龍見東京二儀更闢九族還叙望我兄兮公主贊陶鈞之力曰吾甥也縣主開井邑之賦神道元年春加實封三百戶縣主既通濟門闌奉御又尚司殿省天子巡遊宮觀觴樂池臺我有周親無時不從主家外幸比齊后而聯恩于壻中參與趙王而均禮或醉飽踰度寒燠未平何嘗不御藥在門王人接路當時厚澤莫之尚也景龍四年二月以奉御出爲丹延二州刺史保傅下

堂隨朱幡而同去輜軿入郡與皁蓋而齊飛辭宮闕
兮歲闌戀庭闈兮日遠肥泉永歎邪氣攻衷楚祝招
而不來秦醫來而不及景雲元年八月二十一日傾
逝於延州之廨舍春秋二十有四美玉襛顏明珠晦
色平陽舊守遂無望於歸寧懷縣新文空流連於永
逝有子三人西華南容東里等或齓或岐呱呱而泣
天何以罰神其忍之冬十有二月五日歸葬於長安
之洪瀆原窀穸營護有命加等器服祖遺率由舊章
生之也榮葬之也禮若夫柔嘉好合善之元也肅雍

降貴謙之道也山河其德容澤廣也熊羆其祥旆兆
大也總衆美於修嫭落驕暉於小年此所以哀中之
又哀也昔袁亡馬氏蔡筆斯奮鄭喪曹姬潘文亦作
矧茲內範事華無愧砥望夫之石以表靈邱緝幼婦
之辭將傳終古銘曰
薛之皇祖胄軒國禹相陰侯周氏其土宇英英白雲
鬱彼河汾公門蕃衍銘鼎氛氳則仁則義則戚則勳
餘慶介祉誕靈女士中宗之甥鎮國之子皎若霜雪
華如桃李舜族爰叙堯封咸秩萬泉開賦三百其室

守盛以儉居滿不溢亦既鳴雁宜爾家人謙恭下下
撫納親親傾財致客對儐如賓我有邸第前臨黃道
我有池塘御壁青草漢輦停暮秦簫吹早歲月易忘
歡娛難保良人出守將命北徂與子偕往飲别東都
望母腸絶辭家淚枯露萎莖草霜酸衆雛魂兮何歸
京兆之野葬於何處杜陵之下巖巖雙闕列列行櫝
勒是蕤音示觀來者

唐李翰河中鸛雀樓集序

後周大冢宰宇文護軍鎮河外之地築爲層樓遐標碧空影倒洪流二百餘載獨立乎中州以其佳氣在下代爲勝槩四方儁秀有登者悠然遠心如思龍門如望崑崙河南尹趙公受帝新命宣風三晉右賢好士遊人若歸小子承連帥之眷列在下客八月天高獲登茲樓乃復俯視舜城傍窺秦塞紫氣度關而西入黄河觸華而東滙龍據虎視下臨八州前輩暢當題詩上層名播前後山川景象備於一言上客有前

美原尉宇文邈前櫟陽郡鄭鯤文行光達名重當時
吳興姚係長樂馮會清河崔邠鴻筆佳什聲聞遠方
將刷羽看天追飛太清相與言詩以繼暢生之作命
余紀事書於前軒

唐郭子儀謝河中節度使表

寄深匡輔任切安危寵命遄臨憂惶如灼臣智術凡淺才畧無聞承日月之光遇風雲之會自奉先帝徇以驅馳被甲即戎載罹寒暑比憑朝算克振天聲雖毫髮之功曾無足紀竟不能掃蕩妖孽使八方攸同謬踐中樞仍叨上將分茅錫社榮冠一時縷縷之誠切自慚愧今又猥蒙驅策出鎮河中授臣以連帥之權委臣以專征之務雖才輕方名而任比桓文此陛下除奸之時乃微臣死難之日切見自古忠義之士

莫不扶危救禍憂國忘家雖在暮年猶思報主則廉頗强飯馬援據鞍以臣方之有甚前哲軍國事重不敢固辭誓竭股肱之力以副腹心之寄儻皇猷獲展寇難克平殞身戎行實無所恨

唐獨孤及呂諲謚議

呂諲任職從政聰敏肅給能以才智潤飾吏道至德中與三司同鞫大獄獨引律文附會經義而平反之當時卒用中典諲參其論在臺司齪齪雖無匪躬之能然平章法度守而勿失其爲荊州一年有成號令明具賦斂均一物有制而事有倫大抵以威信爲主數陳希昂技中太芝之奸而三楚之人悅服厥功茂焉自至德已來荷推轂受脤之寄處方面者數十輩而將不驕卒不墮政修人和如諲者蓋鮮矣豈不以

人散久矣而兵未戢挹濁流者難俟清整棼絲者難為工裡當此時能以慈惠易其疾苦且訓其三軍如臂使指闔境無拔葵啗棗之盜而楚人到於今猶歌詠之其識略必有過人者雖勿褒之其可乎按謚法威德克就曰肅禁暴威也愛人德也考禮議名而擬諸其形容請謚曰肅謹議

唐獨孤及重謚呂諲議

呂諲任宰相日淺當時會肅宗躬親萬務庶政羣臣畏威奉職而已雖有謨謀於巖廊之上莫由有知之者其荊門之政爲仁由己略見於事其恩惠被於物風謠存乎人故人得而稱之議名之際敢不闕其所疑而錄其尤著者有司之職也其閱實訟獄在未執政之前前已議之詳矣敢辱再告至若推進名賢使登大任旣同溫室之樹且行狀所不載孔子曰君子於其所不知蓋闕如也故不書今奉符令必用二字

且以忠配肅謹按舊儀凡殁者之故吏得以行狀請
謚於尚書省而考行定謚則有司存廷辯可否宜在
衆議今駁議撰謚異同之説並故吏專之伏恐亂庖
人尸祝之分違公器不私之誠且非唐虞師錫僉曰
之道昔周道衰孔子作春秋以繩當代而亂臣賊子
懼謚法亦春秋之微旨也在懲惡勸善不在哀榮在
議美惡不在字多文王伐崇周公殺三監誅淮夷晉
重耳一戰而霸諸侯武功盛矣而皆謚曰文以冀缺
之恪德臨事甯俞之忠於其國隨會之納諫不忘其

師言身不失其友其文德豈不優乎而並謚曰武闓知書法者必稱其大而畧其細故言文不言武言武不言文三代已下朴散禮壞乃有二字之謚二字謚非古也其源生於衰周施及戰國之君漢興蕭何張良霍去病霍光俱以文武大畧佐漢時致太平其事業不一謂一名不足以紀其善於是乎有文終文成景桓宣成之謚雖瀆禮甚矣然猶褒不失人唐興參用周漢之制謂魏徵以王道佐時近文直言極諫愛君而忘身近貞二德並優廢一莫可故曰文貞公謂

蕭瑀端直鯁亮近貞性多猜貳近褊言褊則失其譽正稱貞則遺其忝狹非一言所能名故曰貞褊公其餘舉凡推類大抵准此皆有爲而爲之也若跡無殊途事歸一貫則直以一字目之故杜如晦謚成封德彝謚明王珪謚懿陳叔達謚忠溫彥博謚恭岑文本謚憲韋巨源謚昭唐休璟謚忠魏知古謚忠崔日用謚昭其流不可悉數此並當時赫赫以功名居宰相位者謚不過一字不聞其子孫佐吏有以字少稱屈者由此言之二字不必爲褒一字不必爲貶若褒貶

果在字數　而是堯舜禹湯文武成康不如周威烈王
靜愼王也齊桓晉文不如趙武靈魏安釐秦莊襄楚
考烈也杜如晦王珪以下或成或明或懿或憲不如
蕭瑀之貞褊也歷考古訓及貞觀以來制度似皆不
然今奉所議云國家故事宰相必以二字謚未知出
何品式請具同示蘧當以爲按據若忠者臣事君之
常道荀靖恭於位誰則非忠非有炳然之義則不以
爲謚如議獄緩死任賢舉善德之美者然肅者威德
克就之名足以表之矣月令曰孟秋天地始肅詩曰

曷不肅雍又肅肅王命仲山甫將之肅嚴也敬也忠之屬也天地不肅則歲不成宗廟不肅則禮不立軍旅不肅則人不服肅之時義大矣哉以謚之從政也威能閑邪德可濟衆故以肅易名而忠在其中矣亦猶隨會甯俞之不稱文豈必因而重之然後爲美魏晉已來以賈詡之籌算賈逵之忠壯張既之政能程昱之智勇顧雍之密重王渾之器量劉惔之鑒裁庾翼之志畧彼八君子者方之東平宜無愧德死之日並謚曰肅當代不以爲貶何嘗徵一字爲二字爲之升

降平謹上稽前典下據令甲參之禮經而究其行事
請依前謚曰肅謹議

蒲州府志　卷之十六

唐嚴郢駁呂諲謚議

伏以故相國江陵尹兼御史大夫贈吏部尚書呂公諲昔事先朝累當大任至德之初天步艱難公首披荆榛扈蹕靈武忘軀進忠一日三接先朝察匪躬之節納沃心之議爰立作楫彌諧神人其嘉謀嘉猷獻可替否之跡入則造膝出則詭辭溫樹不言難可得而知也至有爛焉明白欲蓋而彰者請區而載之乾元收復之際兩都衣冠多繫於三司詔獄御史中丞崔良器議事　失入時宰苗大師崔趙公等雖廷諍之

然未堅決公有犯無隱引經正辭上是其言刑爲之
省所全活者蓋數百人明主收雷電之威聖朝示寬
大之典者緊公之力也古者進賢受上賞書不云乎
咎繇曰都在知人公踐台爲專以推賢任人爲務故
相國房公琯故吏部侍郎韋公陟入登右職皆公之
由今相國黄門侍郎杜公之涖江陵也公薦在方面
之任今相國中書侍郎元公之在度支也公咨以幕
府之政會未數歲而二相接武於上台天地交泰聖
賢相得庶績咸熙五典克從者資公之舉善也則予

皮之舉子產鮑叔之舉管仲蕭何之舉曹參武侯之舉蔣琬方之前人我有餘地其在荊南也戢兵和衆令行禁止理績爲天下最雖古之羊杜無得而踰今太常議荊南之政詳矣而曰在臺司齪齪無匪躬之能者乃抉瑕掩瑜之論非適中之言也國家故事宰臣之謚皆有二字以彰善旌德焉夫以呂公文能無害武能禁暴貞則幹事忠則利人盛烈宏規不可備舉傳叙八元之德曰忠肅恭懿若以美謚擬於形容請謚呂公曰忠肅謹議

蒲州府志　卷之十六　畢

蒲州府志卷之十七

藝文

唐陸贄收河中後請罷兵狀

昨日欽溆奉宣聖旨示臣馬燧渾瑊等奏平懷光收河中事狀兼令臣商量須作何處置令欽溆奏來者兇梗殲盪關畿廓清實聖謀廣運之功亦宗社無疆之祚應須處置大畧已附欽溆口陳展轉傳言恐未盡意謹復薦其固陋願陛下少留察焉臣聞禍或生福福亦生禍喪有得之理得有喪之端故晉勝鄢陵

范蠡祈死吳克勁越夫差啓殃是知禍福不可以屢
定儌幸不可以常覬居福而慮禍則其福可保見得
而忘喪則其喪必臻臣竊懼諂諛希旨之徒險躁生
事之輩幸兇醜覆亡之會揣英主削平之心必將競
效甘言誘開利欲謂王師所向莫敵謂餘孽指顧可
平請迴蒲坂之戈復起淮沂之役斯議一啟必有亂
階故微臣姑以生禍爲憂而未敢以獲福爲賀也何
則建中之難其事可徵始以蓄憾而隘於含容或以
亟勝而輕於戰伐故文喜之討涇上瘡痛未平崇義

之征漢南芰夷繼起阻命之帥非不誅也伐叛之師非不克也介焉之斷非不堅也赫斯之怒非不逞也然以人不見恤惟戮是聞有辜無辜莫敢自保是以抱釁反側者懼鈇鉞之次加畏禍危疑者慮猜譖之交及遂乃蝨結以拒討狠顧以背恩彌兩河而亘淮夷盪三輔而盜京邑鑾輅爲之再駕行宮至於合圍于時海內大搖物情幾去天命莫保於寸晷王威不出於一城邦國之杌隉艱屯綿綿聯聯若苞桑綴旒幸而不殊者屢矣勢之危窘實足寒心非有曩時態

羆翕習之師雷霆奮發之勢武庫劒戟之利帑藏財
賦之殷其所以施令率人取威定亂比於建中之始
豈不至微哉然而陛下懷悔過之深誠降非常之大
號知黷武窮兵之長亂知急征重斂之勦財知殘人
肆欲之取危知違衆率心之稔慝知烝庶困極之興
怨知上下鬱堙之失情德音渙然與之更始所在宣
敭之際聞者莫不涕流雖或兇獷匪人亦必爲之歔
欷誠之動物乃至於斯懷梟鴟以好音消祲沴爲和
氣由是姦回易慮黎獻歸心假王叛渙之夫削僞號

以請罪觀釁首鼠之將壹純誠以效勤流亡凍餒者
希保於室家屯戍戰爭者冀全其性命德澤將竭而
重需君臣已絕而更交天下之情翕然一變曩討之
而愈叛今釋之而畢來曩以百萬之師而力殫今以
咫尺之詔而化洽是則聖王之敷理道服暴人任德
而不任兵明矣羣帥之悖臣禮拒天誅圖活而不圖
王明矣尚恐陛下以臣言之畧而未諭也請復循其
本而申備之往以河朔青齊同惡相扇擁戎據土違
命不庭陛下恥王化之未同忿姦慝之靡格於是發

六軍神策河陽 河東澤潞朔方之騎士以徂征於北
命永平汴宋幽 隴江淮閩嶺之將卒以奮伐於南磬
國家廪帑以贍軍悉公私廐牧以張武算斂周於萬
類徵傜被於八荒勞已甚矣威亦盛矣既而曠日綿
歲老師費財兩河之寇患有加無瘳而邦本已殆覆
矣洎涇卒倡亂泚賊構災豺狼螯居於禁闥猰㺄擇
肉於馳道河朔問罪之衆布路而歸宋亳伕順之師
守壘不暇於斯之亂海內沸騰儻有問鼎之雄圖滔
天之巨猾幸災乘間何所不爲既而悅納之儔咸自

斂縮內無非望之議外無軼境之侵及聞天澤滌瑕
制書復爵曾不蔕芥望風欵降爭馳表章唯恐居後
跡其素志於此可知是皆假兵救死之流戀土偷安
之輩懷生畏死蠢動之大情慮危求安品物之恒性
有天下而子百姓者以天下之欲爲欲以百姓之心
爲心固當遂其所懐去其所畏給其所求使家家自
寧人人自遂家苟寧矣國亦同焉人苟遂矣君亦泰
焉是則好生以及物者乃自生之方施安以及物者
乃自安之術擠彼於死地而求此之久生也從古及

今未之有焉措彼於危地而求此之久安也從古及
今亦未之有焉是以昔之聖王知生人之所樂而已
亦樂之故與人同其生則上下之樂兼得矣聖王知
安者人之所利而已亦利之故與人共其安則家國
之利兩全矣其有反易常理昏迷不恭則當外察其
倔强之由內省於撫馭之失修近以來遠檢身而率
人故書曰惟干戈省厥躬又曰舞干羽于兩階七旬
有苗格孔子曰遠人不服則修文德以來之既來之
則安之此其證也如或昧於懷柔務在攻取不懲效

化之未至不疵誠感之未孚惟峻威是臨惟忿心是
肆視人如禽獸而暴之原野輕人如草芥而勦之鋒
鏑叛者不賓則命致討討者不克則將議刑是使負
釁者懼必死之誅奉辭者慮無功之責編甿以困於
杼軸而思變士卒以憚於死喪而念歸萬情相攻亂
豈有定一夫不率闔境罹殃一境不寧普天致擾兵
拏禍結變起百端故孔子曰遠人不服而不能來也
邦分崩離析而不能守也而謀動干戈於邦內吾恐
季孫之憂不在顓臾而在蕭牆之內矣此蓋必然之

常理至當之格言足以爲朗鑑元龜貫百王而不易者也事之至此得無懼乎夫理有必然則殊途歸於同轍言有至當則異代應如合符頃以東北孽徒職貢廢闕陛下忿其違命大舉甲兵至令逆泚誘姦乘釁而動所備之寇猶遠介於河山不虞之戎已竊發於都輦蕭牆之戒不其信歟世典垂訓既如彼近事明驗又如此所以德音叙哀痛之情悔征伐之事引衆慝以咎己布明信以示人既往之失畢懲莫大之辜咸宥約之以省賦誓之以息兵由是億兆汚人四

三叛帥感陛下自新之旨悅陛下盛德之言革面易
辭且修臣禮其於深心密議固亦未盡坦然必當聚
黨而謀傾耳而聽觀陛下所行之事考陛下所誓之
言若言與事符則遷善之心漸固儻事與言背則慮
禍之態復興自京邑底寧乘輿旋返屬懷光繼亂天
討又行息兵之言我則未復山東羣帥所以未敢生
辭者蓋爲河中之地密近王城廹於朝夕之虞不得
不翦除之爾今若改轅移旆復指淮西則淮西元兇
必將誑脅其同惡之徒間說於新附之帥謂之曰奉

天息兵之旨乃因窘急而言朝廷稍安必復誅伐是以朱泚滅而懷光戮懷光戮而希烈征希烈黨平禍將次及則彼之蓄素疑而懷宿負者能不爲之動心故心既動則盈其喪身覆族之憂憂既盈則慮以脣亡齒寒之病夫病同者雖胡越而相憐憂同者不邀結而自親河朔青齊固常響應建中之禍勢必重興以國家再造之初當羣孽息肩之後迭來鳴吠或肆奔衝討之則我力未遑縱之乃寇患斯甚臣愚竊以爲禍非細未審陛下何方以待之若有其方悔之可

也如其未有願陛下勿輕易焉凡將圖終必在慎始禍機一發難可復追臣請粗陳當今維馭之所宜惟聖主省擇萬一夫君之大柄在惠與威二者兼行廢一不可惠而罔威則不畏威而罔惠則不懷苟知夫惠之可懷而廢其取威之具則所敷之惠適足以示弱也其何懷之有焉苟知夫威之可畏而遺其施惠之德則所作之威適足以召敵也其何畏之有焉故善爲國者宣惠以養威蓄威以尊惠威而能養則不挫惠而見尊則有恩是以惠與威交相畜也威與惠

壹相行也人主之欲柔遠人而服强暴不明斯術之
要莫之得焉今皇運中興天禍將悔以逆泚之偷居
上國以懷光之竊保中畿歲未再周相次梟殄實衆
惡驚心之日羣生改觀之時威則已行惠猶未洽誠
宜上副天眷下收物情布恤人之惠以濟威乘滅賊
之威以行惠當河中桀汙之黨悉無所問赦淮右稽
違之罪咸與惟新蠲貸疲甿休罷擧士荷征歲息兵
之令以彰信亦大君含垢之德以布仁俾萬姓皆曰
大哉王言又曰一哉王心如是則威不用而畏如神

明惠不費而懷如父母凡在危疑懼者必將曰進
右僭逆之罪且赦矣吾屬何患焉凡在脅從同惡者
必將曰河中梁汴之釁且宥矣吾屬何疚焉凡在僭
若明也安者必將曰吾於有戰勝之師抑而不騁信乎
其罷征矣凡在彫瘵望理者必將曰吾君有撥亂之
憤忍而不擅信乎其恤隱矣天下之心若此而禍不
息理道不行者無之臣所未敢保其必從雖希烈一
人而已揆其私心非不願從也想其潛慮非不追悔
也但以猖狂失計已竊大名雖荷陛下全宥之恩然

不能不自覗於天地之間耳縱未順命斯為獨夫困
則無辭以起兵外則無類以求助其計不過厚撫部
曲偷容歲時雖欲陸梁勢必不敢陛下但勅諸鎮各
守封疆彼既氣奪算窮是乃狴牢之虜不有人禍則
當鬼誅朝廷務崇德以待之臣固知其必不逃於所
揣矣古所謂不戰而屈人之兵者斯之謂與今若不
顧機宜復興戎役瀆威而蔑惠捨易而即難是棄明
信而務忿心假敵辭而資寇援窮者不暇恤勞者不
得居國之安危或未可保此乃成敗理亂之所繫願

陛下難之愼之區區上言憂惜在此儻蒙過納狂瞽不疑所行謹當草具招諭之辭詳陳備禦之畫伏俟宜許方敢以聞謹奏

唐權德輿渾河中碑

天地訢合以生百嘉其成歲功也則有震耀肅殺之助焉君臣保乂以熙百志其講武功也則有經綸翼戴之輔焉龍蛇起蟄山澤通氣與運相值有開必先斯太師所以宣力四代稽蓍七德輝耀威靈勤身濯行霆征風行乃緝熙於光明故珥戈淑旂以嚴師律黃旒元衮以正臺曜湛露彤弓以彰報宴納書追命以榮恤禮蕃錫始終如公之功公諱瑊字某其先夏姒之後爲淳維漢劉之代爲渾邪或强爲國或分以

姓貞觀中開置州壤就加官師會祖元慶皇朝豹韜衛將軍靈邱縣開國伯祖文壽皇朝太子僕贈尚書左僕射考釋之皇朝開府儀同三司太常卿兼御史中丞寧朔郡王贈司空惟靈邱紹先公之職居次卿之重僕射以積厚克家寧朔以偉才雄邊貴仕崇勳乃列茅社流光追遠是加密印廻復介祉間生元臣功昭於前人德合於大君建中癸亥翠華西狩公以大司馬艱貞翼從部勒戎車揣摩殺機勤勞行內爲上心膂登壇授律誓命交感如漢拜淮陰侯故事而

又加焉乃進左揆遂參大政總賦輿而爲之師長慨
王略而以之北伐兇黨盡斃壁于武亭公以專鉅師
老則傷威重正合奇勝在於疾力奮寡擊衆鼓行無
前殲夷潰溺如建瓴水中堅席勝又復於咸陽長轂
啓行既門于延秋會西平王以東諸侯之師清宫獻
捷公乃抑其賈勇須彼成功室士心之剋伐息兵火
之氣淡然後窮追斬級滅孽以平備法從於清蹕捧
大明於黄道告廟薦功登拜上臺撫封尹正復與虜
會時北平王出大鹵收絳臺而公已總成師下左輔

於是輯忠力揚奇鋒復離宫扳堅壘衘陣壓境傳於
蒲津金鼓之聲氣相合山河之表裏皆復渠魁授首
師帥恊附安流以濟方軌而前士不罹傷工不易肆
殄寇正刑四方咸龢論道進律乃平水土秉誼靖人
以修班制休嘉賁於草木利澤逮於鰥寡言爲軍志
動爲吏師貞元景子政成一紀進掌邦教遂居右弼
十五年冬寢疾十二月辛未薨於理所享年六十四
皇上悼歎不視朝五日冊贈太師賻襚弔祠有司備
物大僚襄事明年二月甲申葬我太師於萬年縣洪

固原太常跡其功德奏謚曰忠武禮也初公年十一
以將門子仕於邊部未弱冠五遷至左驍衛將軍始
從朔方之師戰黑山次從隴右之師摧石堡又嘗西
出臨洮奪昆夷之善地而爲之壁壘北絶大漠破獫
狁之堅甲而焚其廬帳又從汾陽王臨淮王討反虜
於山東攻贊皇北取眞定射其特將李立節貫於左
肩斃之又五遷至太常卿皆以功次其間開地於河
曲以靜九蕃宣威於陝西乃定三川凡王師之所以
剋獲都邑元老之所以發揚蹈厲公必居其先偏而

當其劇劇故以御史中丞爲靈州左司馬以御史大
夫爲邠州刺史以工部尚書爲單于大都護專征上
郡榆林之地入爲左金吾衛大將軍又以戸部尚書
奉晉王出車之重自時厥後投艱感槩能納大忠以
恤大事理蒲十六年再陟公臺以司空兼侍中以司
徒兼中書令大凡歷官二十八次真食千八百室居
節制者五副元帥者四材力絶人始封樓煩方内洽
平乃進咸寧凡汾陽王九伐之勳公皆左右四履之
地公皆蹤歷憫冊師禮法謚尊名公皆如之所不至

者壽而已矣惟公厚性寬中智謀深靜秉義類以賦明命植端誠以糺王慝講功述職遠意長利執德之柄蹈禮之輿致其用以格天啓其心以沃聖協建皇極爲宗工元龜雅好左氏春秋班氏史得考父之恭范宣之讓驃衛之功蕭韓之教化又嘗慕大史自叙著作行已一篇詞不矜大而事皆明備有子五人曰殿中少監鍊太子中允鎬太子司議郎鉅櫟陽尉鋼雲陽尉鐬著位於兩宮以奉朝請試吏於縣內以修事任食德而才稟訓而忠皆以純孝致其哀敬令

弟輔國大將軍右領軍衛將軍武當郡王玘與諸孤等推烝彝景鐘之義因識表以聞有詔詞臣刻石傳信乃採其贊書侯表作神道銘銘曰

北戴斗極陰方尚武元金朱轓錫命都府太師閒代感會雲雨四征庇人九合尊主昔未成童則能肆勤卓行深入致果忘身弱冠摧鋒環列南軍中興之後書社策勲援枹兩河轉戰三秦靈翔邠郊所居必聞出統藩衛入司儌巡時丁阸難節冠群倫遁誅熸宿狂檝宫闕西平鞠旅公亦援鉞既躋延秋如火烈烈

休士退舍時惟不伐祲沴濛濛蒲津未通北平釋位
公實撫尌胥命長春克成厥功開壁勞軍靡有不同
以律則臧在和而克時惟太師有嚴有翼乃敷仁澤
乃布條職時惟太師有功有德三公二府是奬是陟
繸印易名以尊以飾材官介士鹵簿悽惻大隧鮮原
中南之北萬邦作憲永代是式追琢馨香與唐無極

蒲州府志　卷之十

古

唐權德輿董晉神道碑

漢與五代孝武思理膠西相陳天人之際王道之端昌言大對統紀條貫純嘏積厚遠而寖明帝唐九葉順考古道隴西公兼將相之重承衛尉之崇啓心宣力作率慶事陟恪宗工能積其烈公諱晉字混成河東虞鄉人廉忠溫厚絜矩通理秉義以立故不爲利疚知動之微故每與吉會初肅宗受瑞命以合兵車思欲去元元於湯火致王度於金玉以文告威讓遠猷密命之爲重也故公解巾拔荆校文視草凡三徙

官被以采章代宗御天下乃淸吏職以爲文憲彌綸
陪貳事任百辟交修則理道洽故公再入御史府三
爲尚書郎歷祕書監長府奉常武侯之亞今上建皇
都以纂鴻業思代天工俾寧方內故公出入屯夷昭
明有融中居大僚以至柄用貞元五年春三月拜門
下侍郎同中書門下平章事居五年除禮部尚書用
耆碩俊德轉遷兵部分正宏化以本官畢命爲東都
留守東都畿汝州都防禦使安危注意以左揆持相
印充宣武軍節度汴宋亳潁等州觀察處置等使十

五年二月丁丑薨於位享年七十六罷朝三日追命
太傅有司易其名曰恭惠職喪法賻皆峻彝等所以
視其踐履而加優之也初公以祠部郎爲出疆從事
北方之强驕蹇沓貪伐功恃力徼我厚幣使臣指顧
公攝其詞詞達氣直虜皆震伏殫威命於專對輝光
華於外區仁者之勇沛然餘力其爲太府未浹日而
理乃珥貂蟬實兼憲丞含章以承顧問秉直以司紀
律修起故事京師肅然其爲華州徼赴行内以祭酒
亞相使於北河其往也蓟門不出關東多壘習俗故

態且相附離公則破其從約使循軌道其還也蒲坂既阻王宫未靖婁婁二逆忞雎相合公則折其兇謀因以鬱没憑軾有勞扈蹕而旋益用尊禮大其職業司徼循也五校嚴備持重而不苛處綱轄也六職遵修舉直而不紊典禮樂也百神咸秩薦信而不黷其爲相也上載元聖下熙百工柔惠小物協寧大政推明常古之制章叙理平之業粹和而不耀敬讓而不居言陳於前不可悉數拜章八上然後得請其撫封也尤爲難理先是在宥推恩參授兵柄至有恃凶

以邀好爵者氣燄不還風波相沿是邦再亂人用恫恐上以爲陳留天下之效也非素重臣不可以率先賦政公既受命與一二從事記室儒服而前不待裹言不恃捍衛寬信夷易闇然風行長城大蔡藴在靈府悍將伏罪齊人樂業四隣諸侯折中於公居四年政成力疲累求入覲因條陳利病請制於未然上難其繼以致沒代噫夫一邦之人得公而理失公而亂刲介夫殺大吏猶原燎川潰於不可遏嚮公之嘉猷密疏如前知焉其明智歟董氏在春秋時書法不隱

在戰國時贊明命聞於諸侯自膠西而下淳耀溢大
在魏有司徒昭在蜀有尚書令允扶義納忠以幹機
衡其族舊矣公曾祖仁琬梁州博士祖大禮贈右散
騎常侍考伯良開州新浦主簿贈尚書左僕射三代
有令德而無貴仕蕃祉所鍾發爲追崇宜哉有子四
人祕書省著作郎全道祕書郎溪大理評事全素太
常寺太祝澥等其承學也專其就列也敬靳焉而孤
㬎然以哀卜於先日象數協吉以某年十月丁酉奉
理命家法薄葬公於河南縣萬安山之原以前夫人

南陽張氏繼夫人京兆韋氏祔焉從周禮也惟公自筮仕至捐館四十五年無伐善無違德歷官三十六皆以理効聞自建中以還居中分闥再調鼎實一人而已范文子所謂厚德者能享多福惟公有之全道等猶懼懿鑠之不永於後與陵谷之有遷也以德輿奉行公之命書者三宜金石刻故跡其誅謚而爲之銘其詞曰后王財物雋乂昭明以建皇極甫申居內方召理外周[illegible]隴西求福不回文武宣力調和公餗謦訓長轂柔惠上古膠西章章道可匡王

屆相下國綿代纘慶至公德盛位實配德孑孑干旟

若往浚都俗既紓息翻翻素旗令旋洛師人用悽惻

惟是壞樹賁於圖布萬安之側德輝在茲永代有詞

蘇[illegible]篆刻

唐韓愈河中府木連理頌

司空咸寧王尹蒲之七年木連理生於河之東邑野夫來告且曰吾不知古始氣之交暢也維吾王之德交暢者有五是其應乎訓戎奮威蕩戮凶回舉政宣和人則寧嘉入踐台階庶尹克司來師熊羆四方作儀閔仁鰥寡不寧燕息人樂王德祝年萬億府有羣吏王有從事異體同心歸民於理天子是嘉俾賜勞王王拜稽首天子之光庶德昭融神斯降祥殊木連理之柯同榮異壟之禾吾儕之產茲土也久矣今欲

明於大君紀於篆書王抑余也冶金伐石垂耀無極

王抑余也奮肆婍媮不知所如願托頌詞長言之於

康衢頌曰木何爲兮此祥洵厥美兮在吾王願封植

兮永固俾斯人兮一不忘

唐韓愈太傅董公行狀

公諱晉字混成河中虞鄉萬歲里人少以明經上第宣皇帝居原州公在原州宰相以公善爲文任翰林之選聞名見拜祕書省校書郎入翰林爲學士三年出入左右天子以爲謹愿賜緋魚袋累升爲衛尉寺丞出翰林以疾辭拜汾州司馬崔圓爲揚州詔以公爲圓節度判官攝殿中侍御史以軍事如京師天子識之拜殿中侍御史內供奉由殿中爲侍御史入尚書省爲主客員外郎由主客爲祠部郎中先皇帝時

兵部侍郎李涵如廻紇立可敦詔兼侍御史賜紫金魚袋爲涵判官廻紇之人來曰唐之復土疆假廻紇之力焉約我爲市馬馬既入而歸我賄不足我於使人乎取之涵懼不敢對視公公與之言曰我之復土疆爾信有力焉吾非無馬而與爾爲市爲爾賜不既多乎爾之馬歲至吾數皮而歸資邊吏請致詰也天子念爾有勞故下詔禁侵犯諸戎畏我大國之爾與也莫敢校焉爾之父子寧而畜馬蕃者非我誰使之於是其衆皆環公拜既又相率南面序拜皆兩舉手

曰不敢復有意於大國自廻紇歸拜司勳郎中未嘗
言廻紇之事遷祕書少監歷太府太常二寺亞卿爲
左金吾衛將軍今上即位以大行皇帝山陵出財賦
拜太府卿由太府爲左散騎常侍兼御史中丞知臺
事三司使選擢才俊有威風始公爲金吾未盡一月
拜太府九日又爲中丞朝夕入議事於是宰相請以
公爲華州刺史潼關防禦鎮國軍使朱泚之亂加御
史大夫詔至於上所又拜國子監祭酒兼御史大夫
宣慰恒州於是朱滔自范陽以廻紇師助亂人心大

恐公既出至恒州即日奉詔出兵與滔戰大破走之
還至河中李懷光反上如梁州懷光所率皆朔方兵
公知其謀與朱泚合也患之造懷光言曰公之功天
下無與敵公之過未有聞於人某至上所言公之情
上寬明將無不赦宥焉乃能爲朱泚之臣乎彼爲臣
而背其君苟得志於公何有且公既爲太尉矣彼雖
寵公何以加此彼不能事君能以臣事公乎公能事
彼而有不能事君乎彼知天下之怒朝夕戮死者也
故求其同罪而與之比公何所利焉公之敵彼有餘

力不如明告之絶而起兵襲取之淸宮而迎天子庶人服而請罪有司雖有大過猶將掩焉如公則誰敢議語已懷光拜曰天賜公活懷光之命喜且泣公亦泣則又語於其將卒如語懷光者將卒呼曰天賜公活吾三軍之命拜且泣公亦泣故懷光卒不與朱泚當是時懷光幾不反公氣仁語若不能出口及當事乃更疏亮捷給其詞忠其容貌溫然故有言於人無不信明年上復京師拜左金吾衛大將軍由大金吾爲尚書左丞又爲太常卿由太常拜門下侍郎平章

事在宰相位凡五年所奏於上前者皆二帝三王之
道由秦漢已降未嘗言退歸未嘗言所言於上者於
人子弟有私問者公曰宰相所職繫天下天下安危
宰相之能與否可見欲知宰相之能與否如此視之
其可凡所謀議於上之前者不足道也故其事卒不
聞以疾病辭於上前者不已退以表辭者八方許之
拜禮部尚書制曰事上盡大臣之節又曰一心奉公
於是天下知公之有言於上也初公爲宰相時五月
朔會朝天子在位公卿百職在庭侍中贊百僚賀中

書侍郎平章事竇參攝中書令當傳詔詞疾作不能
事凡將大臣朝會當事者既受命皆先日習儀於時
未有詔公卿相顧公遂巡進北面言曰攝中書令臣
某病不能事臣請代某事於是南面宣致詔詞已復
位進退甚詳爲禮部四年拜兵部尚書入謝還上語
問日晏復有入謝者上喜曰董某入疾且損矣出語
人曰董公且復相既二日拜東都留守判東都尚書
省事充東都畿汝都防禦使兼御史大夫仍爲兵部
尚書由留守未盡五月拜檢校尚書左僕射同中書

門下平章事汴州刺史宣武軍節度副大使知節度
事管内度支營田汴宋亳頴等州觀察處置等使汴
州自大曆來多兵事劉元佐益其師至十萬人元佐
死子士寧代之畋遊無度其將李萬榮乘其畋也逐
之萬榮爲節度一年其將韓惟淸張彦林作亂求殺
萬榮不克三年萬榮病風昏不知事其子廼復欲爲
士寧之故監軍使俱文珍與其將鄧惟恭執之歸京
師而萬榮死詔未至惟恭權軍事公旣受命遂行劉
宗經韋宏景韓愈實從不以兵衛及鄭州逆者直不至

鄭州人爲公懼或勸公止以待有自汴州出者言於
公曰不可入公不對遂行宿圃田明日食中牟逆者
至宿八角明日惟恭與諸將至遂逆以入及郛三軍
緣道讙聲庶人壯者呼老者泣婦人啼遂入以居初
元佐死吳湊代之及鞏聞亂歸士寧萬榮皆自爲之
而後命軍士將以爲常故惟恭亦有志以公之速也
不及謀遂出逆既而私其人覩公之所爲以告曰公
無爲惟恭喜知公之無害已也委心焉進見公者退
皆曰公仁人也聞公言者皆曰公仁人也環以相告

故太和初元佐遇軍士厚寧懼不復加厚焉至萬榮如士寧志及韓張亂又加厚以懷之至於惟恭每加厚焉故士卒驕不能禦則置腹心之士幕於公庭廡下挾弓執劍以須日出而入前者去日入而出後者至寒暑時至則加勞賜酒肉公至之時皆罷之貞元十二年七月也八月上命汝州刺史陸長源爲御史大夫行軍司馬楊凝自左司郎中爲檢校吏部郎中觀察判官杜倫自前殿中侍御史爲檢校工部員外郎節度判官孟叔度自殿中侍御史爲檢校金部員

外郎支度營田判官職事修人變化嘉木生白鵲集蒼烏來巢嘉瓜同蒂聯實四方至者歸以告其帥小大威懷有所疑輙使來問有交惡者公與平之累請朝不許及有疾又請之且曰人心易動軍旅多虞及臣之生計不先定至於他日事或難期猶不許十五年二月三日薨於位上三日罷朝贈太傅使吏部員外郎楊於陵來祭弔其子贈布帛米有加公之將薨也命其子三日斂既斂而行於行之四日汴州亂故君子以公爲知人公之薨也汴州人歌之曰濁流洋

洋有闕其郛闠道讙呼公來之初令公之歸公在喪
車又歌曰公既來止東人以完令公歿矣其誰與安
始公爲華州亦有惠愛人思之公居處恭無妾媵不
飲酒不諂笑好惡無偏與人交洎如也未嘗言兵有
問者曰吾志於敎化享年七十六階累升爲金紫光
祿大夫勳累升爲上柱國爵累升爲隴西郡開國公
娶南陽張氏夫人後娶京兆韋氏夫人皆先公終公
四子全道溪全素澥全道全素皆上所賜名全道爲
祕書著作溪爲祕書省祕書郎全素爲大理評事澥

爲太常寺太祝皆善士有學行謹具歷官行事狀伏
請牒考功幷牒太常議所謚牒史館請垂編録謹狀
貞元十五年五月十八日

唐韓愈樊紹述墓志銘

樊紹述既卒且葬愈將銘之從其家求書得書號魁紀公者三十卷曰樊子者又三十卷春秋集傳十五卷表牋狀書序傳記紀誌說論古今文讚銘凡二百九十一篇道路所遇及器物門里雜銘二百二十賦十詩七百一十九多矣哉古未嘗有也然而必出於己不襲蹈前人一言一句又何其難也必出入仁義其富若生蓄萬物必具海含地負放恣橫縱無所統紀然而不煩於繩削而自合也嗚呼紹述於斯術其

可謂至於斯極者矣生而其家富貴長而不有其藏一錢妻子告不足顧且笑曰我道蓋是也皆應曰然無不意滿嘗以金部郎中告哀南方還言某帥不治罷之以此出爲綿州刺史一年徵拜左司郎中又出刺絳州綿絳之人至今皆曰於我有德以爲諫議大夫命且下遂病以卒年若干紹述諱宗師父諱澤嘗帥襄陽江陵官至右僕射贈某官祖某官諱泳自祖及紹述三世皆以軍謀堪將帥策上第以進紹述無所不學於辭於聲大得也在衆若無能者嘗與觀樂

問曰何如曰後當然已而果然銘曰惟古於詞必已
出降而不能乃剽賊後皆指前公相襲從漢迄今用
一律寥寥久哉莫覺屬神徂聖伏道絶塞既極乃通
發紹述文從字順各識職有欲求之此其躅

唐柳宗元祭吕化光文

維元和六年歲次辛卯八月癸亥朔友人守永州司馬員外置同正員柳宗元謹遣書吏同曹家人襄兒奉淸酌庶羞之奠敬祭於吕八化光之靈嗚呼天乎君子何厲天實尤之生人何罪天實讐之聰明正直行爲君子天則必速其死道德仁義志存生人天則必夭其身吾固知蒼蒼之無信漠漠之無神今於化光之歿悲逾深而毒逾甚故復呼天以云云天乎痛哉堯舜之道至大以簡仲尼之文至幽以默千載紛

爭或失或得倬乎吾兄獨取其直貫乎化始與道咸極推而下之法度不忒旁而肆之中和允塞道大藝備斯爲全德而官止刺一州年不逾五十佐王之志没而不立豈非循正直以名災好仁義以速咎者邪宗元幼雖好學未聞其道洎乎獲友君子乃知適於中庸削去邪雜顯陳眞正爲道不謬兄實使然嗚呼積乎中不必施於外裕乎古不必諧於今二事相勘從古至今於化光最爲太甚履行第一尚非所長文章過人略而不有夙志所蓄巍然可知貪愚皆貴險

佷皆老則化光之夭戹反不榮歟所慟者志不得行功不得施蚩蚩之甿不被化光之德庸庸之俗不知化光之心斯言一出内若焚裂海内甚廣知者幾人自友朋彫喪志業殆絶唯望化光伸其宏略震耀昌大與行於時使斯人徒知我所立今復往矣吾道息矣雖其存者志亦死矣臨江大哭萬事已矣窮天之學貫古之識一朝去此終復何適嗚呼化光今何爲乎止乎行乎昧乎明乎豈蕩而爲大空與化無窮乎將結而爲光耀以助臨照乎豈爲雨爲露以澤下土

乎將爲雷爲霆以泄怨怒乎豈爲鳳爲麟爲景星爲卿雲以寓其神乎將爲金爲錫爲珪爲璧以棲其魄乎豈復爲賢人以續其志乎將奮爲神明以遂其義乎不然是昭昭者其得已乎其不得已乎抑有知乎其無知乎彼且有知其可使一知之乎幽明茫然一慟長絶嗚呼化光庶幾聽之尚饗

唐柳宗元呂侍御志銘

呂氏世居河東至延之始大以御史大夫爲浙東道節度大使延之生渭歷尚書禮部侍郎生四子溫恭儉讓恭字敬叔他名宗禮或以爲字實爲呂氏宗子尚氣節有勇略不事小謹讀從橫書曰我師尚父冑也大父洎先人咸統方岳令天下符理平蔡兖冀幽宜得任爪牙畢力通天子命作文章咸道其志云又曰由吾兄而上三世世爲進士吾爲文不墜教戒獨武事未克纘厥緒因棄去從山南西道節度府掌書

記預謀畫以試守軍衛佐加協律郎後假嶺南道節
度判官至廣州病瘠瘧加痡卒妻裴氏戶部尚書延
齡女有丈夫子三人爽壞特女子三人樞如洛陽祔
葬於大墓呂氏世任至大官皆有道宜典於世溫洎
恭名爲豪傑不幸溫刺衡州四十卒恭三十七又卒
世固有其具而不及其用若溫恭者耶恭貌奇壯有
大志信善容物宜壽考碩大而又不克呂氏之道惡
乎興銘曰渢渢之風乎不可追有志之大乎今安歸
呂君去我死乎吾誰依

唐劉禹錫呂衡州集序

五行秀氣得之居多者爲雋人其色潋灩於顔間其聲發而爲文章天之所與有物來相彼由學而致者如工人染夏以視羽畎有生死之殊矣初貞元中天子之文章焕乎垂光慶霄在上萬物五色天下人文爲氣所召其生乃蕃靈芝萐莆與百果齊坼然煌煌翹翹出乎其類終爲偉人者幾希矣東平呂和叔實生是時而絶人甚遠始以文學振三川三川守以爲貢士之冠名都西馳速如羽翼長安中諸生咸避其

鋒兩科連中鋩刃愈出德宗聞其名自集賢殿校書郎擢爲左拾遺明年犬戎請和上問能使絕域者君以奇表有專對材膺選轉殿內史錫之銀章還拜尚書戶部員外郎轉司封遷刑部郎中兼侍御史副治書之職會中執法左遷緣坐道州刺史以政聞改衡州年四十而歿後十年其子安衡泣奉遺草來謁吝予伸之成一家言凡二百篇和叔名溫別字化光祖考皆以文學至大官蚤聞詩禮於先侍郎又師吳郡李贊通春秋從安定梁肅學文章勇於藝能咸有所

祖年益壯志益大遂撥去文字與儁賢交重氣槩覈
名實欽然以致君及物爲大欲每與其徒講疑考要
皇王富强之際臣子忠孝之道出入上下百千年間
詆訶角逐疊發連中一善輙盱衡擊節揚袂頓足信
容得色舞於眉端以爲綦是言循是理合乎心而氣
將之昭然若揭日月而行孰能閼其勢而爭天光者
乎嗚呼言可信而時異道甚長而命窄精氣爲物其
有所歸乎古之爲書者先立言而後體物賈生之書
首過秦而荀卿亦後其賦和叔年少遇君而卒以譎

似賈生能明王道似荀卿故予先後視二書斷自人文化成論至諸葛武侯廟記爲上篇他咸有爲而爲之始學左氏書故其文微爲富豔夫羿之關弓惟巴蛇九日乃能盡其彀而廻注鷃爵亦要中於尋常之閒非羿之手弓有能有不能所遇然而然也後之達解者推而廣之知予之素交不相索於文字之内而已

唐劉禹錫薛公神道碑

薛在三代爲侯國分于鄒魯間傳世三十有一爲齊所幷其公子犇楚錫土田于沛漢末避讐之成都曹魏平蜀徙家汾陰遂爲河東臨晉人自奚仲爲夏車服大夫距今數千年乘軒服冕舄奕冠世言氏族者署爲關內甲姓天意若曰始有功於車錫爾子孫世世有之公諱謇字某曾祖寶允以名家子且有學行歷尚書郎雍州司馬邠州刺史王父繪有雋才剌三郡金紫綿皆以治聞累績至銀青光祿大夫封龍門

侯烈考承矩以文亡害仕至大理丞公幼承前人之
覆露補崇文生歲滿調主簿書于亳之譙苦二邑又
尉于東畿之淸河貞元中上方與丞相調兵食思得
通吏治而習邊事者計相以公爲對乃授監察御史
裏行充京兆水運使局居鴈門主穀糴具舟檝募勇
壯且便弓矢者爲榜夫千有餘人隸尺籍伍符制如
舟師詔以中貴人護之聲震塞上每發粟泝河北行
涉戎落以饋緣邊諸軍及乘障者雖河塞迴遠必尅
期如合符一歲中省費萬計果加侍御史內供奉賜

緋魚袋有司條白其勞入拜殿中內史未幾淮海節
將以戎倅鈇聞事下丞相御史擇可者僉曰公政事
已試遂授檢校戶部員外郎兼御史淮南軍司馬尋
轉駕部郎中錫以金紫遇府遷申命　丞相趙國公帶
中書侍郎代之公主行臺留務趙公文茵及境視置
郵供帳及郊視將迎部伍下車視簾幃器備乃曰信
奇才也此不足以展驥朝廷知之擢爲泗濱守旣報
政就加御史中丞俄遷福建都團練觀察使閩有負
海之饒其民悍而俗鬼居洞砦家桴筏者與華言不

遲公兼戎索以治之五州民咸悅元和十年某日薨
於位年六十七贈右散騎常侍夫人趙郡李氏無子
早世繼夫人隴西李氏檢校禮部尚書河東節度使
説之女子凝爲嗣季子茂宏以諸侯禮議返葬故里
蛾眉原從周也後二十有三年元日開成凝爲平盧
從事謹按甲令龔碑石來乞辭以垂於悠久初公治
粟於朔陲愚方冠惠文冠察行馬外事聆風相厚謂
可妻也以元女歸之明年愚入尚書爲郎職隸計司
因白計相公名來會府行有日矣遇內禪惟新愚以

緣坐左貶間關外役竟不克面然而公之爲德善灌
注盈耳孝悌爲根柢誠明枝葉之直方爲天質禮讓
緣飾之所至藹然由此道也公初下世故人丞相李
太師誌其墓略曰宏深莊重幹敏絶人此與游者傳
信之詞也豈誣也哉故作銘曰河汾翕淪鼎氣歊雲
散爲昌光凝爲賢人常侍之生其宗孔碩從祖昆弟
詵詵三百文館入仕幽龍未光尺木爲階俄然欲翔
司會知材續宣朔方邊師萬睺俟我贏糧泝於黃河
路出戎疆募乃勇士皁衣挽航膂索臂弧穹廬在麦

虜聞公名憚不敢𣪠安北已南列城相望率有備峙皆成金湯入居殿中分廵輦下淮海軍大往爲司馬軍中之治可移諸民乃牧於泗乃廉於閩閩悍而囂夷風脆急恩信綏之委然如蟄閩方不淑天集其禍公薨於寢元頼以復天王廢朝賻之金貂每每晉原鬱鬱中條大墓舊阡松楸蕭蕭笳鼓以歸德音孔昭

唐陸龜蒙象耕鳥耘辯

世謂舜之在下也田於歷山象爲之耕鳥爲之耘聖德感召也如是余曰斯異術也何聖德歟孔子叙書於舜曰濬哲文明聖德止於是而足矣何感召之云云乎然象耕鳥耘之說吾得於農家請試辯之吾觀耕者行端而徐起墢欲深獸之形魁者無出於象行必端履必深法其端深故曰象耕耘者去莠舉手務急而畏晚鳥之啄食務疾而畏奪法其疾畏故曰鳥耘試禹之績大成而後薦之於天其爲端且深非得

於象耕乎去四凶恐害於政其爲疾且畏非得於鳥
耘乎不然則雷澤之漁河濱之陶一無感召何也豈
聖有時而不德耶孟子曰堯舜與人同耳而好事者
張以就其惟非聖人之意也吾病其書之異端毆之
使合於道人其從我乎雖不從吾亦不能變其說

唐韋建黔州刺史薛舒神道碑

名位所以寵賢爵祿所以馭貴德盛者慶遠源深者流長乘裕後昆啟廸前烈今見其人矣薛氏之先奚仲爲夏車正仲虺爲湯左相與滕爭長薛實先封佐漢登台因而胙土河東冠族代不乏賢五代祖道衡隋吏部侍郎內史侍郎隋文帝創造霸圖發揮綸翰變當時之文體高祖收皇朝行臺金部員外天策府學士我太祖之經綸王業專掌詔檄擅經國之詞宗凡所事業著於史傳曾祖元超皇朝戸部尚書中書

令汾陽縣開國男丹青景化金玉王度詩謨載於豐
府故事留於臺閣祖毅皇朝鄜州洛交縣令太子舍
人父儒童皇朝京兆府醴泉縣丞贈梁州都督潛德
養蒙晦明藏用位不充量道屈安卑武子之德在人
太邱之世益茂府君諱舒字仲和醴泉府君之長子
也元和誕靈純粹特秀覃討有典敏惠夙成聞詩禮
之義方深仁明之正性讀書知王霸大體覽史慕名
臣高節戢畧細務經濟遠圖銓衡賞擢年十九授華
州司士參軍從累上也轉相州司法參軍又遷岐州

司功參軍鄴郡舊都扶風左輔掾曹之選必先才地以儒學飭吏以明察涖官筮仕之初有令名再命而傴不忘循墻之恭三語故稱則閒趨府之譽堆案之下析滯無虞天寶初寰宇昇平典刑攸叙考求端士以授法官拜大理寺丞敬爾繇獄有郡吏抵犯讞合惟輕台臣作威俾令從重伏念累日至於旬時苟有動搖必將頽類彰書厥狀實曰非辜初秉直而不移終忤權而獲罪貶青州司戶參軍君子曰守法不回正也移官無慍達也道不可屈身屈何傷無何授金

州司馬遷夔州刺史舉淹滯擇廉平也至德初遷渝
州刺史西通楚道北控漢中山鎮縉雲峽通明月歌
來暮於巴俗願借留於梁境升課最矣若理行第一
所居必聞冉季膺政事之科龔黃獲循良之首累遷
巫溪二刺史兼少府監殿中侍御史溪洞雜類則固
已聞風素服小有底寧言語之所不通撫柔之化風
靡寶應初皇上以四郊多壘五谿未安乃拜黔州刺
史黔中經略招討觀察處置鹽鐵選補等大理卿兼
御史中丞黔州者禹貢荆州之域秦開武陵郡其啟

土也大其貨殖也殷有懷君之土舟擅寡婦之丹穴惠化所感無思不服昆明夷者廼西絕域也開池習戰漢所未通遠聞德政琛賮尤物來獻於重譯紫泥寶書屢榮於手詔尋加金紫光祿大夫御史大夫河東郡開國伯賞茂勳也十郡土氣百域異俗輕剽背竊姦宄矯虔示之以威信與之以禮讓華風變於夷裔膏雨浹於殊壤方將作鎮藩翰永爲長城天不憖遺人將安仰以大歷十年四月二十五日薨於溪州之公館春秋六十有八勤王事也魏闕將朝未展韓

侯之覲荆州罷市深懷叔子之仁百蠻感動三軍兩泣惟君孝弟之性始於閨門忠義之誠聞於邦國少有大量幼而老成結綬勤王敬恭朝夕精誠可以應務明斷可以析疑毋推是心以接於物覬其庶下金肅散人汜艅室中衣無常主而雅好文酒醉猶溫克陶然忘機傲然自得儻來軒冕曾不在懷此則山簡之疎曠莊周之逍遙貴而不驕謙遜毋推於寮友寬而能恕喜慍不見於家人信大雅之保身中庸之蹈道况乎負才器以身許國剖郡符簡易成風政行於

南國者二紀領藩鎮者十年凡所條奏上簡聖心汝
實專征嘗受元戎之鉞我惟共理兼榮副相之印充
國之功宣北地伏波之式是南邦遺愛去思古今一
揆君外祖故中書令逍遥公韋嗣立先朝碩德叔父
故陳留郡太守河南採訪使奇童當代名賢季弟前
吏部侍郎今宣州刺史宣歙等州觀察使邕朝之俊
茂隋朝至今掌綸翰者四葉天寶之後膺方面者三
人中外相門奕代文學閥閱之大莫之與京夫人京
兆韋氏故工部尚書東都留守虚心之次女婉淑之

德早映圖史柔明之姿動成師範方保榮於韓樂奄
追悼於潘詩以永泰二年三月殂逝巫州官舍追贈
扶風郡夫人從夫貴也長子舉鄉貢明經安親次子
左金吾衛兵曹安國早遵成訓皆成器業才行之美
孝友彰聞矢志不時相次淪夭三子承王府參軍安
郡髫稚之歲執親之喪致毀而終人踰所痛卜云其
吉列兆先塋不亡孝也第二女故梓州射洪縣令杜
滔妻至孝純深提攜孤幼江山險阻扶護言歸誠孝
所通龜筮協吉喪事不敢不勉備物必誠必信聖恩

震悼贈禮部尚書賻物三百疋仍令中使監護弔祭儀仗禮優常等飾終之典廻日月於佳城詔葬之儀濡雨露於泉隧以大歷十一年七月二十日合祔於萬年縣棲鳳原禮也季子太常寺奉禮郎遵誠協律郎遵誨太祝遵訓等七人童丱而孤孺慕罔極松楸已拱地邇先君棣萼前影塋連愛子封之若斧尚行夫子之規坎不及泉自合延陵之禮余忝內弟早荷周旋傳盛德而備詳叙高行而無愧詞曰汾水源長條山連岡鼎氣發祥大族其昌車正仕夏鈞衡佐

績君法令內史文章德厚慶遠才優道彰中書政本
綸命傳芳時稱茂緒代濟業祉學小申韓藝通墳史
邦有良翰朝推端士析滯列曹申冤大理三黜無慍
九遷茲始州縣蹔勞雲霄則邇西南重鎮實倚長城
夷落風變蠻陬化行駐車決遣攬轡澄清赤烏命服
朱輪錯衡霜飛憲簡露濕戎旌絶域輸欵殊方獻誠
牙璋既備介圭方覲仁則宜壽天胡不慭迢遞江山
悲涼旅櫬震悼宸扆哀痛藩鎮詔使護喪同盟執引
哀哀孝子煢煢孤允銘德叙功庶乎傳信

唐王延昌河中府靈源公廟碑

中國經瀆河爲長上應析木下朝扶桑演崑崙踰積石繚大漠經龍門灌注九州之間經營萬里之外鱗介所宅神靈所都元冥總之以命官憑之以爲伯唐堯觀渚龍圖肇見周公沈璧榮光發祥元符之來彪炳彰灼古先哲后罔不欽崇冀封居之儀壇墠之制存乎祀典代以爲常則班固序漢書所謂河祠臨晉是也爾其南直太華左隣中條渭水過其傍汾脽揭其後風雲相盪精氣交馳於以禮神事之宜也不然

發源自遠地則多漫胡爲不昭晰於他邦獨受享於茲土前賢經始抑有其由至於春以泮涷秋以涸流初以歲禱終以報祈嘗醪有加騂駒是薦蓋以在雍州之域通天子之都地既稱雄禮云異數與夫淮流桐栢江出岷山僻在遐方莫我京也幽贊之力實賴河公澄濁爲清至於數四息昏墊之苦絶羡溢之憂濱河之人安無大害此靈長之德上善之功也祈以王直享以精誠未嘗不誘其衷而降之吉也或進以便佞言以矯誣未嘗不奪其魄而貽之禍也歲大旱

而作霖雨時大札以惠嘉生依仁而行惟德是輔天
寶歲安祿山稱兵祠裔肆逆東夏熘㷄扇燥烝人爇
焉宗社有綴旒之危士庶畜阽危之懼太上南幸肅
宗北巡賊相張儒據有長安賊將崔乾祐固守蒲坂
今關內河東副元帥中書令汾陽郡王郭公時爲兵
部尚書門下平章事朔方節度使訓兵誓衆超百二
之險謂此邦底定則京師可圖虔禱於河潛軍以銜
金鼓掩夜渠魁出奔遂收蒲城神所導也及師次關
次陰霧晦冥公假寐之際夢河神謂曰永豐倉側賊

有急變不如速退姑以避之比全軍及郊虜已雲合
克違寇難神所扶也其後李國貞之遇禍公復總戎
故絳僕固懷恩之逆命公又出鎮河東大君日旰食
中外騷擾公獨奮無前之勇馳不測之深始按節而
來終莫酬其邁所謀必克無往不平再安叛渙神所
相也爰自兵亂以迄於今時更十年代歷二聖國之
氛霾惟河公蕩滌國之土宇惟河公廓開國之忠貫
惟河公保祐國之奸慝惟河公殄摧讖靡幽而不燭
澤罔微而不該得一以靈不其宜哉汾陽王深惟君

我屢崇昭報春牲玉莫敢愛也致精意未嘗怠也毎獨吉歷選自郊祖宮奠於堂戶之間則神之昆弟具在醉於屋漏之地則神之伉儷攸居朱壁相望男女無別公曰神人之主也禮政之源也人有上下則禮有内外之制人所謂否神其可哉盍築館於後以安靈匹乃諮於副元帥副使太子賓客御史大夫知河中府事崔公寓量功命日而後役於河西縣大夫李開不徵貨財不殫日力曾不踰月克復於成大厦耽耽其特起内寢既立神叢穆然於是齒危髮秃之

老王端等進而稱曰大河浩蕩敝邑之望也自公仗
鉞三至我里靈應肸蠁未嘗或欺國之克復實始於
此安天步於蹣跚定人心於繹騷大君成湯武之功
賢相保桓文之業皆神之由也矧內寢棘翼令茲有
成此而無述何以示後願刻樂石以彰厥庸公敎曰
諸公之辭固不可抑頌祇則可無推美於予幕客聞
之敢繫辭曰浩浩長河中國之紀洪流激射横制地
理蒸雲吐霧鷹圖効祉是曰經瀆斯爲德水聖唐六
葉巨猾挺災搟邑靡城如霆如雷汾陽矯矯仗鉞而

來乃臨蒲坂神實先導乃亂渭水奕奕胥告嗟我上
相神之所勞汾陽之德溫恭正直柔嘉維則忠勤是
力秉心淵塞不測不克東西南北勦絕奸慝入登九
命一人是毘出統三軍四方是維維言祐之河公降
禧泉神在列會未區別公爲之節內寢攸設寢廟亭
亭中外有經濯濯厥靈妃偶攸寧於戲祠宇焜燿中
土在河之滸在城之下刻茲片石昭灼千古

蒲州府志　卷之十七

唐常仲儒修河中府文宣王廟碑

立於水成於氣以位天地勇於震奮於乙是生萬物天地之大萬物之多若無聖人誰與準繩故能範而不過類而不遺者也然則乘時設教必生大聖以首之庖犧氏甄才煥文君人子天神農以之首於皇而體至道也軒轅氏推策命官度方順紀顓頊奉之首於帝而法元德也夏后氏奠山通川因地制賦殷湯繼之首於王而明大化也理亂相養質文代變洎有周而衰焉平桓以還鴻流蕩然非聖人之述易羲農

之道消矣非聖人之辯問軒轅之帝衰矣非聖人之删書夏殷之王微矣非聖人之作春秋周室卑而諸侯僭矣故夫子彰皇羲帝叙王尊周首於儒而開大教也是知前聖之遺風將絶夫子不得不生中古之彝訓將興夫子不得不作故禮云百代以俟聖人而不惑也有天下者遵其易簡遡其元命可以致於清靜遵其廣大宏其覆載可以致於雍熙遵其禮讓蹈其夷曠可以致於和平苟或失常滔滔淫源德滋非而霸功作矣代易於上教尊於下運否於既往位崇

於將來形於國而達於家苘樂和而百禮成郁郁洋洋與日月而終矣巨唐敎本六經德懐三古拯大道於既溺復醇源於已醨追謚文宣顯用王禮大學之制刑于四方貞元五年秋仲上丁元帥司空侍中咸寧王渾公有獻於先師退而言曰斯廟也左壓右署前軍後府晨暮之間諠鬧四起非肅雍致敬之地爰命咯址於城得南端安焉出官府之中財任閑人之餘力屬役如素十旬而成祠庭有閑薦設有嚴蚪落之禮行饗獻之儀具是則賈之嚣薄師之閒習吏之

譏訶寂寥於兹矣噫我公以身柱國竭力戴君齊心

孔門稟奉如在易曰化而裁之然而成之公氣和陰

陽德會幾義又曰其靜也專其動也直公志尚純一

行必中正語曰文武之道未墜於地公有金社稷之

勳合經緯之用又曰學之無倦行之以忠公脊遵理

化之勤及人民之信古訓是式新廟奕奕尊其顯赫

舉集其門也至哉小子明朝退飛幕府獲祐歎息徘

徊敢揚頌聲其辭曰

昭昭五星元文之經浩浩五行元氣之形維上紀下

災警祥明聖人居中百化適成五星九元醇朴不矅
降及堯舜存乎典誥文王既没孔子乃紹質文異時
日月代照肇自開闢澒洞無跡考於六籍窮古盡昔
徵禹之功水土共融微儒之風華夷濛濛大聖同德
垂訓作則山川九州禮樂萬國羲軒之道夫子明之
百王纘焉仰而嘗之夫子之敎巨唐興之皇帝奉焉
式而宏之皇帝之化藩翰揚之司空行焉敬而將之
肅肅新祠煌煌盛儀祀享不失弦誦以時儒風載揚
天地同期

蒲州府志　卷之十七　異

唐柳識弔夷齊文

洪河之東兮首陽穹崇側聞孤竹二子昔也餓在其中偕隱胡爲得仁而死青苔古木蒼雲秋水魂兮來何依兮去何止掇澗溪之毛薦精誠而已初先生鴻逸中州鸞伏西山顧薇蕨之離離歌唐虞之不還謂易暴兮又武謂墨縗兮胡顏一叱兮忘飢若有誚兮於巖之關豈不以冠㡌在於上屨新處於下且曰一人之正位孰知三聖之純嘏讓周之意不其然乎是以知先生所恤者偏矣當昔夷羊在牧殷綱解結乾

道息坤維絶鯨噬兮鬼孽王奮厥武天意若曰覆昏
羿賁濬哲於是二老歸而八百會一戎衣而九有截
況乎旗錫黃鳥珪命赤烏俾荷鉅橋之施俾申羑里
之辜故能山立雨集雷掃風驅及下車也五刃不礪
於武庫九駿伏韔於文途雖二士不食而兆人其蘇
既而溥天周土率土周人於嗟先生逃將奚臻萬姓
歸飾兮獨鬱乎方寸六合莽蕩兮終跼乎一身雖忤
時而過周終臣心而惻殷所以不食其食求仁得仁
然事非一端人各其志若旁通以阜厥躬應物以濟

共利則焉有貞節之規各親之事靈乎靈乎雖非與
道而保生乃勗爲臣之不二

蒲州府志　卷之十七

唐喬潭女媧陵記

登黃龍古塞望洪河中流巋然獨存大浸不溺者媧皇陵也夫巨靈擘大華蹠首陽導河而東以洩憤怒雖有重卯大阜險狹之口罔不潄之爲黃壤汨之於旋波不可復振奔崩而下矣女媧氏已然之後谿谷之衝天險東阨風濤鼓作乃能中乾外禦特立萬年其憑神可知也水無盈縮之度陵有高卑之常霖潦漲之兩涘沒矣於是乎不爲之小而就其深旱暵滲之孤嶼出矣於是乎不爲之大而就其淺非夫巨靈

壯趾以固本河伯高肩以承隅胡然動靜如因其時
升降不失其則羅浮二岳以風雨合離蓬萊五山以
波潮上下不復故道遂違常流甚相遠矣君子曰夫
能屠黑龍泗九州況乎一水之上而自爲謀夫能斷
鼇足立四極況乎數仞之高而自爲力神人之易昧
者難知密邇山谷森羅物象莽莽蘆渚寧非止水之
餘嶄嶄石林猶有補天之色摇演空曲精靈若存且
夫上無積草表以孤樹常感風氣纖條悲鳴若寞應
肹蠁鼓簧而吹笙由是憧憧往來無不加敬山有梅

栗關吏羞焉水有菱芡舟人奠焉冢之木無或斬焉陵之土無或抔焉是則馨香已陳而樵蘇自禁矣故聖人取薄葬去厚送驪山之銀海魚燈虎卭之金精龍劒錮之其內散之其間適為大盜之守未足藏身之固彼橋山帝卭九嶷會稽皆因山而墳未聞其餘者余謂媧皇受命在火火以妃水谷不為陵開門負固日用其力不然其隙地豈必封崇乎是故觀而志之為城冢後記

唐喬潭雙瀵泉賦

呀厚地而濫涌者有河東之瀵泉坼陰開竇沃日浮天初汨没圓衡拂高山於尋祇之下復透迤遠注散餘波於馮夷之川爲神龍窟宅之土而致美爲陰陽蓄泄之所而通元將海日泓浤而照此豈坤儀挺拔以隳焉來何所自去何所止始闢雙瀵發輝於汾魏之郊竟助洪流歸潮於渤澥之水借如月色初升晴空下凝繁星映而珠滿粼月入而鈎澄泊乎風駭霧勃煙湧雲蒸則有鬼神倏閃以恍惚蛟螭鼓怒以噴

騰異物之與詭怪孰可得而備徵意以爲潛虛洞決
脉流派別雖一河有隔終陰隙以相連故數眼分開
涵碧虛而共潔是以百尺澄兮徊空晶珠胎明兮沙
岸皎洗拂煙埃蕩漾魚鳥亦凉生朱夏氣暖元冬守
謙下以含道順畝澮以利農道則以物爲賓水則假
利於春人有情於利水水無意以求人人之自僞我
豈非眞故至人以水爲德以心爲鏡鏡雖明不利於
人水至平不潛乎性故瀵之爲澤也廣瀵之爲鑒也
靜若壅而閉則澤不能及物混而濁則鑒不能自正

故選士者象清瀵以含虛懷才者但明心而求映苟
能酌憲於兹泉則可以相鹽梅而翼聖

唐呂溫榮光冪河賦

麗乎天者曰漢紀乎地者惟河居上善以利物順朝宗而致和時否則爲災而獨昏塾運至則呈瑞以叶謳歌豈徒列四瀆以居貴與百川而隨波者乎當其布德惟新儲慶茲始濁色既變榮光乃起乍若燭龍噴焰上騰鍾嶺之雲又似陽烏迴翔下落咸池之水增華一代振耀千祀信能陵宴海而比崇蔑浴日而專美時則纖埃不驚和風充盈大野初霽圓靈始清皎且潔兮孤明不雜煥其炳兮五色斯呈祥煙斂彩

瑞日韜晶掩輕雲而旁屬拂薰風而上征百辟具瞻
歎云其相照一人乃眷自合於皇明庶品昭蘇泉幽
光被大哉有國之慶赫矣爲君之瑞朣朧元黄熠爚
丹翠洞鑒龍宫之人朗見馬圖之字浩浩滂洋致美
化於陶唐復效靈於我皇先後叶德今古和光比屋
觀其自化遐荒望以來王詎比流景集壇獨作郊天
之應赤光照室空稱誕帝之祥而已哉客有目觀榮
河心傾聖日儻餘光而見及庶幽谷之可出

唐閻伯璵蒲津河橋賦

壯三輔之雄極非魏國其伊那總魏國之繁隘非斯橋而豈他條山左臨高嶂東連於渤海晉關右抱浮梁西截於長河郤頓鐵牛駭浮川之魍魎旁飛晝鷁驚入浪之黿鼉竹笮其維不虞於奔濤擘赫金鏁斯纜何懼於層冰皚峨川有梁兮希聞於揭涉王在鎬兮有格於來訛蓋取諸益其不謂何故馬卿之𢿙爾斯題請觀即事尾生之溘焉守死夫奚足多豈比夫杠能象之不可以來往鵲能塡兮不可以經過若斯

之秋兮吾賓薦之士亦可歌頌諸侯之盛績樂王化之雍和爾其薄烟霏霏初日杲杲遠之而望勢侔神造既似乎瀑布之界天台又似乎蓬萊之橫海島虛其內則用當於無疏其間則屈而且抱憑險作固夾咽喉之重關用否而通連秦晉之長道東西水滸義非待於秦塡襟帶山河固可兼之魏寶爾其憧憧往還曳曳空間華柱上征殊馬援之標界石臺中聳若鼇力之負山偉哉武侯時賞茲國況夫樞要作限通塞旁達無垠下臨不測舟形崎嶬似火龍之飲川梁

勢綿綿疑海鵰之點翼其拯物也有來斯適其濟時也遐方不極非夫蓄巨川之運迴斡地之力則何能掄梓材以當路臨要津而作式守此道也夫有何極然而物有成規國無虛費信彼才之可取奚此橋之獨貴使夫期河伯以獻珠與連城而照魏

蒲州府志　卷之十七　…　…

唐皮日休首陽山碑

天必從道道不由天其曰人乎哉大聖應千百年之運仁發於祥義動於瑞上聖帝也次素王也莫不應乎天地亘乎日月動乎鬼神或有守道以介死秉志以窮生確然金石不足以爲貞澹然冰玉不足以爲潔非其上古聖人不以動其心況當世富貴之士哉斯其自信乎道則天地不可得而應也嗚呼夷齊之志嘗以神農虞夏形於言由是觀之豈有意於文武者哉然跡其歸周不從諫而死彼當求西伯也而得

武王不曰得仁乎既得其仁而不取其諫則夷齊之死宜矣太史公以其餓死責乎天道嗚呼若夷齊之行可謂道不由天者乎如不得仁而餓死天可責也苟夷齊以殷亂可平而臣於周則周召之列矣奚有首陽之阨乎若夷齊者自信其道天不可得而應者也天尚不可應况於人乎况於鬼神乎

唐司空圖中條山居記

中條蹴蒲津東顧虞鄉纔百里亦猶人之秀發必見于眉宇之間故五峰頩然爲其冠珥是谿蔚然涵其濃英之氣左右函洛乃滌煩濟賞之境會昌中詔毁佛宫因爲我有谷之名本以王官廢壘在其側今司空氏易之爲禎陵谿亦曰禎貽云愚以家世儲善之祐集於厥躬乃刻儀大悲跂新構於西北隅其亭曰證因證因之右其亭曰擬綸志其所著也擬綸之左其亭曰修史昜其所職也西南之亭曰濯纓濯纓之

窻曰一鳴皆有所警堂曰三詔之堂室曰九籥之室
歊其壁以模玉川於其間備列國朝至行清節文學
英特之士庶存聳激耳共上方之亭曰覽照懸瀑之
亭曰瑩心皆歸於釋氏以棲其徒愚雖不佞猶幸處
於鄉里不侵不侮處於山林物無夭伐亦足少庇子
孫且詎知他日復覩晬容訪陳跡者非今茲誓願之
證哉久於斯石庶幾不昧有唐光啟三年丁未歲記

唐司空圖休休亭記

休休也美也既休而其美在焉司空氏禎貽谿休休亭本濯纓也濯纓爲陝軍所焚愚竄避踰紀天復癸亥歲蒲稔人安既葺於壞垣之中搆不盈丈然遽更其名者非以爲奇蓋量其材一宜休也揣其分二宜休也凡耄而聵三宜休也而又少而墮長而率老而迂是三者皆非救時之用又宜休也尚慮多難不能自信既而晝寢遇二僧其名皆上方刻石者也其一曰闓顧謂吾曰吾常爲汝之師也汝昔矯於道鋭而

不啻爲利慾之所拘幸悟而悔將復從我於是豁耳
且汝雖退亦嘗爲匪人之所嫉宜以耐辱自警庶保
其終始與靖節醉吟第其品級於千載之下復何求
哉因爲耐辱居士歌題於亭之東北楹自開成丁巳
歲七月距今以是歲是月作是歌亦樂天作傳之年
六十七矣休休乎且又殁而可以自任者不增愧負
於家國矣復何求哉天復癸亥秋七月記

唐司空圖注愍征賦後述

武宣之間籍顯地者雖無如梁韓數公以雅實自任而能振拔後進然士大夫宴遊之倦猶或時道文學以佽助執事者而盧君尚以讒擯致憤於累千百言亦猶虎之餌毒蛟之飲鏃其作也雖震邱林鼓溟漲不能快其咆怒之氣且科爵之設是多得於彼而少喪於此侈其虛而歉其實彼或充然自喜而又以拱默相持曾不知日月沒於晷刻之間蠅翔而螢腐耳然則著明幸於棄黜而能以愍征爭勍於千載之下

吾知後之作者有歐血不能逮之者矣其所得何如於彼哉且上至聖哲下至豪特之士得於文學者多矣豈以一靈運之狂而可沮辱天下之奇偉哉況面牆而悖謬者何翅於此邪愚前述雖已悉道其遒壯悽豔矣而終不能研其才外之致以是擲筆狂呌奇之亂生又嘗著濯纓引以雪詞人之憤其旨亦屬於盧君且凡禀精爽之氣是或有智謀超出羣輩一旦憤抑埤其筆舌亦猶武人遑怨於鋒刃也俾其無所控告驅於讐敵必貽國家之患矣然則據權而蔽善

者得不常以此危慮哉

蒲州府志 卷之十七

唐司空圖書柳柳州集後

金之精麤攷其聲皆可辨也豈淸於磬而渾於鐘哉然則作者爲文爲詩才格亦可見豈當善於彼而不善於此邪愚觀文人之爲詩詩人之爲文始皆繫其所尚既專則搜研愈至故能衒其工於不朽亦猶力巨而鬬者所持之器各異而皆能濟勝以爲勍敵也愚嘗覽韓吏部歌詩累百首其驅駕氣勢若掀雷抉電撑抉於天地之垠物狀其變不得鼓舞而徇其呼吸也其次皇甫祠部文集外所作亦爲遒逸非無意

於深密蓋或未遑耳今於華下方得柳詩味其探搜之致亦深遠矣俾其窮而克壽抗精極思則固非瑣瑣者輕可擬議其優劣又嘗觀杜子美祭太尉房公李太白佛寺碑贊宏拔清厲乃其詩歌也張曲江五言沈鬱亦其文筆也豈相傷哉噫後之學者褊淺片詞隻句不能自辨已側目相詆訾矣痛哉因題柳集之末庶俾後之詮評者罔惑偏說以蓋其全工

唐司空圖說魚

蒲之東七十里山秀而瘠故其水迅激不能蓄鱗介之族著於方志焉王城谷司空氏曰禎貽溪其巖瀑尤爲陗束愚常派貯於庭欲資涵泳之翫或致於他所亦不更夕輒暴去前年捧詔西上後移疾華下則鄰之佛者遽至言石寶泉隙魚皆充牣愚熟念竟不能究其說而佛者䋡吾久於是溪雖才啇而命匏然撫其愛育之心足以逹其物類蓋斯魚之産是欲信吾心於方將耳而愚尚以爲愧也且爲覊涉歲而後

魚集於故山之泉彼能違吾之心宅幽而遠害是有物致之且感愚之妄進姑欲全吾道而保退安耳敢不自警也哉

唐司空圖文中子碑

道制治之大器也儒守其器者耳故聖哲之生受任於天不可斲之以就其時仲尼不用於戰國致其道於孟荀而傳焉得於漢成四百之祚五胡繼亂極於周齊天其或者生文中子以致聖人之用得衆賢而廓之以俟我唐亦天命也故房魏數公皆爲其徒恢文武之道以濟貞觀治平之盛今三百年矣宜其碑聖之𣄃柄授必有施臣底之績濟亦厥時子惟善守賦而不私克輸於我貞休之基

文中子隋之大儒程伯淳常稱其書多佳言懿行陳同甫論學自揚雄後亦推王通獨朱考亭以爲文中子一書出於阮逸之僞作且疑當時未必果有其人又譏文中子爲杉夫子謂唐之房杜李魏皆一世英傑恐莫肯俯首師之而所云事爲弟子者亦多未足信然自唐世皮日休林慎言司空圖諸公已盛道文中子觀表聖此碑大畧可見於此知考亭之論亦失之矯誣矣獨惟當時隋書成於魏元成顧置其師而不爲

之立傳又不可曉也因斯碑而附述之

唐盧士倖段干木廟記

陝之芮東有祠署於道曰魏文侯師段干木廟謹按史傳語文侯過其廬必式呂覽云秦攻芮司馬康以先生深諫其君又按圖經云先生以原上草廬中高枕而卧秦遂解兵昔子貢救魯挾辯詐扶危主然後僨而獲免豈若先生靡勞師徒曠然宴息而國不加害民受其賜誠以德充氣融道義純備者矣貞元元年秋八月七日將仕郎前守河南府伊陽縣主簿范陽盧士倖載想遐蹤願誌遺廟銘曰鼎湖在南中條

在北洪河橫流以紀魏國天地淑靈山澤粹精惟公
克生爲魏之楨鄰不加兵民用舒寧秦號虎狼殺厲
重傷毒螫齗齗侵軼西疆瞻我仁人沛然知方以義
以暴以柔以剛善師不陣古稱至德先生宴然婆娑
偃息蓬居草廬是敬是式比彼干戈俄成禮則士之
生世人爵爲貴功成不居惟德之懿士之避土或蹈
遐裔公則靖民以義爲利我行其野祠宇巋然播詠
仁風精誠若傳條山如礪河水如帶先生之德永永
不昧

唐長孫修漢丞相翟公碑

昔猗氏城西五里曰漢故丞相高陵侯翟公諱方進字子威之墓公茂德洪業焯焯於漢廷公以儒術進歷京兆尹御史大夫公端肅莊厲守位以威嚴稱漢成帝器其能擢拜丞相公智能有餘兼通文法吏事以儒雅飭法律故漢號爲通明相公內行修飭事繼母以孝聞有子曰宣曰義宣爲通儒歷南郡太守義耿介抗直以王莽悖亂攝政義忠烈憤激誓不顧死以東郡守扶順討逆師敗被誅天下感慕其忠而冤

其敗此所謂盛德之懿忠孝之門宜其光昭嗣續後代其昌熾乎故公之後綿歷魏晉郡守列卿歷代不絶晉處士湯名重當時國朝已還楚質木棲皆以文詞登第守宰不可勝記則公之盛德忠烈烜乎其有後矣公之宅地廣斥松櫝森列洎貞元初懷光阻兵詔太原尹節度使馬燧討之馬燧宿兵十萬屯於城中當賊之𨐨井堙木刊故公之松檟蕩然槎摧矣公之碑記折墜草莽矣頹圮損廢綿歷三紀故宗長翟春暨宗人翟鼎等一二人相與謀曰文記堙滅何以

彰我祖之休烈松檀摧槎何以識宅兆之封域遂與
宗人翟晶等三十人協心一力建豎舊碑剗剔榛莽
以文字磨礲將刱碑以表之上啓於邑宰李公公以
爲政之本莫先於敎孝爲禮之基莫大於敬宗子能
以尊祖爲孝則吾政幾敷矣其宗長翟瑀及宗人等
以修嘗泰在李公之遊固請爲記輒敢紀其舊跡及
宗人重建碑之年月日以表云公本汝南上蔡人歸
葬本郡値東郡之敗其餘子孫逃難西遷改葬於此
攷諸系代爲河東猗氏人長慶二年歲壬寅八月已

末朔二十日建

《山西文華》編纂委員會　編

山西文華·史料編

蒲州府志

清乾隆版　第四册

卷十一至卷十四

清　喬光烈　周景柱◎總修

山西出版傳媒集團
三晉出版社

山西文華

蒲州府志卷之十一

人物中

唐

薛收字伯褒蒲州汾陰人道衡子出繼從父孺年十二能屬文郡舉秀才不應聞高祖興遁入首陽山將應義舉通守堯君素迹置其母城中收不得去及君素東連王世充遂歸國房元齡亟言之秦王名見問方畧對合旨授府主簿判陝東大行臺金部郎中時軍事繁綜收爲書檄露布或馬上占辭

該斂如素搆初不竄定竇建德來援諸將爭言斂
軍以觀形勢收獨曰不然世充據東都府庫盈衍
其兵皆江淮選卒正苦乏食爾是以求戰不得爲
我所持今建德身總衆以來必飛轂轉糧更相餫
哺兩賊連固則伊洛間勝負未可歲月定也不若
勒諸將嚴兵締壘浚其溝防戒毋出兵大王親督
精銳據成皐厲兵按甲邀建德路彼以疲老當吾
堂堂之鋒一戰必舉不旬日二賊可縛至麾下矣
王曰善遂擒建德降世充王入觀隋宮室收進曰

峻宇雕牆殷以亡土階茅茨堯以昌始皇興阿房而秦禍速文帝罷露臺而漢祚永王重其言俄授天策府記室參軍從平劉黑闥封汾陰縣男嘗上書諫止畋獵王答曰覽所陳如成我者卿也明珠兼乘未若一言令賜黃金四十挺武德七年王遣使問疾相望於道命輿至府親舉袂撫之論叙生平感激涕泗卒年三十三王哭之慟與其從兄子元敬書曰吾與伯褒共軍旅間未嘗不驅馳經略欵曲襟抱豈期一朝成千古也且家素貧而子幼

善撫安之以慰吾懷遣使弔祭贈帛三百段後圖
學士像歎其早死不得與既即位語房元齡曰收
若在當以中書令處之又嘗夢收如平生賜其家
粟帛貞觀七年贈定州刺史

收常事王仲淹其語見於文中子書文中子作
元經收爲之傳今其書具存世亦未有稱之者
山西通志載人物而於其後論之以謂收當軼
魏徵房杜之上夫豈其然

裴寂虞鄉人幼孤兄鞠之年十四補郡主簿隋大業

中爲齊州司戶參軍歷侍御史晉陽宮副監唐公雅與厚及留守大原契分愈密秦王與劉文靜方建大計未敢白公以寂最厚善因情告之許諾間飲酣乃白秦王將舉兵狀唐公然所計兵起至河東屈突通未下而三輔豪傑多歸者唐公欲先取京師恐通掎其後猶豫未決寂說曰今通據蒲關未下而西我腹背支敵敗之符也不若破通而後趨京師秦王曰不然兵尚權權利於速今乘機渡河以奪其心衆附兵强何向不克通自守賊耳肅

能患我唐公兩從之乃留兵圍蒲而遣秦王入關
長安平賜寂田千頃甲第一區物四萬段遷大丞
相府長史進魏國公邑三百戶隋帝禪位公固讓
寂開陳符命以勸又督太常具儀撰日唐公即位
曰使我至此者公也呼爲裴監而不名貴震當世
武德四年改鑄錢賜一鑪得自鑄又聘其女爲趙
王元景妃遷左僕射帝置酒含章殿歡甚寂頓首
曰始陛下發太原約天下已定許上印綬今四海
妥安願賜骸骨歸田里帝泣下曰未也要當相與

老爾公爲宗臣我爲太上皇逍遥晩歲不亦善乎

九年冊拜司空遣司書員外郎日一人直第貞觀

初太宗親郊命寂與長孫無忌升金輅寂辭帝曰

公有佐命勲無忌宣力王室非二人誰可參乘者

遂同載歸後坐事放靜州會山羌反或言刼寂爲

主帝曰國家於寂有恩必不爾既而寂率家僮破

賊帝念寂功詔入朝會卒年六十贈相州刺史工

部尚書河東郡公

柳楚賢虞鄉人隋饒州刺史莊之孫其先仕江左世

居襄陽陳亡還鄉里楚賢大業末爲河北縣長時
堯君素固守郡城以拒義師楚賢進說曰隋之將
亡天下共知唐公名應圖籙動以信義豪傑響應
天所贊也君子見幾而作不俟終日轉禍爲福今
其時也君素不從楚賢潛行歸國高祖甚悅拜侍
御史貞觀中累轉光祿少卿使突厥撫李思摩于
突厥贈馬百疋及方物悉拒而不受累轉交桂二
州都督皆有能名卒於杭州刺史
新書無楚賢傳附見子冲傳中舊唐書則楚賢

自爲傳考晉宋隋唐之世其在河東凡稱裴者則皆聞喜稱柳者皆解人以土斷雖移越他所必以郡望歸之　王謝已久居會稽尚必言陽夏瑯琊者當時之制然也楚賢與冲宜爲解人史稱虞鄉豈即因所居而書之乎即裴寂亦宜爲聞喜人乃通志府志與州縣諸志並因史文係以虞鄉今仍其舊云

張元素虞鄉人仕隋爲景城縣戶曹竇建德陷景城執將殺之邑人千餘號泣請代曰此清吏殺之是

無天也大王即定天下無使善人解體建德命釋縛署治書侍御史不拜聞江都已弑始爲建德黄門侍郎賊平授景州錄事參軍太宗即位問以政善之拜侍御史遷給事中貞觀四年詔發卒治洛陽宫乾陽殿且東幸元素上書諫以爲恐陛下之過甚於煬帝帝曰卿謂我不如煬帝何如桀紂對曰若此殿卒興同歸於亂臣聞東都始平太上皇詔宫室過度者焚之陛下謂瓦木可用請賜貧人事雖不從天下稱爲盛德今復度而宫之是隋役

又興不五六年間一拾一取天下謂何帝顧房元齡曰洛陽朝貢天下中朕營之意欲便四方百姓今元素言如此使後必往雖露坐庸何苦即詔罷役賜絲二百匹魏徵名梗挺聞元素言歎曰張公論事有回天之力可謂仁人之言哉歷太子少詹事遷右庶子時太子承乾事游畋不悅學元素屢上書極諫頻擢至銀青光祿大夫行左庶子太子久不見賓客元素曰宫中所見止婦人不知如樊姬等可與益聖德者幾何若無之即便誠艷孌佞

足顧哉又嘗闖宮中擊鼓叩閤正言太子出鼓對
元素破之元素不能已上書又諫太子怒遣刺客
伺之會東宮廢元素坐除名頃之召授潮州刺史
徙鄧州訖不復親近高宗時以老致仕麟德初卒
薛大鼎字重臣蒲州汾陰人父粹隋介州長史坐漢
王諒遇害大鼎流辰州用戰功得還高祖兵興謁
見龍門因說絕龍門軍永豐倉就食爲拊背扼喉
計高祖奇之時諸將策先攻河東故議置不用授
大將軍府察非掾出爲山南道副大使開屯田趙

郡王孝恭討輔公祏以爲饒州道軍師引兵渡彭蠡湖以功遷浩州刺史累徙滄州無棣渠久廢塞大鼎浚治屬之海商賈流行里民歌曰新溝通州檝利屬滄海魚鹽至昔徒行今騁駟美哉薛公德滂被又疏長蘆漳衡三渠泄汙潦水不爲害時鄭德本在瀛洲賈敦頤爲冀州皆有治名故河北稱鐺脚刺史永徽中遷銀青光祿大夫行荊州大都督長史卒謚曰恭

張嘉貞本范陽舊姓高祖子吒仕隋終河東郡丞家

焉遂爲蒲州猗氏人以五經舉補平鄉尉坐事免
長安中御史張循憲使河東事有未決問吏曰若
頗知有佳客乎吏以嘉貞對循憲召見咨以事嘉
貞條析理分莫不洗然循憲大驚試命草奏皆意
所未及它日武后以爲能循憲對皆嘉貞所爲后
名見拜監察御史累遷兵部員外郎時功狀盈几
郎吏不能決嘉貞爲詳處不越旬廷無稽牒進中
書舍人歷梁秦二州都督并州長史政以嚴辦吏
下畏之奏事京師明皇善其政數慰勞突厥九姓

新內屬雜處太原北嘉貞請置天兵軍綏護其衆即以爲天兵軍使明年入朝或告其反按無狀帝令坐告者嘉貞辭曰國之重兵利器皆在邊今告者亦不當即罪之臣恐塞言路且爲未來之患遂得减死天子以爲忠及宋璟等罷帝即以爲中書侍郎同中書門下平章事遷中書令居位二年善傳奏敏於裁遣數與張說不相能後拜工部尚書爲定州刺史知北平軍事封河東侯久之以疾丐還東都詔醫馳驛護視卒贈益州大都督謚曰恭

肅其始爲中書舍人崔湜輕之後與議事正出其上湜驚曰此終其坐後十年而爲中書令嘉貞雖貴不立田園有勸之者答曰吾嘗相國矣未死豈有饑寒憂若以譴去雖富田産猶不能有也近世士大夫務廣田宅爲不肖子酒色費我無是也引萬年主簿韓朝宗爲御史卒後十餘歲朝宗以京兆尹見帝曰陛下待宰相進退皆以禮身雖殁子孫咸在廷張嘉貞晩一息獨未官帝憫然召拜左司禦率府兵曹參軍賜名延賞

張延賞雖早孤而博涉經史通吏治大歷初除河南尹諸道營田副使河洛當兵衝邑里墟榛延賞政簡約輕傜賦疏河渠築宮廟數年流庸歸附都闕完雄有詔褒美時罷河南山南等副元帥兵屯東都詔延賞知留守以兵屬居五年治行第一召拜大夫出爲淮南節度使歲旱民它遷吏禁之延賞曰食者人恃以活拘此而斃不如適彼而生苟存吾人何限爲乃具舟遣之勑吏爲修室廬已逋償而歸者更增於舊累拜荆南劍南西川節度使建

中中西山兵馬使張朏襲成都爲亂酣酒不設備延賞諜知之遣將叱干遂捕斬朏復成都自楊國忠討南蠻三蜀疲弊及乘輿臨狩糜用百出後更郭英乂崔寧楊子琳之亂益凋僭公私蕭然延賞事爲之制薄入謹出府庫遂實德宗在奉天貢獻踵道及次梁洋倚劍蜀爲根本即拜中書侍郎同中書門下平章事卒贈太保謚曰成肅延賞更四鎮所至民頌其愛子宏靖

張宏靖以廕爲河南參軍裴延齡爲德陽公主治第

欲徙宏靖先廟上疏自言德宗異之擢監察御史累遷戶部侍郎陝州觀察使徙河中節度使元和中拜刑部尚書同中書門下平章事進中書侍郎封高平縣侯武元衡遇害賊未得王承宗邸廝卒張晏被告詔付御史臺劾驗有狀宏靖疑御史傅致晏罪言之帝不聽遂誅晏討承宗宏靖曰戎事並興鮮有濟不如悉力淮西已平乃治河朔議再迕乃歸政以檢校吏部尚書同平章事爲河東節度使未及鎮詔伐承宗宏靖自以諫不聽思自効

乃太閲兵請身討賊詔許出征無親往旣王師無
功帝憶曩言下詔褒美宏靖亦遣使間道諭承宗
承宗欵附名拜吏部尚書徙節宣武承韓宏虐政
代以寛簡民便安之後充盧龍節度使卒贈太子
太保宏靖少有令聞杜鴻漸杜佑皆器許之歷臺
閣顯級人以爲有輔相才先第在東都思順里歷
三世無所增葺時號三相張家云
猗氏志嘉貞上有杜如晦後有王維縉如晦固
京兆杜陵人若維縉之不爲猗氏人奚煩借及

平

薛元超　收子九歲襲爵長好學善屬文尚巢王女和
靜縣主累授太子舍人高宗初遷給事中數陳當
世得失納之轉中書舍人宏文館學士喪解起授
黄門侍郎檢校太子左庶子薦任希古高智周郭
正一王義方孟利正鄭祖元鄧元挺崔融等皆以
才自名累拜東臺侍郎請令李義府乘馬貶簡州
刺史又坐上官儀戍嶲州上元初還拜正諫大夫
三年遷中書侍郎同中書門下三品上校獵温泉

奏諸番野心而使挾兵在闉中非所宜納之上嘗
宴召元超曰任卿中書寧藉多入俄拜中書令兼
左庶子幸東都留輔太子監國手勅曰朕留卿若
失一臂顧太子未習庶務關中事卿悉專之嘗諫
太子曰內苑之地繚叢薄旨翳薈絕磴險塗殿下
載輕禽逐狡兎銜橜之變詎無可虞又戶奴竊發
將何以禦天皇所賜書戒丁寧惟罷馳射之勞望
情墳典豈不美歟上遣使厚賜慰其意時政出武
后暘喑乞骸骨加金紫光祿大夫卒年六十二贈

光祿大夫秦州都督陪葬乾陵子曜聖歷中官正

諫大夫

封常清蒲州猗氏人多所該究年過三十未有名夫

蒙靈詧節度四鎮以高仙芝爲都知兵馬使奏傔

從三十餘人常清慨然投牒而素瘠又脚跛仙芝

陋其貌不納明日復至仙芝謝去之常清怒曰我

慕公義願事鞭靮故無媒自前公何見拒深乎以

貌取士恐失之子羽固日候門下仙芝不得已竄

名傔中會達奚諸部自黑山西趣碎葉靈詧使仙

芝以二千騎追躡擒鼪畧盡常清於幕下潛作捷布具記井泉次舍克賊形勢謀略條最明審仙芝之取讀之皆意所欲出乃大駭即用之軍還靈詧迎勞判官劉眺獨孤峻爭問向捷布誰作者公幕下安得此人答曰吾傔封常清也眺等皆驚進揖常清坐與語異之遂知名以功授疊州戍主仍爲判官從戰小勃律有勞擢慶王府錄事參軍事爲節度判官仙芝征討常清每從務才而果胸無疑事郎將鄭德詮仙芝乳母子也威動軍中常清嘗至

外還諸將前謁德詮走馬突常清麾下去常清命

左右引德詮至廷中門輒閉因離席曰吾起細微

中丞公過聽以主留事郎將安得無禮因叱曰須

暫假郎將死以肅吾軍因杖死仙芝妻及乳母哭

門外救請不得仙芝驚憚其公不敢讓常清亦不

謝會大將有罪又殺二人軍中莫不股慄仙芝節

度河西復請爲判官久之擢安西副大都護安西

四鎮節度副大使知節度事尋改北庭都護持節

伊西節度使常清性勤儉耐勞苦出軍乘騾私廐

裁二馬賞罰分明天寶末入朝上問何策以討祿
山常清見上憂大言曰天下太平久人不知戰然
事有逆順勢有奇變臣請馳至東京悉府庫募驍
勇挑馬箠渡河計日取賊首以獻上壯之明日以
爲范陽節度副大使乘驛赴東京常清募兵得六
萬人然皆市井傭保乃部分旗幟斷河陽橋以守
作書遺平原太守顔眞卿勸堅守且傳賭祿山檄
數十函與之眞卿得以分曉諸郡祿山渡河常清
不能禦伐大木塞道以殿至穀水西奔陝語高仙

芝曰不如急守潼關仙芝從之詔削官白衣隸仙芝軍仙芝使衣黑衣監左右部監軍邊令誠搆常清以賊搖衆遂詔斬於軍中常清曰吾所以不死者恐汙國家節度戮賊手今死乃甘心始常清敗徑入關欲面陳討賊事詔赴潼關因爲表以謝且言自東京陷三遣使表論成敗不得對又言臣死後望陛下無輕此賊至是臨刑以表授令誠而死人多哀之

唐書贊常清驅市人數萬以嬰賊鋒一戰不勝

即奪爵土欲入關見上論成敗事使者三輩上
書皆不報回斬於軍卒使叛將得藉口執哥舒
翰以降賊焉
呂諲河中河東人少力於學志行整飭孤貧不自業
里人程氏以女妻諲厚分貲贍濟故稱譽日廣開
元末第進士調寧陵尉採訪使韋陟署支使哥舒
翰節度河西表度支判官歷太子通事舍人秉性
靜慎勤總吏職諸僚或出游諲獨頹然據案鉤視
簿最翰益親之累兼殿中侍御史再遷監武拜御

史中丞陳事無不順納遷武部侍郎與李峴同領
三司使諲援律傳經過峴當時憚其持法乾元二
年擢同中書門下平章事知門下省會喪解三月
復召知門下省事兼判度支還執政累封須昌縣
伯遷黃門侍郎上元初加同中書門下三品罷爲
太子賓客數月拜荆州長史澧朗峽忠等五州節
度使請荆州置南部詔可於是更號江陵府以諲
爲尹置永平軍萬人遏吳蜀之衝以湖南之岳潭
郴道邵連黔中之涪凡七州隸其道初衡州蠻陳

希昂爲長史張惟一司馬督家兵千人脇殺親將牟遂金後過江陵入謁諲伏甲擊殺之誅黨偶數十人積尸府門內外震服諲爲治不急細務決大事剛果不撓始在河西悉知諸將能否及爲尹奏取材者數十人總牙兵故威惠兩行李揆妄奏置軍湖南非便又陰遣人刺過失諲訟其事上逐揆出之諲羸疾卒年五十一贈吏部尚書諲在朝不稱任職相及爲荆州號令嚴明賦斂均一治尚威信軍士用命闔境無盜賊民歌詠之自至德以來

處方面數十人謹最有名荆人生構祠及殁吏哀錢十萬徙祠府西始薦杜鴻漸元載才後皆爲宰相永泰中嚴郢以故吏請謚博士獨孤及謚曰肅郢請益曰忠肅及執奏謚遂不改

唐之河東與漢不同漢河東郡所統頗廣若唐以河中府爲河東郡且有河東縣其河東縣則今永樂以北兼有臨晉西境地故凡唐史所稱河中河東人如吕諲裴冕等大抵皆爲今永濟人矣吕化光亦河東人柳宗元誄之又稱東平

豈呂氏先出東平而後居河東者乎則謂之望宜亦爲東平明矣

薛播河中寶鼎人曾祖文思中書舍人播兄弟七人皆擢進士第累授殿中侍御史遷武功萬年令淵敏而裕與人交有常李棲筠常衮崔祐甫並器之祐甫輔政拜中書舍人出爲汝州刺史坐小累貶泉州再遷河南尹以禮部侍郎卒贈尚書子公達擢進士第佐鳳翔軍帥嘗集射設的高數十尺令曰中者酬錦與金一軍莫能中公達執弓矢揖曰

請爲公歡射三發連中衆大呼笑帥不喜自免去
復佐河陽軍以國子助教卒
薛苹河中寶鼎人七世祖道實隋禮部尚書父順奉
天尉楊國忠將引之輙謝絶苹以吏最拜長安令
歷虢州刺史憲宗時奏最擢湖南觀察使徙浙東
以治行遷浙西加御史大夫累封河東郡公所居
守法度務在安人治身嗇薄衣綠袍更十年至緋
衣乃易居三鎮不聽聲樂所得禄即分散親屬故
人而無餘藏除左散騎常侍年七十致仕居四年

卒贈工部尚書謚曰宣

董晉字混成河中虞鄉人擢明經肅宗幸彭原上書行在拜祕書省校書郎待制翰林出爲淮南崔圓府判官累遷祠部郎中大歷中李涵送崇徽公主於回紇署晉判官回紇見使者倨因問歲市馬而唐歸我賄不足何也涵數目晉晉曰我非無馬而與爾爲市爲爾賜者不已多乎爾之馬歲五至而邊有司數皮償貲天子不忘爾勞勑吏無得問爾反用是望我邪諸戎以我之愛與也莫敢角爾父

子寧畜馬蕃非我則誰使衆皆南面拜還遷祕書少監德宗立授太府卿不旬日爲左散騎常侍兼御史中丞知臺事出爲華州刺史朱泚遣兵攻之晉走行在改國子祭酒宣慰恒州還至河中說李懷光曰朱泚苟得志於公何有且公位太尉泚雖寵公亦無以加彼不能事君能以臣事公乎公能事彼而有不能事君乎公若襲取賊淸宮以迎天子雖有大惡猶將掩焉如公則誰敢議懷光喜且泣晉亦泣又語其將卒皆拜故懷光雖偃蹇亦不

助泚遷左金吾衛大將軍改尚書左丞右丞元琇爲韓滉排笮得罪晉見宰相誦琇非罪士大夫壯其節貞元五年以門下侍郎同中書門下平章事實參裁可大事晉無所駮異九年罷爲禮部尚書以兵部尚書爲東都留守復詔檢校尚書左僕射同中書門下平章事爲宣武節度副大使知節度事李萬榮死鄧惟恭總其軍晉受命不召兵惟幕府騶傔從之即日上道至鄭逆者不至人勸止晉不聽直造汴及郊惟恭始出迎謁既入即委以軍

政無所改更盡罷幕下勇士衆服晉有體惟恭潛
謀亂晉覺之殺其黨械惟恭送京師詔拜汝州刺
史陸長源爲司馬以佐晉晉廉愿儉簡事多循仍
故軍粗安長源數欲變更諸事晉初許之已而悉
罷不用以財賦委孟叔度晉在軍五年卒年七十
六贈太傅謚曰恭憲
敬播蒲州河東人貞觀初擢進士第時顔師古孔頴
達撰次隋史詔播詣祕書内省參纂再遷著作佐
郎兼修國史從伐高麗上名山爲駐蹕播謂人曰

山所以名天意也其後果然遷太子司議郎又與令狐德棻等撰晉書大抵凡例皆播所發也更議法律播曰兄弟雖孔懷之重然比於父子則輕故生有異室死有別宗今高官重爵本蔭惟逮子孫而不及昆季烏得榮隔其蔭而罪均其罰詔從其議永徽後歷諫議大夫給事中始播與許敬宗撰高祖實錄興創業盡貞觀十四年至是又撰太宗實錄訖二十三年坐事出爲越州長史徙安州卒房元齡嘗稱播陳壽之流乎元齡患顏師古注漢

書文繁令掇其要爲四十篇
暢當河東人父璀左散騎常侍代宗時與裴冕賈至
王延昌待制集賢院終戶部尚書當擢進士第貞
元初爲太常博士昭德之喪詔太常議承華與諸
王服制當與博士張薦柳冕李吉甫請如晉杜預
議又貞觀十一年正月以晉王爲幷州都督旣命
官當已除矣今宜如魏晉制詔宰臣與有司更議
當又言宜酌變爲制及董晉代鄭叔則爲太常卿
上諭曰暢當等請循魏晉故事至論也當以果州

刺史卒

樊澤字安時河中人少孤依外家客河朔相衛節度使薛嵩表爲堯山令舉賢良方正攴潼關雨淖困不能前有熊執易者同舍逆旅哀之輟所乘馬傾褚以濟自罷所舉是歲澤上第楊炎善之擢左補闕澤有武力喜兵法時謂有將帥器嘗召對延英德宗歎其論兵與我意合累遷山南東道司馬就拜節度使每射獵諸將憚其材武數與李希烈角禽驃將張嘉瑜杜文朝梁俊之等賊氣沮縮遂取

唐隋二州貞元三年爲荆南節度使會山南東道
嗣曹王皐卒軍亂剽居人以澤威惠著襄漢間復
徙山南東道加檢校尚書右僕射十四年卒年五
十七贈司空謚曰成訃至帝爲撤宴廢朝
樊宗師字紹述始爲國子主簿元和三年擢軍謀宏
遠科授著作佐郎歷金部郎中綿州刺史徙絳州
治有績進諫議大夫未拜卒始宗師家饒於財悉
散施姻舊賓客妻子告不給宗師笑不答然學力
多通解著春秋傳魁紀公樊子凡百餘篇別集尚

多韓愈稱宗師論議平正有經據嘗薦其材云

呂溫河中人侍郎渭子也從陸質治春秋梁肅爲文章貞元末擢進士第與韋執誼厚因善王叔文再遷爲左拾遺以侍御史副張薦使吐蕃會順宗立薦卒於虜虜以中國有喪留溫不遣時叔文秉權與游者皆貴顯溫在絶域不得遷常自悲元和元年乃還而柳宗元等皆坐叔文貶溫獨免進戸部員外郎溫藻翰精富一時流輩推尚性險躁譎詭而好利與竇羣羊士諤相昵羣爲御史中丞薦溫

知雜事士諤爲御史宰相李吉甫持之久不報溫
等怨時吉甫爲宦侍所抑溫乘其間謀逐之會吉
甫病夜名術士宿於第即捕士掠訊且奏吉甫陰
事憲宗駭異既詰辯皆妄言將悉誅羣等吉甫苦
救乃免於是貶溫均州刺史士諤賓州議者不厭
再貶爲道州久之爲衡州治有善狀卒年四十
薛珏字溫如河中寶鼎人以蔭爲懿德太子廟令累
遷乾陵臺令以清白聞課第一改昭應令人請立
石紀德珏固讓遷楚州刺史州有營田宰相遙領

使而刺史得專達休及宅給百餘萬田官數百歲
遷別戸三千備刺史厮役琎悉條去之租入嬴異
時覲察使誣以罪左授陜州刺史建中初升黜使
李承壯琎之簡超賛言其廉盧翰稱其肅書參聞
拜中散大夫賜金紫劉元佐表兼汴宋行軍司馬
李希烈棄汴州即拜刺史遷河南尹入爲司農卿
詔備刺史縣令選宰相欲椶以文詞琎曰求良吏
宜以上愛人之本爲心也宰相多其計所用皆稱
職爲京兆尹司農供三宮畜茹三十車不足請市

京兆珏使萬年令韋彤禁齎賣坐奪俸珏剛嚴曉
法治勤身以勸下坐善賈參政太子賓客出爲嶺
南觀察使卒年七十四贈工部尚書子存慶字嗣
慶貌偉岸及進士第歷御史尚書郎五遷給事中
封駁詔書時稱其直劉總以幽州歸朝穆宗謂宰
相曰必用薛存慶可以宣朕意對延英一刻遣之
至鎮州卒贈吏部侍郎
衛次公字從周河中河東人舉進士高第調渭南尉
嚴震辟佐興元府累遷殿中侍御史貞元中擢左

補闕翰林學士貞元末召至金鑾殿議所立次公曰冢嫡内外係心必不得已宜立廣陵王議乃定王叔文等用事多所持正知禮部貢舉斥華取實不爲權力侵撓由中書舍人充史館修撰改兵部侍郎坐鄭絪罷下除太子賓客久乃爲陝虢州觀察使鐲横租錢歲三百萬復入爲兵部侍郎李勷徐有功孫皆以負不得調召見曰子之祖勲在王府寧限常格乎即優補而遣進尚書左丞時討蔡數建請罷兵上將相之制藁具而蔡捷書至乃以

檢校工部尚書爲淮南節度使久之召還卒年六十六贈太子少傅謚曰敬次公本善琹京兆尹李齊運嘗使子請受琹法次公拒絕因終身不復鼓其節尚終始完潔子洙舉進士尚臨眞公主檢校祕書少監駙馬都尉文宗曰洙起名家以文進宜諫官寵之乃爲左拾遺歷義成節度使咸通中卒

范希朝字致君河中虞鄉人初爲邠寧軍別將以奉天戰守功累兼御史中丞治軍整毅節度使韓游瓌畏忌其才希朝奔鳳翔上名寘左神策軍貞元

四年使代游瓌希朝曰始傴而來終代其任非所
以防覬覦安反側也固讓左金吾衛將軍張獻甫
軍中必得希朝乃止詔拜寧州刺史邠寧節度副
使俾佐獻甫俄遷振武節度使部有党項室韋日
入慝作謂之刮城門希朝度要害置屯堡斥邏嚴
密鄙民以安至竊賊亦殺無赦虜人憚伏邊州長
帥每至效橐駝駿馬希朝一不納積十四年虜保
塞不敢橫初單于府地不樹希朝命蒔柳數歲成
林貞元末請朝時諸鎮不以事自述職者希朝而

已上悅拜右金吾衛大將軍王叔文用爲右神策統軍充左右神策京西諸城鎮行營節度使屯奉天憲宗立檢校尚書左僕射復爲右金吾衛大將軍俄檢校司空出爲朔方靈鹽節度使遷河東討王承宗敗之木刀溝還朝改左龍武統軍以太子太保致仕卒贈太子太師謚曰忠武改宣武希朝號當世善將或比之趙充國在朔方招沙陀千落衆萬餘其後用沙陀戰者所至有功

薛存誠字資明河中寶鼎人中進士第累擢監察御

史元和初中人爲館驛使存誠以爲害體甚奏罷之轉殿中侍御史累遷給事中瓊林庫廣籍工徒存誠曰此姦人羼名以避征役不可許神策軍誣奏咸陽尉袁儋儋被罰二勅皆執不下上怳遣使勞之拜御史中丞浮屠鑒虛自貞元中關通賂遺倚宦豎爲奸會坐事捕下獄存誠窮劾之得贓數十萬當以大辟詔釋之存誠不聽明日詔使詣臺諭曰朕須此囚面詰非赦也存誠奏曰獄已具必欲詔赦之請先殺臣乃可不然臣不敢奉詔鑒虛

卒抵死江西監軍高重昌妄劾信州刺史李位執

付仗內存誠一日三表請付御史臺及按果無實

尋復爲給事中御史中丞嗣上謂宰相曰持憲無

易存誠復命之會卒上悼惜贈刑部侍郎存誠性

和易於人無所不容及當官毅然不可奪

薛戎字元夫河中寶鼎人客毘陵陽羨山年四十餘

不仕江西觀察使李衡辟幕府三返乃肯應故宰

相齊映代衡奏留之府罷復歸陽羨福建觀察使

柳冕辟佐其府冕欲除泉州別駕馬總以附宦倖

使戎攝刺史按置其辠戎曰以是待我耶我始不
願仕正謂此爾不肯從還白其狀晃怒據案引戎
入戎終不爲屈遂自放江湖間藩府交奏稍遷河
南令吐突承璀討鎭州惟戎境內不治道不逆留
府卒犯令者縛置獄留守遣將略出之不與累遷
浙東觀察使弛酒榷禁卒官年七十五贈左散騎
常侍戎爲吏不尚約束絶名譽其有善歸之所部
故居官時無灼灼可驚者已罷則懷之悉奉廩賙
濟內外親既病殁以所有分遺之

胡証字啓中河中河東人舉進士第渾瑊美其才奏賓幕下由殿中侍御史爲韶州刺史以母老辭爲太子舍人更爲襄陽于頔掌書記入爲戸部郎中詔兼御史中丞爲魏博田宏正副使入遷諫議大夫元和九年以儒而勇選拜振武軍節度使道河中時趙宗儒爲帥以州民入謁早人榮之居四年名任金吾大將軍又充京西京北巡邊使太和公主降回鶻以檢校工部尚書爲和親使請儉受省費以絶私覲禮免鬻官之濫次漠南回鶻欲屈脇

之且言使者必易服又欲主便道疾驅詎固不從
以唐官儀自將訖不辱命還拜工部侍郎改京兆
尹左散騎常侍寶歷初以戶部尚書判度支固辭
拜嶺南節度使卒年七十一贈尚書右僕射
薛廷老字商叟存誠子及進士第讜正有父風寶歷
中爲右拾遺嘗與舒元褒李漢入閤論奏曰此除
拜不由宰司擬進恐綱紀寖壞奸邪放肆上厲語
曰更論何事元褒曰宮中興作太甚上變色曰興
作何所元褒不能對廷老曰臣等以諫爲職有聞

即應諭奏然見外葦材瓦絶多知有所營上曰已諭時造清思院殿中用銅鑑三千薄金十萬餅故懇言之尋加史館修撰嶺南節度使鄭權以公庫寶貨輸鄭注家廷老表按權罪中人切齒又論李逢吉黨張權輿程昔範不宜居諫爭官逢吉怒會告滿百日出爲臨晉令文宗立召爲殿中侍御史李讓夷數薦之拜翰林學士以疏放罷開成三年遷給事中偘偘不干虛譽推爲正人卒贈刑部侍郎子保遜第進士累擢給事中保遜子昭緯乾寧

中禮部侍郎貶硤州刺史
敬晦河東人進士及第辟山南東道節度府與馬曙
聯舍曙廷責太吏吏員兼軍職不引咎走訴諸府
牙將十輩申吏枉晦讓諸將曰吏冒軍名公等不
能詰反引與爲伍柰何衆愧謝闔府咨美累擢諫
議大夫武宗時趙歸眞挾詐御史李景湘獄得辠
晦上疏極道非是不少回繼大中中御史中丞
刑部侍郎諸道鹽鐵轉運使浙西觀察使歲運饉
處身儉勤貲力遂充徙兖海節度使以太子賓客

分司卒贈兵部尚書謚曰肅

薛放戎弟端厚寡言第進士累擢兵部郎中穆宗爲太子拜侍讀及即位參贊機命上謂曰先生宜相以輔不逮放叩頭曰臣庸淺不足塵大任自有賢能處之上美其誠進工部侍郎集賢學士寵待尤至改刑部侍郎上嘗問經史放曰六經者聖人之言孔子所發明天人之極也史記道成敗得失亦足以鑒然謬於是非非六經比又問六經要指對曰論語六經之菁華也孝經人倫之本也漢時論

語首立於學宮光武令虎賁士皆習孝經元宗爲注訓蓋人知孝慈則氣感和樂也終江西觀察使

謚曰簡

盧簡辭字子策父綸別傳與兄簡能弟宏正簡求皆有文並第進士歷佐節府入遷侍御史習知法令及臺閣舊事寶歷中黎幹子烱詣臺請復藥縣故田有司莫能知簡辭獨詰曰按幹坐黨魚朝恩誅貲田皆沒大歷後數十年比有赦令無原洗之言烱安得冐論不爲治福建鹽鐵院官盧昂坐贓簡

辭窮掖乃得金鼎瑟瑟枕大如斗敬宗曰禁中無此昂爲吏可知矣李程鎮太原表爲節度判官入授考功員外郎累擢湖南浙西觀察使以檢校工部尚書爲忠武節度使徙山南東道坐事貶衢州刺史卒

盧宏正字子强佐劉悟府累擢監察御史沈傳師表爲江西團練副使入拜侍御史華州刺史宇文鼎戶部員外盧允中坐贓詔宏正按訊文宗將殺鼎宏正執據辠由允中鼎乃連坐不應死帝釋之累

遷給事中會昌中詔河北三節度討劉稹何宏敬
王元逵先取邢洺磁三州宰相李德裕畏諸帥有
請地者乃以宏正爲三州團練觀察留後制未下
稹平即詔爲三州及河北兩鎮宣慰使還拜工部
侍郎以戸部領度支初兩池鹽法弊得費不相償
宏正使判官司空輿檢鉤蠹正條上新法即表輿
兩池使自是課入歲倍用度賴之踰年出爲武寧
節度使徐自王智興後吏卒驕沓銀刀軍尤不法
宏正戮其尤無狀者終宏正治不敢譁優詔褒勞

宏正羸病丐身還東都不許徙宣武卒於鎮贈尚
書右僕射

盧簡求字子臧始從江西王仲舒幕府兩爲裴度元
稹所辟又佐牛僧孺鎮襄陽入遷戸部員外郎會
昌中討劉稹以忠武節度使李彦佐爲招討使又
選簡求副之俾知後務歷蘇壽二州刺史大中九
年党項擾邊拜涇原渭武節度使徙義武鳳翔河
東三鎮簡求爲政長權變文不害居邊善綏御人
皆安之太原統退渾契苾沙陀三部難馴制宅帥

或與詛盟質子弟然寇掠不爲止簡求歸所質開
示至誠虜憚甚恩信不敢亂久之辭疾以太子少
師致仕還東都治園沼林芳與賓客置酒自娛卒
年七十六贈尚書左僕射

司空圖字表聖河中虞鄉人與子咸通末擢進士禮
部侍郎王凝特所奬待凝貶商州圖感知己往從
之凝起拜宣歙觀察使辟置幕府召爲殿中侍御
史不忍去凝府臺劾左遷光祿寺主簿分司東都
盧攜嘉圖節常與遊攜還朝過陝虢屬觀察使盧

渥曰司空御史高士也渥即表爲僚佐
政名拜禮部員外郎尋遷郎中黃巢之難將奔華
得前圖弟奴叚章陷賊執圖手曰我所主張將軍
喜下士可往見之無虛死溝中圖不肯往遂奔
陽間關至河中僖宗次鳳翔拜知制誥遷中書舍
人後狩寶雞不獲從又還河中龍紀初復拜舊官
以疾解景福中拜諫議大夫不赴後再以戶部侍
郎名謝闕下數日即引去昭宗在華名拜兵部侍
郎以足疾固自乞會遷洛陽詔入朝圖陽墮笏趣

意野耄柳璨知無意於世乃聽還圖本居中條山王官谷有先人田遂隱不出作亭觀素室悉圖唐興節士文人名亭曰休休作文以見志因自目爲耐辱居士預爲塚棺歲時祠禱圖與閭耆老相樂王重榮父子雅重之數饋遺弗受嘗爲作碑贈絹數千圖置虞鄉市人得取之一日盡時寇盜所過殘暴獨不入王官谷士人依以避難梁初召爲禮部尚書不起聞洛陽信不食卒

王重榮太原祁人父縱大和末爲河中騎將因家焉

重榮以父任爲列校與兄重盈皆以毅武冠軍擢河中牙將主呵察時兩軍士干夜禁捕而鞭之士還訴於中尉楊元實元實怒執重榮讓曰天子爪士而藩校辱之答曰夜半執者姦盜孰知天子爪士具言其狀元實歎曰非爾明辨孰由知之更諉於府擢右署重榮多權詭衆所嚴憚雖主帥莫不下之稍遷行軍司馬黄巢陷長安分兵略蒲節度使李都不能支乃臣賊然内憚重榮表以自副地邇京師賊調取橫數使者至百輩坐傳舍益發兵

吏不堪命重榮脇說都曰我所詭謀紓難以外援未至今賊哀責日急又收吾兵以困我則亡無日矣請絕橋嬰城自守不然變生何以制之都曰吾兵寡謀不足絕之禍且至願以節假公遂奔行在重榮乃悉驅出賊使斬之因大掠居人以悅其下天子使前京兆尹竇潏間道㑹其軍因詔代都重榮率官屬奉迎潏至大饗士昌言曰天子以大臣守土誰得逐之爲我疏首惡者梟無敢對重榮佩刀歷階曰首謀者我也尚誰索潏即奔還重榮遂

主留後賊使健將朱溫以舟師下馮翊黃鄴率衆自華陰合攻重榮重榮感勵士衆大戰敗之賊棄糧仗四十餘艘即拜檢校工部尚書爲節度使會忠武監軍楊復光率陳蔡兵萬八屯武功重榮與連和擊賊將李詳於華州執以徇賊使尚讓來攻而朱溫將勁兵居前敗重榮兵於西關門於是出兵夏陽掠河中漕米數十船重榮遣兵三萬攻溫溫懼悉鑿舟沉於河遂舉同州降復光欲斬之重榮曰今招賊一切釋罪且溫武銳可用殺之不祥

表爲同華節度使有詔即副河中行營招討賊名
全忠巢喪二州怒甚自將精兵數萬壁梁田重榮
軍華陰復光軍渭北犄角攻之賊大敗執其將趙
璋巢中流矢走重榮兵亦死耗相當懼巢復振憂
之與復光計復光曰我世與李克用共憂患其人
忠不顧難死義如己若乞師焉事蔑不濟乃遣使
者約連和克用使陳景斯總兵自嵐石赴河中親
卒師從之遂平巢復京師以功檢校太尉同中書
門下平章事封瑯琊郡王累加檢校太傅中人田

令孜怒重榮據鹽池之饒於時巨盗甫定國用大
乏諸軍無所仰而令孜爲神策軍使建請二池領
屬鹽鐵佐軍食重榮不許奏言故事歲輸鹽三千
乘於有司則斥所餘以贍軍天子遣使者諭旨不
聽令孜徙重榮兖海節度使以王處存代之詔克
用將兵援河中重榮上書劾令孜離間方鎮令孜
遣邠寧朱玫進討壁沙苑重榮詒克用書且言奉
密詔須公到使我圖公此令孜朱全忠朱玫之惑
上也因示僞詔克用方與全忠有隙信之請討全

忠及玫帝數詔和解克用合河中兵戰沙苑玫大敗奔邠州神策軍潰還京師遂大掠克用乘勝西天子走鳳翔俄嗣襄王熅僭位重榮不受命與克用謀定王室楊復恭代令孜領神策故與克用善遣諫議大夫劉崇望齎詔諭天子意兩人聽命即獻縑十萬願討玫自贖崇望還羣臣皆賀重榮遂斬熅長安復平

蒲州府志卷之十二

人物下

五代

盧文紀字子持祖簡求唐太原節度使父嗣業右補闕文紀舉進士事梁爲刑部侍郎集賢殿學士唐明宗時爲御史中丞初上事諸道進奏官賀文紀據牀端笏臺史通名贊拜請悉復中外官校考法將相天子自書之詔雖施行而官卒不考遷工部尚書貶石州司馬久之爲祕書監太常卿奉使於

蜀過鳳翔時廢帝爲鳳翔節度使文紀爲人形貌魁偉語音琅然廢帝奇之後入立欲擇宰相左右皆言文紀及姚顗有人望廢帝因悉書淸望官姓名內琉璃瓶中夜焚香祝天以筯挾之首得文紀欣然相之拜中書侍郎同中書門下平章請罷五日起居復唐故事開延英冀得從容奏議天下事因詔宰相有事不以時詣閤門請對及北征至河陽勸帝扼橋自守不聽晉初罷爲吏部尚書累遷太子太保致仕周初拜司空於家卒年七十六贈

司徒

楊彦詢字成章河中寶鼎人少事青州王師範師範聚書萬卷使彦詢掌之以聰悟見親信師範降梁乃之魏事楊師厚爲客將魏博入晉因留事晉爲引進副使奉使吳蜀常稱旨歷德州刺史羽林將軍晉高祖鎮太原以彦詢爲太原節度副使後欲拒命彦詢不敢正言因曰太原之力能與唐敵否公其審計之高祖左右以彦詢異議欲殺之高祖遽止之曰惟副使一人我自保之乃免爲宣徽使

數往來遼帳中遼太宗愛其爲人明年拜感德軍節度使復入爲宣徽使又拜安國軍節度使天福七年徙鎮鎮國遭歲大饑爲政有惠愛罷爲右金吾衛上將軍卒年七十四贈太子太師

張藏英猗氏人唐相嘉貞後僑范陽後唐末舉族爲賊孫居道所害藏英年十七僅免後逢居道於幽州市引佩刀刺之不死爲吏所執節帥趙德鈞壯之釋不問以補牙職後因居道避地關南求爲關南都巡檢使至則微服攜鐵撾匿居道舍側伺𭂭

出擊之仆於地齧其耳啖之遂擒歸設父母位陳
酒餚縛居道於前號泣鞭之臠其肉經三日刳其
心以祭即詣官首服官爲上請而釋之燕薊間稱
報讐張孝子遂用爲盧臺軍使兼榷鹽制置使領
坊州刺史周廣順三年率內外親屬并部兵千餘
及煮鹽戶長幼七千餘口牛馬萬計舟數百艘航
海歸周至滄州刺史李暉以聞令館於封禪寺俄
賜襲衣銀帶錢千萬絹百匹銀器鞍勒馬世宗授
德州刺史名歸詢備邊策藏英請以深州李晏口

置砦及誘境上亡命隸軍悉從之以爲緣邊招收都指揮使賜名馬金帶藏英遂築城李晏口累月募勁兵數千人王彥超巡邊爲遼所圍藏英率新募兵馳往擊之轉戰十餘里遼人解去改濮州刺史仍領邊任遼將高牟翰擾邊藏英追擊於胡盧河北自旦至晡殺傷甚衆牟翰遁後領兵巡樂壽遼驍將姚內斌偵知藏英兵少以精騎二千陣縣北藏英率麾下擊之自辰及申士皆殊死戰內斌遂解去降璽書褒美征瓦橋關爲先鋒都指揮使

敗遼騎數百於關北下固安縣又改關南排陣使

宋初遷瀛州團練使幷護關南軍建隆三年卒年

六十九

宋

袁彥河中河東人少以趫勇隸奉國營漢乾祐中周

祖討李守貞置麾下及鎮鄴爲部直小將周廣順

中世宗在澶淵遷親事都校改開封府步直指揮

使顯德初授內外步軍都軍頭泉州刺史尋改岳

州防禦使從征壽州爲城北造竹龍都部署載甲

士數百攻其城又修渦口橋成世宗幸焉因立鎮淮軍命彥爲武信軍節度權侍衛步軍都指揮使又爲淮南道行軍馬步軍副都指揮使賜衣服金帶鞍勒馬鎧甲器仗太祖下滁陽擒皇甫暉姚鳳彥皆有勞詔褒之又令屯下蔡以逼壽春從攻濠泗擒南唐將許文縝邊鎬等師還授步軍都指揮使領彰信軍節度六年春命發近畿丁壯浚五丈河恭帝時命移保義軍宋初加檢校太尉來朝改鎮曹州乾德六年移靜難軍開保二年移鄜州五

年罷鎮歸卒年六十六景德四年特錄其孫昭慶
爲借職大中祥符八年特遷殿直卒

裴濟字仲溥絳州聞喜人唐相耀卿八世孫徙河中
少事晉邸糾同輩過失被譖出補太康鎮將譖者
尋坐法太宗知濟可任補殿直爲天威軍兵馬監
押又令監軍易州遼攻城不能下遷西頭供奉官
太平興國末江表盜起命爲巡檢遷崇儀副使召
還遷使監戍兵於威虜軍亥鎮州賊騎夜扣城門
大呼曰官軍至矣州將促開關濟遽止之曰此必

妄也及旦果有敵兵遁去上嘉之遷西上閤門使定州都監就加行營鈐轄尋知定州契丹三萬騎來攻逆擊於徐河斬數千級獲牛馬鎧仗甚衆淳化初判四方館尋爲鎮州行營鈐轄又與李繼隆擊賊於唐河濟矩兵陷陣賊大敗走優詔褒美初繼隆以濟性剛不悅之及是恨相知之晚改四方館使知定州徙天雄軍鈐轄遷客省使復知定州至道二年改內客省使知鎮州立春出土牛卒拔牛去濟亟命擒之果有竊發者數十人已刼鄽閭

矣悉蒐捕腰斬之軍民肅然濟在鎮定十五年威
績甚著召還知天雄軍咸平初徙順州團練使知
靈州兼都部署謀緝八鎮興屯田民甚賴之三年
清遠軍陷夏人斷饟道絶援軍濟刺指血染奏求
救甚急兵不至城陷死之

劉綜字居正河中虞鄉人少依外兄通遠軍使董遵
誨遵誨嘗遣貢馬太祖嘉其敏辯將授三班綜自
陳素習詞業願應科舉及還上解眞珠盤龍衣令
賜遵誨綜辭曰遵誨人臣安敢當此上曰吾委遵

誨方面不以此爲疑也雍熙二年第進士爲邛州軍事推官遷大理評事判眉州轉太僕寺丞代還對便殿言益州長史宜愼擇其人上嘉之改太子中允未幾果有李順之擾復召見面賜緋魚尋知建安軍請降天長軍爲縣隷揚州以六合縣隷建安軍自是民力均濟時淮南轉運使王嗣宗兼發運使請復置都大發運司專幹其職至道二年遷太常丞職事修舉多稱薦之咸平初出爲河北轉運副使嘗言州縣幕職官以昬耄放罷者其間實

有廉謹之士全藉祿廩以濟朝夕望自今特降敕
仕官又言法官斷獄皆引律令及其奏御復云慮
未得中刖取進止殊非一成不變之道望降旨約
束徙陝西轉運副使時太常博士梁鼎議禁解鹽
官自貨鬻命綜與杜承睿制置青白鹽事綜條上
利害力言非便卒罷其事時獻言者多請棄靈州
綜上言曰國家財力雄富士卒精銳而未能剪除
凶孽者誠以賞罰未行而所任非其材故也今或
輕從羣議欲棄靈州是中賊之奸計矣且靈州民

淳土沃爲西陲巨屏所宜固守以爲扞蔽然後於
蒲洛河建軍城屯兵集糧爲之應援此暫勞永佚
之勢也況鎭戎軍與靈州相接今若棄之則原渭
等州益須設備較其勞費十倍而多則利害之理
昭然可驗矣俄充轉運使四年議於鎭戎軍置屯
田務錄唐安國鎭制置城壕鎭戎古記石本以進
詔從其請俄詣闕奏事稱旨賜金紫緡錢五十萬
復遣沿職又嘗言西川荆湖江浙福建廣南知州
或地居津要或戶口繁庶望親加選任其執政舊

臣及給舍以上知州處亦宜擇通判又京朝官嘗
任遠官者率以父母未葬爲辭宜禁從之遷起居
舍人再爲河北轉運使繼領漕任號爲詳練上眷
矚甚厚警急輒資其奏處遼請和乃遣近臣諭以
擢用意景德三年召拜戸部員外郎樞密直學士
勾當三班院言御史員數至少望詔兩制以上各
舉才堪御史者充三院共署十員若出使按獄官
吏能否生民利病刑獄枉濫悉得察舉四年西幸
道出河陽權知孟州事復知幷州以政績聞州民

乞留優詔嘉奬歸朝知審官院改吏禮二部郎中
大中祥符四年館伴契丹使因作大雪歌以獻即
命同知貢舉俄權知開封府以貴要交結富民奏
授試秩頗紊公正請加抑止從之七年求典河中
上以大寧宫廟長吏奉祠而綜覈於拜起命知廬
州明年授右諫議大夫八年卒年六十一

薛顏字彦回河中萬泉人舉三禮中第爲嘉州司戶
參軍代還對稱旨改將作監丞監華州酒稅以祕
書省著作佐郎使䕫峽疏決刑獄還改太子左贊

善大夫知雲安軍徙渝閬二州擢三司鹽鐵判官
河北計置糧草初丁謂招撫溪蠻有威惠詔謂自
舉代謂薦顏爲峽路轉運使累遷尚書虞部員外
郎始孟氏據蜀徙夔州於東山據峽以拒師而民
居不便也顏爲復其故城命勾當廣南東西路轉
運司事平宜州賊陳進遷金部員外郎改河東轉
運使祀汾陰徙陝西河中浮橋歲敗顏即北岸釃
上流爲支渠以殺水怒因取渠水溉其旁田民利
之奏請罷坊權礬則晉礬當大售後如其策從河

北歷知河陽杭徐州累遷光祿少卿以少府監知江寧府邏者晝刼人執平人以告顏視其色動曰若眞盜也械之果引伏轉右諫議大夫知河南府仁宗初遷給事中徙知應天又徙耀州豪姓李甲結客數十人號沒命社顏索其黨會赦特杖甲流海上餘悉籍於軍以光祿卿分司西京卒

張鑑字德明猗氏人臧英孫也以父裔𢈔補供奉官鑑本將家幼能嗜學入衛州霖落山肄業凡十餘年太平興國三年第進士爲大理評事監泰州柴

墟権務升右贊善大夫知婺州就遷著作郎還拜
監察御史决獄江左多雪寃滯歴殿中侍御史曹
彬等北伐鑑上疏極言不可與趙延進同掌左藏
延進恃恩踰規延奏之詔罷延進以鑑判三司度
支憑由催欠司時三部各置憑由催欠請併爲一
從之王明李惟清薦其能用爲江南轉運使豪富
爲民患鑑以名聞令部送闕首赴闕以三班職名
覊縻之又建議置臨江軍時以爲便召還特被慰
奬命知梓州遷刑部員外郎判大理寺遷屯田郎

中判三司都催欠司改都勾院擢拜樞密直學士
知通進銀臺封駁司又掌三班上言供奉官以下
不考校殿最恐無沮勸即詔鑑兼磨勘職時改三
司爲左右計分天下爲十道鑑奏其非便尋果復
舊淳化中遣鑑與西京作坊使馮守規偕往屯西
蜀召對後苑門面授方略鑑曰益部新復軍旅不
和若聞使命驟至易其戎伍慮或猜懼請假臣安
撫之名上稱善付空名宣頭及廷臣數人鑑與知
益州張詠即遣部戍卒出境王繼恩麾下使臣亦

多遣東還督繼恩輩分路討捕殘寇而鑑招輯反
側事平歸拜左諫議大夫戸部使會五路進討西
夏令鑑乘傳往環州與李繼隆議護送芻糧入靈
州及還疏言宜特垂詔旨無使重勞因茲首春俾
務東作况靈州一方僻居絶塞雖西陲之舊地實
中夏之蠹區不若以賜繼遷使懷恩奉籍稍息飛
輓尋詔鑑專督軍糧饋運頗集眞宗初遷給事中
使知故咸平初改工部侍郎出知廣州居二年民
條其政績上請刻石三年移知朗州溪洞羣蠻數

寇擾鑑召酋豪諭以威信皆俯伏聽命徙知相州有芝草生於監牧鑑表其祥以爲河朔弭兵之兆優詔答之景德初卒年五十八子士廉殿中丞士宋太子洗馬士程屯田員外郎

薛田字希稷河中河東人少師种放與魏野善第進士起家丹州推官李允正辟延州從事向敏中薦其材改著作佐郎知中江縣父喪會祀汾陰經度制置使陳堯叟奏起通判陝州還拜監察御史母憂會祀太清宮丁謂奏起通判亳州遷殿中侍御

史權三司度支判官改侍御史益州路轉運使民間以鐵錢重私爲券以便交易謂之交子富家專其事數至爭訟田請置交子務以權出入後寇瑊用其議蜀人便之就除陝西轉運使進直昭文館知河南府復入爲度支副使使遼還擢龍圖閣待制知天雄軍尋擢知開封府以樞密直學士知益州還爲左司郎中知審刑院羌人內寇遷右諫議大夫知延州以疾徙同州又徙永興軍不行卒田性和厚以幹敏數爲大臣所稱云

薛向字師正顏孫任太廟齋郎爲永壽主簿權京兆
戶曹遷邠州司法參軍侍御史陳洎行邊向陳三
弊言今板築槩與吏持斧四出伐木無問井閭邱
隴民不敢訴必不得已宜且葺邊城函關秦東塞
今西鄉設守是爲棄關內矣三司貸龍門富人錢
抑非義也洎上其說悉從之邠守治子城立表於
市以撤屋力爭罷之監在京權貨務速歲美縉錢
當遷秩移與其兄三司判官董沔議改河北便糴
行鈔法向曰如此則都內之錢不繼茶鹽香象將

益不售矣既而邊糴滯不行沔坐黜以向知鄜州
大水郡卒戍延安求歸覦弗得皆亡奔而室廬盡
沒聚謀爲盜向遣吏曉之曰冒法以赴急人之常
情而不聽若輩歸此武將不知變之過也亟往收
溺尸貰汝擅還罪衆乃安又論河北糴法之弊以
爲度支歲費緡錢五百萬所得半直其贏皆入賈
販家今當有以權之過穀貴則官糴於澶魏載以
給邊新陳未交則散糴價以救民之軍食有餘則
出倉收之此策一行穀將不可勝食矣朝廷是向

計始置便糴司於大名以向爲提點刑獄兼其事武彊盜殺人而逸尉捕平民向覆其冤脫六四於死入爲開封度支判官權陝西轉運副使制置解鹽奏損畦夫數兼提舉買馬監牧沙苑養馬歲得駒三百而費錢四十萬占田千頃向請斥閒田予民置場於原渭以美鹽之直市馬於是馬一歲至萬匹昭陵復土計費五十萬貫石三司將移陝西緣邊入鹽中於永安縣向陳五不可以爲失信商旅遂舉所闕之數以獻坐事罷知汝州甫數月復

爲陜西轉運副使將漕八年入鹽馬芻粟數累萬
民不益賦其課爲最种諤往迎嵬名山詔向與議
廷議劾諤擅興向言諤亡身以徇國有如不稱臣
請坐之諤貶亦罷知絳州再貶信州移潞州張靖
使陜西還陳向制置鹽馬之失詔向與辯靖辭窮
即罪之神宗知向才以爲江浙荆淮發運使綱舟
利盜貨嘗假風水沉溺以滅其跡向募客舟分載
以相督察官舟多盲占悉奪畀屬州諸運皆詣本
曹受遺以地有美惡利有重輕爲立等式用所漕

物爲誅賞遷天章閣待制上以向習知環慶地形名詣中書舊制發運使上計毋得出入至是弛其禁熙寧四年權三司使遷右諫議大夫河洮用兵向未嘗乏供給及解嚴疏乞裁溢員汰冗卒省浮費節橫賦手勅褒納進龍圖閣直學士遼人求代北地加樞密直學士給事中知定州高陽關募兵敵陰遣人應選向諜知之主者覺縱使亡去遣還捕取械送瀛州戮於市北使數出不遜語雲應點兵涿易治道向曰彼欲彊議遠戍故多張虛勢以

撼我使者懼不如其請故肆嫚言以撽倖取成兵
來不除道無能爲也後皆如向言遷工部侍郎辭
辭用兩府制賜詔弗允元豐元年同知樞密院向
幹局絶人尤善商財計算無遺策用心至到御史
數有言不聽以是益得展奮其材業論兵上前通
暢明决遂得大用及在政地多言宜養威持重會
詔民畜馬向既奉令旋知民不便議欲改爲舒亶
論之斥知潁州又改隨州卒年六十六元祐中錄
其言謚曰恭敏

穆衍字昌叔河中人第進士調華池令民牛爲讐家斷舌訟於縣衍命殺之明日讐以私殺告衍曰斷牛舌者乃汝耶訊之具服後知淳化從韓絳宣撫陝西遇慶卒潰衍念母在耀亟謁歸信宿走七驛比至慶卒知衍名不敢近時捕賊兵擅發常平倉衍曰饑之不恤則吾兵將爲慶卒矣衍考課爲一路最元豐中參种諤軍事諤第賞以死事爲下衍曰此非所以勸忠也力爭之諤還入塞詔往靈武援渭慶兩軍衍曰吾兵未及解甲安能犯不測諤

乃止同幕畏罪陽謝之衍識其意曰全萬衆之命
以一身塞責衍無憾焉元祐初議棄熙蘭衍言蘭
棄則熙危熙棄則關中震唐自失河湟警及長安
至今二百餘年非神考英武孰能克復若一旦委
之恐後患益前悔將無及矣議遂止改陜西轉運
判官金部戶部員外郎詔視熙河還言質孤勝如
據兩川美田實彼我必爭之地自西關失利遂廢
不守請畀二壘之間城李諾坪以控要害及他城
堡皆起亭障以通涇原明年遂城李諸名曰定遠

三遷左司郎中紹聖初以直祕閣爲陝西轉運使
加直龍圖閣知慶州徙延安又徙秦州未行卒年
六十三勅河中官庀其葬後追錄蔺州議官其一
子

金

强伸本河中射糧軍子弟貌寢陋而膂力過人與定
初從華州副都統安寧復潼關有勞監郃陽酤後
客洛下選充官軍戍陝鐵嶺軍潰被執從都尉烏
林答胡土奔歸中京留守撒合輦死元帥左監軍

任守眞復立府事以便宜署仲謽巡使守眞又死
鄭州天興元年八月中京人推仲爲府簽事領軍
二千五百人傷殘老幼半之甫三日復被圍東西
北三面多樹大炮仲括衣帛爲幟立之城上募壯
士得五千人赤身而戰往來救應大呼以懸子軍
爲號其聲勢與萬衆無異刮錢爲鏃得元兵一箭
截而爲四以筒鞭發之創遏敵砲能發大石於百
步外所擊無不中仲奔走四應所至必捷得二駝
及所乘馬皆殺之以犒軍士得一臠如賜百金丸

月元兵退百里外閏月復攻一月兵倍前不能拔
事聞哀宗降詔褒諭以仲爲中京留守元帥左都
監世襲謀克行元帥府事二年二月建一堂於洛
川驛之東名曰報恩刻詔文於石誓世以死効三
月中使至以仲便宜從事時行省思烈卒胡土代
仲行總帥府事月餘糧盡軍民稍稍散去五月元
兵復來陣於洛南仲陣水北有韓帥者匹馬立水
濱招仲降仲責曰君獨非我家臣子耶既不能勤
王乃欲誘我降耶我本一軍卒今貴爲留守誓以

死報國遂躍而射之帥奔陣率步卒數百奪橋伸
軍一旗手獨出拒之殺數人即手解都統銀符佩
之士氣復振初築戰壘於城外四隅至五門內外
皆有屏謂之迷魂牆元兵以五百騎廹之仲率部
下二百鼓譟而出元兵退六月胡土走鷹揚都尉
獻西門以降伸知城不能守率死士數十人突東
門出轉戰至偃師力盡就執載以一馬擁廹而行
宛轉不肯進强掖之及中京七里河將見大帥塔
察語益激兵卒曰此人乖角如此其能降乎不如

殺之因好語誘曰汝能北面一屈膝吾貸汝命伸
不從左右力持使北伸拗頭南向遂殺之
麻秉彝字仲常唐金吾衛中郎將麻嗣宗之裔嗣宗
佐元宗平韋氏之亂嗣宗之子藏珍藏珍子長吉
封齊國公謚文穆長吉子德修爲禮部侍郎德修
子温夫爲承議郎厲州團練副使温夫子繼禎爲
承奉郎濠州司戶參軍慕王官山水乃卜居焉麻
氏古家青州至是遂爲虞鄉人繼禎之子岐岐子
振振子有成宋末登進士有成子元餘元餘子思

誠登天會六年進士歷蒲磁二州倅吉鄉宗城汾西三縣令二子長秉公次即秉彝登皇統九年進士天德二年調河中府市丞正隆改元調西京都市令痛革舊弊豪强折氣留守徒單公重之延置幕下有疑必諮焉大定初除大興府推官承正隆昏虐之後盜賊旁午繫者纍纍秉彝悉平決之以獄空聞世宗嘉歎賜錢六十萬推官品第七乃陞爲第六自秉彝始時繕修宫室火禁嚴甚有百夫長禍一役投火鐮鐵石以入考送府獄其鐮石累

以奇帛秉彝曰貧人安得此乃遣人物色之百夫長之子所衣之帛正同一問而得其情全活者數十人大定十一年調平陽府岳陽縣令時洪洞趙城爭水歲久至二縣不相婚嫁部檄委秉彝鞫此司水者十餘人贓賄狼籍秉彝盡寘於法自是無訟二縣之民刊石以紀其事十四年名入拜右三部司正令史董潤隔垣投瓦礫中親軍傷額大興府罪以故上刑部秉彝以爲非耳目所及卒以過失論山東有殺人者法司當以鬭秉彝曰閱其牘

其人將死時猶有郁同之語非鬭也卒以戲殺論十六年冬借尚書兵部郎中館伴夏國使夏人例以賜馬買物秉彝以失大體禁不許十七年改兵部主事明年正月遘疾卒年四十九階朝請大夫勳騎都尉爵上谷縣男食邑三百戶賜服金紫秉彝爲政主仁濟以强明故所涖人畏且愛有貽溪集二十卷

李獻甫字欽用獻能從弟也博通書傳尤精左氏及地理學爲人有幹局心所到則絶人遠甚故時人

稱其精神滿腹興定五年登進士第歷咸陽簿辟
行臺令史正大初夏使來請和朝廷以翰林待制
馮延登往議時獻甫爲書表官從行夏使有口辯
延登不能折往復數日不定至以歲幣爲言獻甫
不能平從旁進曰夏國與我和好百年今雖易君
臣之名爲兄弟之國使兄輸幣寧有據耶使者曰
兄弟且不論宋歲輸吾國幣二十五萬匹典故具
在君獨不知耶金朝必欲修舊好非此例不可獻
甫作色曰使者尚忍言耶宋以歲幣餌君家而賜

之姓岸然以君父自居夏國君臣無一悟者誠謂使者當以爲諱乃今公言之使者果能主此議以從賜姓之例敝邑雖歲捐五十萬獻甫請以身任之夏使語塞和議乃定後朝廷錄其功授慶陽總帥府經歷官尋辟長安令京兆行臺所在供億甚繁獻甫處之常若有餘縣民賴之以安入爲尚書省令史天興元年行充六部員外郎守備之策時相倚任之以功遷鎮南軍節度副使兼右警巡使死於蔡州之難年四十所著文章號天倪集留汴

京獻甫死其家亦破同年華陰王元禮購得之傳於世

王庭筠字子端河東人生未期視書識十七字七歲學詩稍長涿郡王翛一見期以國士登大定十六年進士第調恩州軍事判官臨政即有聲郡民鄒四者謀爲不軌事覺逮捕千餘人而鄒四竄匿不能得朝廷遣大理司直王仲軻治其獄庭筠以計獲鄒四分別詿誤坐預謀者十二人而已再調館陶主簿卜居彰德買田隆慮讀書黃華山寺因以

自號是年十二月上因語及學士歎其乏材參政守貞曰王庭筠其人也三年詔爲應奉翰林文字命與祕書郎張汝方品第法書名畫遂分入品者爲五百五十卷五年八月上顧謂宰執曰應奉王庭筠朕欲以詔誥委之其人才亦豈易得近党懷英作長白山冊文殊不工遂遷庭筠爲翰林修撰承安元年正月坐趙秉文上書事削一官二年降授鄭州防禦判官四年起爲應奉翰林文字泰和元年復爲翰林修撰扈從秋山應制賦詩三十餘

首上甚嘉之明年卒年四十有七上素知其貧詔有司賻錢八十萬以給喪事求生平詩文藏之祕閣又以御製詩賜其家其引云王遵古朕之故人也乃子庭筠又以才選直禁林者首尾十年今茲云亡玉堂東觀無復斯人矣

元

裴居敬蒲州人中統至元間爲宿衛兼王府掾王知其賢加以禮遇隨王府視師北邊有勦禿魯功歷官陜西行臺侍御史至參政卒居敬常官於蜀蜀

宣慰使扎法者其祖故爲蜀平章行省居敬謂扎法曰先平章惠愛及於土人人是以思之不忘今本道歲遣收其賦者苛取無藝爭逃林谷因而抗阻則征殺之與先平章政何異耶扎法曰同僚未常言及此公以相敎某之福也遂名諸土官諭以德意各使自占歲入如期一方寧謐四川運司連敗數任同官爭爲奸利居敬力革其弊守成法朝廷以所入有美運司官悉加賞擢衆喜曰非裴公安得此乎雲南職兵民者以梁王在鎮恃勢朋蠹

貪墨憲司繩之輙矯詔赦免及居敬至直前啟梁王王聽信之自是其屬一守典制無敢肆者居敬好書能詩文有集十卷藏其家

田世英河中人舉金興定二年進士官縣尹知金將亡退而不仕居於鄉里及元平天下設諸路儒學提舉大選士士爭向學時喪亂之後無從得師以世英儒宿多來從學郡士大半出其門世英博學能文尤長於詩議論慷慨喜賓客好誘掖後進爲人介然與朋友交有始終雖屏居家貧以詩書自

樂宴然忘憂元中統閒卒年七十二蘄州總管趙

賁翁爲之銘曰味道之腴動與道俱用行舍藏隨

時卷舒條山蒼蒼河水舒舒宰木已拱遺澤有餘

勒銘於竁式彰厥初過者起敬曰此蒲之古儒天

將復興其後乎

何約蒲州人起家以儒試吏累辟中書掾除吏部主

事歷内臺侍御史出官河南會利州饑蘭陽大水

倡議發粟拯救活者數十萬計持節諸道嚴而不

苛泰定天歷閒典京漕運餉及千萬石捍衛有方

軍食不乏文宗賜上尊以旌其勞及遷他官上見
其名曰是爲京漕能足吾兵食者擢參西京行省
時月魯帖木兒授本省平章以才不及辭上曰有
何參政在卿何過慮乎及執憲西臺多所糾劾然
爲用事大臣所訾欲中傷之賴約無所失得免初
約父娶李氏卒繼娶李氏有婦德約兄弟五人並
仕官方州爭迎李氏就養李氏母吳九十餘無子
李不忍遠去曰若曹欲養母我獨不欲養母乎有
知約者將用爲山西廉訪使使得近便於供養會

御史大夫鐵人乃仍留約進封河東郡公數年乞
歸卒歐陽元功志其墓

明

楊瑩蒲州人天順庚辰進士官四川參政瑩爲人清
介絶俗淡於榮利有古君子風初仕行人奉使蜀
王府及還蜀王以千金餽堅謝却之及任四川布
政使參政年始四十餘即告歸不樂仕蜀王旣心
敬瑩知其官而無資於將還復以金贐謝不受如
初時韓文爲大學士周經爲尙書皆山西人與瑩

素交以書問瑩瑩並不答人或恠之瑩曰昔富鄭公居政府司馬溫公在洛鄭公屢致書而溫公不答亦此意也家居苦貧郡太守請周其乏卒力辭之其素節如此

袁泰萬泉人洪武四年進士授羅山縣丞擢都察院試僉都御史遷左右副都御史泰才辨明習法律居心廉正當太祖開國初用重典繩臣下泰輒據理法爭甚力多所保全卒於官太祖深悼之遣使致祭

鄭岳字汝華莆州人宏治癸丑進士授戶部主事遷員外郎疏論總督許進總兵趙日永二人出爲湖廣僉事遷廣西副使調廣東所至皆有異政十三道合疏其治績聞於朝遷江西按察使歷左右布政使劾副使李夢陽御史江萬實訐奏事爲逆藩宸濠所陷罷歸宸濠敗起四川右布政使以母喪未終不赴嘉靖初擢右副都御史巡撫江西旣至請賑恤受兵郡縣論次討平逆藩軍功贈祀死事諸臣未三月擢大理寺卿疏陳時政皆切中遷兵

部右侍郎轉左侍郎大同兵變議令首領官各誅
首惡事立定總兵桂勇有平逆功大璫奪以與其
弟姪力駁正之權倖胥側目羣起媒孽其短因致
仕歸家居十五年薦起者六卒不用蓋以議大禮
爲張桂諸人所忌云
楊守禮字秉節蒲州人正德六年進士除戶部主事
嘉靖初屢遷湖廣僉事以討擒公安賊魁坐事謫
叙州通判累遷右副都御史巡撫四川與副將何
卿平諸番賚銀幣初守禮貶叙州爲僉事張文奎

所辱至是文奎遷四川參議以先所摭事奏詔俱
解職守禮才器敏達中外以爲能工部尚書秦金
等會薦起河南參政再遷右副都御史巡撫寧夏
寇犯固原爲總督劉天和所敗欲自寧夏去守禮
與總兵官任傑等邀敗之尋進右都御史總督軍
務代天和錄前功進兵部尚書總兵官李義楊信
連却吉囊三賜璽書銀幣以乞休降俸二級秋寇
三萬騎抵綏德遊擊張鵬却之總兵官吳英追出
塞東路參將周尚文兵亦至夾擊敗之而巡按御

史殷學請治罪部議延緩遊兵俱調宣大寇方避
實擊虛而我能以寡勝衆宜錄其功乃加守禮太
子少保謫學於外守禮尋以憂去二十九年秋舉
邊才首被薦詔趣上道寇退止不行久之卒
何東序猗氏人生而傑特嘉靖癸丑進士官戶曹權
關臨淸以廉潔著遷郎中督餉遼陽疏糾總兵楊
照忤旨同籍起補刑曹出守徽州親統將士勦礦
賊創發祁縣續四城邑爲江[illegible]贈將所劾御史宋
纁上疏自明[illegible]三城爲吳越

根本遷易州兵備副使擢榆林巡撫率師出虹山寨以大提閱特陞副都御史丁內艱遂徙步歸廬墓三年先是備兵易州時華亭與新鄭有郄華亭在告東序特疏留之因與新鄭忤遂不復出

楊暐字叔俊蒲州人正德乙卯舉人知扶風縣秩滿擢監察御史出按江北激揚清濁貪墨斂迹相水勢築石堤居民利之遷四川川北道尋謝政歸著祀先睦族錄行於世後以子博貴贈兵部尚書

楊博字惟約蒲州人父瞻御史終四川僉事博舉嘉

靖八年進士除盩厔知縣調長安徵爲兵部武庫主事歷職方郎中大學士翟鑾巡九邊以博自隨所過山川形勢士卒多寡強弱皆疏記之至肅州屬番數百遮道要賞鑾慮來者益衆不能給博請鑾盛儀衛集諸番轅門外數以天子宰相至不悉衆遠迎將縛以屬吏諸番羅拜請罪乃稍賚共卒至者餘皆懼不復來鑾大喜還薦博可屬大事尚書張瓚一切倚辦博上或中夜降手詔隨事條答悉稱旨毛伯溫代瓚博當遷特奏留之已遷山東

提學副使轉督糧參政二十五年超拜右僉都御史巡撫甘肅大興屯利請募民墾田永免科修築肅州榆樹泉甘州平川境外大蘆泉諸地墩臺鑿龍首諸渠初罕東屬番遷肅州博爲築金塔白城七堡名其長令率屬徙居之凡七百餘帳總兵官王繼祖却寇永昌鎮羌參將蔡勲等戰鎮番山丹三告捷斬首百四十餘級進博右副都御史母憂歸先是仇鸞鎮甘肅博嘗發其貪罔三十事及鸞拜大將軍數毁之不聽服闋名拜兵部右侍郎轉

左經略薊州保定潮河川水湍悍不可城博緣水
勢建石墩置戍守還督九門尋遷總督薊遼保定
軍務三十三年秋把都兒及打來孫十餘萬騎入
薊鎮攻牆上數遣騎偵博博擐甲宿古北口城上
督總兵官周益昌等力禦上大喜馳賜緋豸衣犒
軍萬金寇攻四晝夜不得入乃并攻孤山口登牆
官軍斷一人賍乃退屯虎頭山博募死士夜以火
驚其營寇擾亂比明悉去進右都御史廕子錦衣
千戶明年復入擊敗之擢兵部尚書加太子少保

嚴嵩父子招權利一切格不行會父憂去俄起兵
部尚書代許論博疏辭而大同右衛圍急改總督
宣大山西軍務博壘綫馳出鬭寇引去右衛圍六
月守將王德戰亡芻粟且盡死守無二心博厚加
褒䘏奏行善後十事給事中張學顏請留博鎮撫
奏獨被寇亂因僉其丁壯為義勇造偏箱車百輛
有警則右衛居東左衛居西使相聲援又以大同
牆圮急繕治塞銀釵驛馬諸嶺以絕窺紫荆路備
居庸南山以絕窺天壽路修陽方神池諸牆塹以

絶入山西路乃於大同牛心山諸地築堡九墩臺九十二接左衛高山站以達鎮城濬大濠二各十八里小濠六十有四五旬訖功賜勅奬賚上數欲召還嵩雅不喜博請俟秋防畢徐議之秋防訖給事中王文炳請召還上以邊防非博不可命加太子太保留鎮如故哱素把伶及叛人丁都記等數寇邊先後計擒之又數出奇兵襲寇寇稍徙帳因議築故總督翁萬達所創邊墻招還民爲寇掠者六千五百餘人又請通宣大荒田水利薄其租報

司移薊遼總督召還加少保每先事爲防上眷倚
若左右手汪直求封爵持不可久之改吏部尚書
隆慶初請錄建言諸臣死者皆贈卹給事中胡應
嘉有言遽疏乞休並慰留且斥言者一品滿三考
進少傅兼太子太傅時將游南海子率同列諫御
史詹仰庇以直言罷力爭之屯鹽都御史龐尚鵬
被論議留忤旨謝病歸尚書劉體乾等交章乞留
不聽大學士高拱薦博堪本兵詔以吏部尚書理
兵部事博魁梧豐碩臨事安閒有識量自翟鑾募

府知名出入中外四十餘年始終以兵事著六年
改吏部進少師兼太子太師明年秋疾作三疏乞
致仕歸逾年卒贈太傅謚襄毅當徐階之被齮齕
也博造高拱力爲解拱亦心動事獲已後王大臣
獄與博語張居正曰高公雖粗暴天日在上安得
有此都御史葛守禮復與博曰事急矣非公莫能
救要諧居正博曰願相公持公議養元氣因歷數
先朝政府同心輔政及後來遞相傾軋者居正憤
曰二公謂我甘心高公耶博曰非敢然也然非公

不能回天會守禮偕都督朱希孝會訊博陸爲蠻討使校尉怵大臣改供又令拱僕雜獨入中令大臣識別茫然莫辨事乃白人胥稱博長者焉

裴紳字子書聞喜人曾公度後元時有澤民者以功授銀符領平陽事始定居於蒲遂爲蒲人嘉靖甲午舉人戊戌進士授行人擢監察御史督理長蘆山東鹽課時多私販首執鄭尚書僕置之法民無敢犯按正定寇連犯太原議增紫荊諸關埤塹有白金乂綺之賜按浙江上海防六事檄臬司問都

御史勦平民報首功遷山東提學副使陞河南參政補四川擢江西按察使河南右布政使拜都察院右僉都御史巡撫陝西寇犯延綏提旅遏共南下寇復自寧夏入督衆迎拒斬首八十餘級以捷聞乃簡西安等衛卒三千人奏設參將一員爲内地備初紳督學山東有求庇其子弟者不得遂多方中之罷歸卒

王崇古字學甫蒲州人嘉靖二十年進士除刑部主事由郎中歷知安慶汝寧遷常鎮兵備副使擊倭

夏港追殲之靖江從巡撫曹邦轉戰滸墅已偕俞大猷追倭出海累進陝西按察使河南右布政使四十三年擢右僉都御史巡撫寧夏崇古譚兵具知諸邊阨塞身歷行陣修戰守納降附數出兵搗巢寇屢殘他鎮寧夏獨完隆慶初加右副都御史冬進兵部右侍郎兼右僉都御史總督陝西延寧甘肅軍務崇古奏給四鎮旗牌撫臣得用軍法督戰又指畫地圖分授諸大將趙岢雷龍等數有功著力兔行收河東龍潛出與武襲破其營斬獲

多加崇古右都御史吉能入爲防秋兵所遏移營白城子龍等出花馬池長城關與戰大敗之凡在陝七年先後獲首功甚多四年正月改總督宣大山西軍務崇古禁邊卒闌出而縱其素通寇者深入爲間又檄勞番漢陷寇軍民率衆降及自拔者悉存撫之歸者接踵西番瓦刺黄毛諸種一歲中降者踰二千八冬十月俺答孫把漢那吉率妻子十餘人來歸巡撫方逢時以告崇古念因此制俺答則趙全等可除也留之大同慰藉甚至偕逢時

疏於朝陳三策而以安置海濱給配諸將爲無策
奏至朝議紛然御史饒仁侃武尚賢葉夢熊皆言
敵情叵測夢熊至引宋受郭藥師張瑴事爲喻兵
部尚書郭乾不能决大學士高拱張居正力主崇
古議詔授把漢指揮使賜緋衣一襲而黜夢熊於
外以息異議俺答方掠西番聞而急歸調辛愛兵
分道入索把漢甚急崇古偕逢時遣百戶鮑崇德
入其營俺答盛氣待之崇德曰今朝廷待而孫甚
厚稱兵是速其死也俺答闔言心動使使詗之崇

古令把漢紉袘金帶見使者俺答喜過望崇德因
説之曰趙全等旦至把漢夕返俺答大喜屏人語
曰是天遣之合也幸封我爲王永長北方諸部孰
敢爲患他日我孫當襲封彼受厚恩豈敢負耶遂
遣使與崇德俱來又爲辛愛求官并請互市崇古
以聞悉報可俺答遂縛全等十餘人以獻崇古亦
遣使送把漢歸上祭告郊廟磔全等於市加崇古
太子少保兵部尚書總督如故把漢既歸俺答與
其妻撫之泣遣使報謝誓不犯大同崇古令要土

蠻昆都力吉能等皆入貢俺答報如約惟土蠻以
諸部主不能强致崇古念土蠻勢孤薊昌可無患
令將士勿燒荒搗巢而疏請通貢市朝議復譁尚
書郭乾謂馬市世廟明禁不宜許給事中章端甫
請勑崇古無邀近功忽遠慮崇古復疏力爭之因
條封貢八事以上詔下廷議定國公徐文璧侍郎
張四維二十二人言可許英國公張溶尚書張守
直十七人言不可許尚書朱衡等五人言封貢便
互市不便獨僉都御史李棠極言當許狀郭乾悉

上衆議會御經筵閣臣李春芳等面請外示羈縻
內修守備乃詔封俺答順義王昆都力辛愛等皆
授官封把漢駱勇將軍指揮使如故俺答率諸部
受詔甚恭使使貢馬執趙全餘黨以獻上嘉其誠
賜金幣又給王印加撫賞惟貢使不聽入京河套
吉能亦如約請命陝西總督王之誥議令吉能一
二年不犯方許封貢崇古復疏剖明之亦授都督
同知崇古乃廣名商販聽令貿易布帛菽粟皮革
遠自江淮湖廣輻輳塞下因收其稅以充撫賞其

大小部長則官給金繒歲市馬各有數崇古仍歲
詣宻賜堡宣諭威德諸部羅拜無敢譁自是邊境
休息東起延永西抵嘉峪七鎮數千里軍民樂業
歲省兵費什三詔進太子太保萬歷初詔理戎政
給事中劉鉉劾行賄詔責姦言已加少保遷刑部
尚書改兵部初俺答從孫切盡台吉求俺答西掠
諸番崇古作書止之俺答亦報書謝至是欲西迎
佛崇古言西行非俺答意且以迎佛爲名不可沮
宜飭邊鎮嚴守備而陰泄其謀於番族鉉及同官

彭應時南京御史陳堂交論崇古弛防狗敵崇古
疏辨乞休上優詔報之給事中尹瑾御史高維崧
再疏劾崇古力請致仕乃允歸辛愛擀力克相繼
襲封十五年詔以崇古竭忠首事三封告成賚一
子世錦衣千戶有司以禮存問又二年卒贈太保
諡襄毅

張四維字子維蒲州人嘉靖三十二年進士改庶吉
士受編修隆慶初進右中允直經筵尋遷左諭德
四維嫻文辭偉儀有才智明習時事楊博王崇古

久歷邊陲善談兵四維博同里而崇古姊子也以
故亦習知邊務高拱深器之拱掌吏部擢翰林
學士甫兩月拜吏部左侍郎從答封貢議起朝右
持不決四維爲交關於拱款事遂成拱益才四維
進左侍郎請告歸尋召充東宫侍班神宗初張居
正當國復移疾歸萬歷二年復召掌詹事府三年
三月居正請增置閣臣引薦四維遂以禮部尚書
兼東閣大學士入贊機務居正卒四維爲首輔累
加至少師吏部尚書中極殿大學士初四維爲次

輔凡惡居正者擬旨不盡如居正意既得政知中
外積苦居正欲大收人心會皇子生頒詔天下疏
言今法紀修明海宇寧謐足稱治平而盈文武諸臣
不達朝廷勵精本意務爲促急煩碎致徵斂無藝
政令乖舛中外囂然喪其樂生之心誠宜及此大
慶蕩滌煩苛宏敷惠澤俾四海烝黎咸戴帝德此
固人心培國脉之要術也上嘉納之自是朝政稍
變言路亦獲發舒言事司禮馮保欲因兩宮徽號
封已爲伯四維力持之保黨謂四維與吏部尚書

王圖光同鄉相厚可搆也御史曹一夔劾國光援
四維中表弟王謙爲吏部主事上慰留四維御史
張問達復劾之上詰問達於外已而四維門生李
植輩發保奸狀保及其黨皆逐朝事一大變四維
謂除惡務本本既除餘黨可略請上與更始而汲
引海內正人爲居正所沈抑者雖未即盡登用然
力反前事時望屬之雲南貢金後期欲罪守土官
又詔取雲南舊貯礦銀二十萬皆諫止之詔江西
作陶磁器十萬多奇巧難成四維亦力諫尋以父

喪歸賜賚優渥亞居正焉服將闋卒贈太師謚文
毅
賈仁元字西池萬泉人嘉靖壬戌進士初授歷城知縣入爲兵部主事改戶部補刑部遷戶部員外郎歷郎中出知保定府遷山東臨清兵備副使轉陜西西涼左參政以邊功遷山東按察右布政使特擢陜西延綏巡撫都察院以軍功廕子世襲錦衣衛千戶並復其族入爲兵部左侍郎協理京營戎政充經筵官三疏祈致仕加兵部尚書馳驛回籍

食俸如在官時仁元自釋褐薦登樞府胥以識擬

著練兵足餉尤加意文教在延綏葺集寮屬諸鄉

約所講解忠孝節義事卒後遣官諭祭葬給墓道

七十歲祀名宦

韓爌字象雲蒲州人萬歷二十年進士授庶吉士纍

編修歷官少詹事充東宮講官四十五年擢禮部

右侍郎泰昌元年八月拜禮部尚書兼東閣大學

士入參機務未幾與方從哲劉一燝同受顧命竭

誠翼衛中外倚以爲重大帥李如栢如楨罪當逮

中旨寬之與一爆執奏逮如律加太子太保戶部
尚書文淵閣太學士天啟元年正月請十三日即
開經筵自後日講不輟從之尋加少保吏部尚書
武英殿大學士廕一子尚寶司丞復加少傅兼太
子太傅建極殿大學士客氏封奉聖夫人大婚成
當出外瀆一爆引祖制爲言命擇日出宮二年四
月禮部尚書孫慎行劾方從哲用李可灼紅丸藥
殯特疏白其事且曰議法者勿以小疑成大疑編
摹者勿以信史爲謗史繇是從哲得善去而可灼

戍邊即愼行不以爲異議也文震孟建言忠賢嫉
上杖之爌力爭始降級調外三年加少師兼太子
太師及楊漣劾魏忠賢二十四大罪忠賢求援於
爌爌不應忠賢深銜之旣葉向高罷爌爲首輔廉
直自持勢不能敵奸詭而同官顧秉謙魏廣微輩
又靳傾之冬忠賢假會推事逐趙南星高攀龍爌
急上言一日去兩大臣臣民失望且中旨徑宣不
復到閣而攀龍一疏經臣等票擬又復更易大駭
觀聽傳旨切責未幾又逐楊漣左光斗朝政大變

故事閣中秉筆止首輔一人廣微欲分其柄囑忠
賢傳諭爌同寅協恭而責次輔毋伴食爌惶懼抗
疏乞休命馳驛還籍五年七月御史李魯生劾爌
削籍又假黃龍光事坐贓二千杖斃其家人爌鬻
貸以償樓止先塋莊烈初復故官崇禎元年言者
爭請名用爲楊維垣等所扼至五月始遣行人召
之十二月還朝復爲首輔上諭以擬旨務消異同
二年正月大學士劉鴻訓被重譴爌疏救不聽溫
體仁許錢謙益御史任贊化交疏訐體仁上切責

贊化纊請寬贊化以安體仁上因謂東林於朝事何補纊退具揭言但當論其才品臧否職業修廢而黜陟之若戈矛妄起於朝堂畛域橫分於官府非國之福也又力救贊化不納皇長子生請盡蠲天下積逋報可時大治忠賢黨纊與李標錢龍錫主之初熊廷弼傳首至是其子兆璧詣闕疏請廣言廷弼之死由逆閹欲殺楊漣魏大中誣以行賄因盡殺漣等復懸坐廷弼贓銀十七萬刑及妻孥寃之甚者乃許收葬時議汰各鎮兵裁驛卒纊言

汰兵止嘗淸占冒及增設冗兵爾衙地額兵不可
汰也驛傳疲累嘗責按臣核減以甦民困其所節
省仍還之民上然之永光引故御史高捷史𡐓都
御史曹于汴持不可爌言故事當聽都察院咨用
不從九月請停秋決亦不從三年正月中書舍人
加尚寶卿原抱奇劾爌主欵以爌袁崇煥座主也
上貶抱奇秩無何左庶子丁進工部主事李逢申
劾疏繼上爌三疏引疾詔賜白金彩幣馳驛遣行
人護歸進逢申並爌會試所舉士也爌先後作相

老成慎重引正人抑邪黨天下稱其賢十七年春
蒲州陷憤鬱而卒年八十
張庭蒲州人萬歷三十五年進士四十三年挺擊事
起庭上言奸人突入大內狙擊青宮陛下宜何如
震怒立窮主謀乃廷臣交章一無批答何也君側
藏奸上下蒙蔽皆由陛下精神偏注皇太子召見
甚稀而前此冊立選婚及近時東宮出講郭妃卜
葬諸事陛下皆弗勝遲回强而後可彼宦寺者安
得不妄生測度陰蓄不逞以僥倖於萬一哉不報

晉郎中被齮齕引退抑欝卒天啟初御史張愼言方震孺魏光緒楊新期交章訟庭及陸大受李俸寃乃贈庭光祿少卿都御史高攀龍請加庭俸廕謚不果

國朝

馮皐彊蒲州永濟人順治乙未進士起家縣令遷同知漢中府吳三桂反攻陷漢中皐彊被獲廹之降不屈賊將閉皐彊幽室中刼以威終不從乃遷之古寺中囚焉遣人守之歷五年大兵復漢中賊將

敗去阜殭始得出大將軍知其狀爲上書言之將
復用阜殭自以老不任職乞歸卒
衛既齊猗氏人參政紹芳子也康熙甲辰進士自庶
吉士爲翰林檢討庚戌會試分校禮闈同校者囑
以其私既齊侃然拒不可後　朝廷知之嘉其能
守正旋得進用以上疏語直左遷霸州州判攝固
安永清平谷三縣事遭喪歸服闋赴京師超擢山
東布政使遷順天府尹晉都察院副都御史出巡
撫貴州以黎苗叛亂坐罪戍龍江踰年召還使修

永定河復修高堰河堤卒於淮上

邵嗣堯猗氏人康熙庚戌進士歷官知縣入爲江西道監察御史出爲直隸守道改提督江南學政卒於官嗣堯耿介廉白不畏強禦初知栢鄉大學士魏裔介家在焉又其座主也裔介家人有犯法者即以法治之無所假以是爲裔介所惡私使直隸巡撫借他事劾去之時大臣唯都御史魏象樞知嗣堯賢爲薦於朝得復仕云初浙人陸龍其與嗣堯同年進士歷官以清直聞嗣堯與齊名爲國

家所信曰如龍其嗣堯任提學定不鬻秀才致穢敗也因有是命嗣堯在江南將卒若預知之者自製殮衣朝服外皆布爲之既卒常州士人祠之於試院之左

左成名永濟人順治十一年以貢士任湖廣岳州府經歷署慈利縣事湖南賊方亂攻破慈利成名爲所執迫之降成名曰吾雖微官亦朝廷所命雖殺乃分耳寧屈賊哉遂死之事聞即以所署職贈成名爲慈利知縣卹其家

喬學尹猗氏人康熙癸巳進士性介靜有守以翰林
官京師日唯杜門寡交接改吏部選曹郎中尤潔
白自持人無能私干者遷福建按察使慎庶獄多
平允時福建大饑而學尹方署布政使以素爲民
所信故饑者爭赴方伯求賑曰獨喬公能活我旣
者陰譖之雍正中遂有遼東之戍初學尹與江西
魏侍郎定國並仕外臺咸著清直聲至是魏亦以
累與學尹同謫在戍所五年乾隆元年召還中朝
士大夫聞之無不喜者授福建布政使移任湖廣

其父就養官所卒學尹扶喪歸渡江風甚舟幾覆
學尹抱棺號痛已而風輙止因得徐濟服除補山
東布政使入爲太僕卿以目疾致仕學尹歷官四
十年家無長物世稱其清
崔紀永濟人康熙戊戌進士選庶吉士散館授翰林
編修雍正丁未充會試同考官遷國子司業轉洗
馬歷右春坊庶子於乾隆初陞國子祭酒提督順
天學政由詹事府詹事晉總督倉塲戸部侍郎未
幾署陝西巡撫再授吏部右侍郎實任陝西巡撫

二歲餘調撫湖北以公事降六秩家居乾隆辛酉復名爲國子祭酒甲子出督江南學政以憂去職服闋授山東布政使歲庚午復以右副都御史爲江南學院卒於官紀撫楚時知楚人以食鹽爲苦淮商貪利居奇鹽價惟所增長貧人至有數月不得食鹽者因上言其弊請更其法而令商人分地行鹽毋專聚漢口則奸商不得以時高下而人得食鹽之便疏入紀議不行然楚人至今謂其意在民不可沒也

蒲州府志卷之十三

忠節

敬釗蒲阪人隋仁壽中爲繁畤令有名隋漢王諒兵至釗力戰城陷賊將綦毋臨以兵釗不爲屈舉義而止之執送於喬鍾葵署爲代州司馬釗正色拒之鍾葵曰受命則可不則死釗曰吾爲縣宰逢逆臣反叛進不能保境退不能死節爲辱已多何乃復以僞官相迫也死生唯命他非所聞鍾葵將殺之會楊義臣兵至乃獲免釗後終朝邑令

呂子臧蒲州人隋末爲南陽郡丞唐高祖起兵遣馬元規慰輯山南獨子臧堅守元規使人諭意子臧殺之及煬帝凶問至子臧發喪訖乃送欵於唐高祖以爲鄧州刺史與元規共扞朱粲粲兵攻城或勸子臧降子臧曰我天子方伯豈降賊乎帥兵與粲戰死之

薛愿河東汾陰人爲頴川太守本州防禦使唐天寶末安祿山反時陳留汝南諸郡皆陷於賊賊方攻南陽頴川當賊往來道愿與副使龐堅悉力固守

城中兵素寡至德元年賊來攻愿晝夜甚急而外援不至攻十餘日守備皆竭賊夜半乘雲梯入愿與堅俱被執送東都將支解之或説祿山二人義士殺之不祥時天甚寒乃繫二人於洛水濱一夕皆凍而死

張介然猗氏人長於計畫始爲河隴支郡太守王忠嗣哥舒翰領節度並署爲營田支度使入奏稱旨賜列戟故里本鄉得列戟自介然始哥舒翰薦爲少府監歷衛尉卿河南節度採訪使時安祿山反

介然守暕留不三日祿山度河烟塵漫數十里日爲奪色士聞鉦鼓聲皆懼不能擐甲賊兵攻之凡十六日城陷殺暕留降者萬人斬介然於軍門

猗氏志有忠烈傳首列封常清夫常清爲將死不以罪謂唐之失刑與常清之枉可也既非見執不撓之列復無臨陣握刃之毅以云忠烈儗人失倫載筆之法詎云爾乎今特傳常清人物中

李興蒲州人宋咸平中契丹入寇眞宗幸大名興以

東班殿直隨節度使處倚引兵拒敵與契丹戰
河間府軍陷保裔沒於陣興亦死之
南仲猗氏人金興定六年以武節郎破羣盜有功遷
懷遠將軍佩金虎符判河中府事元兵取河中仲
引兵出戰身先士卒死之
黄連萬泉人少有志節明正德中自湖州府檢校陞
泰興縣主簿值流賊犯境連率民兵及家衆禦之
引弓射賊賊死者數人賊怒急擊連連與鬬而死
事聞贈泰興尹立祠祀焉

萬泉縣志云連爲大興尹賊犯縣境連帥衆禦賊死之大興京縣也明正德中賊劉六劉七起畿南自通涿霸州文安河間諸郡縣多被殘掠然未常及大興其後官軍討賊賊敗南竄轉至徐淮間因犯泰興是時連適爲縣簿因出捍賊遂戰死事聞即贈其縣知縣夫泰興爲今南通州屬邑非大興也特主簿無討賊之責連慷慨赴之竟以戰死可謂壯矣

李軏萬泉人初爲諸生毋死廬墓側正德中官江西

南康府照磨時江右盜起攻南康城陷自知府以
下皆遁去唯軏不去坐官署中賊入與其子俱爲
所殺

姚昌祚臨晉人天啟丁卯舉人任河南新野知縣調
官泌陽時張獻忠蹂河南與羅汝才合兵攻下信
陽遂趨泌陽一夜馳二百里至城下昌祚有勇力
素習武技聞賊猝至方計守堞而賊已突入昌祚
持矛出與賊戰刺殺十餘人身亦重傷仆地獻忠
縛致之勸使降已昌祚怒罵賊遂爲獻忠所殺其

子在紳姪在鈞偕死焉後贈昌祚河南按察司僉事蔭其一子

馮守禮猗氏人明末以舉人知山東萊蕪縣時大兵掠及山東將至萊蕪或勸守禮以家口出城爲避守禮曰如遣家口出則人無固志城何以守不聽及清師至圍攻之五日而城破守禮在城上謂其二子曰父子致命同在今日必戰而死勿降辱吾家也遂力戰身被數矢知不能敵乃引刀自殺二子亦自殺惟少子揄奇存焉兵退扶喪歸葬巡

按御史爲之請得䘏䘏卹云

王震仲猗氏人明末以武科官眞定府遊擊以援易州有功擢副總兵屯河間有任國奇者叛將也踞河間泊頭鎮震仲勦之夜抵國奇營國奇出倉猝營中大亂自相踐會天明瞰知震仲兵少遂合衆圍之震仲不能出與賊戰自辰及酉力竭死於陣

景淑範蒲州人以舉人知山東莒州值明末兵亂莒城破淑範死之

韓承宣蒲州人大學士爌孫明末以進士知山東歷

城縣　大兵至攻破歷城承宣死之贈光祿少卿

有子世琦　國朝入旗籍官至巡撫

相希尹明末以武進士歷官甘肅副總兵家居值李

自成陷蒲州爲所執大罵不屈與州人參將張夢

鯉並爲賊所殺

樊邦正蒲州人明末以舉人官湖廣德安府知府張

獻忠攻德安邦正悉力守禦後里居值李自成至

攻蒲州破邦正不屈而死州人稱邦正及相希尹

張夢鯉爲三忠

王應寵者蒲州韓氏之僕也有妻妾各一家頗殷應
寵所事韓于宣常官知府時方家居明崇禎十七
年正月賊李自成至蒲蒲人多迎降者賊執蒲縉
紳責金餽軍于宣驚懼與其妻薛皆自死應寵偕
于宣殮訖謂妻妾曰我與爾皆明民義不可降賊
當相偕死遂置三繩堂上而取片木自書曰大明
小民王應寵之靈引杯酒與妻酬勸因令就縊已
而妻縊妾從之應寵乃以繩自經明日賊入其室
見三屍陳焉睹所書木皆大驚以告賊將賊將使

其屬𣨛之太息以去于是州人稱應寵爲義民其後數年有翟鳳翥者傳其事

嗚呼寵之死偉矣自稱明民不肯辱賊其見義明而蹈節勇有古烈士之風哉非然何以甘于自决而慷慨若斯耶跡其身居僮僕之賤非如縉紳先生素常聞教而服訓以彼其身可以無死然且抱志抗節卒從而死焉其視士大夫之媮冒苟活幸自安全者賢不肖相去何如哉以寵之義而州之舊志未嘗一爲述焉非鳳翥傳

之其事將就湮歿豈以其微而畧之歟夫仁義何常背之則爲小人蹈之則爲君子古人蓋極言之安得拘乎其類而致掩夫斯人之行耶予於忠烈一篇特傳寵以揚其旨亦春秋之意也

忠節補

韓允勳蒲州人明崇禎三年以副千戶調征流賊遇之于太平縣史村自辰至酉轉戰數十里斬賊魁二人會日暮賊至益衆允勳力盡被執令之降不屈遂爲賊所殺首隕而軀不仆作奮躍狀者再事

聞贈安遠將軍太平人立廟祀焉

賈道醇永濟貢士順治中爲太谷教諭攝其縣事時

姜瓖反於大同太谷爲賊黨所陷道醇死於亂贈

國子監助教祀之太原忠烈廟中

孝友

皇甫奴河東人北魏景明初郡人楊諷等七百五十人上章列稱皇甫奴兄弟雖沈屈兵伍而操尚並高奉養繼母甚著恭孝之美於是畿内大使王凝請加表異詔從之

令狐仕猗氏人兄弟四人早喪父奉侍其母孝著鄉邑大使王凝奏加標表焉

荆可猗氏人性質朴苦身勤力供養其母母死水漿不入口三日絶而復蘇者數四晝夜哭泣負土成

墳可墓去家十餘里廬於墓側哀感遠近太統中
鄉人上言其狀周文帝令州縣加之表異比服終
尚如居喪周大冢宰晉公宇文護聞其孝行特引
見焉及可卒收其妻子於京城給以衣食
皇甫遐河東汾陰人性純至少喪父事母以孝聞後
遭母喪廬於墓側負土成墳積歲墳高數丈周五
十餘步食粥枕土形容憔悴遠近聞其至行並以
米粟遺之郡縣表上其狀詔加旌異
姚棲雲河中永樂人唐貞元中調卒戍邊棲雲父語

其兄曰兄嗣未立宜勿往弟幸有子請代兄行至塞上遂戰殁時棲雲方三歲其母他適伯母撫養之既長事伯母如母又招魂葬其父廬於墓左哀慕不衰縣令蘇輙以俸錢買地闢阡刻石而表之河中尹渾瑊上其事詔加優賜表其門名其鄉曰孝悌里曰節義社曰愛敬

鄭操河東人幼好學事繼母張至孝張溺愛已生三子而命操主炊供食操執勞不倦張遣子就學讀書操爲之執鞭策驢三子並不肖酔酒忤人人登

門詬辱及張操泣拜以解人曰不忍以三賤累長者相與謝操而去後擢明經爲臨津尉佐政寬仁每旦必具冠帶誦孝經一篇然後視事

唐書孝行傳有蒲州賈孝才虞鄉董敬直河東張金城呂神通等皆以割股旌門閭賜粟帛復賦稅云

姚宗明棲雲十世孫也宋慶歷中有司以姚氏十世同居聞於朝仁宗詔復其家自宗明至其孫德又三世五十餘年而其家孝睦不替姚氏世爲農有

田數十頃聚族百餘人躬事田桑歷唐末五代至

宋而子孫保守墳墓不相離散天下未有也

樊珪河中府人元至大間爲大都提舉母喪明珪聞

之即日棄官歸以舌舐母目七日而復明有司以

聞詔旌其門曰孝感

王庭祥猗氏人事親甚謹父病疽久不愈庭祥以口

吮其膿遂獲愈母目失明日以舌舐之未幾母目

亦愈事聞被旌

杜㞮河中府人襁褓中失母其繼母吳撫之甚厚及

長事吳甚孝吳卒廬墓三年朝夕哭泣曰吾報之

不能盡也

王寵萬泉諸生也母歿廬其墓側朝夕哭如初喪時

有鳥巢於廬左桑樹抱卵人以爲孝感所致

王約猗氏人父早亡母有夙疾不能動履約朝夕扶

奉二十餘年母亡廬於墓側不飲酒食肉者三歲

一日於廬次晝卧夢人呼之曰起起水至矣約驚

覺俄而水果大至約有備得免正統二年旌爲孝

子云

王艮卿猗氏人性篤孝友初其兄以疑獄將置辟下得脫艮卿方貢入太學每朝夕焚香祝天同舍生見而恠之叩所以初不肯答久之知爲兄故也明年同舍者成進士出爲山西巡按御史感艮卿友愛之誼竟釋其兄焉

曹允祥猗氏諸生父病痺二十餘年允祥朝夕扶奉無一日少怠值地震允祥亟入室欲抱父出父忽於室内躍出庭中其痺遂愈至九十餘乃卒人謂允祥之誠實感鬼神矣

景漆蒲州人與兄瀾友愛甚至常同出遇盜於路將殺之漆向之叩頭請殺已而免其兄兄亦請殺已而貰其弟盜感其義遂俱釋焉漆後成正德辛巳進士官御史終府丞以清諒知名

王光宇臨晉人舉嘉靖乙未進士性至孝母目盲光宇虔禱於神盲復愈常官西邊有劉驛丞者去官貧甚將賣女爲妓券已成光宇聞之曰丞雖微官然女何可爲妓乎即出金贖還之光宇後官至僉事在蘭州有禦虜功獎勵賜金

溫錫蒲州人成化間貢士也性至孝居喪哀毀屢致
異應事聞於朝詔旌其門
張輅者蒲州人明正德中兄鑑以事觸中人劉瑾瑾
怒令郡官收鑑將坐重辟輅詣府自言罪實由己
無與鑑也力祈代鑑死太守義而免之
耿顯世猗氏人兄弟四人同居無間言隆慶中以貢
知合水縣俸入悉分諸弟挾滿徒步而歸敎授力
田以自給人皆稱其賢
陳志剛猗氏人自其先世至剛子淮七世同居炊釜

大容石餘人稱大鍋陳氏今釜尚存其家
謝奇齡蒲州人侍母疾衣不解帶居喪廬墓有黃雀入壙之異
趙釗蒲州人性孝友母病祈天求代已而母愈其兄病瘋其弟病瞽凡父母生養死葬皆釗爲之
洪尚仁蒲州人幼孤事其母甚篤母病呼天求代及母卒年巳九十六尚仁哀毁尤至其兄遺姪五人皆撫之成立爲授室而分財焉時有臨晉人李源其行事畧與尚仁同

李奈犄氏人父彦和病篤思得肉食貧不能致乃割其股肉爲羹進之而疾遂瘳時蒲人以割股聞者又有臨晉樊九敖奈同縣張朝紀

成思忠滎河人自高祖以來七世同居人無間言稱義讓之門有碑存焉

杜麟萬泉人七歲母亡及長撫繼母弟甚厚父卒廬墓三年後官郃陽丞以廉聞而萬泉人高舉者少而孤奉母甚孝既以諸生貢入京師不得歸旦夕思其母遂病卒也

劉養德臨晉人事母以孝稱明末歲祲負母逃荒河南遇流賊將殺之揮刃而折賊方愕及問知其孝乃捨之反遺以金而去

張志奇猗氏人順治己丑大同總兵姜瓖反蒲人有應賊者兵將入城志奇父母皆久卧病不能行有伯父母亦衰老志奇以次皆潛負出郭以避賊其後四人者皆殁貧不能葬爲人賃傭積數歲得傭錢以舉四喪

韓啟芳臨晉人常鬻子以葬其父父喪三年不入卧

乃其母危疾禱於神七日夜至於流血夢神與之藥旦日如其方進之果愈後其母卒毀疾幾殆復

金敔芳邑人郭復蘇亦有孝行親疾爲嘗糞卜親之生死及及哀哭喪明官旌之

賈允重萬泉諸生母歿父再娶妻其繼母待允重不以禮常酷使之允重不少怨常爲人言已不能事母母實愛已也後繼母知其孝亦感動泣下自是遂善遇之康熙十七年建坊以旌其行

楊奉時榮河人母早亡其繼母荆無子卧病二十餘

年奉時與其妻侍養勿怠初奉時兄已分居矣既而兄卒奉時念嫂與姪無所依復迎之合炊比姪長而爲授室又承父志以父所自致貲分給其父兄弟之子曰是皆吾先人之所撫而長也於是鄉里並高其誼乾隆十八年共言於上官而以孝義旌焉

州舊志平陽府志山西通志蒲州孝子有董永而以爲萬泉人夫永初不見於史若予覩他郡縣地志諸書亦多列永名與其墓則永果不必

萬泉人而向之所傳未足據以爲信也至於天
帝使織女下爲永婦是又委巷之野談稗乘惑
人義所不取而通志以下具載勿削何也
孝之爲德也豈易言哉必極其至雖賢人君子
有所不能盡夫豈尋常一事一節所得遽冒其
名乎雖然曾參子騫既不可見於世必持此以
責天下亦非導民佑俗之方也天春秋之義善
善欲長而以行示人期其共勸故自舊史所傳
以外錄樊珪而下訖楊奉時凡二十三人始乎

元時至今世止列其行事可觀者爲孝德傳以
諷厲郡人使有所感而興焉

孝友續

溫錫明蒲州貢士有孝行親歿負土成墳居於墓側
致野蠶成繭與白蛇之祥又張聖謨亦貢士蒲人
聖謨父圻事親最孝終身思慕屢表於官聖謨復
孝其至行有過人者嘗選縣丞未仕卒
高丕茂萬泉人世農家至丕茂學儒爲貢士丕茂性
孝常讀書山中聞父有疾中夜奔歸不顧險阻侍

左右衣帶不解及父死母復失明丕茂事之曲體

其志母雖盲瞶而意爲之安常有盜數入夜入母

室丕茂恐傷其母力與鬭乃去母亡哀毁如喪父

時雍正元年鄉人以孝行舉丕茂於官獲旌萬泉

復有生員黄元鰲貢生李楫並號能事親於父母

卒繪像奉之數十年慕思不忘

李世昌臨晉諸生也國初時隨父避亂爲賊兵所擄

將殺其父世昌叩頭出血請以身代死賊憐其孝

乃釋其父且以金遺之使歸

楊常謙臨晉人少爲諸生父病痺手足不能運日卧牀笫凢欲坐起皆常謙抱扶之不離父側者十六年夜未嘗就私室父殁二十載而常謙卒卒時猶念父云其同縣有荆明性者行彷彿常謙又有謝誂者父病禱於神願以已代已而父愈

榮河孫希升其母早寡希升善事之國初時避亂棄妻子獨負母以行及母死廬墓側三載希升又常還遺金掩纍骨他端皆可稱

桂世隆永濟人事繼母以孝聞世隆生明天啟中卒

康熙已已爲人性恬靜居永樂鎮或數年不入城府以教授爲事鄉里多敬之自世隆外以廬墓稱者永濟有李斗星姚廷珍李大智李大順楊積猷以割股稱者滎河有樊鶴算斗星廷珍並已旌而在雍正中以孝行例旌者有楊生滋薛英賢衛大訓大訓臨晉人生滋英賢並永濟人永濟李文濂亦以乾隆九年旌其未表者民李大有貢士楊若秉並臨晉人與生滋等皆郡人所爲孝子者也永濟侯法侯式楊錦表兄弟相愛久能不衰而諸生

王坦居臨晉其家合爨者亦數世焉

王焯臨晉人康熙中以進士知湖口縣有徐元長夏廷賁者以枉論死焯至爲理出之官湖口六年卒與其弟甚親睦病亟時尚呼其弟以不見爲憾而其弟是日家居方會客忽涕淚悲愴不能自禁衆皆恠之後月餘焯凶問至蓋其友愛篤切精神相感如此

胡拱徽虞鄉人十一喪母送母葬號泣不肯歸其父强攜以返拱徽日涕泣往墓所百餘日方止後值

水發將及墓拱微卧守墓下水至不動人皆異焉
父瘍作於股時時悶絶拱微吮之血出乃漸差同
縣有樊作知者本農人奉後母以孝稱人有種瓜
者蔓至其田中因熟焉作知告其人使取之人曰
瓜生若田所若取可矣竟不取於其主歸焉又永
濟張恂數歲生母死既長以不及事疏衣菲食終
身

張所聚臨晉人善事繼母母無子且病久卧牀第間
穢溺狼藉見者多惛避所聚日躬侍未常厭怠比

母卒居喪哭泣無替禮焉

胡養熊臨晉人性素孝其父嗜魚養熊他日之滎河

爲求魚忽心動急歸則其父疾作待養熊來意殊

廹已而至父喜遂瘳常爲母煑藥酒酒傾激火傷

目恐爲母知不敢言於前怡笑以承懽色若無恙

者壽八十終

吏師

蔡瑄榮河人洪武初以學行首於朝授儀禮司序班累官至通政使凡章疏乖謬者即糾正之百僚肅然以病乞歸卒於路太祖悼惜焉自爲文以祭復其家三年

陳榮祖臨晉人洪武庚午舉人連任富平洛南濟源知縣守正不阿居官有留犢之風爲吏民畏服

薛魯蒲州人建文己卯舉人官給事中嘗三奉使往占城交趾儀觀雄偉議論慷慨後卒於交趾勅使

迎其喪歸葬

張福蒲州人永樂庚子舉人任山東平度州知州律己廉介鋤强扶弱稱時循吏擢大名知府卒於官平度民立祠報功春秋祀之

衛述蒲州人景泰庚午舉人知山東武定州剛直清敏拊循孤弱倍極仁慈移知莒州毀淫祠興學校在官十年既去民感思之孟琳者與述同年官淮安同知政聲甚著初以舉人至京師時石亨曹吉祥方持權欲致琳門下堅謝不往而與琳同州謝

廷桂者景泰癸酉解元同知常州府治行稱江左
第一終河間府知府
王璜萬泉人成化甲午舉人知山東即墨縣廉潔正
直事至立決在官七年卒幾無以殮時美其清介
且惜其才云
史魯蒲州人正德戊辰進士初任鎮江推官爲政嚴
明平反寃獄有懷金來餽者峻郤不受貴官某以
書來爲人干請裂而還之擢刑科給事中屢上章
劾大臣與守備中官之失幷論寧王宸濠奸狀時

議偉之後爲錢寧所忌罷歸

姒昂蒲州人正德己卯舉人嘗三爲縣令兩任通守所至有循良風其初任陝西韓城也吏胥多貪冒索錢昂嚴其約束凡民有訟者絶去賕請里甲飼馬外別無供億也其治蹟陝西志亦載之

薛侃榮河人賦性貞介起縣從事於正德中任河內典史清苦絶人而治事甚整爲上官所服因共薦其賢擢知山東曹縣曹有他縣糧移徵之累侃力請豁之民皆稱慶後終隴州知州侃在官二十餘

年疏食布衣而實心經畫持法嚴毅士大夫聞而敬之

景佐蒲州人宏治庚戌進士任東安知縣有惠政遷都察院經歷以事忤劉瑾下錦衣獄旋得釋左官累遷至河南參政佐性嚴重所至能執法及罷官歸足未嘗一造縣庭也

羅鳳翱蒲州人嘉靖丙午舉人自國子博士歷官至寧夏巡撫鳳翱爲政不嚴而威其在寧夏設防禦綏士民西邊賴以安堵者十年

衛鈞臨晉人嘉靖己酉舉人知任縣潔己愛民卒於官吏民皆相弔哭鈞兄鈿弟鏻並以舉人仕州縣有績可紀云

張問明猗氏人嘉靖壬戌進士任光山知縣光山故盜藪問明至以方畧除之入爲御史數言事著風力時方遣繡衣出按川湖雲貴憲府以問明名上世宗見之曰西南萬里須得此人使歸復按三吳持法鋤强恃勢凌百姓者皆懾服與政府不合改官曹郎出知河間府以疾歸

王謙嘉靖甲子舉人繼登進士官工部郎出知杭州榷事時浙兵以乏餉大譁巡撫不能馭因走匿衆益洶洶謙知狀即身前諭之爲開曉利害曰汝無訌吾當發榷金代其汝餉衆乃定杭人尤德之

荆州士臨晉人萬歷丁丑進士知山東臨朐縣臨朐地瘠民多貧苦兼値凶荒州士至捐俸立官莊具牛種以勸民田平賦輕刑五年邑中大治後累官巡撫河南僉都御史

孟希孔琳之孫也萬歷辛丑進士知扶風縣初下車

屛去文法曲爲綏輯招撫流亡予以牛種緩其催科不輕鞭扑民感其德後卒於官縣人爲具殮焉

初琳子汝濬官知府汝紀官通判至希孔三世並以清白吏稱

張燇乾猗氏人萬歷己酉舉人知長葛縣縣唯土城燇乾以時方多寇乃爲築甎城又以餘金爲敵臺功甫竣而賊果來薄城下燇乾率衆乘城禦之凡六日賊知有備乃解燇乾以通判終

姚惟新臨晉人萬歷己卯舉人爲廣宗令廣宗城南

有地曰潘家窪久爲石田惟新捐金立庄召貧民自占給以牛種爲搆屋舍不數年頓成腴沃歲收穀數千廣宗人因號其庄曰姚官遷守深州深瀕滹沱歲多崩齧惟新爲築堤以護城郭人歌其功

子昌錄天啟壬戌進士爲吏部郎嘗却人懷金而杜其請昌祚惟新長子也自有傳

翟敬猗氏人宏治庚戌進士以翰林檢討左官知休寧縣縣人有青天之謠一日民舍火將迫令署敬衣冠祝之須臾火滅及去休寧人爲建遺愛亭累

官至太僕少卿歸囊無餘錢敬至九十六乃卒

王國瑚猗氏人萬歷壬辰進士自行人出知延安府見城中無井曰設有警急即坐困耳乃謀穿井土人謂地多沙磧舊不宜井國瑚躬自相度地形令試穿之得甘泉二十餘處人多便之及天啟辛酉秋酋長吉能擁十萬之衆入安塞口直逼郡城攻七晝夜知不可拔乃引而去始嘆國瑚之知幾焉國瑚在延安日有守禦功後遷肅州兵備副使以病免

喬震藩猗氏人　國朝順治丙戌進士任山東鉅野縣知縣時山東有李化鯨之亂攻破數縣乘勝圍鉅野三日夜震藩率衆守知賊欲焚城令城中門置巨瓮貯水以待已而賊舉火衆引水禦之火滅至夜分乘不備開門擊賊多所斬殺賊知不能破乃退鉅野獲全

陳適度猗氏人順治壬辰進士連爲江寧邵武二府推官清慎平允每決獄夜必焚香告天邵武人何承福爲賊所誣幾不能白適度省其冤爲立釋之

承福以千金來謝拒不受後去官家居寒素如諸
生每出布衣蹇驢見者不知其鄉先生也
荆文康猗氏人由康熙庚辰進士知山東郯城縣下
車值歲儉不俟報上官即發倉粟以貸饑貧者邑
有繫獄者罪且重以千金求貰力却之既而察其
枉即與平反罪者得雪郯有磨山湖夏秋水發漲
漫無際行者苦之文康爲砌石堰以殺其勢凡四
十餘里由是無病涉之患在郯七年遷曹郎以歸
吏師一篇蓋舉郡之賢士大夫而書其涖官行

政之績羔羊素絲其節昭焉廬江桐鄉其愛著焉姚氏具在大畧可覩矣予覩臨晉志言明萬歷末歲荆養喬爲御史出按江南發宣城勢家梅振祚之惡又劾督學使者熊廷弼受振祚賕託杖殺諸生夫廷弼爲人廉峭强直自爲保定節推至巡按遼左早以介潔持法知名朝廷豈受人旨而肯妄殺諸生者至以受賂誣玷之則當時爭凌詰訕求勝之習恐養喬所言殆非其眞而不得爲是志勿能辨徒欲抑彼以助此且

謂廷弼由是敗夫廷弼固未嘗敗暫歸聽𠟭旋

以經畧起豈以驕喬故而終身罪棄哉亦失注

錯於語言矣大抵揚美者無取其夸論人者必

循其質苟夸而失質奚怪飾譽多實錄少乎故

予於是篇加其審慎必求事之信有可錄者而

他無取焉

文學

薛稷道衡曾孫也第進士累官禮部郎中中書舍人歷踐兩省以文辭有名景龍末爲昭文館學士睿宗踐阼喜之遷太常少師封晉國公時鍾紹京爲中書令稷言於上曰紹京本起小吏素無才望師長百僚恐非朝廷具瞻之美上然之翼日遷稷黃門侍郎後罷爲左散騎常侍更太子少保禮部尚書以贊翊功每召入禁中恩絶羣臣唐初虞世南褚遂良並以書法名一家後無繼者稷外祖魏徵

家多藏虞褚書稷因得取之精意仿臨遂臻其妙

世稱歐虞褚薛其畫又爲絶品焉

柳冲楚賢子少好學多所研總景龍中以左散騎常侍修國史初太宗命諸儒撰氏族志其後門胄興替不常冲請更修詔與魏元忠吳兢等共取功德時望貴籍之家等而次之至先天中復詔冲與魏知古劉子元等討綴書乃成號姓系錄遷太子賓客昭文館學士以老致仕

山西通志文苑傳有山惲不知其爲郭山惲也

而去其姓且山惲與祝欽明之徒雖號有儒學
本拙於文章兼以詻諢爲世所鄙故不著於篇
盧綸河中人初避安史之亂去客鄱陽代宗時數舉
進士不得元載薦其文授閿鄉尉遷監察御史稱
疾去渾瑊鎮河中辟元帥判官累遷檢校戶部郎
中韋渠牟表其才名見禁中異日上問盧綸李益
何在答曰綸從渾瑊在河中即召之會綸已卒後
憲宗詔中書舍人張仲孫訪集其遺文文宗尤愛
其詩問宰相綸文章幾何亦有子否宰相對綸四

子皆擢進士在臺閣上遣中人往其家索得詩五百篇以聞

耿湋河中河東人寶應元年進士官右拾遺工爲詩方代宗時劉長卿錢起並以詩名天下時謂之錢劉而湋與起及吉中孚韓翃苗發司空曙崔峒盧綸夏侯審李端皆齊名世稱大歷十才子

楊巨源蒲州人貞元中舉進士第初爲太常博士禮部員外郎出爲鳳翔少尹名拜國子司業年七十致仕巨源以能詩訓後進多成其藝文宗太和中

時宰以巨源文儒之長宜見優朝廷乃自以爲河中少尹不領職務而歲給之祿終其身
張涉蒲州人家世儒者初官國子博士能爲文嘗講經於涉及即位之夕名入宮詔以政事翼日詔居翰林恩禮甚厚遷散騎常侍後歸田里卒
有司日試萬言時以張萬言呼之德宗爲太子受
薛逢蒲州人會昌中進士初在崔鉉幕府及鉉相引爲萬年尉歷御史尚書郎持論耿切高自標顯有薦逢才宜知制誥者時相不可乃出爲巴州刺史

後以太常少卿名還遷給事中秘書監卒有集十卷傳於世

聶夷中蒲州人咸通中進士官華陰尉詩集一卷夷中所作多傷憫時世意主諷喻其憫農一篇尤懇惻五代時馮道常誦其詩爲求治者告焉與夷中同時河中王駕亦以詩稱於晚唐駕舉進士官禮部員外有守素先生集六卷其自號也

盧知猷綸之孫簡能子也中進士宏詞科補秘書正字荆南掌書記遷右補闕出刺饒州以政最還中

書舍人避朱玫之難不出僖宗召拜工部侍郎史
館修撰累太常卿戶部尚書太子太師值劉季述
之難感憤卒知猷文辭贍麗尤工於書楷法精妙
而器量渾厚世推爲長者自唐中世至五代河中
世名家者稱盧氏
薛紹彭河東人紹彭以名家子能詩工書宋元祐中
與蘇軾黃庭堅遊同時簡州劉涇巨濟亦有名紹
彭與交而尤善米芾與芾以書畫稱相知芾常賦
詩稱米薛劉或又言劉米薛紹彭書傳於南渡高

宗亦珍之
李獻能河中人其先世有爲金吾將軍者時號金吾
李家獻能與其從兄弟三人並登進士故李氏有
四桂堂獻能博覽工詩於文章尤長四六金貞祐
三年廷試第一人宏詞優等官翰林應奉文字爲
趙秉文李純甫所稱後十年出爲鄜州觀察判官
復爲應奉遷修撰正大末以鎮南節度使充河中
帥府經歷官元兵破河中獻能奔陝州與河解元
帥趙偉有郄天興二年十一月偉帥兵入陝州城

殺其行省獻能亦被害

陳賡臨晉人累官河東山西行中書省參議有才名與元好問數以詩文相酬答及卒大同儒學教授房祺纂錄其詩與麻革張宇段成己等八人號曰河汾諸老詩金末時河中張琚亦有能詩名長於五言人喜稱之因有張五字之目琚詩集名韋齋

王佐河中河東人元末隨父官南雄因亂不能歸遂寓南海與粵東孫蕡等結社賦詩何眞據廣州名掌書記佐與蕡及趙介李德黃哲並爲眞所禮稱

五先生及眞歸明太祖佐乃還鄉里洪武六年徵
爲給事中太祖賜宋濂馬命侍臣和御製歌佐立
成以獻後乞骸骨歸
令狐鏓猗氏人幼工文與蒲阪王崇雅楊俊民爲文
章之友嘉靖乙卯舉於鄉官朝邑知縣遷知合州
致仕
楊世芳尚書博會孫也萬歷己未進士由庶吉士累
官學士世芳少絶穎讀書能一目數行下爲文章
甚敏他及琴書諸藝並能進之天啟中爲魏忠賢

所惡奪官及莊烈帝時復名爲學士

郭廷佐蒲州人少好學性嗜吟咏與郡中縉紳先生約爲詩社州守聞其才賢延以爲賓三請而後至與論詩甚歡益禮廷佐廷佐亦不以州民輕爲守屈也守贈以詩云鶴髮蕭蕭倒角巾林宗雅望絕時倫我來空負溪山約不向仙舟訪隱淪時傳爲雅談

張璞猗氏人天啟中拔貢生官遼東通判適經畧洪承疇欲得能草檄者璞進自贊曰通判能爲之卽

請筆札爲書一通承疇覽之驚曰通判才若此因
禮重之遷陝州未幾致仕杜門著書以終
王含光猗氏人明崇禎辛未進士仕　國朝官終河
南按察使含光於詩工七言近體又善繪事亦稱
工於時
吳雯先本關東人其父來爲蒲州廣文因留家焉故
雯爲蒲州人雯居永樂唐時置縣處也得李商隱
遺僑之地而卜舍焉其間有玉澗水因李號玉溪
生故雯亦自號玉澗子康熙戊午舉博學宏詞遊

京師與四方能文章知名者接山東王尚書士正尤極推揚之晚年築室谷口家雖日貧而讀書不休其生平篇什甚富人爲刻焉

郭九會猗氏人舉康熙己酉山西鄉試第一官終杭州臨安知縣九會自爲舉人既不得成進士益恣意爲詩歌古文有集二十卷

王恭先臨晉人順治己亥進士初爲河閒府推官補江南崇明令罷歸其在崇明也悉以俸金往金陵買書載還臨晉以故恭先家書獨多慕唐高適五

十爲詩因自號所著詩文曰慕適軒集其晚歲所爲名之老學菴集初恭先父萬基爲廣文當明天啟中是歲丁卯山西行鄉試猗氏令曹暹夢萬基爲鄉試舉首已而不驗而恭先則以丁卯生至順治辛卯舉鄉試第一令所夢不爲萬基而遠在恭先亦奇矣哉

儒林文苑前史分之爲二以長各有所專而事則異矣郡之儒林見在前世者蓋少既以附著人物而自薛稷以下至於王佐每爲談藝者所

稱故次列焉續以令狐鏓范郭九會王恭先爲
文苑傳夫文章一技於道未尊少陵言之雖然
彼其雕篇織思蘊綺含華韻戛宮商聲出金石
雲霞奪其麗珠璧揚其英作之一朝足傳千載
誠亦不朽夫豈尋常竊弄硯墨未足成乎語言
者所得分其名而假才芬以相冒哉州縣舊志
都無此篇山西通志所傳河中文苑雜糅彌甚
予是以薙其蕪矣

蒲州府志　卷之十

蒲州府志卷之十四

義行

羅道琮蒲州虞鄉人慷慨尚義唐貞觀末謫嶺南其友有與道琮同謫者死於荆襄間臨殁泣曰人生有死獨委骨異土爲可悲耳道琮把其手謂曰吾若不還則已假獲歸終不令子獨留此也其後道琮被赦還鄉里取道荆州爲友人舁棺不殫千里歸其家而葬焉道琮仕至太學博士

賈宗仁明蒲州人常出遊江湖間十餘年積貲千金

他日客江州有同旅趙某者藏二十金於笥而忘
之疑爲逆旅主人婦所竊索之甚急其夫不能明
即欲自殺宗仁諭止之而出己金代之償主人夫
婦得全宗仁後至九十有七乃卒

孫達猗氏人洪武中登進士第志意卓然與同年友
黃子澄練子寧爲心交及靖難兵起子澄等爲建
文忠臣咸被族誅達痛其禍乃棄家逃入深山中
至死不歸子孫莫知其處

王旭蒲州人其叔洪武間爲盩厔令坐事論戍旭潤

叔老病恐死戍所慨然代爲戍邊數年無怨色後得赦歸旭與州學正曹月川善所爲詩號鳴巢集

王旦蒲州人孝友好義繼母常逼之入井初無怨言有輓漕者覆舟漕粟盡没不能償坐罪旦聞而憫焉爲出數百金買粟以償其人始得免

王三鑑蒲州人估於天津有鄉人以百金寄一夕暴死其子不知也後二年三鑑歸里出其金還之封識宛然

王崇雅尚書崇古兄也嘉靖甲蒲州地大震朝臣奉

命來賑災者爲崇雅父同年進士欲以州中丁絶地予崇雅爲資崇雅悽然曰蒲人不幸被兹慘傷雅儌天幸尚忍取非已有乎且絶丁多寄淺土骴骼不掩盍訪其親戚取貲以爲葬資公仁及枯骨矣其人嘆服崇雅舉進士官至太僕卿

令狐錕猗氏諸生家有鵝畜之池隣人張姓者失鵝徑來攜錕鵝去且詆之錕不與辯已而張鵝復得心甚慚來詣錕謝亦不較也一日自他所醉歸袖中有金亡在或拾之去錕知其人然終身不言

喬繼宗猗氏人官教授歸杜門不入城市繼宗所居距鹽池不二十里巡鹽使者王君其門下士也終不一往見之及使者來謁再三始一見唯寒溫而已縣人苦徭役父老爭詣繼宗乞爲官一言甦困繼宗慨然爲書以告於是民累始減

張甲徵蒲州人萬歷壬午舉人繼登進士有同年子漂浮無歸甲徵名至其家延先生教使讀書而以五百金爲償所負同年子感激力學後舉鄉科曰成我之德終身不敢忘

郭孔殷猗氏人官王府教授爲諸生時有懷金求韓
求孔殷爲關說官府者力拒不納曰吾受其金而
爲之請不且自汚以汚知已乎
荊州任猗氏人爲長治教諭縣吏王俊以罪瀕死州
任捐俸二十兩拯之俊感恩欲以女爲州任妾州
任曰吾哀汝代人受過故以俸金救汝若納汝女
非義也復資以金而遣之
荊爾梴臨晉諸生崇禎甲申國變帝后殉社稷爾梴
聞之呼天痛哭取冠巾還之學宫不復求進自放

終其身

楊惠芳蒲州人侍郎俊民孫崇禎丁丑進士以工部郎家居甲申春李自成下蒲州其僞防禦吳養德等擒惠芳逼使仕賊惠芳不肯從乃止

王巖楨猗氏舉人　國朝順治初土寇攻猗氏其令出走寇將屠令家巖楨使人說其魁得免頃之寇去而令自他所以援兵至疑猗氏城中人附賊亦欲盡殺之巖楨偵知之急謁令言猗人不反且曰公百口在危城中非猗人亦不能全也令乃止巖

禎復說令盡出軍中所俘子女遣還其家民獲安
堵
張國泰滎河人勇敢尚義　國初寇盜未靖衆言於
滎河令舉爲練總以備賊康熙元年秋有羣賊突
至城下奪門入守者莫能遏衆皆惶懼國泰聞有
賊急趨至橫身當之引矢三發殺三人賊乃退滎
河之獲全者泰之力也
薛毅永濟人少爲諸生性端謹敦內行其弟當暑月
死毅晝夜守其屍哭不去後母喪哀毀哭泣三年

不出戶久致尫瘠前後州牧聞毅賢將以孝行方
正舉之皆力自辭中雍正丁未進士任鑫縣令日
父憂歸服闋補官得貴州之龍里龍里皆蠻夷地
遠且惡大家宰欲爲之地使改授毅謝曰龍里雖
險遠毅自得之且必以其惡而避焉規獲善所雖
處其惡者乎聞者高其義赴官六月而卒
謝廷輔臨晉人夏月赴田中獲襍金可數百許蓋人
所遺者將俟其主還之久不至會日暮乃攜以歸
明日復往見郃陽人王德者自言失金狀甚悽楚

蒲州府志 卷[illegible]

廷輔呼至家為具酒食舉還之德驚感欲分金為
謝廷輔不肯曰苟欲此則不以之還子矣與廷輔
後先同時蒲州楊選劉榮猗氏諸生喬巖及 國
朝康熙中臨晉人王賜級並以還遺金稱巖為人
尤長者賜級嘗焚券數百不責人償馬少游所謂
鄉里善人者也

陳勝猗氏人也宣德中大饑勝出谷三千石以賑[illegible]
按御史表為義民立坊以旌自勝後其出粟賑[illegible]
者正統中有猗氏喬通蒲州趙從政景泰中有[illegible]

泉午讓成化中有灤州李子隆萬歷中有猗氏荊
一書通與從致子隆並旌門而一書授義官至崇
禎十三年猗氏諸生荊世承蒲州人張四庩亦皆
大出粟助官府爲賑世承所輸至二千餘石四庩
以千金然其出粟尤多至萬七千石者有猗氏王
錦錦天順時入以是授宣義郎云至　國朝康熙
中而有猗氏明經衛　既翕中丞既齊弟也歲辛未
大饑縣令爲粥以賑既翕輸粟百石焉又周其宗
族親戚不自存者亦數百石齊饑黔敖爲食於路

以食餓者檀弓記之以爲於人有利愛之心焉嘗
萬歷末祲甚猗氏諸生喬梓施粥以賑及冬復爲
衣衣凍者王光宙者臨晉諸生也萬歷戊子大疫
人多死爲廣設醫藥以救之同時蒲州人張繼恩
者亦殫貲爲粥食餓人市棺以殮餓死或助坎瘞
焉

義者世之所貴而凡爲義亦各有大小輕重之
分焉重且大者出之而是行之而得斯全乎義
子長者之行矣若羅道琮則可爲久要不忘與

達荆爾梃庶明乎出處之節王崇雅郭孔殷殆
潔於守己令狐錕之事其風厚矣自世敝而俗
尚褊吝於是以出金錢能施予爲義還金貸粟
羣驚爲難抑所爲義者比匪非其甚貴而且重
特以衆所莫肯而行之如是是亦有以過於人
故自賈宗仁以下類大之去其靡者舉其尤者
若夫陳勝出粟至三千石非素豪慷慨亦誰能
然且受託死亡而不利其有王忳是以列於獨
行也若三鑑者近之矣

義行續

韓瓚蒲州人孝友敦睦州有張姓者負人金責償甚厲不能還因遁去瓚憫其窮爲如數償之張不知也有何氏者負瓚逋至八百金終莫能歸瓚召其人與飲即取券焚之

吉萬方永濟人少時母病萬方禱北斗願以身代已而母愈有二兒已析居事之甚恭萬方爲人尚義好賙人急里中有長不能娶者親死不能葬者皆資給之使成其事常於凶歲買饑人二女爲婢後

一年歲熟即名其父還之不取値焉萬方富[illegible]

佐未仕而卒

崔志哲永濟人素有善行順治己丑之變賊遣僞吏至蒲州責餉志哲有弟久析居弟死遺幼以當輸餉被縛去志哲知之奔追及縶曰彼少不省事餉宜問我因解姪使去而取索自縶縣中聽僞吏所爲會國兵討賊者至僞吏宵遁志哲得免又有石若璘者虞鄉人康熙中縣人欠官租多不能償將賣其妻若璘見而憐焉即出金爲償如數使毋賣

於是夫婦復完麻昌宗亦虞鄉人佃人李共臣負租數載昌宗緩其追及共臣死妻欲嫁昌宗聞之曰若有子何嫁耶謂租不能償我當貰若因取負券悉毀之妻感其意遂不去留撫其子得長焉

永濟楊作楫貢士也生平好行善鄉里窮困者多方䘏之有衣食其家至老死者魏如唐者生女以貧不能養將棄之作楫爲之覔乳育於家至五歲召如唐歸之虞鄉朱時逢亦稱長者嘗有佃其田者負粟二十石因以其妹請爲婢送之時逢家時逢

問狀爲之泣下曰若何爲如是立遣引妹歸

喬雲閣猗氏人雍正癸卯舉人康熙庚子辛丑歲邑人大饑雲閣出私粟七百石以賑其親戚鄉里弟雲瞻庚子副榜舉人亦有義行嘗買婢五年矣婢父瞽且無他子女雲瞻憫焉聽贖女歸嫁得依壻以老陝人有魏某者寄食猗氏數十年及死雲瞻爲之葬且助魏子使婚人多其長者

隱逸

隱者焦先河東人也後漢中平末與同郡侯武陽相隨避白波賊往揚州建安初西還武陽占戶大陽先因時亂獨竄河渚食草飲水無衣履大陽長朱南見之以爲亡士欲捕之武陽語𫟪曰此痴狂人耳遂註其籍日給米五升先行不踐邪徑饑不苟食寒不苟衣自作一瓜牛廬淨掃其中天寒搆火自炙饑則出爲人客作飽食而巳不取其值嵇康高士傳曰世莫知先所出自陜來居大陽無父母

妻子見漢室衰乃自絕不言河東太守杜恕以衣服迎見而不與語後因野火燒其廬先乃露寢冬雪大至袒卧不移人以爲死就視如故度年可百餘歲乃卒司馬景王聞先如此常使安定太守董經因事過而視之先終不與言皇甫謐曰焦先何人吾不足以知之也自羲皇以來一人而已魏氏春秋曰故梁州刺史耿黼以爲仙人北地傅玄以爲性同禽獸並爲之傳而莫能測之

張昉唐河中萬泉人咸通末進士登第知天下已亂

遂隱不出後朱全忠屯河中聞昉才使人召爲判
官佯以風疾堅謝謂其子曰吾國不欲仕此世且
亡唐者此人可使辱我乎後將遊峨嵋遂棄家去
入蜀不知所終
李瀆宋河中處士父瑩宋乾德初爲殿中侍御史終
贊善大夫初瑩無子禱於河神而生瀆故以之名
即字爲河神旋改長源瀆性淳古博究經史十六
丁外艱杜門潔居無仕進意王祐典河中知其賢
深加禮接由是名日著不親產業時往來中條山

所居木石幽勝爲人談唐室已來衣冠人物歷歷
可聽州將前後至者並厚遇之王旦李宗諤每勸
之仕皆不答州閭之人咸化其德會眞宗祀汾陰
孫晃言其隱操陳堯叟復薦之因召見辭足疾不
起上遣中官至其家勞問令長吏歲時存撫焉瀆
自陳習靜避世又素嗜酒扶衰養疾捨此莫從天
禧三年語其子曰山水足以娛情苟遇醉而卒吾
之願也吾將與爾永訣一日忽曰適有人至牀下
誦詩云行到水窮處未知天盡時言訖不見吾嘗

逝矣亟促家人置酒頃之卒年六十三詔賜秘書省著作佐郎賜其家帛二十匹米三十斛

薛繼先河中府人金南渡後隱居洛西山中以讀書爲事與人交謙遜和雅所居化之子純孝有繼先風人或詐爲繼先書來其家就純孝取物時繼先適亦在家雖年巳老而容髮尚若壯者人故不識繼先特以爲即純孝以書與之繼先不言如所索取付之其純厚如此有御史行部過其所欲見繼先繼先謝不見曰今時政未必皆善御史一有所

劾人必疑自我發之他日當有受其禍者金末病
殁於宜陽

麻革臨晉人秉彝孫也自號貽溪子革當金末時以
讀書自樂隱居不仕先人有别業在王官谷因就
而居焉教授生徒賦詩與元好問相和淡素逸處
終其身人稱之曰貽溪先生
山西通志列革于文苑臨晉志附秉彝傳列在
人物然革當以隱逸見云

馮燕恩榮河人少尚志節金貞祐之末避亂入太華

山遯隱者田元圃遂師之自是無當世意及兵息還鄉里依先人茅屋以居洒然自樂年齒巳老行不杖坐不倚目光澄然至九十餘卒

楊守中猗氏人明洪武中有薦其學行者詔徵至京師欲授以官守中見上伏而不謁自陳愚鄙不知世務官非所任上遣再諭之居半歲不易其志乃詔有司以禮送還其鄉或曰守中葢元之遺民也

謝麟蒲州人明成化中以人才被薦授鄴城丞麟性剛不能與時俯仰遂棄官歸得州東靑渠之地而

居之搆桂莊書屋屏絶人事躬耕讀書終身未嘗

至城市有古隱士避地者風

古蒲衣即被衣也本一人耳山西通志載之蒲州以爲隱逸而分之爲二又有唐李純夫宋張愈夫張愈在宋本爲蜀人而純夫則元人稱唐已誤且云元宗召之不起不知其爲元文宗文字遺脫而幾若以元宗爲唐之明皇帝誤逾甚耳若蒲州舊志所列幾至四十人猗氏志亦載者有九常觀前史後漢傳逸民唐書傳隱逸並

以二三百歲之久合天下之大而其隱操可錄
者且不滿二十人一代之史於是已足蓋賢人
君子才足自見乎世而潛鱗戢羽不復用者之
爲逸懷貞絕俗貴利不屑其意樂志處素山林
不違其高之謂隱故惟行成獨往潔表人區守
介若氷被褐懷玉者斯旌帛重其幽芳風流耀
乎巖谷相彼遐躅夫豈易稱若乃所抱無奇抗
志非遠進殊負薪垂釣之踪退異耕石鑿坏之
跡徒欲以黃馘槁項牧犢終身白屋呻吟博士

殉業者當纖簾之逸軌儗賣藥之餘風則餇牛
人盡君公門卒名皆梅福河上丈人漢濱父老
亦安足復貴乎

方術

孟羽隱士也居於永樂占候望氣往往甚神然不肯輕言亦工相人李懷光未叛時常私謂所親言城中有反氣比懷光舉逆知其人遣使問之曰作天子否羽答以不識懷光怒將擒斬之羽先一夕已知之即遁去十餘日復還曰吾夜觀反氣已漸滅賊當自就誅翦矣後果然

孟羽見旨矣閒談山西通志藝術有馬遠而無羽馬遠久居淅無與河中也

苗訓河中人善天文占候之術仕周爲殿前散員顯德末隨太祖北征視日上復有一日久相盪摩私謂楚昭輔曰此天命也至陳橋太祖爲六師推戴訓皆預白其事既受禪擢爲翰林天文官加銀青光祿大夫檢校工部尚書年七十餘卒

楊炳蒲州人精醫術決人生死未嘗失一日往安邑一少年聞其技欲試之遽自牖中躍出佯卧牀上作呻吟呼救人謂炳診之炳視脈大驚曰其肉已重傷恐腸將裂不可救也左右者皆笑詆炳炳曰

吾但據脈決之耳至夕少年果死衆始服爲神

潘毓儁猗氏諸生工岐黃術究心內經字句註釋久之盡達其旨每製方劑多出新意往往奇中活人多矣

張汝霖猗氏人少爲儒生後學岐黃術研精入妙一僧於暑日汲井水沃其頂汝霖見之曰法於一月後當患頭痛僧初不然之及期頭果痛不可忍乃詣汝霖求治曰不復須藥至一年痛當自止但牙齒當早落耳踰年僧齒果落去大半而頭痛輙止

其他視人疾病巧中多若此尤精太素脈決人生死壽夭無不驗一日呼其子語云吾某月日當死因徧召親友相聚歡噱明日衣冠而化人爭異之汝霖年九十有四

楊文昭蒲州諸生隱於藝嘗游京師所交皆一時名碩多爲之揄揚曹中丞於汴程布衣孟陽尤莫逆云文昭嘗以檀香鏤佛像宛然如生

趙興運榮河人明天文壬遁之學順治初嘗語儕輩曰吾夜觀天象執法星北流當有貴人潛出者時

御史劉達按蒲州微行訪事適奏廁聞與運語不覺悚然急遣所隨吏邀之欲延入署與運避不見而去

張積素猗氏人少嗜畫師其鄉先達王含光遂深悟畫訣作山水殊勝爲輞川圖及太行圖卷尤爲見者所稱積素既好畫老且不倦時時爲人作之其山水格韻頗高又以餘暇爲水墨花草禽虫悉生動多野逸意態初積素父皤然居鄉里以謹愿稱壽踰九十乃歿積素之卒也年八十一人謂其世

有隱德焉
錄方術於仙釋之上何也游方以外者於物無
與而醫卜事之所用民之所賚有道或托隱焉
爾

仙釋

張果不知何許人也武則天時隱中條山自云年數百歲矣則天聞之使人名果果佯死不赴人後見果於恒州山中明皇帝開元二十年上知果有奇術道行再遣使迎之果乃至召入宮中訪以理道并仙人方藥之事又以果所爲多變化不測心疑之時邢和璞善算又有師夜光者善視鬼神上令二人算視果並莫能知其所由來他日上欲以玉眞公主妻之未言而果已知因力辭還山許之賜

號通元先生果至恒山蒲吾縣未幾卒或言其尸解焉

唐人作張果傳謂果爲堯時蝙蝠之精語尤妄矣

呂巖唐時人或云巖家河中永樂縣故禮部侍郎渭之孫也嘗舉進士已而棄去爲道士徧游山川因得仙人術世傳巖遇漢時鍾離權者師之故道家稱有鍾呂傳道集巖嘗賦七言云羅浮道士誰同流草衣木食輕王侯世間甲子管不得壺裹乾坤

只自由又有三度岳陽人不識朗吟飛過洞庭湖
語蓋巖好劍術亦嗜飲酒至宋時一日過湖州沈
東老家飲醉以榴皮書其壁曰西鄰已富憂不足
東老雖貧樂有餘云云及去而始知其爲巖也今
永樂亦有巖祠謂是巖擘瓜皮所書者筆畫奇怪
永樂純陽道院即巖故宅自宋以後世多傳呂仙
事人亦往往有遇之者
通志引道家所錄以巖爲呂渭之孫生天寶十
四年四月十四日至咸通中舉進士云云夫天

寶距咸通且百數十年安有嚴生元宗時而於
僖宗世舉進士之理且呂渭以德宗建中末始
官禮部侍郎計天寶中渭年尚幼安得有孫哉
其說之誕而無足信如此

唐侯道華虞鄉人爲道士事鄧天師身常執賤役暇
即讀書終日不輟或問何以書爲答曰天下無愚
懵仙人也一日天師得仙棗道華竊食之於白日
拔宅上升

唐段成式亦記侯道華升仙事在當時意實有

此若蒲州志與山西通志所載殊異特甚蓋皆無徵者也

房居士者明初臨晉人棄家爲道士中條山操行勤苦一日至虞鄉止扁鵲廟遇眞人教之遂得道術去居汾北麻衣山又往平陽姑射山洞中棲焉猛獸並爲之馴月餘不食無饑色時于肅愍謙方爲山西巡撫因訪之問以吉凶不答于去詢其弟子曰此公不善其終後果驗成化甲辰三月卧而化去先是洞中有石牀二其左爲唐時得道者所化

至是居士在其右若相待者

曇延猗氏王氏子隋時於蒲州棲巖寺爲僧聞講涅槃經意即頓悟有薛居士者試指方圓動靜四字令延說偈延即應云方如方等城圓如智慧日動則識波浪靜類涅槃宗開皇中旱召延祈雨頃而大沛其徒慧海道懸並虞鄉張氏子亦稱高僧

雲潤者虞鄉梁氏子十三出家爲僧初聽涅槃即通文旨聞泰岳雲巖寺僧規清肅乃往尋焉與法侶登山野燒四合衆皆惶奔唯潤安行顧衆語曰心

外無火火實自心謂火可逃無由免火後住宏福
寺房元齡見之歎曰居宗揚化唯此人耳
重宣虞鄉趙氏子爲僧河中開元寺堅持戒律功行
勤篤宋眞宗時與萊公寇準善寇公言於上眞宗
賜紫衣以旌其德咸平四年示寂楊翰林大年爲
撰塔銘
洪濟猗氏雲巖寺僧也有道行通大小乘法遊金陵
時明太祖將登極風雨彌日太祖不懌濟請祈止
之因杖錫一呪而霽天日開朗上大悅賜經一藏

給傳遣歸

福登明蒲州萬固寺僧也初不曉文字力修禪觀閉

關三年遂成夙悟無不通曉神宗聞之賜以繡衲

幷號眞來佛子福後居五臺坐而逝慈聖太后遣

中官葬之

仙人長生以度世應眞超無而留迹世固有是

然亦必其事爲近正而可信乃得書之若荒忽

僞妄出於二氏之徒所記言唯滋惟惑識者所

勿取焉晉書載佛圖澄手且至流水側從腹旁

孔中引出臟腑洗之訖還內腹中此澄在洛陽時而蒲州志山西通志並云澄住中條白石寺炊粥無具寄米於屠牛釜中人嫌其穢澄乃出腸浴於泉上至今泉上有血痕則假晉書所載者而加以誣飾且白石寺始造於隋唐之世澄在十六國石趙時又安得於此先有寺而爲居耶大抵緇黃者流每好神其教不自知其說之鄙野往往雜出以欺世是固無足道者至於屬之記載而若將信其爲然斯學士大夫之失矣

寓賢

猗頓魯人也耕則常饑衣則常寒聞陶朱公富乃往
而問術焉遂往牧牛羊於猗氏之南十年之間息
不可計富擬王公名馳天下以興於猗氏故世號
之曰猗頓

欒恢京兆長陵人事漢博士焦永學經永為河東太
守恢從永之官閉戶精思不交人物後永以事被
考永諸弟子並以通關被繫恢獨皎然無所污後
以名需徵為議郎

閻宋江州人唐貞觀十四年爲蒲州刺史後棄官隱
中條山至十九年復召爲吉州刺史後請爲道士
賜名遺榮其後人傳王官谷上方有閻使君宅
陽城北平人徙陝州夏縣及進士第乃隱居中條山
陝虢觀察使李泌數禮餉之欲辟致之府不肯起
乃薦於朝詔以著作佐郎召城并賜緋魚袋使參
軍事韓傑奉詔至其家城封還詔書自稱老病泌
不敢强及爲宰相又言于德宗于是召拜右諫議
大夫

王縉大原祁人少有文才與兄維齊稱唐天寶初客河中依其節度使居者數年後舉草澤以文詞清麗科登上第位至宰相初維以開元中進士官長安于藍田營別業維與縉特相友愛維在藍田而縉寓居河中歲時不相見每於賦詩見其情維九日詩遙憐兄弟登高處徧插茱萸少一人蓋指縉言之

徐商有功五世孫本東莞人也唐會昌中寓河中隱中條山下後擢第至咸通時官宰相

李商隱懷州河內人第進士屢掌節度書記吏部員外郎卒於滎陽商隱爲晚唐詩人之冠武宗會昌中嘗移家來寓居河中永樂縣故有到永樂縣居書懷詩居永樂久之嘗自云所居一草一木無非自栽今春悉已芳茂因即事賦詩凡商隱集中多有永樂之詠同時太原溫庭筠名與商隱齊與徐商友善宣宗大中間徐商節度河中庭筠因來依之亦僑河中有蒲州河亭陪節度讌遊之作而商隱有寄劉韋二前輩詩自注云二公先嘗於此縣

寄居不知其何人也

李純甫宏州襄陰人舉進士喜談兵金章宗南伐純甫上書策勝負以薦入翰林及宣宗遷汴高琪擅威福純甫知其必敗遂辭官去已而復入翰林出倅坊州改京兆府判官卒於汴純甫少負才謂功名可立致嘗由小官上萬言書爲當路所忌抑乃縱酒自放無意仕進嘗去遊河中隱中條山數年日與禪僧道士者游嘯歌袒裼出禮法外人以酒招者不擇貴賤必往往必大醉嘗醉卧中條山谷

間數日不醒樵者呼起之始歸

成德順天懷柔人明崇禎中以御史言事謫戍陝西

莊浪衛德自戍所至臨晉因寓居焉有楊氏者使

其子就德受學德在臨晉凡七年值赦還復官郎

中甲申京城破德死於難

周明德河南南陽人乾隆之初來遊河中其子遐齡

連爲滎河臨晉永濟三邑宰故明德皆至其地而

居永濟者凡數年明德本諸生暢曉世務優於幹

濟其在河中也嘗微服閒行縣中求民疾苦歸即

語其子使除去之有民利則使興道之故於三邑皆有施被而及永濟者尤多向號難治至是安然永濟人感之最深及卒於官舍吊哭者千人喪歸南陽不遠千里羣往爲立碑墓上

蒲州府志卷之十四　录

續傳

祝春蒲州人學行冠一時有偉望明初以儒士舉爲通政司參議累擢詹事府少詹事卒於官太祖惜之賻䘏特厚

荀汝安蒲州人嘉靖乙酉舉人歷官四川按察司僉事呂經野贊曰在中州爲良有司在南臺爲眞御史在西蜀爲名僉憲此可以知其人矣

楊時芳猗氏人四歲能辨四聲十歲以童子謁縣令賈試以課對云青燈夙負青雲志對曰赤縣長懸

赤子心令撫育嗟異十三歲入庠弱冠舉庚子鄉
試授寶坻知縣調正寧陞慶陽府通判督餉寧夏
舉綱振維不緣俗吏文法中貴人捕銀魚止傳舍
銜不刺謁因擠排之乃曰以此受汚芬香多矣或
言其城荒凉曰萬井鹹水一片沙蕊正吾着力處
也及歸敝衣羸馬恬淡自如

楊俊民博子也嘉靖四十一年進士除戶部主事歷
禮部郎中隆慶初遷河南提學副使高拱甥劉生
得罪杖斃之拱兄僉都御史撻殺有司請祠弗與

尋轉右參政萬歷初入為太僕少卿博致政侍歸
起故官累遷兵部左侍郎署部事時議擠力克嗣
封俊民言欵未可遽罷惟外勒西部使盡還巢中
定市額使無濫索而已議遂定進戶部尚書總督
倉場十九年還理部事河南大饑請發銀米各數
十萬以稽緩自劾求罷疏六上不允小人競請開
礦爭不得滿三考累加太子太保卒官贈少保後
贈少傅兼太子大傅
韓楫蒲州人嘉靖乙丑進士選翰林院庶吉士遷刑

科給事中忠直敢言穆宗登極前後三上劄極陳
君道在正始元輔徐階持其疏稱爲中興第一又
以薛文清瑄學術醇正疏請從祀後累官至通政
使

楊相蒲州人嘉靖乙丑進士授成安知縣擢御史按
陝西茶馬繼按河南巡京營心體洞豁遇事剛果
考成憲酌時宜疏言茶馬四事理財三事皆關大
體至論成國不當追王膠河不當動衆尤爲時所
稱誦轉山東副使湖廣參政以疾告歸

董汝漢萬泉人嘉靖乙丑進士授咸寧知縣陞兵部
武選司主事絶苞苴門無私謁遷寧夏兵備副使
順義王將東歸尚負固未發汝漢直言撫之感服
而去轉關南參政亂民聞風解散晉左右布政致
政歸居鄉二十年加惠閭黨待以舉火者百餘家
孟時芳蒲州人同知琳孫也萬歷戊戌進士初選翰
林庶吉士掌院劉文莊曾文恪胥器重之分校丁
未禮闈擢國子監司業以御史辱國子生東宮不
親講席皇太孫未出閣抗疏力爭時稱得體遷諭

德掌南院篆購遺書數萬卷資諸生講習入爲詹
事府詹事侍講筵儀容嚴重議論剴切光宗嘆息
稱善遷南吏部右侍郎轉禮部充實錄總裁官晉
尚書值魏璫用事決計致仕

楊宗業蒲州人武舉官都督僉事浙江總兵萬歷間
殉難贈都督同知

劉以平猗氏人嘗聘妻後瞽及將婚女父母以次女
易之以平不可竟娶瞽者萬歷戊辰進士由戶部
郎出爲潞王相王好畋遊數諫勿聽知王明日復

出將叩馬凹王王怒以馬箠椓其手以平固蒲功

止不出擢雲南參議平阿克等土司遷苑馬卿致

仕歸

李嵩榮河人萬歷甲辰進士自行人選御史神宗稱

其直出按吳中時方大饑上章請賑發帑金四十

萬以疏救御史劉光復左遷復起河南道御史擢

太僕卿巡撫登萊終南京戶部侍郎

李棲鳳臨晉人萬歷甲辰進士由知縣入爲刑部郎

擢神木道有破斬西虜功復議革套酋吉囊舊賞

省金錢三十萬後擢巡撫湖廣以憂歸崇禎初起
兵部侍郎鎮昌平道卒
周有光榮河人隆慶辛未進士初爲戸部主事督通
州草場歲久草多浥敗例責草戸償折往往至破
家有光爲請開除得旨盡免焉有光居官廉潔自
曹郎連任陝西河南湖廣道皆以清明著嘗舉古
人詩曰此鄉多寶玉慎勿厭清貧以自儆云歷官
十五年還家橐嘗罄萬歷中山西布政司下教均
徭榮河令議曰加丁則苦民加地則苦大家有光

曰寧苦勢家不可重困百姓於是隣縣皆加丁而
滎獨加地其後滎河徭役視他縣獨輕人賴其賜
焉

杜思望猗氏人萬歷壬辰進士知文安縣縣多中人
宗族倚官者爲民害思望法繩之不少假縣有陂
田葦荻之利歲入於官者數百金思望一不取曰文
安之物還之文安秩滿當遷官未及而卒

張含瑾蒲州人　國朝順治己亥進士任建昌府推
官善決獄有大豪黃某者殺人捕於獄使人致千

金請免死含瑾不許卒正其罪後改官知廣東陽
春縣縣介萬山中爲盜窟含瑾帥衆躬擣其穴𦤺
取之以憂歸補知宜興縣病免
衛紹芳猗氏人順治丙戌進士自知縣入爲曹郎出
爲福建漳南道時有逋寇廖明祈倚險爲亂汀州
兵圍之數月未下紹芳相形勢決水灌之賊潰遂
被擒轉川北道郝承裔反於蜀紹芳時督餉協勦
知賊未犯成都即倍道至嘉定已而賊平叙功遷
督貴州學政歷浙江巡道致仕

杜篤祜蒲州人明崇禎丙子舉人入　國朝累官戶部侍郎左都御史加太子太保康熙九年夏大旱篤祜上言天旱不雨麥苗盡枯災祲已成而有司以催科爲急日事敲扑小民救饑不遑追呼疊至必至流離請停直隸山東錢糧之徵以蘇民困又言頻年以來星變水旱河決地震皆貪官橫斂奸吏作蠹民有冤抑是以上干天和近蒲州民吳守已赴闕訟其州長吏貪穢贓私無算而山西巡撫讞問並斥爲虛致守已死於獄中其子訴冤復置

之罪若此之類不可勝數古云下民易虐上天難
欺一婦含冤三年不雨請嚴敕督撫諸臣力圖修
省審擬從公勿縱貪吏使小民枉抑以格天心又
上疏請勤講讀以佐典學皆稱於時
喬于瀛猗氏人康熙庚辰進士自知縣歷官部曹爲
驗封郎中出任廣西右江道右江地多番夷時獞
人藍章爲大府所購方負險拒捕而泗州土知府
岑映宸亦思盜兵廣西將騷于瀛兩往招撫之遂
以無事坐觸瘴癘病卒中丞以下賵之喪得歸

趙之璿滎河人　國初拔貢知河南沈邱縣縣苦徭役不均世世爲患之璿至爲革除之有大猾殺人而匿其屍蘆中久不得主名之璿告於神神夢示殺人者因收猾正其罪遷郴州知州到官數月解組歸自號澹足以見志云

田厥茂永濟人順治丙戌進士累官福建布政使李於官厥茂所至有聲績嘗督學陝西號爲公明秦人稱道之

史鶴萬泉人順治八年貢士知河南虞城縣立志剛

方制行忠厚爲治多英畧豪右屏跡廢墜並舉以性耿介多與時忤遂致政歸同縣馮夢麟者順治十一年貢士任浙江歸安縣丞寛仁謹厚服官有清操耄老亦致仕縣人並敬之

楊景震萬泉人幼敏慧年十一即爲弟子員十九萬泉令方奉上官檄舉邑士之有文行可當孝廉選者因以景震舉焉景震憫之自以年少未學赴縣力辭令知其意誠且堅乃聽焉識者皆多其明退讓之節景震雖終不第然力學無倦後以教習當

選爲縣令未仕而卒其年九十云

謝敦懿臨晉人順治初以進士知玉山縣再補臨湘縣時賊李來亨等據房竹西山官軍方勦之臨湘辦軍食五百石以五百人運之往又須戰艦二十軍府下檄甚廹必三日皆具敦懿悉應給焉時稱才吏方治軍需時縣民聚城下勢洶洶敦懿懼有變躬出撫喻之衆乃定後遷主事符未下而已卒於官年僅三十二縉紳多惜之

王大含貞猗氏人康熙乙卯舉人明年成進士會朝廷

有博學宏詞之舉或以含眞名薦焉當赴京師試
以父老不欲行其父强使之不得已乃往試之明
日即歸於道聞父喪屛永瘵者累日服闋將授官
會病卒含眞生平好義師友困乏者能賑䘏之
荆時中猗氏人康熙初以舉人知山東聊城縣縣當
水陸衝煩號難治時中至摘奸汰冗邑政咸理甲
申山東大饑民乘間蝟掠時中擒首惡誅之餘悉
奔散適截漕米二萬石賑山東十八縣上官遣時
中經理之給散既均民皆被惠秩滿遷戸部主事

再遷監察御史卒

自時中後爲猗氏人所稱紀者有令狐言東陳倜儀云言東中康熙丁酉舉人未及仕倜儀以雍正甲辰進士凡三爲令終於官

崔繩武永濟人康熙癸卯舉人知江南如皋縣前令三人並以滯征賦罷官不能歸鬻邑中繩武至知積逋之弊本由里胥於是革去之更爲立法數年課未入者悉償於是三令者得釋然去縣歲有修戰船之役民或當此徭則産立破繩武上請大府

寬爲之期紓督促嚴迫之令而民免於累稽例蘆
洲在江上者官丈其地以徵稅凡溝渠廬舍皆取
丈焉名之曰丈增繩武獨去之民得減輸咸共感
悅立祠祀焉子偉覲康熙壬午舉人任阜平令亦
能治其縣
賈淯永濟人　國初時以拔貢任蠡縣知縣淯事親
至孝色養備至傾其資以營教諸弟及爲蠡令在
官四載宿弊盡去爲蠡人所懷及卒署內蕭然不
能歸喪蠡人爲賻贈以送之始得還葬

傳有續何也古爲國志或先賢或後賢以其時
世區而記之不必其合也若予此篇書祝春楊
俊民等不以繼韓嬻張庭後而別舉備於冊夫
豈無說哉

蒲州府志　卷之十五

《山西文華》編纂委員會 編

山西文華·史料編

蒲州府志

清乾隆版 第三册

卷七至卷十

清 喬光烈 周景柱◎總修

山西出版傳媒集團
三晋出版社

山西文華

蒲州府志卷之七

官績

漢

季布爲河東太守孝文時有人言其賢召欲以爲御史大夫人又或言布使酒難近至留邸一月見罷布進曰臣待罪河東陛下無故召臣此必有以臣欺陛下者今臣至無所受事罷去此必有毁臣者夫陛下以一人譽召臣以一人毁去臣臣恐天下有識者聞之有以窺陛下上默然曰河東吾股肱

郡故特名君耳

河東太守所統大矣然蒲爲治蹟所及故與唐

河中節度使明河東道皆並錄焉若宋時則蒲

屬陜西路非河東轉運使所及不泛載也

田延年陽陵人昭帝時爲河東太守選拔尹翁歸等

誅鋤豪强奸邪不敢發

蕭咸太傅望之子元帝時爲河東太守政績顯著增

秩賜金

杜詩河內人光武時爲河東太守平反賊楊異有功

劉祐桓帝時爲河東太守屬邑令長多中官子弟百
姓苦之祐到郡黜治權豪伸平抑滯政爲三河之
最

史弼字公謙考城人靈帝時爲河東太守被詔書當
舉孝廉弼知多權貴請托乃豫勅斥絶書屬中常
侍侯覽遣諸生齎書請之并求假鹽稅積日不得
通乃說以他事謁弼而因進覽書弼大怒曰太守
忝荷重任當選士報國爾何人而僞詐無狀命左
右引出捶楚數百府丞椽吏千餘人皆諫於廷弼

不對遂付安邑獄即日考殺覽怒誣彌誹謗檻車
徵入吏民詣闕訴之得免
丁邯字叔春京兆陽陵人有高節正直不撓建武初
舉孝廉不肯爲尚書郎後拜汾陰令治有名跡遷
漢中太守
魏
任嘏字昭先樂安博昌人文帝時累遷河東太守所
在化行有遺風餘教嘏爲人淳粹豈弟沉默潛行
著書三十八篇卒後故吏河東上官崇等奏之詔

下秘書以貫羣言
杜畿字伯侯杜陵人爲西平太守曹操既定河北高
幹舉并州反時河東人衛固范先外以請邑爲名
內實與幹通謀曹操謂荀彧曰河東被山帶河四
鄰多變當今天下之要地也君爲我舉蕭何寇恂
以鎮之彧曰杜畿其人也於是拜畿爲河東太守
固與高幹張盛攻畿不下略諸縣無所得會大兵
至幹盛敗固等伏誅其餘黨皆赦之使復其居業
是時郡縣皆殘破畿崇寬惠與民休息有以詞訟

來者義陳大義諭歸曰爾詣恩若意有所不盡更
來詣府鄉邑父老自相責怒曰有君如此奈何不
從其敎自是詞訟甚少須下屬縣舉孝子貞婦順
孫復其徭役隨時慰勉之課民畜牸牛草馬下逮
鷄豚犬豕皆有章程百姓勤農業家給人足識曰民
富矣不可不敎也於是冬月修戎講武又開學宫
親執經敎授郡中化之郡有樂詳少好學識君詳
文學祭酒使敎後進河東學業大興識在河東一
十六年常爲天下最

晉

王濬字士治宏農人博涉墳典恢廓有大志嘗辟爲

河東從事守令有不廉潔者皆望風解去

路述爲河東太守劉淵寇河東述力拒死之

元魏

薛謹河東汾陰人彊孫也父辯將歸國謹自彭城來

奔朝廷嘉之授河東太守後襲爵平西將軍汾陰

侯謹所治與屈丐連接結士抗敵甚有威惠始光

中詔奚斤伐赫連昌勅謹領偏師前鋒鄉導既克

蒲坂世祖以新舊之民幷爲一郡謹仍爲太守將軍奚眷討平山胡白龍除安西將軍涪陵公刺史如故太延初征吐沒骨平之謹自郡遷州威惠兼備風化大行時兵荒之後儒雅道息謹命立庠序教以詩書三農之暇悉令受業躬巡邑里親加考試於是河汾之地儒道興焉眞君元年徵還京師五年以北討後期斬尋贈鎮西將軍秦雍二州刺史謚元

崔衡字伯玉清河人襲父寬爵武陵公太和中以鎮

西將軍除秦州刺史先是河東年饑刼盜大起衡
至修龔遂之法勸課農桑周年之間寇盜止息十
二年卒謚惠

崔遊字延叔博陵安平人少有風概釋褐奉朝請熙
平末轉河東太守郡有鹽戸常供州郡爲兵子孫
見丁從役遊矜其勞苦乃表聞請聽更代郡內感
之太學舊在城內遊乃移置城南閑敞之處親自
說經當時學者莫不勸慕號爲良守後除南秦州
刺史爲城人所害

元淑河東郡守也民謡曰蒲州河中杼柚代春元公

至止田疇始理

柳崇解人後魏時歷太子洗馬遷河東太守郡人張

明失馬疑執十餘人崇不問賊事但問其親老存

否農桑多寡而徵察之一人色動訊之乃眞盜也

境內帖然

北周

李遠字萬歲家高平幼有器局太祖令居麾下封安

定縣伯晉公又晉陽平郡公時河東初復民情未

安太祖謂遠曰河東國之要鎮非卿無以撫之乃
授河東郡守遠敦獎風俗勸課農桑肅遏奸匪兼
修守禦之備曾未期月百姓懷之太祖嘉焉降書
勞問徵爲侍中後除尚書左僕射周孝閔踐阼以
子植謀誅晉公護護逼令自殺護誅謚曰忠

隋

楊宏字辟惡高祖從祖弟開皇初封河間郡王進位
上柱國拜蒲州刺史得以便宜從事時河東多盜
賊民不得安宏奏爲盜者百餘人投之邊裔州境

帖然號良吏每晉王廣入朝宏輙領楊州總管及
晉王歸藩宏復還蒲州在官十餘年風教大洽大
業初徵還拜太子太保卒追封郇王
楊尚希宏農人高祖拜度支尚書進爵爲公尚希性
宏厚兼以學業自通有雅望爲朝廷所重上每旦
臨朝日昃不倦尚希諫以宜舉大綱繁務非所宜
親上懽然曰公愛我尚希素有足疾上謂曰蒲州
出美酒足堪養病屈公卧治之於是出爲蒲州刺
史在州甚有惠政復引瀵水立隄防開稻田數千

頃民賴其利

堯君素魏郡湯陰人大業末累拜鷹擊郎將從驍衛大將軍屈突通拒唐兵於河東俄而通引兵南遁以君素有膽畧署領河東守唐師攻之不克遣通至城下呼之君素歔欷流涕悲不自勝左右皆哽咽通亦泣下言宜早降君素曰公當爪牙之寄爲國大臣國祚隆替懸之於公奈何不思報効以至於此通曰我力屈而來君素曰方今力猶未屈何用多言通慚而退時圍甚急行李斷絶乃爲木鵝

置表於頸具論事勢浮之黄河沿流而下河陽守者得之達東都越王侗見而嘆息承制拜金紫光祿大夫密遣行人勞苦之監門直閤龐玉武等歸唐俱造城下爲陳利害又賜金劵待以不死君素卒無降意其妻又至城下謂之曰君何自苦身取禍敗君素曰天下事非婦人所知引弓射之應弦而倒君素善於統領堅守歲餘糧食乏絶又微知江都狀遂爲左右所害

唐

唐臨京兆長安人貞觀初爲萬泉丞縣有輕囚十數
人會春暮時雨臨白令請出之令不許臨曰明公
若有所疑臨請自當其罪令因請假臨召囚悉令
歸家耕種與之約令歸繫所囚等皆感恩貸至時
畢集詣獄歷御史大夫卒

薛萬徹咸陽人貞觀十七年爲蒲州刺史於虞鄉縣
北十五里開涑水渠自聞喜引涑水下入臨晉遷

代州都督永徽二年坐房遺愛遇害

蔣儼常州義興人貞觀中使高麗守節不屈拜朝散

大夫高宗時累遷蒲州刺史蒲州戶產殷劇訴訟積年不平前刺史多不稱職儼下車未幾令行禁止稱爲良牧以老致仕永淳中復起封義興縣子以太子詹事致仕卒贈禮部尚書

徐有功國子博士文遠孫舉明經累補蒲州司法參軍襲東莞縣男爲政寬仁不行杖罰吏人感其恩信遞相約曰若犯徐司法杖者衆必斥罰之由是人爭用命終於代滿不戮一人延載元年歷遷司刑丞司刑少卿獨存平恕前後濟活者數十百家

時人比漢于張轉司僕少卿卒贈司刑卿中宗遷
越州刺史
王（殘）寬絳州聞喜人舉拔萃歷蒲州刺史久旱入境輒
雨開元二十九年除太原尹賜紫金魚袋元宗賦
詩餞之曰德比嶽雲布心同汾水清終禮部尚書
贈太子太傅
陸象先蘇州吳縣人元方子制科高第景雲中同平
章事先天中封兖國公歷遷河中尹六年廢河中
府復名蒲州象先爲刺史仍爲河東道按察使小

吏嘗犯罪但示語而遣之錄事白刎當杖象先曰人情相去不遠此豈不解吾言若必須行杖即當自汝始錄事慙懼而退象先嘗謂人曰天下本無事庸人擾之爲煩耳但澄其源則亦何憂不簡所至政如一人吏咸懷思之按察使停入歷太子少保卒贈尚書左丞相謚曰文貞

畢構字隆澤河南偃師人第進士開元初爲蒲州刺史時州人衞大經有行義隱居不仕構謂解縣令孔慎言曰衞生德厚宜有旌異古人式干木之閭

禮賢故也愼言造大經門就謁之構累進戸部尚
書改詹事卒謚景
齊澣字洗心定州義豐人第進士釋褐蒲州司法參
軍有父子連坐論死者澣曰條落則本枯奈何俱
死議貸其父太守不聽固爭卒原歷遷吏部侍郎
後爲李林甫所惡廢歸天寶五載起爲平陽太守
以黃老清靜爲治卒於官肅宗時贈禮部尚書
趙驊字雲卿鄧州穰人開元中進士天寶中爲河東
丞採訪使韋直以驊操履清直雅推敬之表爲賓

佐驛性孝弟敦交道雖艱危不改其操天寶中語
行義者必稱之歷秘書少監卒

裴千鈞字孝卿天寶末爲萬泉令賜紫金魚袋千鈞
好賓客聞人奉親有乏甘肯者輒分財贍之有德
政碑

徐洪字彥伯兗州瑕邱人七歲能文對策高第調蒲
州司兵參軍司戸韋嵩善判司工李亘善書而彥
伯善屬辭時稱河東三絶

郭子儀華州鄭人以武舉異等累遷朔方節度使安

祿山據兩京子儀以河東居兩京間得之則兩京
可圖時賊將崔乾祐守河東子儀潛遣人與陷賊
者約爲內應自洛引兵趣之河東司戶韓旻等翻
城以迎官軍乾祐踰城走遂平河東收復兩京寶
應元年封汾陽王知朔方河中北庭潞澤節度行
營兼興平定國等軍副元帥將行時上不豫名入
卧內曰河東之事一以委卿僕固懷恩叛上謂子
儀曰懷恩父子負朕實深聞朔方將士思公如枯
旱之望雨公爲朕鎭撫河東汾上之師必不爲變

乃以儀爲關內河東副元帥河中節度等使將士聞之曰吾輩從懷恩爲不義何面自見汾陽王子儀至河中時雲南戍兵將卒貪暴爲患儀斬十四人杖三十人一府遂安儀以河中軍食常乏乃自耕百畝將校以是爲差皆不勸而耕是歲河中野無曠土軍有餘糧大歷中詔尊爲尚父加太尉兼中書令謚忠武

趙復爲永樂尉安祿山陷兩京使崔乾祐守河東復與河東司戶韓旻司士徐炅宗人李藏鋒俱陷賊

中權與密謀俟王師至爲内應郭子儀引兵來攻復等斬守陴者納之乾祐遁去

王翊晉陽人爲河中少尹知府事河中副元帥留後部將凌政暴橫翊抑之與其徒謀乘夜斬關作亂翊知之故縮漏刻以差其期遂擒政誅之一軍惕息

馬燧字洵美汝州郟城人李懷光反河中詔燧爲河東保寧奉誠軍行營副元帥與渾瑊駱元光合兵討之時賊黨要廷珍守晉毛朝敭守隰鄭抗守慈

燧移檄鎸論皆以州降因拜燧晉絳慈隰節度使
率步騎三萬次於絳略定諸縣降其將馮萬興任
象玉遂圍絳援外郛守將夜棄城去降四千人遣
李自良定六縣降其將辛珖收卒五千裨將谷秀
違令掠士女斬以狥與賊戰寶鼎射殺賊將徐伯
文斬首萬級獲馬五百於時天下蝗兵艱食物貨
翔踊中朝臣多請宥懷光者帝未决燧以懷光逆
討久反覆不可信河中近甸捨之屈威靈無以示
天下乃捨軍入朝為天子自言之且得三十日糧

足平河中許之乃與瑊元光韓遊環之兵合賊將
徐廷光守長春宫城燧度長春不下則懷光固守
久攻所傷必衆乃挺身至城下見廷光廷光憚燧
威拜城上燧顧其心已屈徐曰我自朔廷來可西
向受命廷光再拜燧曰公等朔方士自祿山以來
功高天下奈何棄之爲族滅計若從吾言非止免
禍富貴可遂也未對燧曰爾以吾爲欺耶今不遠
數步可射我披而示之心廷光感泣一軍皆流涕
即率衆降燧以數騎入其城衆大呼曰吾等更爲

王人矣進營焦籬堡堡將降餘戍望風遁去燧濟河兵八萬陣城下是日賊將牛名俊斬懷光降衆猶萬六千誅其黨閻晏孟寶張清吳冏等他脅附悉赦之不閱月河中平

渾瑊爲河中節度使與馬燧同討平李懷光於河中瑊天性忠謹歲時貢奉必躬親閱視治蒲十六年常持軍猜間不能入爲政簡易而明肅德惠多及人者詔朝臣爲撰碑紀其治績

高郢字公楚衞州人第進士爲郭子儀朔方掌書記

力救判官張曇下從猗氏丞李懷光奏爲從事累
轉副元帥判官檢校禮部郎中懷光將歸河中郢
言西迎大駕豈非忠乎懷光怒不聽及歸鎮又欲
悉衆西時渾瑊軍孤羣帥未集郢與李鄘誓死駐
之屬懷光長子璀候郢郢諭以順逆璀震懼流涕
明年春郢與都知兵馬使呂鳴岳都虞侯張延英
同謀間道上表及受密詔事洩二將立死懷光集
衆將殺郢郢抗辭無所懲隱憤氣感發觀者淚下
懷光慙沮而止諫議大夫孔巢父使河中遇害郢

撫而哭之及懷光誅李晟表其忠馬燧辟掌書記

貞元末累拜同平章事罷復授尚書左僕射致仕

卒謚貞

呂元膺元和中拜河中尹充河中節度使方鎮多姑

息獨元膺秉正自將監軍及中官往來者無不嚴

憚之

王起太和中爲河中尹節度使時方旱蝗粟價暴貴

人爭閉糴以要善價起下令家得儲三十斛餘令

出粟於市隱者罪死有神策軍士怙勢不從即置

於法由是民獲濟焉

郭釗子儀之孫穆宗時爲河中尹爲政簡約不撓而其俗自理

張圓字直之偃師人爲河中府法曹參軍攝虞鄉令進攝河東令俱有能名

宋

柴成務字寶臣曹州濟陰人乾德中京府拔解太宗爲尹首薦之遂中進士甲科淳化中以左諫議大

夫知河中府時銀夏未寧蒲津當餽輓之衝事皆

辦集得廢戶八百家以附籍府城術陌頗隘狹㴩
務曰國家承平日久如車駕臨幸何以駐千乘邸
騎耶乃奏撤民廬廣之其後眞宗祀汾陰果留蹕
河中衢路寛闊顯敞咸以爲便咸平初遷給事中
卒

薛顏萬泉人舉三禮中第累官河東轉運使祀汾陰
徙陝西河中浮橋歲爲水所敗顏即北岸釃上流
爲支渠以殺水怒因取渠水溉其旁田民頗利之
終光祿卿

王濟字巨川饒陽人試學士院累官有聲景德初以監察御史知河中府遼南侵上幸澶淵詔緣河斷橋梁毀船舫稽緩者論以軍法濟曰陝西有關防隔闕舳艫遠屬軍儲數萬一旦沈之可惜又搖動民心因密奏寢其事上深嘉歎遣使褒諭召拜侍御史知雜事

范仲淹字希文蘇州人舉進士高第爲秘閣校理尋通判河中府爲政仁厚惠慈及民甚溥後召拜樞密使復除參知政事謚文正

楊偕坊州中部人歷知河中府時元昊反劉平石元孫皆戰没偕馳告延州曰大兵十萬且至矣其具芻糧儲什器以俟賊聞遂解去夏竦議增土兵偕言不便時賴其言遂至不擾

趙尚寬字濟之河南人安仁子知平陽縣隣邑有大四十數破械夜逸殺居民將犯境尚寬趣尉出捕曰盜謂我不能來方息惰易敗也宜急往毋使得散漫又遣徼巡兵躡其後悉獲之嘉祐中考課第一又徙知河中府神勇卒苦大校貪虐刊匿名書

告變尚寬命焚之曰妄言耳衆乃安已而奏黜校分士卒隸他營官至司農卿卒詔賜錢五十萬

范純仁字堯夫仲淹子第進士熙寧中知河中府元豐中復知河中府諸路閱保甲妨農論諫甚力緣事參軍宋儋年暴死純仁使其子弟視喪小殮口鼻血出純仁疑其非命按得其妾與小吏姦因會置毒鼈肉中純仁問食肉在第幾巡曰豈有既中毒而尚能終席者乎再訊之則儋年素不食鼈其曰毒鼈肉者蓋妾與吏欲爲變獄張本以避死爾

實償年醉歸毒於酒而殺之遂正其罪

狄棐字輔之潭州長沙人第進士以樞密直學士知河中府有中貴人過郡言將援棐於上前棐答以他語退謂所親曰吾湘潭一寒士今官侍從可以老而自汚耶爲政愷悌不爲表襮死之日家無餘貲

游師雄字景叔武功人紹聖間守河中府自中條山下立渠堰引蒼龍谷水注之城中人賴其利

錢𤩽臨安人吳越王裔也爲閤門使至和中知河中

府晦自陳初試職事冀有樹立幸上敎之仁宗祧
白安民二字以賜先是蒲州擾於兵醻聞除晦慮
其費近多頻費晦至守典故明招條約吏處民率
有常節飲饌筵宴隨地有無具禮而已民甚安之
因構安民堂以見志
晁補之字無咎鉅野人七歲能文以禮部郎中出知
河中府修河橋以便民民畫祠其像弟詠之爲河
中府敎授亦工於文詞
孫載崐山人紹聖初爲河中府戶曹吏三守皆立威

嚴者截獨與之爭持曲直不事詭隨後除河東轉
運判官時稱爲循吏
俞充字公蓬鄞縣人由進士治平中令虞鄉倜儻風
流雅嗜山水之勝暇日登王官謁表聖祠想像其
爲人作王官十詠貽溪隱古十篇以見志
郝仲璉昌元人建炎初金人犯河中守臣席益遁去
時仲璉引兵屯河中就權府事率衆與金人力戰
度不能守先自殺其家人城陷不屈而死

金

牛德昌字彥欽蔚州定安人皇統二年進士爲萬泉
令屬蒲陜薦饑羣盜充斥州縣城門晝閉德昌到
官即日開城門縱百姓出入牓曰民苦饑寒剽刼
鄉聚以偷旦夕之命甚可憐也豈姦宄比耶能自
新者概不問賊皆感激解散縣境以安府尹王伯
龍嘉之禮待甚厚累官太原尹卒贈中奉大夫
吳鑄長春人大定三年宰滎河撫民有方蝗不入境
旱禱即雨民刻石頌之
張萬公字良輔東平東阿人幼聰悟喜讀書登正隆

二年進士第章宗初爲彰國軍節度使明昌二年
拜參知政事六年知河中府時軍與調發叢劇悉
爲寛假使民力易辦人爲繪像於薫風樓又建去
思堂尋入爲平章政事封壽國公謚文貞配享章
宗廟庭
李復亨字仲修河津人年十八舉進士調臨晉縣主
簿護送官馬入府宿逆旅有盜殺馬復亨曰不利
而殺之必有讐者盡索逆旅行人過客有邑人褒
中盛佩刀謂之曰刀鐵馬血火煆之則刀青其人

欵服果有仇遷南和令累官參知政事兼修國史
終安國軍節度使
完顏伯嘉字輔之猛安人進士歷官簽樞密院事知
河中府後以御史中丞權參知政事元帥左監軍
開尚書省元帥府於河中控制河中南北路便宜
從事時廷議欲棄河東徙其民以實陝西嘉上書
諫曰中原之有河東如人之有肩背古人云不得
河東不雄萬一失之恐未易取也復上疏曰河東
晉安被山帶河保障關陝此必爭之地今雖殘破

形勢猶存若使他人據之因鹽池之饒聚兵積糧
則河津以南太行以西皆不足恃矣伯嘉純直不
能與時低昂嘗日生爲男子當益國澤民其他不
可學也由是毀之者衆元光二年遥授集慶軍節
度使權參知政事行尚書省於河中
完顔宗道上京路屬司人知河中府有惠政民立像
於層觀祀之
侯小叔河東縣人爲河津水手籍充鎮威軍以勞補
官遷河中府判官權河南路安撫副使小叔盡護

農民入城以家財賞戰士河中圍解還治中宣撫
如故樞密院奏乞假符節詔權元帥左都監便宜
從事張先勸出降以保妻子小叔怒曰我舟人子
致身至此何謂出降會樞密院遣都監訛論來小
叔出城與議兵事石天應乘之取河中府作浮橋
通陝西小叔駐樂李山寨夜半攻城以登焚樓櫓
火照城中天應盡棄牌印輜重死於雙市小叔還
昭毅大將軍二年元兵十萬騎圍河中小叔與救
兵期鳴鉦相應及期小叔出兵戰救兵不敢動圍

益急城陷被害哀宗思其功下詔褒贈

晁會字公錫高平人歷臨晉虞鄉猗氏三縣令俱有惠政累官興平軍節度副使詩號泣水集虞鄉縣齋云宦况薄於重榷酒瓜期近似欲殘棋王官谷云烟藏芳樹遠雲補斷山齊士人至今傳之

劉從謙安邑人以明經擢進士泰和元年爲萬全主簿寬不柔猛不虐舉錯有法條教可觀嘗罄俸資以修廟學儒業復興民歌誦之

抲胡魯由御前經歷官知河中府陜西西路轉運使

夾谷德新上言知河中府把胡魯廉直忠孝公家之利知無不爲實朝廷之良臣也去歲兵入延安遣將調兵城賴以完不爲無功今合遷買住各授世封而胡魯仍知河中府方今用人之時使謀畧之臣不獲展力緩急或失事機詔爲大司農

元

姚思聰字達夫進士泰定二年知萬泉縣歷任清白治有能聲所至政平訟理有蝗不入境之異

石正卿泰定四年宰萬泉政尚廉平獄無寃濫後秩

滿遷正平尹人爲立石頌德

胡元眞字幹卿知萬泉縣秉性剛直守節淸苦豪猾畏威奸訣喪氣有修學記

劉天孚字裕民大名人由中書譯史累官知河中府視事始兩月陝西行省丞相阿思罕舉兵至河中天孚日夜治戰守具選丁壯分守要害阿思罕歛船濟兵遂入城以扼河渡鎖舟楫爲天孚罪欲脅使附已天孚佩刀直前衆遏之不得進退謂幕僚王從善等曰吾家本微賤荷朝命至此今不幸遭

大變吾何忍從之而負上恩哉且與其辱於阿思罕之手吾寧蹈河以死遂拂衣出時天寒河冰方堅天孚拔取佩刀斫冰開北望爲國語若祝謝者再拜已脫衣帽岸澣投水中阿思罕籍其家郡人咸哀痛之事平詔其弟天惠給驛以歸其柩贈推誠秉節功臣中奉大夫河東山西道宣慰使護軍彭城郡侯謚忠毅

靳克忠字唐臣潞州人知河中府朞年政事修舉西賊猖亂克忠以忠義自勉誓死禦賊或勸少避其

鋒曰吾守臣也去將安之城陷公服坐廳事執至
也先帖木兒前抗論不屈遂遇害封郡公
八扎海牙畏兀人自和州轉河中府達魯花赤陝西
行臺御史也先帖木兒叛軍河西岍海牙與知府
靳克忠極力捍禦相拒旬日統軍者宵遁賊遂自
大慶關渡河被執不屈死於奉元省門之外
董輔卿河中人至正間知猗氏縣田賦徭役任編氓
社戸自相推派行之以公民稱便焉未期政平訟
理民爲立碑

月輪失帖木兒萬泉令通經重道公廉有爲嘗請免

賦以濟民饑民爲立石頌德

范國英至正十八年領河中府事與宣慰使賽因赤

答忽懷遠復修郡城又修武壁等八寨以禦寇

明

康茂材字壽卿蘄州人洪武元年以同知大都督府

事守禦關陝以取秦晉元平章楊晟呂德據蒲解

茂材引兵擊走之蒲人安堵明年大兵會於蒲將

渡河西定關中茂材畫策爲浮橋逾日而成民不

告勞師徒畢濟郡苦旱罪巳躬禱甘雨立注時軍
興乏食茂材奏於朝請以鹽易粟軍民賴之政績
甚多民爲立德政碑
汪喬年遂安人舉進士崇禎初分巡河東道性廉約
布袍疏食而卹民疾苦其臨政精明練達人不能
欺常行部有供帳豐厚者喬年曰此何時凡在官
者正當爲國惜財爲民惜命而顧若此乎他且勿
論止此一爐炭所費巳當中人數日食因悉令撤
去守令貪墨者聞之皆爲斂戢後開軍府征流賊

戰歿於陣

焦源溥三原人舉進士任河東道時流賊王佳允屯稷山垣絳諸邑震動賊將犯蒲州源溥練鄉勇五百人復簡營兵百人勦之前後十餘戰斬其渠五閻王九條龍等賊懼不敢窺蒲遁走河南

徐政字以德大冶人洪武三年知州慈祥愷悌善於化民祀名宦

邵童西和舉人八年同知奉公守法慈祥愛民累蒙旌異百姓頌美祀名宦

曹端字正夫其先曲沃人遷河南澠池縣永樂六年鄉試第二授霍州學正補蒲州學正倡明道學學者翕然向風又十二年報政至京蒲霍諸生爭上章乞端教育吏部以霍州奏先至復補霍州學者稱爲月川先生蒲霍皆立祠天啟初謚靖修

張廉字惟清泰安人正統初判官績最陞知州以憂去職百姓伏闕懇留特命起復治事臨晉丞暨蒲民盧靜等以千金致餽拒不受每課吏讀律教民以耕織爲先無牛種木棉者爲之勸借聽訟究獄

全活甚多修繕學宫舜廟河海神祠民不知擾務敷實惠不事虛聲致仕既久民懷感猶一日為立祠肖像祀名宦

張琳上蔡舉人天順八年同知臨民處事平易公直利不為動勢不能撓政績甚著

胡昂字文謙真定進士宏治元年知州涖政嚴明存心正大吏民悅服豪强斂迹去之日行李蕭然州人醵百金餽贐固辭不受抵家一貧如洗後出遊道經蒲士民歡悅如見父母攀留數日不忍捨去

祀名宦

呂經字道夫寧州進士十三年以吏科都給事中左遷同知崇正黜邪政教兼舉建書院以造士抗內監以衛民歷官都御史民思其德立祠河中書院

祀名宦

賀鑑字本明祁州舉人七年教諭研精理學訓誨有方賑濟貧儒培養士氣去之日生徒餞送至數百里外歷官通判所至尤多惠政

陳崇慶字懋貞江陰進士十五年知州弛役寬農賦

課作士自守淸介始終不渝歷官僉事有去思碑

陳應和字文詳歸安進士三十二年知州慈祥愷悌

根諸天性淸介之操冰玉比潔時有依城社作姦

者悉寘於法陞員外郎去之日百姓攀轅泣送鐫

碑記德建祠時祀歷官布政使

邊像字莊甫任卯舉人三十六年知州簡重明惠先

是蒲地大震時知蒲縣奉檄涖州安輯撫綏民忘

其變旋陞知州值凋敝之初生理未復乃殫力拯

濟凡城郭學宫廨宇橋梁次第修舉頓復舊觀至

均户役節煩費厚賑卹修州志皆歷歷可紀州人頌戴如父母云

張佳允字肖甫銅梁進士以禮部郎中謫陳州同知四十一年陞知州時地震未久賦不時供委曲拊循而法亦不廢工吟咏善書州之名勝題詠殆遍陞河南僉事歷官兵部尚書謚襄憲祀名宦

鄭文彬號三橋黄岡人遼陽籍恩貢九年陞潞安同知仍理知州事歷任九載周知民隱尊賢好士薄賦輕徭鋤凶革弊奸黨頓絶督修石堤阻障洪流

至今賴之上知蒲州

王堯民號大樸南鄭籍灤州進士三十三年知州正直剛方操守峻潔豪强屏跡吏胥懾服歷官參政

毛鳳來西平進士成化間知臨晉縣冲年涖政民頗易之值甲辰大饑人相食乃盡發倉粟以賑又募富民出貸賴以存活者甚衆時盜賊蠭起乘機搶掠鳳來嚴禁四捕立磔諸市盜亦尋息

張安環縣人成化間知縣繼毛爲政時凶荒雖脫力田無具流離者觀望不能歸且該年稅糧催徵如

故安極力申請獲免民德之以爲成化之饑前有

毛後有張

丁守中字仲本慶陽舉人正德十六年知縣行政和

平民德之邑學宫湫隘守中大爲改作開拓空地

東西四十步南北五十步規制宏敞迄今賴之又

以王官谷表聖隱居宋元以來名公題詠滿山巖

屋壁恐日久磨滅乃裒詩文傳記都爲一帙號王

官谷圖集終九年擢去

孫恪信陽舉人嘉靖十四年知縣美容儀清癯若不

勝衣爲人愷悌慈祥民服其教值歲旱齋戒步禱家人恐其羸憊止之弗聽時澍雨徧境內他邑則否人稱神異未幾卧疾百姓皆籲天求免卒之日官橐蕭然

史邦直號正庵樂陵進士隆慶四年知縣莊嚴敏練凡事必定經制足垂永久吏雖黠不能售一奸數微行利弊悉知行政井井有條節省歲以萬計邑有屯軍挾藩勢侮官凌民邦直發其奸咸凛凛就約束無敢踰尺寸者時共稱爲神君考滿量移西

安府丞累遷僉事祀名宦

王毓陽綏德州進士萬歷三年知縣自靜樂調劇臨晉邑自史令建有規制毓陽一切守之弗失有不便者但稍爲變通故能有史令之治而聲稱過之

今祀名宦

趙岸盩厔進士九年知縣善聽斷凡遇大事勘大獄不移時而決一時隣邑質成者甚衆值歲旱竭誠禱雨輒應尋以庶務盡瘁卒於官繼令王化上其狀祀名宦

吳崇禮寧陽進士十五年知縣自蒲縣調劇臨晉所至皆仁心實政邑北坡一帶地廣人稀拋荒者衆崇禮寘官莊具牛種名集流亡百姓愛之至今名其莊曰吳家莊任滿擢御史

閻自寅烏程舉人崇禎十三年知縣方正不畏權要不愛功名力行其仁民之志屬海內大饑朝廷多事中原流寇充斥窮民幾欲揭竿自寅蒿目時艱多方補救故民雖流離死亡而卒無怨叛者陞常州同知上知臨晉縣

高騰臨猗舉人宏治四年知滎河縣修廢舉墜振作

有方學宫廨宇復爲鼎新政平訟理民深懷焉

張讓諸城進士嘉靖八年知縣操守冰潔與時不合

浩然解組民遮道泣留後復官南太僕寺丞祀名

宦

侯祁鄆城進士嘉靖三十五年自深澤縣調滎河承

地震後經理籌畫選兵飭武禁暴安民一切營繕

修復如制建大寧書院集師儒其中時親誨之陞

兵部主事上知滎河縣

齊君問偃師舉人嘉靖二十年知猗氏縣雅意右文以德讓風厲爲務公餘輒出郊徧履原隰規度頃畝差爲平坡以爲徵課緩急豪猾無所容奸邑以大治被誣而去士民稱屈遂祀之

邢綸南鄭舉人二十二年知縣宅心光皎布政慈和一介律已鏝金悉抵倉庾後值荒賑濟民免於饑尤好賢樂士不事鉤鉅而豪猾潛消蕘惡丕變吏安民樂五十年所稱善地侯之力也歷官柳州知

府祀名宦

何允升杞縣人進士萬歷三年知縣時積弊相沿庶務叢脞允升殫心釐剔案無留牘惠善良以德威奸俠以刑接庠序以禮繩豪貴以法論者謂其體備四時後知蒲州仍愛好邑人不替也陞兵部員外卒京師遺俸止十金櫬不能具堂長疏於上給葬以歸祀名宦

楊春芳靈壽人二十年教諭坦率有長者風拜謁上官皆長揖慨然曰老青衿寧能向鄉里小兒折腰乎當路或苛禮春芳曰吾即去必不令諸生分咎

也時論偉之

陳經濟號鴻吾禹州進士十三年知縣性澹泊洗毅力爲地方謀生養丙戌歲大饑先泣土者無一年之積經濟借餓上官並捐俸徧設粥廠活人無算所攜銀帶一束折以餬口堂下槐角甚繁得豆數石與縣尉均分啖之家人止日一餐婦子冬衣單薄雖交謫弗顧也達官輶軒紆徑不入邑會邊儲告詘部使者嚴督繫經承吏經濟曰官實不才吏乎何尤乃奪索自繫使者駭去解州七郎堰護城

堤也延二里州守請於上官起十縣夫築之經濟
曰城堤非鹽堤可比奈何征役各縣乎弗應州守
關提不已經濟詣解見守爭之破面乃罷至今七
郎堰工猗無尺寸之汎經濟之力也其清操惠政
蓋史册所罕見者祀名宦
李存寧陵歲貢二十三年知縣廉介不阿始立徵輸
法每花名糧若干分限每限若干給一票共爲簿
至限比票無票者繫之豪奸不得逋遁舉事不謀
左右而摘伏如神涖年餘輙掛冠去

郭九有涇陽進士十四年知縣操嚴冰櫱而發奸懲
纍凜不可干時有慈母神君之譽所張縑蓋縷裂
弗易嘗赴府參謁所過城市見其清道曰此爛傘
郭君也皆引領瞻仰丁憂服闋再補猗令邑人鼓
舞歡迎駢塡道路九有下車慰勞情意藹然膏澤
視昔有加焉陞禮部主事

馬孔昭諸城舉人三十七年知縣守嚴一介約法三
章樂與民休息有近悅遠來之效末俗諂佞上官
輶軒至者必侈陳供帳孔昭嘆曰削百姓之腴博

當時之歡是可忍乎乃出自奉者奉上官上官稔
知其賢故不求多且揄揚之巡按御史蘇考最曰
鷹鸇遠遁鴻雁來歸列之剡牘升蔚州知州
李昌齡舉人崇禎十年知縣立名社鄉約以敦風
化親詣四鄉力田者賞荒蕪者責時旱災頻仍兼
以黃鼠害稼地多莒草蕪地萬頃竭誠祈禱霖雨
時降令搆訟有罪者罰捕黃鼠若干或罰鋤莒草
若干不半載悉爲良田流賊竄突軍需不繼當道
有議加糧者昌齡爲民請命繪圖告減文移十數

反始獲免尋以失當道意謫檢校起知洮卭遭誣
下獄闖陷京城釋獄逼仕冒齡堅卧不食死之上
猗氏知
縣
何禴全鳳翔吏員宣德間任萬泉縣丞爲勸農官省
耕耘察紡績雖衝風冒雨未嘗有倦且斂散有法
民賴以無歉夜有二姑紡者一出內問曰天晴乎
曰晴如何爺爺民至今稱之歷陞參政祀名宦
崔明北直新城舉人成化間知萬泉縣立心慈惠涖
政精明興學育材鋤奸剔蠹其異績有蝴蝶訴冤

狠償孩命鵝啄螟虫諸事士民立有五奇之碑祀

名宦

王大節大名府舉人嘉靖元年知縣涖政嚴明豪强屏跡吏民懷之縣西門外有土橋年久傾頹人皆病涉大節規畫建修悉易以石因名永利橋西又有永安橋大節亦以餘力修築至今便之祀名宦

王懋咸寧進士六年以御史謫蒲泉縣典史刑清訟理民懷其惠暇以經學授士民艱于水懋於崇德坊街北鑿池蓄水以便民樹坊曰王公惠民池民

至今德之陞長垣知縣歷懷慶知府祀名宦

王欽安定監生嘉靖間知縣事繼母以孝聞鋤强抑惡有聲三晉邑人記其嘉績畫十二圖將內召以疾告歸

李廷陳涞水舉人隆慶三年知縣剛毅有爲誠心愛下興學校正風俗均稅糧革驛馬嘉民之致難吏僕數其最大者修古城以復薛通之舊使敵騎難驅金湯永固祀名宦

張斗溫縣選貢崇禎間知縣賦性嚴肅才能過人遇

流寇侵境禦侮有方設立防衛之資縣境恃以無虞民多感之調趙城陞大同同知兵備僉事祀名宦上知萬泉縣

國朝

吳一元山東進士首任河東道時大亂之後一元爲政靜簡不煩人賴以寧擢固原副使

薛陳偉祥符舉人順治十三年分巡河東有治盜功先陳偉來任者爲廣寧班璉亦以勦平巨賊有績陳偉後調薊州副使

吳自肅山東海豐人康熙初以進士知江西萬載縣值吳三桂爲逆遣使招降萬載自肅擒僞使由此知名累官曹郎雲南提學僉事轉分守河東道時劇賊張化金者據中條山爲州縣患自肅至諭降之又爲民疏河渠廣學校歲饑出俸設粥以救餓人在官數年績多可紀乾隆十八年祀名宦

林天擎號玉礎蓋州衛貢士順治二年知蒲州時闖寇肆掠居民遠遁鄉寇乘機搶奪城中數百年居積蕩然一空天擎加意撫綏招集流亡貸役寬徵

適蒲兵來鎮差戸部撥地安署天摯委曲調停不致兵民雜處殘黎尚留悉其力也歷陞南贛巡撫

吳來亨字康侯定邊衛舉人順治六年任蒲州學正時姜瓖叛據大同三晉震動蒲境時有竊發姦平奸人藉以羅織善類來亨力請於當事全活甚衆平居與諸生切劘爲文章勗以道德多有成就署榮河篆以清惠聞

馬翰如號伯顧隴州舉人順治十二年知蒲州悃愊無華慈祥敷政申免河崩灘地豁除無地空糧勸

民息訟州人頌之陞户部員外

張錫文字康侯江都選貢順治十六年榮河知縣榮民加協濟州驛馬匹每年費三千餘金錫文極力中請得免又應風陵渡弓兵十五名榮民苦之錫文請解工食銀免其應役百姓感之陞邠州知州

陳素抱鐵嶺生員順治三年猗氏知縣本經術爲吏治不任刑罰而民戴之兵燹餘黎依若慈母初猗士有陳鑾子者聯衆爲亂或請勦之素抱曰愚賤而詐衆必不附會見其自敗耳無何果爲鄉勇所

殺人皆驚服後陞潼關兵道猗人多受其庇巳丑
河東大亂秦督孟喬芳奉　旨征勦兵臨潼關將
渡河素抱恐有俱焚之禍踸曰河東難民爲賊所
脅想王師不啻救焚拯溺若玉石不分恐非朝廷
安民之意即如猗氏尉某蒞治百姓醇良紳衿和
順詎有不好犯上而好作亂者乎猗無頑民某敢
以全家保之反覆剖陳且言且泣孟督惻然首肯
而素抱終不釋念請以其子珮隨營密有指授旣
渡河珮先馳至猗號名士民千餘人攜壺餐迎督

餉於境外孟督慰勞之日汝猗皆良民何患乎下令前隊勿涉猗境時虞允等聞孟督東下即走據運城大兵合圍破之遂屠焉非素抱遠慮早圖則猗之人幾何不爲城門池魚哉世世尸祝可也

陳見智曲阜進士順治十四年萬泉知縣清白之操五載有如一日扶掖人材凡士子以文事質證者藹然如家人父子而撫恤百姓尤以無事處事歷官金華知府

丁珩宿州貢監順治十八年萬泉知縣慈以撫衆嚴

以馭下值軍需告急不差一役下鄉追呼之擾弗
問審編戶口逃故替代任民自便闔邑感之累官
漢興僉事

許嗣興奉天開原人康熙十一年任蒲州知州葺廟
學復河中書院治豪猾爲民害者胥斂迹時檄民
運米西安屢詳請運至陝界止獲允客兵往返胥
慴伏不敢肆民德之後歷官福建巡撫祀名宦

翟亮邦江南常熟人康熙三十四年以貢士知萬泉
縣其爲政一以誠懇視民疾苦常切於心撫字甚

勤刑罰不濫而民畏服勸士興學獎進人才歲大
旱禱雨輒應有蜚蝗投溝狠價兒命之異在萬泉
十四年治久益浹四十七年擢中書舍人去邑人
思之不忘
趙德順德舉人康熙甲子知猗氏縣廉潔自矢嚴而
能惠編審均平催科有方不煩鞭扑尤嚴於治盜
不少縱持身以禮喜獎誘人士以卓異遷鄧州知
州

蒲州府志卷之八

選舉上

前世諸科

漢

裴　瑜河東人舉孝廉尚書

晉

王　接猗氏人舉孝廉尚書殿中郎

後魏

柳　崇臨晉人舉秀才河北太守　柳仲起臨晉人舉秀才

北周

樊遜 猗氏人舉方正開府儀同三司

唐

敬播 蒲州人舉進士給事中　柳冲 虞鄉人舉方正昭文學士

薛稷 汾陰人舉進士中書侍郎　麻察 蒲州人舉進士殿中侍御史

趙敵冲 虞鄉人明堂大禮科大理評事　薛據 汾陰人舉進士禮部侍郎

敬括 蒲州人登制科御史大夫　薛彥輔 汾陰人舉進士

樊詠 蒲州人文詞清麗科　薛播 汾陰人舉進士水部郎中

薛總 汾陰人舉進士　耿湋 寶鼎人舉進士右拾遺

暢　當　蒲州人舉進士　果州刺史　　王　顏　臨晉人舉進士　虢州刺史

樊　澤　蒲州人直言科　河東節度使　　衛次公　蒲州人舉進士　禮部侍郎

楊巨源　河中人舉進士　河中少尹　　張平叔　河東縣人詳明政術科

呂　渭　蒲州人舉進士　禮部侍郎　　胡　証　河東縣人舉進士　節度使

薛存誠　河東人舉進士　御史中丞　　呂　溫　蒲州人舉進士　衛州刺史

郭周藩　河東人舉進士　　薛存慶　河東人舉進士　給事中

樊宗師　蒲州人軍謀宏遠科諫大夫　　盧　綸　河中人舉進士　節度判官

盧簡辭　河中人舉進士　忠武節度使　　盧簡求　河中人舉進士　河東節度使

盧宏正　河中人舉進士　宣武節度使　　柳　璟　蒲州人舉進士　禮部侍郎

薛庶　汾陰人舉進士　薛蒙　寶鼎人舉進士

薛逢　蒲州人舉進士祕書監　豆盧瑑　蒲州人舉進士中書平章事

司空圖　虞鄉人舉進士侍郎　聶夷中　河中人舉進士華陰縣尉

盧嗣業　河中人舉進士禮部侍郎　薛廷珪　蒲州人舉進士尚書左丞

王駕　河中人舉進士禮部員外郎　王渙　河中人舉進士考功郎

柳璨　河中人舉進士中書侍郎　衛洙　蒲州人舉進士節度使

盧簡能　河中人舉進士駕部郎　豆盧顧　蒲州人舉進士

敬昕　蒲州人舉進士節度使　高錫　臨晉人舉進士

薛廷老　汾陰人舉進士給事中　薛放　汾陰人舉進士侍郎

浩處舟　河中人博學宏詞科　　獨孤申叔　河中人宏詞科校書郎

張知元　河中人明經科　　張知晦　河東人明經科

張知默　河東人明經科秋官郎中　　董晉　虞鄉人明經科中書平章事

羅道琮　虞鄉人明經科太常博士　　張嘉貞　猗氏人五經舉中書令

楊瓘　蒲州人鄉貢士戶部尚書

宋

劉綜　虞鄉人舉進士知開封府　　劉綽　虞鄉人舉進士刑部郎中

薛田　河中人舉進士樞密學士　　薛顏　萬泉人舉進士諫大夫

李瑩　河中人舉進士度支判官　　穆衍　蒲州人舉進士轉運使

薛昳 榮河人舉進士禮部尚書　薛俅 河中人舉進士樞密學士

薛南 榮河人舉進士

金

麻忠誠 臨晉人舉進士汾西令　麻秉彝 臨晉人舉進士兵部侍郎

陳克基 臨晉人舉進士國子丞　張鉉 河東人舉進士同知定國軍

胡光謙 河中人特賜出身　石玠 河中人舉進士

李獻能 河中人廷試第一人翰林修撰　田世英 蒲州人舉進士縣尹

敬鉉 蒲州人舉進士　李獻甫 河中人舉進士節度副使

李獻誠 河中人舉進士　李獻卿 河中人舉進士

敬嗣輝蒲州人舉進士　敬子淵蒲州人舉進士
張繼祖臨晉人舉進士節度副使　賈　絪臨晉人舉進士河東丞
張　琚萬泉人舉進士同知河中府　丁　昴萬泉人舉進士

元

薛天輔虞鄉人舉進士　張克寬蒲州人舉儒士
何　約蒲州人舉儒士　謝天佑蒲州人舉儒士
陳元凱猗氏人舉明經廉訪使　陳敬立猗氏人舉明經治中
裴居敬蒲州人舉儒士　郭思貞蒲州人舉儒士
陳　揮猗氏人舉明經　陳　灝猗氏人舉方正儒林郎

陳仲謙猗氏人舉方正　陳　賡猗氏人舉明經中書省議官

陳　膺猗氏人舉明經勸農使　陳　庾猗氏人舉明經

陳　廙猗氏人舉明經自陳揮以下七人係金時補入者

明薦辟

祝　春蒲州人舉儒士　陳彭年蒲州人明初徵少詹事　辟布政使

羅文金蒲州人明初徵　謝　晃蒲州人舉儒士辟御史　左丞

袁得才萬泉人舉人材　李希顏臨晉人舉儒士知縣　寺丞

陳　倫猗氏人舉人材　王　鵬蒲州人舉儒士員外　知縣

謝伯榮蒲州人以儒士　謝　麟蒲州人舉儒士徵

蔡　瑄榮河人以學行薦官通政使

國朝宏詞科

王含眞　猗氏進士康熙戊午薦舉博學宏詞

吴　雯　永樂諸生康熙戊午刑部郎中謝方山薦舉博學宏詞名試殿上已得復報罷

明進士

洪武辛亥會試吳伯宗榜

袁　泰萬泉人左都御史

尹宗伊萬泉人

洪武乙丑會試丁顯榜

郭　祥臨晉人監察御史

孫　達猗氏人

洪武戊辰會試任亨泰榜

閻　瓚榮河人臨淄教諭

永樂乙未會試陳循榜

王瑛　猗氏人

永樂甲辰會試邢寛榜

趙翾　蒲州人行人司行人

宣德丁未會試馬愉榜

王璐　蒲州人監察御史

景泰辛未會試柯潛榜

樊晃　榮河人河南參政

天順庚辰會試王一夔榜

楊　瑩蒲州人四川參議

成化己丑會試張昇榜

王　廷蒲州人內黃知縣

宏治庚戌會試錢福榜

景　佐蒲州人河南參政

宏治丙辰會試朱希周榜

秦　昂蒲州人陝西副使

宏治壬戌會試康海榜

薛　价蒲州人湯陰知縣

王宗貴猗氏人兵部主事

正德戊辰會試吕柟榜

史　魯蒲州人刑科給事中

郭　震蒲州人苑馬少卿

正德辛未會試楊慎榜

張鵬程蒲州人戸部主事　劉一中蒲州人澄城知縣

楊守禮蒲州人兵部尚書　王　壐猗氏人兵備副使

劉成德蒲州人湖北參議

正德甲戌會試唐皐榜

宋九齡猗氏人雲南副使

正德丁丑會試舒芬榜

張邦教蒲州人陝西廉使

劉一正蒲州人參政

正德辛巳會試楊維聰榜

景溱蒲州人順天府丞

嘉靖癸未會試姚淶榜

樊景麟蒲州人

嘉靖丙戌會試龔用卿榜

王　珂　蒲州人中書舍人

嘉靖己丑會試羅洪先榜

楊　博　蒲州人吏部尚書謚襄毅

嘉靖乙未會試韓應龍榜

王應期　蒲州人兵部主事

嘉靖戊戌會試茅瓚榜

孫　璧　蒲州人太僕寺少卿　　裴　紳　蒲州人陝西巡撫

王　輪　蒲州人鄉御史

嘉靖辛丑會試沈坤榜

王崇古 蒲州人兵部尚書謚襄毅

嘉靖甲辰會試秦鳴雷榜

張廷栢 蒲州人陝西右參政

何尚賢 猗氏人尚德弟漢中知府

嘉靖丁未會試李春芳榜

孫永思 蒲州人浙江道御史

嘉靖庚戌會試唐汝楫榜

崔　都 蒲州人江西右參議

嘉靖癸丑會試陳謹榜

張四維 蒲州人大學士謚文毅　馮舜漁 蒲州人延綏巡撫

何東序 猗氏人尚德子副都御史

嘉靖壬戌會試申時行榜

楊俊民 蒲州人襄毅公子戶部尚書　洪　忻 蒲州人陝西副使

段　繡 蒲州人南京工部主事　任汝亮 猗氏人兵部主事

張問明 猗氏人河間知府　賈仁元 萬泉人兵部侍郎加尚書銜

嘉靖乙丑會試范應期榜

韓　楫 蒲州人右通政　楊　相 蒲州人湖廣參政

董汝漢 萬泉人山東左布政

隆慶戊辰會試羅萬化榜

郭有金　蒲州人西安府知府

隆慶辛未會試張元忭榜

何汝成　蒲州人陝西左參議

周有光　榮河人陝西參議

萬曆甲戌會試孫繼皐榜

楊俊士　蒲州人襄毅公子鳳陽推官

胡希舜　臨晉人廷賢子陝西參政

萬曆丁丑會試沈懋學榜

王　謙 蒲州人襄毅公子太僕少卿

荊州士 臨晉人河南巡撫

萬歷庚辰會試張懋修榜

張泰徵 蒲州人文毅公子陝西按察使

劉以平 猗氏人苑馬寺卿

萬歷癸未會試朱國祚榜

張甲徵 蒲州人文毅公子工部郎中　荊州俊 猗氏人廿肅巡撫

楊元祥 蒲州人襄毅公孫翰林院檢討

萬歷丙戌會試唐文獻榜

李養質蒲州人，陝西布政使

張時修蒲州人，登州知府

萬歷己丑會試焦竑榜

張三聘蒲州人，廷弼孫，山東右参政

馬　洙蒲州人，太常寺少卿

萬歷壬辰會試翁正春榜

韓　爌蒲州人，楫子，大學士

朱　繪蒲州人，戶部員外

王國瑚猗氏人，光祿寺少卿

喬應甲猗氏人，陝西巡撫

杜思望猗氏人，文安知縣

萬歷乙未會試朱之蕃榜

荊養喬臨晉人州士子江南巡按

張應徵猗氏人至化子遼東參政

萬歷戊戌會試趙秉忠榜

孟時芳蒲州人禮部尚書　王之采蒲州人兵部左侍郎

洪世印蒲州人戶部主事

萬歷辛丑會試張以誠榜

楊世增蒲州人廣西道監察御史　孟希孔蒲州人汝洺子扶風知

張士俊猗氏人副使

萬歷甲辰會試楊守勤榜

馮勞謙 蒲州人化子湖廣參政　　楊如臯 蒲州人御史

李棲鳳 臨晉人兵部右侍郎　　令狐淞 猗氏人鋥孫嵩縣知縣

李　嵩 榮河人戶部侍郎

萬歷丁未會試黃士俊榜

張　廣 蒲州人循占子禮部右侍郎　　郭之琮 蒲州人宣府巡撫

王槐秀 蒲州人陝西參議　　王春楨 猗氏人行人

萬歷庚戌會試韓敬榜

張　庭 蒲州人循占子戶部郎中

萬曆丙辰會試錢士升榜

王公弼 蒲州人戶部左侍郎

張其實 蒲州人南京通政司參議

萬曆己未會試莊際昌榜

楊世芳 蒲州人詹事府少詹

張肇 蒲州人文毅公孫陝西副使

楊進 蒲州人中極弟保定巡撫

王鼎新 臨晉人天津道副使

天啓壬戌會試文震孟榜

李紹賢 蒲州人養質子戶部右侍郎

楊中極 蒲州人四川道御史

姚昌籙 臨晉人維新子南京稽勳司郎中

天啓乙丑會試余煌榜

張斗耀 蒲州人三聘子澄城知縣

崇禎戊辰會試劉若宰榜

雷一鳳 蒲州人永平府知府　張希夏 蒲州人禮部左給事中

荆祚永 臨晉人州士孫戸科都給事中　荆爾植 臨晉人兵部職方司主事

荆可棟 猗氏人兵科給事中

崇禎辛未會試陳于泰榜

張魁宿 猗氏人宣鎮推官

王含光 猗氏人河南按察使

崇禎甲戌會試劉理順榜

韓承宣　蒲州人奎子歷城知縣　劉世俊　蒲州人紹興知府

韓啟泰　臨晉人刑部湖廣司主事　耿始然　猗氏人

王應元　猗氏人河南道御史　賈鶴年　萬泉人仁元孫長安知縣

崇禎丁丑會試劉同升榜

楊蕙芳　蒲州人俊臣孫工部主事

崇禎庚辰會試魏藻德榜

荆世爵　猗氏人管河道副使

崇禎癸未會試楊廷鑑榜

朱永康蒲州人繪孫安慶府推官　聶玠蒲州人大理寺丞

呂雲藻臨晉人陝西學政　賈席宣萬泉人鶴年子

國朝進士

順治丙戌會試傅以漸榜

田厥茂永濟人福建布政使　王春陽臨晉人新泰知縣

衛紹芳猗氏人浙江副使　陸運際猗氏人南昌知府

李大升猗氏人壽州知州　喬震蕃猗氏人鉅野知縣

順治丁亥會試呂宮榜

賈濬永濟人武選司主事　張台耀永濟人西鄉知縣

郭四維 猗氏人鉅野知縣　　陸運熺 猗氏人彝陵知縣

順治己丑會試劉子壯榜

孟縮𦵔 永濟人扶風知縣

董象乾 萬泉人江夏知縣

順治壬辰會試鄒忠倚榜

荆之茂 猗氏人新喻知縣

陳適度 猗氏人郘武推官

順治乙未會試史大成榜

馮皐疆 永濟人平陰知縣

謝敦懿 臨晉人臨湘知縣

順治戊戌會試孫承恩榜

馮昌奕 蒲州人鄲縣知縣

尚翼岐 臨晉人漳浦知縣

順治己亥會試徐元文榜

張含璉 蒲州人建昌府推官　范儆 蒲州人

王恭先 臨晉人河間府推官　張維鼎 臨晉人岐山知縣

李際昌 猗氏人國子監博士

順治辛丑會試馬世俊榜

侯維翰 蒲州人　喬振翼 蒲州人

范孚嘉 萬泉人海門知縣

康熙甲辰會試嚴我斯榜

雷竟振 蒲州人雅州知州　李世恧 臨晉人安吉州知州

喬士増 猗氏人交河知縣　衛既齊 猗氏人紹芳子貴州巡撫

康熙丁未會試繆彤榜

王　易 蒲州人高安知縣　謝敦臨 臨晉人武陵知縣

喬士容 猗氏人江西督學參議

康熙庚戌會試蔡啓僔榜

邵嗣堯猗氏人江南督學參政

康熙丙辰會試彭定求榜

張纘善蒲州人靈寶知縣

王含真猗氏人

令狐承覲猗氏人

康熙己未會試歸允肅榜

陳悳敏猗氏人考城知縣

康熙乙丑會試陸肯堂榜

謝陳常臨晉人翰林院編修

喬士适猗氏人高安知縣

康熙戊辰會試沈廷文榜

陳　綍　猗氏人秀水知縣

王　濬　猗氏人

聶淵耳　榮河人陽山知縣

康熙丁丑會試李蟠榜

王　焯　臨晉人湖口知縣

喬雲名　猗氏人奉天府丞

喬于溱　猗氏人萬年知縣

康熙庚辰會試汪繹榜

喬于瀛　猗氏人廣西右江道

郭九同　猗氏人新野知縣

荆文康　猗氏人郟城知縣

康熙丙戌會試王雲錦榜

陳維嶽猗氏人新城知縣　衛士樞猗氏人陵縣知縣

陳綸猗氏人

康熙己丑會試趙熊詔榜

吳宏助萬泉人青浦知縣

康熙壬辰會試王世琛榜

張璞璽猗氏人程鄉知縣

康熙癸巳會試王敬銘榜

姚炯臨晉人內閣中書　喬學尹猗氏人太僕寺卿

張天畏　榮河人

康熙乙未會試徐陶璋榜

張　錩　蒲州人廣州知州

趙希濂　猗氏人垣曲教諭

康熙戊戌會試汪應銓榜

崔　紀　蒲州人陝西巡撫兵部右侍郎

康熙辛丑會試鄧鍾岳榜

姚　滑　臨晉人吏部驗封司員外郎

郭　稷　臨晉人

雍正癸卯會試于振榜

崔　琳永濟人河南分守汝南道

雍正丁未會試彭啓豐榜

姚思恭永濟人東陽知縣　　薛　毅永濟人桂陽龍里知縣

王育榞猗氏人直隸尉縣知縣

雍正庚戌會試周澍榜

鄭　鐸萬泉人永昌知縣　　陳偘儀猗氏人黟縣知縣

乾隆丙辰會試金德瑛榜

王育柟猗氏人庶吉士　　郭爲嶠猗氏人

乾隆己未會試莊有恭榜

喬序鸞　猗氏人仙居鎮海知縣

乾隆乙丑會試錢維城榜

謝　烓　臨晉人

荆　嶟　猗氏人永寧縣知縣

明鄉科

洪武甲子

郭　祥見進士

孫　逵見進士

洪武丁卯

郅　敏蒲州人國子監正　　田　琛蒲州人龍江知縣

閻　瓚見進士

洪武庚午

張　敔蒲州人咸陽知縣　　陳榮祖臨晉人濟源知縣

高　進　鶴臯人大名府教授　　李　睿　榮河人

洪武癸酉

高　進　榮河人

洪武丙子

呂　哲　蒲州人景州訓導

姬　煥　蒲州人

建文己卯

薛　曾　蒲州人工科給事中　　王　皞　蒲州人白水教諭

盧克敬　蒲州人無錫知縣　　韓　溫　蒲州人刑科給事中

辛　儼蒲州人

建文壬午

郭　巽蒲州人府谷教諭　孟　惎蒲州人東安訓導

董　實猗氏人西和教諭　鍾　鑄猗氏人

李　隸猗氏人　張　縉猗氏人

李　寧猗氏人王府教授　姚　鑄猗氏人

永樂乙酉

馮　懋蒲州人刑部主事　張　達臨晉人西安府通判

楊　晉臨晉人神策衛經歷　范　誼猗氏人房山縣丞

范棟　猗氏人　　張翀　猗氏人

王暹　萬泉人保寧府知府

永樂戊子

楊琳　蒲州人甘泉知縣

姚璉　萬泉人

永樂辛卯

李咸　蒲州人淮安府同知　　王聚　蒲州人漢中府同知

周晁　猗氏人光祿寺署丞　　張拱　猗氏人按察司經歷

永樂甲午

趙　馴見進士　　張　昭蒲州人蒲城縣丞

王　靖臨晉人開封府同知　　樊　謙猗氏人

郭　宏猗氏人工部司務　　王　瑛見進士

永樂丁酉

賀　威蒲州人　　周　岌蒲州人

貝　璵蒲州人漢州吏目　　郭　祥蒲州人

楊　秀蒲州人營州中屯衛經歷　　衛　政蒲州人白水知縣

范　翀蒲州人　　史　彬蒲州人

賀　威臨晉人德州同知　　周　爰臨晉人

楊　倫猗氏人嶧縣知縣

永樂庚子

張　福蒲州人　　楊　珪蒲州人河南都司斷事

李　昇臨晉人遼東苑馬寺卿　　張　純猗氏人沅州同知

楊　敏榮河人平涼府照磨　　耿益亨榮河人寧夏衛經歷

永樂癸卯

謝　琚蒲州人伯榮子　　杜　熙蒲州人肅州長史

王　璽蒲州人襄城訓導　　史　顒蒲州人井陘訓導

范　英蒲州人永平王府教授　　胡　盅蒲州人

閻　勵　蒲州人　　董　灝　蒲州人

姬　昇　蒲州人　　李　佺　蒲州人黃州府照磨

張　懋　臨晉人金縣教諭　　李　樂　臨晉人單縣教諭

暢　與　滎河人　　牛　耘　萬泉人安塞主簿

暢　儒　萬泉人　　薛原賦　萬泉人

孟　睿　萬泉人猗氏教諭　　孫　謹　萬泉人

解　章　萬泉人江浦教諭　　解　常　萬泉人常熟知縣

龐　整　萬泉人西安府教授

宣德丙午

景　恭　蒲州人磁州同知　　王　濬　見進士

李　瑀　蒲州人莘州同知　　孫　晟　榮河人

宣德己酉

王　惠　蒲州人　　樊　矩　臨晉人阜平教諭

趙　煥　猗氏人泰府長史

宣德壬子

陳　豫　猗氏人蓬萊縣丞　　何　清　猗氏人隆平訓導

王　璉　榮河人齊河教諭

宣德乙卯

王　宗猗氏人唐府教授

正統戊午

吳　純臨晉人松江府同知

徐　恭榮河人文登縣丞

正統辛酉

胡　海臨晉人洛南教諭　王　安猗氏人洋平教諭

趙　普猗氏人平凉府推官

正統甲子

董　鉞蒲州人邠州訓導　郭　瑄臨晉人涇州學正

賈　聰榮河人泗水教諭

正統丁卯

荆　詡猗氏人青州府同知

景泰庚午

衛　述蒲州人　　馮　盛蒲州人夯府紀善

孟　琳蒲州人淮安府同知　　王　瑁萬泉人

景泰癸酉

張　侃蒲州人福子鞏昌知府　　盧　淵蒲州人獻縣知縣

蔡　真臨晉人西安教授　　衛　聰猗氏人中部知縣

吳　眞萬泉人

景泰丙子

陳　齡猗氏人𢖍府長史

天順己卯

辛　英蒲州人耀州訓導　楊　榮見進士

劉　銘蒲州人廣西道御史　郭　凱臨晉人平凉府通判

薛　璟蒲州人國子監博士

天順壬午

陳　耀蒲州人慶府長史

張　錫 猗氏人壽州同知

成化乙酉

張　琮 猗氏人唐府審理正

成化戊子

王　庭 見進士

宋　釣 猗氏人澠縣知縣

成化辛卯

范　鵬 蒲州人閿中知縣　楊　蓁 蒲州人靈臺知縣

劉　進 臨晉人　梁　昭 滎河人

王龍　猗氏人郝縣知縣

成化甲午

張逵　蒲州人光州知州　　姚鳳　蒲州人衢州府同知

張恕　蒲州人　　李九皐　臨晉人昇孫定陶知縣

陳宏　榮河人開州知州　　王瓚　萬泉人即墨知縣

成化丁酉

羅廸　蒲州人

成化庚子

薛勝　蒲州人三原訓導

翟　敬見進士

成化癸卯

惠　欽蒲州人鞏昌府通判　　景　佐蒲州人都察院經歷

薛　鑑蒲州人秦州知州

成化丙午

荆　銳蒲州人伊府長史　　馮從政蒲州人汲水知縣

宋　震猗氏人澧縣知縣　　李　奎滎河人井研知縣

王廷輔滎河人汞城知縣

宏治己酉

秦　昂見進士

謝　豸蒲州人江西僉事

宏治壬子

梁　拱蒲州人范縣知縣　張紹祖蒲州人兖州府同知

王瀛洲蒲州人鄜州知州

宏治戊午

史　魯見進士　焦　端臨晉人皐城知縣

薛　价見進士　王　璽見進士

王　宗見進士

宏治辛酉

高　崙　蒲州人鳳翔府推官

張廷珪　蒲州人褒城知縣

宏治甲子

郭　震　見進士　　史　周　蒲州人保定知縣魯弟

謝奇齡　蒲州人　　郭士奇　臨晉人瑄孫鞏縣知縣

宋九齡　見進士

正德丁卯

盧廷用　蒲州人　　王　紹　猗氏人正定府通判

荆　晟猗氏人霸州知州

正德庚午

劉一中見進士　劉成德見進士

段　逵蒲州人正定府通判　張永寧蒲州人

楊守禮見進士　張　鵬見進士

王　麒蒲州人

正德癸酉

姬　鵬蒲州人江寧知縣　衛　卿蒲州人正定府推官

郭廷臣蒲州人溧陽知縣

正德丙子

張邦敎見進士　劉一正見進士

范　玹蒲州人通州知州　張　馨蒲州人南樂教諭

梁　榆蒲州人鄭府長史

正德己卯

崔　紳蒲州人鄭陽府知府　王　珂見進士

張廷璽蒲州人廷桂弟鄖陽府通判　姒　昂蒲州人襄陽府通判

楊　贍蒲州人四川僉事

嘉靖壬午

雷世榮 蒲州人鄜州知州　　韓志仁 蒲州人工部郎中
何尚德 猗氏人開封府同知　　李如玉 猗氏人鄜州知州
杜漸 猗氏人掖縣知縣

嘉靖乙酉

楊博 見進士　　郭三仁 蒲州人葭州知州
史資德 蒲州人周子知縣　　孫梯 蒲州人陝西僉事
荀汝安 蒲州人四川僉事　　孟汝濬 蒲州人琳子鳳翔府知府
秦師心 蒲州人副使

嘉靖戊子

王　輪見進士　　侯　藎蒲州人會寧知縣

張　宜蒲州人淇縣知縣　　王光宇見進士

嘉靖辛卯

王承志蒲州人彰明知縣　　賈東山蒲州人青州府通判

張廷美蒲州人　　張邦士蒲州人邦敎弟山東參政

段子愚蒲州人順德府同知　　衛　鈿臨晉人昌平知州

楊俊士見進士

嘉靖甲午

史資敎蒲州人曾子平陰知縣　　馮舜田蒲州人從政孫臨洮府同知

陳經正 蒲州人蘭州知州
李鴻漸 蒲州人涇州知州

裴紳 見進士
賈璋 蒲州人肅府長史

裴中 蒲州人東平知州

嘉靖丁酉

王崇古 見進士
孟汝溢 蒲州人鄖陽府通判

段子魯 蒲州人子愚弟兖州府通判
魏廷 蒲州人栢鄉知縣

張藩 蒲州人營山知縣
李詡 蒲州人南陽知縣

嘉靖庚子

張廷栢 見進士
孫永思 見進士

郝永貞　蒲州人四川左參議　　王永興　蒲州人臨城知縣

何尚賢　見進士　　楊時芳　猗氏人慶陽府通判

嘉靖癸卯

馮鎰　蒲州人　　羅鳳翔　蒲州人南京刑部郎中

師儒　蒲州人戶部主事　　張邦禮　蒲州人常州府同知

范學禮　蒲州人槐子武定知州　　祁天叙　蒲州人甘肅行太僕寺卿

丁成式　蒲州人沙河知縣　　張弛　蒲州人慶都知縣

馮儼　蒲州人費縣知縣　　李守秀　蒲州人戶部郎中

沈應坤　蒲州人猗氏籍兩淮運副　　王三錫　蒲州人南和教諭

嘉靖丙午

傅希孟　蒲州人姚安知府　　張廷弼　蒲州人廷美弟山東僉事

崔　都　見進士　　任　賢　蒲州人南康知府

羅鳳翔　蒲州人鳳翔弟寧夏巡撫

嘉靖己酉

王崇雅　蒲州人珂子陝西行太僕少卿　　張四維　見進士

馮舜漁　見進士　　馮　珍　蒲州人豐潤知縣

劉汝登　蒲州人漢陽府通判　　惠及民　蒲州人福寧知府

衛　鈞　臨晉人任縣知縣　　杜　鶴　蒲州人保定府通判

嘉靖壬子

孫守謙 蒲州人璧子曹州知州　韓 楫 見進士

任 彬 蒲州人陝西副使　楊俊民 蒲州人見進士

魏體謙 蒲州人廷子高郵知州　傅世臣 蒲州人新樂教諭

任汝亮 見進士　何東序 見進士

嘉靖乙卯

陳永直 蒲州人常德知府　傅應卜 蒲州人商州知州

楊躍川 蒲州人慶府長史　楊艮才 蒲州人瀧州知州

羅 節 蒲州人漢中知府　李敦信 滎河人岐山知縣

令狐總 猗氏人合州知州　令狐一槐 猗氏人浙江副使

楊聯芳 猗氏人運司籍

嘉靖戊午

洪　忻 見進士　馮　化 蒲州人儼弟南京戶部郎中

張崇謙 蒲州人山東副使　張問明 見進士

陳　力 猗氏人保定府通判

嘉靖辛酉

祁應聘 蒲州人天叙子濟南府通判　段　繝 見進士

張　齊 蒲州人良鄉知縣　楊子莊 蒲州人宜陽知縣

劉尚智　蒲州人禮縣知縣　　張惟庸　蒲州人更名惟康房山知縣

王承休　蒲州人承統弟山東副使　　韓栴　蒲州人楫弟新蔡知縣

陳鳴羽　臨晉人榮祖元孫漳縣知縣　　衛鏻　臨晉人肥鄉知縣

賈仁元　見進士　　董汝漢　見進士

嘉靖甲子

楊相　見進士　　楊燔　蒲州人更名焞會寧知縣

馮福謙　蒲州人儆子延安府同知　　高嶽　蒲州人黎平知府

王謙　見進士　　郭甲　蒲州人承天知府

何汝成　見進士　　樊一陽　蒲州人淮安府推官

郭有金 見進士　　楊德耀 蒲州人延安府推官

趙廷璧 臨晉人永城知縣　　胡希舜 見進士

隆慶丁卯

張四端 蒲州人文毅公弟戶部郎中　　楊　俊 蒲州人魯山知縣

楊應春 蒲州人汝寧同知　　孫　璧 見進士

羅　浙 蒲州人鳳翔知府　　杜　緯 蒲州人長垣知縣

荊州士 見進士　　楊俊士 見進士

隆慶庚午

馮愗仁 蒲州人偃師知縣　　馮　洛 蒲州人舜田子青州府同知

盧　諭　蒲州人文縣知縣　　周有光　見進士

萬曆癸酉

韓　栻　蒲州人遷化教諭　　朱萬邦　蒲州人陝州知州

馮　瀹　蒲州人舜漁子都御史　　杜志晦　蒲州人考城知縣

馬　洙　見進士　　王國翊　見進士

王承統　蒲州人安慶同知

萬曆丙子

張泰徵　見進士　　楊　煊　蒲州人杌子

李自治　滎河人揚州府通判　　何東鳳　猗氏人汝上教諭

常守忠 猗氏人永壽知縣　衛　廉 猗氏人貴州參政

萬歷己卯

楊俊臣 蒲州人襄毅公子雲南參政　張時修 見進士

朱　繪 見進士　尚從試 蒲州人湖州同知

姚維新 臨晉人澤州知州　荊州俊 見進士

劉以平 見進士　吳　丙 萬泉人

萬歷壬午

張甲徵 見進士　馮嘉慶 蒲州人江都教諭

劉漢書 蒲州人汝登子延安同知　楊　敎 臨晉人順義知縣

沈　懇 猗氏人寧州知州　　張啟蒙 猗氏人三水知縣

楊元祥 見進士

萬曆乙酉

李養質 見進士　　洪崇禮 見進士

王　藩 蒲州人肅施知縣　　孟希孔 見進士

張名坤 蒲州人都勻知府　　杜思望 見進士

萬曆戊子

韓　爌 見進士　　張三聘 見進士

王垣豫 蒲州人工部司務　　朱　紹 蒲州人萬邦子鄜州知州

喬應甲見進士

萬歷辛卯

郅逊中蒲州人隴西知縣　任諫辰蒲州人彬子東呂同知

孟時芳見進士　張燁蒲州人鄖陽同知

郭守仁臨晉人

萬歷甲午

王之柱蒲州人襄毅公孫　王繼祖蒲州人黃梅知縣

王之采見進士　王三欽蒲州人

荆養喬見進士　張應徵見進士

令狐一申猗氏人澄城知縣	邵希孟猗氏人朝邑知縣
邵希尭猗氏人麟游知縣	
萬歷丁酉	
張　廣見進士	楊元裕蒲州人俊士子松江同知
范應宿蒲州人九江同知	楊世增見進士
令狐泌見進士	荊可貞猗氏人戶部主事
張永淳猗氏人陽曲教諭	
萬歷庚子	
趙宏道蒲州人四川參政	侯來貢蒲州人

郝士遂蒲州人永清知縣　李棲鳳見進士

張士俊見進士

萬歷癸卯

王槐秀見進士　郭之琮見進士

馮勞謙見進士　王守正臨晉人日照知縣

荊應喬臨晉人州士子　李嵩見進士

王春禎見進士　荊肇封猗氏人

荊三奇猗氏人　陳國柱猗氏人延安知縣

萬歷丙午

張　肇見進士　　尚士醇蒲州人

李紹芳見進士　　張　杲蒲州人戶部郎中

馮鳳雛蒲州人珍子遵義推官　　張　庭見進士

范希滂蒲州人白水知縣　　楊　鑛蒲州人涇陽教諭

周　焕榮河人　　沈　懋猗氏人河陰教諭

張慰宥見進士

萬歷己酉

張其實見進士　　姚昌祿見進士

張焕乾猗氏人知州

萬歷壬子

楊中極　見進士　　高　遠　蒲州人鎮安知縣

楊王國　蒲州人萊州同知　　張昌會　蒲州人大竹知縣

馮一鴻　蒲州人嘉慶子正定同知　　姚發祥　臨晉人

荆王土　猗氏人　　張　泰　猗氏人平谷知縣

王公弼　見進士

萬歷乙卯

楊世芳　見進士　　姬文郁　蒲州人戶部郎中

韓　奎　蒲州人煥子刑部主事　　裴之纁　蒲州人鞏昌府同知

韓　焯 蒲州人海子鄧州知州　　張宗顔 蒲州人臨潁知縣

王鼎新 見進士　　馮守禮 猗氏人萊蕪知縣

萬歷戊午

楊　進 見進士　　范應[illegible] 蒲州人應宿弟淄川教諭

雷一鳳 見進士　　孫汝桂 臨晉人

樊文煥 臨晉人　　韓啓泰 見進士

聶雲翔 榮河人　　荆可棟 見進士

耿始然 見進士　　令狐永煇 猗氏人新城知縣

王化淳 萬泉人

天啓辛酉

孟維祚 見進士　張鼎徵 蒲州人

馮一俊 蒲州人懋仁孫河南府知府　樊邦正 蒲州人德安知府

閻養醇 猗氏人揄次教諭　范學顔 萬泉人隴右兵巡道

天啓甲子

張希良 見進士　張斗耀 見進士

常道立 蒲州人儼子陝西僉事　尚衍 蒲州人湖廣僉事

劉培基 蒲州人成德元孫南雍運副　賀孕祥 蒲州人安化知縣

喬虞建 猗氏人樂平教諭　王應元 見進士

賈鶴年　見進士　　馮　倬　萬泉人青縣知縣

賈藎臣　萬泉人

天啓丁卯

趙之勵　蒲州人宏道子咸陽知縣　　范應璧　蒲州人應宿弟

景嶽範　蒲州人西州知州　　姚昌祚　臨晉人泌陽知縣

荆祚永　見進士　　荆爾植　見進士

賈前席　臨晉人商河知縣

崇禎庚午

韓承宣　見進士　　楊蕙芳　見進士

孟述唐　蒲州人希孔子原武知縣　　李遇夏　蒲州人

劉世俊　見進士　　郭　鉉　臨晉人贛縣知縣

姚在朝　臨晉人昌籙子　　衛應龍　臨晉人

呂雲藻　見進士　　王巖禎　猗氏人國瑚子

王含光　見進士　　耿應昇　猗氏人

崇禎癸酉

韓　垍　蒲州人梅孫廣平知府

馮皐柔　蒲州人化孫利津知縣

崇禎丙子

杜篤祜 蒲州人鶴齡孫戶部左侍郎　王　瑞 蒲州人河間府推官

王洪孕 蒲州人崇安知縣　景淑範 蒲州人巖範弟莒州知州

高從謙 蒲州人信豐知縣　朱廷羅 蒲州人

令狐燊 猗氏人汲縣知縣　賈席宣 見進士

崇禎己卯

薛　柱 蒲州人江西僉事　張蓼麟 蒲州人庭子

李秀龍 蒲州人浮梁知縣　崔志乾 蒲州人順天推官

朱永康 見進士　樊甲第 蒲州人

田厥茂 見進士　樊王室 臨晉人

李起龍榮河人　陳王紀猗氏人，州知府
荊世爵見進士　荊州任猗氏人長治訓導
裔震蕃見進士
崇禎壬午
武大正蒲州人連元子常山知縣　聶玠見進士
郭百二臨晉人禹州判官　李世顯臨晉人
令狐浧猗氏人漳浦知縣
國朝鄉科
順治乙酉

陸運𤈦見進士　衛紹芳見進士

李大升見進士　張枏永濟人濼州知州

王春陽見進士　陸運際見進士

楊遵永濟人典國知州

順治丙戌

韓威宜蒲州人盧州知州　賈濬見進士

張台耀見進士　盧世臣蒲州人潯州推官

郭四維見進士　李際昌見進士

董象乾見進士　王呈麟蒲州人

順治戊子

張　駁　蒲州人臨潼知縣

盧應魁　蒲州人安肅知縣

喬振翮　蒲州人河南道御史

謝敦懿　見進士

李世悳　見進士

尚翌岐　見進士

陳適度　見進士

楊可彞　猗氏人桐廬知縣

王景霙　萬泉人長安知縣

順治辛卯

楊　珩　蒲州人扶羌知縣

劉宏遷　蒲州人

侯維翰　見進士

尚見帝　蒲州人

王恭先見進士　　賈始年臨晉人

張維鼎見進士　　聶黃耳榮河人

王含宏猗氏人　　荆之茂見進士

順治甲午

范　儆見進士　　雷竟振見進士

馮阜疆見進士　　郭翰鼎臨晉人

王宏化臨晉人　　姚完錫臨晉人

賈　顯臨晉人湖州學正　　張殿珠榮河人新寧知縣

尚　恪臨晉人　　陳澄度猗氏人湘潭知縣

士增見進士

順治丁酉

馮昌奕見進士　李文楷蒲州人

張含瑾見進士　謝三宅猗氏人鄖陽知縣

荆裔譜猗氏人滎澤知縣　陳適月猗氏人潞安教授

范季嘉見進士　王　炳見進士

順治庚子

裔振翼見進士

康熙癸卯

王　易　見進士　　楊　棫　蒲州人孝義教諭

崔纚武　蒲州人如皐知縣　　張繼善　見進士

令狐永觀　見進士　　衛旣齊　見進士

喬壯受　猗氏人陽信知縣　　邵嗣堯　見進士

楊鳳翔　萬泉人高平教諭

康熙丙午

謝敦臨　見進士　　關永寧　猗氏人蔚州學正

喬士容　見進士　　王振鑣　猗氏人

薛近兗　萬泉人高平教諭　　余念祖　榮河人

康熙己酉

楊遷蒲州人

郭九會猗氏人臨安知縣

康熙壬子

陳綸見進士

陳悳敏見進士

荆時中猗氏人京畿道御史

董宏彪萬泉人江南道御史

侯玉輅見進士

康熙乙卯

樊嗣承蒲州人

王含眞見進士

黄孕壐萬泉人

康熙戊午

王　綺臨晉人太原教授　喬士适見進士

陳洪疇猗氏人

康熙辛酉

王紹隆臨晉人岢嵐州學正　王則虞臨晉人朔州學正

楊遹觀萬泉人保德學正

康熙甲子

劉大鯤蒲州人　謝陳常見進士

王念先　臨晉人　　郭鼎甲　臨晉人

康熙丁卯

韓鏡　蒲州人　　陳綍　見進士

喬雲名　見進士　　王濬　見進士

聶淵耳　見進士　　楊盛青　滎河人吳堡知縣

康熙庚午

王焯　見進士　　陳惠爾　猗氏人

衛士禎　見進士　　喬于溓　見進士

康熙丙子

喬于瀛 見進士　衛講 猗氏人新會知縣

常丙圖 猗氏人祁門知縣　羅經 猗氏人汾陽教諭

張沺 榮河人

康熙已卯

王載 臨晉人平陽籍　衛讃 猗氏人

陳悳譽 猗氏人平定學正　荆文康 見進士

陳維嶽 見進士　朱德嶶 虞鄉人

郭九同 見進士

康熙壬午

侯慎修蒲州人　崔偉觀蒲州人阜平知縣

張璞璽見進士　王淳猗氏人榆次教諭

喬學尹見進士　盧化鵬蒲州人

康熙乙酉

張其維蒲州人　寗釗蒲州人保德州學正

尚友臨晉人黄岡知縣　喬于沆猗氏人陽曲教諭

陳德健猗氏人永寧州學正　喬于濬猗氏人

潘文林猗氏人應州學正　荆嚴恂猗氏人

吳宏助萬泉人見進士

康熙戊子

秦　楫　蒲州人　　姚思恭　見進士

荷雲載　猗氏人保德學正　　張儆載　猗氏人拔縣知縣

劉彥禎　猗氏人　　尚　質　臨晉人

張　釗　蒲州人含瑾子

康熙辛卯

呂金成　蒲州人　　姚　炳　見進士

李　越　臨晉人嵩州知州　　謝　翬　臨晉人寧武縣教諭

荆如岱　臨晉人　　趙鶴翀　猗氏人榆次教諭

王錫瓚猗氏人絳州學正　何世勳猗氏人榆次教諭

趙希濂見進士　荆逨韓猗氏人岢嵐州學正

王　濤猗氏人解州學正　喬毓琨猗氏人

董元會萬泉人寧遠同知

康熙癸巳

皃躬行蒲州人　謝玉樹臨晉人

李汝白臨晉人　張師孔臨晉人

王　袞臨晉人　荆逌韓猗氏人當塗知縣

張天畀見進士　嚴濟寬榮河人

康熙甲午

崔宗泗　蒲州人

張　緝　見進士

薛　毅　見進士

姚　湝　見進士

郭　稷　見進士

馬之奇　猗氏人

喬溥棻　猗氏人渾源州學正

喬學說　猗氏人右玉縣教諭

荆　峻　猗氏人碾伯知縣

荆迴韓　猗氏人霍州學正

馮雲驤　萬泉人

康熙丁酉

崔　紀　見進士

衛　岱　猗氏人

喬溥臬猗氏人　令狐言東猗氏人

張　醇猗氏人

康熙庚子

羅　謙猗氏人繁峙訓導　喬雲昭猗氏人

喬溥棠猗氏人

雍正癸卯

崔　琳見進士　趙　弋臨晉人

徐應瑞臨晉人　喬雲閣猗氏人

陳希儀猗氏人　張　聆猗氏人

樊嘉謨萬泉人聞喜教諭

雍正甲辰

張中行臨晉人波羅州同　陳倜儀見進士

衛　詠猗氏人桂東縣知縣　陳翼餘猗氏人

喬雲綬猗氏人汾陽教諭　張虞度榮河人

鄭　鐸見進士

雍正丙午

謝功肅臨晉人　郭爲觀猗氏人

王育櫰見進士　張與琳萬泉人

王澤椿 猗氏人惠安知縣

雍正己酉

張由仁 永濟人兩淮鹽大使　石如琛 猗氏人

王育柟 見進士

雍正壬子

崔　璟 永濟人　郭爲嶠 見進士

岐步瑩 猗氏人　陳　芸 猗氏人

郭　幪 猗氏人　李　炯 榮河人

雍正乙卯

崔　繹　永濟人潭源州學正　　王先第　臨晉人潭源州學正

陳　輝　猗氏人霍州學正　　荊　嶟　猗氏人

乾隆丙辰

崔　巖　永濟人　　王元淏　臨晉人

姚可棟　臨晉人　　李惠廸　虞鄉人

喬溥枋　猗氏人鹽大使　　張　蛟　猗氏人

鞏　澤　虞鄉人

乾隆戊午

楊大罡　永濟人　　王宗孟　猗氏人

蕭近洛 萬泉人　喬序雋 見進士

乾隆辛酉

謝　甡 見進士　王澤集 猗氏人

王澤枚 猗氏人　王育樑 猗氏人

岐騰蛟 猗氏人　喬泰煦 猗氏人

乾隆甲子

崔　縉 永濟人　荆佩崇 猗氏人

陳鶴齡 猗氏人　范友韓 榮河人

乾隆丁卯

侯秉騋 永濟人　喬泰啟 猗氏人

喬泰臯 猗氏人　令狐在五 猗氏人

郭仁滋 榮河人

乾隆庚午

陸甡 猗氏人　荆兆丹 猗氏人

薛坦 榮河人

乾隆壬申

陳毓鸞 猗氏人　張史筆 萬泉人

郭璣 臨晉人

乾隆癸酉

喬集鶴　猗氏人，河津教諭

蒲州府志卷之九

選舉下

明鄉貢

蒲州

趙允主簿　趙昮知縣

魏約御史　王奇戸部郎中

苗秀御史　張玹

趙收　王洙訓導

景政杭州推官　趙𤆍訓導

朱　穌主簿　楊　旄典史

解　昇刑部照磨　劉　質禮部主事

丁　迦兵部給事　張　琡太平通判

古　憲知縣　趙　衡吏目

陳　欽千戶所吏目上　洪武中　李　輝金鄉簿

張　璵光祿署丞　王　選工部郎中

王　思知縣　梁　現濟源簿

王　鐸吏目　楊　佩典史

黃　珩縣丞　王　繕御史

張賓通判　王鑑運判

崔瑭晉州知州　牛謙縣丞

薛宏　楊著

張志州判官　張質訓導

丁睿訓導上永樂中　王寅訓導

梁楫知縣　王佐州判

王圭平凉知府　翟勉知縣

王進　辛惠訓導

馬俊知縣上宣德中　王璧訓導

劉　瀚　吏目　　种　昭　縣丞

崔　進　知縣　　孫　讙　經歷

党　冲　　　　　樊　恪　知縣

溫　厚　知縣　　胡　宗

范　璘　吏目　上正統中　王　玹　經歷

崔　暐　主簿　　傅　賓　府照磨

柳　瑛　中　衛經歷　景泰　王　章　衛經歷

郝　溫　訓導　　馮　舉　縣丞

時　和　縣丞　　張　鑑　縣丞

高騰　都事上天順中　溫錫　教諭

王筌　縣丞　馮強　訓導

史暹　韓贇

張俊　衛以誠　訓導

張志清　楊錦　訓導

張凝　訓導　王若愚　訓導

韓臣　訓導　薛繼良

謝鳳　王府教授　張源　訓導

李翙　訓導　賀輝

王　楫縣丞　　張　清縣丞

奴　賢訓導　　張　敏

衛景善訓導　　張　經

王　侃訓導　　韓　富

王　允訓導上成化中　　孟　鉞王府紀善

王　馨教諭　　李　進

李　華州判　　姚　敏吏目

毋　欽府通判　　蕭居敬

孟　鋏　　孫　璋

張秉貞　　梁錫

張羽　　翟璣衛經歷

王璘教諭　　王勛

張永　　王世儒訓導

韓銘訓導　　周廷儀訓導

王溥縣丞　　韓燧教諭

張臣訓導　　王楝訓導

孟鑑上舍治中　　陳言州判

韓執訓導　　高魏主簿

盧　木　　吳　寅訓導

高　嵐　　張　偉

高　欽　　景　賢訓導

周德蘭訓導上正德中　田　棟知縣

賈　塤知縣　　魏希古教諭

張　紀訓導　　張　恪教諭

秦　祿訓導　　崔世鳴教諭

范　槐知縣　　羅　恕

秦邦臣學正　　祁天叙

王臣良　吏目　　王崇道　訓導

馮　樞　訓導　　趙　錦　教諭

馮　紹　訓導　　蔣　鈺　訓導

張雲桂　　田萬里　府通判

楊　瑞　國子監丞　　張　綱　知縣

薛國賓　訓導　　秦師中　州判

王崇信　王府紀善　　史資化　教諭

馬　坤　府教授　　南　椿　知州

孫　瑜　教授　　王崇化

傅宏烈知縣　史　炤訓導

孟汝賓　劉衍裕府知事

杜憲卿上嘉靖中　魏　鵠敎諭

范紹科　王承統

李東廓知縣上隆慶中　辛　栢學正

田　利都司敎授　馬　圖知縣

忽　珂　史　朴敎諭

叚　紹訓導　王崇簡訓導

孟　杜王府敎授　王化行王府敎授

蔣廷亮　李秉甲
盧　儒府通判　任　璉
史載誼王府教授　史　外訓導
曹宗殷教諭　裴養質教諭
郝天衢教諭　景　宇訓導
王嘉賓　張　渥
景嘉績訓導　薛　珍訓導
張循台武學訓導　田有年訓導
陳　淳　馮惟慶知縣

郝承訓　知縣　　李　梓　訓導

常　儼　知縣　　田可久　教諭

楊之川　州判　　楊景震　知縣

張　詳　　王懋德　訓導

賈希山　　范宗鎮

賈　寅　府教授　　甯華國　國子典籍

賈　芳　南京戶部郎中　孟一願　衛學教授

師道亨　　吳釀醇　訓導

喬允濟　上萬歷中　馮　治　知縣

孟元芳訓導　高起鵬訓導

武學易教諭　吳三英訓導上天啓中

史　纛衛教授　賈道醇教諭

張光徵　張夢麟

范　偉訓導　韓廷鑰知府

黄在中　張五典訓導

韓廷鉞訓導　張五禮

田民牧訓導　孟紘祚

孫　謀府通判　張永烈知縣

韓　莊知縣　宋永康

韓　烶知州　郭　城知州

韓　珀　武連元知縣

田時茂知州　楊名遠府同知上崇禎中

臨晉縣

周　彬　劉　瑛知府

楊　敬府照磨　李　煥推官

姚　亨衛經歷　樊　義知縣

侯　晃知縣　祁　藎州同上洪武中

王厚州判　宋智縣丞
劉斌衛經歷　呂震主簿
孫振吏目　張鐸
廉能吏目　趙賢
張斌上永樂中　王和府檢校
任賢縣丞　王景提舉
張翁知縣　吳行主簿
吳讓知縣　李鋭都司經歷上宣德中
李宣訓導上正統中　陳履

杜　玘　　　　　裴　麟

馬　進　　　　　張　英知事上景泰中

程　英知事　　　王　釗主簿

王　鐸主簿　　　尚　恭縣丞上天順中

李　鑑王府教授　賈　表州判

李　俊衛經歷　　王　珪

趙　文主簿　　　薛應奎知縣

王　紳主簿　　　王　琳知事

郭　溥訓導　　　陳　瑄吏目

李奈　訓導
衛文
張惠　王府典簿
孟舉　主簿
任繼先
王居正　主簿
王道　王府典簿
任辰　吏目
王輔　吏目
陳奎
蕭九成　經歷
李錫　南戶部檢校
王琬　主簿
吳榮祖　主簿上成化中
吳執中
范禮　主簿
吳方　知縣
趙環　府經歷

李志成　吳　廷衛教授
姚　進提舉　王　珍
董　欽　王　琦縣丞
郭　憲知縣上宏治中　尚　志布政司檢校
衛　邦府照磨　趙崇德訓導
劉　瓚知事　王　旻王府審理正
韓　彪訓導　李鳳鳴吏目
李陽春訓導　李廷祿鴻臚序班
吳　傑學正　王　鸞主簿

李承恩　照磨　　胡　安　主簿

焦天澤　中府檢校上正德　劉　璞

王拱[illegible]　主簿　　張宗仁　州判

賈鶴齡　序班　　李天資　按察司照磨

張進德　　孟鳳來

王　鵬　　宋時新

陳　昂　府經歷　　吳文奎

李　章　縣丞　　李　栢　序班

張孟和　秦府奉祠正　　賈　嵩　州同

謝　誥　　衛　國主簿

賈培齡序班　　衛　錫縣丞

謝　訓　　焦維新

馬　駇訓導　　王　度

王宗道教諭　　衛　相縣丞

薛思忠縣丞　　王玉圭

衛　士主簿　　王友文

胡廷瓚教諭　　王之官教諭

衛　官教諭　　衛　鉞訓導

陳孟暘　訓導　　陳宰　主簿

王宁　訓導　　韓登雲　王府教授

程克讓　教諭　上已嘉靖中　王開衍　王府教授

樊津　　馮時　主簿

衛洛　　謝欽命

王資　訓導　　文德

崔蘭　教諭　上隆慶中　郝天澤　教諭

趙汝彥　序班　　喬維岳　王府教授

李文炳　　李汝祚　北城兵馬使

薛　乾　教諭　　荆成喬

楊　教　　荆邦棟

楊應聘　　趙國齊

楊應禎　訓導　　胡　譚　縣丞

郭萬程　訓導　　王九式　教諭

賈　璡　知縣　　郭　清　訓導

王舜民　訓導　　衛　珂

胡紹卿　訓導　　楊　良　訓導

張所志　　王九功　教諭

樊邦士　張俊秀衛教授
傅商揖　吳訓
許希旦教諭　薛謙王府教授
杜淳衛學教授　陳九仞
王維翰　衛泗
郭學易府教授上萬歷中　荆爾植
謝化魴上泰昌　謝化鱗
姚昌允苑馬監正　張朝重
趙俊哲　衛梓上天啓中

張　恒府同知　　賈允範苑馬監正

荆爲楫武英殿中書　　汪　瀾

李棲鵬　　李世振

謝化鯉訓導　　李世章

荆之琮　　張　恂

賈若會　　李毓柱縣丞

李世文　　孫彩鳳

衛嘉採訓導　　王萬基訓導

王　允　　謝化鯽

楊應昌知縣　　呂調䘵上崇禎中

猗氏縣

李恭　　王融

荆璞州判　　杜謙

裴衡　　閻信

楊昴　　程鑑

李昇知府上洪武中　仝壽

武城主簿　　陳廣知縣

荆縉知縣　　李恂典儀上永樂中

閭　宣訓導　　李　敏主簿

李　順縣丞上宣德中　張　宏通判

楊　載　　張　春知事

任　㬎吏目　　岳　秀知縣

李　泰上正統中　羅　俊大使

李　時訓導　　何　濟序班

張　怡大使　　趙　禎

張　玉大使上景泰中　張　麟縣丞

楊　俊王府奉祠　　楊　澄引禮舍人

孔元順中引禮舍人上天　史經縣丞

陳諒　謝旻縣丞

李習縣丞　王倫縣丞

高博典儀　陳體經歷

陳範都司斷事　王玉主簿

曹春　荆講上成化中

范禮縣丞　曹宏州判

趙智訓導　翟晟奉祀

董廣　楊慶主簿

王範　　李鑑
田榮兵馬司　　孔清縣丞
荆澾主簿上宏治中　荆晏經歷
荆幹主簿　　楊集主簿
張鳴鳳主簿　　景鐸訓導
張儒主簿　　潘筌知縣
何廷瑞知縣　　何廷珪上正德中
杜宏縣丞　　曹登雲主簿
景晁　　陳思忠縣丞

高崗　訓導　耿尚義　訓導
翟凌翰　王艮卿　同知
令狐一豕　知縣　王晃　教諭
曹鉞　教授　荆文美　主簿
衛廷芝　訓導　楊滌
荆廷禮　知縣　楊完　主簿
何浩　知縣　趙綸　訓導
任闕　通判　陳嘉猷　知縣
楊瀾　荆體道

荆　現　教授

喬繼宗　教授

衛邦直　教授

王　價　知縣

曹嘉績　知州

王國勛　教授上嘉靖中

韓國晏　教諭

耿顯世　知縣

令狐一道　教授

趙守貞　教授上隆慶中

張至化　通判

沈應漸　訓導

荆　芸　訓導

李週春　訓導

衛登第

沈光宙　訓導

喬　桐　教授

令狐濂　教授

荆來庭　教授　　陳　倩　教諭

令狐一樮　知縣　　郭孔固　知縣

杜思周　教諭　　曹桂芳　知縣

何東夏　訓導　　喬　梓

何東麟　　李承汾

陳三重　訓導　　荆如松　知縣

張問德　通判　　郭孔殷

閻艮知　　楊　璠　教授

李艮翰　教授　　曹允壽　教授上萬歷中

李應聘　　張璞　知州

李應昕　教授　　焦尚春

荊可立　　景可觀　知縣

石韞玉　訓導　　杜國相　學正

喬拱秀　　王巖楨　上天啓中

喬挺秀　　曹封國　訓導

荊州任　訓導　　荊光國　同知

原自新　訓導　　何洪澤

荊欽章　　李含質

荊可標　曹稷芳 訓導上崇禎中

榮河縣

蔡　瑄 通政使上洪武中　范　寬 知州

李　彧 經歷上永樂中　蘇　茂 知縣

田　疇 縣丞　李　達 推官

王　範 上正統中　任　良 經歷

王　鑑 都事　郭　昇 縣丞

蘇　劾 經歷　薛　鐙 知事上景泰中

吳　圯 主簿　吳　春 知事

趙郁 主簿上天順中　陳茂

牛宗 主簿　田畯 經歷

高嵩 縣丞　王軏

賈通　劉清 照磨

武威 經歷　孫祥

王瑄 縣丞　李儼 上成化中

張翰 主簿　張樞 訓導

成璉 斷事　張鑑 訓導

賈憲 典儀　程鵬

范　俊　　黄　通

周　傑　　張　瓚典簿

楊　玉上宏治中　　高　堂訓導

潘文興　　弋景時

王　振訓導　　王　慶經歷

郭　寅經歷上正德中　　盧　學吏目

吳　臣　　丁進祿訓導

吳　賢訓導　　田　霖

李　鑛主簿　　王　穎訓導

陸　高　　裴　錦　訓導

武　琦　學正　　趙　隆　訓導

相　表　訓導　　李　芬

尋希哲　訓導　　相　諫

李　卅　主簿　　楊　桓　訓導

王　麟　訓導　　盧　憲　教諭

柴　鷹　教諭　　孫　孜　教諭

趙大經　訓導　　武思忠　教諭

李安世　學正　上嘉靖中　　王汝嘉　訓導

李思聰知縣　李　梧訓導上隆慶中

李體乾　潘希稷

李　惟教授　李　恒主簿

李子樂縣丞　李郭德縣丞

李　桃訓導　蔡道明學正

王惟精敎諭　陳宏範訓導

李三樂訓導　李問道訓導

李惟蕃　王永寧

潘　勇　李當可

楊復新　潘邦土教授

張養性知縣　周柄

閻如梅訓導上萬歷中　董儒訓導

楊于庭教諭　孫丕顯

楊崇儒訓導上天啓中　潘治效經歷

閻毓秀　李艮棟訓導

張紘　李陽春

王大典　王仁昭

蘇光亨　郭俊乂知州

屈震劉　知縣　郭俊彦　知縣

李　參　趙應旂　縣丞上崇禎中

萬泉縣

陳　聰　刑部郎中　張　顯　禮部員外

張至善　姚　禮　參政

賈　敏　戸部主事　王　恪　後府都司

婁　進　參政　張　延　知縣

牛　敬　知州　張　燮　照磨

薛　均　序班　牛　運　上洪武中

解　幹知縣　　劉　實吏目
張　使經歷　　解　其縣丞
王　威吏目　　薛　信照磨
張伯剛　　李　傑
高　舉　　丁　晟上永樂中
張　錦主簿　　王　瑞主簿
王　臣知縣　　王　相縣丞
薛　濟府檢校　　楊　斌縣丞
王　民縣丞　　孫　庠吏目

姬鸞縣丞　婁士良主簿
孫鳳訓導　丁紹上正統中
吳興經歷　張濂主簿
李軏上景泰中　張雲經歷
王賓經歷　李敦經歷
孫企賈知州　暢宣知縣
黄慶府同知上天順中　暢賢吏目
孫誠經歷　姚諄檢校
王賚　姚克吏目

王庭　知縣　　王寧　驛丞

姚文　主簿　　劉通

薛嵩　經歷　　王章

姚修　經歷　　王志　縣丞上　成化中

秦昇　訓導　　李蕃

范翕　　楊釗　州判

陳鉞　　張錀

王道　縣丞　　杜楫　王府典寶

杜麟　　秦傑

王濂 縣丞　薛雲霄 知縣
張晉 主簿　薛昆 知縣
王輔 教諭　李忠信 知縣上 宏治中
王淵　李卯民
張文瑞　黃裳
薛錦　黃用 照磨上 正德中
陳玠　陳瑤 吏目
李鄂　王晏清
杜忠信 主簿　薛士元

李從儒教授　孟汝賓
史紹訓導　暢汝辨州同
暢汝蹄　薛定國
陳忠言教授　楊廷美州判
吳一儒知縣　薛昌訓導
吳汝器訓導上嘉靖中　王汝蕿教諭
董廷弼　董璜祀鄉賢
薛應薦　吳一極訓導
李邦寧上隆慶中　吳子新訓導

杜子謨主簿　王雲望教諭
賈邦直　王雲鷺訓導
李應旃教授　吳國棟知縣
薛承贍教諭　王承恩學正
高希尹學正　薛力學教諭
李邦靖教諭　王守身訓導
范任重學正　張中鵠教諭
賈瑋上萬歷中　吳應汲教諭
吳自治教諭　劉有執

暢學古　訓導
董國封　訓導

馮　首　訓導
史凌霄　上天啟中

董國升　訓導
暢學周

李冲斗
賈學詩

高卷身
屈　暫　訓導

賈喬年
王應運　訓導

李建極
王　禎

董宗聖
李永恩　訓導上崇禎中

國朝鄉貢

永濟縣

黃廷諍知縣　范應官知縣

展奇策知州　姬貞明教諭

賈化醇　范嗣嶶教諭

聶　鏻知縣　任大觀訓導

王金鏡　王金鼎

張文耀　張普施

王　耀　王　烜

張恕施　李一流

沈喬楩　楊　遵上順治中

侯三元　韓　正

賈　滔知縣　史大彬運司經歷

孟符美　張聖謨候選縣丞

田時茂知州　張　楷知縣

薛揚先　韓世瑨知縣

王玉麟　薛光先訓導

任養氣　任　純

楊荃訓導　楊蕎

薛麟紱訓導　樊維屏知縣

侯允修　李濬訓導

張述善　曹之雋

張鎰敎諭　張釗

郝準隆訓導　張彬敎諭

秦梅　崔奕武

薛璋　朱衮

楊瑛　陽際雲

姚天相　朱齊程
朱一艮　賈奇森
趙琰　朱孔傳訓導
盧仕俊　謝玫
郭琮訓導　王鎮訓導
翟斯相訓導　張翻
孟仕上康熙中　李葳芳
李珂　聶鉉訓導
樊世㦤　侯贊宸

姬　鵬　　朱大中

胡公裔　　楊宜滋

樊陳沛訓導　　姚　鐸

裴錫慶訓導　　張大綍

姚明德　　崔　焜知縣

崔　煩上雍正中　　姚德元

朱大正　　崔齊華

韓爾珺　　朱　聚

郭衍宗　　楊　玘

景世賢　　侯文炳

楊志肅　　趙大賁

姚思溫　　李文昉

常克己　　景念愈

姚松齡　　朱　訥

趙大有　　張君錫

景名芳　　姚　煥

朱一級　　鄭　杰

侯百祜　　董希舒並今乾隆年貢

臨晉縣

郭有璺縣丞　　張拱藻都司斷事

衛運霈訓導　　姚二英衛經歷

孫汝棫訓導　　荊殿邦

楊芬芳　　呂瑄訓導

許允籲訓導　　雒宏周訓導

賈昉訓導　　王作彌

姚啓英　　王應隆

王益謙上順治中　　李含馨

王作賓　張大烈

王克養　韓同泰

吳國鼎　姚虞

杜重茂　姚聯芳

王新華　李桂

賈文龍 教諭　王居謙

尚尊　王鶴翀

王在茲　郭海立

孫永滌　呂岐

張其巖　　王　蘋
楊昭祖　　楊若秉
呂　峋上康熙中　　謝體觀知縣
許　溫縣丞　　姚遴灼
王所夢　　李如嵩訓導
韓如桂　　衛　樞上雍正中
楊　澤　　郭倬立
張大經　　荆仕科
王　溙　　荆　燦

王鶴鳴　並今乾隆年貢

猗氏縣

李封曹　知縣　　許光斗　知縣

陸運際　　侯延祚　知縣

張　諶　　陳毓秀　訓導

王凝命　知縣　　陳孳念　都司經歷

荊文學　　衛周甸　教諭

令狐熙載　知縣　　杜先乙　教諭

令狐永年　　荊璞暉

范允濟　王曰都上順治中

曹　昃　耿應婁

王剛中　張　瑍

景象瑋　張文燦

荊應翼　荊祚顯

陸運昌　秦百二

荊璞玿教諭未任　衛　淇

王　瀚教諭　梁鎮廷

郭九同知縣　岐周邑

王子縠　陳洪度

喬際雲　衛既翕

喬雲根　喬于沆

王子蒲　荆益祺 訓導

陸聚奎　何世勳 教諭

荆益祜 訓導　原大受

荆益祚　張萬年

張佑五　郭九齡 訓導

陳悳愚　張　奇 訓導

岐鵬皋 訓導　周之冕
張彤 訓導　羅謐
喬雲瞻　衛旣臣
王錫秩　王澤椿 知縣
張玉喬 上康熙中　令狐暹
喬雲祥　張台保
張相韓　喬越濱
陳繹　令狐在本
許榮祖　令狐奕岱 上雍正中

陳與嘉　王野

喬學恂　陳其侃

郭來泰　喬學顔

陳奇光　楊永清

史書俊　郭爲崍

王錫錦　荆廷璠

喬序鶴並今乾隆年貢

榮河縣

劉鳴膏　范三奇

岐鵬皐訓導　周之冕
張彤訓導　羅諡
喬雲瞻　衛旣匡
王錫秩　王澤椿知縣
張玉喬上康熙中　令狐暹
喬雲祥　張台保
張相韓　喬越濱
陳繹　令狐在本
許榮祖　令狐奕岱上雍正中

陳與嘉　王　野

喬學恂　陳其侃

郭來泰　喬學顔

陳奇光　楊永清

史書俊　郭爲崍

王錫錦　荆廷璠

喬序鶴並令乾隆年貢

滎河縣

劉鳴膏　范三奇

范晉彦　蔡玉朗

李秉純　王淑儀上康熙中

李尹夏　李宏量

陳尚文　張釋度

李本植上雍正中　李杰

潘叶鏡　侯潛

潘培槐　薛淇

李叶曇　李焜

賈世爵　王司鐸並今乾隆年貢

萬泉縣

薛光前同知　李　森知縣

解可畏　史可勉

解　機州同　吳之煌訓導

解允達衛經歷　史　鵬知縣

吳紹魁訓導　馮夢麟縣丞

薛之彬知縣　杜　燈訓導

吳魁晉訓導　楊景震授知縣未任

楊鳳翔　牛光斗上順治中

薛廷弼　牛列曜

董定乾　董曜魁

吳曜訓導　賈爾著

賈哲宣　薛玉裁

張鵬舉　賈特簡

賈允奇　馮際泰

王廷佐　吳宏化

董鶴訓導　賈我待

張筌　張尹咸

解傳元　馮詠

王懿躅　高丕茂

薛近鄒　薛光奕

吳配坤　王友伯訓導

賈爾蕃　甯文煥

薛鳳喬　范韓度

張晉紳　楊瀚

樊玉生訓導未任　王經訓導上康熙中

解邦佐　鄭鐸

張史筆　高星煥知縣

樊艮弼　丁居敬

孫定乾　張儐訓導

張惪嵩訓導　李純生訓導

吳瞻洪上雍正中　馮爾昕

王遇彩　王選

李照　吳宗博

賈時旭訓導　董亘明

王晛　吳孔修

張瀚　解萬齡

薛蓊　馮周正

王繼垣　並今乾隆年貢

虞鄉縣

趙書升　張正敎

季勤王　徐惟勉

雒學海　石巖

上官升　並今乾隆年貢

例貢

薛榮先　韓大澄

韓大濟　張育英

孟允成　楊若楷教諭

楊若楙西寧府知府　楊若檜訓導

楊翹楚　王澍教諭

李一錫　許楓

許文藻　許湘

楊允時　賈文龍知縣

楊允文　張象賢

邳　源　　王　尊知縣
張京淑　　侯家棟
王　敬光祿寺典簿　　侯　齊
朱景巖州判　　王　溫上承濟
王第倫　　胡源璋
侯維垣　　楊武周
荆樹堦　　陳應卜
毛應兆　　樊大本
薛世篤　　王映斗

薛士一　上臨晉　　王予桓

荆可樾　　荆惟巽

王予躬　　王予信

荆文亨　　王予纁

荆益祉　　王　泓

常希孟　　張　溫

王　漪　　王　默

陸承乾　　荆迎韓

陳其生　　喬學鈞

荆益禔　陳淑世縣丞
邵念　岳東彪
楊永達　王廷棟
閆德秀　胡登岱
陳膺芴殺諭　衛賢尹訓導
楊式梓　郝玩沖
王允譎上猶氏　常鼎
張翰　武吉昌
秦景聖　李希聖

李恒春　張大績

余學優　盧振乾上榮河

董嘉會　高則仰候選主簿

李　藎　李　偋

張　節　張體正

薛名世　史全科

王繼虞上萬泉　樊登朝

陳新命　曹爲屏

詹協卜　邵金相

李　廉　　張　瑗

葉玉璞　　楊惟仁

張世相　　楊廷秀上虞卿

保舉

鄭廷鑑（永濟人鄠縣知縣）

武科

明

婁承宗 嘉靖丙辰陝西都司　楊俊卿 隆慶戊辰狀元左都督同知

楊宗業 萬歷癸未都督僉事　王之禎 萬歷丙戌太子少保左都督

婁宏業 萬歷丙戌山西寧武守備　孟禹 萬歷丙戌懷仁城守備

盧應龍 萬歷戊戌官遊擊　王翊 萬歷甲辰副總兵

王鼎 萬歷癸丑參將　介禦鹵 萬歷癸丑守備

張夢鯉 萬歷己未參將　相希尹 萬歷己未甘肅副總兵

常捷 崇禎甲戌守備　常允中 崇禎庚辰

李先庚 崇禎庚辰官守備上蒲州　王仲震 天啓壬戌副榜副總兵上猗氏

孟　廣 隆慶庚午　楊宗業 同上科守禦所千戶

杜光烈 萬歷戊子　韓志德 萬歷甲午守禦所

王永學 萬歷庚子　孟際德 萬歷癸卯守禦所

薛顯忠　陳善言 並同上科

孫　元 萬歷己酉　張宏略 萬歷壬子

柴樹勛　張　策 並同上科

張　禀 天啓甲子城守都司　孟　廉 同上科

張明翰 天啓丁卯　孟應芳

張爾志 並同上科
韓祖齡 崇禎己卯
李飛龍 同上科上並蒲州
胡立愛 萬歷壬午上臨晉縣志僅一人
劉繼經 嘉靖丙午
宋艮才 嘉靖乙卯
劉繼綸 科缺
令狐湑 萬歷乙卯
侯懋績 萬歷庚子
李承業 萬歷丙午
何洪澄 萬歷己卯前衛所總管
楊之宸 科缺
王礎楨 天啓丁卯
王祇楨 崇禎癸酉
王磻楨 崇禎己卯
楊如梅 同上科
荆欽肅 崇禎丙子上並猗氏
薛春會 嘉靖己酉

王謳 嘉靖辛酉

吳斌 崇禎己卯千總上萬泉

國朝

薛從善 順治壬辰衛守備

王建忠 順治辛丑

任懋芬 順治辛丑

韓世璣 康熙丁未參將

李繼貞 康熙壬戌

史豫定 康熙壬戌遊擊

史豫成 康熙乙丑官守備上蒲州

王表建 康熙乙丑四川守備上臨晉

趙光先 康熙戊辰守備上猗氏

趙廷楨 康熙己未守備上榮河

姬運亨 順治乙酉

張翀漢 順治戊子

李嶶爾 同上科

史大稹 順治甲午治儀正

張　光順治庚子陝西遊擊　喬　㥳康熙己酉

陳　寅同上科　聶兆乾同上科

楊　琨康熙辛酉　于從先同上科

李吉貞康熙甲子戊辰四川遊擊　張八顧雍正己酉庚戌侍衛四川遊擊

李振愷乾隆辛酉　賈培基同上科

李振偉乾隆丁卯甲戌　郅　治濟同上科上並承

朱大定康熙丙午　朱蔚崧同上科

孟天爵康熙己酉　謝敦敏康熙壬子

趙振華康熙戊午　沈廷羆同上科

張紳 同上科　謝敦復 康熙甲子

趙獟 同上科　樊成 雍正壬子現任安東千總

樊衛 同上科　張立綸 雍正乙卯

張夢鯛 乾隆丙辰　宋緯 乾隆戊午

楊全德 乾隆丁卯上臨晉　王壯猷 順治辛卯

王礎楨 順治戊子是爲三科武舉　楊振奇 康熙丙午

曹際滂 康熙戊□　曹振龍 康熙□酉

孟四岳 康熙□□　段而俊 康熙丁卯

令狐光均 同上科上猗氏　張鵬翮 康熙己酉守備

王盧鎖康熙壬子　潘又蒿康熙辛酉

潘　目康熙甲子　李延祉康熙丁卯

郭汝棟乾隆壬申　嚴　威河乾隆癸酉上榮

吕節音康熙丙午千總　賈贊化康熙己酉

高　溥康熙乙卯　張　邁泉乾隆甲子上萬

武舉內有康熙己酉科萬泉縣張凝禮考縣

志本係安邑人今不列入

蒲州府志 卷之十

封廕

明

張　琛　福父贈奉直大夫平度州知州

謝伯榮　琚父縣丞贈國子監助教

韓　霦　擴曾祖贈少師兼太子太師吏部尚書中極殿大學士

楊　宏　瑩父贈奉政大夫禮部郎中

史元亨　頤父贈文林郎江西道御史

郭居敬　祥父贈經歷

李景蘭　瑀父贈文林郎西河知縣

景　章　佐父封文林郎安東縣知縣

王　培　琥父贈北城兵馬司指揮

史　臣　曾父經歷封文林郎刑科給事中

秦　瓚　昂父贈文林郎廣西道御史

郭　通　震父贈大理寺評事

楊通　守禮父通判贈右副都御史　劉溱　成德父知縣贈文林郎山東道御史

崔環　紳父贈奉直大夫刑部員外

張凝　邦敎父訓導贈山東副使　陳溫　曜父贈國子監學錄

劉鍘　一正父贈承德郎兵部主事　荀倫　汝安父封文林郎四川道御史

韓玻　楫父贈工科右給事中爌祖贈少師兼太子太師吏部尚書中極殿大學士　韓瓚　楫父貤封刑科給事中爌祖贈少傅兼太子太傅吏部尚書建極殿大學士

韓楫　爌父右通政贈少師吏部尚書中極殿大學士　郭紹康　甲父封國子監學正

李九蘭　守秀父贈承德郎主事三極祖

馮舜田洛父同知贈奉政大夫　贈昭勇將軍

何尚仁汝成父封文林郎四川道御史　李守秀三極父郎中封昭勇將軍

張馴廷柏父贈承德郎主事　南選榕父贈承德郎廣平通判

張文齊廷弼父贈奉政大夫山東僉事　楊鶴相父贈文林郎山東道御史

楊載躍川父贈奉政大夫同知　楊滿良才父贈承德郎南陽通判

洪九疇忻父贈奉政大夫南京兵部郎中　馮秀化父贈國子監學錄

高臚嶽父贈奉政大夫郎中

任光溥賢父封國子監助教　王堯卿承休父贈奉政大夫兵部郎中

張世昌名坤父主簿封文林郎岐山知　張近愚三聘父封奉政大夫刑部郎中

縣

李鴻恩　養質父貢士封文林郎洛陽知縣贈陝西左布政使

馬坤　洙父教授贈太常寺少卿

劉汝登　漢書父通判贈奉政大夫延安同知

楊梧　德耀父贈文林郎延安推官

郭子堅　有金父贈中憲大夫西安知府

張相　時修父贈奉政大夫真定同知

王旨　垣豫父贈國子監學錄

王宇　從謙父贈光祿寺署丞

張翊　志道父贈順天府經歷

雷雲　世榮父贈文林郎宜陽知縣

楊諆　博曾祖贈少師兼太子太師吏部尚書

楊選　瞻父贈文林郎扶風知縣博祖贈少師兼太子太師吏部尚書

楊瞻　博父僉事封兵部右侍郎贈少

王　榮　崇古曾祖贈少保兼太子太保兵部尚書

師兼太子太師吏部尚書

王　馨　珂父敕諭贈中書舍人崇古祖贈少保兼太子太保兵部尚書

王　瑤　崇古父封承德郎刑部主事贈少保兼太子太保兵部尚書

韓　輅　志仁父封奉直大夫戶部員外

孟　鏸　汝濬父封奉政大夫眞定同知

羅　選　浙父贈文林郎長垣知縣

范紹美　宏父贈文林郎寶雞知縣

孫　鼐　永思父贈文林郎御史

王　正　應期父封文林郎嵩縣知縣

羅　壽　鳳翙祖贈右副都御史

裴　鼐　紳父封文林郎監察御史

賈子正　璋父贈文林郎黃縣知縣

祁　瑀　天叙父封祥符知縣贈承德郎

傅　鳳　希孟父贈奉政大夫

兖州府通判

王珪　輪父贈右僉都御史

羅九疇　鳳翙父贈右副都御史

馮紹　舜漁父訓導贈陝西副使

張寧　四維曾祖贈少師兼太子太師吏部尚書中極殿大學士

張誼　四維祖贈少師兼太子太師吏部尚書中極殿大學士

張允齡　四維父封少師兼太子太師吏部尚書中極殿大學士

陳江　永直父贈奉政大夫郎中

任景玉　彬父贈奉政大夫同知

張準　邦士父贈副使

羅志魁　節父贈大理寺寺丞

王旦　文登父封光祿寺署丞

王仲佑　薦父贈山東鹽運司經歷

孟汝賢　時芳祖貤贈禮部尚書兼翰林

孟汝貞　時芳祖贈禮部尚書兼翰林院

院學士　　學士

孟　桐時芳父封文林郎翰林院編修贈禮部尚書兼翰林院學士　王　益之采父員外封兵部左侍郎兼都察院右僉都御史

楊　炳世增父贈文林郎安肅知縣　尚　穩從試父贈文林郎內鄉知縣

王　著槐秀父贈文林郎肥城知縣累贈御史　王崇教訥父贈錦衣衛鎮撫

集登雲偉器父贈宛平縣丞

張循古廣父通判進階承德郎　郭　城之琮父知州贈都察院右僉都御史

趙　平宏道父贈大中大夫漢陽知縣

雷應元一鳳父封承德郎戶部主事　賈宗仁芳父贈奉政大夫南京戶部郎

展　旦　自重祖贈光祿寺卿　中

展希文　自重父贈光祿寺卿　楊元祥　世芳父檢討贈右春坊右諭德

王從謙　公弼祖署丞贈河南右布政使　兼翰林院侍講

王三宅　公弼父贈河南右布政使　張獻公　杲父贈奉政大夫戶部郎中

尚從訓　衍父封文林郎安慶推官　韓　陛　于宣父通判封承德郎戶部主

王汝閎　宏父贈順天府經歷　事

朱萬代　繪父贈承德郎戶部主事　朱萬選　繪父貤贈承德郎戶部主事

楊　巍　進嗣祖贈陝西右參政　楊聲遠　進嗣父贈陝西右參政

楊　淸　中極父封四川道御史進父貤　姚天相　思恭父贈文林郎東陽縣知縣

贈陜西右參政　王謙益　光宇父贈承德
上蒲州　郎戶部主事
衛　邦　鈿父贈文林郎　李　仲　俊父贈徵仕郎
知縣
賈　蘭　培齡父贈修仕　荆春芳　州土父封文林
佐郎　郎臨朐知縣
薛元暉　播父贈奉政大　姚登雲　維新父贈奉直
夫工部郎中　大夫深州知州
李榮春　棲鳳父封中憲　姚維新　昌錄父知州封
大夫懷隆副使　奉政大夫稽勳
韓紹統　啟泰父封徵仕　司郎
郎行人司行人　中
荆成裔　祥承父封徵仕　王畏佐　鼎新父贈文林
郎吏科右給事　郎順天府推官
中上
臨晉　翟　通　敬父贈文林郎
休寧知縣累贈
王　臣　宗父贈承德郎　中憲
戶部主事　大夫

宋　鈞　九齡父知縣贈　曹　經　宗義父封徵仕
承德郎南京戶　郎光祿寺珍羞
部主　署署丞
事
李　鵬　九經父贈徵仕　何尚德　東序父同知封
郎府軍衛經歷　承德郎戶部主
汝亮父通判贈　事
任　關　奉政大夫戶部
郎
中　張嘉會　問明父封文林
郎光山知縣加
楊　錦　時芳父封承德
郎慶陽通判　封監察
御史
令狐鏓　一槐父知州封　曹　鈴　嘉績父封登仕
奉直大夫員外　佐郎國子監學
錄
杜守寧　思望父贈文林
郎文安知縣
以平父贈承德　荊　琨　州俊祖教授贈
劉　珍　郎累贈奉政大　中大夫陝西參

夫長　政
史

荊來貢　州俊父封文林郎知縣封副使累封中大夫陝西參政

張至化　應徵父通判封承德郎刑部主事

喬梓　應甲父封推官辭後封文林郎四川道御史

衛東鄰　廉父贈待詔累贈奉直大夫戶部員外

令狐一栢　泌父封文林郎嵩縣知縣

張萬德　士俊父封文林郎知縣累贈朝議大夫參議

張詔　泰父贈文林郎平谷知縣

王明德　國瑚父封文林郎知縣累封中憲大夫知府

荊思敬　可楨父贈承德郎戶部主事

耿名世　始然父封文林郎

王道亨　應元父贈文林郎密雲知縣　荊可槱　世爵本生父封奉政大夫臨清知州上猗氏

蘇茂　效父知縣後贈文林郎知縣

李當可　嵩父歲貢贈通議大夫戶部侍郎　周朝用　有光父封承德郎戶部主事

郭九韶　俊彥父生員贈文林郎通渭知縣上滎河

袁天麒　泰父贈嘉議大夫都察院右副都御史　賈玉　仁元祖贈大中大夫陝西布政司右參政

賈朝忠　仁元父封文林郎山東歷城知縣累贈大中大夫陝西布政司　董鈞　汝漢祖贈大中大夫四川布政司右參政

右參政
董旦 汝漢父贈文林郎咸寧知縣累贈大中大夫四川布政司右參政
吳希文 錫父贈徵仕郎通州衛經歷
薛清 嵩父贈徵仕郎府軍右衛經歷
楊斌 祐父贈徵仕郎後屯衛經歷
范文煥 學顏父贈登仕佐郎兵部司務
賈瑋 鶴年父贈文林郎長安知縣
賈珍 萬年父增監贈修職郎光祿寺大官署監事
賈璞 大年父錦衣衛千戶贈明威將軍本衛指揮僉事上萬泉

國朝

杜鶴 篤祜曾祖贈太子少保左都御史
杜銑 篤祜祖贈太子少保左都御史

史

杜時萼 篤祜父贈太子少保左都御史

聶尚友 玠父生員封文林郎河南道御史

田有年 麟茂父貢生贈陝西右參議

薛永吉 杜父庠生贈奉政大夫江西僉事

賈養醇 滄滔父貢生滄贈文林郎鍾祥知縣滔贈盩縣知縣

韓煥 世琦曾祖同知贈工部尚書右副都御史

韓奎 世琦祖主事贈工部尚書右副都御史

韓承宣 世琦父少卿贈工部尚書右副都御史

雷一鳳 竟振父知府進階中憲大夫

王士茂 易父生員贈文林郎高安知縣

賈泓 龍文父監生贈文林郎平谷知

史

牒　大彬父贈廸功郎　縣

盧養氣　應魁父贈奉直大夫戸部主事

張我養　偉父鄉賓贈奉直大夫陸涼知州

張保德　實粟父庠生贈文林郎秦安知縣

張承圖　含瑾父庠生封江西建昌府推官

薛麟定　毅父縣丞贈文林郎龍里知縣

崔志睿　紀曾祖贈資政大夫陝西巡撫兵部右侍郎兼都察院右副都御史

楊淳然　若㶉父㭙贈內閣中書樟贈雲南府同知

崔執禮　紀父封光祿大夫巡撫陝西兵部右侍郎兼都察院右副都御

崔襲武　紀祖贈光祿大夫巡撫陝西兵部右侍郎兼都

部右侍郎兼都　史
察院右副都御
史　崔志哲　縄武父封如皋
縣知縣偉觀祖
崔縄武　偉觀父贈皋平　贈皋平
知縣琳祖贈山　縣知縣
東參　崔斯相　琨父封安邱縣
議　知縣
崔正觀　琳父贈朝議大　雷三極　如祖贈驃騎將
夫山東參議　軍
雷　恒　如父贈驃騎將　賈　澤　崙森父監生贈
軍　昭勇將軍江西
史嘉績　豫定祖贈懷遠　掌印
將軍　都司
史嘉福　大秩父庠生贈　史大秩　豫定父贈懷遠
武德將軍　將軍
張　恂　八顧祖主事贈　張育英　八顧父主事封
懷遠將軍　懷遠將軍

郅成業　玠父贈奉直大夫漢州知州

郅玠　廷鑣父贈文林郎犍爲縣知縣上永濟

王萬基　恭先父訓導贈文林郎崇明知縣

謝掄　陳常父生員贈文林郎翰林院編修

姚完錫　滔父贈奉政大夫戶部福建司郎中

楊鯤　敎父贈文林郎順義縣知縣上臨晉

王春楨　含光父行人贈中憲大夫少卿

衛中夏　紹芳父贈文林郎知縣累贈朝議大夫參議

荊可標　世爵父贈奉直大夫大理寺寺正

郭唐畿　四維父封文林郎知縣累封奉

荆山桂　之茂父贈文林郎新翰知縣

衛紹芳　旣齊父副使進階朝議大夫

楊雲舉　可楫父封文林郎桐廬知縣

陳基命　綍父封徵仕郎翰林院庶吉事

荆之屏　特中父贈文林郎聊城知縣

趙登瀛　之璿父生員贈文林郎洮邱知縣

郭之標　巍然父生員封承德郎肇慶通

政大夫僉事

陳所蘊　王紀父贈文林郎感恩知縣

邵國昇　嗣堯父封文林郎臨淄知縣

喬震茂　士容父贈奉政大夫禮部郎中

郭肅　九會父贈文林郎臨安知縣上猗氏

崔汝俊　斗望父生員封奉政大夫慶陽同知

張所像　鵬彩父封文林郎新安知縣

判

趙運興　廷棟父生員贈明威將軍武門衛守備

上榮河

王光祖　景宸父贈文林郎長安知縣

董紹魁　宏彪父贈儒林郎掌陝西道事江南道監察御史上萬泉

例封

張祖敬　我實祖贈中大夫候選主事

張明彥　我實父贈中大夫候選主事

張我實　栒父贈中憲大夫候補主事

楊鈁　濰然父贈承德郎候補主事

楊林阜　錦春祖贈承德郎運府通判

楊崇耀　翹棣祖贈中憲大夫光祿寺署正

楊錦春　翹棣父贈中憲大夫光祿寺署

王安民尊父贈文林郎固安縣知縣　楊榮春翹曾父封儒林郎州同

侯朝綱法父贈儒林郎州同上永濟　王殿珠自選父贈登仕佐郎臨晉

明恩廕

楊俊卿襄毅公博子廕錦衣衛正千戶世襲　楊傳芳同知元裕子襲叔祖俊卿職陞指揮僉事

王之楨襄毅公崇古孫少卿謙子廕錦衣衛指揮僉事世襲　張贇文毅公四維孫戶部郎中甲徵子廕錦衣衛百戶襲陞正千戶

張東山錦衣衛千戶贇子襲錦衣衛百戶　張泣超錦衣衛百戶東山子襲父職

王烈都御史之采子廕錦衣衛指揮

李盛　布政養質孫侍郎紹賢子以祖廕襲潼關衛指揮僉事歷任江西都司使同知世襲

郭濬　僉都御史之琮子廕襲潼關衛指揮僉事

楊俊彥　襲敎公博子歷任鄖陽知府

王益　襲敎公崇古子歷任刑部員外

楊元楨　知府俊彥子以祖廕官刑部員外

王之幹　少卿謙子以祖廕官戶部員外

楊元禧　推官俊士子以祖廕中書舍人

張定徽　文敎公四維子廕中書舍人歷官常德知府

張久徵　文敎公四維子廕尚寶司司丞加太常寺少卿

王之樞　刑部員外益子以祖廕歷官南雄知府

王宏圻　知府煒子襲伯祖之楨錦衣衛指揮僉事

楊元祉　尚書俊民子襲祖廕錦衣衛正千戶

張元徵　文毅公四維子廕尚寶司司丞陞本司卿

楊元祺　都督同知俊卿子以祖廕歷官平越知府

王之模　刑部員外益子以祖廕歷官黎平知府

楊元祐　參政俊臣子以祖廕歷官南雄知府

楊允芳　千戶元祉子以祖廕歷官姚安知府

張鞏　知府定徵子以祖廕歷官工部員外

羅重光　都御史鳳翔子歷官曲靖知府

張羈　按察使泰徵子以祖廕歷官漢

王　煒　知府之樞子以舒祖廕歷官黄州州知府

韓　埴　大學士爌子

孟繩祚　尚書時芳子歷官戶部郎中

王　杰　都御史之采子

韓志宣　主事奎子以從祖爌廕任刑部主事

荊華國　州俊子廕授通政司經歷猗氏

賈　璞　仁元冡子廕錦衣衛千戶

陽知府

韓于宣　通判陞士以從祖爌廕歷官武定知府

韓竟宣　同知煥孫以從祖廕歷官戶部主事

孟釋祚　尚書時芳子授前軍都督府都事上蕭州

黄贈艮　連子

賈大年　襲父璞原廕錦衣衛千戶歷任

本衛指揮同知上萬泉

國朝

杜兆麟　戶部左侍郎篤祜子　杜迎祜　戶部左侍郎篤祜弟以兄廕

王瑞麟　戶部左侍郎公弼子任延安府同知　杜　照　篤祜孫上蒲州

姚在中　呂祚子以殉難廕係臨晉

王　密　含光子　王　儉　含光子

郭四聰　四維弟上猗氏

潞州府志卷之十

人物上

漢

胡建字子孟河東人也孝武天漢中守軍正丞貧無車馬常步與走卒起居所以尉薦走卒甚得其心時監軍御史爲姦穿北軍壘垣以爲賈區建欲誅之迺約其走卒曰我欲與公有所誅吾言取之則取斬之則斬於是當選士馬日監御史與護軍諸校列坐堂皇上建從走卒趨至堂皇下拜謁因上

堂皇走卒皆上建指監御史曰取彼走卒前曳下堂皇建曰斬之遂斬御史護軍諸校皆愕驚不知所以建亦已有成奏在其懷中遂上奏曰臣聞軍法立武以威衆誅惡以禁邪今監御史公穿軍垣以求賈利私買賣以與士市不立剛毅之心勇猛之節亡以帥先士大夫尤失理不公用文吏議不至重法黃帝李法曰壁壘已定穿窬不繇路是謂姦人姦人者殺臣謹案軍法曰正亡屬將軍將軍有罪已聞二千石以下行法焉丞於用法疑執事

不諉上臣謹以斬昧死以聞制曰司馬法曰國容
不入軍軍容不入國何文吏也三王或誓於軍中
欲民先成其慮也或誓於軍門之外欲民先意以
待事也或將交刃而誓致民志也建又何疑焉建
繇是顯名後爲渭城令治甚有聲值昭帝幼皇后
父上官將軍安與帝姊蓋主私夫丁外人相善外
人驕恣怨故京兆尹樊福使客射殺之客藏公主
廬吏不敢捕渭城令建將吏卒圍捕蓋主聞之與
外人上官將軍多從奴客往犇射追吏吏散走主

使僕射劾渭城令游徼傷主家奴建報無它坐蓋
主怒使人上書告建侵辱長公主射甲舍門知吏
賊傷奴辟報故不窮審大將軍霍光寢其奏後光
病上官氏代聽事下吏捕建建自殺吏民稱寃至
命渭城立其祠

前世諸史有稱人而但舉其郡者有舉其郡而
兼及其縣者如尹翁歸河東平陽人此兼郡縣
言之者也若胡建則唯以郡言之者也漢地理
志河東郡聞喜平陽皆在其後而先列蒲阪大

陽則知諸傳但言河東者大抵蓋皆爲蒲阪人
也州舊志首引綦勝之平陽志山西通志因之
夫漢書無勝之傳特附見雋不疑傳中史亦未
曾言勝之爲河東人且漢無河中之名而强以
河中人書之豈爲允乎
郅都河東大陽人也以郎事文帝景帝時爲中郎將
都直諫面折大臣於朝嘗從入上林賈姬在厠野
彘入厠上目都都不行上欲自持兵救賈姬都伏
上前曰亡一姬復一姬進天下所少寧姬等邪陛

下縱自輕奈宗廟太后何上還彘亦不傷賈姬太后聞之賜都金百斤上亦賜金百斤繇此重都濟南瞯氏宗人三百餘家豪猾二千石莫能制於是景帝拜都爲濟南守至則誅瞯氏首惡餘皆股栗居歲餘郡中不拾遺旁十餘郡守畏都如大府都爲人勇有氣公廉不發私書問遺無所受請寄無所聽嘗稱曰已背親而出身固當奉職死節官下終不顧妻子矣都遷爲中尉丞相條侯至貴倨也而都揖丞相是時民樸畏罪自重而都獨先嚴酷

致行法不避貴戚列侯宗室見都側目而視號曰
蒼鷹臨江王徵詣中尉府對簿臨江王欲得刀筆
爲書謝上而都禁吏弗與魏其侯使人間予臨江
王臨江王既得爲書謝上因自殺竇太后聞之怒
以危法中都都免歸家景帝迺使使即拜都爲鴈
門太守便道之官得以便宜從事匈奴素聞郅都
節舉邊爲引兵去竟都死不近鴈門匈奴至爲偶
人象都令騎馳射莫能中其見憚如此匈奴患之
乃中都以漢法景帝曰都忠臣欲釋之竇太后曰

臨江王獨非忠臣乎於是斬都也

舊州志有義縱而無郅都都縱雖並皆酷吏然都有敢諫面折公廉奉職之節致匈奴亦聞其名而畏之以云人物宜哉豈縱惟事殘賊者得比乎故削不錄大陽本今平陸縣地理書或云漢大陽兼有虞鄉故因舊志附都於人物

晉

王接字祖游河東猗氏人漢京兆尹尊十世孫也父蔚世修儒史之學魏中領軍曹羲作至公論蔚善

之而著至機論辭甚美官至夏陽侯相接幼喪父
哀毁過禮鄉親皆歎曰王氏有子哉渤海劉原爲
河東太守好奇以旌才爲務同郡馮收試經爲郎
七十餘薦接與原曰夫騂騮不總轡則非造父之
肆明月不流光則非隋侯之掌伏惟明府苞黄中
之德耀重離之明求賢舉能小無遺錯是以鄙老
思獻所知竊見處士王接岐嶷儁異十三而孤居
喪盡禮學過目而知義觸類而長斯玉鉉之妙味
經世之彝猷也不患懸黎之不啓竊樂春英之及

時原即禮命接不受原乃呼見曰君欲慕肥遯之高邪對曰接薄祜少孤而無兄弟母老疾篤故無心爲吏及母終柴毀骨立居墓次積年備覽衆書多出異義性簡率不修俗操鄉里大族多不能善之唯裴頠雅知焉平陽太守柳澹散騎侍郎裴遐尚書僕射鄧攸皆與接友善後爲郡主簿迎太守溫宇宇奇之轉功曹史州辟部平陽從事時泰山羊亮爲平陽太守薦之於司隸校尉王堪出補都官從事永寧初舉秀才友人滎陽潘滔遺接書曰

摯虞卞元仁並謂足下應和鼎味可無以應秀才
行接報書曰今世道交喪將遂剥亂而識智之士
鉗口韜筆禍敗日深如火之燎原可救乎非榮斯
行欲極陳所見冀有覺悟耳是歲三王義舉惠帝
復阼以國有大慶天下秀才一皆不試接以爲恨
除中郎補征虜將軍司馬蕩陰之役侍中嵇紹爲
亂兵所害接議曰夫謀人之軍敗則死之謀人之
國危則亡之古之道也蕩陰之役百官奔北唯嵇
紹守職以遇不道可謂臣矣又可稱痛矣今山東

方欲大舉宜明高節以號令天下依春秋褒三累之義加紹致命之賞則遐邇向風莫敢不肅矣朝廷從之河間王顒欲遷駕長安與關東乖異以接成都王佐難之表轉臨汾公相國及東海王越率諸侯討顒尚書令王堪統行臺上請接補尚書殿中郎未至而卒年三十九接學雖博通特精禮傳嘗謂左氏辭義贍富自是一家書不主爲經發公羊附經立傳經所不書傳不妄起於文爲儉通經爲長任城何休訓釋甚詳而黜周王魯大體乖核

旦志通公羊而往往還爲公羊疾病接乃更注公
羊春秋多有新義時祕書丞衛恒考正汲冢書未
訖而遭難佐著作郎束晳述而成之事多證異義
時東萊太守陳留王庭堅難之亦有證據晳又釋
難而庭堅已亡散騎侍郎潘滔謂接曰卿才學理
識足解二子之紛可試論之接遂詳其得失摯虞
謝衡皆博物多聞咸以爲允當又撰列女後傳七
十二人雜論議詩賦碑頌駁難十餘萬言喪亂盡
失長子悠期流寓江南緣父本意更注公羊又集

列女後傳云

漢京兆尹王尊涿郡人晉書稱接爲其十世孫

而云猗氏人豈尊後世遷來於此乎

北魏

薛謹汾陰人容貌魁偉高才博學隨劉裕渡江位府

記室參軍後歸魏授河東太守爵汾陰侯始光三

年與宜都王奚斤共討赫連昌擒其東平公乙兜

尅蒲坂遂以新舊百姓幷爲一郡除平西將軍復

爲太守神䴥三年除使持節秦州刺史山胡白龍

憑險作逆太武詔南陽公奚眷與謹竝爲都將討

平之封涪陵郡公太延初征吐沒骨平之謹自郡

遷州威恩兼被風化大行時兵荒之後儒雅道息

謹命立庠序教以詩書三農之暇悉令受業躬巡

邑里親加考試河汾之地儒道更興眞君元年徵

授內都坐大官輔政深見賞重每訪以政道車駕

臨幸者前後數四後從駕北討與中山王辰等後

期見殺尋贈鎭西將軍秦雍二州刺史謚曰元

薛允字寧宗少有父風弱冠拜中散襲爵鎭西大將

軍河東公除懸瓠鎮將尋授持節義陽道都將後除立忠將軍河北太守郡帶山河俗多盜賊有韓馬兩姓各二千餘家恃强憑險最爲狡害刼掠道路侵暴鄉閭允至郡即收其姦魁二十餘人一時戮之於是羣盜慴氣郡中清肅卒於郡謚曰敬

薛聰字延智方正有理識善自標致不妄游處雖在闇室終日矜莊見者莫不懔然加敬博覽墳籍精力過人至於前言往行多所究悉詞辯占對尤是所長遭父憂廬於墓側哭泣之聲酸感行路友于

篤睦而家敎甚嚴諸弟雖婚宦恒不免杖罰對之
肅如也未弱冠州辟主簿太和十五年釋褐著作
佐郎於時孝文留心氏族正定官品士大夫解巾
優者不過奉朝請聰起家便佐著作時論美之後
遷治書侍御史凡所彈劾不避强禦孝文或欲寛
貸者聰輒爭之帝每云朕見薛聰不能不憚何況
諸人也自是貴戚歛手累遷直閣將軍兼給事黄
門侍郎散騎常侍直閣如故聰深爲孝文所知外
以德器遇之内以心膂爲寄親衛禁兵委總管領

故終太和之世恒帶直閤將軍尋以罷朝之後聰恒陪侍帷幄言兼晝夜時政得失預以諫謨動輒匡諫事多聽允而重厚沈密外莫窺其際帝欲進以名位輒苦讓不受帝亦雅相體悉謂之曰卿天爵自高固非人爵之所榮也又除羽林監帝曾與朝臣論海內姓地人物戲謂聰曰世人謂卿諸薛是蜀人定是蜀人不聰對曰臣遠祖廣德世仕漢朝時人呼爲漢臣九世祖永隨劉備入蜀時人呼爲蜀臣今事陛下是虜非蜀也帝撫掌笑曰卿幸

可自明非蜀何乃遂復苦朕聰因投戟而出帝曰
薛監醉耳其見知如此二十三年從駕南征兼御
史中尉及宣武即位除都督齊州刺史政從簡靜
卒於州吏人追思留其所坐榻以存遺愛贈征虜
將軍華州刺史謚曰簡懿侯東魏前二年重贈車
騎大將軍儀同三司延州刺史子孝通最知名
薛孝通字士達聰手博學有儁才蕭寶夤征關中引
參驃騎大將軍府事禮遇甚隆寶夤將有異志孝
通悟其萌託以拜埽求歸元顥入洛宗人薛永宗

修義等應之孝通與所親計曰北海乘虛遠入吳
兵不能久住事必無成今若與永宗等同舉滅族
道也乃率其近親與河東太守元襲嬰城固守及
寶夤平定元顥退走預事者咸罹禍唯同孝通者
皆免除員外散騎侍郎爾朱天光鎮關右表大行
臺郎中深見任遇關中平定預有其力賜爵汾陰
侯定冊立節閔帝以首創大議拜銀青光祿大夫
散騎常侍兼中書舍人封藍田縣子孝通求以官
贈亡兄景懋又言己有侯爵請轉授兄息子舒詔

特贈景懋撫軍北雍州刺史孝通尋遷中書郎深爲節閔所知重普泰二年正月乙酉宴奏絃管因使賦詩孝通曰既逢堯舜君願上萬年壽帝曰卿所謂壽豈容徒然便命酌酒賜孝通孝通即以忠爲韻帝曰卿不忘忠臣之心時孝通內典機密外參朝政汲引人物知名士多見推薦外兄裴伯茂性傲唯欽賞孝通每有著述共參同異孝通謂之曰吾以阮籍嵇康何如管仲樂毅蓋自許經綸抑裴傲也齊神武起兵節閔謀鎮遏關右問誰可任

者孝通與賀拔岳同事天光又與周文帝有舊二人先在關右因竝推薦之乃超授岳岐華秦雍諸軍事關西大行臺雍州牧周文帝爲左丞孝通爲右丞齊詔書馳驛入關授岳等同鎮長安岳深相器重與周文帝結爲兄弟孝武帝初齊神武徵岳爲冀州刺史岳欲單馬入朝孝通曰高王以數千鮮卑破爾朱百萬之衆其鋒誠亦難敵然公兩兄太師領軍宿在其上侯深樊子鵠賈知斛斯椿人野胡也拔吒延慶之徒皆其夷等韓陵之役此輩

前後降附皆由事勢危逼非其本心在於高王曹操之孔融馬懿之葛誕今或在京師或據州鎮降之又失人望留之心腹之疾雖令孫騰在闕下豈昭處鈎陳必不能如建安之時明矣今吐萬仁雖復退逸猶在并州高王先須平殄安從內外何能去其巢穴與公事關中地也且六郡良家之子三輔禮義之人皆係仰於公效其智力據華州以爲城雉因黃河而爲池塹退守不失封疆進兵同於建水乃欲束手受制不亦難乎言未卒岳執孝通

手曰君言是也乃遜辭爲疾而不受徵太昌元年
因使入朝被留重除中書侍郎永熙三年三月出
爲常山太守仍以經節閔任遇故也孝武西遷徵
赴晉陽不加位秩但引爲坐客時訪文典齊神武
讓劒履上殿表猶使爲文曾與諸人同詣晉祠皆
屈膝盡禮孝通獨捧手不拜興和二年卒於鄴

薛憕字景猷河東汾陰人曾祖宏敞避地襄陽憕躬
耕以養祖母暇則覽文籍既羈旅不被擢用常嘆
曰豈能五十年戴幘死一校尉也常鬱鬱不得志

左中郎將京兆韋潛度勸令參吏部愷曰世胄門
高位英俊沉下僚古人以爲歎息竊所未能也潛
度告人曰此年少實慷慨但不遭時耳孝昌中杖
策還洛陽屬爾朱榮廢立遂還河東止從叔懷儁
家不交人物終日讀書抄將略二百卷唯郡守元
襲時相要屈普泰中拜給事中加伏波將軍齊神
武起兵愷謂族人孝通曰高歡阻兵陵上喪亂方
始關中形勝之地必有霸王據之乃與孝通俱游
長安侯莫陳悅召爲行臺郎除鎮遠將軍步兵校

尉及悅害賀拔岳發謂所親曰悅才略本寡輒害良將敗亡之事其明不遠吾屬今即爲人虜何慶之有尋而周文平悅引爲記室參軍武帝西遷授征虜將軍封夏陽縣男文帝即位拜中書侍郎加安東將軍進爵爲伯大統四年宣光清徽殿初成隥爲之頌又爲仙人水芝二欹器頌大統初周文令與盧辯檀翥等參守儀制以流離世故不聽音樂後坐事沒子舒嗣

北齊

樊遜字孝謙祖琰父衡並無官宦而遜少好學兄仲以造氈爲業常優饒之遜自責曰爲人弟獨受安逸可不愧於心乎欲同勤事業母曰汝欲謹小行邪遜感母言遂專心典籍恒書壁作見賢思齊四字以自勵屬本州淪陷寓居鄴中裴監擢爲主簿薦之於右僕射崔暹爲賓客人有譏其靜默不能趨時者遜常服東方朔之言陸沉世俗遂借陸沉公子爲主人擬客難製客誨以自廣後遜徙居陳留梁州重舉遜爲秀才尚書擢第以遜爲當時第

一清河王岳率衆南討以遜從軍假遜大行臺郎中使於江南與蕭修侯瑱和解遜往還五日得報書修盟於江上詔令校定羣書遜議借本參校殆無遺闕楊愔嘗使孝謙代已作書以告晉陽朝士令魏收潤色之收不能改一字楊愔言於衆曰後生清俊莫過盧思道文章成就莫過樊孝謙几案斷割莫過崔成之遂以三人竝員外將軍孝謙辭曰門族寒陋若訪門第必不成乞補員外司馬督愔曰才高不依常例特奏用之

北周

樊深字文深事繼母甚謹魏永安中隨軍征討以功累遷中散大夫孝武西遷深父保周叔父歡周並被東魏害深因避難墜崖傷足絶食再宿後得一簞餅欲食之念繼母老痺夜中匍匐覓母得見因以饋母遁易姓名遊學於汾晉間習天文及算歷之術後周文平河東贈保周南郢州刺史歡周儀同三司深歸葬其父負土成墳尋而于謹引爲府參軍事周文置學東館敎諸將子弟以深爲博士

深性好學老而不怠朝暮還往常據鞍讀書至馬
驚墮地損折肢體終亦不改遷縣伯中大夫加開
府儀同三司尋乞骸骨詔許之朝廷有疑義常召
問焉撰孝經喪服問疑各一卷又撰七經異同三
卷
樂遜字遵賢幼有成人之操從徐遵明受孝經喪服
論語詩書禮易左氏春秋大義周文召遜教授諸
子閔帝踐阼以遜有理務材除秋官府上士轉小
師氏下大夫自譙王儉以下竝束修行弟子之禮

武成元年六月以霖雨經時遂陳時宜十四條切於政要保定中以訓導有方遷遂伯中大夫詔曾公斌畢公賢等同受業焉遂以年在懸車上表致仕優詔不許授湖州刺史封安邑縣子人多蠻左未習儒風遂勸勵生徒加以課試數年之間化洽州境秩滿拜皇太子諫議進爵崇業郡公進位開府儀同大將軍以老病固辭詔許之仍賜安車衣服遂性柔謹寡交遊立身以忠信爲本不自矜尚每在衆言論未嘗爲人之先學者以此稱之所著

孝經論語毛詩左氏春秋序論十餘篇

薛端字仁直河東汾陰人少有志操父喪合禮與弟裕勵精篤學不交人事年十七司空高乾邕辟參軍賜爵平陰男棄官歸鄉里周文帝令大都督薛崇禮據龍門引端同行崇禮降東魏東魏遣行臺薛修義督乙干貴西據楊氏壁端先在壁中修義令兵逼端等東渡方欲濟河會日暮端密與宗族及家僮等潛逸修義遣騎追端且戰且馳遂入石城柵并力固守貴等拔還河東東魏又遣其將賀

藺懿南汾州刺史薛琰達守楊氏壁端率其屬竝
招喻村人多設奇兵以臨之懿等疑有大軍東遁
赴船溺死者數千人端收其器械復還楊氏壁周
文帝遣南汾州刺史周景恕鎮之降書勞問徵赴
闕以爲大丞相府戸曹參軍從擒竇泰復宏農戰
沙苑竝有功進爵爲伯後改封交城縣伯累遷吏
部郎中端性强直不避權貴故賜名端自居選曹
先盡賢能雖貴游子弟才劣行薄者未嘗升擢之
每啓云設官分職本康時務苟非其人不如曠職

文帝深然之大統十六年東討李弼爲别道元帥
妙簡英寮文帝曰爲公思得一長史無過薛端弼
對曰眞才也乃遣之轉尚書右丞仍掌選事魏主
廢有勸文帝踐極者端以爲三方未一遽正名號
示天下以不廣請待龕剪僭僞然後俯順樂推文
帝撫端背曰成我者卿也遂脱所著冠帶袍袴並
賜之進授吏部尚書賜姓宇文氏端雅有人倫鑒
擢用咸得其才六官建拜軍司馬加侍中驃騎大
將軍開府儀同三司進爵侯周受禪再遷戸部中

大夫進爵公孝閔之廢端頗具同異晉公護不悅出爲蔡州刺史爲政寬惠人吏愛之轉基州刺史蔡州父老請留端者千餘人至基州未幾卒遺誡薄葬勿受府州贈遺贈本官加大將軍進封交城郡公謚曰質

山西通志所載諸薛凡見名北史者皆列之亦不知其無足盡紀也又載薛世雄蒲州舊志亦然夫世雄本燉煌人徙居咸陽與河東之薛正不涉耳唐書薛萬徹傳語甚明今不雜入也

隋

薛胄字紹元汾陰人端子少聰明每覽異書便曉其義常以意辯訓注諸儒稱善性慷慨志立功名周明帝時襲爵交城郡公累遷上儀同尋拜司金大夫後加開府隋初三遷爲兗州刺史繫囚數百旬日盡剖囹圄空虛有陳州人向道力僞作高平郡守將之官胄遇諸塗察其有異留詰之司馬王君馥固諫部人徐俱羅先任海陵郡守道力亦嘗代之君馥以俱羅所陳又固請胄竟遣收道力懼而

引僞其發姦擿伏皆此類也時人謂爲神明兗州
城東沂泗二水合而南流汎濫大澤中胄積石堰
之決令西注陂澤盡爲良田又通轉運百姓賴之
號爲薛公豐兗渠嘗撰封禪圖及儀上之上謙讓
不許轉鄆州刺史有惠政徵拜衛尉卿轉大理卿
持法寬平名稱職遷刑部尚書雩左僕射高熲罪
正議其獄忤旨械繫出檢校相州事甚有能名漢
王諒遣將綦良逼磁州良又引兵攻胄胄婉辭却
之良釋去坐鎖詣大理相州吏人素懷其恩詣闕

理胄者百餘人配防嶺南卒子筠獻並知名

張文詡河東人父琚開皇中爲洹水令以清正聞有書數千卷子姪皆以明經自達文詡博覽文籍遍習羣經特精三禮每好鄭康成注解諸儒異說亦皆詳究游太學博士房暉遠等莫不推伏門生多請質疑滯博引證據辯說無窮治書侍御史皇甫誕恒執弟子禮以所乘馬邀屈文詡每牽馬步進意在不因人自致也右僕射蘇威與語大悅勸令從官固辭仁壽末策杖歸灌園爲業州郡頻舉皆

不應事母以孝聞嘗有人夜刈其麥見而避之盜
韋麥謝文詡慰諭誓不言固令持去經數年盜者
乃向鄉人說之鄰家築牆心有不直因毀舊堵以
應之醫腰疾不效而體被傷因爲隱曰吾昨風眩
落坑所致其掩人短皆此類州縣將加賑恤輒辭
不受嘗從容歎曰老冉冉而將至恐修名之不立
以如意擊几自樂皆有處所時人方之閔子騫原
憲焉終於家鄉人爲立碑頌號曰張先生

薛道衡字元卿河東汾陰人祖聰魏濟州刺史父孝

通常山太守道衡六歲而孤專精好學年十三講左氏傳作國僑贊有詞致見者奇之其後才名益著齊司州牧彭城王澂引爲兵曹從事尚書左僕射楊遵彦見而嗟賞授奉朝請吏部尚書辛術與語歎曰鄭公業不亡矣河東裴讞目之曰自鼎遷河朔吾謂關西夫子罕値其人今復遇薛君矣武成作相召爲記室後累遷太尉府主簿兼散騎常侍待詔文林館與范陽盧思道安平李德林齊名友善復直中書省尋拜侍郎仍參太子侍讀後主

時漸見親用具陳備周之策及周平齊引爲御史隋初坐事除名河間王宏北征召典軍書還除内史舍人兼散騎常侍聘陳道衡因奏曰今光膺寶祚平一九州豈容使區區之陳久在天網之外臣奉使請責以稱藩高祖曰朕且含養勿以言辭相折也八年伐陳授淮南道行臺尚書吏部郎兼掌文翰師臨江高熲夜坐幕下曰今日之舉克定江東不答曰凡論大事成敗先須以至理斷之禹貢所載九州本是王者封域後漢之季羣雄競起孫

權兄弟遂有吳楚之地晉武受命尋即吞併永嘉南遷重此分割自爾以來戰爭不息否終斯泰天道之恒郭璞有云江東偏王三百年還與中國合今數將滿矣以運數而言其必克一也有德者昌無德者亡自古興滅皆由此道主上躬履恭儉憂勞庶政叔寶峻宇雕牆酣酒荒色上下離心人神同憤其必克二也爲國之體在於任寄彼之公卿備員而已拔小人施文慶委以政事尚書令江總唯事詩酒本非經略之才蕭摩訶任蠻奴是其大

將一夫之用耳其必克三也我有道而大彼無德而小量其甲士不過十萬西至巫峽東至滄海分之則勢懸而力弱聚之則守此而失彼其必克四也席卷之勢其在不疑頻忻然曰君言成敗事理分明吾今豁然矣本以才學相期不意籌略乃爾還除吏部侍郎後有言其黨蘇威者配防嶺表晉王廣陰令人諷道衡從揚州路將奏留之道衡不樂王府用漢王諒計遂出江陵道而去尋徵還直內史省晉王由是銜之然愛其才猶頗見禮後授

內史侍郎加上儀同三司高祖每曰薛道衡作文書稱我意道衡老矣驅使勤勞宜使其朱門陳戟進位上開府賜物百段道衡辭無功高祖曰爾久勞階陛國家大事皆爾宣行豈非爾功也道衡久當樞要才名益顯太子諸王爭與交高熲楊素雅相推重聲名藉甚無競一時仁壽中出檢校襄州總管在任清簡吏民懷其惠煬帝初轉潘州刺史歲餘表求致仕上謂虞世基曰道衡將至當以祕書監待之既至上高祖頌上顧蘇威曰此魚藻之

義也乃拜司隸大夫會議新令久不決道衡謂𩔖
士曰向使高熲不死令決當久行有奏者劾之被
害時年七十集七十卷行於世子五人收最知名
薛緈河東人性質直剛毅周初爲天官府史以恭謹
恪勤擢授夏官府下士稍以明幹見知父艱哀毀
骨立時稱其孝累轉中士高祖爲丞相知其清正
引爲錄事參軍尋歷大夫從擊叛蠻以功拜儀同
賜物千段隋初授大理丞處法平允考績連最轉
大理正尋遷尚書都官侍郎轉刑部侍郎治粱士

彥等獄賜物三百段奴婢十口馬二十匹每有言
讞正色侃然上嘉之漸見親重時議重盜法請
諫曰陛下行堯舜之道多存寬宥況律者天下之
大信其可失乎納之遷大理少卿蕭摩訶子世略
作亂摩訶當從坐上赦之綽固諫不可上不能奪
命綽退食綽曰臣奏獄未決不敢退朝上曰大理
其爲朕特赦摩訶也因命左右釋之刑部侍郎辛
亶以衣緋褌議辟綽曰據法不當死臣不敢奉詔
上曰卿惜辛亶而不自惜也命執綽綽曰陛下寧

可殺臣不得殺辛亶至朝堂上使人曰竟何如對曰執法一心不敢惜死乃釋亶明日謝緯勞勉之賜物三百段二人在市以惡錢易好者議辟緯諫曰此人坐當杖殺之非法上曰不關卿事緯曰陛下不以臣愚暗置在法司豈得不關臣事上曰撼大木不動者當退對曰臣望感天心何論動木上復曰啜羹者熱則置之緯拜益前訶之不肯退上遂入治書侍御史柳彧復上奏切諫上乃止上以緯誠直每引入閤中即呼坐評論得失前後賞賜

萬計後進開府贈其父爲蔡州刺史時與大理卿

薛胄俱名平恕仁壽中卒年六十三上爲之流涕

中使弔祭鴻臚監護喪事二子元方元襲

敬肅字敬儉河東蒲阪人少以貞介知名釋褐州主

簿開皇初爲安陵令有能名擢拜泰州司馬轉幽

州長史仁壽中爲衛州司馬俱有異績大業初遷

潁川郡贊務五年朝東都司隸大夫薛道衡稱肅

曰心如鐵石老而彌篤左翊衛大將軍宇文述在

潁川每有書屬肅未嘗開封輒令使者持去述賓

客放縱以法繩之八年卒於涿郡上將擢太守輙
爲逃所毁不行大業末乞歸優詔許之去官日家
無餘財歲餘終

陳孝意河東人大業初爲魯郡司法書佐號廉平太
守蘇威嘗欲殺一囚固諫不許因解衣請先受死
良久威意解謝而遣之漸加禮敬及威爲納言奏
孝意侍御史父憂去居喪過禮有白鹿馴擾其廬
時以爲孝感尋起授雁門郡丞菜食齋居朝夕哀
臨每一發聲未嘗不絶倒柴毁骨立見者哀之孝

意涖官清節彌厲發奸擿伏動若有神吏人稱之
馬邑劉武周殺太守王仁恭前郡丞楊長仁雁門
令王確等謀應賊孝意族其家郡中戰慄俄而武
周來攻孝意拒之每致克捷而孤城無援誓以必
死每旦夕向詔勅庫俯伏流涕悲動左右糧盡爲
校尉張世倫所殺

《山西文華》編纂委員會 編

山西文華·史料編

蒲州府志

清乾隆版 第七册

卷二十二至卷二十四

清 喬光烈 周景柱◎總修

山西出版傳媒集團
三晋出版社

山西文華

蒲州府志卷之二十二

藝文詩

伯夷叔齊西山歌

登彼西山兮采其薇矣以暴易暴兮不知其非矣神農虞夏忽焉沒兮我安適歸矣吁嗟徂兮命之衰矣

舊州志平陽府志並載舜南風卿雲耕田諸歌是雖風雅逸篇古琴操樂錄及詩所苑乘馮氏古紀皆有之要不知其出於後人之妄託而無足取也今並不採近猗氏志首列下泉四章則

[illegible]非六經之文何假復載乎唯夷叔之歌太史公以

爲逸詩出於史記而尤爲近古且於地之掌故

爲最切特採以冠藝文諸詩

漢武帝秋風詞

秋風起兮白雲飛草木黄落兮鴈南歸蘭有秀兮菊

有芳懷佳人兮不能忘泛樓船兮濟汾河横中流兮

揚素波簫鼓鳴兮發櫂歌懽樂極兮哀情多少壯幾

時兮奈老何

南齊陸厥蒲坂行

江南風已春河間柳堪把雁返無南書寸心何由寫
流泊祁連山飄颻高闕下

梁劉遵蒲坂行

漢使出蒲坂去去往交河間諜敢觿對驂馬脫鳴珂
乍作渡瀘怨何辭上隴歌

遵齊梁人山西通志作晉者非

後周庾信就蒲坂使君乞酒

瀟瑟風聲慘蒼茫雪貌愁鳥寒棲不定池凝聚未流
蒲城桑落熟灞岓菊花秋願將河朔飲分勸東陵侯

州舊志所載古詩有宋南平王劉鑠過歷山湛長史草堂并湛茂之和作然彼所謂歷山蓋江南地與此無與也

唐元宗曉渡蒲津

鐘鼓嚴更曙山河野望通鳴鑾下蒲坂飛旆入秦中地險關逾壯天平鎮尚雄春來津樹合月落戍樓空馬色分朝景雞聲逐曉風所希常道泰非復候繻同

曉渡蒲關平陽志作早發蒲津非是

唐元宗登蒲州逍遙樓

長楡息烽火高柳靜風塵北征巡九洛展豫出三秦
昔是潛龍地今爲上理辰時平乘道泰邁賞遇年春
黄河分地絡飛觀接天津一覽遺芳翰千載肅如神

唐李嶠汾陰行

君不見昔日西京全盛時汾陰后土親祭祠齋宮宿
寢設齋供撞鐘鳴鼓樹羽旗漢家四葉才且雄賓延
萬靈服九戎柏梁賦詩高宴罷詔書法駕幸河東河
東太守親掃除奉迎至尊導鑾輿五營將校列容衛
三河縱觀空里閭回旌駐蹕降靈場焚香奠醑徵百

禪金鼎歆發正焜煌靈祇煒熠攄景光埋玉陳牲禮
神畢舉麾上馬乘輿出彼汾之曲嘉可遊木蘭爲楫
桂爲舟櫂歌微吟彩鷁浮簫鼓哀鳴白雲秋歡娛宴
洽賜君后家家復除戶牛酒聲名動天樂無有千秋
萬歲齊山壽自從天子向秦關玉輦金車不復還珠
簾羽蓋長寂寞鼎湖龍髯安可攀千齡人事一朝空
四海爲家此路窮雄豪意氣今何在壇場宫苑盡蒿
蓬路逢古老長嘆息迴環世事不可測昔時靑樓對
歌舞今日黃壤聚荆棘山川滿目淚霑衣富貴榮華

能幾時不見只今汾水上惟有年年秋雁飛

唐宋之問登逍遥樓

逍遥樓上望鄉關綠水泓澄雲霧間此去衡陽二千里無因雁足繫書還

唐杜審言和李大夫存卹河東

六位乾坤動三徵歷數遷謳歌移火德圖讖在金天子月開階統房星受命年禎符龍馬出寶籙鳳凰傳地即交風雨都仍卜澗瀍明堂惟御極清廟乃尊先不宰神功運無私大象懸八荒平物土四海接人烟

已屬羣生泰猶言至道偏璽書傍問俗旌節近推賢
秩比司空位官臨御史員雄詞執刀筆直諫下樓船
國有大臣器朝加小會筵將行備禮樂送別仰神仙
城闕周京轉關河陝服連稍觀汾水曲俄指絳臺前
姑射聊長望平陽遂宛然舜耕餘草木禹鑿舊山川
昔出諸侯靜無何霸業全中軍掃戰敵外府絕兵權
隱隱帝鄉近瞻瞻肅命虔西河偃風俗東壁掛星躔
井邑枌榆社陵園松栢田榮光朝掩代佳氣曉侵燕
雨霈濡私滌風行睿旨宣惸嫠訪疾苦屠釣採貞賢

人樂逢刑措時康洽賞延賜逾秦氏給恩倍漢家錢
擁傳咸翹首稱觴競比肩拜迎彌道路舞詠溢郊鄽
殺氣西衝白窮陰北上元飛霜遥渡海殘月迴臨邊
緬邈朝廷問周流朔塞旋興來探馬策俊發抱龍泉
學總八千卷文傾三百篇澄清得使者作頌有人焉
末以崇班閡而云勝託捐偉才何磊落陋質幾翩翾
江海寧爲讓巴歈輙自牽一聞歌聖迹助曲荷陶甄

唐張說奉和聖制曉渡蒲關

蒲坂橫臨晉華芝曉望秦關城雄地險橋路托天津

樓映行宫日隄含苑樹春黄雲隨寶鼎紫氣逐眞人

東詠唐虞迹西觀周漢塵山河非國寶明主愛忠臣

唐張説和經河上公祠應制

河上無名老知非漢代人先探道德要留待聖明辰

元妙爲天下淸虚用谷神化將和氣一風與太初鄰

靈廟觀遺像仙歌入至眞皇心齊萬物何處不同塵

地志蒲津西舊有河上公祠

唐蘇頲奉和聖制登蒲州逍遥樓

在昔堯舜禹遺塵成典謨聖皇東巡狩況乃經此都

樓觀紛迤邐山河縈紆緬懷祖宗業相繼文武藝
尚德既無險覜風謠有孚豈知汾水上簫鼓事遊娛

唐宋璟蒲津迎駕

回鑾下蒲坂飛旆指秦京雒上黃雲送關中紫氣迎
霞朝看馬色月曉聽雞鳴防拒連山險橋長壓水平
省方知化洽察俗覺時清天下常無事空餘襟帶名

唐徐安貞奉和曉渡蒲關應制

仙掌臨秦甸虹橋闊晉關兩鄉分地險一曲渡河灣
路得津門要時清古戍閒城花春正發岸柳曙堪攀

後乘猶臨水前旌欲換山長安回望日宸御六龍還

唐張九齡駕幸河東

魏武中流處軒皇問道回長隄春樹發高掌曙雲開

龍負王舟渡人占仙氣來河津會日月天仗役風雷

東顧重關盡西馳萬國陪遙聞股肱郡元首詠康哉

唐李適后土祠

昔予讀舊史偏睹漢世君武皇實稽古建此百代勳

號令垂懋典舊經備闕文南巡歷九嶷船艫被江濆

勒兵十八萬旌旗何紛紛揭來茂陵下英聲不復聞

我行歲方宴極目山河分神光終寘漠鼎氣獨氛氣
攬涕步雕上登高見彼汾雄圖今安在飛飛有白雲

唐吳筠咏夷齊

夷齊互崇讓棄國從所欽聿來及宗周乃復非其心
世濁不可處冰清首陽岑采薇詠羲農高義越古今

唐李頎謁夷齊廟

古人已不見喬木竟誰過寂寞首陽山白雲空復多
蒼苔歸地骨皓首採薇歌畢命無怨色成仁其若何
我來入遺廟時候微清和落日吊山鬼回風吹女蘿

石門正西谿引領望黃河千里一飛鳥孤光東逝波驅車層城路惆悵此巖阿

唐李頎贈張元素先生

先生谷神者甲子焉能計自說軒轅時於今幾千歲寓遊城郭裏浪跡希夷際應物雲無心逢時舟不繫霞食斷火粒野服兼荷製白雲淨肌膚青松養身世韜精殊豹隱鍊質同蟬蛻怒去不知誰偶來寧有契二儀齊壽考六合隨休憩彭聃猶嬰孩松期且微細常聞穆天子更憶漢皇帝親出萬乘尊將窮四海裔

車徒徧草木錦帛招談說八駿空往還三山轉虧葳
吾君感至德元老欣來詣受籙金殿開清齋玉堂閉
笙歌迎拜首羽帳崇嚴衛禁柳垂香爐宮花拂仙袂
祈年寶祚廣致福蒼生惠何必待龍髯鼎成方取濟

元素即張果會隱中條

唐王昌齡駕幸河東

晉水千廬合汾橋萬國從開唐天業盛入沛聖恩濃
下輦回三象題碑駐六龍睿明懸日月千載此時逢

唐王之渙河中鸛雀樓

白日依山盡黃河入海流欲窮千里目更上一層樓

唐岑參送祁樂歸河東

祁樂後來秀挺身出河東往年詣驪水獻賦甘泉宮天子不召見揮鞭遂從戎前日還長安囊中金已空有時忽乘興畫出河上峰床頭蒼梧雲簾下天台松忽如高堂上颯颯生淸風五月火雲屯氣燒天地紅鳥且不敢飛子行如轉蓬少華與首陽隔河勢爭雄新月河上出淸光滿關中置酒灞亭別高歌披心胸君到故山時爲吾謝老翁

唐岑參題永樂韋少府廳壁

大河南郭外終日氣昏昏白鳥下公府青山當縣門故人是邑尉過客駐征軒不憚煙波濶思君一笑言

唐韋應物送姚係還河中

上國旅遊罷故園生事微風塵滿路起行人何處歸留思芳樹飲昔別暮春暉幾日投關郡河山對掩扉

唐姚係五老峰大明觀贈隱者

雲觀此山北與君攜手稀林端涉横水洞口入斜暉作見鸞鶴過忽爲煙霧飛故人清和客黙會琴心微

丹術幸可授青龍當未歸悠悠平生意此日復相違

唐閻防與永樂諸公夜泛黃河

烟深載酒入但覺暮川虛映水見山火鳴榔聞夜漁愛茲山水趣忽與人世踈無暇然宮燭中流有望舒

唐儲光羲河中望鳥灘作

河流有深曲舟子莫能知弭櫂臨沙嶼微吟西日馳平明春色靄雨岍好風吹去去川途盡悠悠親友離漢宮成羽翼伊水弄參差為惜淮南子如何攀桂枝

唐耿湋晚秋東遊寄猗氏第五明府

步出青門去疎鐘隔上林四郊多難日千里獨歸心
暮鳥聲偏苦秋雲色易陰亂墳松栢少野徑草茅深
灞涘袁安履汾南宓賤琴何由聽白雪秖益淚霑襟

唐耿湋送胡校書歸河中

古樹汾陰道悠悠東去長位卑仍解印身老又還鄉
河水平秋岸關門向夕陽音書須數附莫學晉嵇康

唐耿湋鴉雀樓

久客心常醉高樓日漸低黄河經海內華嶽鎮關西
去遠千帆小來遲獨鳥迷終年不得意空覺負東溪

唐耿湋奉和李觀察河中白樓

城上高樓飛鳥齊從公身遂躡丹梯黃河曲盡流天外白日輪傾落海西玉樹九重常在夢雲衢一望杳如迷何心更和陽春奏況復秋風聞戰鼙

唐盧綸奉和馬侍中宴白樓喜雨

鸛鶴相呼絲野寬鼎臣閒倚玉欄干洪河擁沫流仍急蒼嶺和雲色更寒豔豔風光呈瑞歲冷冷歌頌振琱盤今朝醉舞共鄉老不覺傾欹獬豸冠

唐盧綸和李益遊棲巖寺

朮香雨氣新山寺緣無塵遂結雲外賞共遊天上春
鶴鳴金闕麗僧語竹房隣待月水流急惜花風起頻
何方非壞境此地有歸人廻首空門路翛然一幻身

唐盧綸題伯夷廟

中條山下黃礓石壘作夷齊廟裏神落葉滿堦塵滿
座不如澆酒爲何人

唐盧綸同薛存誠登棲巖寺

衰蹇步難前上山如上天塵泥來自晚猨鶴到何先
萬壑應孤磬百花通一泉蒼蒼此明月下界正沈眠

唐李益遊棲巖寺

曉上曇延洞通宵與莫窮高明千嶂月清爽一巖風坐久衣衫潤吟餘物象空峯頭星可摘疑在廣寒宮

唐李益鸛雀樓

鸛雀樓西百尺牆汀洲雲樹共茫茫漢家簫鼓空流水魏國山河半夕陽事去千年猶恨速愁來一日即爲長風烟併起思鄉望遠目非春亦自傷

唐暢當鸛雀樓

迥臨飛鳥上高出世塵間天勢圍平埜河流入斷山

唐韓愈送侯參謀赴河中

憶昔初及第各以少年稱君頤始生鬚我齒清如冰爾時心氣壯百事謂已能一别詎幾何忽如隔晨興我齒豁可鄙君顔老可憎相逢風塵中相視迭嗟矜幸同學省官末路再得朋東司絶教授遊宴以爲恒秋漁蔭密樹夜博燃明燈雪逕抵樵叟風廊折談僧陸渾桃花間有湯沸如烝三月崧少步躑躅紅千層洲沙壓晚坐嶺壁窮晨昇沈冥不計日爲樂不可勝遷滿一已異乖離坐難憑行事結束入馬何蹻騰

感激生膽勇從軍豈嘗會洸洸司徒公天子爪與肱
提師十萬餘四海欽風稜河北兵未進蔡州帥先薨
曷不請掃除活彼黎與烝鄙夫誠怯弱受恩愧徒宏
猶思脫儒冠棄死取先登頗欲面言事上書求詔徵
侵官固非是妄作譴可懲惟當待責免耕斸歸溝塍
今君得所附勢若脫韝鷹檄筆無與讓幕謀職其膺
收績開史牒翰飛逐溟鵬男兒貴立事流景不可乘
歲老陰沴作雲頹雪翻崩別袖拂洛水征車轉崤陵
勤勤酒不進勉勉恨已仍送君出門歸愁腸若牽繩

默坐念語咲痴如適寒蠅策馬誰可適晤言誰爲應
庯壓惜不掃殘罇對空凝信知後會時日月屢繯絙
生期理行役歡緒絶難承寄書惟在頻無恡簡與繒

唐韓愈條山蒼

條山蒼河水黄浪波紜紜去松栢在山崗

唐呂溫蒲津關河亭作

息駕非窮途未濟豈迷津獨立大河上北風來吹人
雪霜自茲始草木當更新嚴冬不肅殺何以見陽春

唐楊巨源爲河中少尹酬盧員外

謝傳旌旗控上游盧郎罇俎借前籌舜城風土臨清廟魏國山川在白樓雲寺當時接高步水亭今日又同遊滿筵舊府笙歌在獨有羊曇最淚流

唐楊巨源后土祠送田徹

清明千萬家處處是年華榆柳芳辰火梧桐今日花祭祠結雲綺遊陌擁香車惆悵田郎去原頭煙樹斜

唐楊巨源五老峰下費君書院

解向花間栽碧松門前不負老人峰已將心事隨身隱認得溪雲第幾重

唐裴度寄河中楊少尹

離道重遷是舊班自將霄漢比鄉關二妃樓下宜臨水五老洞西好看山再葺吾廬心已足每來公府路常閑詩陪亞相逾三紀石筍煙霞不共攀

唐馬戴鸛雀樓晴望

堯女樓西望人懷太古時海波通禹鑿山木閉虞祠鳥道殘虹挂龍潭返照移行雲如可馭萬里赴心期

唐杜牧駕幸河東

提封皆應睿謀期十萬曾無一鏃遺漢武慙夸朔方

地周宣休道太原師威加塞北寒來早恩入河源凍去遲聽取滿城歌舞曲凉州聲韻遠参差

唐項斯舜城懷古

禪禹繼堯聽巍巍盛此中四隅咸啟聖萬古賴成功道德去彌遠山河勢不窮停車一再拜帝業即今同

唐姚合送徐員外赴河中從事

赤府從軍美儒衣結束輕凉飈下山寺曉淚滿關城閒坐饒詩景高眠長道情將軍不戰術計日立功名

唐賈島送覺興上人歸中條

文憶西巖寺秦原草白時山尋樵徑上人到雪房邇
暮磬潭泉凍荒林野燒移聞師新譯偈說擬對旌麾

唐賈島送徐員外赴河中

原野正蕭瑟中間分散情吏從甘扈罷詔許朔方行
邊日沈殘角河關截夜城雲居閒獨往長老出房迎

唐顧非熊經河中

一望蒲城路關河氣象雄樓臺山色裏楊柳水聲中
思起懷吳客行斜向磧鴻我來尋古跡唯見舜祠風

唐李商隱永樂縣所居一草一木無非自栽今

悉已芳茂因書即事

手種悲陳事心期玩物華柳飛彭澤雪桃散武陵霞

枳嫩棲鸞葉桐香待鳳花綬藤縈弱蔓袍草展新芽

學植功雖倍成蹊跡尚賖芳年誰共玩終老邵平瓜

唐李商隱渾河中

九廟無塵八馬回奉天城壘長春苔咸陽原上英雄

骨半向君家養馬來

唐李商隱所居永樂縣久旱邑宰禱雨而得之

賦詩

甘膏滴滴是精誠晝夜如絲一尺盈秖𢜸閭閻喧鼓吹邑人同報東長生

唐李商隱奉同諸公題河中任中丞新創河亭

萬里誰能訪十洲新亭雲構壓中流河鮫縱翫難爲室海蜃遥驚恥化樓左右名山窮遠目東西大道鏁輕舟獨留巧思傳千古長與蒲津作勝游

唐溫庭筠遊蒲津河亭

倚欄愁立獨徘徊欲賦慚非宋玉才滿座山光搖劍戟繞城波色動樓臺鳥飛天外斜陽盡人過橋心倒

影衆添得五湖多少恨柳花飄蕩似寒梅

唐唐彥謙蒲津河亭

宿雨清秋霽景澄廣亭高樹更晨興烟橫博望乘槎水日上文王避雨陵孤棹夷猶期獨往曲欄愁絶每長憑思鄉懷古多傷別此際哀吟幾不勝

唐殷堯藩鸛雀樓

危樓高架泬寥天上相閒登立綵旃樹色到京三百里河流歸漢幾千年晴峯聳目當周道秋穀垂花滿舜田雲路何人見高志最看西面赤欄前

唐薛能夏日蒲津寺居

日日閒車馬誰來訪此身一門兼鶴靜四院與僧鄰

雨室牆穿溜風窻筆染塵空餘氣長在天子用平人

唐薛能送李巡官歸永樂舊居

羨君歸去五峰前往往星河實見仙麥壠夏枯成廢

地棗枝秋赤近高天山泉飲犢流多變村酒經蠶味

可憐會約道門終老住步虛聲裏寄閒眠

唐薛能河中亭子

河擘雙流島在中島中亭上正南空蒲根舊浸臨關

道沙邑遥飛傍苑風晴見樹甲知岳大晚聞車亂覺
橋通無窮勝事應須宿霜白蒹葭月在東

唐李山甫蒲關道中作

國東王氣凝蒲關樓臺帖出晴空間紫煙横奉大舜
廟黄河直打中條山地鎖咽喉千古壯風傳歌吹萬
家閒來來去去身依舊未及潘年鬢已斑

唐司馬札河中鸛雀樓

樓中見千里樓影入通津煙樹遥分陝西河曲向秦
興亡留白日今古共紅塵鸛雀飛何處城隅草自春

唐薙陶永樂殷明府縣池嘉蓮

青蘋白石匝蓮塘水裏蓮開帶瑞光露濕紅芳雙𠀋重風飄綠蔕一枝長同心梔子徒誇豔合穗嘉禾豈解香不獨豐祥先有應更宜花縣對潘郎

唐許棠過中條山

徒爲經異岳不得訪靈蹤日盡行難盡千重復萬重雲垂多作雨雷動半和鐘孤竹人藏處無因認本峰

唐吳融登鸛雀樓

鳥在林梢腳底看夕陽無際戍烟殘凍開河水奔渾

急雪洗條山錯落寒始爲一名拋故國近因多難怕
長安祖鞭掉折徒爲爾羸得雲溪負釣竿

唐吳融首陽山

首陽山枕黃河水上有兩人曾餓死不同天下人爲
非兄弟相看自爲是遂令萬古識君心爲臣貴義不
貴身精靈長在白雲裏應笑隨時飽死人

唐張濯歷山舜廟

古都遺廟出河濆萬代千秋仰聖君蒲坂城邊長逝
水蒼梧野外不歸雲寥寥象設魂應在寂寂虞篇德

已聞向曉風吹庭下栢猶疑琴曲韻南薰

唐張良器河曲榮光

引泒崐山峻朝宗海路長千齡逢聖主五色瑞榮光隱映浮中國晶明助太陽坤維連浩漫天漢接微茫丹闕清氛裏函關紫氣旁位尊常守伯道泰每呈祥習坎靈逾久居卑德有常龍門如可涉忠信是舟梁

唐張隨河中獻捷

叛將忘恩久王師不戰通凱歌千里內喜氣二儀中毀盡條山下兵迴漢苑東將軍初執訊明主欲論功

落日煙塵靜寒郊壁壘空蒼生幸無事自此樂堯風

唐司空圖王官谷退棲

宦遊蕭索為無能移住中條最上層得劍乍如添健僕亡書久似失良朋燕昭不是空憐馬支遁何妨亦愛鷹自致此身繩檢外肯教世路日兢兢

唐司空圖丁未歲歸王官谷

家山牢落戰塵西疋馬偷歸路已迷塚上卷旗人簇立花邊移寨鳥驚啼本來薄俗輕文字却致中原動鼓鼙時取一壺閒日月長歌深入武陵溪

唐司空圖王官谷二絶句

風荷似醉和花舞沙鳥無情伴客閒總是此中皆有恨更堪微雨半遮山

荷塘煙罩小齋虛景物皆宜入畫圖盡日無人只高卧一雙白鳥隔紗厨

唐司空圖歸王官谷次年作

亂後燒殘滿架書峯前猶自戀吾廬忘機漸喜逢人少覽鏡空憐待鶴疎孤嶼池痕春漲滿小欄花韻午晴初酣歌自適逃名久不必門多長者車

唐司空圖休休亭

且喜安能保那堪病更憂可憐藜杖者眞箇種瓜侯

唐司空圖修史亭五首

山前鄰叟去紛紛獨强衰羸愛杜門漸覺一家看冷

落地爐生火自溫存

甘心七十且酣歌自算平生幸已多不似香山白居

士晚將心事著禪魔

烏紗巾上是青天檢束酬知四十年誰料平生臂鷹

手挑燈自送佛前錢

少年已慣擲年光時節催驅獨不忙今日無疑亦無

病前程無事擾醫王

籬落輕寒鑿頓新雪晴步屧會諸鄰自從南至歌風

頂始見人煙外有人

唐道士呂巖題靈顯觀

素衣邱壑寄生涯相近衡茅共幾家卧聽松音臨水

石坐看山色老烟霞林中有鶴窺來客巖畔無人見

落花但把琴書消息過不須爐裏煉丹砂

觀舊在中條下

五代張喬鸛雀樓

高樓懷古動悲歌鸛雀今無野燕過樹偏五陵秋色早水連三晉夕陽多漁人遺火成寒燒牧笛吹風起夜波十載重來值搖落天涯歸計欲如何

五代鄭遨中條觀

松頂留衣上玉霄永傳異迹在中條不知揖徧諸仙否欲請還丹問昨宵

宋眞宗汾陰禮成

雲岱尊先志汾陰狥衆情爲民祈稔歲揆日奉嘉牲

述職諸侯至丁辰茂典成禀祇須福祉信史著聲名
夙夜精心達華夷慶賜行非因承景貺豈獲薦豐盛
昭感慚馨德來同荷上清倍思增惕厲勤政恭羣生

宋楊億送路學士知河中

一麾新自海濱還又佩魚符入故關千里山河臨劇
郡九天鴛鷺別通班樓經往聖迴清蹕路接邊夷獻
白環版籍素多田賦錯干戈初息羽書閒從軍上客
雕龍藻佐酒妖姬墮馬鬟更遺府公吟思發中條新
雪碧孱顏

宋梅堯臣黃河

少本江南客今爲河曲遊歲時憂漾溢日夕見奔流齧岸侵民壤飄槎閣鴈洲峻門波作箭古郡鐵爲牛目極高飛鳥身輕不繫舟寒氷狐自聽源水使嘗求密樹隨灣轉長罾刮浪收如何貴沉玉川秩是諸侯

宋歐陽修黃河八韻寄呈聖俞

河水激箭險誰言航葦遊堅氷遲馬渡伏浪卷沙流樹落新催岸湍驚忽改洲鑿龍時退鯉漲潦不分牛萬里通槎漢千帆下鷁舟怨歌今罷築故道失難求

灘急風逾響川寒霧不收詎能窮禹跡空欲問張侯

宋石延年咏首陽

遜國同來訪聖謨適觀爭國誓師徒耻生湯武干戈日寧死唐虞揖讓區大義完身安是餓淸魂有所未應無始終天地空前後名骨雖雙此行孤

宋郭仕道首陽山行

首陽山靑龍嵸上聳紫蓋凌瑶空下周林壑盤蒼龍蜷嵸自太古崒嵂鎮寰中黃河西來繞其下日夕雲氣開鴻濛恍疑鬼神護又似丹靑工諸峰不敢並蒼

翠光玲瓏我生癖性愛山水見此奇絶摩雙瞳忽憶武王收諸夏夷齊扣馬來山東風雲變化適際會恥逐龍虎爭奇功歸來守巖穴鬱鬱抱孤忠朝采山上蕨暮拾山下蓬渴飲澗中水熱眠雲外松既不學赤松子又不侶商山翁丹誠耿耿照白日勁節凛凛摩蒼穹首陽青青萬古色不改夷齊之心胸直與天地相始終千載扶名敎二子功無窮我歌首陽歌未歇冷然八表生清風

宋王禹偁五老峰

矗矗拂星榆崢嶸與衆殊精靈犇昴宿神異載河圖
捧日光先及參天禮不趨絲蘿供組綬清籟獻笙竽
殘雨遥霑蘂微風下照蒲僧窻分未定郡閣占應俱
莫莫雲交袂霏霏雪映鬚巨靈羞未壯玉女願爲奴
磊落工難畫參差德不孤兒童溪石小几杖澗冰枯
洞鄙三茅隱山嫌四皓逋分形皆自立倒影要誰扶
將數慚同漢民名合贊虞嵩峰眞樹黨天柱大無徒
安得隨人意移將近帝都吾君處南面萬歲一齊呼

宋王禹偁中條山

巉起巨流邊奔騰欲上天遠臨滄海盡高與太行連
大塊橫爲脊他山立似拳土膏經舜耒石險任秦鞭
洞黑狂吹雨峰青冷罩烟店荒壇社絶寺古栢梯懸
巗漏微茫雪巖垂淅瀝泉迸根通砥柱斜徑入間田
北笑恒藏寶西輕華聳蓮三門遙托迹五老逈差肩
落實樵夫拾靈根本草傳柱空擎鴈塔倒影蓋漁船
繪畫終無手封崇必有年鹽池浮翠靄蓮澤媚漪漣
陰壑乖龍蟄枯杉凍虺穿圖經標數郡神異產羣賢
呼壽嵩何詣升中岱豈專斯文如已矣此地可終焉

暫看猶銷痾頻登合得仙許昌休自負吾什亦銘鐫

宋江休復司空侍郎故居

首陽采薇士商代緬以遐唐季有夫子遯世肥且嘉拔跡離汙險抗志凌青霞剥運扇頹風奸雄斥回邪不然隨流波横噬猰貐牙吁哉士德衰睽乖鬼盈車英英夫子賢顯晦吾所嗟想見棲隱情遺文搴菁華山藏白駒谷水逸騷人家躊躇碧峰前寒日忽已斜

宋胡宿蒲津河亭

津亭欲閱戒棠舟五兩風來不少留西北浮雲連魏

關東南初日照秦樓層城渺渺入傷别芳草萋萋客

倦遊平樂舊歡收不得更憑飛夢到瀛洲

宿字武平有名宋仁宗時志稱唐人非是

宋司馬光送堯夫知河中

耆老承風舊絲綸錫命新展禽安屢黜原憲樂常貧

執志窮通一論交表裏眞但祈深自重膏澤望斯民

宋司馬光送冲卿通判河中府

聞道名都行有期依然想見昔遊時寒光一曲秋河

轉翠嶺三條夕照移孤竹舊風民有讓重華餘教俗

無遮不須到日方登歴已在君家十二詩

宋司馬光和邵不疑較理蒲州十詩

飲亭

飛蓋名僚集臨流芳宴開縈紆漱文石次第傳清盃

廻波亦多意拌泛落花來

涌泉石

蒼然片石寒百道飛泉吐高堂忽蕭颯坐失炎烝苦

鮫龍卧欲飛仰噀秋空雨

翠樓

條山翠氣橫隱嶙秋空窄危樓雨初度卷幌延佳色

撲撲滿前軒嵐光眞可摘

碧樓

煙瓦疊琉璃危樓半空倚歌鐘奉高宴聲來碧雲裏

日暮天四垂黯淡如秋水

靜齋

逸二　聊窺碧甃缺異草生歷歷時聞山鳥呼未得全

句

幽寂

槐軒

逸一字軒已幽況復植宮槐簷外陰沉綠南山雨氣來

逍遙不知久驚此黃花開

凉逸一字

逸二句淸風滿四境豈獨華榱下不若楚臺人披襟獨

蕭灑

芙蕖軒

荷花爛熳紅不見方塘水蕉蕘結飛閣苒苒淸香裏

露重忽欹側翩然翠禽起

惜花亭

春意復蹉跎園林日愁寂枝邊綠陰重砌下紅英積
茲亭花最繁飄零尤可惜

竹軒

茂密正當軒欹垂欲侵案風枝忽交戛月影爭淩亂
誠嘉君子心匪直林亭玩

宋司馬光栢梯寺

鑿石開溪峻登崖置閣危笑談空谷應步武白雲隨
泉壑如翻浪鄰州若布棊何當遂棲隱身世兩相遺

宋司馬光過北平王祠

唐相靈祠古到今庭前槐栢綠成陰昔時圖像雖通
妙難狀籌謀爲國心

宋程顥遊萬固白石寺

條山蒼蒼河水黃中蒲形勝天下强帝得賢侯殿一
方四年不更慰民望元逢戊午季春月上心憫雨愁
黎蒼使車四出走羣望我亦奉命來侯疆精誠感格
天意順詔書纔下雨已霑病麥還青禾出土野農鼓
舞歌君王故入相見不道舊爲雨歡喜殊未央聖主
寬憂小臣樂自可放蕩舒胸腸白石萬固皆勝地主

人爲我攜壺觴況逢佳日俗所尚車馬未曉塡康莊
扶攜十里雜老幼迤邐千騎明戈鎗初聽鳴鐃入霧
靄漸見朱旆輝朝陽遨頭自是謝康樂後乘獨慙元
漫郎侯來知雖有賓客衆喜更爲將豐穰臨溪坐石
徧巖谷幽處往往聞絲簧山光似迎好客勤日影定
爲遊人長乘高望遠興不盡戀戀不知岐路忙人生
汩沒苦百態得此樂事眞難常我辭佳境已惆悵俟
亦那得久此鄉佀時會合重相語辜負泉石何能忘

宋邵雍蒲津道中

物理人情自可明何嘗感感向平生卷舒在我有成
算用舍隨時無定名滿目雲山俱足樂一毫榮辱不
須驚侯門見說深如海三十年前掉臂行

宋俞充貽溪懷古十首

唐哀全忠僭竊士之有忠義之心者皆深嫉之而能
灑然脫去不污其身得全其節者表聖一人而已予
令於虞表聖之居適在境內造其祠拜其像想慕其
平生爲之賦王官谷十詠以發揚其潛德奈何士之
知表聖者以休休莫莫而止耳予近得表聖一鳴全

集觀之至於一歌一詠一亭一樹意皆有謂非若世之隱者自棄於山林之中無心於及物也信乎全出處之大節躡夷齊之高風矣復成貽溪懷古十篇以表聖之德固不待夫歌詠而後見於世人之知與不知豈足恤哉然予區區反覆之若是者蓋示其仰慕之切也詠其名而揚其實庶幾有激於貪懦將歸寫於休休亭以遺谷中之民使春秋社會樵童牧子相與歌於祠之下以奉先生之祀雖愚夫愚婦皆知先生之德久而不忘其祀焉

濯纓亭

皎皎居士纓，豈有塵可濯。愛茲滄浪清，偶以斯名托。
轉谷羣鴿歸，銜岸游魚躍。簷頭碧梧枝，秋來垂影薄。

覽照亭

杖藜高山頭，歷覽衆景會。泰華屹若屏，黃河瀉如帶。
幽懷逐冥鴻，萬事寄天籟。不見玉京春，荒煙起蕭艾。

三詔堂

猛虎正橫行，孤猿發長嘯。名高世人聞，三枉鶴書詔。
借笏趨朝參，天意獨難料。咫尺首陽山，清光靜相照。

瑩心亭

妖氣滿世間瑩心茲得地瀑布巖前飛勢猛鷗鳥避
洗滌無纖塵澄虛全浩氣淸風林表來千載有餘意

九籥室

偓術秘丹經昔人藏九籥幽棲白雲根保此一爐藥
吟殘溪雨來夢斷巖花落萬慮正坐忘未能看舞鶴

修史亭

吁哉土德衰羣姦恣蟊賊欲加蕭斧誅修史乃其職
誰知深山中法若春秋直俄驚濟陰變絕筆幽巖側

擬綸亭

大厦不可扶誥命已云絕老臣坐深林有淚化爲血
擬成絲綸言救世心獨切溪流今尚清夜夜澄孤月

掛鶴臺

汙俗正朋亡歸來卧空谷養鶴不成雙相從守幽獨
素羽信非羣孤唳杳無續高臺委荒榛追想人如玉

一鳴窻

天寒松栢青麃閒騏驥老瀟灑竹窻前超然鳴以道
唯有巖上月時來伴幽討兹意不可忘還將拾殘藁

東渠臺

二渠日夜流利厚爭所起先生坐東亭立法書在紙

老農到今守後來誰敢毀斯人不可見空聽竹間水

宋李釜題王官谷

司空唐達士寂寞卧雲岑擾擾任羣態休休信此心

泉聲半山急柳色舊庭深彷彿登臨處遺蹤一訪尋

宋毋流題王官谷

不污唐家亂瀟然表聖居泉聲與山色相得共清虛

宋樂沆休休亭

貽溪澄澈玉峯寒居士當年此考槃訪得遺基青簇
下搆成危棟白雲端人間日月雙輪轉世外襟懷九
鼎安醉魄吟魂如未泯也應謝我數盤桓

宋雷臨　王官瀑布

區區奔走漫華巔一別王官十四年緣玉峽中噴白
玉濺田澆竹滿平川

宋黃震　遊棲巖寺

山頭古栢隱禪林橋過尋眞一逕深知府未成歸隱
計始中聊發望川吟明璣萬斛泉飛瀑碧玉千竿竹

散陰須信冷雲庵裏客曇延入去嗣潮音

金蔡珪司空表聖祠

簿書期會敢遷延暫爾城樓借榻眠咫尺王官未能

去俗緣妨我愛山緣

黃塵烏帽走西州潺暑秋霖兩滯留居士有靈應見

笑微官何事不休休

雲裏高欄面面風欄邊列樹障秋空憑君爲我開襟

綠盡放南山入眼中

金元好問虞鄉麻長官成趣園二首

鑿池水交流築屋山四繞衡門在人境三徑深以悄
中庭八九樹晨坐聽百鳥人生信多慮長飢容未了
虛舟有天游我定物自擾豈不與世並自是萬物表
達觀無不可言外當境曉

蹉跎匡山游爛漫彭澤酒慨然千載上懷我平生友
夫君負奇節劔氣鬱星斗爲吏非所堪徑去如避走
王官唐以還寂寞蓋已久柴車君來隱淸風動林藪

金元好問虞坂行

至今溪上詩往往在人口淵明不可作此士寧復有

虞坂盤盤上青石石上車蹤深一尺當時騏驥知奈何千古英雄淚橫臆龍盤汚泥易所嘆麟出非時聖爲泣元龜竟墮余且網老鳳常饑竹花實天生神物似有意驗以乖逢知未必若論美好是不祥正使不逢何足惜孫陽騏驥不並有世萬億中時有一乃知此物非不逢轅下一鳴人已識我行[illegible]路多閱馬敢謂羣空知冀北孫陽已矣誰汝知努力鹽車莫稱屈

金張琚移河中

昳戰連年廢吾知有此行條山猶在眼渭水若爲情

飽肉豺狼喜傾巢燕雀驚西樓今夜月愁絶是空城

金趙子貞題風陵渡

一水分南北中原氣自全雲山連晉壤煙樹入秦川落日黃塵起晴沙白鳥眠輓輸今一急忙殺渡頭船

金陳賡登臨晉西原廢寺

前朝廢寺枕山阿尚有摩崖翠堵波故國已非唐日月老僧猶指晉山河年來筋力登臨倦亂後心情感慨多石蘚荒碑碎文字他年更得幾摩挲

金劉昂遊王官谷

潛溪時照塵埃客微雨不遮天柱峯斜日落花人去盡淡煙樓閣數聲鐘

金張瓚　棲巖寺

林表照人白塔明竹間蘭芷石泉清惠崇水木西軒景煙帶平蕪水帶城

元王惲　虞鄉道中

中條如畫色蒼蒼雨過晴嵐帶夕光望入王官饒水竹路經虞坂乍耕桑未容巖桂相招隱自笑微官有底忙多謝曉風驅暑退笠簷吹作馬頭涼

元王惲[illegible]

舍鞍夏陽西褰裳躋雲頂盤折下潺潺失身墮幽阱
孤松突危巔望望雙目惘不圖兩芒屩踐迹聖人嶺
重華不復返欽此孝慕炳降覲臨帝泉冠珮爲肅整
泓澄一勺多浩若淵水迴徜徉不忍去盃飲濯滯梗
慨焉念高風滅没翻倒景野人前致辭此事傳歲永
有鰥昔在微怨爲瞽所屏窮歸此來田號泣痛自省
空山無所得扶來子孤影彼蒼彰聖誠竭餒恐或眚
一事兩崖間二水出俄頃北崖縈帶流南甃湛寒井

至今山中人飲食了二頃我生千載後懷聖心耿耿
風俗日淪喪道誼奚所秉安得天瓢手挹此霜露等
士林摧姦枿比屋化封潁滌易臣子心骯髒變骨鯁
暮歸田舍眠有志安得騁此心恐未能作詩聊自儆
且當就巖蕨酌水煮殷鼎

元王惲遊萬固寺

中條鬱蒼蒼首尾固雄大連山一卧虎矯首盡兩界
東南萬峪門犖确入幽隘空声上絕壁巀嶭兩崖對
南北開畫屏高下蔚萬檜扶藜到山門黃衣六七輩

寺殘薄佳賞一水艮可愛尋源入雲蘿不惜阮屐敢
掬飲淸臆塵坐覞巨石恠飛空響珮環林迴勝怒獅
行聽溪聲回周覽詢勝槩當年爽心亭萬竹爭映帶
碧蘚照淸泚襟袂濯沆瀣入境兩渺茫佳句儘誇邁
雨軒邀客飲放目欣一快盤餐固疏糲泉冽幾肉嘬
少焉林風振萬壑一氣噫前林疑虎嘯作勇助吾憊
筆落還自驚一掃衆峰殺山僧喜醉吟海會得琛貝
與來本無心游藏詫佛界夕陽送歸鞍依約虎谿外
風煙作硯墨塔影失所在鍾英壓摹寫闘伏作機藹

盤空之硬語抜癢若無頼馬首詩遽成一嘯豁吾臆

元王伯逌三詔亭

水竹蕭森一徑開濯纓亭下洗塵埃情知相約皆無實不礙偷閒乘興來

元王思誠臨晉道中

嵋原回首望汾陰寶鼎精銷瑞氣沉千古帝王行幸地草荒蕪路暮雲深

元王思誠過郇城

世傳今猗頓本屬古令狐四境村墟僻千年壁壘孤

郇瑕宣撫地秦晉戰爭區對澤空城在桑泉故邑蕪
牛羊多苗壯田畝亦豐腴膴膴重華甸茫茫大禹都
峨嵋遙入陝刳首近連蒲南補鹽池埭東穿涑水渠
馬王存舊廟張相表通衢賢聖流風墜貧窮習俗麄
羣黎如欲富何不問陶朱

元王思誠虞城

金鷄堡峻壓崇墉襟帶隅山幾萬重虞芮古城連邃
界茅戎舊邑入疆封山頭百折顛軨坂水面三門砥
柱峰驥負鹽車逢伯樂賢傭版築遇殷宗但聞虞號

亡曆事不見巢由洗耳蹤掛鼓石尖寒日淡煉丹爐
口晚煙濃年華苒苒如飛矢人世悠悠似轉蓬天地
無窮生物意山川不改舊時容淸沿澗谷涓涓溜翠
拂祠堂鬱鬱松且喜巡行公務簡賦詩聊復慰疎慵

元郭嗣興　詠臨晉

臨晉河東邑成周魏解梁綏化更他號桑泉復舊隍
懸州居舜坂併縣得虞鄉地里時沿革山川勢渺茫
黃流雄滾滾涑水遠湯湯蜎阜踰閶喜中條接太行
二嶷爭𡺸嶁五姓注滄浪碧瀵源頭活蒼崖瀑布凉

靈峰齊偃蹇天柱特昂藏形勝開千載輿圖壯一方
城池殊屏蔽廨宇式軒昂製錦掀高樹鳴琴敞後堂
街衢紛並出廬舍鬱相望官稅司交易兵巡職警防
惠民恒啓局育士總登庠養濟初分院存留小置倉
神祇嚴廟宇郵驛達康莊宮觀超雲閣浮圖屹寶坊
名村多取姓列肆悉通商戶數編年定田疇出賦常
往來逢軌轍汎覽絕舟航土燥惟憂旱人淳頗尚剛
編氓專稼穡庶士薄文章習藝非工巧趨農雜女郎
用財元儉嗇酗酒輙豪强㓜稚婚先聘期頤壽且康

使令稀婢僕歌舞盛優娼築室何須柱爲門但穴牆
編蘆施坐席壘炕作匡床鞋底還成紙毛聯足裹韁
冠巾且蒲笠貯物置荆筐雙衛勞耕耒三犍慣服箱
階除紛狗彘町疃踐牛羊播種宜麻麥蒔秧乏稻粱
販蔬盈市井剮藥入林榔棗棘叢籬畔樗槐蔭路傍
邊山多植柿近郭罕栽桑苜蓿青供茹蒲萄紫壓漿
鼠肥偏喜食魚美鮮求嘗羅鴈來秋渚呼鶴向曉岡
簷棲馴鵓鴿丸轉智蜣蜋博物知生產觀風重品量
澆漓由積習衰盛繫興亡賜地功誇畢封君將數楊

王官餘迹在扁鵲古塋荒元素崇資顯司空隱德昰
石存猶指柳碑樹慕追王張使科名著陳侯政譽揚
申生能盡孝麻氏尚流芳表闕旌崔婦名村憶霍光
彿僧形已化仙術道尤彰給飲池亭廢屯軍堡府張
斜途傳漢代故井識殷湯列冢皆英宦遺祠各禱禳
記銘昭事實詩律逞琳琅

元孔克堅王官谷

避暑王官谷翛然興不羣飛泉落秋雨茂樹結寒雲
天影臨流見春聲隔竹聞時同三二友尊酒坐論文

元段成已汾水秋風

一曲劉郎發棹歌歡聲未已奈悲何只今回首空陳迹依舊秋風捲素波

元趙孟頫送田師孟知河中府

漢二千石入爲相邑令或入爲三公聖朝用人亦復爾予以此賀田河中田侯年少與予友今三十年俱白首離觴未盡去馬鳴愁向風前折楊柳

明薛瑄虞帝廟

巍巍宮殿倚城阿至德光華永不磨黃屋當年歸揖

議蒼生終古尚謳歌旻天皛皛星辰爛歷野芃芃黍稷多千載河山渾似舊觀風今日喜重過

明薛瑄登中條東頂

魏國中條此盡頭登臨暇日興悠悠兩崖勢轉黃流靜萬壑聲寒碧樹秋官舍飛甍臨遠谷琳宮細路繞層邱風光滿目皆吾土逸氣飄然總勝遊

明何景明首山王君書屋

王君首山下新起讀書樓雲霧懸蘿入湍波湧竹流具茨黃帝宅嵩少羽人邱想待功成去方爲此地留

明韓文中條玉柱峯偶題

不到仙家十五年可人風景尚依然半巖花語龍歸洞滿地松雲鶴避烟近水丹崕常得月凌空畫閣欲參天賞懷未了登臨興歸騎斜陽懶著鞭

明楊博河中形勝

秦晉相望鷄犬聞黄河一派就中分西連仙掌明初日北接龍門起暮雲五老峰前猿自侶二賢祠畔鹿爲羣琴堂故跡依然在千古高風仰舜薰

明楊博五老歌

曉披五老峯上雲晩釣五姓湖中鯉忽逢漁父三五人問是五姓誰家子自云無姓亦無名世代相傳常釣此月落天昏駕小舟從來未見風波起得魚心自安無魚心亦喜公昔提兵在薊門單于繫頸呼韓苑頗聞飛語轉流傳彤弓幾付東流水東流水眞可笑何如相將日垂釣白雲冉冉生元鶴雙雙叫極地與窮天居然不盡其中妙

明王崇古王光祿山庄菊宴

買山堪避俗引水地偏靈樹隱龍宮碧苔封石磴青

鳥聲竹裏出鳥語花間聽極目長河外三峯列華屏

明王崇古宿隣山書屋

愛爾隣山屋幽懷寄薜蘿白雲擁戶近綠樹入簾多雨過千峯色風回萬籟歌夜深秋意靜渺渺見銀河

明王崇古弔首陽書院故址

漢代股肱郡山河拱舜城憑高開藝苑列館授諸生濟濟人文會悠悠弦誦聲人亡還赤劫至地爲傾搖落啼山鬼陸沉失舊京薰風還自至華月爲誰明翳翳惟秋草宮牆起暮螢感時思振袂弔古欲沾纓

陵谷成今古桑田識變更合當回景運再頌濁河淸

明蘇祐后土祠

春雨汾陰道秋風漢帝辭蛟螭上苔蘚龍隼失旌旗雲薄虛沉水烟寒靜裊絲佳人今不見感慨亦當時

明蘇祐眞宗行宮

宋帝行宮汾水邊翠華想像杳風煙天書雲篆今何在玉檢金泥竟不傳伐石自鐫西祀日渡河翻恨北征年金人十二多零落雙立猶看輦道前

明王世貞蒲州酒

屑瓊爲麴露爲漿超出人間色味香應從帝女傳漕法不向河東羨索郎

明張佳允望方山

選勝徵前牒方山蹟著奇湖摇千壁動雲斂萬峯移高嶺平如掌洪流注似巵百梯誰獨往五老自相隨倚杖天何近尋源路轉疑孤懷勞極目爽氣自支頤石鼓鳴深洞鸞漿灌紫芝鄄驂行倦矣林鶴怨妻其瑶草非難拾桃谿會有時芙蓉秋露好合與地靈期

明張佳允宿永樂宫二首

稅駕南山麓投棲永樂宮地偏雲下榻殿古夜乘[illegible]
舊里真人後浮生過客中相邀華表鶴來往大行臺
老栢知何代殘碑不問年斗牛行畫壁枕簟出飛泉
玉檢神霄秘金宮絳節懸石壇中夜月吾欲採嬋娟

明張佳允登河中西城樓

不盡樓船泛大川還從霄漢俯春煙河汾偶覽朱欄
下秦晉平分落日前西極野雲封劍閣中原佳氣起
幽燕殘花未可傷遲暮嶽色長開玉井蓮

明[illegible]僅九遊[illegible]延洞

雲巖昔有洞扶杖出青松苔亂游人屐雲留靜者蹤
蓮燈懸琥珀鷲嶺揷芙蓉飛瀑凌天落朱霞鎖日封
汀洲歸漢渚嶽掌拂仙容花雨飛春樹山風到石鐘
採芝頻見鹿擊鉢恐驚龍刼土須臾事桃源偶爾逢
暝煙何必問珠月掛千峯

明張四維舜廟

重華遺廟古城隈城上薰風百尺臺谷近二陵留異
竹泉分雙井沁新苔深山木石鹿仍過廣殿簫韶鳳
自來千載垂衣逢舜旦慶雲常是護三臺

明張四維鶩漿泉

中經富名山蜿蜒帶河滏造化剖幽藏邱索標靈致
時峰竦湖陰高指觜觽次南望揖嶽蓮連岑近相避
絕頂有神泉泱漭含元氣澄泓滿不溢㶁潦邈不異
雲漢疑凊彈瀼露奪甘味厥惟帝臺珍鶩漿自昔誌
頃余釋塵鞅鄉山恣容裔尋此奇勝蹤疑爲鬼神秘
秋波浸空碧曉月弄山翠躋攀日無休吟賞夜不寐
拄杖龍所化恰與真源値膏濡草木蕃氣悉川原媚
洸覩九舞境快我千古意振衣天宇澗鳴絃水脉沸

廻耽飛僊洞巖壑下無地信宿憺忘歸蒼茫結幽契
玉池授丹訣潮音閴未試靈液欣可托永言滌心累

明楊元祥王光祿園亭二首

登高通四徑縱目見明湖夾路虬枝栢當闌鳳尾梧
索郎千日醉欵乃一舟孤自得驅鷄術形蹤半有無
水落蒹葭紫林開橘柚黄晩無書可著時與醉爲鄉
飯出胡麻熟盤傾雀舌香邇來多隱思鷗鷺足相忘

明蕭啓秋風辭亭

漢家亭起向汾陰俯瞰中流百尺深昔日遺基微有

跡多年古栢自成林菊蘭芳歇秋容淡簫鼓聲殘日
色沉過客漫勞談往事斷碑無字草蟲吟

明顧福春日過純陽宮

馬奔馳西復東亂山深處得琳宫雲埋寶劍人何
在塵鎖丹爐火不紅瑶草滿階空暮雨碧桃千樹自
春風泥途負與蓬壺隔借問他年有路通

明朱知鰲登玉柱峯

玉削孤峯象外懸千盤危磴費攀緣天開古洞白雲
鎖地控函關紫氣連石上横琴彈楚調坐間垂手汲

清泉千年不朽仙靈跡丹竈蒼松起暮煙

明張廣首陽夷齊祠

大華嶔中斷歸然見首陽吾家近相望驅馬陟其岡緜垣叢灌木吊古空彷徨依依雙冢間二難同一堂赤藤胃顏碣翠栢經千霜風雨蝕文榱丹青脫杏粱荒徑踔狐兎林薄遊麏麞大義凛如昨客來猶負牆矯矯采薇歌吾將釋衆芳嗟彼熊羆流如何鸞鳳翔

明張循占遊中條

積雨林巒青靄曉蟬聲忽送凉風早苦竹何年長玉

枝空山漫自尋瑤草瑤草瑤草碧澗深仙人贈我紫霞琴彈來不作人間曲谿谷皆流太古音太古山川氣磅礴興來攜杖凌丹壑到處紅塵有是非羣眞爲我開元籥玉柱孤峯景最奇千章松栢護神祠天風颮颮吹毛骨一望三山生遠思

明尚登岸風陵渡

村村煙火聚小結此山城水遠雲先住關高霧欲橫榮枯悲往事得失厭浮名遥共華峯約蒼寒耐久盟

國朝朱彝尊題吳雯徵君詩卷

甚吳郎大雅 材賦詩不上栢梁臺翻飛却似横汾雁幾度秋風上苑來

國朝蔣超中條柹林紅葉十二首

爛漫華陽翡翠塵琅霞靈壽踏秋新分無再覩七眞面紅葉滿山當故人

絳河明滅夜堂紅天女朱絲奏晚風珠珞雲衣看不見翠鈿落在石欄東

剡末丰茸韎韐光勁乂緘色引微霜隋宫妃嬪無身

手費盡刀圭作綵妝
幽軒俯瞰雲生堿高閣斜連錦滿桁一覺黃庭翻讀
後滿身金紫策眞卿
九日射來紅落彈六鰲揹後血殷鬐雕雲錯幙金天
犖華蓋編珠后土旗
抱朴精廬寄碧山丹芽紫毯滿巖攀山瓔酒色斕翻
甚歸路紅雲把客閫
空谷佳人笑欲然朱唇酒暈索題箋香衫細馬遊仙
夢多在紅羅玉珮邊

彤管親題綉帶舒秋風鴈塔忽逢渠只因解惜紅羅

襪落葉堆成不忍書

妙麗曾經勸酒頻溫柔爭贈紫羅巾珊瑚樹下輕聲

過怕有紅樓欲墜人

仙人賭失班龍哭怒擲于闐暖紅玉借騎帝女赤鸞

還紅光一道騰星燭

菊秀蘭衰樹擁霞翠翹紅袖石闌遮豪家金谷輸吾

懶坐看秋林當麗華

華林清夢應難掇綺語霜髭斷不支待得春風圖畫

永水霜樵悴已多時

國朝王含光五老峰

虞鄉西南五老峰一峰一朶玉芙蓉層城亂插櫻桃
樹絶頂斜篸羅漢松中峰孤秀凌空起矗矗去天一
握耳四峰却立不敢前儼然商皓翊帝子羅列石筍
似兒孫或載雲旗鬖髿弭我欲步虛叩僊寰絶巘蘿
飈不可攀但見流風吹素氣懸泉飛薄戞珮環玉竇
穹嵌鐘乳滴香雨溟濛非人間西過林坳登歘石道
人指點羅公迹柯爛丹成去不廻至今樵者聞篴

月照前峰雲影飛相傳半是蓬萊客一壺山酒謝山
靈空翠撲人衣帶青野鶴歸來憐華表仙翁何處化
流星恍惚不知歸路在谿烟花樹雨冥冥

國朝王含光猗氏城南樓獨眺

蕪城層閣獨登臨遠檻煙嵐雨後深水曲蘆花留晚
雁山幼木葉下清砧殘霞忽墮杯中色遠岫偏舒物
外心徙倚斜陽人不見誰爲解釋佇宣吟

國朝王含光王官谷似園幽興四首

南園春雨晴細草遠砌生灌木漸抽蘂雲鳩忽已鳴

陂池生新水水鳥何無聲掃榻山色下闢簾道心生
客來欣倒屣暢此邱壑情蘭室促玉軫竹房敲楸枰
圜蔌青堪摘家釀綠長盈願勿談簪笏致渝鷗鷺盟

其二

結廬無城隅一壑紆如帶地濶絶四鄰短牆隨松檜
時事杳無聞愁悴日以汰宛遊郇墅間不復識冠蓋
晴瞰積翠陰夕矜抒靈藹陟阜愜遠懷泛船挹清瀨

其三

故人隔重山片鴻唳天外空林獨往來樹葉散秋籟

暮年多遯思買田王官谷卜宅當谷口聊構數椽屋
門對天柱峰㥘掛千尺瀑仙靈委空蛻逋客遂初服
高嶺披松杉深巖藏橘槲峽偪疊溜鳴崖斷危石撲
細路連棧橋層巔走牧犢埸鹿隨客行野鳥銜人逐
烏椑晚葉紅霜栗秋猨熟求友逢漁樵兒月坐林麓
樂事復同人誰云媚幽獨

其四

山遊無遠近來往不可期著屐出村園杖竹相扶攜
循磵踏亂石攀巘挽纖枝振衣層岡上衆山逞其姿

煙林鬱緜綿宮觀何參差危窻嵌絕壁飛泉灑流斷
滴瀝結空翠寒陰絡細迤登臺岫雲迎長嘯谷風追
有酒疲可滌無絃情乃移夕陽變峯影歸路應棲遲
嘆息千百載後來者爲誰

國朝王士正送吳雯歸中條

月始在房羣陰終凍禽塌翅啼酸風呂生置酒邀我
飲清歌笑倚商玲瓏朝來宿酲卧未析吳郎告我歸
河東北風雨雪滿天地層冰千里高穹窿行人皸瘃
手指墮狐裘嗟汝胡蒙茸長安甲第高入天馬蹄動

地聲隆隆漿酒霍肉不足道金玉磊砢堆堂中汝詩千首文百軸滂塗未拔誰相通汝家王官谷中條青濛濛藤蘿相糾水相激至今猿鳥悲司空汝歸讀書甘菽茙致君堯舜曾有日飛伏詎辨雌雄

國朝王士正猗氏往蒲州道中有感

令狐城畔雨霏霏遥指中條積翠稀西接新秦三輔迥東鄰故絳兩川圍空聞魏國山河美久識唐家節度非愁絶無心更懷古清秋風景亦霑衣

國朝王士正中條山下作

中條初日上嵐彩變朝昏芳樹重重塢流泉曲曲村
河流趨底柱山勢鎖關門借問王官谷貽溪跡尚存

國朝宋之樹咏猗氏風景

桑泉風景近何如半是耕田半讀書嶺號峨嵋多種
麥溪名涑水不生魚郇侯祠畔春雲滿猗頓宅邊古
木疎地屬唐虞民尚朴城中宛似野人居

國朝介孝璹王官秋望

祠外高樓日影斜秋橫飛盡晃天涯王官亦是論兵
地父老誰傳賣酒家萬嶂烟霜全晉樹千年風雨聰

唐花黃河只在請峯下烽火難尋海上槎

國朝劉允升后土祠

漢宮唐殿宋碑銘雕上靈光接上清高阜長騰金寶

氣繡帷輕護珮環聲苔痕剝落秋風冷棟粉零星夜

月明獨有多情汾水澗白雲黃葉雁行橫

國朝郭于蹕猗氏荊烈婦詩

就木何慷慨而無愧日星長從封馬鬣相傍駕雲軿

泉血凝芳碧霜肝照汗青啼鵑悲毅魄山鬼護幽靈

一夕氷魂逝千年玉骨馨潺湲涑水曲恨泪灑荒垌

國朝吳雯虞鄉口號二首

楓林颯颯石磷磷壠上饑烏飛趁人烹羊釀秫勞田父打鼓攤錢賽社神

舍南舍北蔓寒瓜東門有池方漚麻老農何處牽黃犢行過一灣紅蓼花

國朝吳雯王官谷

朱樓覆殘雪花葉無冬春衆水急爭壑一峯閒對人白雲識心素空谷留皇醇晚來鷗鷺侶拔翅桃源濱

國朝郭九會遊仁壽寺二首

藉甚吳郎大雅材賦詩不上栢梁臺翻飛却似橫汾
雁幾度秋風上苑來
三晉風騷雜僞眞遺山没後更無人把君行卷誰堪
並除是番禺屈大均

國朝郭九會遊仁壽寺二首

竹林深處吟詩苦便是逢僧未覺閒借榻聊從消午
夢攜樽不碍叩禪關風度爐烟浮下院鳥啣栢子落
前山三年重到招提境明鏡臺邊照舊顏
峨嵋長護梵宮幽縹緲諸天閣上頭隴麥連阡看作

濵山城背嶺繫如舟浮生半向名塲老薄暑全消野
寺秋作述幸逢陶謝手相期攜屐日同遊

國朝喬光烈　二賢祠

孤竹遺祠在千年　回首陽殷周何處問薇蕨至今香

苔覆殘碑綠河流落日黃登臨吊餘跡不盡意蒼凉

國朝喬光烈　五姓湖

湖光千頃湧烟波圖畫相看竟若何遠岫堤長春樹

暗晴天沙暖浴鳧多詩情處處臨風好漁笛聲聲向

晚過一曲滄浪清興足不知誰和扣舷歌

國朝喬光烈　萬固寺

官齋無時得暫閑那許問寺還尋山偶然休沐偱芳

日且下勝地成躋攀中條之麓最清杳白石萬固藏
其間明道先生萬固寺紀遊詩萬固白石皆勝地凌朝出郭未十里溪環
澗珮鳴潺潺穿林入谷踏确礫一徑下馬敲禪關上
方幽景隔塵事老僧白髮皆蒼顏齋磬無聲竹樹靜
但有鳴鳥相綿蠻石泉甘冽試一酌煩襟已似濯且
刪吳生妙跡留舊刻諸天瓔珞看珊珊寺有吳道子畫石刻浮
屠突兀起天半舍利內貯光斕斑唐年到今已千載
攤勢尚覺不可扳更登高閣時憑眺黃河西來如帶
環秋毫日果盡到眼太華黛色眉痕彎頗思流連窮

日夕坐待嶺月生溪灣催歸後騎帶夕照松風吹斷仍人寰香林回首更翹望重來有約能無慳

國朝喬光烈中條晴色

雨洗中條出千峰向晚晴遥迎郭門翠高入郡樓明鬟鬟娟娟影烟暉處處情清吟對從事敢擬謝宣城宣城集有與從事吳均聯句詩

國朝喬光烈純陽宮呂仙故宅

碧落蒼梧自遠遊尚餘故宅枕山幽袖中劍氣蛇三尺世外笙吹鶴十洲跌蕩酒杯酣綠蟻流傳詩句寫

紺櫚金丹何處從君乞空訪珠宮古樹秋

國朝喬光烈同周使君遊棲巖寺

古寺空山不記年斷崖懸峭落飛泉藥苗香徧深春後樹色陰成永晝邊洞失曇延人不見殿荒仁壽字猶傳爰知刺史多才藻定有前賢屬和篇唐大歷才子李益盧綸皆有棲巖之作

國朝喬光烈汾陰懷古

脽上精靈在猶傳漢武雄樓船秋色外簫鼓夕陽中汾水今亦徙祠宮久已空徒然歌寶鼎歲歲自西風

國朝喬光烈河中懷古

無復題詩鸛鵲樓空將舊事說秦州蒲州古爲秦州山河不改千年色戰伐頻看異代愁禱罷祥符沈璧馬鑄殘天寶剩金牛于今禹甸歸清宴父老中蒲樂未休

國朝周景桂望首陽弔夷齊墓

聖人師百世清風留萬古首陽名與太華高端然託此一抔土扣馬之事後世疑論定千秋有孔父殷周嘗回如逝鳥陵栢鬱鬱茂林莽大河浩浩去不息流盡歲月不計數二子之名終未歇直與乾坤久相處

當年困餓甘如飴食薇何曾心覺苦

國朝周景柱五姓湖歌

君不見昔日張揚池更名五姓知何時湖波渼淼不知遠澄作汪汪千頃陂平開鏡面天上下靴紋屈織鋪琉璃長虹偃臥亘南北小橋如畫相參差春來錦樹暗圍合湖岍四望烟霞披當年樓閣惜無有湖濱往時多人家樓閣不見酒舍搖風旗晴光倒景生漣漪瀠洄沙渚相迷離漁舟幾點乍出沒櫂歌一片遥東西有時鷗鷺爭上下浮波刷影狎且怡菰蒲深處堪把釣藕

花香裏宜啣巵惜哉篷窻不得拓綠蓑青篛無由隨
我家家山繞青溪屐齒長踏西湖湄佳時每憶弄湖
節勝處最愛蘇公堤荷花桂子香十里一葉泛艇凉
吹衣錢塘門外不歸去湖光戀客斜陽低一行作吏
向天末符竹坐綰身相羈塞門秋獵看射虎郡閣睡
破鷲鳴雞水仙祠下夢難到六橋辜負遊驄嘶今朝對
此風景好江鄉回首情依依空濛瀲灩晴雨裏買船
載酒何時歸

國朝周景柱奉和憲使喬公遊棲巖寺

禪棲無處問隋年獨有當時洗鉢泉入到翠微金界外騎停紅旆石幢邊謝公邱壑情何限白傅湖山句已傳敢把清吟繼盧李盧綸李益唐時遊棲巖各有詩陽春聊屬和時篇

國朝周景柱郡齋喜雨

旱色畏驕陽遙愁黍葉黃快看雲陣合清聽雨聲長已覺秋田好憑添北牖凉宵分剪官燭併潤墨池香

國朝周景柱河中書院舊址

驅車出東城得得岡勢起岡頭立殘碣隱隱見文字

讀之未及終歎息浩不已昔時感經營講舍初構此
臯比延雅儒列屋養弟子郡中文學興彬彬實茲始
球琳看接庽冠蓋久名里百年事遂過六藝竟誰以
垣宇無復存茂草同蹋圮絃歌散風雨芬芳息蘭芷
教學古所先琢璞用成美文翁與高朕化俗照青史
禮圖觀石室至今慕賢軌況當文明世膠序無不敢
安有弛其規可以奏治理我思繼前徽築宮就其址
考業招生徒經術究端委事之剏與磨英髦出榛穢
文物還舊觀賓王慶多士端唯太守職夙夜謀所庶

鞅掌嗟徒勞婗彼娀闕子誅茅竟何時棟牖出新綺一朝公沙門更合華陰市詩書化鄉閭嘉賓薦桃李雖乏治郡艮庶慰願所喜

國朝周景柱王官谷懷司空侍郎

王官高隱處千載懷司空舊跡迷春草孤標美賓鴻浮雲雙過鳥飛瀑兩垂虹亭上纓堪濯（司空所居有濯纓亭）臨流獨溯風

國朝周景柱郡齋讀北史懷古

東龍西虎紛鬭攻六渾黑獺皆人雄邙山沙苑真勁

敵宇文一戰初成功蒲州署定門戶奪鮮卑自此驚
西風長城萬里堪自壞誰謡明月來關中周師忽報
晉陽入直掃鄴下收齊東併吞氣勢倒山岳事去變
滅隨飛鴻鈴聲不動郡閣靜暇散雕帙披緗紅覇圖
割據競彼此何異得失爭雞蟲輾然發我一笑粲傾
見山色卿青銅

國朝　周景柱行春郊外

抱城流水一行斜路指烟郊度玉沙麥隴經時青覆
雉柳條隨處碧藏鴉潤知皐壤新過雨香拂行軒淺

傍花還喜太平眞有象農歌春酒野人家

國朝　周景柱　柿林紅葉

蒲人多植柿秋來紅葉鮮妍可愛前輩蔣虎臣太史賦詩多至數十篇刻在郡史暇日見之亦賦四絕

故教青女夜相催萬樹千林錦作堆見說絳河無路到分明身入茜霞來

盡把珊瑚映夕曛瑤仙齊著石榴裙無邊紅樹多情思遮斷青山鎖白雲

逭抹著工絳欲流扶桑樹下豈知秋金天特地添晴
景艷火鴟鴟燒九州
滿空丹鳳尾襹褷相送炎官卓羽旗赤氣冲融無間
斷今朝心賞退之詩

國朝　周景柱瑩川亭

峰廻高著瑩川亭勝日登臨倍有情竹籟桃花看共
下岳蓮仙掌對分明天香近帶清鐘度沙氣遥籠野
樹生占斷風光擷纖目歸來逕火動春披

國朝　周景柱詠竹筍

蒲中產竹既小于江南其萌倍細供饌正似荻芽耳茁亦甚晩鄉園首夏即多成竹矣因有末句

已過殘春候初逢筍入筐幾莖青玉削一束紫茸香籜管纖相似蘆錐嫩共嘗鄉山遙憶處烟雨萬竿長

國朝 吉懷 永樂純陽宮

仙人遺宅碧山隈劒影蕭蕭去不回滄海月明天萬里有情鄉園暫歸來

國朝 懷李義山故居

千年宋玉一江宅文藻空存跡已荒剩有風流未銷

下遷吟秀句應嘉州

國朝古懷永樂懷古

山河觀國意仍在城郭唐年廢不留白鳥朝來閒自

裏行人指點說風陵

國朝古懷風陵渡

黃河東去浪花騰懷古登高意不勝晚渡叢園秋色

賞微情祇許野人知

才高位下竟何嫌獨有驪吟繼楚辭百寶流蘇空自

賦春深芳草共斜陽

國朝張淑渠奉陪郡守嚴陵周公泛舟五姓湖

八韵

五姓知名地朱幡十月過地偏人跡少山靜葉聲多碧浪搖丹樹清流映緑螺魚窺名士舫鷗聽野人歌風定茶烟細日高榜語和詩籤分部署杯酒勸漁簑蘇堰功何鉅習池事不磨從公留信宿清夢入岩蘿

國朝畢宿燾奉陪郡守周公泛舟五姓湖三律

喬卿高掛福星駢六邑人家戴二天黃閣已題名卅蚤禴帷暫寄水雲邊漁歌聲裏花千樹心迹清如月

萬川此日五湖留勝蹟名園佳客盡僊僊時胡牛雨先生同遊
欸乃幾聲小艇遲綠陰深處好風吹一篙新水鷗初
起千頃澄波柳自垂亭號醉翁宜載酒軒題名士愛
臨池濟川今喜逢舟楫童叟懽呼雨露滋
中條山色暎陂塘一片玻瓈菡萏香不日栽成蘇氏
柳千年留得召公棠人思去後爭傳謝治最當時豈
讓黃幸托龍門殊自喜行看異蹟達明光

蒲州府志 卷之二十二 五

藝文撰著

益智兵書一百卷　武庫益智錄六卷

九愚山房集　徽州府志

明巡撫副都御史猗氏何東序著山西通志引

其目作息盜兵書與明史及猗氏志所載不同

豈固未之見而徒以其所聞者紀之抑東序或

別有是書史與志俱佚之乎

獻納稿十卷　奏議七十卷

虞坡文集　虞坡詩集

虞坡雜集

明尚書蒲州楊博著明史載詩文十二卷

山堂彙稿十七卷　歸歟漫興稿五卷

奏議五卷

明總督尚書蒲州王崇古著明史曰無歸歟漫

興稿

衛子剛詩集

明布衣洪武初人有司薦其才辭疾不赴隱居

終身八十餘卒

修治條目　襁褓法言

曹月川年譜　太極圖說

酒誥　刑誥

明御史蒲州謝琚著

蒲州志

明四川布政司參議蒲州楊瑩著

西遊集　蟻穴集

呂涇野倡和集

明蒲州謝麟著自號山泉子成化間以人材薦

授鄭城丞棄官歸隱於州東之青渠

四書尚書井觀錄

明陝西按察使蒲州張邦教著

自省編

明中書舍人蒲州王珂著

性理纂要　　五經巾箱

大學衍義日抄

明知州猗氏令狐鍃著

孫侍御詩集

明蒲州孫丞恩著

四書目錄　性理三書一覽

律呂問

明布衣猗氏郭希湯著

去浮集　四禮約

四書臆見　讀書日記

聞見隨錄

明郇陽府同知蒲州張煇著煇有孝弟之行在

萬歷中

碧山園草　叢篠園集

明尚書蒲州孟時芳著

條麓堂集二十卷　續集十卷

明大學士蒲州張四維著

道學傳

明知縣猗氏陳國柱著

館閣草

明大學士蒲州韓爌著

春秋要旨

明貢士猗氏荆芸著

詩經便韻　萬竹園集

明布衣猗氏王鳳著自號竹窻道人

楊尚書奏議

明戸部尚書蒲州楊俊民著俊民襄毅子也

便民實政　雜焚草

㞢園集　半九亭集

明御史猗氏喬應甲著

陽紓山房集

明臬使蒲州張泰徵著

籌海代言

明知州猗氏張璞著璞天啟間拔貢以文見知

西極文翙鳳其詩亦嘗爲孟津王鐸所稱

西津集

明州學生蒲州張廷輔著

鳴巢集

明處士蒲州王旭著

大易圖

明知縣蒲州劉濙著

函園文集　撫登疏草

撫吳疏草

明侍郎榮河李暠著

舜原先生集

明僉事蒲州楊瞻著

忠孝語錄　思齋稿

明廣文蒲州張臣著

介石樓稿　姚墟纂異

紀事六卷　雜記四卷

明左都督蒲州楊俊卿著

重美堂稿

明推官蒲州楊俊士著

館閣試稿　歷官奏疏

喬蔭山房集

明詹事蒲州楊世芳著

宦學初稿　諫垣奏議

諫垣紀事　立朝紀事

明通政蒲州韓楫著

理言十一　山居雜記

明處士蒲州張九霞著

谷口集　易學三述

易圖直解

國朝河南按察使猗氏王含光著

四書淺說補　刪　鄰園詩稿

國朝知縣臨晉李世悳著

四書周易便　家抄翼十六卷

續四書人物彚考　周易圖說

性理增删

國朝舉人猗氏王巖楨著

四書訓註　詩韻辨音

國朝漳浦知縣猗氏令狐注著

小學家訓　四書

五經闡微

國朝浙江巡海道猗氏衛紹芳著

性理體會　通鑑綱目删

公餘草　姑蘇吟

淡園集

國朝知府猗氏郭四維著

四書理解　易經詳義

國朝廣文猗氏杜先乙著

本草類通歌括　傷寒全畧解

國朝諸生猗氏潘毓俊著

慕適軒集　臨晉志

國朝推官臨晉王恭先著

著存草
國朝知縣猗氏郭九會著
用存堂稿
國朝翰林編修臨晉謝陳常著
蓮洋集
國朝徵士蒲州吳雯著
中庸衍　河洛經世
地理中庸　栢崕稿
國朝諸生榮河郭嶷然著

嵑谷詩草　薜荔山房集

國朝知府永濟張銆著銆成進士供奉武英殿

出知湖廣應山縣特任廣州知府卒於官少敏

於學蓋植行敦樸者云

崇朴堂偶吟　類書纂要

國朝知縣永濟崔偉觀著

成均課講周易十二卷大學中庸各一卷

讀孟子劄記　讀周子劄記

詩書講義　溫知錄

撫秦政畧　撫楚政畧

太極圖說

國朝侍郎巡撫永濟崔紀著

此心堂詩稿　睡餘草

九陌吟　蜀遊草

國朝知縣永濟姚思恭著

論曰河中之文學盛於唐衍於宋衰於金元而復振於明方明盛時自朝廷至於四海爭以文雅相高著作相尚故縉紳先生必有文集而殫

心撰述自爲一書亦往往輩出蓋其風使然也
任隆慶萬歷之世河中王楊兩尚書尤以功業
著予常得其奏牘觀之其所以治邊事條政機
皆詳且要可施於事而裨於國而同時何中丞
東序亦稱名臣其所論著亦可傳乎世自是以
外或談道德性命之旨或揚文辭詩歌之華傑
然爭起先後尤衆是其爲書或得或失固非可
一言盡要其役志於藝林而勤勤纂述有足多
者惜其書卒未顯而且莫之知也因舉其名類

以列於藝文之後而錄在郡吏使無就湮佚焉

蒲州府志卷之二十三

事紀

巡幸

秦始皇帝二十八年巡東方登蒲坂

漢武帝元鼎四年冬十月行幸雍畤行自夏陽東幸

汾陰

元封四年冬十月行幸雍畤通回中道北出蕭關歷

獨鹿鳴澤自代而還幸河東春三月祠后土赦汾

陰夏陽中都死罪以下賜三縣及楊氏皆無出今

年租賦

元封六年冬行幸回中春三月行幸河東祠后土赦汾陰殊死以下賜天下貧民人布帛一匹

太初二年春三月行幸河東祠后土令天下大酺五日膢五日夏四月詔曰朕用事介山祭后土皆有光應其赦汾陰安邑殊死以下

天漢元年三月行幸河東祠后土

漢宣帝神雀元年春正月行幸甘泉郊泰畤三月行幸河東祠后土

五鳳三年春三月行幸河東祠后土

漢元帝初元四年春三月行幸河東祠后土赦汾陰

徒賜民爵一級女子百戶牛酒鰥寡高年帛所過

無出租賦

永光五年三月上幸河東祠后土

建昭二年春三月行幸河東祠后土益三河太守秩

戶十二萬爲大郡

漢成帝永始四年春正月行幸甘泉郊泰畤賜雲陽

吏民爵女子百戶牛酒鰥寡高年帛三月幸河東

祠后土賜吏民如雲陽行所過無出今年租

元延二年四年三月並幸河東

綏和二年三月幸河東祠后土

後漢世祖光武建武十八年三月壬午祠高廟遂有

事十一陵歷馮翊界進幸蒲坂祠后土

後漢明帝永平二年十一月謁陵園進幸河東所過

賜二千石令長以下至於掾史各有差

後漢章帝元和二年八月幸河東觀安邑鹽池

北魏孝文帝太和二十一年三月自雲中還乙未南

巡丙辰次平陽使使者以太牢祭唐堯夏四月庚
申幸龍門以太牢祭大禹辛亥幸蒲坂以太牢祀
虞舜戊辰詔修虞舜夏禹廟

隋文帝開皇七年十月幸蒲坂丙寅宴父老上極懽
曰此間人物衣服鮮麗容止嫺雅良由仕宦之鄉
陶染成俗也

唐高祖武德三年正月辛巳如蒲州

唐高宗龍朔二年三月辛亥幸蒲州

唐明皇開元十一年二月壬子幸汾陰祀后土赐文

泰始皇爲天下令祠官所常奉天地名山大川水曰

典禮

蹕蒲州觀於五姓湖及虞舜廟

乘輿巡陝西大

國朝康熙四十二年

中府丁巳次寶鼎縣

宋眞宗大中祥符四年正月幸汾陰二月癸丑大河

祠二十年十一月復如汾陰

武官階勳爵同二月辛未至自汾陰見所過今歲

河祠臨晉牲用牛犢牢具設圭幣加有嘗醪歳五
祠比泰山
秦漢臨晉乃今同州朝邑界其對爲蒲坂漢書
地志注臨晉縣有河水祠也
漢高祖初悉名故秦祠官復置太祝太宰如其故儀
令河巫祀河於臨晉
漢武帝元封二年天子郊雍曰今上帝親郊而后土
無祀則禮不答也有司與太史令談祠官寛舒議
天地牲角繭栗今陛下親祠后土宜於澤中圜丘

爲之壇壇一黄犢牢具已祠盡瘞祠衣上黄於是
天子東幸汾陰汾陰男子公孫滂洋等見汾旁有
光如絳上遂立后土祠於汾陰脽上如寬舒等議
上親望拜如上帝禮
漢舊儀祭地河東汾陰后土宫宫曲入河古之祭地
澤中方邱也禮儀如祭天名㤗一旦邱
唐明皇開元十一年將幸幷州兵部尚書張說言於
上曰陛下今因行幸路由河東有漢武后土之祀
此禮久闕歷代莫能行之願隆斯墜典以爲三農

祈穀此萬姓之福於是十二年二月祀后土於汾
陰脽上太史奏榮光出河休氣四塞祥風繞壇日
揚其光初有司奏修祠掘地得古銅鼎二大者容
四升小者容一升皆青色獲古磚十長九寸有篆
書千秋萬歲字又於古壇側舊祠堂內得石人如
從官像詔以鼎供廟移像就祠中配焉
開元十三年上將東封使大臣往河東魏知古祀堯
於平陽蘇頲祀禹於安邑宋璟祀舜於蒲坂
開元二十載上欲幸太原中書令蕭嵩言於上曰十

一年親祀后土神明昭佑累年豐登有祈必報禮之大者從之以張說爲禮儀使將作少監張景爲壇場使十一月二十日祀后土於脽上以睿宗皇帝配禮畢上自爲文令有司刊石於祠所

天寶六載封河瀆爲靈源公十載封西海爲廣潤王

唐開元禮五岳四瀆皆以每年五郊迎氣日祭之歲四祭每座籩豆各十簠簋各二鉶三其祭西瀆大河之辭曰惟神上通雲漢光啟圖書分導九枝旁潤千里恭秋戒序率用典常

唐開元二十一年置汾祠署令一人從七品丞一人從八品府二人史四人廟幹二人唐置河瀆令一人正九品祝史三人齋郎十二人掌其祠祀禮儀之事

唐制初祀河瀆於同州開元十五年自朝邑徙祠於河中府以西海於祠內望祀至今仍之

宋眞宗景德四年以朝陵遣工部尚書王化基詣汾陰后土祠致祭用大祠禮

宋大中祥符三年河中府上言進士薛南率父老千

二百人列狀乞赴闕請祀后土詔不允已而又請
河南尹寧王元偓與羣臣亦上表請於是八月詔
以來春有事於汾陰以陳堯叟爲祀汾陰經度制
置使王旦爲大禮使王欽若爲禮儀使令羣臣詳
定儀注四年正月出京師二月丙辰至奉祇宫已
未遣入内都知鄧永遷詣祠上衣服供具庚申羣
臣宿祠所辛酉具法駕詣脽壇夾路設燎火其光
如晝周列黄麾仗至壇次服袞冕登壇祀后土地
祇備三獻以太祖太宗配如封禪之禮訖改服通

天冠絳赭袍乘輦詣廟設登歌奠獻封石匱玉册
其玉册金匱先時度廟中擇地爲掐中置石匱方
五尺厚二寸中容玉匱刻金繩道三潤一寸深五
分纏金繩處深四寸方三寸五分容天下同文寶
俟祀畢太尉奉玉匱置石中將作監領衆舉石覆
之印寶悉如社首石碱之制皇帝省視訖加蓋其
上封固上爲小壇廣厚几五尺其脽上壇築如方
丘之制廟北古雙柏旁有堆阜即共地焉是日詔
改奉祇宮爲太寧宮壬戌御朝覲壇受朝賀肆赦

宴群臣於穆淸殿宴父老於宮詔大禮使等及從
臣並刻名於碑陰既罷臨郊邱亭望河汾還行宮
紫氣四塞民有扶攜老幼不遠千里而來觀者
宋大中祥符元年進號河瀆曰顯聖靈源公遣官往
河中府告祭
大中祥符四年眞宗幸汾陰親謁奠河瀆廟
仁宗康定二年增封西海通聖廣潤王河瀆爲靈源
王
金世宗元世祖並遣官至河中祀后土廟

元至元三年定祀典每歲立秋日祭大河於河中府
銀香合一重二十五兩織金旛二鈔二百三十貫
二十八年春二月加封河瀆靈源宏濟王至正七
年加封靈源神祐宏濟王定制河瀆神儀仗其旗
用黑質繡火熖大赤以章其采繪神人冠七梁冠
皂襴黃袍跨青龍祀西海制與河同
明洪武初正岳瀆位號稱大河之神西海之神有大
事遣官告祭
隋制使祀先代帝王祀舜於河東以皋陶配祀成湯

於汾陰以伊尹配
唐顯慶三年因長孫無忌議祭法乃祀舜於河東祀
禹於安邑祀堯於平陽祀湯於河南偃師
宋太祖乾德元年詔曰歷代帝王國有常享五代亂
離牽多墜廢匱神乏祀闕禮甚焉其堯廟在臨汾
縣以稷契配舜廟在河中府以皐陶配禹廟在夏
縣以伯益配每三年一享仲春月行事湯廟在河南偃師以
伊尹配如
隋唐舊制
宋開寶四年詔給河中府汾陰成湯墓守陵五戶蠲

上古鉅靈氏出於汾脽驅陰陽反山川

掌故

乘輿西巡過蒲州告祭湯陵并西海河瀆

國朝康熙四十二年

遣官告祭

明制先代帝王陵寢湯陵在山西蒲州滎河縣大事

遣官致祭并葺祠守

宋真宗四年祀汾陰駐蹕河中府令訪伯夷叔齊廟

其他從長吏春秋奉祀

路史引廣韻云鉅靈出於汾脽宋王存九域志
鉅靈祠在河中府
黃帝祀汾脽掃地而祭
黃帝采首山銅鑄鼎於荆山下
晉灼曰地理志首山屬河東蒲坂
唐堯即政十七年仲月甲日至於稷沈璧於河龍馬
銜甲赤字綠文自河而出
堯登首山道河渚有五老游焉相謂河圖將出告帝
以期言訖五老化爲流星入昴

舜耕歷山獲玉歷於河際之巖公孫尼子云舜牧於

潢陽

潢即大河也

魯連子云舜耕歷山而交益陶河濱而交禹

舜耕田之詩曰荷此長耜耕彼南畝四海具有

舜耕歷山而得七友

舜在位五老遊於國都拾遺記云五星之精也

夏后啟放王季子武觀於西河而叛啟命彭祖之後

壽思帥師征之武觀來賓

夏孔甲畋於萯陽大風雨入民舍主人妻方乳皆曰后來不勝之必殃孔甲曰取爲子子其誰殃及長屋折傷足孔甲曰有命於是爲破斧之歌東音始作

萯陽即首陽　首萯文近而誤路史以爲畋於黄萯則山海經有黄萯之山與此不同也

孔甲在位四十九年後居西河

西河即今滎　河河津地唐時人有於其縣得斷劒曰夏時物者

湯伐桀升自陑遂與桀戰於鳴條之野

尚書序疏云陑當是山阜之地陑在河曲之南河曲在安邑西南從陑東北向安邑安邑桀都鳴條又在安邑之西桀出拒湯故戰於鳴條按孔傳以陑在河曲之南疏遂依其說以爲蓋今潼關左右恐未必然序明云升自陑遂與桀戰於鳴條則其地應去鳴條非遠今鳴條岡起自安邑蟠連於猗氏之南西距臨晉甚邇臨晉中條橫嶺南達芮城疑湯昔時由芮渡河歷中條

至夏郊而所謂升陑者即在横嶺間也

武王以將軍之禮葬伯夷叔齊於首陽山

譙周古史夷叔採薇於首陽有婦人難之遂不食而

死列士傳云武王欲以二子爲左相王摩子往難

之遂不食而死類苑夷齊採薇不食有白鹿過而

乳之

宋黄庭堅夷齊廟碑疑無餓死事以爲本於太

史好奇之論然伯夷叔齊餓於首陽孔子明言

之不此之信而欲異其說何哉

穆天子傳壬戌天子至於雷首犬戎胡觴天子於雷首之阿乃獻良馬四六天子使孔牙受之於雷水之干

水經注伯夷墓下其水西南流亦曰雷水即此是也

周封文王之子於郇封虞仲之子於虞封畢公高之後於魏

晉武公滅荀以賜大夫原氏是爲原叔

晉獻公滅耿以賜趙夙滅魏以賜畢萬

趙宣子畋於首山舍於翳桑見靈輒餓問其病曰不食三日矣食之舍其半問之曰宦三年矣未知母之存否今近焉請以遺之使盡之而爲之食與肉以與之後晉侯飲趙盾酒伏甲將攻盾靈輒與爲公介倒戟以禦公徒而免之問曰何德於子而免我對曰翳桑之餓人也

魏武侯浮西河而下謂吳起曰美哉山河之固此魏國之寶也對曰在德不在險昔三苗氏左洞庭右彭蠡德義不修禹滅之夏桀之居左河濟右太華

伊闕在南羊腸在北修政不仁湯放之紂之國左孟門右大行常山在其北大河經其南修政不德武王殺之由此觀之在德不在險不然舟中之人皆敵國也武侯曰善以爲西河守秦兵不敢東向

段干木晉人也守道不仕魏文侯欲見之造其門踰牆避之文侯以客禮待之出過其廬而式淮南子云段干木晉之大駔而爲文侯師

水經注河水自河北城南東逕芮城二城之中有段干木塚按古河北縣即今永樂鎮與芮城

地永樂上方有千木祠其來甚久其處多段氏

自云千木後元段禧有千木廟記刻石祠中

魏襄王七年秦王來見於蒲坂關四月越王使公孫

師隅來獻乘舟舟三百箭五百萬

秦昭王五十年初作河橋史記正義云在同州東渡

河即今蒲津橋也

秦始皇并六國分天下爲三十六郡置河東郡

漢高帝功臣周昌初起以職志破秦入漢以內史堅

守敖倉以御史大夫定諸侯封於汾陰如淳曰職

志官名主旛旗

漢高帝功臣陳遫以舍人從起豐以都尉擊項羽封於猗氏元康四年詔賜遫曾孫猗氏大夫胡黃金十斤復其家

漢文帝十七年趙人新垣平言周鼎亡在泗水中今決河通於泗臣望東北汾陰直有金寶氣意周鼎其出乎兆見不迎則不至於是上使使治廟汾陰南臨河欲祀出周鼎

文帝召河東太守季布欲以爲御史大夫既而罷不用

布謝上曰陛下以人言毀譽臣恐人有以窺陛下

上默然良久曰河東吾股肱郡故召卿耳

武帝元封六年夏六月汾陰巫錦爲民祠汾陰后土

營旁見地如鉤狀剖視得鼎鼎大異於衆鼎文鏤

無欵怪之言吏吏告河東太守勝以聞天子使驗

問巫得鼎無奸詐乃以禮祠迎至甘泉從上行薦

之至中山晏温有黄雲焉有麃過上自射之因以

祭云至長安公卿皆議尊寶鼎是時馬生渥洼水

中乃作寶鼎天馬之歌

山西通志載班固東都賦寶鼎詩以爲即汾陰鼎者不知固所賦寶鼎乃後漢永平初廬江太守所獻出於土雒山與汾陰異也

漢武帝幸河東作横汾秋風辭傳樂府

武帝幸河東並以冬十月春三月而横汾有秋風之曲豈嘗以秋月至史或未書而遺之

河東太守番係言穿渠引汾溉皮氏汾陰下引河溉汾陰蒲坂下度可得五千頃五千頃故盡河壖民茭牧其中耳今溉田之度可得穀二百萬石以上

穀從渭上與關中無異而砥柱之東可無復漕天子以爲然發卒數萬人作渠田數歲河移徙渠不利則田者不能償種久之河東渠田廢

宣帝神雀元年幸河東萬歲宫神魚舞河鳳鳥來集

三輔黄圖汾陰有萬歲宫孝武所作

成帝永始四年幸汾陰揚雄作河東賦以諷

孝成初即位丞相匡衡等請罷雍畤甘泉汾陰后土祠於長安立南北郊從之建始二年始祀后土於北郊永始三年冬十月復汾陰祠綏和

二年三月復罷汾陰祠祀南北郊哀帝建平三
年冬復泰畤汾陰祠有司行事罷南北郊
漢明帝永平七年冬西巡狩長安十一月詔勞賜河
東守令掾以下
建安中魏太祖問荀彧曰河東被山帶河四鄰多變
當今天下之要地也君爲我舉蕭何寇恂以鎮之
對曰杜畿其人也後太祖下令曰河東太守杜畿
孔子所謂禹吾無間然又下令曰河東吾股肱郡
充實之所足以制天下且煩卿卧鎮之

京兆尹張時河東人也與畿有舊署爲功曹常嫌其
濶達不留意於諸事言此家疏誕不中功曹也畿
竊云不中功曹中河東太守也

北魏之末河東郡多流離謂之䨲民民有姓劉名墮
者宿擅工釀採挹河流醞成芳酎懸食同枯枝之
年排於桑落之辰故酒得其名最佳酌矣王公庶
友牽拂相招者每云索郎有顧思同旅語索郎反
語爲桑落也更爲籍徵之儁句中書之英談洛陽
伽藍記云河東人劉白墮善釀酒六月中以甖貯

酒𨞃日中經旬酒味不動飲之香美朝貴千里相

餉命之曰鶴觴魏末賊亂官兵不能勝及飲此酒

皆醉因大破之時爲之語曰不畏張弓拔刀唯畏

白墮春醪

後周文帝署定汾絳始置蒲州

隋蒲坂縣有酒官蒲州刺史監之是爲蒲城桑落

唐高祖起太原至龍門將渡河隋將屈突通守河東

絶津梁已而馮翊賊孫華等具舟來迎高祖以一

少牢祀於河乃濟

唐開元十年治汾陰廟得寶鼎改漢汾陰爲寶鼎縣

唐元宗幸河東登逍遥樓及自河東還蒲津皆賦詩紀事羣臣張說蘇頲宋璟等並和焉

唐元宗祀汾陰刻銘勒石命張說爲之辭其序則上御製也

朱長文碑帖考祀后土碑元宗御書八分今久亡逍遥樓在蒲州舊有顔魯公書大字石刻

唐薛元敬與薛收及族兄德音齊名世稱河東三鳳收爲長離德音爲鸑鷟元敬最少爲鵷雛

唐張嘉貞子延賞孫宏靖三世繼爲宰相時稱三相張家其里曰鳴珂里門墍爲當世鼎盛宰相世系表其先蓋自范陽徙居猗氏焉

汾陰薛氏自北魏周隋至唐人物尤盛與河東柳氏匹宰相世系表其先出漢御史大夫廣德子饒淮陽太守子愿長沙太守自愿至漢末兖州别駕蘭代有名位蘭子永字茂長從漢昭烈入蜀爲蜀郡太守永子齊爲巴蜀二郡守蜀亡率五千戸降魏拜光祿大夫徙河東汾陰世號蜀薛子懿字元伯

北地太守鄠陵侯三子恢雕興恢河東太守號北祖雕號南祖興號西祖薛氏在唐世爲宰相者三人

唐洋州刺史河東趙匡與陸質同學春秋于啖助助卒質與其子裒助所爲春秋集註總例請匡損益之稱之爲趙夫子大歷中助匡質以春秋施士匄以詩仲子陵韋彤以禮蔡廣成以易强蒙以論語皆自名其學

唐咸寧王渾瑊尹河中七年有大連理之瑞韓吏部

作頌以美之

碑帖考舊有石刻在蒲州今久亡

唐河中鸛雀樓北周時冢宰宇文護所建也宏壯華麗爲府之鉅觀河中既邇京師冠蓋游集莫不登臨暢覽山河形勝才子名流題賦其上者篇什甚衆詩版照列四周建中時有李翰爲之序至五代之季始歸零落矣

碑帖考舊有唐人石刻今亡

唐天寶十一載黄河中女媧墳因雨晦瞑忽失所在

至乾元二年六月乙未夜瀕河人聞有風雷聲曉見其墓湧出冠以巨石上有雙柳肅宗命祝史祀焉

水經注潼關直北隔河有層阜巍然獨秀孤峙河陽世謂之風陵戴延之西征記所謂風塠者也樂史寰宇記云河東縣風陵是女媧之墓九域志云在今潼關口河灘上屹然介河有木數株雖暴漲不漂沒按女媧移陵唐段成式亦記其事唐書謂在虢州閿鄉縣以元和郡國志考

之則云在河東縣南五十里與潼關對且水經注明云潼關直北隔河則定屬蒲坂不得言閿鄉矣唐喬潭女媧陵記登黃龍古塞望渾河中流所謂黃龍古塞未知指何地羅泌路史又作堇龍是不得知之也酉陽雜俎又言唐文武皇帝江都之役夜經其處風雨中有婦身鱗身騶唱而前餽生魚一簏則媧皇之神也

碑帖考有唐喬潭記石刻今亡

唐以河中為中都置府已而府罷乾元初復為府置

河中尹一人從三品掌宣德化歲巡屬縣觀風俗
錄囚恤鰥寡少尹二人從四品掌貳府州之事
唐河中府置府兵凡三十三曰興樂德義故壁龍亭
清源永和陶成霍山灘水首陽壽貴歸仁長渠虞
城通潤寶鼎鹽海歸淳大陽永安奉信永興右威
汾陰甘泉平川安保石門綏化壇道安邑崇義又
有耀德軍
唐河東縣有芳醞監汲河釀酒
唐開元十二年於蒲津關鑄鐵牛八牛有一人策之

牛下有山夾岍以維 浮梁十五年自朝邑徙河瀆

祠於此

碑帖考有唐王延昌裴虔瓘廟記石刻今亡

宋眞宗祀汾陰作禮成詩河瀆西海贊翌日王旦上

祀后土頌眞宗復御製二聖配享碑刻石於廟

碑今存在榮河城中舊祭院署東石高丈餘濶

三丈餘光澤堅厚重屋覆之俗稱碑銘又稱其

處爲蕭牆

眞宗祀汾陰有榮光幂河之祥改唐寶鼎縣爲榮河

縣

眞宗至河中府謁舜廟命守臣飾廟垣廟外有井

人呼舜泉改爲廣孝泉置廣孝坊命王欽若爲之

記

上將祀汾陰孫奭上書切諫以爲汾陰事不經見且

漢唐都關中去河東甚近故間往祀之今冒重關

越險阻棄京師根本而慕西漢之虛名陳其不可

者八上雖不能從然心知其忠

帝在河中召草澤李瀆劉巽瀆辭不至授巽大理評

事明年瀆卒下詔書旌之賜帛百匹
大中祥符三年河中民得靈寶眞文以獻
八年詔河中府同華諸州貸貧民麥種
仁宗八年弛河中府等二十八州鹽禁
宋知河中蒲州職田二十頃常俸外月給職錢一十
五千
宋臨安錢晦知河中日樂沆爲虞鄉令以事趨府晦
語沆曰吾境數百里前賢名跡甚衆無如唐司空
侍郎之高今所居王官谷遺址尚存宜留意焉沆

到縣即訪其後人微甚大抵多農矣沆因縣財之羨即於表聖休休亭之舊搆宇而復之且賦貽溪懷古詩十篇以呈晦晦大喜曰風流爲政子之謂矣先是名輩王元之江休復諸公並至河中因遊王官谷訪表聖故居賦詩刻石或題名紀歲月於崖際焉

宋錢晦知河中府仁宗飛白御書安民二字以賜之晦因搆安民堂於府中

宋祥符四年改置蒲津關爲大慶關

宋晁補之知河中爲吏民所愛及還去爭畫其像留
之

金大定五年徙陝西元帥府於河東設都統副都統
左右都監等官以鎮守

金宣宗之末朝議欲棄河東徙其民以實陝西完顏
伯嘉時開元帥府於河中上書諫曰中原之有河
東如人之有肩背古云不得河東不雄萬一失之
恐未易取也又上言曰河東被山帶河保障關陝
此必爭之地今雖殘破形勢尚存若使他人據之

因鹽池之饒聚兵積糧則河津以南太行以西皆
不足恃矣
元初置河解萬戶府設達魯花赤萬戶副萬戶鎮撫
等官其設儒學有教授學正直學大學訓導小學
訓導之目又有蒙古字學河中府又有雜造織染
之局
元首陽書院至正初所設蒲人王無矜與弟無伐以
宅一區田四百九十畝請於官爲書院官爲請於
朝廷臣議曰首陽名山夷齊賢人宜可其請如他

郡先賢故事立書院額以首陽設山長從之仍以
義士表王氏
明宗室諸王藩封於蒲者二曰山陰王遜㷃襄垣王
遜㷂皆代簡王子並永樂二十二年封舊制諸王
就國後非請命不得歲時定省時代王居大同㷂
思念不已作思親詞意甚悲切而山陰王㷃能詩
其孫嗣王自號精一子與蒲中逸士時以篇什相
訓和襄垣傳三世山陰傳五世至萬歷中國除
兵畧

春秋僖公二十四年春正月秦伯以兵納公子重耳於晉濟河圍令狐入桑泉取臼衰二月甲午晉師軍於廬柳秦伯使公子縶如晉師師退軍於郇辛丑狐偃及秦晉之大夫盟於郇壬寅公子入於晉師丙午入於曲沃

春秋文公三年秦伯伐晉濟河焚舟取王官及郊

文公七年夏四月晉人及秦人戰於令狐傳云戊子敗秦師於令狐至於刳首

文公十二年冬十有二月晉人秦人戰於河曲

戰國魏襄王六年秦取我汾陰皮氏焦
襄王十六年秦拔我蒲坂陽晉封陵十七年秦予我
蒲坂
昭王六年予秦河東地方四百里
秦昭王元年大良造白起攻魏取垣復予之
史記正義曰前秦取蒲坂復予魏魏以爲垣今
又取魏垣復予之後秦以垣爲蒲坂皮氏
漢二年六月魏王豹謁歸至國即絕河關反漢與楚
約和八月漢以韓信將兵擊魏魏王盛兵蒲坂塞

臨晉信爲疑兵陳船欲渡而伏兵從夏陽以木罌
渡軍襲安邑遂定魏爲河東郡
曹參以假左丞相與韓信東攻魏將軍孫遬軍東張
大破之
光武建武元年正月鄧禹引兵入河東河東都尉守
關不開禹攻十日破之進圍安邑未下更始大將
軍樊參度大陽欲攻禹禹遣諸將逆擊破參於解
南於是王匡成丹等復合軍十餘萬共擊禹禹軍
不利諸將皆勸禹夜去禹不聽復整兵進大破匡

等遂定河東

建安十五年韓遂馬超等反關右魏太祖遣徐晃屯汾陰以撫河東太祖至潼關恐不得渡召問晃曰公盛兵於此而賊不復別守蒲坂知其無謀也今假臣精兵渡蒲坂津爲軍先置以截其裏賊可擒也太祖曰善使晃以步騎四千渡津作柵未成賊將梁興夜將五千人攻晃晃破走之太祖軍得渡遂破超等

晉懷帝永嘉二年匈奴單于劉淵進據河東攻寇平

陽蒲坂皆下之

晉太興元年石勒遣石虎自軹關西入伐趙劉曜河東應之者五十餘縣進攻蒲坂曜將東救蒲坂盡中外精銳水陸赴之虎懼引退

晉太和二年冬十月秦晉公符柳據蒲坂以叛秦主苻堅遣王猛鄧羌攻蒲坂柳出挑戰猛閉壁不應柳以爲畏已乃使其子守蒲坂而自引兵將攻堅於長安鄧羌夜襲敗柳柳引還王猛邀擊之俘其衆柳以八百騎入蒲坂猛攻破斬之

孝武帝太元九年秦苻堅伐晉敗還其平陽太守慕容冲反秦引兵進攻蒲坂堅遣將討破冲冲奔慕容泓於華陰

二十一年姚興僭號於關中初慕容永爲燕慕容垂所滅河東太守柳恭等各阻兵自固至是興使姚緒攻之恭距河以守緒不得濟與鎮東將軍薛強引緒從龍門渡遂入蒲坂

義熙十三年宋武帝伐姚泓遣將軍檀道濟沈林子等自陝渡河攻蒲坂泓遣將來援林子謂道濟曰

蒲坂城堅池深非可卒拔不如先事潼關道濟從之乃去蒲坂南向潼關及武帝至潼關遣朱齡石徐猗之會薛帛於河北以攻蒲坂

恭帝元熙元年夏赫連勃勃寇蒲坂初宋武平姚泓以毛德祖爲河東太守鎭蒲坂至是勃勃破關中以兵攻德祖德祖不能守引還彭城勃勃遂取蒲坂

北魏太武始光三年伐赫連昌遣司空奚斤以兵四萬五千人襲夏蒲坂夏守將乙升西奔奚斤遂下

其城入蒲坂

北魏孝昌三年冬蕭寶寅反關中正平人薛修義等亦聚衆河東據鹽池圍蒲坂以應寶寅

東魏天平四年春齊獻武王伐西魏屯兵蒲坂造三橋渡河又遣竇泰攻潼關會泰爲西魏所破斬乃撤橋而退八月宇文泰帥十二將東伐獻武引兵出壺口趨蒲坂自后土濟戰於渭曲敗還宇文泰遂遣賀拔勝等渡河進圍蒲坂降其守將已而泰至畧定汾絳遂置蒲州

隋仁壽末漢王諒反遣茹茹天保據蒲州燒斷河橋

左僕射楊素以輕騎襲之於渭口有濟天保敗走

唐高祖起晉陽克臨汾次於龍門隋將屈突通據蒲

州拒守秦王世民曰兵利於速宜乘機渡河以奪

其心屈突通自守賊耳高祖乃留兵圍蒲自引兵

西渡破隋將桑顯和屈突通大懼乃使堯君素守

蒲自以兵西拒長安唐所留呂紹宗等攻蒲不克

十二月通兵敗降唐還至蒲州呼君素降君素猶

守不從後為其下所殺君素將王行本復守不下

後秦王世民攻降之
武德二年太子建成屯兵蒲州以備突厥
唐天寶末安祿山反河東爲所破肅宗至德二載三月郭子儀大破賊於潼關時永樂尉趙復等陷賊在蒲州密謀王師至爲內應及子儀兵攻賊將崔乾祐於蒲復等斬守陴者開門納子儀乾祐奔安邑子儀追討之遂平河東
德宗興元元年李懷光反河中詔馬燧爲河東行營副元帥與渾瑊合兵討之時連年旱蝗朝臣多請

赦懷光者燧上言懷光反覆不可信河中近甸捨之屈威靈無以示天下遂與瑊及韓游瓌合兵進討賊將徐廷光守長春宮城燧至城下說降廷光遂至蒲州城下陳兵八萬是日賊將牛名俊斬懷光降河中平

僖宗廣明元年黃巢入潼關分兵畧蒲州節度使李都不能支乃臣於賊河中騎將王重榮說都曰所以詭謀紓難以外援未至今賊督責日急又收吾兵以困我亡無日矣請絶橋嬰城自守都曰吾兵

寡謀不足絕之禍且至願以節鉞假公因𢍉行在
重榮悉取賊使斬之天子使使慰其軍重榮遂知
河中節度留後巢使朱溫自同州黄鄴自華陰合
攻重榮重榮感勵士衆大敗之即拜工部尚書河
中節度使中和二年賊使尚讓來攻朱溫爲前軍
敗重榮兵於西關門外於是出兵陽夏掠河中米
數十艘重榮遣兵三萬攻溫溫懼遂以同州降重
榮表爲同華節度使詔賜溫名全忠即副河中招
討巢怒甚自將精兵壁梁田重榮軍華陰與監軍

楊復光犄角大敗巢巢巢中流矢走重榮懼巢復振

因遣使者與李克用連和克用以兵自嵐石赴河

中遂共平巢重榮後爲部將常行儒所殺衆推其

子爲留後朱全忠與珂有怨天復元年全忠破河

中執王珂

天祐元年正月朱全忠引兵屯河中表請遷都六月

王建李茂貞李繼徽連兵討全忠全忠拒之於河

中

五代漢乾祐元年春三月護國軍節度使李守貞以

河中反時趙思綰於京兆王景崇於鳳翔亦皆反
並遣人推守貞漢遣白文珂王峻出兵討之久不
克乃遣樞密使郭威以禁兵往威計未知所向華
州節度使扈彦珂說威曰三叛連衡以守貞爲主
如先破守貞則思綰景崇可傳聲而下矣威以爲
然遂先擊守貞諸將欲急攻之威曰守貞前朝宿
將屢立戰功且城臨大河樓堞完固未易輕也不
若且設長圍而守之乃與諸將分爲三柵柵其城
三面而闕其南發五縣丁夫築長城以連三柵守

貞輒出爭之兵常十失三四逾年守貞城中兵食
俱盡殺人而食威曰可矣乃期日四面急攻破之
守貞自焚死
宋靖康二年金人再薄京師永興軍帥范致虛入援
郭忠孝曰金人深入而河東無守備請分兵走太
行扼其歸路致虛乃令河中守席益與忠孝同出
河東忠孝以蒲解兵三千至猗氏遇金人與戰破
之
宋建炎元年金婁室[illegible]遂[illegible]之單一萬

以重兵壓河中府權知府事郝仲連力戰外援不
至度不能守乃自殺金人克河中
建炎三年金婁室自蒲解悉兵大入李彥仙伏兵中
條山擊之金人大敗而去
金貞祐初畏元師之逼議遷都朝臣謂可遷河中河
中背負關陝士馬全盛有絳平陽太原三鎮爲之
屏蔽敵不敢輕入應從三鎮郡縣之民皆聚之山
砦敵至則爲晝攻夜刼之計屯重兵於中條則行
在有萬全之固未幾會元破絳州阿祿帶馳奏河

中孤城不可守金主令棄之無以資敵阿祿帶遂
棄河中燒民戸官府一二日而盡
金貞祐中完顏從坦上言曰絳解河中必爭之地中
條之南垣曲平陸芮城虞鄉河東之形勝陝洛之
襟喉可分陝州步騎萬二千人爲一提控四都統
分戍四縣此萬全之策也
金元光元年十二月元將石天應因金河中守將侯
小叔出議兵事乘虛襲取河中府作浮橋通陝西
小叔還駐樂李山遣夜半攻城以登焚樓櫓火照

城中天應爲所殺小叔復河中府明年正月元兵十萬騎圍河中總帥訛可樞密副使完顔塞不花遣兵來援河中守將侯小叔出戰援兵時雖已至皆不敢動小叔敗乃斂兵入城明日城破小叔死焉河中復爲元所攻已而元兵徙引金復使人守之金哀宗正大八年以內族草火訛可板子訛可將兵二萬守河中九月元主自將來攻十二月河中破初草火訛可等懼兵力不足截故城之半守之元兵築松樓高二百尺下瞰城中土山地穴百道並

進時金遣其將王敢以步兵一萬來援城中知援兵至日夜殊死戰又半月城中力盡乃陷草火訛可尚力戰已而擒殺之板子訛可以敗卒三千出走

元仁宗延祐三年武宗之子周王和世㻋出鎮雲南至延安其臣秃忽魯與武宗舊臣釐日教化等謀曰天下者我武宗之天下也王之出鎮本非上旨由讒搆使然請聞之朝庶可杜塞離間遂與陝西丞相阿思罕西臺大夫脫里伯中丞脫歡發兵關

中分道自潼關河中府入知府劉天孚視事始旬
月事起不虞天孚日夜治戰守具選丁壯分守要
害令河東縣達魯花赤脫因都守大慶關津口蒐
收船東岸令判官孫伯帖木兒守汾陰推官程謙
守禹門河東尹王文義守風陵渡阿思罕列兵西
岸使來索舟天孚度不能拒凡八遣人至晉寧求
援不報居七日阿思罕縛筏河上欲縱火屠城同
知府事察哥廉訪副使明安答見事急乃赴阿思
罕軍阿思罕囚之而斂船濟兵遂入城天孚投水

死已而塔察兒脫歡背約殺阿思罕於河中

文宗天歷元年陝西行臺也先帖木兒引兵從大慶

關渡河擒河中府官殺之

明太祖洪武元年十二月大將軍徐達克太原遣傅

友德徇石州霍絳猗氏地悉下

都督康茂才帥兵取河中府元平章呂德楊晟棄城

遁走二年正月大將軍徐達至河中會諸將造浮

橋渡河取陝西

崇禎三年陝西流賊王家允逼蒲州河東道焦源溥

練鄉兵五百人前後十餘戰斬賊首五闖王九條龍等賊憚之乃不敢窺蒲

四年陝西賊趙四兒渡自禹門掠河津臨晉猗氏諸縣焚殺無算

十六年十月賊李自成陷西安其部將白鳩鶴李友自榮河竊渡二十五日襲破蒲州剽掠十餘日賊行偽牌遣其偽防禦尹牧縣令等於正月初旬渡河於所破諸地上任其原任官多遁去

十七年正月十六日賊至蒲州十八日至猗氏所至

毒縉紳百姓慘酷不可言是月臨晉無籍者引賊
城防兵入其縣南門大掠
國朝順治元年五月李自成自京師敗歸西遁入關
十月賊僞置守將牧使及所署諸縣僞令悉逃去
順治六年賊首虞允封汝宦等倡亂陷蒲州知州錢
法裕等死之初明大同總兵姜瓖降於　國朝至
是年反於大同全晉響應允汝宦等亦起兵應賊
連陷蒲解勢張甚八月陝西總督孟喬芳以兵勦
賊斬允等遂復蒲州是時賊虞允張五等連陷臨

晉猗氏縣閻喬芳王皆通祉討斬之有屯軍衛某者屯於臨晉之令狐村獨堅不動喬芳以鐵騎蹂之八百人皆殲焉

五行祥沴

周顯王二年河水赤於龍門三日　竹書紀年

山西通志載定王考王河水並赤蓋因通鑑之誤而不知者

漢武帝元狩二年汾陰人見汾旁有光如絳　郊祀志

宣帝神爵三年祀汾陰神光並見興於山谷燭燿

邑十餘刻甘露降神雀集　本紀

安帝永初六年河東池水變赤如血　五行志

初元元年河東地陷

延光二年三月河東大風拔木　並後漢書

桓帝建和元年河東木連理有嘉瓜兩體同蔕　符瑞志

永壽三年七月河東地裂

靈帝建寧四年河東雨雹山水大出漂屋舍五百餘

家地裂十二處裂長十里廣或三十餘步深不見

底　並五行志

晉武帝咸寧元年河東地震

太康元年河東霜雹傷桑麥二年三月河東隕霜害桑 並晉書

愍帝建興元年河東地震雨肉

劉聰時河東大蝗唯不食黍豆其將靳準率部衆捕蝗而埋之一夕蝗浴土飛出遂弃食黍豆 並晉書

成帝咸和六年雹起西河介山大如雞子平地三尺洿下丈餘行人禽獸死者萬數 同上

介山在汾陰漢武帝祀后土用事介山即此

苻洪時大雨霖河渭溢蒲津監寇登得一履於河
上其長七尺三寸人跡稱之指長尺餘文深一寸
同上

北魏永興五年月行參犯太白占曰憂兵後赫連勃
勃寇河東入蒲坂殺掠吏民 魏書靈徵志

東魏天平四年南汾泰陝諸州霜旱人饑流散開倉
賑卹 北齊書
時以今蒲州爲泰州

北齊武定二年十一月西河地陷有火出 北史

北周武帝保定三年九月蒲州獻嘉禾異畝同穎周書
建德三年十月蒲州饑詔乏絶者令向郃城以西及
荆州管內就食同上
隋大業十三年蒲州兵仗夜有光如火時堯君素守
蒲州後爲其下所殺隋志
唐高祖武德三年河東旱七年復旱
武德九年二月蒲州黄河淸並唐書
太宗貞觀二十一年秋蒲絳諸州旱二十三年八月
河中地震已而復震

高宗永徽元年秋河東旱蝗

永徽元年四月已巳河東地震已卯又震六月庚辰河東地復震　同上

五年六月蒲州汾陰縣瀑雨漂溺人居　舊唐書

咸亨元年七月蒲州旱

明皇帝開元十二年河東旱上親禱雨宮中設壇席暴立三日　同上

十二年十一月汾陰榮光見於河赤兎見於后土祠壇二十七年蒲州慶雲見木連理　舊唐五行志

代宗大歷二年河中獻元狐 同上

德宗興元元年河東蝗民饑詔賜五萬石粟以賑

貞元三年十一月河東地震九年四月地震有聲如

雷河中尤甚 唐書

憲宗元和十二年河中大水

穆宗長慶元年七月戊子河水三日赤 舊唐書

文宗太和元年夏河中旱六年復旱

太和元年十一月虞鄉騶虞見時河中府奏虞鄉縣

有白虎入重峯觀按瑞應圖以爲騶虞 並舊唐書

開成元年河中蝗害稼 新書五行志

武宗會昌四年龍見於汾陰 舊唐志

宣宗大中六年彗星出於參觜 天文志

僖宗乾符三年秋河東諸州多鼠穴屋壞衣 五行志

光啟元年秋河東大雲霧有牛人言其家殺之

是年七月河中永樂縣及解縣生草葉如旌旗之狀

人呼旗子草占曰其野有兵

二年河東積陰六十日七月中條山鸛焚其巢 並同

宋太祖乾德元年蒲州饑

三年河中旱甚四月戊申賑河中饑七月河水溢於
蒲宋史五行志
開寶六年正月河中府大明觀內生芝節度使以聞
七年六月河中府饑發粟三萬石賑之本紀
八年八月河中寶鼎縣禾合穗
太宗太平興國六年河中府河溢水害稼
淳化二年四月河水溢虞鄉等七縣民饑並宋史
真宗咸平四年河中府獻嘉禾
大中祥符元年河中府酒厨梁上生芝一莖十二葉

其色如玉

三年寶鼎縣民張知友田禾合穗凡隔四隴相去二

丈許判河中府陳堯叟以聞是年九月河决河中

府白浮梁村　宋史

四年二月己未河中寶鼎縣瀵泉有光如燭四五炬

其聲若雷　汾陰禮儀志

五年冬慶成軍太寧廟聖製碑閣生金芝之二本　祥應記

英宗治平元年河中府慶成軍旱

神宗元豐元年九月河中府甘露降

元符元年河中猗氏民妻一產四男子　並宋史

金世宗大定三年四年滎河相繼蝗旱

金大安三年二月河東大旱崇慶元年五月河東旱大饑斗米錢數千流殍滿野二年復大旱　上並金史

元世祖至元二十七年河東饑

元元統二年河東旱

元泰定三年四年滎河蝗旱相繼

元至正七年河東大旱人多饑死其五月地裂水湧崩城名屋

至正十九年五月河東蝗飛蔽天人馬不能行共

所落溝塹爲之平　上並元史

明成祖永樂三年黄河淸於蒲津　名山藏

明成化五年萬泉縣孫庄村麥皆吐雙穗瓜皆聯

蒂並生

二十年臨晉榮河等縣大旱饑人相食

明宏治二年蒲州大有年八年臨晉旱十四年正月

朔蒲州地震有聲如雷地形閃蕩如舟在浪中壞

官民屋舍人畜多死十七年蒲州旱榮河猗萬泉

無禾

明正德二年蒲州龍見八年滎河蝗十年四月猗氏瑞麥生初任里民種麥有一本五六穗者至九月禾亦然時知縣翟聰有惠政人以爲其瑞十一年萬泉雨雹大如卵

明嘉靖五年萬泉大水六年地震八年滎河萬泉饑九年二縣復饑十年蒲州大殺十一年萬泉大有年十五年六月臨晉大水二十八年猗氏民家產豬二首八足其夏猗氏境中豬死殆盡三十五年

六月蒲黑青見先是中條山介谷夜半忽鳴如雷
四月九日晝晦空中如波浪聲居民疑大水至盡
惶怖已而反風雨作至是黑氣中人有若擊傷民
夜鳴火持刃打鼓以防之五十餘日始息二十八
年黃河泛溢分爲二道圍大慶關於中沒民舍過
半
明隆慶元年滎河大祲詔免民租之半四年黃河溢
入城西門自是徙道而西移大慶關於河東是年
夏臨晉大水

明萬歷元年臨晉大水山水數丈漫及王官谷漂敗祠寺七年有隕石於榮河形圓色黑八年河決蒲州民多遷徙十四年大旱赤地千里雨沙於猗氏十五年猗氏地震及臨晉皆蝗十六年榮河臨晉疫人多死時二麥雖登至無收刈者十七年榮河狼禍夜踰城殺人十八年萬泉猗氏大水二十年春三月臨晉榮河猗氏大雨雪至三尺二十一年七月榮河大雨雹如雞卵或取視之內有蝸鼓草木之物自午至申摧大樹無數禾盡壓地爲之赤

其年九月滎河桃李華二十三年臨晉水旱並爲災二十五年蒲州臨晉猗氏滎河井水如沸池水自溢占者曰此之謂水溢主秋雨已而驗焉二十六年滎河大水明年秋七月復然三十二年萬泉雨雹如雞子廣十餘里其積如邱三十四年猗氏無麥六月滎河河岸崩三十八年五月十三日晝如瞑移時乃復或見火光於風中四十一年蒲州臨晉猗氏滎河萬泉大旱四十三年四月蒲州諸縣大旱蝗四十六年蝗地震

明泰昌元年冬大雪至數十日河冰車馬可渡明年
正月未始解是歲大有年
明天啟七年三月蒲州隕霜天大寒
明崇禎元年秋大旱五年霖雨四十餘日損屋害稼
道路成巨浸產魚盈尺六年夏無麥秋蒲州臨晉
大旱七年大饑斗麥銀六錢人爭自鬻八年州多
狼殺人萬泉大饑九年滎河蝗明年復蝗臨晉如
之十三年大饑食草木皆盡官於城門外爲坑以
埋餓死者埋且滿饑人爭就坑割食其肉至有父

子夫婦相食者明年麥益貴斗麥至易銀一兩六錢人棄孩幼盈路知州潘同春立慈幼局使收養之頗多全活又刻饑民圖上之至夏麥熟人食之多病黃腫死十五年地震人多死麥熟至無刈者

國朝順治元年蒲州河清三年萬泉饑四年有蝗五年歲稔六年十二月榮河大風夕自北來凡木物並見火光隨風熖起按之弗熱九年榮河大水十一年蒲州地震有聲十五年地震是年有秋十六年三月榮河隕霜殺物明年三月萬泉如之十七

年蒲州稔十八年五月猗氏大雨雹蒲州旱甚災

炎如火人有暍死者八月有黑虫食禾

康熙元年萬泉麥秀兩岐臨晉猗氏榮河大雨是秋

蒲州大雨彌月城垣半傾壞橋梁民舍山有崩處

二年冬十二月星隕於蒲州光如火有聲八年夏

猗氏旱既而雨雹九年榮河河清三日十年秋猗

氏有滕青黑二色遇微雨愈多冬化爲蠅有鬚在

額上蟄入土中十三年萬泉麥秀兩岐十七年榮

河河水溢敗民田九月臨晉大雪深數尺木盡折

自霍州以南皆然明年及猗氏皆旱二十二年臨
晉地震十一月自蒲州至平陸河清凡十五日而
復二十八年滎河大雨雹三十二年麥有秋猗氏
疫三十三年萬泉猗氏有年四十年萬泉大有年
四十三年滎河旱萬泉麥秀兩岐四十五年猗氏
雨土五十四年猗氏大稔六十年大饑
雍正三年黃河清自孟門徑滎河臨晉永濟下至河
南府凡一月有奇五年歲稔六年稔七年臨晉卿
雲見九年麥大熟

乾隆三年歲稔四年麥有秋八年歲多雨九年麥多收十一年萬泉民變初官府欲歸丁於糧民以其不便不肯從官迫行之於是大訌入城邑與官相抗同時解之安邑亦然凡月餘始散去明年誅其首事者餘亦多所連坐旋知所儆云十三年大祲

十七年饑籌賑備至陸運倉粟河運豫米自冬及春迄于夏初凡仰食數月賴以存活者甚衆十八年夏霖雨滂沛麥熟秋大有年獲數倍（上採遠志府州舊志縣志）

蒲州府志卷之二十四

識餘

蔡邕作伯夷叔齊碑曰漢熹平五年天下大旱禱請名山求獲答應時處士平陽蘇騰字元茂夢陟首陽有神馬之使在道明覺而思之以其夢陟狀上聞天子開三府請雨使者與郡縣戸曹掾吏登山升祠手書要曰君況我聖主以洪澤之福天尋升雲即降甘雨也後漢五行志註按此首陽宜洛陽東北者

河東人衛固范時與杜畿少相狎固常輕畿畿常與

固搏爭道詬固曰我今作河東也固褰衣罵之及
戩爲河東太守之官而固爲郡功曹張時故任京
兆幾迎司隸與時會華陰相見於儀各當持版時
嘆曰昨日功曹今爲郡將軍也魏畧

北齊神武伐西魏以二十萬衆自蒲津濟周宇文泰
軍於沙苑神武以地阨少却西人鼓譟而進神武
軍大亂棄器甲十有八萬神武急跨槖駝就船以
歸北齊書

元鼎元年汾陰得寶鼎即吾邱壽王所識之鼎高一

丈二尺受十二石雜金銀銅錫爲之四面蛟龍

耳能鳴三足馬蹄刻山雲奇怪之象紀雲圖未然

之狀其文曰壽考天地百祥臻侍山伏其靈海伏

其異此銘在底又別有銘或浮或沈皆古文複篆

上古之鑄造也總有九枚　鼎錄

武帝行幸河東嘗亡書三篋詔問莫能知唯郎張安

世識之具作其事後購得書以相校無所遺失上

奇其才以爲尚書令　漢書

𧦬陰侯生天下奇士也王度常以禮師之生將終出

古鏡贈度曰持此則百邪遠人度受而寶之鏡橫徑八寸鼻作麒麟蹲伏之象遶鼻列四方龜龍鳳虎依方陳布四方外又設八卦卦外置十二辰位而具畜焉辰畜之外又置二十四字周遶輪郭文體似隸點畫無缺而非字書所有生云是二十四氣之形象承日照之則背上文畫墨入影內纖毫無失舉而扣之清音徐引竟日方絶侯生常云昔者吾聞軒轅鑄十五鏡其第一鏡橫徑一尺五寸法滿月之數以其相差各校一寸此第八鏡也隋

大業九年度以御史出爲芮城令令廳前有一棗
樹圍可數丈不知幾百年矣前後令至謁祀此樹
不則殃禍立至度曰妖由人興淫祀宜絶吏皆叩
首固請度不得已爲之一祀然陰念此樹當爲精
魅所托乃密懸古鏡於樹其夜二鼓聞廳前磊落
有聲若雷霆者起視則風雨晦冥電光晃耀忽上
忽下至明有大蛇紫鱗赤尾綠頭白角身被數創
死於樹下度命出蛇焚於縣門仍掘去樹樹心有
一穴入地漸大有巨蛇蟠泊之跡妖遂絶時[illegible]

閭疫癘盛彼小吏張龍駒持鏡照之諸病者皆愈

後一夕忽失鏡所在 古鏡記

唐河東薛稷善書繼褚河南時人語曰買褚得薛不

落節 書品

薛少保稷在天后朝名冠當時而好圖畫畫尤工鶴

祕書省有少保畫鶴妙盡一世杜子美嘗有詩曰

薛公十一鶴皆寫青田眞其見重名輩如此 名畫記

開元中定蒲州爲四輔陝絳爲六雄晉州爲十望 杜氏

通典

張景藏善相人與袁天綱埒太子詹事蔣儼嘗問之對曰公厄在三尺土下盡六年而貴六十位蒲州刺史無有祿矣儼使高麗爲莫離支所囚居土室六年始還及爲蒲州刺史歲如期則名掾史妻子告以當死俄有詔聽致仕　唐書

河東公張嘉貞開元中居相位景藏一日忽詣公以幅紙大書台字授之公曰予見居台司此意何也後數日貶台州刺史　嘉話錄

唐李嶠作汾陰行其末曰富貴榮華能幾時山川滿

目淚沾衣不見只今汾水上惟有年年秋雁飛僶在樂府明皇將幸蜀登花蕚樓召善水調者歌此四句未及終上淒然泣下曰李嶠眞才子也不終聽而去 詩話

元宗貴妃楊氏世本宏農華陰人後徙居於蒲家永樂遂爲永樂獨頭村人 太眞外傳

郭子儀鎭河中日河甚爲患子儀禱河伯曰水患止當以吾幼女奉妻已而河復故道其女一日無疾而卒子儀以其骨塑之於廟至今祀之 李方叔記

老子儀鎮河中祭河瀆廟以河神數示靈響助
其行軍見王延昌記甚詳未聞有河患事如方
叔所云則子儀與鄭三老河伯娶婦同其陋矣
顧以爲其說傳於東坡不亦惑乎
河中胡証尚書膂力絶人與裴晉公同年晉公嘗狎
遊爲兩軍軍士十許輩所凌勢甚窘潛遣其僕往
求救於胡胡皂貂金帶突門入諸無賴睨之失色
胡徑就上座一舉三鍾不啻數升取鐵灯臺横置
膝上令曰凡三鍾引滿唱三臺一遍酒須盡仍不

得有餘瀝犯令者與一鐵躋語衆訖胡復先引觴
一舉三鍾次及一角觥者凡唱三臺已三遍而酒
未能盡胡舉鐵躋將擊之羣惡少皆大懼爭起叩
頭乞命胡曰鼠子敢爾耶因各奔去晉公得從容
脫歸 北里雜志
胡証拜振武節度使道河中時趙宗儒帥河中証備
桑梓禮入謁持刺稱百姓獻宗儒詩曰詩書入京
國旌旆過鄉關州里榮之時黨項擾邊証以儒而
勇由諫議大夫選拜振武節度使韓吏部以詩謂

証曰我旂暫停辭祉樹里門先下敬鄉人葢証家

河中河東縣也　雅談

李晟鎮河東日夜夢偉人來謁自言漢前將軍關某

也蚩尤爲亂上帝使某征之顧力弱不能勝乞公

陽兵助我來日午時約與彼戰我軍東向彼西向

語訖而去晟早起心異所夢令軍士列陣東向如

所戒是日天色晶朗至午忽陰雲四合大風驟作

沙石飛起晟曰是矣即令鳴鼓發矢如戰鬬狀久

之風止雲豁視士卒似多有傷者其夕復夢來謝

云已勝蚩尤唐小說

畫錄有名無跡者二十五人祁岳在李國恒之上岑參有送祁岳歸河東詩杜甫山水障歌亦云豈但祁岳與鄭虔鄭虔文在當時畫稱絕品少陵輩岳與虔同稱則岳畫之高可知嘉州詩云有時忽乘興畫出江上峰牀頭蒼梧雲簾下天台松忽如高堂上颯颯生清風共稱岳者亦幾與少陵山水障子歌同或云岳乃祁樂之誤品畫錄

許渾開成中進士也嘗遊河中忽大病甦友環守之

三日忽蹶然起取筆大書於壁曰曉入瑶臺露氣清坐中唯有許飛瓊塵心未盡俗緣在十里下山空月明書訖昏卧如故明日又躍起取筆改書第二句曰天風吹下步虚聲自是如醉漸醒病亦解因言曰昨夢至瑶臺有仙女三百餘人一人自稱許飛瓊索賦詩及成又令改曰不欲世間知我名也詩成甚被嘆賞有人導引得回　逸史

裴敬中奉使蒲中與崔嶷相從甚妮及敬中使回嶷以不得從爲恨久之成疾自寫其眞以寄裴曰崔

徹一旦不如卷中人矣麗情集

鄭注赴河中姬妾百餘盡薰麝香氣聞數里逆人鼻是歲自京兆至河中經注所過凡種瓜皆落一蒂無熟者甘露遺談

劇燕蒲坂人爲詩雅正唐末詩人十哲之一後客王重榮被害唐詩紀事重榮鎮河中燕投詩曰祇向國門安四海不離鄉井拜三公蓋重榮父爲河中都將因家焉故重榮即爲河中人而燕有不離鄉井之辭也重榮初加禮敬竟以侮蔑諸從事人不

能堪至蹈正平之禍　李誠

虞鄉有山觀甚幽寂條陽道士居之唐太和中道士一夕獨登壇望觀庭忽有異光自井內發俄有一物狀若兔色如精金隨光而出遶壇久之復入於井自是每夕輒見道士異之後因淘井得一金兔甚小其光爛然取置巾箱中時御史李戎職於蒲津與道士善道士因以與戎後戎自奉先縣令爲忻州刺史其兔忽亡月餘戎亦卒　紀聞錄

司空圖隱於中條山芟松枝爲筆管人問之曰幽人

筆正當如是

東坡稱司空表聖詩文高雅有承平之遺風蓋嘗自列其詩之有得於文字之表者二十四韻恨當時不識其妙又云表聖論其詩以為得味外味如綠樹連村暗黃花入麥稀此句最妙又棋聲花院靜幡影石壇高吾嘗獨入白鶴觀松陰滿地不見一人惟聞棋聲然後知此句之工予讀表聖一鳴集有與李生論詩一書乃正坡公所言者其餘五言句云人家寒食月花影午時天雨微吟思足花落

蔓無憀坡饜冬生笋松凉夏健人川虹明照雨樹窑鳥銜人馬色經寒慘鵰聲帶晚饑七言句云孤嶼池痕春漲滿小欄花韻午晴初皆可稱也容齋隨筆

元和之後文章則學奇於韓退之學澁於樊宗師國史補

唐樊宗師詩文千餘篇今所存才數篇耳讀之殆不可句天聖中有王晟者爲絳倅取宗師所作園池記章解句釋之尚有不可盡通者歐陽公跋絳守居詩倜來登覽周四隅異哉樊子帷可呼心欲獨

出無古初窮荒探幽入有無一語信屈百盤紆鬱

云已出不剽襲句斷欲學盤庚書中興書目

楊巨源字景山河中人貞元五年進士爲張宏靖從

事巨源在元和中詩韻不造新語體律務實用功

頗深旦暮搖首微吟不輟嘗贈宏靖詩叙其家世

云伊陟無聞祖韋賢不到孫人稱其工晁氏讀書志

蒲州棲巖寺隋時所建文帝嘗以瑪瑙盞施供寺中

寺僧寶藏傳至唐大歷中尚存每出以示客一日

盧綸李益輩往遊見之綸作歌賦其事云天宮寶

器隋朝物鎖在金函比金骨開函捧之光乃發阿修羅王掌中月五雲如拳輕復濃昔曾噀酒今藏龍規形環影相映徹亂雪繇花千萬重可憐貞質無今古可歎隋陵一抔土宮中艷女滿宮春得親此寶能幾人一留寒殿殿將壞唯有幽光通隙塵山中老僧眉似雪忍死相傳保扃鐍綸詩既傳後無繼賦者　唐人詩話

唐同光中翰林承旨盧質節制河中馮道贈以詩曰視草北來唐學士擁旄西去漢將軍質大喜重禮

之　荒齡林志

後唐同平章事馮道告明宗曰穀貴餓農賤則傷農因誦河中聶夷中田家詩曰鋤禾日當午汗滴禾下土誰知盤中餐粒粒皆辛苦明宗顧左右錄之常取以自誦且曰宰相當知之　五代史補闕

蒲州古城東北有樂安庄宋薛俅以樞密直學士致仕歸築室以居因其封郡名曰樂安范純仁爲作記中分南北二園其北曰逸老堂東曰三經堂西曰無無堂取無欲無營之意而名之　山堂肆考

宋嘉祐中河中河濱網魚者得一小石刻詩云雨滴空堦曉無心換夕香井梧花落盡一半在銀牀不知唐時何人所作也　許彥周詩話

司馬溫公和蒲州邵不疑校理十詩云學士蔣公知河中府事得片石大如席上有數十竅莫知所施以問石工對曰此盆湧泉石也乃於飲亭下掘地爲坎置石其上夏日從旁以微水灌之水躍高數尺暑氣頓清蔣公蔣堂也　溫公集注

汾陰薛濬兒時與羣兒戲澗側見一黃蛇有角及足

呼羣兒共視皆無見者以為不祥歸告其母適有胡僧詣宅乞食母因問之僧曰此兒之吉徵兒應早有名位但壽不過六七耳僧出門忽不見後潛終於四十二六七之言驗矣 江隣幾雜志

常醜女蒲州人貌陋有瘡疥及笄無聘問者一日外出以裳蒙首居人畏其裸而避之女浴於池出則體瑩如玉身不着地騰空而去 州志

董鐵驢萬泉人通遁術行步如飛倏忽數百里後尸解仙去 萬泉志

僧道懸虞鄉人住蒲州仁壽寺大業末自長安還停於蒲關主人見其馬壯夜往欲盜之見十人擐甲執兵繞懸而立乃回向歸懺焉唐貞觀中有請懸講涅槃經者讓不許曰恐不終此席耳後三日果卒於山中卒之夕異花自地湧出色甚鮮好其徒或折納缽中經年不萎高僧傳

歷山有舜祠別復有廟時傳靈響人多往祀唐杜荀鶴過之賦詩云昔舜曾耕地遺風日寂寥世人那肯祭大聖不與妖殿宇秋霖壞山松夜火燒時訛

競淫祀綵竹醉山魈杜自注云山有廟呼爲帝二子多變妖異爲時所敬觀荀鶴此詩則愚俗謟事鬼神以求福昏淫之鬼爭飽血食而古聖祠宇莫知存葺自昔已然良足嘆也 儆俗錄

歷山舜廟帝與娥英並像設在焉開成中有盧嗣宗者入廟見神像作狎語忽若有譴之者發悸死廟中 宣室志

金河中李獻能貞祐三年狀元及第嘗謂人曰吾幼夢官至五品壽不至五十後竟如其言 續前定錄

司空圖名至洛陽柳璨知其不可屈詔曰司空圖俊
造登科朱紫升籍既養高以傲世類移山以釣名
心唯樂於漱流仕非專於食祿匪夷匪惠難居公
正之朝載省載思當徇衡泌之志可放還山圖自
言晝寢夢二僧謂云吾嘗爲汝師汝昔矯於道欲
而不固爲利慾之所拘幸悟而悔將復從我於是
溪耳圖預爲壽藏終制故人來者引之壙中賦詩
酌酒人或難之圖曰達人大觀幽顯一致非止暫
遊此中公何不廣哉布衣鳩杖出則以女家人鸞

墓自隨歲時雩祭祠禱鼓舞會集圖必造之與野老同席曾無傲色無子以甥荷爲嗣爲御史所糾昭宗勿責也舊唐書

司空圖傳新舊二書不同其夢二僧及女家人自隨新書皆不載至新書謂朱梁已篡唐召爲禮部尚書不起聞洛陽信不食卒則圖之大節上追漢氏兩龔者也舊書乃云不懌數日而卒所書視新史不如遠矣陶穀淸異錄云司空圖常呼梨花爲瀛洲玉雨晁公武郡齋讀書志云

圖以濯纓亭一鳴臨名其集集自爲序予觭别爲集後記荷門甥爲刻者也

杜工部集有過宋之問員外舊庄詩云宋公舊池館零落首陽阿枉道祇從入吟詩許更過註引史之問宏農人有庄在首陽之間又訓寇侍御詩云往别郇瑕地於今四十年又有哭韋大夫之晉詩云悽愴郇瑕邑差池弱冠年土人叨禮數文律早周旋則是之晉嘗官於此而子美弱冠時過之蒙其禮遇相與文字爲訓接然則少陵蓋亦嘗至河中

也 幾山說杜

胡謙光者河中府人金明昌三年四月尚書省奏提刑司察舉河中府胡謙光年雖八十三尚可任用勑召赴闕七月丁亥謙光至命學士院以雜文試之稱旨上曰朕欲親問之八月辛亥特賜謙光明昌三年進士第三甲及第授將仕郎太常奉禮稭設是職未常除人以謙光行能特授之 金史

石玠河中人金崇慶中進士以汝州防禦使爲刑部侍郎天興二年九月河南行省武仙由浙川至黑

谷泊進退失據將謀北走降元玠與西安軍節度
盧瑞芝謀曰吾等知仙不卹國家久矣諫之不從
去之未可事至今日正欠蔡州一死耳假若不得
到蔡州死於道中猶勝死於仙也於是並去仙後
覺之追殺玠芝走至南陽爲土賊所害金史

謝天吉者元初知蒲州值金末荒亂人皆逃散天吉
至人多知其寬仁流戸來附者數千人遭上官徵
斂無度明年斂益急天吉以民困計窮乃佯赴河
水死而潛入山中隱焉久之府僚知其不死因相

率謁之於隱所復强以郡事使主之　謝氏志

王恩河中人勇力過人金末避亂鄜州元兵南下師衆歸之即令總其衆隨以攻討有功累授都元帥年九十三而終　通志

張克寛蒲州人元時以儒進官御史歷晉寧總管家中條山下自號蒼陵翁

裴居敬河中人元時累官雲南行省參政素好書其家所蓄者多至二萬餘卷　並通志

萬蓬頭者河中人久在郡中居止無定鍊精服氣深

得導引之法年踰百歲方瞳如飛臨逝先數日謂鄉人曰吾將歸矣至日沐浴端坐而化今有萬蓬頭洞在大澗里侯家庄東溝內州志

中條山巢雲阿明蒲州處士王旦所營構者旦有士行喜高逸築頭眞園以娛老其中最勝處曰巢雲阿縉紳先生時載酒以往舊志

劉以平明猗氏人諸生時夢至一宮殿中有王者命坐對奕又至一所石門上懸聯句云鸚鵡能廻千載意麒麟空卧萬年秋既寤不解所謂及登進士

爲潞府王官遷陝西行太僕卿過武后墓墓石上刻一聯即夢中所見者　隴蜀餘問

猗氏人原艮相性謹愿明末爲倉老人受前吏郭某代皆平其斛及艮相執役滿而代艮相者爲荆某其人狡黠故高其斛米數多折艮相夜卧倉中拜禱於神夜分忽有光見東南隅旋聞空中灑米聲覺米自溢漸逼卧處質明則其倉盡滿衆始大驚異縣令聞之往視溢米六十餘石艮相以是竟獲無累人咸謂其素長厚致神鬼之佑　同上

明李開府樓鳳家臨晉嘗赴省試由曲沃西庄至太原西庄父老夜夢一虎踞其門心異焉侵晨啟戶以視見李卧憩其處問之知爲秀才倦行而止於此者度其後必貴延於家而具賓主且言此地爲鹽法所困他日得志願爲除之李識其語後成進士官樞曹郎爲力白當事除其害 臨晉志

猗氏王兵備壐嘗讀書桃花洞掘地得一石文曰大將王壐遂自負初名以訓因得石改名以應之 聞奇錄

蒲州王開府輪常廵塞外輿人偶失蹈仆地墮輪水中從騎諸弁校皆失色比輪起徐更衣去竟不罪之人服其量故老談

猗氏任知府汝亮自郎官出知泉州未到官天旱甚郡人祈於九鯉湖夢神語曰太守雨比汝亮至果雨泉州山湧一泉能愈人疾石上題字云巨雷劈石神泉湧出見者神清食之無疾後汝亮左官興國字亦隨滅縣志

舊志吏部尚書與三品六九卿四品左右通政大理

少卿遇則皆下輿馬揖其四品以下同其長遇則不避獨行則多避自楊襄毅在隆慶初以少傅爲吏部尚書位望俱重於是左右侍郎自本部外皆遠避矣楊公之再起以吏部尚書掌兵部事侍郎有欲不避者竟不敢觚不觚錄

楊襄毅公爲尚書日每朔望入前門必於關壯繆廟投鄉晚生刺　縉紳餘話

蒲州在明世多宦族其尤著者王楊二姓而楊自僉事瞻瞻子贈太傅尚書博博子俊民侍郎贈尚書

俊士推官俊臣參政俊民俊士又皆由進士傅孫
元祥翰林侍講元裕推官曾孫世芳詹事學士惠
芳推官並進士凡冠簪五世而自僉事至世芳兼
有政績功業文學之美爲甲於三晉衣冠盛談
蒲州王尚書崇古總督宣府大同適俺答之孫那老
與其祖有怨遂叩關來請降崇古聞之曰此奇貨
可居即納之使居大同上欵塞事宜上中下三策
疏入廷臣譁然爭以爲不可大學士高拱力主崇
古議乃下詔許之旦賜那老服官以正千戶那老

大喜而俺答婦恐中國殺其孫日夜尤之俺答亦悔陰遣人來覘則那老錦衣金帶馳馬從容覘者歸報俺答與其婦感且媿於是崇古遣使諭俺答以叛人趙全等來易那老中國既送那老歸俺答感滋甚納款內附而封貢之議成崇古又條上便宜經營終始並得機要後崇古入掌本兵代者爲吳兌鄭洛率守其法不變故自隆慶後宣大二鎮無虜馬之驚視正德至嘉靖數十年歲苦邊患者大異皆崇古績也 名臣記

明世功在北邊者常難其人而襄毅之績則其顯者然當襄毅時非新鄭當國力主於中恐無以成其功名予常讀新鄭伏戎紀事至繞柱獨行同列在旁莫能贊決又讀新鄭與襄毅書論制敵機宜兩公見畧同而計適合然後那老之歸欵附之約封貢之議於此乃定向若當國者盬郭乾等則事機坐失而外患未已也漢趙充國上書言屯田章下羣臣議多不決獨魏相言後將軍數畫軍册其言常是臣任其計可必用

夫國果有功嗚呼大將欲立效於外而持主者
乏於中古今以是致敗者多矣然則襄毅之克
成其績亦所際之幸也

牒縣符稱得前同州郃陽令王顏狀鄉名太原者本
因遠祖毛毛生卓毛漢末爲冀州刺史卓在晉爲
司空河東太守薨時屬劉聰石勒亂太原晉陽不
遂歸葬毛塚今在猗氏縣西次郭門外卓塚在臨
晉縣東南解故城二里子孫因居河東公私譜牒
遂著河東郡望子孫始居之地名太原鄉又按天

后朝拾遺陳子昂集有中州司馬濟翁墓志云葬於長壽原至今鄉有太原號也又按唐衣冠譜第是開元初勅柳冲修撰載廣州都督元珪幽州都督壽陽公方平更稱太原王氏項屬羯胡逆亂百姓逃去永泰元年縣司遂廢省前件鄉併入戶入解城鄉顏等今屬孝理之時宗望將墜逢時不舉後嗣何知望請復立太原鄉名且廢解城之號如解城古城臨（鈌二字）假鄉標若太原名之不存則宗無所據伏請詳覽如蒙矜允仍望各牒諸縣宗人

知者臨晉縣百姓王顏等狀請改解城鄉復名太
原鄉儁號理崇族望事恊敦本執案呑取處分牒
下所由者中丞判下縣具勘上者得縣申稱得里
正程憲狀太原鄉去永泰元年爲人戸破散符下
合入解城有實伏請申上者具狀録申者臨晉縣
太原鄉去永泰之年併入解城鄉今王顏狀請却
復太原鄉執呑取處分訖下縣准狀仍認散牒宗
人知者中丞判亢宗務本曰敬曰仁克叶禮經是
爲通識准處分者准符各牒知者故牒太歷十四

年四月十五日吏高曜牒尉孫方晉太原鄉牒

右太原鄉牒一通本無須載而臨晉志特存此

若以爲太原王氏一掌故然聊書於餘錄又臨

晉志藝文載唐王顏追樹十八代祖晉司空太

原王公神道碑銘一篇其辭鄙拙定非唐世人

所爲其云周平王孫赤共父泄未立而卒平王

崩赤當嗣爲叔父桓王林廢之而自立及莊王

不明赤遂奔晉求之傳記事皆無有特出齊東

之野談且晉於是時獻公未襲并州太原尚在

狄地況州牧之官始自漢世安得晉於此時即
用以爲牧而先立此號乎又云自赤至寵八代
代牧幷州自寵至文釗十六代通前八代代襲
封晉陽侯是尤無稽益不足道且太原鄉牒其
狀乃顔所上狀稱冀州刺史碑乃云河東太守
狀稱卓在晉爲司空河東太守碑乃云歷魏晉
爲河東太守遷司空安有一人自述其先世而
牴牾不合若此又云開元中左相張說越認范
陽封燕國公大歷初左相縉叔越認瑯琊封齊

國公夫說與縉自以功名官位得封初未聞越認之事且公侯之爵亦非因越認門望可邀得者其語如是斯不達於理者耳使顏不爲儒流未嘗學問則可既稱顏以進士官臺省中丞刺史亦宜少識典故通墳籍欲叙家世明譜系宜事得其核而語乖於是何有昧不自審悍爲苟作不顧後世貽譏者乎方魏隋至唐尤尚氏族爭以甲門相高至唐中葉武夫盜卒起自微賤至大官往往恩與諸甲族通認宗門而縉紳莫

之肯許羣用爲恨及五代大亂衣冠族衰於是諸武人以戰鬬起家至節鉞者爭奪取向時裴李盧王崔張等族譜牒焚毀之而自稱隴西清河太原瑯琊郡望使不能辨意此碑不出於顔蓋亦當時不知誰何欲誇門胄自爲欺飾特假顔名爲此然其屬詞者既非通人述祖者復乖雅錄自以爲紀敘有考不知適資噓嚎於人而莫自悟矣臨晉王恭先亦常舉此碑數處爲疑而爲之辨證然顔碑引王維王縉既不必信唐

書稱王縉本太原祁人後客河中曾不謂其實出猗氏居於此也乃恭先引新舊二唐書言維縉兄弟本太原祁人父處廉汾州司馬徙家於蒲遂爲河中人則新書無此文也反指爲史氏之誤若兩人實當爲猗氏人者且維雖以詩名縉雖位宰相其人皆無足取唐袁朗自以先世名節爲海內冠視瑯琊王氏世爲上卿鄙不與伍朗孫誼爲蘇州刺史其長史自謂州得一長史隴西李亶乃天下甲門誼曰夫門戶者畢世

名節爲天下所高山東人尚婚媾求利祿耳至於見危授命則無人焉何足尚哉若縉紳者正誼所譏而不屑必引爲榮其趣已陋況又初非其實哉若碑之僞既不能辨徒支離其辭以爲曲護而已亦病焉其猶未免邱里之見終惑於井牖者矣

金大定中臨晉人於通眞觀作千道會時黃冠瓢笠者雲集衆中一人布袍草履幅巾入門徑就殿西拂拭素壁探囊中筆大書一絶昂然振衣而

求見者異之欲蹤何往已失所在其所題句云余
向金華謁帝回首陽鄉國暫歸來舉迷不識吾家
趣何日重尋閬苑媒後署巖客二字始悟爲洞賓
呂巖也其書一筆所成如蟠龍奔馬非人世所有
固共珍焉名善書者摹之勒石至明時爲山陰王
强取去置蒲州郃陽官俗稱爲瓜皮書傳云洞賓
食瓜竟即以其皮作此書也

臨晉城南有明時荊開府墓植栢數百株至崇禎末
李自成將渡河栢忽盡枯死踰年復生至康熙癸

丑吳三桂反滇南栢復枯三桂旣平復蒼翠如故

康熙丙寅二月臨晉西關龍王廟市有書賈攜書就廟內布席待售忽旋風自廟門入盡捲其書入空中仰視片片飛揚以次而上頃之滅不見其旁尚有同買者數人所攤書端然不動人莫能測所以然

故市鎭中央有石俗呼柳子厚上馬石其傳已久不知何取子厚銘其叔父侍御府君有邑於虞鄉語意子厚當時亦至此也 並臨晉志

涑水每冬夜間時聞冰裂聲成者遥見有物如羊自西來冰劈積兩岸旁至南橋回近年見於白晝冰自開裂水湧尺許逆流過南橋至吕庄河舊傳有梅參將戰敗執戟熱甚就水濯之化形而逝此其戟精或曰蛟也平陽志

猗氏縣文廟東南隅有檞一株其年甚古每當鄉試之歲結角子如筯人以所結多少爲中者數之驗歷試並然謂之靈檞

明萬歷壬午猗氏大旱邑令爲壇祈雨汲水壇隅井

中有赤蛇附引而上長不及尺知其龍也爲文登之盛以巨盂蛇蜒蜒不去至明日雷雹自盂中出蛇騰向西南雲四合大雨再宿乃霽是歲大豐有禾秀數穗者

萬歷十八年七月大水有龍鬭於蒼氏後數日人於縣西百里店灘獲一巨卵甚香搖之硜硜有聲送置縣中皆不能辨其何物因送之佛寺中其後復大水浮卵以去

崇禎癸未秋有蝶其斜幅於市者忽飛起旋繞空中

己酉不見衆以爲異時邑人王吏部方家居素善
占法因共詣之求占定吉凶王用六壬法占之曰
是禍徵也不過一載縣當受兵害及明年春李自
成東下遣所署僞令至縉紳悉被其毒焉 猗氏志

明襄垣王遜燀天順五年自代徙封於蒲後襄垣宗
人聰灑聰浵俊權俊构俊櫟充焞等皆嫻文章俊
櫟字若訥尤博雅不慕榮利於五姓湖築室卜居
與詩人隱客日嘯咏其間自號蘆花散人其詩名
佩蘭集其姊封陵川縣君適裴禹卿夫死殉焉榷

爲貞節君宗堂傳

楊公博以師傅之貴位太宰而子俊民以會魁歷提學太僕少卿俊卿武會試第一至錦衣衛都指揮俊士舉進士餘蔭叙又二人一門朱紫並榮又朝廷之制武會試第一即爲狀元故俊卿又有狀元之目與太宰並官京師入朝相隨還第則章服侍左右士大夫指爲盛事 聱下聞見記

郟邱有二一在陳留即齊桓公會諸侯處一在河東漢武汾陰處宋史眞宗祀汾陰登郟邱亭以望河

汾是也前後二漢地理志汾陰下但云介山而無
郊邱當是一時所遺　戒菴考古

唐韓文公有條山蒼詩考公生平未嘗遊於蒲其詩
當是使王廷凑時道途經過所作或云董晉蒲州
人公爲其客晉卒於汴公送晉喪還亦會至蒲其
說非也　博議

蒲州趙鼐淇武初舉人任陝西汧陽學官其生在元
至正中至正統十年始殁已八十餘矣鼐自汧陽
歸與同邑漢中同知王聚淮安同知李威白水縣

丞謝伯榮上林錄事賈敎爲五老會如唐香山故
事傳於京師諸公爭爲賦詩 耆賢志
萬泉縣東南二十里有汞清池俗傳光武飲馬於此
水本昏濁以鞭攪之即清又下生寺有龍栢一株
枝蟠屈如龍故名亦云光武所繫馬也 萬泉志
洪武初滎河蔡瑄爲通政使乞還卒於路太祖惜之
遣使祭瑄其使者一爲大學生一乃道士也開國
初時用人差遣簡質如此後則無非京官矣 林中碎錄
萬泉風俗縣官打春日爭劉土牛皮取歸塗竈云去

蚍蜉爭奪打春杖云利於蠶事又爭以朱墨於牛角書字以不得書爲不利清明日婦人爭出遊作秋千戲云是日作生活則致目盲縣志

蒲西門外河堧鐵牛鑄於唐時東西各四有牧人引之其西則朝邑也俗傳東堧牛本五昔時一牛亡去故今止四其亡去者在陝州牧人尋之至陝城門遇人問焉困立化爲鐵眞齊東野人語不知陝亦自有鐵牛也陝牛未詳何時鑄或云以鎮河患唐人有鐵牛頌今陝牛亦久亡或云淪入地中而

四牛之在朝邑者爲河所沒無復存矣

蒲人所植柹多者一聚或至千林柹熟取市其實以爲利幾與昔所爲竹林千戸橘奴萬頭者同至秋時葉紅爛燒山谷原野間彌望皆雕霞絳雯最爲奇觀韓吏部赤氣冲融無間斷語直可爲此咏也順治中金壇蔣虎臣翰林來蒲作柹林紅葉詩五十首中頗多奇儁之句郡人傳之至今

明世蒲中科甲仕宦者多棹楔如林籠街櫛巷觀者爲之增壯崇禎末流賊僞防禦至下令盡撤去唯

留舜禹廟及文廟者餘悉毀之敢後者死於是一日爭廢即州治外向所樹古河中坊最屬巍麗者亦澌跡無存矣 舊志

宋王性之言韓文公生於河中永樂縣今永樂猶有韓文鄉朱氏作韓文考異亦引其語然考公之生實不在永樂也父雲卿爲武昌令將還官往京師產公長安舍後一年卒故公三歲而孤注之所言殆非其實也 韓集博考

途麻革八歲知屬文十四忽病痟取紙筆疾書曰適

仙府召飲醉致此因賦詩數十首舉不停綴了不自知一昔始復寤其痟亦失自是爲文日進續晉志

唐至德二年始於河中置節度使後郭子儀上言昔安史據洛陽故於諸道置節度以遏其衝今大盜已平而所在聚兵耗蠹百姓表請罷之自河中始於是罷河中節度使及耀德軍舊書

唐徐相公商隱中條山寺讀書隨僧洗鉢摭言

山海經泰逢之神居於萯陽即東首陽山也出入有光循蜚紀泰逢氏沒爲河神路史孔甲畋於萯陽

大風晦暝遇神䃂而迷也又事物紺珠泰逢吉善之神緯書䃂黃萯山之神能動天地唐末泰逢見神於河曲之上鄭畋曾一遇之 徵怪錄

甘棗之山其上多杻木其下有草焉葵本而杏葉黃華而莢實名曰籜食之已瞢有獸焉其狀如鼣鼠而文題其名曰䑏食之已瘻 山海經

山西平陽府蒲州東有中條山乃張果老跨白驢之處 山堂肆考

後魏河東羅崇之常餌松栢脂不食五穀自稱受道

於中條山世祖令嵩之還鄉立壇祈請嵩之云條山有穴與崑崙蓬萊相屬人穴中得見仙人與之往來詔令河東郡給所須嵩之入穴行百餘步遂窮有司劾其妄世祖曰嵩之修道之人豈至欺罔或傳聞不審而至於此赦之　魏史

宋石曼卿云夷齊餓死蒲坂者耻周之事而死於堯舜之區庶幾見揖巽之風焉　本集

黃帝之治天下也百神出而受職於明堂之延帝乃採銅於首山作大爐焉鑄神鼎於山上　子華子

古樂疏云舜耕歷山思慕父母見鳩與母俱飛相哺益以感思因而作歌

河東有獨頭山多靑檀可爲良弓唐時作弓者多在河中其技尤勝李文饒相公鎮蜀時募取弓人於河中府　技藝考

河中桑落坊有井每至桑落時取其寒暄得所以井釀酒甚佳故庾信從蒲州使君乞酒詩蒲城桑葉落灞岸菊花秋又許乞酒一車未送詩秋桑幾過落春蟻未曾開謂此也　國史補

臨晉有回龍灣地在縣東十五里俗傳晉文公見崗
嵴原有王氣斷之得蘆根盈握有血出王氣遂消

宋王元之遊王官谷題詩刻石在太宗之時至神宗
時元之曾孫汾出守蒲津訪舊刻已漫仆乃重勒
巖扉題其後云先公翰林尚書淳化中謫官解梁
作是詩後八十餘年汾出守蒲中刻石於王官谷
元豐二年二月十一日曾孫尚書祠部郎中充集
賢校理權知河中軍府事汾謹記　名山志

司空侍郎蕉隱三峰天祐末移居中條山王官谷周

廻十餘里泉石之美冠於一山北巖之上有瀑布
流注谷中溉良田數十頃至今子孫猶存爲司空
之莊耳　南部新書
吳雯徵士其父與山東王士正尚書同年故於徵士
遇之獨厚嘗爲延譽遂有詩名徵士常有詩三泉
繞漢祠外雪明秦樹根此尚書最賞者康熙戊午
詞科之設此部方出謝郎中遂薦徵士得與試先
錄八十人已在數中後忽減却三十人故弛得[illegible]
失或言徵士至京師益都馮中堂[illegible]屢使請造[illegible]

收致門下徵士不爲頌語唯以二絕句書而歸之馮意不樂後減其數者乃馮意擯徵士爲之徵士歿時有香氣滿室之異

孫明經拱洛陽人來遊永樂愛其土風遂卜居焉拱字向宸頗亦能詩常自題所居曰窻閒華岳三峰翠門對黃河萬里波其子億傳父學好吟咏登永樂二仙樓作云逍遙散客愁盡日倚高樓烟火千家晚荻蘆一水秋野田喧鳥雀隴阪下羊牛乘興不歸去前溪待月遊似亦少得晚唐人風致也

明初蒲州所稅有桑一千九百十二株歲徵絲一十二觔一兩一錢共造生絹九疋零絲一十三兩一錢棗一千　百六十八株歲徵米四十六石九斗二升蓋依古人教民樹植之制桑可蠶以勸婦功棗可蓄以資民食必防其翦伐摧敗故爲定其數使時稽於官府而人不敢殘必徵其稅則使知苦勤其力以供所出而人不致惰此蓋良法美意之一端至弘治以後桑棗但有空名無課植者惟取其稅而已

神尼者名智山蒲坂劉氏女少出家有戒行時談人吉凶成敗皆驗隋文帝初生時忽至其所名帝曰那羅延且謂帝母曰兒不可處俗間請剖居宅爲般若室將帝躬自撫養家人從之一日智山出外付帝於其母母視帝額忽挺二角大懼遽投諸地尼已知之急歸抱帝曰何驚吾兒致令晚得天下後周滅二教尼隱楊氏戒行不改及文帝受禪真興佛法每以神尼爲言尼殁即葬所捨寺中爲起舍利圖又命王劭爲之傳

明末有張神仙者來蒲州多幻術士人欲遣伎亂之
張忽隱入壁間不知所往衆傳以爲即張三丰云
三丰本猗氏人也

晉文公至澮上見人乘白驂八駟以來有狸身而狐
尾去其半而墮公之車以問師曠對曰狸身而狐
尾其名曰首陽之神飲酒於霍大山而歸其逢君
於澮乎君其有喜　瑣語

鹽道山厥頂方平有良藥神農本草曰地有固活女
疏銅芸紫苑之屬也　水經注

蒲州王尚書崇古身長七尺餘貌甚偉初成進士在京師時張永嘉爲相王與同輩旅謁張一見大異之曰此今日裴行儉張仁愿也衆始未信及綏三十年尚書樹功宣大爲時長城如張相言然後服永嘉知人 鈍菴紀聞

虞鄉谷栢村在石佛寺西南泉水下注聲振幽谷高坡之上栢盈萬株森立蔭映僧徒每雨後掃葉數斗輒有錢出地中如鵞眼其紀元多唐時者 通志

王官谷舊有雙人石在天柱峰東惟偉參差形似攜

揖又峰西二石似人或曰此谷中四友也

掛鶴臺亦在天柱峰下相傳司空表聖在時有雙鶴五月生子輒去明年二月復來臺下多靈草異卉葳蕤搖拂 同上

猗氏任汝亮以戸曹督餉渡河而墜其僕急下援之亦墜不出至日昃舟人駭噪謂必溺死久之忽偕其僕並自水躍出自云若有巨木載之以上衆驚神祐云 邑乘

猗氏張應徵爲諸生時有能文聲萬歷甲午山西秋

試先期御史監闈事者問提學陳公曰今年秋元能預决乎陳曰猗氏張某也榜發果爲應徵人服陳衡鑑精妙同上

猗氏馮守禮初生時其隣有劉氏爲苑馬卿者家居夜夢其門立棹楔署正氣字心異焉因許妻以姪女後守禮中鄉舉任莒州學正擢知萊蕪縣值明末兵亂臨難不屈死正氣之徵果驗焉同上

宋朱弁曲洧舊聞云内中供御酒盖用蒲州酒法也太祖微時至蒲飲其酒而甘喜之即位後令蒲中

進釀酒方至今不改宋張能臣酒名記云蒲州酒

有天祿舜泉

郝陵川經言河東土產菜多於桑而地宜麻紡績織

布故有大布卷布板布自衣被外折價値貿易以

供官賦

李濟翁資暇錄蘇乳煎之成餳咸云十年來始有出

自河中此武臣李環家之法也予幼於洛中綏福

里見之時新開一肆不數月滿洛城皆張市矣初

子從叔聽鎭河中自洛招致爲餳者居於蒲㑹因

有此餳

唐時蒲州貢鳳棲梨三千五百顆又貢棗八千顆宋蘇軾與蒲廷淵帖云河中永樂縣出棗此棗爲道家所貴元柳貫作打棗譜云大棗出河東猗氏

本草言石膽出蒲州大者如拳小者如桃栗擊之縱橫而解皆成疊紋色青見風久則綠今絕不聞有此物也

蒲中有草名如意以葉似箭亦名箭頭草夏開紫花小而有香土人採之雜麥蒸飯結實三稜似瓜形

如豆大熟則殼分三角中各含子十許粒細如粟色蒼黃根似遠志味苦而辛採其葉於陰處乾之以末敷惡瘡殊效

閻人牟準衛敬侯神道銘曰城惟解梁地即刳首山對靈足谷當猗口是猗氏在昔又有猗口之名靈足疑即中條矣

百二十盤在中條之陰石磴盤旋凡有百二十折故名自此而下達虞鄉即司空圖所隱王官谷也倪光薦奇石詩云偶經百廿盤松石駴心目石以松

爲觔松以石爲肉石抱松如裹松穿石似束

雅謔錄云有直指使者按蒲州過猗氏縣見其處有猗頓廟顧其客曰猗頓何人揚揮所爲賈豎汚辱者乃有廟乎客曰太史公傳之直指曰太史非傳猗頓特刺時耳昔揚子雲作法言富人以千金求載姓名子雲卒不肯曰富人如牢中之豚檻中之鹿安可得載亞宋慎伯筠爲一寺作碑有巨賈請書名其中願奉壽五百金伯筠亦卒不肯謂太史公不如二子耶客曰然則猗頓之有廟倘亦死猗頓

能勝生子雲耶直指曰恐亦其地無子雲故爾爵
立也因大笑而起
經濟編關中之險長河與華山會處雖在潼關然河
之南須得河南府新安北函谷河之北須得河西
平陽府平陽南有東烏嶺北有冷泉關蓋河之南
無新安則由沙磵可渡河至蒲州河之北無平陽
則由烏嶺冷泉至蒲州自蒲州至龍門兩岸平曠
可渡者百里故在古人秦有函關陝西統平陽
至今陝州以西及平陽與陝西之人語音風俗相

似又曰虎牢潼關誠爲險要然貼臨大河若踰河避險而出則關無恃於險矣故虎牢不守孟縣潼關不守蒲州烏乎用其險

明崇禎十六年山西巡撫蔡懋德討流賊至蒲州一敗之於風陵渡再敗之於大慶關三敗之於吉鄉渡賊屢失利因堅壁不出時懋德奔走往來於二千五百里間所提僅弱卒三千耳

世傳介之推隱處今萬泉縣南二里有介山漢武紀朕用事介山晉太康地道記及永初記並云子推

隱此水經注亦引此而辨之以爲非袁山松郡國
志云介休縣有介山有緜上聚子推廟子推本死
緜上之山非此介山然謂其隱此者在漢時已有
二說矣
柳子厚曰猗氏之鹽晉之大寶也蓋本春秋傳杜預
注郇瑕之地沃饒而近鹽在解縣西北今猗氏縣
鹽池也魏都賦注鹽池在猗氏縣南四十六里蓋
今安邑運城本古猗氏地也
萬泉人王景震順治初舉人官長安令其爲諸生時

赴官府請免同學生故後門則俗猶𢬵狀云百姓六旬以上尚有告老之期生員百年以後反作當差之鬼云云狀上山西巡撫見之大加賞嘆因爲永豁除之

明榮河李安世以貢士仕磁州學正其歿時壽一百有四矣又邑人張世恩妻賈生明嘉靖四十二年至康熙四年已百餘三歲尚存活如故榮河令到門問視旌爲人瑞又邑民郭永祿生明隆慶六年至康熙九年壽亦百歲又潘守俊生明嘉靖四十

二年卒於順治十八年得年九十九蓋其地水深土厚人得其氣以生故多壽考如此夫百歲已甚少若安世及世恩妻且踰百歲之外尤不可得也榮河志云八十九十以外比閭皆是至如百歲亦時有之豈榮民得天獨厚歟深思其故大約不外勤儉二字寡嗜慾薄滋味此壽之原也其言頗有合於道故錄之

山西舊多角妓諸郡有之稱之樂戶蒲當明時樂戶並聚居東城門外關廂閒州守行春則濃粧騎馬

以供役其縉紳與客宴飲則名之佐酒至　國朝康熙中猶然臨晉縣志云臘月十五以後樂戶中擇黠辨者假爲官府襲冠帶從以吏役名曰春官春吏因入官署并豪紳富家宣語贊揚以求賞勞謂之報春先期一日縣官勾集里甲社夥雜以優人小妓妓名毛女鼓樂導前春牛居後官與其僚盛服輿從詣東郊迎春自雍正初禁革樂戶於是在城廟者悉徙去矣

書貞元初虞鄉人女年十餘歲臨井治魚魚跳墜井

逐之亦墜其內有老父接抱留連數日捧至井上贈金錢二枚父母往接之女自此不食唯飲湯茶數日嫌居處臭穢請就觀中修行後不知所之逸史

黃巢之亂僖宗幸蜀張濬自身未有名第時在河中永樂庄居一日在路行後有喚張三十四郎駕前待爾破賊同顧乃是道人濬曰一布衣何緣破賊道者勉之時濬母有疾道者乃遺兩粒丹濬母所疾痊復後歷登台輔道者亦不復見北夢瑣言

侯宏實蒲坂人年十三四嘗寐於簷下有虹自河飲

水貫於宏實之口其母不敢驚及覺母問有夢否對曰適夢入河飲水飽足而歸母默喜知其必貴矣後有蜀僧詣門求食謂母曰女弟子合得兒子力此蜺龍也但離鄉井近江海方有顯榮又曰此子慘毒倘敬信三寶即能善終宏實後果自行伍出身至將領同光三年從興聖太子收蜀蜀平之後爲眉州刺史節度夔州自寧江遷於黔府一州二鎮皆近大江持法御下傷於嚴酷是知蜀僧所云不謬矣 鑑戒錄

杜暹幼時自蒲津濟河舟人已解纜岸上有老人呼杜秀才可暫下其言極苦暹不得已往見與語久之船人待暹不至便發是日急風忽見水中有數十手攀船沒徒侶皆死惟暹獲存暹後至公卿（廣異記）

馬燧討李懷光自太原引兵至寶鼎下營問其地名埋懷村乃大喜曰擒賊必矣（國史補）

唐天祐二年河中進士楊元同老於名場祈吉夢以卜前途是夕夢龍飛天乃六足及見榜乃名第六

則知固有前定矣　玉堂閒話

蒲坂有須曼卿者自言在山中精思三年有仙人來迎我乘龍昇天龍行甚疾頭昂尾低令人在上危怖及到天上先過紫府金牀玉几晃晃昱昱真貴處也仙人以流霞一杯飲我輒不饑渴忽然思家天帝前謁拜失儀見斥來還令更自修責乃可更往昔淮南王劉安昇天見上帝而箕坐大言自稱寡人遂見謫守天厠三年吾何人哉河東因號曼卿爲升仙人　抱朴子

進士張生善鼓琴下第遊蒲關入舜城日將暮無所投足遂詣廟吏求止一夕吏指簷廡下曰舍此無所詣矣遂止方寢見絳衣二人前言曰帝召生生遽往帝問曰學琴乎曰嗜之而不善帝顧左右取琴乃鼓以歌曰南風薰薰兮草芊芊妙有之音兮歸清絃蕩蕩之教兮由自然熙熙之化兮吾道全風薰薰兮思何傳音韻清暢爽耵心骨生因發言曰妙哉乃遂驚悟　纂異記

張質者猗氏人貞元中明經授亳州臨渙尉到任月

餘日暮見數人執符來追乘馬隨之出數十里
一栢林見一美髯衣緋人據案而坐乃拘江陵張
質名姓偶同遂不審勘執符者復引而回如夢覺
乃在栢林中樵人驚以送縣縣既失質其宰惑之
且疑質之初臨縣於治吏吏怨殺之是夜坐門者
及當宿之吏莫不禁錮質歸神識遂闕 續元怪錄

景生者河中猗氏人素精經籍授冑子數十人歲暮
歸途中偶逢故相呂諲以舊相識遂以後車載之
而去景生到家已卒數日乃蘇云冥中見黃門侍

郎嚴武朔方節度張彧景生善周易早歲與呂相
講未終帙呂相薨乃命景生終餘帙嚴張共請放
同
元惟錄
宋陸渭南有吊獨孤生詩其序云獨孤生策字景略
河中人工文善射喜擊劍一世奇士也有自峽中
來者言其死於忠涪間感涕賦詩憶昨騎驢入蜀
關旗亭邂逅一開顏氣鍾太華中條秀文在先秦
兩漢間寶劍憑誰占斗氣名駒失養竟天閑身今
老病投空谷回首東風涕自潸

明萬泉貢士王臣爲鎮安縣尹潔已愛民政聲甚美有朝官王士元以詩贈之云久說鎮安諸父老白頭未見此郎官襟懷好似冰壺潔器宇渾如天地寬

蒲州楊都督俊卿少有膽勇嘗夜分與客飲出戸忽有物人立而啼衆皆恐俊卿直出手搏之其物仆地忽不見明日如厠見一赤狐甚大吐舌而死乃夜夜立啼者也

上龍雙硏古謂無益然其法本之神農求雨書董仲

舒春秋繁露亦嘗言其事後世爲之頗有驗者康熙中蒲泉大旱知縣瞿亮邦虔禱未應一日忽有以虞城志者亮邦取觀之中載虞城令華陰柳公祭龍事亮邦喜曰昔人豈欺我哉即於甲乙日作東方青龍長一丈八尺環以小龍七各長四尺餘如其方色數日作之祀而祝焉越數日有青龍見於東南蜿蜒良久乃沒亮邦知有應禱益虔後數日果大雨四境霑足是歲豐穫亮邦自爲文紀之

臨晉謝孝廉玉樹久困場屋且將老自以數奇遂罷

去不入館舍者已數年矣康熙辛卯其子肇亦爲諸生赴省試獲雋玉樹不覺心喜於後歲再理舊業曰吾亦當得鄉試矣是年爲癸巳特設科加解額十九名玉樹往果中試先是常禱於文昌神得捷兆并示以所中名數及報者至將出帖錄示之玉樹遽止曰且緩因取已所書中式第十九名舉人謝某使報人觀之其人駭愕蓋署字正同也相去數年爲前定謝時已六十八矣

蕭州志中脩蒼陵谷去縣一十里上有娥皇女英陵

記言舜葬蒼梧二妃未從則英皇所封自殊舜域
然蔡博士對始皇舜妃堯女在洞庭湘山所爲黃
陵者又路史言娥皇無子女英生義均均國於商
女英從之就國故商州有女英陵是知不在蒲坂
矣蒼陵谷之說好事者爲之
地理書有媯鄉在河東漢時鄉名也媯字初昧何音
喻陸氏廣韻作謨敢切文亦從鄉云在河東猗氏
縣今無復知者

《山西文華》編纂委員會　編

山西出版傳媒集團
三晉出版社

山西文華・史料編

蒲州府志

清乾隆版　第六册

卷十八至卷二十一

清　喬光烈　周景柱◎總修

山西文集

蒲州府志卷之十八

藝文

宋眞宗祀后土玉冊文

維大中祥符四年歲次辛亥二月乙巳朔十七日辛酉嗣天子臣某敢昭告于后土地祇恭惟位配穹昊化敷品彙瞻言分壤是宅景靈備禮親祠抑惟令典肇啟皇宋混一方輿祖禰紹隆承平茲久眇躬纘嗣勵翼靡遑厚德資生綿區允穆清寧孚祐戴履蒙休申錫寶符震以珍物虔遵時邁已建天封明察禮均

有所未答櫛沐秖事用致其恭夷夏駿奔瑄牲以薦
肅然郊上對越坤元式祈年豐懋昭政本兆民樂育
百福蕃滋介祉無疆敢忘秖畏恭以琮幣犧牲粢盛
庶品備兹瘞禮皇伯考太祖皇帝皇考太宗皇帝侑
神作主尚享

宋眞宗旌河中處士李瀆詔

故河中府處士李瀆簪纓傳緒儒雅踐方曠逸自居恬智交養迨茲晩節彌邵清猷奄及淪亡良深軫惻特行賁典式慰營魂惟蓬閣之司文乃儒林之美秩仍示歸生之賻兼推給復之恩申飭守臣優恤其後豈徒旌於泉壤亦足厚於民風可特贈秘書省著作佐郎賜其家帛二十匹米三十斛州縣常加存恤二税外蠲其差役

蒲州府志　卷之十八

宋真宗大中祥符祀汾陰碑

朕緬觀舊史歷覽前王莫不事天明事地察以明察之志格天地之休在乎秖畏於神靈嚴恭於祭祀誠明昭感墜典由是咸修祉福來同蒸民以之交泰乃知蕭薌之薦方嶽之巡禮莫大於茲文其可以闕矧復安貞之理博厚之功竅以山川麗乎草木書云剛克乾健是承易曰無疆資生攸在豈止屬事於北正同禮於泰壇乎脽上者汾水之曲巨河之濱故魏之國都舊晉之疆土其俗富庶接秦雍之郊其民忠淳

被虞夏之教地形詭異神道依憑中斷洪流揭成高
阜俯聯修壤崛起而崔嵬下望平阜斗絕而盤鬱故
得傳於簡策降厥禎祺漢武採方邱之儀視泰畤之
制因茲吉土祀乎坤元絳光燭壇始彰厥應黃雲覆
鼎復啟其祥是以百穀蕃滋本枝茂盛綿載禩而雖
久瞻兆域而尚存唐元宗回輿於洛京省方於冀野
視靈場之未泯思多稼之能祈潔粢豐盛親享者再
至景風甘雨大有者累年斯又精意感通珍符丕顯
既琬琰之斯刻亦棟宇之雲興眷命俯臨丕基肇建

太祖啟運立極英武聖文神德宏功大孝皇帝應天
意順人心察璿璣麾金鉞揖讓以開國征伐以濟民
天下書文自斯而一域中黎獻由是而蘇合於上蒼
佑乎率土太宗至仁應道神功聖德文武大明廣孝
皇帝承大統恢至神御羅圖調玉燭武戡定而不殺
文經緯而化成三代典型從茲而復四方風俗因此
而同醇化滂流丕功盡善顧惟眇質嗣守鴻猷雖日
繼明未能燭理徒云涉道罔獲知方常用戰兢靡忠
逸豫惟祖宗之積慶暨穹壤之降祥政得其宜人無

其怨九德咸事四表來賓中夏大寧聊存於尉候殊方一貫已息於櫜鞬予且何功神實垂佑曩者從徯望答祕文東狩以觀民上封而紀號盛禮斯舉先志紹成陟配岱宗孝思克展歸格藝祖慶賜方周內顧之懷彌深於若厲盛德之事豈假於薦馨而蒲坂之民河東之守咸言坤載茂育羣生實有方壇備存舊址囊封奏御遐達於衆情端冕接神期觀於巨禮眷惟寡昧何敢竊當始詔公車俾從拒絶豈期庶尹復貢僉謀以爲答昊天祈繁祉后辟之職也蒸黎之願

也止之則謙尊之德在於一人行之則紛委之禧集於兆姓念固辭而靡獲乃增惕而勉從由是發至誠告有位充於祀事畏乎儉而無畏乎豐奉於朕躬戒乎繁而勿戒乎簡蓋以達精意非以振休聲上下克諧人神交暢役不愆素工靡告勞厥日惟良厥儀斯備臨遣上宰柴告於圜邱祇率百官祼獻於清廟既而整羽衛駕車輿不喧不譁以涉乎夷路有嚴有翼爰屆乎名區用復揆靈辰具嘉薦惟精惟一以奉乎苾芬必躬必親如觀乎髣髴並配二后昭累盛之基

咸秩五方報嘉生之惠序圖籙遵介卯之規用犧牲
若北郊之度八成而來格三獻而肅祇乃命三公纍
石以封信祝乃驅五輅執爵以謁嚴祠將達至虔豈
循常典誠恐行之不及罔有知而弗爲旣而考爾文
須渥澤朝羣后撫庶民存問耆年觀覽舊俗加隆於
先哲增重於明神固不足慰來休之謠亦庶幾協時
巡之典噫結繩以降垂衣而上商周之前莫能縷述
漢唐之際可得詳言元鼎之隆開元之盛咸駐蹕於
鄈上並奠玉於澤中今予冲人踵茲盛則何以追美

於二代交歡於三神唯當竭寅畏之心增乾鞏之志事明祇而如在視黙首而如傷居安思危無忘於齋慄守成如始常冀於和平一以繼慶靈一以達眷佑至若刋樂石鏤信辭亦期昭錫類之仁傳乎不朽奉持盈之訓保乎益恭銘曰博哉厚載至矣柔祇穹旻比大生植攸資乃育嘉穀以食蒸黎成德必報明祠在斯瞻言脽上允居汾曲赤伏膺符黃靈受籙咸著輝景並昭祉福肇建靈壇式陳嘉玉禮域雖在盛禮奠陳洪惟先后俾乂兆民實開丕緒以暨冲人嶽獻

仰繼闕典咸伸初俾元封方增惕厲河潼之民縉紳之士徯望何勞奏章疊至願舉巡方期覲明祠堅辭靡獲衆望俯從乃奉寶鑾言駕時龍親陟壇墠並配祖宗式申昭薦庶逹寅恭既展至誠爰頒巨慶佑降兩儀功歸二聖秖答丕休勵精庶政刻鏤貞珉發揮駿命

宋王旦祀汾陰壇頌

祥符紀號之三載岱宗展寀之間歲蒲守臣狀輿人之誦以爲坤靈所宅實惟郊上方冊具存粤在境内屬紹休於聖緒請備禮以親祠皇上覽奏謙讓不許侍臣進而僉曰泰嶽建封汾壤闕祀有所未答也外庭聞其事率籲者萬計露章抗其辭悃愊而三上臣誠難奪帝俞乃下羲仲涓日伯夷奏儀歲二月乘時龍備法駕奉祕檢陟廣畤格殊尤之貺通於神明成曠絕之禮合若符契執允恭克讓之道形推功歸美

之旨凝嚴覃思闡郁郁之文純至奉先盡烝烝之性飄然鸞鳳之跡形於金石之刋四三墳六五典揭日月薄雲天昭示方來高邁前古乃詔宰臣旦曰汝相臣禮實總攸司亦宜昌言以志純錫臣周爰事實對揚王休謹再拜稽首而言曰粤以坤靈定位秉陰成德侔天洪覆博厚藴於化光載物無私翕忽章於神變其止也一其動也剛將發祉於沉潛必炳靈於昈蠁惟陰陽之不測在動植以攸依臚惟冀方奠厥中域水土深厚風俗勤儉敷紛沃衍盡闢於汙萊豐實

敦朴有同於淳古載觀舊志參校前聞軒后之祀方丘實惟其地虞舜之都蒲坂綽有遺風直大昴之南街距諸綸之半舍原隰相屬彌迤而龍鱗堆阜孤標崛岉而雲矗書載嬀汭在其境詩歌韓奕亘其右靈掌標於巨嶽素汾合於洪河逸勢奔趨迅湍激射綿億載而隆起無流壤之微潰堅如拄於碣石危若冠於靈山廣袤屈盤峥嶸詭異宛同天造允謂神區以因地之宜爲祈祀之所必有主宰以定攸居欽若大猷歷選列辟辯方正位懋建於皇極依神設教陰隲

於下民意在奉母儀禱年穀而已漢元鼎中始建嚴
祠式新明制從馬談寬舒之議屢崇於茲祀唐開元
際克甄墜典踐修厥猷覽張說蕭嵩之言亟興於逸
禮物無疵癘歲臻豐懋蓋俯隣於畿甸或因事於巡
遊時奉瘞薶易代如覩尚茲湮廢閟其靈應暨居溫
洛及宅浚郊都國屢遷限於重阻歷代而下方屬弄
兵千里而遥豈遑措事王澤竭而頌聲寢彝倫斁而
舊章缺丕天大律曠世盛節日不暇給安可輕議且
禮樂重事豈淪胥以亡及聖明利見故授之以泰太

祖啟運立極英武聖文神德元功大孝皇帝運斗極
綏天保三靈改卜撫飛龍之運四征不庭革猛虎之
政惟睿作聖臨下有赫謳謠欣戴序章皇靈揖讓開
階允歸天授集大勳而成王業也太宗至仁應道神
功聖德文武大明廣孝皇帝席羅圖躋大寶麾旄致
討下恃險之邦執契居尊治同文之化帝德廣運神
武不殺體元立制將聖多能遹駿緝熙徇齊敦敏敷
至治而致承平也今崇文廣武儀天遵道寶應章感
聖明仁孝皇帝陛下自儲兩陟元后承天之序象日

之升協帝膺期纘戎御歷五材並用六府允修總絜
宏綱深思遠馭順乎乾而發大號取諸豫而懷永圖
務稼勸農保邦固本講兵要討審實取材六郡震師
五柞蘙頌爰驅革輅巡省翰垣邊堠自寧兵鋒不頓
輪臺罷戍豈因感悟玉關謝質有異綏懷得用武之
善經茂庇民之丕德威靈赫於無外聲敎覃於有截
四方從乂萬彙由康作法於厚議事以制欽明稽古
御辨撫圖講禮三雍懸書兩觀囹圄清而刑幾措釁
塈興而民崇讓三郊吉土有文王昭事之勤明發上

陵極顯宗孺慕之感武有七德禮備三驅丹浦非樂戰之心形於歌詠天乙有弛罟之惠垂諸載籍今乃罷去羽獵包以虎皮惻隱之仁溥臻於微類好生之德上合於昊天元化滂流皇風載韙頑豔斯感人神以和順風之拜未施飛昴之靈下告寶符錫祚昭授羲畀姒之瑞玉牒登封有踰周軼漢之盛介夫純嘏延及羣岷和以天倪納於軌則幾一變之至道妙萬物以爲害休大庭窅姑射宅心道祕研幾繫表前宣室之席未遑於顧問挽襄城之駕靡事於巡功無何

西土之人周行之士凫趨麏至不謀而同辭筮短龜長協從而廸吉克符天誘始定時邁下沛然之詔慰後予之情方澤致恭爲人而祈福近臣祇命先期而戒事靡於民力咸給縣官事酌時中禮惟聖擇愼㨂備物有條而不紊傳士議郎置蕝而已定時告上帝親享大宮越獻歲履端之初屬道人布令之月皇輿夙駕天罕前驅燿國容增儀衛導寶籙遵皇衢却威夏之音御蒲塞之僎故靡從於游豫秪靜專於祀事逶迤式道星列而天行戾止周廬淵渟而嶽鎮弭之

蓋達蒲津戒官師飭法從九官列序冠冕溢於清途七華騰裝羽旄蔽於朝旭萃蜺奕奕齊軫遲遲俯頌祇之庭臨逆鼇之館恍惚杳冥之際將事神交蟺蜎蠖濩之中式資齋黙辛酉饗后土地祇於泰圻奉天書於左夾嚴二聖以配焉秉鎮圭紆皇組實犧象奠琮幣體薦黄犢藉用白茅壇三成而庶品陳樂八變而柔祇出正辭以達其志秪瘞以終其禮纖羅不動瑞香沓臻協氣横流懽聲沸渭能事畢舉何止禴祭之恭嘉號並宣實應臚傳之速即時移彩仗欵廟貌

展儀省祀嶽冊既藏登歌申獻晬容如在秩秩而中節莘莘而有踐少留清蹕周覽平臯吐金景以歊浮雲式觀寶氣橫素波而鳴簫鼓詎斁歡遊翊日即法宮坐黼帳振振麟趾之族師師鷺序之行懸軒四面列鼎千品鞮譯之長拱於著勾陳之衛嚴於外禮申同瑁肆覲於羣后澤被夔蕭大賚於四海賚生仰化馨圖效祉觀民設教命市納賈俗無非僻器不苦窳化行比屋有可封之民會盛塗山無後至之國若薰風之復啟誦絳光之再燭舉合飲之文不遺於黃耇

霈有差之賜下及於門欄井冽寒泉地湧神瀵載紓乃顧易以嘉稱望祀於海增峻其嚴壇允猶翕河載循於戒典金華作鎮紫氣臨關覽巨靈之蹤慕元元之教和風習習膏澤祁祁既呈瑞於豐年亦清塵於東路宵分載止星言靡滯艮田膴膴有多稌之謠束帛戔戔洽烝髦之詠由分陝之地出二崤之間六轡如琴覩襟帶之險九斿齊軌造圖書之淵順陽春考王制舉周醼陳洛宴山園在望夙夜永懷聲欬如聞馨香以達躬脂澤感霜露歷山川之奇秀美聖賢之

遺懿誕敷鴻藻窮三變之原高揚璇題紀一時之異或熙載而有作或倬彼以成章並鏤貞珉垂爲世範六飛回軫萬國歡迎咸發詠於載歸悉蒙休而安愈歸格用特觀盥之儀斯畢飲至舍爵醻勞之典遂行命酌罍樽均歡魚藻取需于之象溥洽示慈成樂只之儀維歌既醉煌煌焉穆穆焉總帝者之上儀盡天下之壯觀者也粵自天啟巨宋運鍾累洽火辰耀玉燭調七政齊六府正躬操絕瑞寶表於鑒觀爰議升中已申於昭答至如成富有之業流餘羨之慶賚仁

育宣政本緜寓混一庶物流衍不愛其寶可以佯賚得一以寧自茲而始徇東征西怨之請有㬥衣露蓋之行靡憚於勤用申其報異於無謂而樂巡狩數出以露威靈者矣矧乃秖肅精明內盡於志吉蠲滌濯外盡其物罄文命致美之意放仲尼與祭之言不於其身抑損以寧儉若奉於祀誠飭以期豐雖翕闢含章至靜而爲體然元通報貺應變以無方臧事之辰薦鬯之夕貫天德水迴變於澄瀾麗漢卿雲薦騰於縟綵青素之文符合逸材之獸馴擾九莖挺秀合穎

攸祥充溢於冊書駢委於奏牘豈止獲乘矢集神爵而已哉若非惟德緊物至誠感神又安得昌遠而賁奉景靈如期而克舉大事不疾而速不肅而成如是者也若夫秩小大之神訓上下之則騰茂實揚洪輝禮莫重於登雲岱欵魏脽對越兩儀茂膺繁祉恢世教奉天經孝莫大於繼其志述其事肆予時夏休有烈光非大信有孚何以盡明察之意非要道溥被何以極顯揚之典洽百禮以昭其德陳萬舞以象其功崇一循而衆美隨陳一事而十倫具惠可底行祭則

受福兆民允殖百祿是遒葳烈首於百王鴻禧垂於萬葉而又穆清凝覽乾鞏勞謙煥發天文昭昭而諭旨寅威寶命業業以持盈有嚴有翼而承英聲雖休勿休而彰健德體道簡易大明終始固丕基於積厚延景鑠於無疆法乾元之永貞若韶樂之盡善者矣臣徒幸丁辰素非達禮罔經凝奧游夏何以措詞臨事講求房魏惡其不逮殊無風采密侍帝蹕適觀厥成拜命之辱談天罔極游聖難名秖奉五壇幸睹黃雲之飛覆繼揚二雅終媿清風之作辭曰巖巖岱宗明

明乾健禎燎上騰雲封斯建高雕螭吻厚德攸依圭
琮致告育穀是祈垂象蓋高含章光大以察以明地
天交泰聖祖烈烈大勳斯在神宗穆穆令聞不已以
妥以侑夙夜恭止式嚴鄉上肅奉靈文率禮明具祗
薦苾芬四陬來同羣靈胥洎惟孝奉先惟聖克祀馨
烈有融儀刑大備神之聽之肅然格思昭其絕瑞報
以鴻禧羣生咸遂百祿攸宜伊至誠兮虛標前訓豈
洞酌兮專美聲詩禮無違者道蓋於斯既享以誠亦
輔其德允協永貞式揚聖則九廟謐寧百昌滋殖教

化恢兮丕昭聖職仁壽躋兮咸知帝力繹思粹精流
謙中昃坱圠無垠出坤域兮億萬斯年保民極兮

宋楊煦重修太寧廟記

后土載在祀典肇自軒轅掃地而祭其[illegible]有周禮文大備按春官大宗伯以禋祀祀[illegible]上帝釋者曰昊天天也又曰以蒼璧禮天以黃琮禮地釋者曰禮地以夏至日謂神在崑崙者也又[illegible]鐘歌大呂舞雲門以祀天神奏太蔟歌應鐘[illegible]祭地祇釋者曰地示所祭於北郊謂神州地之神及社稷非大地也又曰王者有大封則先告后土釋者曰后土土神也以地示非大地則知后土爲土地最

尊之神也或謂之土地而稱后者寧非爲羣物之主
歟考之周禮后土乃昊天上帝之配也漢武帝元鼎
始立祠汾陰脽上澤中方邱巡幸則致祭焉以祈百
姓育穀豐歲時有寶鼎昭乎靈應秋風之謠至今傳
焉孝宣元成間與東漢光武咸因之唐開元中明皇
新祀於壇以勾龍氏配之開元之記紀述祀幸之禮
稱盛焉一時然以配享之典不稽於古茲亦唐儒之
陋乎我宋受禪掃五代之僭僞海宇混一章聖皇帝
承藝祖太宗積累之休運祥符之際天下宴然人物

富庶禮樂備具天地神祇靡不躬祀至於封泰山祀汾陰跨越百王之典禮鑾輿臨幸行宮祠廟締搆一新於是天地清明上下助順詔蹕所止榮光溢河豈非帝眷恭虔聖母協應美祥休驗諸福之物不愛而出其感召然與由是上命改邑名以榮河建軍額以慶成宮廟以太寧賜號嗚呼其丕承厚載之德可謂無愧於古矣元祐丙寅歲承乏於此視事之三日恭謁祠下稽首再拜瞻禮睟容喟然嘆曰夫帝王之祀莫大乎天地脽上之祠越祥符八十餘載歷年未遠

垂白之老僅有存者悉談當時之盛禮觀夫廟貌頹圮樓閣顛倒不稱時祀豈非守土之臣因循苟簡不能遵行朝廷嚴奉天地之禮與竊重惜之丁卯歲始積地利之美餘修外門樓閣會監司巡歷稟其計度之費乃委監兵杜詔太寧宫主尹從壽董領役事東西飾御碑之樓四角葺城隅之缺金字榜碑繪綵煥爛前殿後寢革故翻新郯邱臺榭以甎易木弊者新隳者興斜者正顛者立漫滅者華如也疏漏者還如也用錢一百一十萬役二萬有四千三百其材植護

埀瓦甃之物不輸於民不費於官不勞而成者也始於戊辰二月之戊辰終於當年九月之己巳一旦落成邦人瞻觀遠近爲之歡欣鼓舞攜戴老稚來歆享益加敬焉禮不云乎雖天子必有尊也父天而母地躬孝愛而敎四海可謂誠且至矣夫使斯民知有父之尊天也有母之報地也不在家祭而戶曉蓋由后土之禮成而風化之本立四時欽賽之典其敢忽乎照備員三載承詔虔命不敢少懈因書修造之本末以記歲月冀來者幸同志焉謹爲之記

宋李瑩成湯廟碑

天不以大寳鍾於湯則徯尤之災孰爲恤湯不以至仁救其敝則盛明之道孰爲彰旱者天之數也仁者湯之行也數既有時雖大聖而不可挽行有於已雖上天而不可違則知旱不作無以明湯之仁仁不施無以救時之旱中外萬國嗷嗷咸廹於焦勞寒暑七年擾擾終逃於殄絕者則湯大有造於天下也是知宣湯之德袪民之戹歷古而下其功不忘嗚呼天能覆也而不能載地能載也而不能覆苟覆載之一闕

顧人物以何依此道在相須理由共濟者其如較湯之功量民之賜斯所謂全其覆載之惠廣於天地之能者乎加之五反求賢八遷定國祝其網澤流於禽獸把其鉞功革於遥荒則比夫禦一時之災捍一方之患登吾祀典忝我國章者安可同年而語哉應天廣運聖文神武明道至德仁孝皇帝之有天下也比女媧之鍊五色以正上元類文命之乘四載以寧下土昔者否運相繼英風不興四疆侵割以弗還六府耗竭而奚育我后投袂而起按劍不平南指荆衙越

重湖而靡繫一葦西顧巴蜀闢三峽而何假五丁幷汾暫駕而頓空交廣長驅而大定掃蕩之速開闢無儔旣而武功成文德備千官翼以揚職萬國熙而樂天端冕凝旒於以示華夏之無事豐財利用於以示富庶之有程載還淳風允屬丕運然後舉墜典沛豐恩鑑盛德於前王啟嚴祠於舊國尊帝者之制殫梓人之功土木所興奢儉成式而復備衣冠之數於以見車服以庸定牲牢之秩於以見祭祀不絕非獨振輝華於萬古展豐潔於百王表蒸民之受賜俾後代

以知勸仍揭貞石克揚英規聖人有象夐古無對臣也位忝烏府學謝鴻都振朝野之宏綱已非稱職紀皇王之能事尤匪當仁徒奉綸言强抽祕思庶使禁其樵採何勞枯大戊之桑享以盤盂不假負阿衡之鼎謹爲銘曰把鉞而麾天下服其威負鼎而至天下知其歸惟湯之舉蒸民所依爰歷千古宛然清輝剪髮而祀天下受其賜解網而祝天下知其惠惟湯之理蒸民攸乂爰歷千古焯有餘美湯之舉也既如彼湯之理也又如此乃較功庸定位天地今我后舉豐

熙修盛禮棟宇門闥於是乎啟牲牢衮冕於是乎備
今古遺典皇乇能事仍勒貞石俾光來裔昔如是今
如是天長地久兮何言哉有以見表明王而旌聖帝

蒲州府志　卷之十八　三

宋王欽若廣孝泉記

夫屯而後亨者天造也蒙而後貞者聖功也故聖人歷數在躬嗜慾將至履重險而不困犯大難而克振所以彰靈謀之幽贊示成命之有歸也全晉列藩三河東屏中條峙其左紫淵居其右前瞻巨嶽却眺隆脽唐虞之所興神祇之攸館蒲坂姚墟綿亘相屬惟東都之左壤列二井之通泉相距咫尺下有幽隧徵其傳說謂之舜泉也臣謹按司馬遷所撰五帝紀云瞽瞍欲殺舜使舜穿井而實其土舜從匿空而出又

皇甫謐云河東有舜井焉惇史之所載舊老之所傳
百世之所聞聖朝之所尚非有虞氏之孝格於天地
有虞氏之德通於神明則何以洽三千三百餘載而
與聖脗合不然安得其迹益著其道彌光者哉臣宋
受命五十載皇帝在宥十四年蒲津守臣削牘上奏
以民情望幸神邱佇禮后土拜章數四乃從其請越
明年春正月備法駕出閶闔省環衛屏葷血秖肅寅
畏以至於汾陰如東巡狩之禮祀事既畢盛節斯著
帝乃周覽川原問民疾苦聖賢之迹必紆清顧至於

此泉特延嘉矚下詔曰朕以省巡蒲坂歷覽舜泉欽孝德以升聞考遺跡而尚在宜加美稱用表敦風乃賜廣孝泉爲名周其垣墉新其堂奥廣其里衡謹其扃鐍至矣哉非帝舜之大孝安足動宸衷非萬乘之至德詎能旌往蹈所以歷三代迄隋唐而此泉寂寞蔑聞褒嘉及其逢旦暮迴車輿闡然而章巍乎不朽蓋以昔帝之名不可輕斥故易之以嘉稱往聖之迹不可蕪殁故表之以靈宇補百代之缺典炳終古之彌文盡善盡美信皇王之能事也而又遠汲此泉偏

頒著作俾夫家至戶到父父子子感往聖之邑養遊乎無外知吾皇之廣孝欽其至和漬於肺肝涵於骨髓人倫外睦善氣內充自然疵癘不生妖孽不作躋於仁壽億萬斯年與夫蠲疾育蘇公之母逞術 缺 葛缺之 缺 飛高踪於蜀都隱神物於南路較其遠大豈同年而語哉臣職忝樞機身近日月之燕許之藻翰莫副天心謝益契之彌綸徒欽聖作摘毫媿汗庶備直書時大中祥符五年二月十五日記

宋王禹偁司空圖傳辯

五代史闕文云圖字表聖自言蒲州人有俊才咸通中登進士第雅好爲文躁於進取頗自矜伐端士鄙之從事使府洎登朝驟歷清顯巢賊之亂車駕播遷圖有先人舊業在中條山極林泉之美圖自禮部員外郎避地焉日以詩酒自娛屬天下板蕩士人多往依之互相推奬由是聲名籍甚昭宗反正以戶部侍郎名至京師圖既負才慢世謂已當爲宰輔時人惡之稍抑其銳圖憤憤謝病復歸中條與人䟽不名官

位但稱知非子又稱耐辱居士其所居在禎貽溪之上結茅屋命曰休休亭嘗自爲記云云已上梁史舊文按圖河中虞鄉人少有文采爲鄉里所稱會王凝自尚書郎出爲絳州刺史圖以文謁之大爲凝知入知制誥遷中書舍人知貢舉擢圖上第頃之凝出爲宣州觀察使辟圖爲從事既渡江御史府奏圖監察下詔追之圖感凝知己之恩不忍輕離幕府滿百日不赴闕爲臺司所劾遂以本官分司河南召拜禮部員外郎俄知制誥故集中有文曰戀恩稽命黜繫洛

師於今十年方參綸閣此豈躁於進取者耶舊史不詳一至於是圖見唐政多僻知天下必亂即棄官歸中條山尋以中書舍人名拜禮部戶部侍郎皆不起及昭宗播遷華下圖以密邇乘輿即時奔問復歸還山故其詩曰多病形容五十三誰憐借笏趁朝參此豈有意於相位耶河東節度使王重榮請圖撰記得絹數千疋圖置於虞鄉市中恣鄉人所取一日而盡是時盜賊充斥獨不入王官谷河東士人依圖避難獲免者甚衆昭宗東遷又以兵部侍郎召至洛下爲

柳燦頒阻一謝而退梁祖受禪以禮部尚書召辭以老病卒年八十餘又案梁室大臣乃至有如敬翔李振杜曉楊涉等皆唐朝舊族本以忠義立身重侯累將三百餘年一旦委質朱梁其甚者贊成弑逆圖以清直避世終身不仕梁祖故梁史拾圖小瑕以泯大節者良有以夫柳燦爲相臣僚多被放逐圖爲監察御史尤加畏愼昭宗郊禮畢上章懇乞致仕曰察臣本意非爲官榮可驗衰羸庶全名節上特賜歸山其詔畧曰既養高以傲世類移山以釣名心惟樂於漱

流仕非顯於貪祿匪夷匪惠特忘反正之朝載省載思當衔遯棲之志宜放歸中條山詔辭乃燦之文也特多以四皓二疏譽之惟會虛中云道裝汀鶴識春醉野人扶言其操履檢身非傲世者也又云有時看御札特地掛朝衣言其尊戴存誠非邀君也

蒲州府志　卷之十八

宋孫奭諫幸汾陰疏

先王卜征五年歲習其祥祥習則行不習則增修德而改卜陛下始畢東封更議西幸殆非先王卜征五年慎重之意其不可一也夫汾陰后土事不經見昔漢武將封禪故先封中嶽祀汾陰始巡幸郡縣遂有事泰山今陛下既已登封復欲幸汾陰其不可二也古者圜丘方澤所以郊祀天地今南北郊是也漢初承秦惟立五畤以祀天而后土無祀故武帝立祀於汾陰自元成以來從公卿之議遂徙汾陰后土於北

郊後之王者多不祀汾陰今陛下已建北郊乃舍之而遠祀汾陰其不可三也西漢都雍去汾陰至近今陛下經重關越險阻輕棄京師根本而慕西漢之虛名其不可四也河東唐王業之所起也唐又都雍故明皇間幸河東因祀后土聖朝之興事與唐異而陛下無故欲祀汾陰其不可五也昔者周宣王遇災而懼故詩人美其中興以爲賢主比年以來水旱相繼陛下宜側身修德以答天譴豈宜下徇姦回遠勞民庶盤游不已忘社稷之大計其不可六也夫雷以二

月出八月入者也育養萬物有人君之象失時則爲
異今震雷在冬爲異尤甚此天意丁寧以戒陛下而
反未悟殆失天意其不可七也夫民神之主也是以
聖王先成民而後致力於神今國家土木之功累年
未息水旱作沴饑饉居多乃欲勞民事神其享之乎
此其不可八也作善降之百祥作不善降之百殃未
聞嵩事籩豆簠簋可邀神福春秋傳曰國將興聽於
民將亡聽於神愚臣非敢妄議惟陛下終賜裁擇

宋樂沆司空先生隱居記

距虞鄉東十里乃王官谷唐司空先生隱居在焉先生諱圖字表聖登進士第學問文章取重當世歷官兵部侍郎龍紀乾寧間衣冠道喪先生絶意仕宦中條山下有先人別墅擅林泉邱壑之秀堂室亭宇環列左右棄官辭榮遁逸其間嘗爲休休亭山居記備載一時之盛士運遷徙朱梁以禮部尚書起於家不蹈亂階竟廢詔命晚年布衣鳩杖從幽人野叟之遊自稱耐辱居士保全令名終老巖石時移代變子孫

不復守舊業往往分籍於民間有墓俯天柱峯下世傳昔之休休亭蓬蒿蒙翳士人惜之今頴州防禦使彭城錢公治蒲之二年流補乏下邑聞以職事有請於府公曰吾境數百里昔賢之迹甚衆無如司空之高遺址尚在子其留意會邑有美材鄣國故地構亭而廣之又標榜刻記於上別書其後告來者以無廢取材以堅不以美命工以質不以華追山林獨佳之趣亦先生之志也至和三年二月十五日

宋李處質同遊王官谷記

知解縣事王[illegible]義甫虞鄉令錢唐休德以載酒邀解縣丞李侁經父解州儀曹劉環寶賢制置解鹽司勾當公事李處質彬仲同遊王官谷時秋律告窮木落山顯天宇清明乃相與按圖牒尋勝跡杖策褰裳度嶺涉澗經父碎建茶鬬品烹瀑布下較兩巖水味東巖尤甘既而醉休休亭五人者相視而笑曰樂哉斯遊曰云暮矣殆將忘歸處質因紀其事而書之宣和四年九月二十七日也

宋王安石李公神道碑銘

宋故贈左屯衛大將軍李公墓在河中府河東縣陶邑鄉仙觀里紫金山北初咸平二年公以東班殿侍隨康保裔部軍於高陽關眞宗狩於魏公提少卒所戰輒破寇疾弗支舉軍陷焉乃以義死年四十六有詔賻恤錄公子樞爲西班殿侍蓋六十九年而樞以行治勞烈積官至賀州團練使嘗辭賞以求追榮其父母而公九贈官逮今上即位再至三品公夫人朱氏亦封錢塘仙遊永安縣太君太君年六十三卒於

其子之官舍嘉祐六年與公合葬公幼而愿恭長而
敏武涉書喜謀將有以爲而卒不克惟忠壯不屈以
貽祿於世而團練君實能力承以大厥家噫其可銘
也哉李氏世家鄭之原武公諱興字仲舉曾祖諱顒
祖諱光父諱元超皆不仕公生一男二女孫六人蔡
令爲尚書都官郎中餘皆以父廕仕且齡終三班差
使藻令爲右班殿直藥令爲左班殿直銘曰李姓之
始胄周隱史厥官鄭邦代晦其光公奮自田蔽蹟班
行匪熊匪羆彼萬其旅帝征伐之孰致予武操戈以

先所遇斃逃曰敵可盡其來滔滔終沈於戎惟義之
濟閔有傳祿追榮以暨誰無子孫錫命在幽我以吾
幼克稱無羞詒詩後觀有石道周

宋蘇　軾漢鼎銘

禹鑄九鼎固器也初不以爲寶象物以飾之亦唯所以使民遠不若也武王遷之洛邑蓋已見笑於伯夷叔齊矣方周之盛也鼎爲宗廟之觀美而已及其衰也爲周之患有不可勝言者匹夫無罪懷璧其罪周之衰也與匹夫何異嗟夫孰知九鼎之爲周之角齒也哉自春秋時楚莊王已問其輕重大小而戰國之際秦與齊楚皆欲之周人惴惴覬三虎之垂涎而睨已也絶周之祀足以致寇裂周之地不足以肥國然

三國之君未嘗一日而忘周者以實在焉故也三國爭之周人莫知所適與得鼎者未必能存周而不得者必碎之此九鼎之所以亡也周顯王之四十二年宋大社亡而鼎淪沒於泗水此周人毀鼎以緩禍而假之神妖以爲之說也秦始皇漢武帝乃始萬方以出鼎此與兒童之見無異善夫吾邱壽王之說也曰汾陰之鼎漢鼎也非周鼎夫周有鼎漢亦有鼎此易所謂正位凝命者豈三趾兩耳之謂哉惜壽王小子方以詼進不能究其義予故作漢鼎銘以遺後世君

子詞曰惟五帝三王及秦漢以來受命之君靡不有
兹鼎鼎存而昌鼎亡而亡蓋鼎必先壞而國隨之豈
有易姓而猶傳者乎不寶此器而拳拳於一物孺子
之智婦人之仁嗚呼悲矣

宋黃庭堅伯夷叔齊祠堂碑

伯夷叔齊墓在河東蒲坂雷首之陽見於水經地志可考不妄其即墓爲廟則不知其所始以二子之賢意其爲唐晉祀典也舊矣元祐六年予同年進士臨菑王闢之爲河東縣政成乃用四年九月大享赦書以公錢七萬及廢徹淫祠之屋作新廟凡三十有二楹貴德尚賢聞者興起貎象祠器皆中法程五月辛未有事於廟乃相與謀記歲月來乞文於豫章黃庭堅謹按伯夷叔齊蓋有國君之二子逃其國而不有

者也子嘗求其說伯夷之不得立也其宗與國人必有不說者矣叔齊之立也其宗與國人亦有不說者矣於是時紂又在上虐用諸侯則二子之去亦以避紂耶二子雖去其國其社稷必血食如初也事雖不經見以曹子臧吳季札之傳考之意其若是也故孔子以爲不降其志不辱其身身中清廢中權求仁而得仁又何怨又曰齊景公有馬千駟死之日民無得而稱焉伯夷叔齊餓於首陽之下民到於今稱之孟子以爲非其君不事非其民不使不立惡人之朝不

與惡人言故聞伯夷之風者貪夫廉懦夫有立志此則二子之行也至於諫武王而不用去而餓死則予疑焉陽夏謝景平曰二子之事凡孔子孟子之不言可無信也其初蓋出於莊周空言無事實其後司馬遷作史記列傳韓愈作頌事傳三人而空言成實若三家之學皆有罪於聖人者也徒以文章擅天下學者又弗深者 故從而信之以予觀謝氏之論可謂篤信好學者矣然可謂智者道也予觀今之爲吏惕日玩歲及爲政者鮮矣政且不舉又何暇教民今河東

爲縣吏治肅敏政成而舉典祀以敎民可謂知本矣
故樂爲之書並書余所聞二子事以告來者

宋鄧忠臣雙泉記

孤山之東南有祠曰風伯雨師右有泉二源在山之上下介鄉之人嘗謂此泉可飲數千戶歲旱禱能興雲雨蓋有德於民者世之人未之或知也廣陵朱康叔行縣與余同謁祠下因探源留觀久之顧謂余曰兹勝境也惜其未名可名曰雙泉因書於石余以物之爲利質不在大地不在顯今涓涓之水不盈澗壑而隱翳於窮山幽巖之下老圃灌畦孺子濯足曾不得與五嶽四瀆並祀而能與雲雨於百里之內百里

之人特見百里之內霑沐膏澤而已蓋不見於百里之外者又安知不油然沛然不崇朝而遍天下耶余疑雙泉爲天地閟泯其迹姑施陰功潛德於不用之際將有護持待人而後發歟何昔之湮晦如此噫微康叔名之則將與行潦之水奚異哉

宋蔣堂二賢賦

大華之北雷首之西奥有岑巔切乎雲霓古木蒼蒼愁煙淒淒昔隱乎夷齊者焉嗚呼賢者去世幾千年歲逮今齊民猶懷餘懿而荒祠之下俎豆不廢古墳之側樵蘇不至吁可異也時余清朝出乘朱轓旁自沙渚危蹬石門因慨思於往躅遂一吊於羈覊虔揖遺像悵然遥想何餓骨之幽淪而窮山之蒼莽山之雲兮蓊蔚而興山之風兮清微有聲意夷齊之光靈兮倏變而成山之木兮歲寒不折山之蘭兮香摧不

臧意夷齊之氣質兮既仁而結可勝言哉嗚呼菁菁者薇在彼山蹊胡爲作歌而悲芃芃者粟在彼山圻胡爲不食而餓賢乎哉救時以仁垂敎以義生有一朝之恥殁無萬世之愧激貪夫廉立懦夫志宜乎竦聞其風無泯厥祀余來山垌識之以銘銘曰山之上古之塋茲孤竹之子聖人之淸者也

宋張維重刻王元之二詩序

中條山上方靈峰寺舊立三石刊模解梁薛王二公中條山及五峰詩後歷年所許昌之詩石一泯焉而沒求之弗可得黃州之詩石二偃仆階戺苔封雨駮文字缺落豕亥相資讀之而弗克通者迨將半矣會大夫江公來臨是邑寺乃邑封之內也公胷蘊六經學文飾其爲治之具政平吏肅民和年豐予贊公之治一朞有半月膺善教雍雍其和淳淳其洽矣既三年公將罷去閔黃州之詩亦將從薛而泯也因而命

僧崇緒攺甃無名之碑石重照舊本刊模黃州之二詩庶幾永垂於後爾噫江公非獨愛元之之才刊元之之詩每一念元之之身不容於朝言不用於時道不行於世三黜而謫死黃州則移其時而憂形於顏色公燕趙人也韓退之稱燕趙自古多感慨之士不爲輕矣予因序於二詩之末亦將有激乎後來者也

清州府志卷之十九

藝文

元世祖追封伯夷叔齊制

蓋聞古者伯夷叔齊逃孤竹之封甘首陽之餓讓爵以明長幼之序諫伐以嚴君臣之分可謂行義以達道殺身以成仁者也昔居北海之濱遺廟西山之上休光垂於千載餘澤被於一方永懷孤峻之風肅示褒崇之典於戲去宗國而辭周粟曾是列爵之可縻揚義烈以激清塵期於世教之有補可追封伯夷爲

昭義清惠公叔齊爲崇讓仁惠公

元趙孟頫送田師孟知河中府序

予讀漢史至循吏傳觀古循吏之所爲政事教化之所感名能使蝗不入境虎渡河去民至稱之爲父母嗟乎何以得此於民哉三代而上未置郡縣循吏之名未立由漢以來士大夫之賢者苟不得一郡一邑而爲守令政事不見於世德澤不及於民何由列於史官使循良之名愈久而常存也予友田侯師孟以儒家子弱冠而仕於朝且三十年若銓選財用刑名凡國家急務莫不周知而練達而又未嘗一日廢書

敏於經史百家悉能深知其義而不同於流俗朝家循序而遷得知河中府或謂如侯者當位之於朝出其所學上爲朝廷羽儀展其所長亦足以裨補於明時予謂不然以師孟之才且賢得一城而守之宣布聖天子德澤下及於百姓將古循良吏復見於今日矣河中古蒲坂舜所都也有虞氏之遺風存焉民淳而事簡亦師孟之所樂也一旦聖天子擢天下之治最者而大用之必自河中始於其行羣公賦詩贈之而孟頫爲之序侯名衎師孟其字云

元段成己猗氏縣儒學記

孔子適衛見衛人物之繁盛曰庶矣哉冉有問何加焉曰富之復問又何加焉曰教之此夫子一時問對之言實萬代爲邦之良法也觀夏殷周三代之仁政所以淑諸人者始於井田而成於學校求其意初不外夫子之一言三代之學考於經可見教之有本末行之有次第培植養育積久而後教化成風俗美太平之基立培之深故其成之也大養之漸故其傳之也遠計其效往往見於數百年之後有天下者莫長

焉此王者之道也王者之道夫子之道也有國者賴之猶人之於穀帛不可無也故世尊以為先聖祀之於學而以王者禮享之以門人配之百世不易非僭也宜也一治一亂學有弊而夫子之道無弊自天地大變天下之學所存者不十一國朝革命事倥偬不暇給已常致意於學矣有以儒自名者命復其家恩之渥古無有也中統改元天子深惟致治之本在於富而教之分田畯之職以賞罰勸農桑設置學官以敎養學者與夫子之言聖王三代育材之仁政其揆

一也郡縣承風學次第以立猗氏居秦晉之衝冠蓋結轍於道有司疲於奔命學校事未暇計也至元癸酉李侯仁來主縣簿會釋奠先聖執事者掃地爲位侯既祭以出周覽廟學遺址喟嘆良久曰國家開設學校廢如是可乎他邦皆有學而吾邑獨不能祗順德意恥也相基之舊以步武計其縱九十五衡二十五規模下窄不足以營度邑人荆鑑施東偏地以廣基長闊分數與舊基址均共計地得畝三十卜之曰吉揭竿樹表構正室二延廣輪十一袤而不淫儉而

不陋輪焉奐焉神足以妥宇廟曲回計二十架門弟子配享內外上下之序以循舊制春秋二仲三獻入奠各有其位麗牲登歌各有其所兩廡繪像餘地爲學者藏修之室廳門居中皇門居外大小異制壯偉閎耀過者起敬始於至元丁丑七月成於戊寅九月學之始基也越明年二侯斬麟跲刺帖木兒相繼而至議以克協惟匡弼輔翼不以餘事妨其後使李侯得盡心焉工告訖功李侯曰非二長之賢吾無以展其勤學之成二長之功也二長官曰學本所圖簿之

勤至矣吾二人何與三侯相濟此廟學所以成也侄來主王生思忝丙文以記之生邑人也嘗學于予乃語之曰學以養材才爲國家異日之用非徒徼富貴利達而已大學之道誠意正心修身以治國家天下其原在於致知格物格物之理以致吾之知達則行道於天下而收兼善之功否則修身以自見猶能誦所聞以歌詠太平之盛美矣此朝廷立學本指亦三侯所期於一邑之士子者如此爲士者勉之無媿三侯之用心可也前侯黑台奴有始基之勞今遷河東

縣教諭曹蕭典史劉瑞董正先後勞亦與焉堂有基
完而葺之尚有望於後之君子乃作詩曰惟此廟學
三侯所共李始基之二長繼踵維匡調護初終克鞏
土木金石取共其用乃新斯宮神罔時恫春秋釋奠
典禮攸重翼翼元聖衣垂手拱學者見之惕焉增悚
歲未再周功成何敏培植教基其永無隕

元郭思貞舜廟記

維帝以大孝登庸克協堯聖揖讓都俞垂衣而治天地之不可爲容日月之不可爲光其德至矣孔子敘定典謨載其賓四門敘百揆徽五典齊七政殛四凶舉禹稷皋夔二十二人水土以之而平播殖以之而遂生民莫極萬世時趨則其任人之功也而孟軻氏謂不以天子貴爲悅惟順父母爲悅是故夔夔齋栗瞽瞍底豫去今三千五百餘歲愚夫孺子皆能道之大哉孝乎天地之經人道之本歟河中惟古蒲坂實

爲舊都其耕稼陶漁生卒之地紀載不一所都則弗有異矣是祠不究始於何代五季之際斷城以守故外乎東門祠有二井相距纔四步或謂象蓋之迹宋眞宗謁之號曰廣孝泉汲賜朝臣樞密使王欽若引皇甫說刻碑以志今濟南亦有二井及城之斷築疑在金宋以碑驗之可必濟南爲非是祠燬於兵我元統有天下聖帝明王若祠與墓咸爲加葺自至元二十五年經始迨至順改元歷四十寒暑而成嗚呼帝之功德覆被萬世至孝格天開發民彝乾坤不毀

斯理不滅夫何世降俗變淫侈之祠充斥海宇而帝之故都廢宮音響寂寞矣明詔何哉繼今有賢守令作式是彝典廸吾民而致化之聳其善良懲其不率俾夫孝友惇讓之風洋洋然吾邦不忝帝德以為朝廷舉治之最顧不美歟

元鍾迪河中府修城記

河中府古蒲坂帝舜之所都也越西河而爲秦走東山而爲晉爲古今之名城居一方之重地自我皇元奄有萬國郡縣天下而是府受隸於晉寧路曩以四海爲家六合寧謐城復于隍無虞葺築逮夫至正辛卯潁亳寇興蕩然而千里蕭條蕞爾而一方如故徒以今總兵官陝西諸道行御史臺侍御史察罕帖木兒公爲蒲也至正戊戌九月朔前關陝襄鄧宣慰司同知賽因赤答忽懷遠特奉聖旨授中奉大夫河東

山西道分宣慰使下車不日未遑它及即率僚屬經歷楊成承務等循行方面瞻顧城隍乃曰斯城西臨大河橫湍悍湨寇雖至不憂也若東則平阜高原竝車方馬圓爲受敵之地南望中條北瞰臨晉而是城頹廢將何以禦敵安民乎况時值繁霜農以滌場斯城之役豈可已焉遂與守禦安撫伯官鳳翔府同知范國英武德揆其事旣而諏日期計徒庶給餱糧具畚鍤備材用運瓦甓起功於戊戌之冬落成於己亥之春民之趨事者不啻於治靈臺而子來矣民之入

於斯者固當倚之如金城湯池而何寇敵之足慮也此城者宿相聚而語曰當今天下刼火燎空洪河南北噍類無遺而河東一方居民叢雜仰有所事俯有所育伊誰之力哉今又築斯城鑿斯池深恩厚德當何以報宜立石以垂不朽既而求文以記其事予不得辭乃勉爲之記

元王士元首陽書院記

蒲坂舜之故都也距郡治東南有山曰首陽山者伯夷叔齊兄弟讓國而逃諫伐而死孔子曰伯夷叔齊餓於首陽之下即謂此也按地志二子之墓在山之陽後人又即墓爲寢爲廟不知其自始前宋元祐六年河東令王某因其舊而新之厥後毀於金我皇元有天下治道日隆謂二子之義以兄弟則讓以君臣則諫其義可以裨世教而厚人倫至元九年知府楊居寬載新其廟太史汲郡王惲文諸碑即孤竹舊壤

今甸服之內永平設像廟食封伯夷爲昭義淸惠公叔齊爲崇讓仁惠公製辭褒美傳之天下誦在人口頃年蒲郡人有王無矜與其弟無伐以治城西南隅故宅一區數十畝附郭陸田四百九十畝施諸官爲書院以祀孔子及二子列其事請於河東守臣守臣聞諸朝尚書議曰首陽山名山也伯夷叔齊古賢人也宜可其請如他郡先賢故事立書院額以首陽又設山長弟子員列之學官仍以義士表王氏之閭有司奉行惟謹初王氏既建夫子殿三楹於其地正北

少東及講堂兩齋庖廩凡十有二楹他如二子祠神
門未備至正十年春山長晉寧張鏞之來也請於府
侯以學田常歲租入蒇材庀工乃於夫子殿少西爲
屋以祀夷齊南向中爲神門外爲欞星門以臨通衢
既落成鏞自蒲坂來請記以文予告之曰今郡國既
有學矣又於名山勝地各建書院皆國家所以廣育
才養士之道也延祐始元仁宗皇帝詔天下以科目
取士專尚經術盡變隋唐詞賦之陋諸生學於此者
苟能勉强篤實如古之人所以爲學務求於已不求

於人於道也不遠矣昔先儒考亭朱子南軒張子之記石鼓嶽麓書院也言之詳矣予尚何言哉若夫誘掖學者使知向學之方自小學立大學之功爲異時成德達材以待朝廷之用鏞也與後來山長之責也

元王惲登鸛雀樓記

予少從進士泌陽趙府君學先生河中人故見時得聞此州樓觀雄天下而鸛雀尤爲之甲及讀唐李虞部暢當王之煥等詩其藻思鴻裁令人飄飄然有整翮淩雲之想擬一登而未能也至元壬申春三月由御史裏行來官晉府因竊喜幸曰蒲爲屬郡且判府職固廳幕而開掌有顓務國制判官典郵傳季得乘驛檢劾稽緩西南河關勝槩固形於夢寐中矣其歲冬十月戊寅奉堂移偕來伻按事此州遂獲登故基

徙倚盤桓情逸雲上於是俯洪河面太華揖首陽雖傑觀委地昔人已非而河山之偉風烟之勝不殊於往古矣於是詠采薇之歌有懷舜德起臨河之嘆而思禹功坐客顧笑舉酒相屬何其思之深而樂之多也噫昔韓吏部欲造登南昌閣者屢矣至於刺潮移袁濱潭卒莫之遂秖獲載名其上列三王之次今雖罄適夙昔盡登臨之美而不睹瓌偉巍業之觀廼知勝賞有數樂事不可并也偕來者古肥戴剛柔克溢陽馬晌德昌營州張恩誠叔子翁孺侍行

元麻革謝將軍神道碑

謝氏自中古以降見於族姓書甚著惟公出謝氏曾大父諱毅大父諱克簡考諱翥三世未仕公諱天吉字鍾祥承大元始起朔方留公鎮防爲帥兼領蒲政其爲政大都出於明斷佐之以公廉故事無留滯民用休息狡猾貪墨不敢以毫髮干其間公之爲人明敏果毅勇畧蓋世慈以撫民忠於報國坐鎮邊陲敵不敢犯朝廷知公名命爲昭勇大將軍鎮邊大元帥特賜金符執政蒲郡每因朝覲屢嘗賜坐繼以酒簡

符錫銀二笏金甲彤弓良馬貂裘眞不負國之重託可知已金國末人多逃難於河南知公以王事至流民相謂曰吾謝帥者素有寬仁之度舍吾公其誰歸於是來附者數千人歲值凶荒人皆相食公廉於自奉以餘糧活其衆命皆保全及歸河朔悉令籍爲編民當時軍中酋長人歸附者例爲奴僕以保全其身皆曰我輩不幸不歸於謝帥雖悔何及蓋公之仁慈素感人心也深矣初遭上官徵發無度爲銀兩者萬有餘公計之民力幾盡必不可供公以家之器用首

飾器以供之而不取於民不數年又徵黃金百餘筋公自度家竭民困計無所出廼陰投大河以斃家屬迎魂至津渡於是觀者如堵雖婦人女子無不泣下其民心皆知命之輙去遂寢其事民得少蘇時經大變人多流亡十無二三河中府當蒲河戎馬之衝民力匱乏難於給辦府僚故吏憂之相謂曰當今謝帥若在事不至於此左右或謂之曰謝帥實在幽隱鄉之死僞也僉曰謝帥果在吾輩之幸也吾民之幸也越翌日偕諸同僚就謁於所隱既見公且喜且悲懇

請復領其職公堅辭不起僚屬暨吏民耆舊再三委重公難爲辭遂往復職民老幼顒瞻如復見父母矣公母夫人王氏平昔所以教者蓋如此公實誠孝人其待怙恃均一豈惟竭力已焉公先得其大者細可畧也爲人煦煦言笑善飲酒利源財計盼忽不入於其心生平未嘗茹柔吐剛堂堂氣節人以爲勇達官巨僚慕其名多與之游且喜士收名布衣待以賓禮公三子長曰陞武畧將軍前保德州知州次曰陘母夫人吳氏季曰附母劉氏陞娶薛氏孫男一人女一

人尚幼逕早世附妻未果也女五人皆嫁爲官家妻外妻陳氏王氏楊氏皆至今爲君家居守節初公病酒養於萬固精舍來歸卒於家得年才五十有九實庚戌七月十日也先是僚府參佐方汩没已事待公主決明旦遽至然耶吁可嘆哉作銘曰始以武起而得其位而日得之其難其致千年一靈萬古一驚孰云一醉而不可醒其去其來嗚呼哀哉

蒲州府志　卷之十九　七十五

元毛鐸萬泉縣修風伯雨師廟記

河中屬邑曰萬泉近邑之山爲綿山山東南之巔有古祠焉祠下有臺曰崑崙者耋相傳漢之建武九年光武親幸登是臺而祀之因封之曰風伯雨師之祠勅修其宇金之泰和七年重修焉大德壬寅坤輿大震以神異廟宇秋毫無犯廟之歲月綿遠上雨傍風神棲不安廊廡幾壞萬泉縣張德明倡衆而理之大德丁未同社衆管材者老募工鳩役朝夕無懈親臨監督其事衆以舊制之隘欲擴而廣之命工平石以

鴻其基築之登登削屢馮馮爲棟五楹廊廡香亭峻室龍宫水府之吏雨部之神炰烹之所侑樂之廳咸各有職儼然人望而畏之其衢路之湍停石遏者决瓦木之腐爛圯壞者徹門宇之傾頹荒廢者設赤白之漶漫剝落者潔輪焉奐焉爲之一新經始於大德十禩十月落成於至大二年某月近祠居民乏井祠右以神祐二泉湧出名曰雙泉其泓澄渟滀冬夏未嘗有涸可飲數千室祠踞綿山之陽其地尊大高明山勢異奇杉松栝柏參天蔽日木蘿松鬛染人衣袂

莫之敢剪伐者神之感應若桴鼓然語神之德法天之令敬民之時燠而燠寒而寒五日一風十日一雨東皐南畝百穀用成民獲其養也語神之威麾馮夷令天吳驅蛟龍鞭黿鼉電光灼空而火鏡飛霆聲震天而冰丸擲天瓢一滴下即滂沱溺邱墟沒桑麻民被其災也民依神之威德旱則禱之水則禱之人疫則禱之其應也如影響歲時致祭數郡畢至疇敢不祇若神之靈應陰隲於民朔望香火春秋豆籩世享其祀也宜矣余去歲重午拉友來遊日輪停午畏景

炎炎人疲馬倦塵滿纓汗浹背登臯門而憇汲雙泉之流一酌而滌唇吻再酌而清肺肝炎蒸坐消怳然冷雲之秋也松風灑面嵐氣逼人襟袖毛爽骨清盤飧共享壺酒同傾獻酬交錯一觴一詠雖無孔北海之尊罍謝東山之絲竹亦足以適野興快幽情洗闤闠之塵坋耳遠目所及而中條諸峯若相連絡川原村墟隱約微茫蒼林翠阜葱蒨蓊鬱分畫條布歷歷如畫坐致於几席之間固可尚也朝烟夕靄晦明萬狀和風佳氣融洩動盪四時之景無窮遊人之興不

已登臨眺望長嘯浩歌樂而忘歸彷彿不忍去也已而樵夫唱晚牧笛横秋牛羊下來日之夕矣欲緩轡式微切有所感嗚呼歲月忽忽人生易老余日昃之離駸駸晚景齒豁而廢嚼足跌而方步有重遊之心無重遊之日良辰好景不能久賞可勝嘆哉今也時和歲豐民庶而富可以敷詩書之教申孝弟之義變澆薄之風爲淳厚之俗崇揖讓息紛爭出作入息耕食鑿飲老有所終幼有所養庶乎康衢之下復見含哺而遊者鼓腹而嬉者擊壤嗚嗚而謳者帝堯之遺

民也伏願吾君之壽兮南山吾國之安兮石磐黎民同享太平之樂兮不饑不寒適愚臣之素願兮誠忭而誠懽

元趙資翁河中田先生志銘

金源氏有中國以科名選造多士於是瓌奇俊傑往往出於其間皇朝立綱陳紀徵用遺老其退而隱者亦介然以德行著聞於時若河中田先生果可敬也哉先生諱世英字用之博學能文尤長於詩狀貌魁偉器識慷慨喜賓客好誘掖後進從游甚衆郡士大半皆其門徒與人交久而愈敬中興定二年經義進士第與同年張瓚毛牧達段繼昌齊名歷至縣尹已而退居鄉里詩書自娛樂道忘憂晏如也先生生於

明昌庚戌卒於元中統丁酉歷春秋七十有二捐館之日里閈皆爲流涕娶張氏華氏張氏歿於兵變子男一人玉先亡孫男二人秀實秀文秀實少年游俠商秦隴不返有子三珪璋瑀秀文字國華幹局精敏有子二璧璲國華先祖未葬考妣俱在淺土朝夕爲憂大德已亥始克葬先生於河東縣陶邑鄉北文學村先塋之次以華氏附焉嘗求文於先生門人孫君革誌其壙後五十一年國華之子璧璲將刻石於墓側以成先志命其子士賢持孫君之誌徵予爲文曰

味道之腴動與道俱用行舍藏隨時卷舒條山蒼蒼
河水紆紆宰木已拱遺澤有餘勒銘於鐫式彰厥初
過者起敬曰此蒲城之古儒天將復興其後乎

蒲州府志卷之二十

藝文

明太祖祭西海神文

生同天地浩瀚之勢既雄深淺之處莫測古昔人名之曰海神而祀之於敬則誠於禮則宜自唐以近代皆加封號予因元君失馭四方鼎沸起自布承上天后土之祐百神之助削平暴亂以主中國當奉天地享鬼神以統一人民法宜式古今寰宇清特修祀儀因神有歷代之封號予起寒微詳之

三畏不敢效蓋觀神之所以生與穹壤同立於世
來不知歲月幾何凡施爲造化人莫可知其職必
命於上天后土爲人君者何敢預焉予懼不敢加
以西海名其名依時祭祀惟神鑒知

明太祖祭河瀆祠文

源於崑崙其行也曲屈其激也有聲浩浩蕩蕩洶湧莫測自有天地則有之古之人君尊曰河瀆之神未嘗加號於敬則誠於禮則宜自唐始加神之封號歷代相因至今曩者元君失馭海内鼎沸予起布衣承上天后土之命百神陰祐削平暴亂正位稱尊職當奉天地享鬼神以統一人民法宜式古今寰宇既清特修祀儀因神有歷代之封號予起寒微詳之再三畏不敢效蓋神與穹壤同始其來不知歲月幾何神

之所以靈人莫能知其造化必受命於上天后土爲人君者何敢預焉予懼不敢加號特以西瀆大河名其名依時祀神惟神鑒知

明神宗太保尚書王崇古贈謚誥

蓋聞非常之原常人懼焉及臻厥成天下晏如夫業已收宴如之效而思始事之臣其事存其人亡此朕所爲列鍾鼎以書勞聽鼓鼙而太息者也爾已故原任少保兼太子太保兵部尚書王崇古博大有謀沉雄善斷綿更外服踐歷戎行洎擁節旄任惟鎖鑰諸艱歷試百折不撓當那酋叩關之初適衆議盈庭之際先皇雄斷爾實肅將遂折箠而服名王盡斂衽而稱屬國兵革之端息輸將之費省邊境以安朝廷以

尊爾始終區畫之力也入柄本兵益暢邊籌雖懸車
高謝而邊臣守遺策匈奴循故約以迄於今蓋古之
大臣四夷問安否關國重輕者爾庶幾焉何疾不已
遽委霜露老成彫謝深軫朕懷是用贈爾太保謚襄
毅錫之誥命以爾有大勳勞故命曰襄以爾定大謀
議故命曰毅生爲人豪歿膺國卹古稱不朽於是乎
在九原可作女共歆哉

明薛瑄蒲州重修文廟記

蒲州廟學得州治東南爽塏之地爰自皇明混一寰區武功既偃文治誕興而廟學實肇建焉逮今歲月浸久大成殿以及兩廡門宇廚庫榱檻悉有腐撓穿漏浸弊缺落之處殿之規制亦迫於庳隘每春秋釋奠鼎鉶豆籩几案羅列周旋執事殆不可容薦祼興俯不中法式行禮者病焉咸寧張公廉初以鄉貢士累官州判官未幾民皆安其政之良適州缺守吏民相率狀其績於朝遂就陞知州事公念廟學實國家

崇建教道人才所自出關係甚大一州之政宜莫先焉即謀諸僚佐量工度費鳩工取材廣大成殿爲門者五東西廡門宇厨庫悉易其木瓦腐折破壞者丹堊圬鏝之弗飾者新之作始於正統十二年二月訖功於七月百需之出公處之有方民不知費而廟宇落成又視師生堂齋退息庖厨之舍有弊漏者有狹小者將次第完修而改作之學正張璁訓導杜翀柳儀以書來求爲記其事竊觀春秋凡用民力雖時曰制亦書見勞民爲重事也當時魯僖公修泮宮矣而

不見於經者以學校爲政之先務雖用民力不可廢也今郡守張公新理廟學而且民不告勞共知爲政之先務者歟昔之爲吏者類皆以簿書期會爲急於敎道人材漫不加省甚至崇淫祠以徼福侈私居以肆志視公之政爲何如哉公他政之善尤多於此見其大者云

明李賢汾陰后土廟記

汾陰后土廟者乃漢武帝之所作也古之王者於建邦之初爲圓邱於南郊謂之泰壇燔柴以祭天爲方澤於北郊謂之泰折瘞埋以祭地所以達諸陰陽之義初不擇所於遠方至漢武帝則不然其祭天也不於南郊而於甘泉其祭地也不於北郊而於汾陰後世人君亦有好尚武帝所爲親幸其祠而祀之者宜乎汾陰后土之廟至今而猶存也然郊祭天惟天子得以行之社祭地自天子至於庶人皆可以通行之

所以尊天而親地也記曰社所以神地之道也誠以地道之大乃載物生財之本而報本反始之意不得不厚焉非有偏也無何吏科給事中樊君晃特簡告予曰汾陰后土之廟歲久傾頽有孫能氏者率其鄉人各捐已資重修之而廟宇樓閣煥然一新蓋能常嬰疾禱於是廟而愈況凡水旱疾疫往禱者無有不應而后土之神陰佑是方之人多矣是以不待官府驅使而咸發誠心爲之起工十餘載已落成不速不迫周圍堅緻冀得不朽之托昭示後世予惟后土載

生物之功至於庶人皆得以祭之者所以報本反始也今言其神靈應如此蓋造化正氣眞實無僞人能以誠感之未有不應者而是方之人於報本反始之意雖未之究然因靈而崇奉敬仰之心初不異焉先王親地之禮亦由此而見矣常觀汾陰圖志后七廟在汾水入河之曲謂之汾脽蓋脽者尻也言汾之尻處在邑之西北歷代造修之詳具載碑刻元則歲時致祭焉本朝祀神悉從古制后土之祀在都之郊而汾陰后土不復列於祀典所以崇奉之者屬於是方

之人焉爲有司者亦宜順其所欲戒其褻慢俾之敬仰而無替也邑曩名汾陰隋改曰寶鼎宋改曰榮河皆因后土呈祥而立名或謂軒轅掃地而祭后土於汾脽之上莫考其詳云詩曰貽燕勤躬禱洪流抱閟宮霓旌千騎入奎藻一時雄禮建登封肅威行沙漠空殘碑不可讀蕭颯起秋風

明李東陽首陽書院記

蒲州舊有首陽書院元至元間郡人王宏善所建因山而名入國朝知州事者改爲倉場名亦俱泯宏治初元山陽許侯鵬來知是州既修廟學詢諸士夫得所謂書院者圖復興之遍閱祠廟撤其非所當祀即其居而重建焉中爲堂曰崇德以施講授後爲堂曰養正以藏古今圖籍傍爲左右廡以爲肄習之所又後爲祠堂三區中以祀夷齊二賢左祀名宦右祀鄉賢而總名則因其舊夫書院之制肇於宋初及學制

大行而所謂書院亦未嘗罷要皆爲作人而設也然必有準則之地而後可以敎必有趨向之塗而後可以爲學聖人者百世之師也孟子稱伯夷之風可以廉貪立懦韓子亦謂微伯夷亂臣賊子接跡後世矣故雖其羇遊饑死之鄉流風餘韻在人耳目天下之有君親者固於是有儆焉而況薰染漸漬出乎其地者哉然則院之有祠其義有所在而禮亦不爲無所起也學於是者亦知所以自勵乎

明謝琚河東五老傳

河東有中條山東接太行西連華嶽禹貢所謂迴於雷首唐風所謂首陽之巔即此山也其上聳然特出最高且峻者爲峯有五因有僂蹇傴僂之狀故名曰五老峯焉夫五峯者中峯峩巍不偏不倚若大賓之巍然端居有以主乎旁之四峯者而旁之四峯羅列四隅如衆賓之若拱若揖有以輔乎中峯者河東山川未有若此之神秀者也是以亘古迄今鍾英毓粹文章道德之士雖多其人然求其同時同仕而同歸

足以當五峯之數者則罕見矣聖朝正統以來漢中府同知王公聚淮安府同知李公威白水縣丞謝公伯榮上林錄事賈公敘滑縣教諭趙公蘌此五老者賢而且壽且生同時壯同仕老同歸砥礪名節保全終始焉此其所以不多不爽以五老而配五峯以五峯而當五老也歟方今聖明在上優禮臣下凡有職於中外者苟以退休請罔不各遂所願故五老者得以引年投老上之賜也峩冠博帶優游於泉石下麗眉皓首徜徉乎詩酒間而使澗松晚翠籬菊秋香皆

有所主焉耳相與挹淸芳餐落英以頤精神以享遐齡閭里有所矜式山川爲之輝光人生至此其樂爲何如哉郡人偉其事因繪河東五老圖縉紳士大夫爭爲歌咏而揄揚之其景仰之意可槩想矣詩云高山仰止景行行止其斯之謂與噫始也山嶽降靈賢哲攸生終也賢哲依歸山嶽增重吾不知山其人乎人其山乎山也人也同一高大而同一悠久矣藕坡謝琚謹述其傳用以告夫太史氏云

明李夢陽河中書院賦

鄉人呂氏以諫官謫蒲蒲故有廟娥嵋側祠太山也呂至移文廢焉曰山川之神祭不踰境非鬼而祭孔門諂之某職叨佐邦靡敢弗經也以問其守守曰敢不惟程問之校校官若士曰程敢不承察諸民民翕翕欣若有與也於是廢其廟稱書院焉而祠有虞氏於內曰蒲舜都也配以夷齊從以王薛左之名宦右之鄉賢量宇聚徒區田祀養考鐘伐鼓視履廸業李子聞之曰善哉呂氏知敎本矣夫驅邪以端祓惟以

常伐慝以昭破淫以義是故君子之於邦也不患不從而患弗躬躬義布昭敷常表端以是而教鮮不率矣何也四者其本也然又斷之以獨協之以同行之以勇迺奚往不濟矣夫淫祠罔福故鍾巫禍隱神降亡虢往鑒具燭然河投娶婦祠毀妬女世每罕聞何也怯者怵於利害疑者沮於異同庸者安於習俗才者憚於改格故曰非勇何行非同何助非斷何成三者既獲四本乃立然後經定程堅敎斯興矣是故君子不爭而醜莫不同不煩而衆莫不從標立而影隨

近聲而遠應允以是爾李子曰余爲呂作賦將以比
音摘調泛絃流管俾大者歌小者哦觀者采焉陳之
太師爰知蒲政賦曰帝炎氏之蟬聯兮厥岳四而布
分龍九川以蘊根兮中敷葉而竟芬翊華蓋以陟降
兮遘白日之既夕忿欃槍以抗言兮帝乃怒而遐斥
攬余轡以周游兮登峨嵋而縱觀睇巍廟而增欷兮
傂下溪而上殘曰巖巖魯所瞻兮嗒胡爲乎蒲之壤
非其鬼而祭之諂兮曾謂泰山不如林放惟時俗之
詭譎兮恒造惟而亂眞日隱求以僥福兮狃惑羣而

誤民宇巇嶙以嶽立兮若廊翼而雲構旣竊號以據要兮復創形以之鐫鏤內泥苴而檮惡兮外猙獰而儼嚴冒衣冠而土食兮煜朱楹而繡簾龍蚴蟉以粲騰兮獸夾隅兮躨跜鈴答膴以簷鳴兮幢繽紛而旖旋執命柄以消息兮握陰陽而運樞怒之雷霆悅春陽兮役鬼神與豹貙生吾生而死吾死兮謂苦樂而遷殊苦桎梏以孱慭兮樂羽葆而軿輿衆駭心以搖目兮伊誰辨渠之假眞民涵溷以朋從兮幢幢情迷而喪身蹇彳亍以攬涕兮哀斯人之無知軫聖者之

故都兮蓬蒿鞠而徑荒山西雲以波湧兮日晼晚而就沉洄洶洶以趨下兮松栢暮而風吟班余馬以北首兮望九天而魂征招飛虬驂而上訴兮閶闔開而豈扃余回駕以東指兮薄日觀而聊憩願繹誣以祓禨兮岱謝余以弗哲沛蒼野以遼邁兮即重華而踸隮靈總總以騰陟兮爛北逝而後先臨舊京以邅延兮儵若去而中留飈拂爀以明滅兮右涉瀨而夷猶埽除兮蕩滌清宮兮供張風泠泠兮入牖神陸離兮果降羅桂漿兮椒食琴瑟作兮鏘佩玉怳彷彿兮莫

親工祝告我今顯則曰俗不可戶說道不可塗求端
物者端己治人者自修二氣推盪禍福倚伏時罔常
泰日中乃昃王革以義霸救以力巡守廢歇明堂載
黜爾乃七十二君封禪侈矜玉符金檢巔崕是登夫
習沿於襲勢積於成昭緇[illegible]濁愚淪以朋踰分之祀
匪今則承立經斥妄言諄志勤爰惟政本岷哉爾欣

明楊廷和宏治丙辰重修蒲州志序

自結繩廢而書契興以治百官以察萬民其爲用大矣及其至也而圖記作焉今之郡縣志皆是也志史類也古之爲史者有表有書有傳志特其一體耳今之爲志者或紀建置或紀山川或紀土田戸口祥異或紀風俗人才葢兼諸體而雜出之者志兼諸體則其治官政益詳察民風益審誠爲政之不可缺焉者也蒲隸平陽府爲名郡故嘗有志元季毀於兵因循至今百二十餘年卒未有能修輯之者成化丁未山

陽許侯以鄉進士領州事下車卽欲從事於此顧以歲事之不易兼秉筆者之難其人也姑有所待久之政成屢豐年可以興事會四川布政司參議郡人楊公致仕還侯大喜亟開局禮聘公主其事且屬鄉進士謝應憲諸君博采郡籍以資考校侯政暇則時就公而討其去取蓋十閱月三易藁而書始成今年侯述職來朝出以示予請爲序昔宋熙寧中有常州守名至京師引對問以錫山去郡遠近其人無以應神宗謂其爲守臣而不知境內山川則其爲政可知嘗

日罷歸朱文公守南康始至輒問郡志君子謂其知所先務侯之爲志不獨紀其山川形勝而其土田戶口風俗人材之類一一具見觀於此則凡爲政之次第節目亦畧盡矣侯殆知所先務者哉侯名鵬字雲程嘗守邛州惠政知其在蒲時參議公名瑩字大潔清修篤學老且益堅侯之屬筆於公蓋不獨取其史才之長也志凡若干卷有刻板在郡齋云

明呂柟遊王官谷記

王官谷唐司空表聖隱居之地前少參許君德徵所重修令臨晉尹丁君仲本增飾之招道流以居守者也往時諸友多言其勝涇野子至解之再月偕邱孟學往遊焉馬至故市西折而南谷水北流入市即貽溪沿溪南行五里至谷口路多巉巖石礙馬赤棘夾路掛裳衣躑躅至先門伏馬而過道流引登高致門門下砌石百級夾挾之而後能上見危閣焉北過休休亭拜表聖畢則日已暮乃北過了了亭飯於聚仙

堂有侯沂叚緩兩生讀書於白雲洞中白雲洞者元孤雲子李了了菴所居以學休休者也臨石泉橋望天柱峰見羣山四周孫子環拱而此峰孤高挿天與故市街所望益不同蓋其峰南之崇山又遠也渡橋夜與孟學連榻於石泉洞中洞在天柱峰根其前有清流自東瀑布泉引來而西爲小池欄杆護焉寢洞談今古論經籍久而後能寢晨與瞻表聖像飄然有出塵態讀休休記具抱經濟才與時不合而隱甚可痛惜但末題耐辱居士則又病其隘也壁間多宋元

人詩皆有思致徘徊遲久道流引登西山觀秦王硯
硯大如碾盤無口下如尖底磑表聖山中記已有此
名自硯傍不由故徑懸下蒼崖觀雙人石石在天柱
峰中西北倚峰而立有圓石二枚恍如人面狀又似
北望秦王硯而欲濡毫者也或曰在天柱峰東者爲
眞云道流久欲西觀藏雪洞北至蘆葦泉言洞常出
雲而泉更甘洌爲曹仙姑地乃未往直趨掛鶴臺瀑
布自天柱直下而臺在其左傍鶴二月來五月生子
去有懸草眠跡焉臺東同孟學四人各據一石而坐

北瞰天柱益突兀有四瞻雲日俱無影止有一峰高
接天之句欲東升以觀東瀑布道流難之又欲南進
以睇黃河道流又難之乃嘆曰天下奇觀豈可盡哉
遂北反坐聚仙堂而飯時已辰巳間飯已東遊豬耳
山東南至瀑布登懸崖以觀之聲如雷轟貌如雪舞
瞻眺更久乃下崖傍流而行北至柿林臨流編空磯
上孟學坐一孤嶼有僧在樹頭摘柹而落紅滿地吟
興具發孟學得二絕一律予得六絕兩生皆有一二
絕僕人自故市沽酒者至道流葅以鮮蕨秋莢乃滌

巵瀾中而傳酌蓋不美古流觴也遂北至觀泉亭則
東西瀑布合流之地即表聖之濯纓地也徙倚移時
詩成而還問修史覽照瑩心九籥擬論語亭及一鳴
窻道流皆曰忘之矣乃謂孟學曰构常薄唐詩人若
表聖者豈可以詩人目稱舊過聞喜以塵事問德徵
時已休矣今見其所舉予見笑於德徵者多哉遂歸
聚仙堂取宋御史壁間詩韻與孟學賡和之後寢又
明日自石泉洞南登路如蚯蚓栢檜交錯難進乃以
手附道流背一皂又以繩引道流手而後上至秦無

隅塔前北望不見峨嵋坡是日微陰蓋予已出雲霧之上矣盤曲再登至李孤雲塔孟學嘆曰世之廉夫清士不用於時避世而至此耶則豈非時輔之失哉予笑而未諾又東繞而上至八仙洞洞已到天柱峰腰洞口俯瞰乃謂孟學曰彼李孤雲者風斯下矣出洞欲直上天柱之顛道流皆謂路不可行扯予衣帶脫然予努力勇往幾至其巔俯首八仙洞又渺乎其下當其飄然之意蓋又非此流所能語也又嘆曰不知當時表聖之足履德徽之攀緣曾至此否乎孟學

曰可記之以諗表聖與德徵於是仲本聞之使叚生
三取而勒諸石

蒲州府志　卷之二十

[illegible]

明李維楨楊襄毅公年譜序

嘉靖慶歷之朝蒲坂有三名臣曰太師冢宰楊襄毅公太保司馬王襄毅公太師學士張文毅公楊公復秉銓時王公方領宣大節公卒數年而王公典本兵則張公入政府三公里閈密戚相繼位公孤之尊係天下之重其事最盛奇然王公未秉銓而文毅爲首揆僅一年勳業似猶有所未竟又於公或鴈行或後進皆所謂有待而興者獨公舉進士令關西巖邑因以熟西北邊情形已名爲司馬尚書郎募兵西夏已

從翟文懿公行邊東踰陽而西張掖所經萬里山川險夷土俗異同亭障堅瑕士馬登耗將吏勇怯與諸邊部落强弱遠近及所牧聚入犯徑竇咸得其詳實而豫籌之出而斧鉞入而樞密一督宣大再督薊遼邊吏奔命至照之目中而畫之掌上壁壘如山號令如風調發如雨卷舒如雲斬獲如取如攜强邊勍敵戢而不敢肆鞭笞之威乳哺之恩隨所施而奏效遺勁遺烈後人賴之是以單于欵關委質而稱臣妾其弛萑苻之盜潢池之兵西南之烽火海島之鯨鯢雖

有盤動旋就撲滅則近代爲司馬者無出公右矣當
鼎革間再計內吏一計外吏寵賄官邪祓除殆盡已
盡錄用諸敢諫之臣恬退之士老成耆宿弓旌交錯
忠魂枯骨表卹備至薦紳學士翕然嚮化秉禮奉法
迄於今八座九列百司庶尹方岳郡邑蜚英聲而騰
茂實太都門人故吏公車所薦拔敭事所甄敘風聲
所鼓舞感激也則近代爲冢宰者無出公右矣公一
蹴而致青雲敭歷中外垂五十年批郤導窾芒刃不
折見以爲易而察其時勢殊難肅皇深居法宮或有

所假借以濟緩急而每虞太阿倒持槐棘臺鼎重臣在大譴大呵之域者相踵公受委寄如左右手密札咨問非時請事提於桴鼓羽書上聞潛使人覘公鼻息爲安危外專任而內猜疑毫髮不相當必無幸矣其時相臣阿諛取容連體固寵債帥錢神離跂攘臂而公不善也此一時也君與相兩難也隆慶初相臣尚淸議開言路而處談廢務浮文妨要者輩出甚者儒衣墨行逃諸無何有之鄉人人得上書白事蜩螗鼎沸熒惑聽聞而公不善也萬歷初相臣務綜覈米

鹽煩碎察見淵魚其流慘礉少恩而公不善也此一時也君端拱而聽諸相難在相也公一人之身歷三朝之變而得申其志究其長權震人主而上不疑功蓋天下而人無忌者何也竊觀公朴忠以事主平恕以待人廉慈以馭衆惇大而行之以詳審鋭敏而守之以愼重位冠百僚而無安昌杜鄠之產清商半部之樂小人狎侮欺紿攩撼挨扰實繁有徒而恬然不介於懷操生死榮辱之柄頤指氣使炙手可熱而聲色不大嚴凝若不可犯而仁心爲質坦然無町畦與

人言和易若可狎而不能以非義干中涓貴勢之造請望之自遠士大夫賢者感知遇而思奮不肖者莫窺其際回心而向道將卒悍者黠者懾而爲吾用弱者就而樂爲死故在鎭則李臨淮之涖朔方郭汾陽之治河中在朝則周絳侯定燕代而爲太尉裴晉公平淮蔡而領中書韓魏公威西夏而佐元樞獲上信下以永終譽豈偶也哉楨又嘗考之古今早達者不必窮貴身名俱泰者不必遠其親不必有子孫公年十七舉於鄉二十成進士未四十而御史中丞甫五

十而宫保其爲御史大夫也尊人舜原公無恙三掌邦政再掌邦治子以文武魁天下六卿一品父子生得者國朝才兩家而公居一焉任子爲金吾至佩玉若郡守起家鄉會進士若太史省郎之屬項背相望海內所不數見或言蒲坂故帝都二華中條諸名山環峙拱向黃河西來繞之如帶風氣所鍾地靈人傑而楊氏以積德凝承至公大發其祥殆天授非人力也檇李項使君纂公年譜成而少子水部屬楨爲序惟公盛德大業金石竹帛所不勝書詎以不腆之辭

重第遞所得於見聞者其槩如此云

明喬宇萬泉縣鑿井記

萬泉縣隸平陽舊爲汾陰地以萬泉名雖因東谷多泉實志水少也城故無井卒積雨雪爲蓄水計以甖瓶盎桶取汲他所往返動數十里擔負戴曳之難百倍厥力然民不告病而安之者生於斯地有不獲不然爾三原穆君伯寅以名御史出按山西振舉憲度究訪民瘼所屬郡邑必親歷其處嘉靖戊子夏四月臨萬泉憂水之乏爰進父老諭之曰井固不可强鑿然精誠則可感格於神乃檄稷山令賈憲往董其役

前期齋沐告祭而後舉事百姓荷畚鍤就工者爭趨効勞罔敢後不踰月而鑿井之一民飲而喜曰自創置縣治以來有此城郭即有此人民有此人民即掘此井千百年中殆不知其幾掘也而卒不可得泉去此地甚遠雖或有井又皆七八十丈許此井僅二三十丈而已且清冽而甘甲於他井匪巡按君惠念我民我曷以有今日無老穉婦女無遠邇羣黎衆觀駭異以爲神哉此事也僉謂奇蹟不可不勒於石以永其傳於是邑令張鯨以告和順令鄒瓚獻卿請余記

之余聞而嘆曰天下之事安習故常弗克振建者恒多苟囿民所利利之至公無我則一施爲開神人胥悅必有嘿祐其成者若耿恭之出泉韓朝宗之息井悉載於史策歷歷可徵信非偶獲而倖致之者也易曰水上有風井君子以勞民勸相書曰至誠感神穆君此舉協人情宜土俗蓋出於澤民濟物之誠振古所未有之功固其宜哉自今而後人將稱之曰此穆公井也又將以井之清潔比其操履及泉受福比其事業是皆不可以不書遂爲記

蒲州府志　卷之二十

明韓邦奇河中書院記

苑洛韓子河中書院記曰河中書院者故東嶽祠也世人言五嶽皆有神獨泰山神主地下人人死者皆隸泰山不與他嶽比故其祠遍天下蒲有祠在州東三里所州人率以歲六月歌舞爲會以樂神云九州吕子云禮敎不興而惟鬼之務有司者之過也今夫泰山非蒲人所可私事者也古者禮德則祀食功則祀然制無僭神而饗無淫鬼也夫擊鐘鼓釃牲醴郡巫在前三老在後使其婦人女子羣集而奔走焉此

天下之弊俗也夫魯有杏壇絃歌之聲至漢不輟何則教化行而禮讓之俗可作也孟子曰經正則庶民興庶民興斯無邪慝矣吾將正其經焉呂子毀其祠以爲河中書院生徒入院而習業者幾百餘人呂子曰今夫學者羣居而相議也窮志而竭思月月而程之卒歲而計功凡以爲道也舜之告禹曰人心惟危道心惟微惟精惟一允執厥中道之至也夫蒲舜之居也故度德而較莫舜若也淸如殷伯夷叔齊大如文中子王通正如文淸公薛瑄善人如黃霸段干木

諸子皆於德莫可貶少而功及於蒲者也呂子遂即書院爲祠祀舜以下呂子者常爲吏科都給事中舉劾無所避而留中不出至於甲戌之疏指陳時事畧盡尤非人所敢言丙子出爲蒲州同知呂子毀東嶽祠爲書院也乃在明年五月云得屋殿寢廊廡凡若干間以其中殿爲重華殿重華者即以祀舜配食者即伯夷叔齊王通薛瑄凡四人以東堂爲名宦祠漢黄霸而下凡四十三人西堂爲鄉賢祠周段干木而下凡四十七人以旁殿爲講堂五所以露臺爲尊經

閣以餘屋居生徒已而太守又盡取其舊屋而葺之爲坊牌四爲甎門一有扁爲井二有亭檢閒田二百八畝爲祀養作新屋若干間又與同知爲文告以意諭爲條約以勸生徒太守者甲戌進士王君治蒲有聲民悅而安之先是時太守適巡下邑故同知得自治書院事然卒成之者太守也昔者河水爲患父老乃爲河伯娶婦西門豹令鄴乃禁娶婦而穿三渠以濟民民獲其利至漢時乃毀渠爲馳道夫賢者作法不肖者疑焉君子所爲衆人固不識也故曰善作者

不必善成善始者不必善終二君之爲書院也誠美矣子懼其他日之爲鄴令之三渠也後之人可不念哉

明王崇古重修黃河石堤記

粤稽禹貢禹導河積石四曲下壺口東流直衝蒲城西岸城依河爲塹歷城南流經雷首復東流遶蒲南境廻視蒲城在河中央歷代表蒲爲河中郡建河瀆西海廟祭於兗禮也蒲城河西爲大慶關夾河對岸每夏水漲歲多衝陷唐開元中東西修石岸鑄鐵牛繫鐵纜維浮橋歷代河患頻仍河西石岸鐵牛俱崩沒大慶關基地洗剝殆盡東岸勢廹蒲城僅數丈明初河崩城北前守臣嘗建河堤外樹椿木內填土石

頗稱堅壯阻河西移遺近河膏腴灘地數千頃民藉耕牧逮正德中復東崩將及城隩時陝三原故端裕王公季子諱承祥以少參分守河東沿城創修石堤下釘栢樁上壘條石中貫鐵錠五十餘年城恃爲固士民誦之嘉靖癸丑雨水內浸堤間傾毀前守道東海杜公重事修砌僅完三載歲乙卯地道違經夾河東西大震城復於隍堤廟盡崩壞河流直與岸平每漲輒入城門歲壬戌河浸城南古鸛雀樓址城岌岌待傾時郡守崌崍張公募民急運雜石數萬下填湍

激逼水西旋城免陷沒隆慶庚午夏河大漲高丈餘
環浸蒲城近城居民隙地田園皆湧泥沙數尺許惟
瀆海廟基近河地旱水環注敗墉外獨未入民咸趨
內避水說者謂河瀆有靈時故襄毅楊公家居議創
修堤防顧州鮮積貯檢前甃磚城故牘括富民銀數
千兩募夫沿河築土堤三百餘丈衛城垣越五六載
水衝浸堤半就圮萬歷庚辰夏河自迤北南流直衝
蒲城西岸古七里渡日崩數十武廹古護岸勢將直
抵峨嵋原遶出蒲城東南矣士民震恐罔措時守道

王公方奉檄入賀萬壽率郡守何公肅祀瀆海廟倣
張崌崍故事運石塡湍瀨稍殺內浸王公行即以事
狀白撫臺高公請建石堤時當宁方務節省戒興作
高公重難之王公執議拯溺恐緩則莫救蒲郡萬室
宗戚士民咸懼胥溺堤當急建費誠難恤高俛王公
行俟徐圖之時武林宋公署守道事何守復具狀告
急宋公軫念民殃親按視河勢如痌瘝在躬譔文責
己虔禱瀆廟未幾水漸緩即鳩工估費先河衝激起
七里渡至古越城計五百三十四丈中分東西二段

東高十二尺西高十尺底濶四尺頂三尺計用工料
銀六千七百有奇費頗鉅民恐復嚴搜括咸思逃避
予聞切殷憂力白臺司請議發官銀易木石率民力
事工作庶公私兼利宋公目擊民艱執議固請軍門
金臺鄭公洎高撫公按臺新安黃公鹽臺德清房公
皆執可乃檄平陽郡守南陽王公盡發府貯歲收各
屬大戸餘名銀如數充工用定委先通府今州守遼
陽鄭君至州卒州判延安王君珣專督工作何守司
出納募民領價覔栢椿石匠採石河津之乾柴溝督

縣尹閻君監打造臨晉尹劉君集窰戶即條山燒石灰自冬徂春木石稍備復募沿河船戶順流運發刻期興作適守道王公丁內艱歸東海胡公以大參代任至蒲遍閱河滸相度水勢恐堤薄不足捍激流議石堤內加頑石三尺雜築灰土以固內基仍用米汁和灰砌石鐵錠貫注以固外凡三月而東工完夏水稍退免內浸又中秋後河水漸淺石運稍滯鄭何二君每禱瀆廟水輒減數尺至壬申春工始竣比及城角而止沿城西面南至瀆廟故岸雖存卒卑薄浸潰

莫禦漲漫士民咸乞接修長堤庶保城廟宋公會胡公命鄭何二君估工費南北長七百八十五丈應用銀一萬三千九百餘中分三段高厚如西工期三年可續完二公復白軍門鄭公新撫臺安邱辛公按臺華州劉公鹽臺臨邑邢公咸允從事仍檄府王公續發銀如數督鄭何及諸委官刻期續修適胡公移鎮岢嵐隴右粟公以少參代任至蒲首事督建率遵成議選委文武各屬分趨任事先完二工乃何守王判先後轉官去未幾鄭君擢守蒲畢力經營越三載而

先後工竣高出河數尺上列女牆間設渡口屹然如
建重城王公起復至都適栗公晉臬司巡河東王公
復以原官補守道既至而後工未竣仍督各官急催
完工清查支費得餘銀若干定議修葺城垣門堞之
崩缺文廟學宮舜禹廟之破壞重建首陽夷齊祠凡
蒲境應祀故廟胥修飾維新卒緣堤工撙節王公經
畧焉通計新堤自北徂南長一千三百一十九丈先
後工費銀二萬六百有奇肇工於萬歷庚辰歷辛巳
壬午癸未越四載經始於王宋二公執議度費繼督

於胡栗二公選委運料大工底績前守何力任鄭虞心力俱竭今守鄭始終督建四載勞瘁今堤成河遠城安民賴諸公之德施蒲民孔厚惟予不文世家河中與聞二議樂觀厥成常期表實河滸彰諸公具美翻思蒲古舜都當堯之時洪水方割河中先受河患禹平水土既載壺口即今河津禹門斧鑿痕尚在歷世既遠陵谷變遷地道違經岸土易傾河流轉激東灘西沒遠率數十里非禹跡之故矣官民隨勢堤防動至衝城沒壘民載胥溺然非心大禹溺由己溺之

心祇勤儉不自滿假之德何克格神孚上下永弭水患今覩諸先後同心上下協衷克建大工永障河患令覩河洛者思禹功蒲士民萬室奠安百世永賴自覩河堤當思諸公功德如思禹云宜勒貞珉俾傳百世王公諱基號對滄宋公諱應昌號桐岡胡公諱來貢號順庵栗公諱彤庭號瑞軒王公諱汝魯號確埜何守諱允升號晉吾鄭守諱文彬號三橋王判諱珦號鳳池繼州判嚴汝聘始終監造石運守禦千戶所千戶劉增孫繼統增以死勤事沒於工分委鎮撫[illegible]

金百戶李斌滎河丞趙以莊猗氏典史朱文林咸効勞績例得備書銘曰瞻彼大河源泄自天禹導積石流蕩中原龍門既闢東廹舜阡崩溺靡常陵谷變遷爰恃隄障遏彼狂瀾河瀆有神鑒我民艱至誠可格濟危扶顛有斐羣公一德後先四歷寒燠六易臯藩視民猶已拯溺保安協衷集思創建堤垣屹如山立蜿如龍蟠危城永保萬世生全澤流大河德並條山禹功可繼舜坻永延功垂不朽名勒青編受天篤祜君子萬年後有作者尚鑒銘言

明張四維首陽夷齊祠記

當蒲州治之南河曲之中對華而峙有山曰首陽者夷齊之墓存焉陵栢鬱然攢茂卬阜闕駟十三州志已謂然矣其廟貌所肇宋黃庭堅元王惲咸謂起自唐代而郡志云自晉太康然余攷後魏酈道元注水經已稱雷首山有夷齊廟及漢熹平中蔡邕所撰夷齊碑記內述登山升祠又其事原於平陽蘇騰疑漢人固已祀之不獨唐晉也皇朝褒禮德讓咸秩羣祀凡古賢臣義士墳墓所在令有司崇護時祀之故其

廟宇閎深甍棟壯麗視前代有加者嘉靖乙卯秦晉地大震祠乃盡圮委像設瓦礫中不蔽風日者十年矣故址寖湮鞠爲榛莽歲甲子選部洪都吳公一瀾來貳郡政覩遺迹動心焉越明年公旣假守是郡振蠹起罷撫綏甦困不三月民信且悅四境翕然迺重建首陽祠增其舊制度材賦工量力授事負河而陶埏埴取足於是財罔告詘民未知役而工用竣矣戒事於乙丑秋八月迨冬十有二月而畢凡爲正殿五楹殿左右久有廡共爲楹六殿前爲獻殿三楹又前

曰中門楹如獻殿之數又前曰欞星門者楹亦如之殿東曰致齊所有前堂有後堂有左右廊前後共四有鐘樓有鼓樓以楹計凡二十殿西曰宰牲所有二堂各爲楹三二所由殿中門外左右分各樹坊表其道又爲碑亭二在雙塚前爲井亭一繚以崇垣輪廣凡若干計奕奕新廟突出於層岡茂栢之中河嶽中條相顧頓生色矣初太守將涖蒲蒲人張生四維以首陽祠爲請及是太守以祠成來告併命紀之維惟二君當商周之際餓於茲域距今固已數千歲矣清

風泠然孤標若在此豈惟制行之卓足以聳人觀聽哉蓋五常之性蒸民具之而二君信心任理其於父子兄弟君臣之際以爲必如是而後爲得者故確然行之不疑而非自異也矣心蒸民所同也迹二君所獨也唯其同故百世聞風猶足以興起唯其獨故當世以爲奇而二君無心也莊周乃謂夷齊死名於首陽之下或者又謂二君憂萬世之無君嗚呼身名孰親也至以身爲後世易乎此皆好事喜奇之士以其心爲聖賢量而不知其必不出於是也孔子曰求仁

而得仁又何怨二君之心固如此黃庭堅王安石諸人紛紛疑其遜國扣馬采薇之事其說甚具夫事在千載上真贋有無惡可盡辨但所傳聞者如此夫亦有所受矣聖賢之心萬世一日所謂廉頑立懦者固自有在尚論者不泥迹焉可也余既重太守表章往哲興舉廢典不辭紀其成績因併著二君之心事俾鄉人知盛德所以百世祀者在此云嘉靖四十五年冬十月望日記

明張四維重修海神河瀆廟記

皇明奄甸萬國徧禮羣望凡嶽鎮海瀆咸就其近域崇建祠宇令有司歲時修祀國有大事特命使臣將祝幣往焉蓋自郊社而下祀典莫此爲重蒲郡介河曲當禹貢所稱龍門華陰之中重岡逶迤抱川靈聚結故西瀆大河崇於是而以西海附焉其廟制閎鉅正統中知州事關西張侯廉奉勑修建歷久澌敝會嘉靖乙卯之變一切傾阤雖頹墉斷木靡有遺者有司歲時掃壇以祭天子前後凡遣使三至亦咸祇陳香

幣露禱而已殷禮弗稱神罔攸宇至隆慶庚子夏河水暴發瀰漫郡郭奔湊西北二闉是時淮徐間連歲河決漕道艱阻議者咸謂神宇宜以時葺用祈靈貺於是巡撫山西副都御史楊公綵巡按山西御史饒公仁侃桂公天祥俞公一貫會檄河東守巡參議馮公叔吉僉事劉公宗岱相垣址議規度以重修二廟爲請天子俞焉其經用所需即取之三院歲解贖鍰之餘者而以州帑裨之經始於隆慶壬申十月越再歲萬歷甲戌某月而工竣二廟竝峙左河右海廣輪

崇庳無尺寸異其爲正殿各七楹殿後爲寢殿各五楹殿東西爲風雨雷電祠凡四座楹殺寢殿之二其儀門楹數準寢殿焉堦墀內爲井各二俱覆以亭碑亭視井亭之數建儀門外其外門則以大坊表之內環以連廊以楹計凡二百八十有六外繚以磚墉以丈計凡三百二十有二以及宰牲有亭齊宿有所而制度大備矣廣廡翼翼棼橑高舉邃深軒豁金碧輝煌信足以永奠明神係一方之瞻向巳郡守陳侯以朝屬維爲文紀成將勒諸堅珉以徵久遠余惟名山

大川類能興致雲雨施德博大故歷代尊命咸秩祀典河初祀朝邑唐開元中以西嶽祀華陰緣有司禩將靡遠遂徙河祀而東我高皇帝釐正嶽瀆名號删定禮秩薦享牲幣靡有等殺又常御製祝詞遣功臣將祀良以嶽瀆之澤物同則其報禮同也乙卯之變嶽瀆廟同圮迺嶽廟匪久即復合二郡之力徵費凡二萬餘金以速集厥事河海廟乃委爲瓦礫區者且廿年陳侯肅承明命知國之大事在此既不欲苟且以俟後人又不欲加賦以滋衆擾殫心夙夜惟求以

隆國典要神休是務於是監司諸公嘉其工繕之鉅商較財用慮有不給謀所以佐厥費者廼總督宣大王公崇古則以軍門俸給巡撫朱公笈則以各色會稅香課布政使史公直臣則以節積羨銀分守馮公叔吉則以罪贖以及官民之義助河堤之羸積通計凡九千餘金盡費視嶽廟之半而閎麗幾與埒矣用省而財不匱事集而民不擾神用悅懌歲以大穰信可以答天子尊禮方望懷保兆庶之深意哉是用紀其興建始末稽經費述規制俾後之嗣是者得有考

焉是役也檄委而監督於上則平陽府同知王大夫
敬朝夕工所綜其綱目則蒲州判官曹君廷相其奔
走於下則榮河典史李子田倉大使侯汝封咸効有
勞勤云

明王臣直存恤良民以輯流寇議

流寇之起於秦也二年於茲矣渡河而犯晉自崇禎三年二月始也賊一渡河即侵平陽地界土著之兵寡弱不敵不得不調邊兵而邊兵往返須二十日居民望之未免爲西江之水保全雖多蹂躪者亦不少是以蒲滎陷矣因而掠鄉吉因而掠洪襄因而掠絳太又因而掠津稷矣西漸而東北漸而南歸則飽載來復蠶食河東三十六州縣傷殘數十餘處今幸勦賊之局漸有頭緒而臣直竊於此時更欲下一先着

陽則弔死恤生實陰以散賊之黨而捷收吾剿之功也始之寇晉者秦人也今寇晉者半晉人矣二三月間從賊者十之一六七月而從賊者十之三至今冬而從賊者十之五六矣秦盜掠而晉民貧晉民貧而晉盜生晉盜生而秦盜益勝今欲除秦之盜莫先欲除晉之盜欲除晉之盜莫先欲撫晉之貧民貧民得撫使其知爲盜而得生不如爲良民而得生使其知爲盜雖暫生終不免於死爲良民可終身保其餘生也如是則晉之從盜者寡而秦盜之黨自孤矣然撫

撫晉民非憑空文消其邪心也貧民之信其饑寒甚於信上之空文貧民之信其從賊搶掠免於饑寒甚於信上之空文輯撫免於饑寒蓋緣搶掠目前即有成效而空文撫循尚在河清難俟之際也今實爲晉民計安全當先移檄查平陽所焚掠者某州縣州縣所焚掠者某村落村落所殺傷者某民人隨出示云殺死者即免其人之門差殺傷者免一年以爲安養之需凡賊所焚掠之村落盡免崇禎四年之稅糧賊之所到殺傷人民殆盡婦女擄逃殆盡廬舍火盡財

物掠盡牛羊騾驢食盡耕農器皿焚盡至於黍穀稻麥人食所餘者盡以食其馬馬食所餘者悉付一爐矣不但貧者貧富者亦貧不但貧者乞富者亦乞昔入其鄉而老幼子婦熙熙也今惟有殭尸枕藉於道耳昔井廬桑麻蔚然可愛也今一望卽墟人煙斷絶矣除一面速行蠲免外更令各州縣煮粥以活啼饑之民計一斗二升米日可食三十人一石二斗米日可食三百人計正月二月大州縣不過五百金小州縣二三百金即可使焚掠之餘民皆樂生全而潛消

其不肖之心也而或者曰數州縣一年之糧邊需孔亟何以應之不知養兵原以安內也內地傷殘視外患更爲廹膚若使晉地賊盜橫起則征調之費奚啻一年蠲免之糧今以蠲免之美政陰使我民化其邪心所省者又奚啻一年蠲免之糧也且不行蠲免之害更有不忍言者今即不免恐啼饑號寒之民室家未聚何能急公如徵之而聽其不完是我不免民民自免也與蠲免同如慮其不完而竹皮木囊以苦之非希聖希賢之民未有不從賊者也況我以刑法促

其生而賊又以飽煖餌之此不盡驅我民爲賊不已也且此時蠲免之令免僅一年一年以後仍在官耳不然束手不能應公惟有從賊從賊之後難即歸正我不免一年之糧將數年之糧皆爲烏有是免者之所得多而不免之所失更多也使當秦盜初起而早下蠲免之詔秦盜必不多助至此及今而始議蠲免亦晚矣秦既失策於前晉豈可失策於後也則今日宜早布德音以活此瘡痍之民以安此動搖無聊之衆可耳倘舉之不速恐窮民生心苟且求活秦掠晉

晉復掠晉至於掠無可掠勢不南掠中州必北掠燕薊耳畿輔震動爲患愈深當事者緦緦於賊之愈勦愈勝也始議勦免始議賑恤其能有及乎請諸上臺體天子嘉惠元元之意當爲地方圖萬全也晉民獲安然後查秦民之戶籍延宜一帶有事於四方者限以日期許其還家自新本之以至仁動之以至誠士仍歸士商仍歸商農仍歸農軍士失伍者亦各隨願歸伍其前日之罪概寬不究若仍不悛者然後置之不赦之條也至再三敎告或秦民亦有革心之日乎

草莽之臣言無可採生民之志夢寐難忘謹議

明楊元祥蒲州守題名記

今內外官司之署皆有記記官司主名而吾郡獨闕齊安三橋鄭公守蒲之十年政成民和百廢俱舉乃蒐乘牒得徐公政以下姓名若而人勒石命余記記曰蒲天下奧區也自武侯擊節中流環顧山河美哉稱魏寶矣漢文名御史大夫布亦曰是吾肱股郡蓋其重也微獨魏漢在昔陶唐夏商咸隸於天子之畿甸而有虞實肇都蒲坂當是時帝舜睿聖明哲時幾業業然猶使五臣分理孜孜然命官之難也夫總地

圖鏡今昔數聖人所經營蒲爲稱首要以康乂成平垂名萬禩久存政舉之效可覩已明興高皇帝疆理區夏抑河中府爲蒲州置守臣以下秩有差而錢穀刑名城郭風土之宜更化爍俗之柄雖守是任任而效則守之能也其不效則守之責也蓋衆虞廷數聖人所經營而今委命於一吏是故任者難效效者難久以重若彼以難若此而况地紀之不常也河伯怒而生民其魚自兩建藩封而天潢之祿仰給縣官者日有增而歲無減人習獷悍以逋課入驅而之畚鍤

且志其佚我而挺身以逃以是而督其效且久不有非常之才震世之望其何能任余嘗歷選先進治莆之蹟某也鳳舉某也隼擊某也挺身日月之際流芳無窮某也馬枳棘不得竟所展非必才品盡殊要之得時而駕難鼎螳車難易各有所值諺曰前事之不忘後事之師也余觀鄭公禦河而河平繕城而城固民無懸耜野無奧草道無拾棄獄無冤民蓋獨當其難而神明為政方駕往哲然且虛懷詢舊習已成事崇名茂績將益不可量山河之美實靈承之夫任官

莫若虞廷而陟明之典三考乃登厥最公用才望加
秩中二千石治蒲效十年久矣上即念肱股重當亦
體賢大夫勞明試以功車服以庸公蓋與咎繇契棄
爭烈矣遂書以信諸來者

蒲州府志卷之二十一

藝文

國朝魏象樞浙江按察副使復庵衛公墓表

平陽蒲坂之間土風敦樸自昔多賢人君子至薛文清公倡明絶學爲世儒宗其流風遺範被乎鄉國其所成就人才尤卓犖蓋中世之爲儒者往往滋辨論立門庭其流不能無弊文清之學主於躬修實踐深造默成爲其學者悃愊無華而其究能有以自立若吾友復庵衛公其選也公諱紹芳猗氏人順治乙酉

舉於鄉丙戌成進士知尉氏縣擢兵部武庫司主事再遷爲督捕郎中出補福建漳南道歷四川川北道貴州提學道浙江巡海道致仕家居十餘年卒公之先多宿儒世以易學顯公少孤貧力學得文清公讀書錄讀之慨然有慕乎其人潛心理學標錄儒先之言几案牆壁皆滿自爲諸生矩步繩趨痛自砥礪比居官益清謹勤於其職其令尉氏也招徠流亡芟除强梗民氣漸甦則爲之修舉學校完城郭新廨署百廢具舉尉人尸而祝之其備兵漳南也與營卒之通

賊者而賊以衆降築隄注水囷賊而深箐積年之寇悉就縛其在蜀也勦平川南劇賊單騎撫其餘黨在黔也能以正學董勸師儒士知向風此皆政績卓卓可稱道者而要於寬厚廉平實心任事不爲赫赫名而職業無所不盡以母老致其事歸中途而母夫人病卒二千里徒跣扶柩北歸盛寒露宿柩下手足凍皴未嘗居旅舍其天性篤摯如此家居以維持風教爲己任居喪一用古禮建宗祠修族譜釐正葬祭儀節著小學家訓等書凡若干卷於易學尤邃也冢子

既齊有學行能世其家初為翰林檢討公命之曰勉樹名節上報　國恩及出判霸州又命之曰官無尊卑內外隨分盡職皆足自見既齊謹受命賢名日益聞公之教也余與公為同年友始識公於京師表裏粹然篤厚長者也去而為吏治行發聞知其勇於自樹也已而其子來官京師始得聞其閨修篤學之詳嗟乎生大賢之鄉聞風而興起者有矣修之於家見之於政事光明俊偉者亦無幾人如公可不謂賢哉至行過人而不自表襮著書滿篋而不名一家余懼

其久而無傳也因其子之請裒其大端揭而書之

蒲州府志　卷之二十一　三

國朝蔣超遊萬固寺記

寺在中條之麓距州城十五里河中佳勝處也出郭東南行數里已聞水聲盈前二三里涉溪溪琮琮韻響如瑟如筑行漸近見寺在巖戶間歷磴道上遂入寺寺因山爲高崇構數層有佛像居中甚壯長可四五丈及升樓俯視則人足適臨佛頂又升復有屋視樓倍高後更平坦浮屠築焉爲多寶之塔至此縱眺則百里皆見白者如帶翠者如掌黃河華岳如几席間物亦登臨之快觀矣寺建於隋時至唐尤盛宋程

明道元王惲皆常遊焉亦皆有詩惜其刻石久毀而不存而陷壁者詩版尚多亦少可讀也寺外平田開曠多柹林幾數千本方秋深時霜葉染紅望之蒸蒸如霞燒火烈景爲最奇蓋蒲人以種柹爲利也自始登山日甚早午飯寺中復延緣久之比還邑已夕既樂斯遊之適紀以二詩以志歲月云

國朝王士正　吳徵君墓志銘

漢魏已來二千餘年間以詩名其家者衆矣顧所號爲仙才者唯曹子建李太白蘇子瞻三人而已　本朝大一統閱六十載作者亦多矣余獨以仙才許蒲阪吳君此余之私言也亦天下之公言也君且死語弟霞曰吾平生知己無逾漁洋先生吾即死遺詩勿遽出必待先生刪定雖相望二千里爾勿憚跋涉而往求焉且謁誌墓之文吾無憾矣余居田里聞君之訃爲哀輓以代楚些其末云已空文字障靜閱莊嚴

切何事勞結集猶煩大迦葉未幾而霞至將君遺命
余詩若爲之識然嗚呼異哉豈余與君精神感通雖
越在二千里不以幽明相間有如此耶既次其詩遂
爲其銘君諱雯字天章其先遼陽人也父允升中順
治二年順天鄉試六年授蒲州學正十二年賜同進
士出身明年卒卒後次年吏部按籍銓授知臨穎縣
君幼母朱氏有節操撫君及弟霞等皆成立遂家於
蒲君姿秉殊絶嗜書如飲食又薄帖括以爲不足爲
雖在諸生輒瀏覽羣籍自六經三史外先秦兩漢下

逮六朝唐宋元明四部之書無弗習也旁及釋老內典秘笈皆鈎貫其旨趣含咀其英華而尤於五際六義有深嗜焉初僑居中條山南之永樂永樂唐縣也李石兄弟三相皆居之詩人李商隱義山亦居之號玉溪生玉溪者永樂水名也君少而食貧無以爲養數游京師謁父執友年二十餘矣京師士大夫無知其詩者予一日過同年榮工部洞門見其詩云泉遶漢祠外雪明秦樹根又云濃雲濕西嶺春泥霑條桑至今堯峰上猶上堯時日大異之曰此非今人之詩

也吟諷不絶於口久之君再入京師一見談藝輒夜分不休如釋迦之有鶖子溈山之有寂子相悅以解不待往復扣擊君固以謂余一人知已如后山之于南豐也戊午己未間　天子詔徵博學宏詞之儒備顧問特舉制科海内名士鱗集闕下君在舉中顧獨躭寂守素不與他人走健僕囊巨軸宛顔低眉望門求知者競馳逐膠牢潛泊門有雀羅余以是益重之臨朐馮相國知君名以扇索其詩君大書二絶句答之其坦率如是卒以不遇亦不悔也君游燕趙齊

歷吳越秦楚足跡半天下而梁宋間詩尤工晚訪舊天津復與余相見京師時康熙辛巳君年將六十倦游矣君好友天下士士之名雅者亦皆援君自重所至縞紵贈答無虛日然君胸中涇渭不徇世俗毀譽涼燠以爲親疎故人亦樂就之所謂嵇叔夜土木形骸黃叔度汪汪如千頃波者庶幾似之平生好仙釋有空諸所有仰青雲睹白日之意情耽隱逸僕僕四方謀升斗以爲甘旨之奉非其志也嘗買圃鄭谷之口有竹數百挺黃梅數十株橘三株中作草堂面雷

首肘太華怡然自足將以終老而迄不得遂嗚呼其可悲也君詩一刻於吳中再刻於都下三刻於津門今未刻尚千餘篇余刪之不少貸所存皆卓然可傳蓋痛君彌留不忘諈諉之意亦以報良友於地下云爾今當宁右文士苟懷一藝朝躡芒屩而夕登館閣者何限君之名固已聞於朝矣而終不遇窮老以死是尤可悲也君娶祁氏孫一逢源尚幼君卒以康熙四十五年九月十一日葬姚溫阡君嘗以詩賦應制科故稱徵君銘曰

山河兩戒皆首河中重華舊都扶輿所鍾昔在唐賢
摩詰允言義山玉溪表聖王官有明名世首兩襄毅
勳名爛然風騷未繼嶽嶽吳生崛起布衣身處菰蘆
名動京師聲滿天下尚謀升斗晚卜菟裘子眞谷口
唯君之詩疏越朱絃後有知者移情成連神之往來
河聲嶽色修竹梅花徵君攸宅

國朝衛既齊郭烈婦傳

烈婦荆氏者猗氏縣興教坊儒童郭琛妻也祖曰憲副公世爵父曰邑增生文邵母陳爲臨湘令陳公登度女烈婦生三歲而祖卒六歲而父卒母孀無丈夫子女二烈婦其長也字於郭未及笄而姑卒既適琛值家中落烈婦勤操作茹蔬糲不厭琛善病烈婦朝夕侍湯藥經年無倦色琛疾少間産一子不育已而琛病復作勢且不起顧謂烈婦曰汝年少無子終節非易事也善自爲計烈婦奮然曰吾家世詩禮母氏

青年守志豈容有再醮女乎即君不幸誓一死相從地下耳遂歸訣其母曰母十餘年茹辛撫孤女今不得終事母矣母壯之曰能如是乎眞吾女哉烈婦乃盡出其衣飾爲琛償宿貸又分餘物遺夫之女兄弟視琛疾革遂以醋和毒藥飲之昏仆地家人急救良久復蘇琛既瞑烈婦撫尸慟絕者數四惛憒中猶作進奉湯藥語及夕氣乃絕斂之日神色如生年蓋一十八歲云

國朝瞿亮邦萬泉縣祀八蜡文

維年月日具官某謹以牲酒束帛祭於八蜡之神而敬告曰邦聞之伊祁氏始作八蜡歲十二月聚萬物而祭之取諸崇德報功八蜡之中有貓虎焉所以食田鼠田豕而先儒又謂有昆蟲之祀大抵舉貓虎而凡虫之害苗者皆鼠豕類也貓虎任之有餘矣今者麥比不登穡事孔亟蚜蚄爲害浮於禽饗邦將倣古之黃冠而草服葛帶而榛杖置鹿與女俟歲終一舉蜡則時非索報又蟲菑爲厲民患甚殷爰敢奉嘉旨

馨香薦諸先嗇請迎貓虎以食此害苗之虫毋俾聚族長爲蝨困之之民庶猶有瘳乎

國朝范韓度萬泉令瞿公政跡記

邑令之賢民所愛也而賢之出類尤所愛令政之善民樂傳也而善之異常尤樂傳故在昔蝗不入境虎北渡河雨隨車麥兩岐千百年來頌歌傳贊依依口頰間吾邑賢令代不乏人而五奇之政僅美新城嗣厥緒者惟我公爲最公慈惠精明鞠育噢咻十有餘載而異政之最著者旱魃爲虐二麥巳槁秋禾無望民慮再生之難公令設製五龍祭禱應期龍見靈雨霑足歲仍有秋又蝻螣害稼遍野蠶食莫可如何公

躬詣八蜡壇祭之虫悉團化溝塗間有狼食民薛生芬幼子愬於公衆喧其愚公拂然曰若野獸敢傷我民命乎爲文牒之城隍狼遂自投堂下隱若被桎梏者左右杖斃以償薛子命他如歲値大有黍與稷翼所在皆然而一莖雙穗吾邑獨呈其瑞比類而觀又何讓蝗南飛虎北渡諸異政哉夫災祥固所時有而化災爲祥實非易易公之感神明格異物捷於影響若是皆公之德爲之也民感其德既銘之心頌之口尤欲載之典章以承其傳爰合辭請誌與前人之記

新城者後先頡頏焉公虞山人名亮邦敬其字也

蒲州府志　卷之二十一　三

國朝項樟始至永樂署記

余由黃岡量移蒲丞道出豫州越幽燕凡四千里達太原由太原至蒲州又千里丞署建州之東南永樂鎮土壁峭立取徑幽邃往往晝晦偪仄處不能旋馬又奥折百二十里而始至焉鎮多山民俗儉樸常自足無所仰於四方市鮮百貨出入田不產稻無魚蝦蟹蛤水族之利署據平岡僅二十楹皆土質瓦覆無丹雘丞貳於守不得侵有司吏人稀少偶至輒散去時維凉秋風摧木脫雖居公廨如在蕭疎村落之間

噫嘻余嘗兩仕蜀一仕楚矣均當水陸之衝過使紛雜民好鬭健訟日治廳事夜省文書常若不及一遇大官經臨儌供億肅奉迎陸走蠶叢水乘小舟下浩瀚悍怒不測之江惟恐後期往往觸急風暴雨百出傾危其勞且險也如此今則去危就安但坐鎮而無餘事因得縱其耳目以窮異觀東望中條西窺太華南俯黃河北枕玉簪峩嵋西爲首陽其高風勁節猶曠然動我遐思若夫烟斂晴暉羣峯競翠暮林秋月倒影波光莫不爭效左右出奇無窮追思曩時風塵

奔走雖經巴蜀瞿塘三峽之奇黃州赤壁竹樓之勝而心爲事役視若無覩豈能如今日之俯仰寬如胸無凝滯也哉夫熱仕宦者乏登臨之趣樂林泉者鮮組綬之榮是二者不得兼也而今兼之況乎茶筍蔬果之屬時給於供釀柿爲酒絶佳取値廉與閒散吏適宜傾壺偶酌心適味甜萬象洞如樂不可極昔歐陽公在夷陵謂凡爲吏者莫不始至而不樂既至而後喜也余於斯地亦云或曰河東俗强勁往年以抗官釀大獄溢斯土者未易蔑視也余曰不然事變之

起挑激有由况百里風氣不同安可概吾民方今時和年豐盜賊屏息余惟奉朝廷德意日與父老子弟講讓型仁以激發其天良而秀者萃之於學澤以詩書數年之間優游涵煦庶幾風希讓畔治跂文明余於斯時其樂益進因志之以告後之君子按山川而考風俗共大其休美焉

國朝郭爲觀涑水故道考

按桑欽水經云涑水出河東聞喜縣東山黍葭谷又西過周陽邑南又西南過其縣南又西南過安邑縣西又南過解縣東又西南注於張揚池酈道元注云涑水所出俗謂之華谷至周陽與洮水合涑水又西逕仲郵鄉北又西逕桐鄉城北又西逕王官城北又西南過安邑縣西以上皆今夏縣境蓋古安邑即今夏縣禹王城故址漢晉以來無夏縣之名至隋始分置夏縣而移安邑於今治不然則注謂過安邑西者

將直入鹽池乎涑水又西逕監鹽縣故城城南有鹽池水此則今安邑境而鹽池水即今北引之姚暹渠水也涑水又西逕猗氏縣故城北又西逕郇城此則今猗氏境蓋涑水自安邑北相鎮之西入邑境鳴條岡至此而伏故涑水自李漢郭村之間折而南順治中郭村人嘗掘地見大石橋懼不敢發蓋其故道也又折而東南經張河孫塢等村其地今猶謂之張河灘又折而西南歷楚俟王鐳張蒿諸村故跡宛然俗稱管溝即注所謂逕猗氏故城北者也又西南經太

侯上庄及解之南扶等村境郇伯故城在其北即注
所謂西逕郇城也自此而西經臨晉入五姓湖皆古
解縣境即注所謂西逕解縣故城南又西逕瑕城者
也五姓湖即經所謂張揚池也此涑水故道也厥後
司鹽者慮其侵沒鹽池引而之北自北相鎮之西北
開新道西行經三里高頭里原頭水南香落等村西
何家庄南地名崔家灣者折而南經祁村及臨晉之
南村卿頭等村合姚暹渠入五姓湖雖世代莫考然
故老相傳猶能道其疏鑿之概焉此涑水初改之道

也至明宏治十六年巡鹽會大有復慮害鹽疏請西
浚新道八十里自崔家灣引而西經祁任智光等村
歷臨晉境至蒲州孟明入河是爲涑水新道云

國朝崔紀永濟縣祀南陽周封公記

或問于予曰官其地而人祀之可也不官其地而祀焉禮歟曰可凡官之祀其地以有功德愛惠也昔者西門豹祀於鄴文翁祀於蜀朱邑祀於桐鄉皆是也且地之有官至衆然或祀或不祀其不祀者又至多而祀於人者常少以知非官之祀而祀其功德愛惠凡有加於人者即以祀之可此封公所以得乎永濟而爲縣人祀者宜也封公以其子之令於此而來就養於邑之政事若其民人固無與耳其閭里之疾苦

氓俗之利病雖視以秦越責勿及焉然特以家人視之如家事治之苟有利乎永濟者必以教其子使無不爲縣以大治而人樂其澤變獷梗爲循良山南之舊俗革矣化爭競於彼此河西之私鬭息矣憫斥鹵之無種而請免其徵善賦稅之易輸而不嚴其法旌必及善罰無遺惡設獎以示教懸柝以達冤農勸於勤訟幾乎止凡皆封公勞於中而永濟之人被於外然則雖不官其地其德惠所施邑人實享之雖欲不爲祀而不得也嗟夫子觀近世爲人父兄者其子弟

爲令尹牧守莫不藉以自豐且惟冀其位秩遷進而已孰有勤勤懇懇不負其民以古良吏爲子勉勗者封公之賢其過人遠哉予泰縣人之一藎嘗親見其所施而歎其澤之不可沒而尤喜直道之公在乎邑中所以報愛惠於無窮而有是舉也因紀以文俾後知是祠所從始云

國朝王會汾書周復初事

周明德字復初河南南陽人少爲諸生通涉經史其人誠信朴厚有經務才身未及仕常欲試而勿得也會乾隆庚申其子遐齡以進士宰蒲之榮河後復調臨晉明德自南陽至教以涖官凡遐齡所未及者導令勉爲之若親撫其民任其事必得當乃已久之遐齡更爲永濟永濟人素聞前在兩邑有名咸喜其來後知所施行一出明德共驚歎曰吾屬向徒以爲明府之賢顧不知本其父愛惠我若此永濟於蒲素難

治其南皆連山去縣甚遠其民大抵獷悍敢拒官府不聽文告時遣隸卒往或縛而沈之於河前爲令者畏其頑梗卒莫能服明德知狀謂遐齡曰是非實敢與官抗吾察其情蓋由遠絶城郭愚氓畏官過甚不避犯上思自捍救以幸脫其死故也夫爲令者當與民親親則習習則可徐從而化因使遐齡時時入山中召見其長幼雖井聚沓僻無不悉至且喻且慰勞之又多載錢物以遺其高年者給勸其耕者山中人既時與遐齡接後稍稍知馴皆曰明府慈我明德知

其俗可漸變復使遐齡往舉其儉勤謹愿者旌之取其不肖者謂父老曰是素爲惡鄉里吾將法刑之可乎皆曰明府責之是由此咸奉約束樂爲良民數十年凶悍之俗革矣永濟與秦人夾河爲界秦人時以私爭與永濟人鬭河上每千百人彼此相尋若讐寇明德曰鬭則人多傷多傷則爭愈不息莫如約吾民使無以秦怨而以信義布之秦人當自服鬭可終息遐齡如所教爲之已而果然先是邑賦多逋明德知縣掾里胥相倚爲奸謂遐齡曰是徒煩敲扑無益但

好語之導其速償又徧名縣卒賜酒食而問之曰吾行何法課乃早完汝輩任言之因爭以策來獻明德擇其可者授退齡完課果速因盡去其胥吏之弊者吏使其堪任者其後不責一人而歲賦前畢凡永濟稱難治者自退齡後得從容理之皆明德力也明德在永濟苟可爲縣人利必使其子盡爲之故永濟人尤感其德後數年卒於退齡官舍永濟人聚而弔哭者萬餘初滎河西境爲陝之韓城有村庄十八土地肥美居者稱富庶自河水決蕩廬舍淪圮衆皆徙去

韓城人因渡河據耕其地及明德至爲榮河人爭而歸之皆歌思不忘明德既卒以喪還永濟人往南陽爲立石墓上復祀之於縣榮河亦時祀焉他日明德嘗在永濟郊行里老不知爲邑宰父也止坐與語問何苦曰河濱田斥鹵不可耕者二百五十頃有餘然徵賦如故以是爲病明德領之去使遐齡力告上官請於朝而免之

蒲州府志　卷之二十一　三

國朝喬光烈河東賑災記

五行之氣不能無偏而災沴作焉堯水以九湯旱以七帝王遇之其軫惻咨嗟經營拯救下民於是託命而陰陽所戾不能害焉我

皇上惠黎元求民莫矜其疾苦予以安全歲祲或逢即視其重輕加之賑卹往往沛

恩施於常法之外則堯湯之仁也唯河東地斥土燥寡水澤之潤特恃雨暘順若年乃吉成或有亢烈即病歉穫乾隆壬申秋七月旱甚屬城十一日解州曰

永濟曰臨晉曰猗氏曰虞鄉曰榮河曰萬泉曰安邑曰夏縣曰芮城曰聞喜並以災告而解永濟臨晉安邑猗氏災尤甚炎風赫曦中野如炙穀之藝者無以華實粟價日高勢將大饑予以告於中丞方伯而為籌其備計雖州縣皆有常平然貯穀恐不足用聞康熙中令河南歲留漕二十餘萬貯在陝州倘關中儉荒則以濟之因上議晉中丞救荒有給粟以賑無食者有出粟令民得借貸者有出粟平價以糶令民得易市而賈販富人不得增長其值至日益貴以困民

者今河南既多聚粟請移其巡撫借二萬遣官運至
之則備者裕而事無患然未即行而豫撫以八月首
上疏言中州界連秦晉向時山陝歉收每資豫粟今
河南常平穀石尚多比聞山西及陝西皆旱成災者
多可於河南漕穀內分撥協濟
上是其言且下晉中丞中丞奏謂臣至河東親勘災
傷并籌備賑糶竊以隣省通融不如本省調劑之便
今已就近撥運臨汾襄陵太平曲沃翼城浮山岳陽
洪洞趙城絳縣垣曲平陸諸縣倉穀八萬二千石又

酌撥霍吉二州及靈石鄉寧平遙介休孝義縣溢額
餘穀四萬三千七百餘石合之解州永濟等十一州
縣常平穀三萬八千石總計爲穀十六萬四千數百
石足以敷用似可不煩再藉豫糧多糜運價也章既
上所運諸穀亦漸次至遂於十一月行賑事　國家
功令凡縣災僅五分者例不賑卹
詔書使皆賑之其災六分以上民之極貧與次貧者
令加賑一月於是聞喜榮河萬泉芮城諸縣被災輕
者亦計口給食而預卹焉予乃飭官吏分司監散於

縣邑其解州永濟臨晉猗氏安邑則親視給之會是時晉中丞名還京師而少司馬胡公代爲山西巡撫至則首問賑事且以前中丞所言穀已足用不煩借河南其果然否令河東道更計其事予言於胡公今年永濟等十一州縣旱災籌畫賑撫自十一月至正月畧已均散且令晉賈就陝西榆林販糧而陝省西鳳商販亦由華陰三河口至永濟歷河鎮約五六萬石舉目前論之似可無煩河南粟但來年春至麥秋其期尚遠宜爲預謀合得河南米二萬石其解州永

濟臨晉猗氏災重之區請各貯三千石若聞喜榮河萬泉虞鄉夏縣稍輕者請各貯米千六百石以待平價糶之庶幾有備無患宜遣丞倅一人率佐雜數員於解東時赴陝州偕其官吏即其處僦僱船艘自平陸逆流而上運至大慶關使永濟縣於黃河岸上結棚舍以收貯之檄令各州縣遞相接運則事便而易集至於榮河萬泉二縣所撥之穀應循黃河直泊榮河西城外轉運尤便也胡公採其議於正月入告遂致河南米五萬石云其米分貯永濟者二萬臨晉八

千猗氏虞鄉各六千解州一萬於時貯粟既裕歲雖
災而民不恐穀價亦無翔涌焉其十一州縣在賑列
者計其民男女小大爲數凡二十八萬二百九十四
口其用穀爲數凡十五萬八千九百九十石有零至
十八年夏麥大熟收或過倍河東之人懽踴慶溢感
謂
天子恩德矜我災眚慈噢懇惻是以和氣翔洽轉爲
豐年沐浴咏歌雖官其地者亦爲其民喜予惟古謂
救荒無奇策唯蓄積多而備先具則可恃者焉昔之

賢士大夫任司牧者災未至而先爲籌故臨事從容
經畫盡善富鄭公於青州趙淸獻公於越范文正於
蘇民忘其災官不知擾是其可貴也予以陋拙徒欽
其風而勿能逮特官於是當歲氛入饑思爲計安集
以無負
朝廷任使之意而又仰
湛恩之汪濊延及羣生唯與河東之民三頌謳於無
窮云爾

國朝喬光烈雞心灘記

非公無以服天下之爭非和無以集天下之事知其理者虛心平氣不以多尚人之心私求自勝於是定紛處衆或庶幾無失焉乾隆丁卯歲永濟朝邑之民以河灘地相聚訌鬬怨不可解永濟人欲盡得其地種之而朝邑勿服蓋灘生河中兩縣耕者雜田其間且數歲矣永濟名其灘曰雞心朝邑則謂之夾沙自昔秦晉以黃河爲分域然實共之至明隆慶中河徙道穿朝邑南行移朝邑大慶關於東岍由此朝邑與

蒲州永濟地尤近接而河沙漲淤洲潬之生其中者亦兩縣均屬在晉人固不得獨有也先是大慶關鴛鴦諸村民屢以河灘爭動千百人勢若公戰歷康熙雍正中兩遣大官核視爲之區域設界墻限別之然後畧定至是復以灘爭兩省大中丞乃各遣其屬吏約日會境上而爲之議其首議者永濟令費君舉雍正七年例請均其分使永濟朝邑各田其半衆以爲允俄而其說中變乃再遣官持意不能合時予知同州府陝中丞以未曾議也檄使往蒲與其知府李吏

共計事予至河東弁謁其監司時有議分灘地以爲
永濟當得十之六朝邑僅應得十四者予頗唯唯聽
且持其是顧方初時與李蒲州及其監司語尚頗齟
齬又紛覆久之始稍稍合夫以朝邑十四論分地蓋
少予官於秦宜爲秦人袒然竊自計欲私秦人則議
必爭爭則事徒僨而無以定使秦晉之人日鬬河上
相讐益深久失耕業非所以安百姓奉職守且嘗至
所爲雞心灘者而審視之矣其地西厚多腴東薄多
磏以秦之四足以當晉之六是朝邑雖如議言僅應

十四於秦民固無所歉尚欲爲之爭多寡哉是雖未
嘗顯言予固熟籌之非特不敢私且謂爲秦人計當
如是也於是以復陜中丞奏上之章下戶部恐措置
未盡使山陜中丞再遣官勘定明其分界俾爭競永
息兩中丞乃復遣監司四人率予及蒲州府與永濟
朝邑華陰三縣勘議監司雁平道葛公等既至環視
審度咸以灘屬河中本介秦晉間向者永濟人指大
河爲界以拒秦民而官或主之不可爲是唯瀕河田
種之民永濟耕多而朝華耕少宜以四六爲分即在

秦晉無所偏永濟朝華人聞之亦皆謂官於我無所厚薄遂爲明其分界定議以復兩中丞兩中丞訂期親履會勘照議覆奏奉

旨俞允予與署蒲州守李潞安守方率同各縣令丈其地永濟所分得地一百三十六頃四十六畝有餘朝邑所分得地五十三頃二十畝有餘華陰所分得地三十三頃三十二畝有餘仍築牆表樹以別疆域其北界對高家社其南界對鳳皇嘴仍示以康熙中所定山陝奸民之律以禁其爭而其地界於兩河定

爲官產就其已闢者歲徵其租穀令潼關永樂兩司馬收貯之方當丈時予令於灘東沙土薄瘠者除去三百步許不在丈列以與永濟而稍補之蓋予雖非晉吏念秦晉之民猶一也嗟乎是役也其民雖誠貪利多悍易爭然實易處耳向令始時議均分者守而不更即一言定何致多爲紛紛哉予移河東及三載兩河之民咸帖然故書之以爲難心灘記

國朝喬光烈萬泉縣新修學宮記

教化爲政治之先學校爲教化之本廟學者人材所由起禮樂所由興也昔先王建學必祀
先聖先師晉武皇帝皇太子親釋奠於太學元魏文成帝詔宣尼廟別勅有司行薦享禮凡所以明倫復古尊崇祀典由來舊矣我
皇上政一教治文運益隆幸闕里祀太牢屢告天下郡邑以廣修文廟爲首務備承宣之職者率以崇廟貌而潔烝嘗仰副雅化作人之意而朝廷即因是以

嵗時守令禮至重也萬泉北顧平陽南瞻蒲坂向爲唐虞甸服山川美淑之氣蔚爲人文窮經嗜古代有傳家惜以儒術疎畧致化泥於不行有志之士莫不靡然成風自甘頹惰長民者果有以修明而振作之安見椎魯無文之鄉不可變爲文章禮樂之區耶邑宰張君以三韓名儁莅任茲土登聖人之堂而榱宇摧殘時懷震陵風雨之憂辛未秋倡捐廉俸邑士大夫亦樂輸其力以襄盛事於是庀材鳩工自殿廡至於戟門高其基址大其門閎翬飛翼棘煥焉惟新次

及名宦諸祠向所有者擴之無者增之而且移建尉樓以復其古設射圃以宏其制屈計若者爲陶若者爲木若者丹堊之役若者匠役之勞經始於辛未之秋落成於壬申之夏美哉是役也張君可爲知所先務矣余惟三代而上教本於身三代而下教寓於法自詩書之道衰上不知所教下不知所學乃幷其法而亡之矣今上有

聖天子以立教下有良有司以振興之將見學校修而教化行教化行而民風變民風變而治道彰豈走

自修舉廢墜而已哉余故樂觀其成而爲之記

國朝周景桂新遷貢院記

官府小大皆有署而事各不同則署亦異宜所固然也古之臨政者居國之中四方之奔輳取諸萃毋取諸渙涖衆宜也古之爲學者必於廣遠靜閒之地聚以處之使安焉專焉不擾不瀆取諸艮勿取諸震造士宜也今夫貢院之設其猶夫學之事也院之中所曹入而試者士之人也院爲學使者署其視郡縣有司居以理訟獄治財賦發號令施敎條月吉而戒吏卒徵役而名鄉亭所司與所用異然則郡有貢院非

得其地宜誠不可者乾隆壬申余自寧武移守蒲州視刺史理所曠無居人隣唯神宮雖在城郭若接坰野由大門以屬堂皇勢廓而弗整形遠而無制凡官吏之謁者掾吏入治文書者百役走趨者赴訟聽折者咸不便其往來而失所瞻觀其於太守涖政地爲勿稱焉而其東偏僅畝許則貢士之院俯近衢處外喧內達每當試必架木縛席爲舍以坐士之戰藝者尚猶不能容因歎始建署者未能審度而兩失其宜思有以易之久矣於是癸酉之秋始以院爲知府署

而卜遷焉明年甲戌之夏乃以遷署之虛焉者即為學使者署而移貢院於其所易其舊方使從新規立廳事於大堂之後而撤其故宇改儀門為重門而次其外闉整廓者使翼如制遠者使肅如內勢嚴以收外形爽以敞收者足以列號舍布硯席敞者足以待鵠立之士足以班執事之吏足以備鼓吹旛旌之羅列而候伺且以如接坰野遠塗巷而違市鄽雜遝不至聲囂不聞士試其中得靜其心氣專其思慮以獻其藝即校士者亦得以其境之靜且閒而評衡益明

以云其宜豈不然哉然則院之移於今余誠知夫事所不可已而尚惜其不早也嚴陵周景柱記

國朝周景柱開元鐵牛銘

蒲西郭外黃河之岍側有鐵牛四自唐開元中所鑄凡八其四在秦之朝邑東西分向用以維河橋及金元世橋廢渡絶而牛之存者如故閱千有餘歲矣牛之壯碩厥狀雄特所謂一元大武此實稱之觀其觭角昂首體蹲而力贔足以任重足以勵猛堅足以觝强足以距其目似怒其耳如聽其處有度其伏甚固寧戚相之而不名老聃跨之而不去爲牡爲犉爲犍爲軀在河之滑相呴相喣豈特三朝三暮而見黃牛

之如故且其膚澤晶瑩若燦金英彩爛初陽之照耀盪乎銀燭之光明疑來從於雪山同天犧之有靈蓋世遠代積飽乎霜露之浸潤而多受夫月華與日精是以其態之古而且異有如是也自牛之外有柱有山並鐵爲之牛各有牧或作先牽或作廻叱其面目意色各宛然肖發想其初時巧倕共工妙範在中鑿南山而取鐵爍萬冶而未窮於是扇太乙鞴祝融下昆吾走雷公天爇絳氛地吹炎風既陶既模剖型而始呈厥功可以驕翁仲之範金可以陋蜚廉之鑄銅

而況橋如長虹笮如游龍纜之維之如砥如墉將使元魚失其怒陽侯斂其雄屬非斯牛之力而又誰主其庸哉嗟乎自唐以後歷五代宋元明所謂開元文物之盛久已蕩爲飄風散爲寒烟不可復問而是牛巋然傑然未嘗或敗弔古者將撫之以增永歎覩之以成感慨自是以往更數百歲吾不知其尚屹焉莫置乎抑亦終失而淪於波臣乎或如辟邪天鹿毀於人乎或高岸爲谷而復於土乎是皆莫能測也唯今儼然在陳凝凝嶽嶽實爲斯地之偉觀而壯景物之

勢且其年載垂之甚古而唯欲其永存也夫牛之爲物於易象坤坤爲土土以勝水余觀秦李冰爲蜀守導江刻石爲三牛於岈側蓋牛之足以勝水惟而鎭其患者久矣唐之爲此雖曰以成河橋亦猶陰陽相壓之意焉既觀而偉古人之功因爲之銘曰

牛之壯兮若山峙角矯矯兮觸蒼兕河流安兮天吳逝牛戢戢兮截鬪怒浪息兮無凌湍東靜魏壤兮西晏秦關不奔不鬬從爾友萬歲千秋厥斯守

五姓湖記　周景柱

湖當臨晉虞鄉間縱廣環廻可數十里古者所謂張揚之池也其稱五姓不知始何時或曰昔湖中有五姓漁者人因以名云余少讀漢書曹相國與淮陰侯信攻魏將孫林遬于東張未識其地何所後讀水經及注始知為涑川所經因考地志湖接桑泉帶刿首面中條空浮翠涵景象多有往往想見其處乾隆壬中自寧武移守來蒲以事往臨晉因得至湖所臨晉人云前時環陂皆樓閣亭館雜樹桃李丹綺照耀涵

笛歌爭遊者簇集波光渺瀰吞漾雲日烟艇往來鵁鶄鷗鷺光景良勝今湖就涸者久佳賞麗矚曩昔殊異惜子之不及見然漪吹練瀠猶足悅心目曠志趣蓋山西諸郡多叢山廣原陂澤川池所在鮮少一日得此江鄉之思悠然自生子之所以流連於是矣至明年而水之涸者復生又明年方有事涑姚之渠遂弁湖瀦之浩淼彌望浮碧無際湖中有堤橋影參差樹色映掩行人往來儼若圖畫湖先多魚自既涸而民失網罟之利及是水日益盈魚亦日愈衆癸酉之

冬衆師棹入者舟數十比甲戌已百餘今年乙亥且
二百蓋合臨晉虞鄉永濟三縣之人皆往焉四方諸
郡或先賦以金而後償魚計其利歲可數萬夫陂毀
鴻郤黄鵠託歌練湖既復權傳丹陽蓋民之畏奪其
資而喜得其獲也左傳言衛文公元年三十乘季年
乃三百乘今湖魚之美有似於此予又以喜其利之
無窮若夫移畫舫泛清泠擘蒲荷之芬芳狎鳧雁之
翔泳太守得以官政暇餘與郡人相羊其際既以快
其觀娛且得以利及民者美是湖而爲蒲人慶尤有

樂乎此也乃爲之記

蒲州府復涑姚一渠記　　胡天游

蒲晉之坤河帶如玦川在州域北汾南涑涑自唐都督薛萬徹導水夏縣至臨晉西委張澤入於河解之平陸泉出橫嶺澗合溪赴會流以盛隋都水姚暹渠引焉至蒲虞鄉縣澤首受亦西入於河然暹所引李北魏時永豐渠舊而酈善長謂涑水西逕郇瑕又西南逕張揚城屬於陂則非萬徹暹所始營唯二渠源瀆山谷悍挾泥沙時時壖不循其理久益爲變暹徹所以條其攸歸必使之復去害致利以予其民宜著

史書稱名勿絕至今渠自兩人後開塞幾變近廢不
治瘉甚而張澤者即善長書涑所屬陂今以爲湖變
其名五姓湖故豬渠鄆以輸河漘三數十載鯁前時
入河道凡二渠積閼流當就湖者或不能至若夏秋
會甚風淮雨噓漲鼓怒涑衝湜渠力倂壯決敗解鹽
池蕩廬稼駿撼郭邑因颶注湖莫有泄容游波蹕騰
四鄙原陸蒲解之人用爲困河東兵備道喬公湓蒲
三年政理孔成邦俗大和前寧武太守周侯用循賢
陟知蒲府事相與謀吾民幸保生聚樂安業今數縣

張庶釋咨畢恬猶若未者且解池繫國賦鉅唯水是病郄菑底輯使無濫流川瀆順性歲穜時慶經務之要莫急且先乃名父老告以渠河興罷孰利咸曰苟導復之利世世於是計涑與遲渠左右夫家其田溉潤得及者率戶役焉其非蒲所治而統於河東爲解州以昇其守其在蒲縣四曰猗氏臨晉虞鄉永濟周侯董其令分主之以爲禹治水施先下流湖渠同時乃畚乃钁乃疏乃穿乾隆甲戌春正月水功是興逮四月成自解安邑屬蒲永濟三百餘里循渠樹防翼

翼傑傑式砥式遏而邸家營者介虞鄉猗氏勢尤南庳異時涑橫擣入里爲巨浸狂溜勇洶地盆底深岓高下絕懸五六丈崩口不可塞合周侯謂此涑要害如軍陳攻守必爭險勝出俸錢買其傍田盡土實之奪其凶門卒杜服上爲其堤崇築加仞厚固彌鞏責官吏以時衛於是憒帖爵宣潦縮其暴乎野者壞出其淪於墊者昔若食得饐茲委壑如紡土燥厥稺復於田耕塗懽里歌忘其恐懸方役之興公及周侯躬巡渠所勞其人勿怠日夕既訖徧酒肉賚賜慰遣焉

悅以先民佚道使衆君子于事有如此今夫去疾病
而復於壯者之爲復國地失而復克取有之之謂復
城郭道路陂澤隄渠其既廢而治興焉之謂復修其
圯功攘其患用其利猶起膏肓奮武烈均乎大庸予
診斯謀美河東公功太守侯之勞烈同德協慮康享
民視邏萬徹所爲尤有尚思揚其光嘉昭無休且告
繼爲政者師循之亦克保奠以終永厥績毋隳

蒲州府志　卷之二十[illegible]　終

創建河東書院碑　牛運震

將爲築宫於名山大川之間踞敞塏遠市闠廓廡閎起樹木交蔭堆經籍萬卷其中居生徒百數十人映旭釭膏而讀之又得名世者爲之師經義治事弦誦文章殷殷金石動天地書院之設亦盛矣哉然而因其地乘其時須其人資其財事之所難昔人以爲歎河東書院初建於蒲州東五里峨眉原明正德中同知呂經毁泰山祠而爲之　國朝雍正中復州爲郡知府某徹書院之材以爲郡署而别建來復書院於

城內湫如蕪如始不可居書院之廢始於此往時蒲州爲人文蔚拔之區甲科騰奕冠盖如雲士大夫以術取卿相令長政事文學之績衣被海內及書院廢鈴鐸瘖舌經肆榛棘成人小子奔走耕估之事登鸛雀樓而望之蒲城郭之氣黯然於是觀察喬公光烈莅河東五年矣當是時

天子方崇闡經術播敷文教

詔直省設書院延經師諸憲司恪董其事郡州縣以次具舉而

國家平定西陲揚威萬里武功既燀文德益昭
詔廣科額奬進多士而蒲當秦晉衝實惟帝嬀氏揮
弦歌南風之故地后夔司徒契之所典樂而敷教也
然齋舍不設學徒解散豈古今風俗與世移易抑何
以佐政化宣揚
天子之典命觀察曰是吏有司之責其可以辭迺以
其帖下府府帖下縣皆報曰敢不力先是郡治有試
院制差狹學使者按部諸生童子不足以容太守周
公某柱因以試院爲郡署而空郡署弗居曰此前人

卷之二十一　藝文

所毀書院也與爲太守居毋寧爲經師諸生徒居舘三年一學使者來諸應試者得寛然掾管其中試院仍不擴加恢廣是一舉復書院之舊而兼得一試院也上其狀觀察觀察曰善於是永濟令張公淑渠考所以爲書院者曰舊書院學田八十畝書院廢基三十八畝來復書院廢基七畝四分永樂書院學田六十二畝本城北關社學田租爲石者三十有八首陽書院生息銀爲兩者三百悉撥輸書院以爲修脯膏火之資不敷者觀察太守及郡之屬六縣割廉俸益

之當是時黃河以東中條以北觀察所治三十五州邑知名之士咸檄調來蒲太原平定諸生千里聞風雲集河外陜之大荔郃陽朝邑皆觀察舊治諸生負笈渡河來學書劍載道衿帶盈門廊舍墻廡之制几案床簀之屬庖湢盥燎之器縹帙槧削之具悉張公先期供置人至如歸弦歌不輟日省月課蒸蒸咸進然後蒲之人士咸知觀察太守及郡屬六縣之長吏能振興文教相與以有成也山長牛運震覩其事而壯之曰盛哉事失人則崩得人則興壞之者用力易

成之者爲功難昔之人嘗毁神祠爲書院後之人奪爲公廨其壞之也不可謂不力然而卒復爲書院者是亦有天道焉孰知奪而壞之者之爲書院地耶惟觀察克善厥始惟太守克協厥中惟大令張公克成厥終人事與天道際而爲蒲郡千載一時之舉昔之人其謂今何後之人其謂今何則召諸生誨之曰黄河不涸所以成其大中條不湧所以成其高論語曰百工居肆以成其事又曰事其大夫之賢者友其士之仁者其河東書院之謂乎諸生生

聖世遭辰有司又處名勝地先聖先賢伯夷叔齊段干木文中子薛文清之典刑具在諸生勉乎哉敬業樂群親師取友啟發篇章敦習禮教士氣一新風俗丕變以培振河東之文教以爲

國家億萬年宣化承流之區咸于是乎始